21 世纪法学系列教材

中国民族法学

Chinese National Law

| 第三版 |

主　编 | 田钒平

撰稿人 | 田钒平　郭雨晨　张殿军
（按撰写章节为序）| 张　耀　谭　洁　汪　燕
冉艳辉　李远龙　沈寿文
柳　杨　梁洪霞　姚　艳
叶　强　才让旺秀　潘红祥
李华霖

法律出版社

——北　京——

始创于 1954 年

好书，同好老师和好学生分享

图书在版编目（CIP）数据

中国民族法学 / 田钒平主编. -- 3 版. -- 北京：法律出版社，2023
ISBN 978 - 7 - 5197 - 7033 - 4

Ⅰ. ①中… Ⅱ. ①田… Ⅲ. ①民族法学 - 中国 Ⅳ. ①D921.8

中国版本图书馆 CIP 数据核字（2022）第 160772 号

中国民族法学（第三版）
ZHONGGUO MINZU FAXUE（DI - SAN BAN）

田钒平 主编

责任编辑 刘 琳
装帧设计 凌点工作室

出版发行 法律出版社
编辑统筹 法律教育出版分社
责任校对 裴 黎
责任印制 刘晓伟
经　　销 新华书店

开本 787 毫米×1092 毫米 1/16
印张 21 **字数** 525 千
版本 2023 年 8 月第 3 版
印次 2023 年 8 月第 1 次印刷
印刷 三河市龙大印装有限公司

地址：北京市丰台区莲花池西里 7 号（100073）
网址：www. lawpress. com. cn
投稿邮箱：info@ lawpress. com. cn
举报盗版邮箱：jbwq@ lawpress. com. cn

销售电话：010 - 83938349
客服电话：010 - 83938350
咨询电话：010 - 63939796

书号：ISBN 978 - 7 - 5197 - 7033 - 4
定价：58. 00 元

凡购买本社图书，如有印装错误，我社负责退换。电话：010 - 83938349

出 版 说 明

法律出版社作为中国历史悠久、品牌积淀深厚的法律专业出版社，素来重视法学教育图书之出版。

原"21 世纪法学规划教材"系列作为本社法学教育出版的重心，延续至今已有十余年。该系列一直以打造新世纪新经典教材为己任，遍揽名家新秀，因其卓越品质而颇受瞩目并广受肯定。当前，根据法学教育发展变化的客观需要，本社将原有教材系列调整重组，形成新编"21 世纪法学系列教材"，以便更好地为法学师生服务。

中国的法学教育正面临深刻变革，未来的法学教育势必以培养高素质法律人才为目标，以知识教育与应用教育相结合、职业教育与素质教育相结合、精英教育与大众教育相结合为导向，法学教育图书的编写与出版也将由此进入变革与创新的时代。

为顺应未来法学教育的改革方向和发展趋势，本社将应时而动，为不同学科、不同层次、不同阶段、不同需求的法学师生量身打造法学教材及教学辅助用书。在教材方面，将推出课堂教学系列、实训课程系列、通识课程系列、简明本系列、双语教学系列等；在教学辅助用书方面，将推出案例教程系列、法规教程系列、练习与测验系列、法学讲座系列、专业培训系列等。或革新，或全新，以厚基础、宽口径、多元化、开放性为基调，力求从品种、内容和形式上呈现崭新风采，为法学师生提供更好教本与读本，同享教材规划之盛。

"好书，同好老师和好学生分享。"本社在法学教育图书出版上必将继往开来，以精益求精的专业态度，打造全新"21 世纪法学系列教材"，传播法学知识，传承法学理念，辅拂法律教育事业，积累法律教育财富，服务万千法学师生和明日法治英才。

法律出版社

2015 年 1 月

作者简介

田钒平　男，土家族，湖北省巴东县人。法学博士，四川大学宪法学博士后，美国俄克拉荷马城市大学公派访问学者。现任西南民族大学中华民族共同体学院（研究院）副院长、西南民族大学法学院法学理论学科负责人、教授，博士研究生导师；兼任中国民族政策研究会常务理事，中国人类学民族学研究会法律人类学专业委员会副秘书长，中国法学会民族法学研究会理事，四川省法学会法学教育研究会常务副会长，湖北民族大学特聘教授。主要民族法著作有《民族自治地方经济发展的宪政保障研究》（独著）、《走向共同繁荣——新形势下推动民族地区经济社会全面发展研究》（合著）、《西部开发背景下民族地区经济法制问题研究》（合著）、《民族自治地方社会和谐法治保障若干问题研究》（合著）、《中国少数民族自治地方自治立法研究》（合著）等；代表性论文有《铸牢中华民族共同体意识的宪制基础研究》（独著）、《民法典视野下铸牢中华民族共同体意识的法理探讨》（独著）、《通过科学立法促进民族交往交流交融的法理探讨》（独著）、《民法变通规定制定权的法源冲突及解决路径——以〈民法典〉相关规定阙如为切入点》（独著）、《共识中的差异——中国民族区域自治演进的历史考察》（独著）、《民族自治地方族际公民关系法治化研究》（独著）、《少数民族就业优惠法律制度的立法目的探讨》（独著）、《民族平等的实质内涵与政策限度》（独著）、《民族区域自治的实质内涵辨析》（独著）、《论民族自治地方自治机关协商民主决策机制的完善》（独著）、《〈民族区域自治法〉配套立法探讨》（独著）、《〈刑法〉授权省及自治区人大制定变通规定的法律内涵及合宪性辨析》（独著）等。获得省部级优秀科研成果二等奖 7 项、三等奖 4 项。2016 年入选国家民委中青年英才和首届国家民委民族研究优秀中青年专家，2018 年入选四川省学术和技术带头人，2021 年入选国家民委领军人才和四川省第二届十大中青年法学专家。

潘红祥　男，汉族，湖北天门人。法学博士，华中师范大学政治学研究院博士后，美国弗吉尼亚大学访问学者。现任中南民族大学法学院院长，二级教授，博士研究生导师。国家民委人文社科重点研究基地民族法制研究中心主任，湖北省民族理论与政策研究基地主任，兼任中国法学会民族法学研究会副会长、中国法学会立法学研究会常务理事、中国世界民族研究会常务理事、中国民族理论学会常务理事、湖北省法学会宪法学研究会副会长。在《民族研究》《法律科学》《法学评论》等核心期刊发表论文 40 余篇，其中 8 篇文章分别被《新华文摘》《中国人民大学复印报刊资料》全文转载。出版《宪法的社会理论分析》和《统一 · 自治 · 发展——单一制国家结构与民族区域自治研究》专著两部。先后主持国家社科基金重大项目、国家社科基金重点项目、司法部国家法治与法学理论研究项目、湖北省哲学社会科学“十一五”规划项目、中国博士后科学基金项目、教育部人文社科规划项目和教育部协同创新项目子课题各 1 项以及国家民委民族问题研究项目 4 项，获国家民委社科研究成果优秀成果奖二等奖 2 项、三等奖 3 项。国家民委首届中青年英才计划人选，湖北省十大中青年法学家，中国法学会系统先进个人。主讲宪法学、法社会学和少数人权利等课程，主要研究领域为宪法社会学、少数人权利保护和民族区域自治制度。

汪 燕 女，土家族，重庆人。法学博士，曾访问荷兰伊拉斯姆斯中国法中心。现任湖北民族大学法学院教授，硕士研究生导师；兼任中国法学会财税法学研究会理事，湖北省法学会行政法学研究会副会长，湖北省法学会立法学研究会副会长。主要著作有《公共财政与宪政——民族地区公共财政法制研究》（合著）、《选择性执法及其治理研究》（独著）、《行政许可保护相邻权问题研究》（独著）等；代表性论文有《民族习惯司法适用的实证考察——以427件案件为分析对象》（合著）、《当代中国宗教活动管理的理论与实践——以宗教行政法的建构为例》（独著）、《行政许可制度对国家治理现代化的回应》（独著）、《行政合理性原则与失当行政行为》（独著）、《选择性执法的法律属性探析》（独著）、《行政承诺不作为的司法救济研究》（独著）、《公共财政体制下民族地区社会保障权保护简论》（独著）、《民族地区公共财政立法研究》（独著）等。获得省部级优秀科研成果奖2项。主持国家社科基金项目2项、省部级项目3项。获湖北省第六届优秀中青年法学工作者提名奖。

李远龙 男，土家族，湖南省永顺县人。法学博士。现任广西民族大学法学院教授，博士研究生导师；兼任中国法律人类学专业委员会副主任委员、中国法学会民族法学研究会常务理事、广西民族法学会会长、广西民族法学研究院院长、广西法理学会副会长、中国民主同盟广西区社会与法制委员会主任委员、中国民主同盟广西民族大学副主委、广西法学会学术委员会委员、广西壮族自治区统一战线理论研究会副会长、广西壮族自治区高级人民法院兼职教授、广西壮族自治区检察院特约检察员、贺州市中级人民法院副院长（挂任）、崇左市人民政府仲裁委委员、防城港市人民政府仲裁委委员、防城港市人民政府法律顾问、来宾市人民政府法律顾问、广西壮族自治区第三方参与信访工作专家、广西壮族自治区人大常委会立法顾问、广西壮族自治区人民政府法律顾问等。主要著作有《认同与互动：防城港的族群关系》（独著）、《走进大瑶山——广西金秀瑶族文化考察札记》（独著）、《沿海沿边小康人：京族》（独著）、《中国少数民族民俗志——京族志》（独著）、《传统与变迁——大瑶山瑶族历史人类学考察》（主编）、《民族法学评论》（第十一卷）（主编）等；代表性论文有《广西隆林彝族法文化研究——广西世居民族习惯法研究系列论文之八》（合著）、《冲突与融合：南丹白裤瑶婚姻习惯法与国家法之互动》（上、下）（合著）、《广西金秀瑶族石牌习惯法之违法规制探析——广西世居少数民族习惯法研究之二》（合著）、《会流转的财产——隆林彝族财产继承习惯法研究》（合著）、《广西防城港市的族群认同》（上）（中）（下）（独著）、《铸牢中华民族共同体意识——民族法治70年回顾与展望》等。获省部级二等奖1项、三等奖2项。

沈寿文 男，汉族，福建省诏安县人。法学博士。现任吉林大学"匡亚明学者"英才教授，吉林大学人权研究中心暨法学院教授，博士研究生导师；兼任中国法学会民族法学研究会副会长、中国法学会宪法学研究会理事等。主要研究领域为宪法学（民族区域自治制度、国家机构、文化宪法），代表性著作有《中国民族区域自治制度的性质》，参著（编）《民族自治地方经济管理自治权研究》（田艳主编）、《大国地方：中国民族区域自治制度的新发展》（熊文钊主编）、《民族法学》（熊文钊主编）、《中国近代民族自治法制研究》（李鸣编著）等；在《法学》《法商研究》《当代法学》《环球法律评论》《法学论坛》《东方法学》《政治与法律》《法学杂志》等刊物上发表了60多篇学术论文,其中民族区域自治研究的代表性论文有《论"变通规定"批准权——兼评〈立法法〉第75条》、《中国民族区域自治的理论范式》、《理解"行政执法导向的法律"——一种对我国〈民族区域自治法〉立法思路的思考》、《民族区域自治立法权与一般地方立法权的关系——以"优惠照顾理论"范式为视角》、《"优惠照顾理论"范式下的单行条例功能》、《宪法文本中"民族"不同内涵的知识根源》、《"本民族内部事务"提法之反思》、《"民族自治地方"的两层涵义》、《"程度性动词"的使用与"民族区域自治权"的保障——对民族区域自治若干法律性文件文本的比较分析》(第一作者)、《重新认识民族区域自治权的性质——从〈民族区域自治法〉文本角度的分析》等。

张殿军 男,汉族,辽宁省凌海市人。法学博士。现任云南大学法学院教授。主要从事宪法、立法法和民族法的教学和科研工作,出版专著2部,合著3部,发表论文60余篇。主要民族法著作有《民族自治地方自治权研究》(独著)、《民族自治地方法律变通研究》(独著)、《民间法》(合著)、《我国法律在少数民族地区实现途径研究》(合著)等。代表性论文有《我国民族自治地方刑法变通的反思与重构》(独著)、《自治州及其辖区行政体制改革的困境与创新》(独著)、《府际关系视野下的民族自治地方自治立法》(独著)、《民族自治地方自治权的功能、限度及价值取向》(独著)、《城市民族问题治理法治化的路径选择——以东南沿海城市为例》(独著)、《民间法的限度》(合著)等。主持完成国家社科基金一般项目"中央—地方关系与自治区自治条例研究"、教育部人文社科规划基金项目"民族自治地方法律变通研究"、国家民委民族问题研究项目"东部沿海地区民族法律法规执行中存在的问题与对策研究""制度自信与铸牢中华民族共同体意识研究"、辽宁省社科基金项目"我国民族自治地方立法权配置问题研究"等科研课题。相关成果获得省部级二等奖、三等奖10余项,其中省部级政府奖7项。

冉艳辉 女,土家族,湖北省利川市人。法学博士,西南政法大学经济法学博士后,美国俄克拉荷马城市大学公派访问学者。现任湖北民族大学法学院教授,硕士研究生导师;中国法学会民族法学研究会理事、中国法学会立法学研究会理事、中国民族理论学会理事、湖北省法学会立法学研究会理事。湖北省人大立法研究与人才培养基地(中南民族大学)立法专家库专家、恩施州人大立法研究与人才培养基地(湖北民族大学)立法专家库专家、恩施州行政立法专家库专家。主要著作有《我国公民受教育权的平等保护——以法权中心主义为进路》(独著)、《中国区域合作中地方利益协调机制研究——兼析武陵山片区龙凤经济示范区的利益协调》(合著);代表性论文有《论民族自治地方自治立法权与地方性法规制定权的合理配置与规范运用》(独著)、《省级人大常委会对设区的市地方性法规审批权的界限》(独著)、《新中国民族区域法治运行轨迹与基本经验》(合著)、《民族自治地方立法权的合理配置探析》(独著)、《区域立法合作的有益探索与思考——基于〈西水河保护条例〉的实证研究》(合著)、《民族自治地方自治立法权的保障》(独著)、《武陵山片区区域协作的利益协调机制研究——以武陵山龙凤经济协作示范区为例》(独著)、《论国家结构形式与民族区域自治》(合著)、《双语教学与我国少数民族语言权利的保护》(独著)、《高考优惠政策之宪法学检视》(独著)、《确定死亡赔偿金标准应以个体的生命价值为基准》(独著)等。获得国家民委优秀科研成果二等奖2项、恩施州社会科学优秀成果一等奖1项。

谭　洁　女,汉族,广西壮族自治区兴安县人。法学博士,香港大学访问学者。现任广西民族大学法学院教授,硕士研究生导师,兼任中国法学会民族法学研究会理事,中国法学会财税法学研究会理事,广西经济法学会副会长,广西民族法学研究会秘书长,国家民委人文社会科学重点研究基地中南民族大学民族法制研究中心研究员。代表性论文有《民族地区重点生态功能区财政转移支付法治化研究——以广西三江、龙胜、恭城、富川为例》(独著)、《民族地区传统村落立法保护实践探析——以恭城瑶族自治区为例》(独著)、《论广西壮族习惯法与和谐广西的构建》(独著)、《广西壮族习惯法对广西自治立法的启示》(独著)、《论广西自治县单行条例立法的完善》(第一作者)、《论西部民族地区的自治立法》(独著)、《民族地区横向生态转移支付的法治化构建——以广西金秀瑶族自治县为例》(独著)、《完善广西重点生态功能区转移支付因素分配法的思考——以国家重点生态功能区县为例》(独著)等。获得省部级优秀科研成果二等奖 1 项、三等奖 1 项。2018 年 1 月荣获广西教育厅优秀教师"特色示范课堂"评选一等奖。

柳　杨　女,土家族,湖北省恩施市人。法学博士。现任成都大学法学院副教授,硕士研究生导师,兼任西藏自治区法学会理事。主要民族法著作有《少数民族参政权研究——以 1949 年至 1954 年参加全国政协与全国人大为例》(独著)、《民族法学》(合著)、《中国少数民族自治地方自治立法研究》(合著)、《中国民族区域自治法学(第三版)》(合著)等;代表性论文有《刍议西藏自治区法律援助制度建设》(独著)、《公民出版自由权保障的实质、限度与合理路径》(独著)、《"依法治藏"背景下,西藏自治区盐业体制改革研究——基于那曲、昌都、林芝的实地调研》(独著)等。获得省部级优秀科研成果奖 4 项。

梁洪霞　女,汉族,辽宁省铁岭县人。法学博士,美国俄克拉荷马城市大学公派访问学者。现任西南政法大学行政法学院教授,硕士研究生导师,兼任中国立法学研究会理事,北京航空航天大学备案审查制度研究中心研究员,西南政法大学行政法学院备案审查与宪法监督研究中心主任。主要代表性论文有《非民族自治地方享受民族优惠待遇的宪法界限——兼议我国民族区域自治的性质和目标》(独著)、《民族自治地方发展权的理论确立与实践探索》(独著)、《备案审查事后纠错的逻辑基础与制度展开》(独著)、《论合宪性审查溯及力的规范模式与裁量方法》(独著)、《关于备案审查溯及力的几个基础问题——兼与王锴、孙波教材商榷》(独著)、《法律规范冲突的法院审查及其协同机制》(独著)、《我国法院援引宪法说理的实施问题研究》(独著)、《发展权权利属性的宪法解读——以宪法文本为视角》(独著)、《备案审查的人权保障功能及其实现路径——潘红斌案的再思考》(独著)等,并主持国家社科基金、教育部、司法部、中国法学会等课题 30 余项。

才让旺秀　男,藏族,甘肃省夏河县人。法学博士。现任西南民族大学法学院副教授,硕士研究生导师;西南政法大学法学博士后研究人员,西南政法大学人权研究院研究人员,国家民委东南亚研究中心研究人员。主要研究方向为法理学、宪法学、民族法学。在《光明日报(理论版)》《西南民族大学学报(人文社会科学版)》发表学术论文 10 余篇。独立撰写和合作撰写多篇决策咨询,其中 5 篇获得党和国家领导人肯定性批示,1 篇获得四川省主管领导的肯定性批示,中共中央宣传部、《光明日报》、《人民日报内参》采纳多篇。主持国家社科基金重大项目子项目、全国教育科学规划教育部青年项目、中国法学会一般项目、四川省社科规划青年项目、中国博士后科学基金面上二等资助项目、重庆市博士后科研项目特别资助项目、中华人民共和国司法部横向项目、国家民委民族问题研究项目等科研项目8项,参研国家级及省部级项目10余项。获得省部级三等奖3项。

姚　艳　女,回族,陕西省宝鸡市人。法学博士。现任西南民族大学法学院讲师。主要著作有《民族自治地方社会和谐法治保障若干问题研究》(合著)、《民族法学评论》(第九卷)(合著)、《彝族法律文化研究》(合著)等。代表性论文有《论少数民族文艺保有人的集体权利的法律保护》(独著)、《民族法律规范政策化问题的法理思考》(独著)、《非物质文化遗产的法律保护——阿细跳月非法音像制品的个案研究》(第一作者)、《政治文明与民族区域自治制度的理论与实践》(独著)等。

叶　强　男,汉族,湖北省鄂州市人。法学博士,中南财经政法大学法学博士后,德国汉堡大学联合培养博士研究生。现任中南财经政法大学法治发展与司法改革研究中心讲师,硕士研究生导师兼任湖北省民族学会理事、湖北省法学会理事。主要著作有《论国家对家庭教育的介入》(独著);代表性论文有《铸牢中华民族共同体意识的地方立法路径及完善》(独著)、《论家庭教育的政府责任及其立法规范》(独著)等。主持2021年湖北省社科基金后期资助项目"铸牢中华民族共同体意识的法理基础与制度构建"。参与撰写的资政报告多次获得副省部级以上领导批示和政府部门采纳。

李华霖　男,土家族,湖北省恩施市人。法学博士。现任湖北民族大学法学院讲师。代表性论文有《个体　群体　整体:铸牢中华民族共同体意识的制约因素与破解路径》(第一作者)、《恩施土家族苗族自治州自治法规基本概况研究》(独著)、《国家建构视域下铸牢中华民族共同体意识的价值探析》(第一作者)、《百年党史视域下中华民族共同体建构的三维透视》(第一作者)、《民族地区财政转移支付制度完善路径分析》(合著)等。主持或参与多项省部级、地厅级课题项目,获得国家民委全国民族工作优秀调研报告三等奖1项、湖北省社科分院(所)优秀调研成果三等奖2项、湖北省法学会民族法学研究会会议二等奖1项、恩施州社会科学优秀成果二等奖1项。

张　耀　男,汉族,四川南充人。民族理论与政策专业博士研究生。现任西华师范大学法学院教师。研究方向为法理学、民族法学。代表性论文有《算法权力对民族交往交流交融的影响及其规制》(合著)等。

郭雨晨　男,汉族,山东省济宁市人。马克思主义民族理论与政策博士在读。硕士毕业论文《民族自治地方立法协商的合法性研究》获得校级优秀论文,《铸牢中华民族共同体意识的法治之维》获得2020年湖北省法学会民族法学研究会会议三等奖。

第三版编写说明

针对民族法学理论研究与法制发展实践，我们在《中国民族法学》(21 世纪法学系列教材)第二版的基础上，以实现中华民族伟大复兴为根本目标，紧紧把握新时代党的民族工作主线，根据民族法治建设发展创新的现实需要，编写了第三版教材《中国民族法学》。

第三版的编写工作，每位作者根据我国民族法律制度体系，尤其是 2018 年《中华人民共和国宪法》修改的精神和内容、《国务院实施〈中华人民共和国民族区域自治法〉若干规定》等法律规范体系内容；党的十八大、十九大、二十大及相关会议精神，尤其是有关全面实施依法治国等重大决定；2014 年与 2021 年中央民族工作会议精神等最新文献资料，结合自身的工作实践和研究成果，对第二版作了全新调整。无论是在体例安排上，还是在章节撰写上，作者始终在对我国民族法治建设发展需求的现实关怀中，力求将最新的民族法学研究成果融入其中，特别是紧扣 2021 年中央民族工作会议精神内容，对我国既有的民族法学理论进行了深入阐释，以契合民族法治建设的最新实践需求。每位作者都作出了自己的努力，以力图实现第三版教材的编写目标。当然，民族法学的理论与实践是动态发展的，且囿于作者的专业水平和对众多信息的把握局限，编写工作存在疏漏之处在所难免，敬请读者谅解并给我们提出批评指正意见。

第三版《中国民族法学》教材的修订出版，受到法律出版社的大力支持。第三版《中国民族法学》教材的编写是在第二版基础上的发展和完善，尽管作者的变动较大，但原作者的思想对第三版写作颇有启发。在此，特致谢忱。

第三版撰写分工(以撰写章节排序)：

导　论：田钒平
第一章：田钒平　郭雨晨
第二章：田钒平
第三章：张殿军
第四章：张殿军
第五章：田钒平　张　耀
第六章：谭　洁
第七章：汪　燕
第八章：冉艳辉
第九章：李远龙
第十章：沈寿文
第十一章：柳　杨
第十二章：冉艳辉
第十三章：梁洪霞
第十四章：姚　艳
第十五章：叶　强
第十六章：才让旺秀
第十七章：潘红祥　李华霖

本书由田钒平担任主编。全书由主编拟定、编写大纲，统稿，修改定稿，并最终审定全书。

目　录

第二编 民族法的价值与功能

第三编 民族法的运行

第四编 民族法的主要制度

导　论

一、民族法学的发展概况

我国是统一的多民族国家，这既是我国基本国情的真实反映，也是我国民族法治的现实根基。尽管不同历史时期的不同学者对“民族”这一概念存有争议，但马克思主义经典作家认为，“民族是人们在历史上形成的一个有共同语言、共同地域、共同经济生活以及表现在共同文化上的共同心理素质的稳定的共同体”[1]。我国是由人口数量处于绝对多数的汉族与人口数量处于绝对少数的五十五个少数民族构成的统一的多民族国家。为此，《中华人民共和国宪法》（以下简称《宪法》）序言规定，“中华人民共和国是全国各族人民共同缔造的统一的多民族国家”，既在根本法上肯定了我国多民族构成的历史事实，也为多民族国家通过法律调整民族关系提出了现实吁求。从民族关系的历史演进来看，在五千年中华文明的历史长河中，各民族共同开拓了祖国辽阔的疆域、共同创造了灿烂的中华文化、共同培育了伟大的中华民族精神，“一部中国史，就是一部各民族交融汇聚成多元一体中华民族的历史，就是各民族共同缔造、发展、巩固统一的伟大祖国的历史”[2]。从现实的民族关系发展来看，我国已经建立平等团结互助和谐的社会主义民族关系，这一方面是汉族离不开少数民族、少数民族离不开汉族、汉族与少数民族彼此离不开之关系的真实刻画，另一方面也是在中华民族多元一体格局下，我国各民族在中华民族这个大家庭里面如同家庭各成员之关系的生动写照。因而，从历史演进与现实的发展来看，我国的多民族构成形态与中华民族多元一体格局具有内生性关系。具言之，生活在祖国疆域内的各个民族都共同参与了国家建设，一起构筑了伟大而统一的国家，并通过彼此的交往交流行为交融汇聚成具有共性的中华民族，由此孕育了中华民族多元一体格局。正如费孝通先生所言，“中华民族多元一体格局的形成过程，它的主流是由许许多多分散孤立存在的民族单位，经过接触、混杂、联结和融合，同时也有分裂和消亡，形成一个你来我去、我去你来，我中有你、你中有我，而又各具个性的多元统一体”[3]。

在中华民族多元一体格局下，民族关系是国家治理必须重视和解决的重大议题。而我国多民族构成国情与中华民族多元一体格局的历史演进，则为中国特色社会主义民族法治建设及民族法学学科建设和发展奠定了广阔的现实根基。在我国，民族法学是建立在中国民族法治建设实践基础上的，以民族关系的法律调整和民族事务的依法治理为研究对象的一门独立的法学学科，是具有鲜明国情特色的综合性法学学科。我国的民族法学发轫于20世纪80年代。多年来，民族法学在学科架构、理论内容、研究方法等方面逐渐成熟，取得了丰硕的研究成果，不仅对民族

---

〔1〕 中国社会科学院民族研究所编：《斯大林论民族问题》，民族出版社1990年版，第28页。

〔2〕 习近平：《在全国民族团结进步表彰大会上的讲话》，载《人民日报》2019年9月28日，第2版。

〔3〕 费孝通等：《中华民族多元一体格局》，中央民族学院出版社1989年版，第1页。

法制实践产生了重要影响,其学科地位和学科意义亦得以凸显。从学科发展的内在要求和法治建设的外在需求来看,我国的民族法学经历了创立时期(1984～1991年)、发展时期(1991～2001年)和完善时期(2001年至今)三个发展阶段,[4]经历了从无到有、从不完善到逐步完善的发展过程。

第一,民族法学的创立时期(1984～1991年)。从法制实践的角度讲,我国历史上最早的"民族法典"和成文"民族法"可以追溯至战国时期的《禹贡》和秦朝时期的《属邦律》,[5]但从独立的学科视角来看,有关民族法及其相关问题的专门研究则较晚,乃始于20世纪80年代初。1979年10月,全国人民代表大会民族委员会在第一次办公会议中明确提出,"要加强'民族立法'工作和'民族法制'建设。这样,在我国的法制史上第一次出现了'民族立法'和'民族法制'这两个概念。1980年9月第五届全国人民代表大会第三次会议通过的《关于全国人民代表大会常务委员会工作报告的决议》再次强调指出,要加强'民族立法'工作"[6]。从此,我国的民族立法工作和民族法治建设得到了长足的发展,"民族立法"、"民族法"以及"民族法制"概念也在社会上得到了广泛传播和使用。尤其是以1982年《宪法》有关调整民族关系的原则规定为指导,1984年5月31日第六届全国人民代表大会第二次会议通过的《中华人民共和国民族区域自治法》(以下简称《民族区域自治法》)的实施,为民族法学的创立提供了现实基础。

为了更好地满足民族法治建设的理论需求,史筠在1984年首次提出,"建立民族法制学这样一门学科",不仅是提升我国民族立法工作水平和加强我国民族法治建设工作的迫切要求,也是提升民族法学理论研究水平以及培养民族法制专门人才的迫切要求。[7] 在多民族国家中,"如何用法律调整民族关系,如何运用法律解决民族工作中的实际问题以及这种调整民族关系的法律的产生、发展的规律,它的内容、形式和作用等,是法学的一个新的研究领域"[8]。我国一大批学者开始关注、研究民族法问题,《民族法制研究》(史筠,1986年)、《民族法律法规概述》(史筠,1988年)、《民族法概论》(王天玺,1988年)、《民族与法律》(吴大华,1990年)、《民族法学导论》(吴宗金,1990年)等理论研究成果相继问世,极大地提升了我国民族法学理论研究水平,有力地促进了我国民族法学学科的形成和发展。在这一阶段,理论界主要围绕民族法学学科内涵、民族区域自治法及其实施等问题进行了较为充分的讨论,不仅有效地指引了民族法制实践,也为民族法学学科的建立和民族法制人才的培养奠定了扎实的理论基础和学科条件。

第二,民族法学的发展时期(1991～2001年)。从法治建设情况来看,自1991年以来至21世纪初,国家民族法治建设不断细化完善和民族地区经济社会发展需求日趋明显,我国民族法治建设进入新的发展阶段,由此也进一步推动民族法学学科建设迈入新阶段。从民族法制实践来看,1991年12月8日,国务院颁布《关于进一步贯彻实施〈中华人民共和国民族区域自治法〉若干问题的通知》,对民族区域自治法进行了细化规定,这标志着我国民族法制与民族法学发展取得新成就;1992年1月,江泽民同志在中央民族工作会议上发表题为《加强各民族大团结,为建设有中国特色的社会主义携手前进》的讲话,并提出,到20世纪末,"要形成比较完备的社会主

---

[4] 也有学者将民族法学研究历程分为萌芽阶段、初步发展阶段、萧条与停滞阶段、从复苏走向繁荣阶段。参见吴大华主编:《民族法学》,法律出版社2013年版,第13～16页。

[5] 参见张文山:《论中国古代社会的民族法》,载《思想战线》1997年第1期。

[6] 吴大华主编:《民族法学讲座》,民族出版社1997年版,第24页。

[7] 参见史筠:《民族区域自治法在我国社会主义法制建设中的地位》,载《中国法学》1984年第3期。

[8] 史筠:《民族法制研究》,北京大学出版社1986年版,第1页。

义民族法体系和监督机制”,[9]这为开启新世纪民族法治建设新篇章和民族法学发展新征程提出了新要求;1993年11月14日,中共中央作出《关于建立社会主义市场经济体制若干问题的决定》,提出要全面推行社会主义市场经济体制改革,这为社会主义市场经济背景下民族法治建设和民族法学研究提出了新需求。

从学科建设方面来看,1991年民族法学学科发展取得了建设性成果。经过前期民族法制的不断完善与民族法学理论的成果积淀,1991年6月,中国法学会民族法学研究会在北京正式成立。同年,国务院将民族法学列为独立的法学学科,并正式将其加入《中国法律年鉴》中的法学学科行列,这标志着民族法学学科建设正式开启了新起点。在此背景下,有关民族法学的理论问题、民族法治建设的理论与实际问题、民族区域自治法的贯彻实施等问题也得到了理论界的全面关注和深入研究。[10] 一方面,有关民族法学学科基本问题的研究主要集中于理论意义、实践价值、方法论原则、研究范围的再认识等学科理论建设等方面;另一方面,面对民族法制发展新成就、新要求和新需求,民族法学界紧紧围绕建设社会主义市场经济体制这一主题和建立比较完备的社会主义民族法体系与监督机制这一目标,从民族法治观念和法律精神的更新,到适应市场经济要求的法律体系的建构等,都作了深入细致的研究与论证,极大地丰富了民族法学学科理论,推动了民族法制实践的发展。

第三,民族法学的完善时期(2001年至今)。适应于社会主义市场经济体制改革和西部大开发战略实施的需要,2001年2月,第九届全国人民代表大会常务委员会第二十次会议通过《关于修改〈中华人民共和国民族区域自治法〉的决定》,对民族区域自治法进行了较大修改和完善,“由民族法律、民族法规和宪法及其他法律法规的民族性条款构成的民族法律规范”所组成的“中国特色社会主义的民族法体系”,以及“包含民族区域自治法在内的基本法及政治、经济、文化等若干专项的民族法学学科体系的法律学科层”已经基本形成,为我们进一步深化研究和反思重构民族法学学科的基本框架奠定了基础。[11] 2007年2月,国务院发布《少数民族事业“十一五”规划》,明确提出要“逐步健全民族法制体系”,推动“民族法制体系建设工程”。虽然我国民族法学教育和民族法学研究取得了长足进步,民族法学学科建设也取得了辉煌成就,但是教育部仍未将民族法学作为独立的法学学科列入法学二级学科目录之中,这引发了民族法学界对民族法学的学科性质、研究对象与范围、研究方法等基本问题的重新审视与深刻反思,并进一步推动了民族法学的理论创新与学科发展。

总体而言,理论界对民族法学是一门独立的法学学科这一客观事实基本达成共识,但在有关民族法学的学科性质、研究范围与研究方法等基本问题的再审视方面,呈现理论交锋的情况,对此问题我们将在后文论述。需要指出的是,民族法学学科建设发展和创新完善一直是民族法学界孜孜以求和不懈追求的目标。当然,在面对民族法学与民族法治建设取得可喜成就的同时,理论界既有对中国民族法学学科建设“命运”与“使命”的审思,[12] 亦有对这些年中国民族法治建设成就、经验的总结与展望。[13] 在以铸牢中华民族共同体意识为主线的新时代民族工作中,如

---

[9] 国家民族事务委员会、中共中央文献研究室编:《民族工作文献选编》(一九九〇~二〇〇二年),中央文献出版社2003年版,第35~36页。

[10] 参见吴宗金:《第一次民族法学理论研讨会综述》,载《民族研究》1992年第2期。

[11] 参见彭谦:《再论民族法学的构建》,载《西南民族学院学报(哲学社会科学版)》2002年第7期。

[12] 参见吴宗金:《略论中国民族法学的命运与使命》,载《西南民族大学学报(人文社科版)》2005年第3期。

[13] 参见潘红祥、张星:《中国民族法治七十年:成就、经验与展望》,载《民族研究》2019年第3期。

何在“各民族一律平等”的宪法原则指引下,推动民族法学紧紧围绕“维护和发展各民族平等团结互助和谐关系、促进各民族共同繁荣、实现中华民族伟大复兴”三层次目标所构成的民族法治价值体系,构建新时代中国特色社会主义民族法学话语体系,[14]更是我们需要认真对待的重大课题。

二、民族法学的学科性质

作为法学的分支学科,民族法学具有法学学科的一般属性,而又区别于其他法学分支学科。从民族法学创立以来,关于民族法学的学科性质,一直存在不同的观点,虽然这丰富了民族法学的理论研究,但是在学科性质上的根本性分歧既不利于维护和巩固民族法学在法学学科中的地位,也不利于民族法学学科自身的建设发展。为此,有必要在对当下存在的不同理论观点进行评析的基础上,进一步明确民族法学的学科性质。概括地讲,在民族法学的学科性质上,主要存在三种不同的观点。

第一种观点认为,民族法学不是一门独立的法学学科,只能作为法理学或者宪法学的一部分而存在。[15] 虽然这种观点主要存在于民族法学的创立初期,且当前民族法学界对民族法学独立的学科地位已经形成基本共识,但是由于法学界对民族法学学科性质与学科地位存在认识分歧,直至今日,一些学者仍未给予民族法学应有的关注和对待。例如,在一些主流的法理学著作中,民族法学未被列入我国的法学体系之中,[16]或仅将民族法学视为具有部分理论法学性质的法学分支学科;[17]在新兴的领域法学学科划分视域下,民族法学也处于“失语”的尴尬境地。[18] 虽然这种观点并不利于民族法学学科的发展,但也对民族法学研究和民族法学学科建设提出了更高的要求,赋予了民族法学教育与民族法学学人更为重大的学科建设使命。

第二种观点认为,民族法学不是法理学或宪法学的组成部分,而是我国法学体系中一门独立的部门法学。此观点在民族法学的创立和完善时期一直居于主流地位。持此种观点的学者基本上认为民族法是调整民族关系的部门法,[19]因而民族法学是建立在部门法基础上的部门法学,属于独立的法学分支学科。[20] 随着民族法制的不断发展,我国已经建立“以《宪法》民族条款为基础,以民族区域自治法律制度和散居少数民族权利保障法律制度为主干,并由培养少数民族干部的法律制度、民族经济法律制度、民族教育法律制度、民族文化法律制度、民族风俗习惯法律制度等一系列的民族法律制度”组成的中国特色社会主义民族法律体系。[21] 在此背景下,有学者认为,作为我国具有特定调整对象——民族关系的法律规范总和的民族法,既符合以调整社会关系为主要划分标准的法律部门的认定依据,也顺应了在经济社会关系日益复杂背景下法律规范在不同法律部门中重叠交叉的社会发展趋势。因而,即使调整民族关系的法律规范分布于各种

---

〔14〕 参见田钒平:《依法规约:夯实铸牢中华民族共同体意识的法治之基》,载《西北民族研究》2020 年第 2 期。

〔15〕 参见吴宗金:《第一次民族法学理论研讨会综述》,载《民族研究》1992 年第 2 期。

〔16〕 参见张文显主编:《法理学》(第 5 版),高等教育出版社 2018 年版,第 13 ~ 16 页。

〔17〕 参见付子堂主编:《法理学初阶》(第 5 版),法律出版社 2015 年版,第 58 页。

〔18〕 参见解志勇:《法学学科结构的重塑研究》,载《政法论坛》2019 年第 2 期。

〔19〕 参见吴宗金:《论民族法学》,载《黑龙江民族丛刊》1991 年第 3 期;吴大华主编:《民族法学》,法律出版社 2013 年版,第 7 页。

〔20〕 参见吴宗金、张晓辉主编:《中国民族法学》(第 2 版),法律出版社 2004 年版,第 29 ~ 33 页。

〔21〕 参见宋才发:《论我国民族法学学科体系的构建》,载《民族研究》2004 年第 5 期。

部门法之中,但是按照调整民族关系的特性,依然可以将民族法纳入一个独立的法律部门。[22]当然,在认可民族法学是与刑法学、民法学、经济法学、诉讼法学等部门法学相似的法学分支学科的基础上,也有学者注意到,民族法学在以民族关系与民族问题为研究对象的范畴中,与其相关的法律规范存在于各个法律部门之中,具有广泛性、复杂性等特征,因而认为"民族法学也就涉及各个部门法学,具有综合性、网状结构的特点,在整个法学体系中是独树一帜的"[23]。但在学科性质上,民族法学仍然属于部门法学,是我国社会主义法学体系中的重要组成部分。

第三种观点认为,民族法学是一门独立的法学分支学科,但在学科性质上不是部门法学,而是综合法学。将民族法学定位为综合法学的观点肇始于民族法学创立之初。此观点认为,民族法的调整内容——民族法律涉及政治关系、经济关系、人身关系等社会关系的诸多方面,因而依此建立的民族法学不是一个独立的部门法学,而是一个独立的综合性法学学科。综合性法学的界定既遵循了法秩序统一这一基本法理之下的"法律不能重叠"之原则,同时也有助于破除部门法学分类下民族法学自身理论发展的桎梏,有利于发挥其对民族法制实践工作的指导作用。[24]而后,民族法学是一门新兴的综合型、交叉型学科的观点进一步引发了一些学者对民族法学学科性质的理论反思,[25]对民族法学是一门独立的部门法学这一主流观点的批判性反思之声渐起,而将民族法学定位为一门独立的综合性法学学科的观点日益清晰。[26]事实上,认为民族法学是一门独立的部门法学的逻辑起点在于部门法是法学学科建立的前提。然而,法学学科不等于部门法学,法学体系亦不同于法律体系,其各自具有内在的发展规律。[27]法学学科的独立性和法律部门的独立性属于不同的概念,法学学科与部门法学之间并不存在一一对应的必然联系,[28]既有像刑法、民法、行政法这样建立在部门法基础上的法学学科,也有像经济法、民族法、军事法这样建立在部门法法域范畴基础上的法学学科,还有像法理学、法律史学、证据法学这样建立在其他法学范畴基础上的法学学科。而在交叉型、综合型学科发展背景下,由于民族法所调整的民族关系具有广泛性与复杂性,无法被任何一个部门法所囊括,因而在"部门说"基础上建立民族法学的研究视域必然会受到极大限制,而在"综合说"意义上构建的民族法学学科,才能符合民族法学作为一门新兴学科的时代担当与历史使命。

从上述不同观点可以看出,民族法学的学科性质问题在学科理论与学科建设中居于基础性地位。如果在此问题上理论界没有达成实质性共识,必将影响民族法学的理论研究,并进一步影响民族法学学科自身的发展及其在法学学科体系中的地位。因而,有必要在不同的理论观点中寻求共识,以推动民族法学学科体系建设得更加科学规范,更好地推动民族法治建设的发展。事实上,在民族法学学科性质这一问题上,民族法学界不同的主张之间不是没有整合的可能,不同时期的大多数学者都认同"民族法调整对象和范围具有广泛性、综合性的特点",这或许是不同主张趋同化的基点。

---

〔22〕 参见张文香:《论民族法学的几个基本问题》,载《中央民族大学学报(哲学社会科学版)》2009年第3期。

〔23〕 吴大华主编:《民族法学》,法律出版社2013年版,第12页。

〔24〕 参见崔洪夫、李仁玉:《民族法学研究的几个问题》,载《中央民族学院学报》1991年第6期。

〔25〕 参见霍宪丹:《适应民族法制建设需要,加强民族法学教育》,载吴大华主编:《民族法学讲座》,民族出版社1997年版,第15页。

〔26〕 参见熊文钊主编:《民族法学》(第2版),北京大学出版社2016年版,第3页。

〔27〕 参见熊文钊:《关于民族法学的性质问题》,载《中央民族大学学报(哲学社会科学版)》2000年第2期。

〔28〕 参见郑毅:《试论民族法学的性质、理论体系及其调整对象》,载《广西民族研究》2010年第3期。

在此意义上,我们认为,民族法学是一门综合性的法学学科。从学科的内涵而言,学科划分和学科建设的意义“在于该领域的专家发展出的特定的思考方式,借助这种思考方式,人们可以从特定的而非直觉的视角了解这个世界”,[29]因而,部门法学为法学学科的划分提供了一种方法,但其绝非划分法学分支学科的唯一依据。诚如马克思所言,“社会不是以法律为基础的,那是法学家的幻想,相反地,法律应该以社会为基础”[30]。一方面,在多民族国家,由于不同民族特性的客观存在,从法律治理的视角讲,国家必须解决社会资源的有限性与族际交往的必然性、族际流动与民族分布存在聚居与杂居的差异形态,以及族际关系在冲突与合作之间的价值取向等现实问题,这决定了民族法的调整对象与调整方法都具有综合性的特点,并非传统部门法的调整对象与调整方法所能企及。另一方面,民族法学不等于部门法学。民族法学是以特定的民族关系为研究对象,运用法学、民族学、社会学、政治学、经济学等多学科的理论、知识和方法进行研究的综合性法学学科,这种交叉性、综合性的学科特征是民族法学区别于其他法学分支学科的主要特征。此外,民族法制实践发展的理论需求,是民族法学作为独立学科存在的根本依据。这不仅需要在调整不同社会关系领域的法律制度中对有关民族关系或民族问题的法律规范进行分散性研究,同时也需要从宏观视域对整体性的民族关系法律问题进行系统性研究,这些因素决定了民族法学需要在民族法制实践中更好地把握民族关系、民族事务依法治理中的普遍性、理论性问题,必然打破部门法学狭隘的研究视域,而对民族关系运用宏观研究与微观研究相结合、规范研究与价值研究相关联、整体研究与局部研究相配合等综合性研究方法,既探求法学内部的民族法律关系,同时又关涉法学外部的民族现象。因而,我们认为,民族法学是一门综合性的法学学科。

当然,民族法学虽然具有综合性、边缘性和交叉性学科的特点,但不同于法人类学、少数民族习惯法学等其他法学分支学科。在一定程度上,民族法学与法人类学、少数民族习惯法学等学科都具有交叉性学科性质,在研究对象上都与民族法律关系具有紧密的联系。但从学科区分来看:一方面,虽然民族法学与法人类学都研究不同民族的“法文化”,在研究方法上都采用田野调查等人类学研究方法,但是法人类学主要是从跨文化比较的视角来分析不同历史时期(特别是人类早期)的法律制度在不同的文明体中的作用与影响,从而使法律多元主义这一普遍事实成为理解人类社会行为中法律运作的一把钥匙;[31]而民族法学主要研究特定国家内调整不同民族之间的法律关系,更加侧重于法学视角,法文化只是民族法学的研究内容之一。另一方面,民族法学也不同于少数民族习惯法学。一般而言,少数民族习惯法是某一少数民族在长期的内部交往过程中形成的解决本民族内部成员之间的矛盾纠纷的社会行为规范,通常以风俗习惯的形式表现出来。在早期,国家制定的民族法在很大程度上是以少数民族习惯法为基础的,而在当前的民族法治建设中,少数民族习惯法更多的是以其传统文化观念来影响民族地区民族法的制定与实施,属于民族法的认知渊源之一。因而,在民族法学研究的过程中,也会涉及少数民族法律文化(法人类学、少数民族习惯法学)和少数民族法制史方面的问题,但从应用学科的立场来看,这些问题的研究应当作为法学学科下的三级或者四级学科的主要研究对象,而不属于服务于民族法治建设的民族法学这一学科的主要研究范畴。

---

[29]　郑永流:《重识法学:学科矩阵的建构》,载《清华法学》2014年第6期。

[30]　《马克思恩格斯全集》(第6卷),人民出版社1961年版,第291~292页。

[31]　参见张冠梓:《法人类学的理论、方法及其流变》,载《国外社会科学》2003年第5期。

三、民族法学的研究范围

从学科视角来看,一门学科的性质在很大程度上取决于该学科的研究对象,以及围绕研究对象所建构的知识领域与研究立场。因而,作为一门综合性法学学科,民族法学需进一步明确自身的研究范围,从而进一步明晰自身的学科性质,提升自身在法学学科体系中的地位,为深化民族法学理论研究与法治建设发挥积极作用。为此,有必要从研究对象、研究领域与研究立场等方面,对民族法学的研究范围加以简要分析。

从研究对象来看,民族法学的研究对象,主要是民族关系的法律调整和民族事务的依法治理。史筠认为,“民族法学是研究一切多民族国家内部如何用法律手段处理和调整民族关系的学科”;〔32〕吴宗金认为,民族法学是以民族法律为主要研究对象,以民族关系法律现象为主要研究任务的法律科学;〔33〕吴大华认为,广义上的民族法学主要是以某个或某些民族的法律和制度问题为研究对象,而狭义上的民族法学主要研究调整民族关系的法律现象。〔34〕目前,法学界对民族法学的研究对象是“如何运用法律手段来调整民族关系”的看法已经基本达成共识。但在认识民族关系时,需要辩证地把握群体性的民族关系概念与个体性的公民关系概念二者间的关系。一方面,在多民族国家中,由于历史与现实等多方面的原因,各民族在生产生活方式、历史文化心理、语言风俗习惯等方面存在特殊性,这是客观存在的事实。因而,在运用法律调整民族关系时,需要关注不同民族地区不同民族的差异性需求,给予差别化支持措施。另一方面,在现实生活中,作为群体性的民族关系需要通过个体之间的交往互动加以呈现,个体性的公民关系是群体性民族关系的媒介与载体。因而,在通过法治方式调整民族关系的过程中,需要处理好国家构成的多民族性和民族的群体特性对国家公民(民族成员)个体权利实现的影响问题。具言之,从民族角度分析与探讨国家的治理问题,需要考虑权利平等的实质追求与民族构成的多样性、权利实现的路径选择与民族分布的复杂性、权利实现的正义要求与民族发展的差异性等特殊性问题。

综上可知,民族法学所要解决的根本问题是民族关系的法律调整问题。但需要注意的是,虽然调整民族关系的民族法需要在特定范围内对少数民族权利给予特别关注和保护,但是不能因此遮蔽在各民族一律平等宪法原则指导下的其他问题的重要性,更不能将民族法学等同于为专门解决少数民族权利特别保护的学问。另外,对民族关系的调整和少数民族权利的保护应遵循法的基本原理。这些原理主要包括:应当严格遵循各民族一律平等的宪法要求;尊重民族构成与分布以及经济、文化、社会发展程度及其历史演变等客观物质条件对民族关系法律保护的限制和约束;在采取特别措施协调民族关系时,必须认真对待整体性的民族与具有一定民族身份的公民之间的关系,既不能超越公民权利义务平等的底线,也不能因为追求所谓的整体性的民族发展或多样性文化的保护而限制、克减或剥夺个体的公民权利。

同时,从当下的研究现状来看,在如何展开对调整民族关系的法律现象的研究,即如何界定民族法学所涉及的研究领域上,不同学者也存在不同认识。史筠从实用主义立场对民族法学的研究范围进行了界定,认为中国的民族法制主要包括有关民族区域自治制度的法律规范问题和关于规范一般的民族平等权利、散居少数民族的平等权利、民族乡的权益保障等法律问题这两个

---

〔32〕 史筠:《关于民族法学问题》,载《中国法学》1991 年第 5 期。

〔33〕 参见吴宗金、张晓辉主编:《中国民族法学》(第 2 版),法律出版社 2004 年版,第 34 页。

〔34〕 参见吴大华主编:《民族法学》,法律出版社 2013 年版,第 8 页。

方面,其中前者是我国民族法制的主要内容,也是我国民族法学研究的重要领域。[35] 王天玺在其著作中主要围绕民族问题的基本理论,民族法的概念、性质、体系,民族立法的基本原则,中国古代的民族管理制度、中国资产阶级和民族立法、中国民族立法史,民族区域自治及其法制理论与实践,国外民族法理论与实践等方面的问题进行了深入探讨,[36] 从而大致确定了民族法学的研究范围应当包括现代民族法的基本理论与实践、中国历史上的民族法理论与实践、国外民族法理论与实践三大部分。此后,一些学者对民族法学的研究范围都进行过阐释,或者是对上述观点的明确,或者是对上述观点的细化,或者仅涉及其中一个或几个方面,从总体上讲,都没有突破上述范围。例如,有学者认为,民族法学研究的领域是各部门法中调整民族关系的法律规范构成的法域,包括宪法中关于调整民族关系的原则性规定、作为民族法基本范畴的民族区域自治法、在少数民族自治地方变通适用法律的规定、行政法中调整民族关系的法律规范、民族自治地方的自治条例和单行条例等法律规范。[37] 还有学者认为,民族法学的研究范围主要包括中国特色的民族区域自治法律制度、少数民族传统法律文化、国家法律在少数民族地区的实施等领域。[38]

总体而言,围绕民族法学研究对象而展开的学科知识领域的探讨,在一定程度上丰富和深化了本学科的研究视域与理论发展,在实践中也推动和提升了民族法制的建设与成效。不过需要指出的是,尽管一门学科的研究领域是随着社会发展的步伐而不断拓深延展的,但是不同学者对民族法学研究领域的范围界定各有侧重,未能在共识的基础上较为全面地反映出该学科的关注领域与发展面向。对此,吴宗金从理论与应用两个层面考察了民族法学的研究范围,认为其包括民族法的基本理论、民族法制史、民族习惯法、外国民族法、民族法制理论与实践等问题,[39] 为民族法学研究范围的界定提供了独到的分析思路。然而,这种应然与实然的分野视角,依然未能明确民族法学在研究领域上的学科地位,即民族法学究竟是理论研究占主导,还是应用研究占主导?是为建构理论研究应用问题,还是为实践应用研究理论问题?质言之,既有理论未能回答"民族法学是一门理论法学,还是一门应用法学?"这一更为根本的问题。从当前民族法学的学科定位来看,有一些学者认为民族法学主要是应用法学,也有一些学者认为民族法学主要是理论法学,还有一些学者则认为民族法学既是应用法学,又是理论法学。

对此,尽管在学术讨论上可以百家争鸣,然而对一门学科而言,如果在学科定位这一问题上没有达成基本共识,势必制约学科的建设与发展。当一门学科没有自己确定的研究视域时,它就会成为其他学科的附属品——只是其他学科具体问题研究的专门成果,而非独立的学科。从法理上讲,法学属于实践之知识,"它的理论内生于实践,长于实践",[40] 民族法学亦然。它在理论法学与应用法学的学科定位上,只是存在与民族关系法律现象的"弱实践—强实践"的强弱之别,而非有无之别。因此,民族法学并不存在严格的"理论"与"实践"的分野,而是在价值、形式与事实上相统一的"综合法学"。当然,这并不意味着否定民族法学的理论价值与实践功能,而是在理论与实践相融的"综合法学"学科定位上去寻求对作为平等主体的"人"的共同关注,以及

[35] 参见史筠:《民族法制研究》,北京大学出版社 1986 年版,第 14 页。

[36] 参见王天玺:《民族法概论》,云南人民出版社 1988 年版,第 20 页。

[37] 参见熊文钊:《关于民族法学的性质问题》,载《中央民族大学学报(哲学社会科学版)》2000 年第 2 期。

[38] 参见徐中起:《民族法研究的理论意义》,载《思想战线》1994 年第 4 期。

[39] 参见吴宗金、陈曼蓉、廖明主编:《民族法学导论》,广西民族出版社 1990 年版,第 7 ~ 15 页;吴宗金、张晓辉主编:《中国民族法学》(第 2 版),法律出版社 2004 年版,第 34 ~ 41 页。

[40] 郑永流:《重识法学:学科矩阵的建构》,载《清华法学》2014 年第 6 期。

在“民族”这一共同体意蕴之下通过法律调整的方式实现对个体自由而全面发展的终极关怀。因而,在严格意义上,民族法学应当定位于具有“强实践”的应用法学,并从民族法制实践的现实问题展开研究,其所涉及的研究领域主要包括民族法的一般理论、中华民族共同体建设的法治保障、民族区域自治法、散居少数民族权益保障法以及人口较少民族权益保障法的制定和实施等问题。

四、民族法学的研究方法

任何一门学科都以知识的追求与运用为己任,而“每种学科的方法论都是这个学科对本身进行的情况、思考方式、所利用的认识手段之反省”[41]。民族法学作为一门综合性的法学学科,在研究方法上必然要求运用综合性的手段对自身的理论研究与实践运用进行反思性的指引与检验,以更为合适地认识民族法这一现象。从总体上讲,作为综合性、交叉性的法学学科,民族法学应当运用法理学、宪法学、刑法学、民法学、行政法学、诉讼法学、人类学(民族学)、社会学、哲学以及系统科学等多个学科的理论、知识和方法来进行研究,[42]但并不意味着民族法学的研究方法是多种研究方法的简单相加或移植。作为一门独立的学科,民族法学研究方法的选择和运用应当有其特殊性。在此,我们结合法学方法论的一般理论,主要从价值分析方法和实证分析方法两个方面来阐释民族法学的研究方法。

价值分析方法,是指“通过认知和评价社会现象的价值属性,揭示、确证或批判一定社会价值或理想的方法”[43]。价值分析方法是重要的法学研究方法之一,也是民族法学应当遵循的基本研究方法。从词源来看,价值是从经济学中引入哲学、政治学和法学中的,它是一个关系范畴,反映的是主体与客体之间的关系,即主体对客体的需要与客体对主体的满足。一般而言,价值范畴在政治学和法学理论中包括价值目标、价值基础和价值标准三个层次上的内容。其中,价值目标是指价值是客体对主体的需要和欲望的满足;价值基础是指价值是人们所追求的美好事物,如承载安全、福利、知识、德行等的社会规范体系,它们通常被视为价值的存在形态,是主体需要和欲望得以满足的基础;价值标准是指价值是人们心目中关于美好事物和理想状态的观念以及关于什么是正当或善的评价标准。从价值关系角度来看,包括法律规范在内的任何社会规范都可以成为价值准则,符合之,就有价值;不符合,则无价值。在现实的法律运作中,存在法律之外与法律之内两种价值判断。一方面,在立法活动中,立法者以法律领域之外的价值准则(如道德观念、经济状况的需要等)指导立法,确定人的权利与义务的种类和界限,以实现其所期望的理想或正当的社会状态;另一方面,在法律实现中,相关主体(如法官、公务员及其他主体)在处理法律事务时,运用法律所提供的价值准则在利益的冲突中进行抉择。因此,由于在现实的法律活动中存在以上价值选择问题,在法学研究中必须运用价值分析方法。

然而,在法学研究中对能否允许价值判断这一问题存有争论。实证主义者认为,在科学研究中只能研究事实而不能涉及价值,并认为法学是“价值中立”之学。例如,以凯尔森为代表的纯粹法学派认为,纯粹法学理论作为一种关于实在法的理论,它的绝对目的是认识和描述对象,试

---

〔41〕[德]卡尔·拉伦茨:《法学方法论》,陈爱娥译,商务印书馆2003年版,第119页。

〔42〕参见熊文钊:《关于民族法学的性质问题》,载《中央民族大学学报(哲学社会科学版)》2000年第2期。

〔43〕张文显主编:《法理学》(第5版),高等教育出版社2018年版,第11页。

图回答法是什么和法是怎样的,而不涉及法应当如何,以使法律科学不受外在因素的影响。[44]与此相反,马克思主义的实践哲学主张法学应当是一门“价值哲学”,“法学的一个首要任务就是对各种利益进行评价并确定它们在价值序列中的位阶,当发生利益冲突时,还要提供一种在其中进行取舍的原则”。[45] 在社会科学中进行价值判断是非常必要的,对此,自然法学派、评论法学派以及我国的墨家学派、儒家学派等亦主张法的价值属性与价值判断。

从民族法学的理论与实践意义来看,价值分析方法始终是我们应当遵循的基本方法。一方面,在民族法学中运用价值分析方法进行研究,必须以各民族一律平等的宪法原则与宪法约束检视相关法律规范和制度的正当性。在平等的价值分析中,我们不能忽视少数民族个体的平等问题,但是核心在于各民族之间实质意义上的平等。进言之,在多民族国家中,各民族之间的关系是大家庭与家庭成员之间的关系,民族法学的研究起点在于维护和巩固中华民族共同体内各民族之间的平等团结互助和谐关系,在于通过法律调整方式促进各民族交往交流交融和铸牢中华民族共同体意识,为实现中华民族伟大复兴提供坚实的法治保障。另一方面,必须以国家安全和秩序稳定的基本要求检视相关法律规范和制度的正当性。在民族法规范的建构与民族法学研究中,只有妥善地处理好民族平等与国家安定的关系,才能真正建构起正当、有效的调整民族关系、解决民族问题的民族法律制度,推动民族事务治理法治化进程。

实证分析方法是与价值分析方法对应的一种法学研究方法,它的主要特点是通过对经验事实的观察和分析来建立和检验各种理论命题。从实证分析与价值分析的关系而言,法学的实证分析主要侧重于描述“法是什么”,而价值分析主要解决的是“法应当怎样”,亦即“事实和价值判断之间的区分,思想中的关于世界的客观性论述和对世界的带有主观性的叙述之间的区分”。[46]对法学研究而言,实证分析方法中的经验事实主要包括与法律的制定和实施有关的一切社会事实以及各种法律文本中的词语、句法和逻辑结构等事实因素。在法学研究中,可以运用社会调查、历史考察、比较分析、逻辑分析、语义分析、经济分析等实证方法对上述事实进行分析和研究。(1)社会调查法。社会调查的范围主要包括社会治安、社会组织、法文化、法行为、法实效、法角色、风俗习惯等方面的调查,社会调查的具体方法主要包括普遍调查、抽样调查、典型调查和个案调查。(2)历史考察法。进行历史考察可以使我们从总体上把握法与经济、政治、文化相互作用的规律以及把握法律发展演化的规律。(3)分析比较法。对法现象的比较研究包括横向与纵向两个方面的比较,其中,横向比较法主要是对不同法文化传统的比较研究以及对同一历史形态下不同国度的法现象的比较研究;纵向比较研究主要包括对不同历史类型的法现象进行系统的比较研究。(4)逻辑分析法。逻辑分析法主要包括归纳(如从法现象到法规则)与演绎(如从法原则到法规则)、分析与综合、比较与分类、科学抽象法、数学模型法等。(5)语义分析法。在法律活动中,立法、司法、执法等主体都必须通过语言的操作来确定权利与义务的界限等,而在法律文本或法学论著中经常出现一些伸缩性的词语。因此,应当正确把握法律用语的含义,以避免误解和不必要的争论。实践中,有些人仅仅依靠工具书来确定一些词语的含义,这种做法不是很妥当。工具书的释义当然可以参考,但不能将其作为唯一的准则,更重要的是要考虑这些词语在社会上实际通用的含义,同时还要考虑使用该词语者本人所要表达的含义。此外,法学研究方法还

---

〔44〕 参见张文显:《二十世纪西方法哲学思潮研究》,法律出版社1996年版,第88页。

〔45〕 参见张文显主编:《法理学》(第5版),高等教育出版社2018年版,第11页。

〔46〕 刘水林:《法学方法论研究》,载《法学研究》2001年第3期。

有经济分析法、法律解释法、案例分析法等。

民族法学需要在民族法学研究领域内运用实证分析方法对其研究对象进行跨学科研究，特别要注意以下几点：第一，运用社会调查法，准确把握各民族在经济、政治、文化和社会发展方面的基本状况和主要特点，为研究民族法制积累实证资料。尤其应当注意的是，在研究中不能用历史的真实代替现实的真实。第二，运用逻辑与语义分析法，深入分析现行民族法制中存在的规范问题。例如，法律规范逻辑结构不完整、法律语言不科学、法律制度不完备等问题，为推动民族法制改革奠定基础。第三，运用历史考察法和分析比较法，收集和整理本国历史上或者其他国家历史与现实中存在的有益经验，为完善民族法制提供借鉴资料。第四，运用经济分析法，结合其他方法考察现行立法存在的有效性问题，为完善民族法制指明方向。

当然，无论是运用价值分析方法还是实证分析方法，民族法学研究都必须坚持正确的思想指导。首先，民族法学研究必须遵循宪法规定的调整民族关系的理念、原则和规则（制度）的要求，这既是法秩序统一基本法理的内在要求，也是依法治国必先依宪治国的基本内涵。其次，民族法学研究必须遵循马克思主义法学的世界观与方法论——辩证唯物主义与历史唯物主义，既要实现民族发展规律与社会发展规律的有机结合，又要注重民族历史与民族现实的相互观照。最后，民族法学研究必须遵循马克思列宁主义、毛泽东思想、邓小平理论、“三个代表”重要思想、科学发展观以及习近平新时代中国特色社会主义思想的民族法治观。特别是在全面依法治国和实现中华民族伟大复兴的时代背景下，民族法学研究必须始终坚持习近平法治思想中的民族法治观。具言之，一方面，民族法学研究首要的是坚持习近平法治思想的根本要求与精神要义，始终将为中华民族伟大复兴提供坚实的法治保障作为民族法学的根本价值目标。另一方面，民族法学研究要在新时代民族工作中紧紧把握铸牢中华民族共同体意识这一主线，在维护和发展平等团结互助和谐的民族关系的基础上，通过提升民族事务治理能力与治理体系法治化与现代化水平，不断促进各民族交往交流交融，依法保障各民族群众的合法权益。此外，民族法学研究还需要坚持优秀的中华民族法律文化和各民族法文化观念，不断推动具有共性的中华法律文化发展，不断提升各民族公民的法律意识和法律思维。同时，也要传承和发扬各民族优秀的法律文化观念，充分挖掘与中华传统法文化和国家制定法文化相适应的各民族法律文化观念，促进中华法律文化和各民族优秀法律文化的繁荣发展。

第一编 民族法的一般原理

民族法的一般原理属于民族法学的基础理论范畴，是民族法学知识体系的基石。从一般性、普遍性的原理把握民族法的基本内涵与特性，不仅是建构民族法知识体系必须解决的首要问题，也是民族法学学科建设必然关注的重要议题。当前，我国民族法学界在民族法的一些基础理论问题上尚未达成共识，虽然这促进了学术多元繁荣局面，但其中一些偏离民族法价值理念的观点也制约了民族法学教育与民族法治建设的发展。为此，有必要在坚持中国特色社会主义民族法治理念的基础上，以新时代党的民族工作主线为导向，从理论上深入探究民族法的一般原理，不断提升民族法的理论研究共识，切实发挥民族法在促进各民族交往交流交融、引导各族人民铸牢中华民族共同体意识中的法治保障功能。

本编在马克思主义法学与马克思主义民族观的指导下，坚持历史与现实相融通、理论与实践相结合、实证分析与价值分析相契合，深入探究民族法的概念、民族法的原则、民族法的渊源、民族法的效力、民族法的体系等民族法的一般原理问题，特别是在当前理论分歧的基础上厘清民族法的基本内涵、探寻民族法的理论共识，以更好地促进民族法学学科发展及其在新时代对民族法治建设的指导作用。

学习民族法学，首先要全面了解与深入把握民族法的一般原理，以民族法的发展规律和民族法治实践需求为导向，切实增强对民族法基础理论知识的分析、运用和理解能力，做到知行合一。

第一章　民族法的概念

第一节　民族法的定义

一、民族法的词源

通过法律调整民族关系，是统一的多民族国家处理国内民族关系的必要手段。因此，民族法作为一种法律现象，可以追溯到奴隶社会。在我国，夏朝就已经有了通过法律调整民族关系的先例。[1] 成书于战国时期的《禹贡》，创造了以民族特点来确定管辖区域，依据税赋来调整中央政府与周边少数民族关系的政策。[2] 秦朝的《属邦律》确定的和亲通婚、民族自治、维护少数民族上层首领的特权与民族同化等制度或措施，对其后历代封建王朝的民族立法产生了重要影响。[3] 秦代以后，我国历朝历代都对民族法律关系作出了相应规定。例如，汉代建立了以属国制和边郡制为核心的管辖少数民族的行政体制；唐代建立了管辖民族地方的"羁縻府、州、县"制，并对"化外人"犯罪作出了详尽规定；元代在民族地区设立行省制和土司制；清代形成了以《大清律例》有关"化外人有犯条"的规定为核心，以适用于各少数民族地区的单行法和《理藩院则例》为补充的民族法体系。[4] 需要指出的是，古代社会虽然开展了丰富多彩的民族法实践，但并没有明确使用"民族法"一词。

据学界考证，作为法学的专有术语，"民族法"一词最早出现在恩格斯在1884年出版的《家庭、私有制和国家的起源》一书中。恩格斯在分析雅典国家的法律制度时指出："雅典人比美洲任何土著民族都前进了一步，相邻的各部落的单纯的联盟，已经由这些部落融合为统一的民族(Volk)所代替了。于是就产生了凌驾于各个部落和氏族的法的习惯之上的雅典普遍适用的民族法(Volksrecht)。只要是雅典的公民，即使在非自己部落的地区，也取得了确定的权利和新的法律保护。但这样一来就跨出了摧毁氏族制度的第一步，因为这是后来允许不属于全阿提卡任何部落并且始终都完全处于雅典氏族制度以外的人也成为公民的第一步。"[5]

但需要指出的是，恩格斯所讲的"雅典"，既是一个民族，也是一个城邦国家，雅典民族和雅典国家在这里具有同位的性质。因此，在雅典普遍适用的"民族法"实际上是氏族和部落融合的

---

〔1〕 夏朝立国伊始就是一个多民族国家。夏朝建立后，有扈氏不服，为启所灭，于是"天下咸服"。所谓"天下咸服"，不仅是武力镇压的结果，也有通过法律调整民族关系的作用。参见张文山：《论中国古代社会的民族法》，载《思想战线》1997年第1期。

〔2〕 参见张文山：《论中国古代社会的民族法》，载《思想战线》1997年第1期。

〔3〕 参见张文山：《论中国古代社会的民族法》，载《思想战线》1997年第1期。

〔4〕 参见张文山：《论中国古代社会的民族法》，载《思想战线》1997年第1期。

〔5〕 《马克思恩格斯选集》(第4卷)，人民出版社1995年版，第108页。

产物,是凌驾于各个氏族和部落习惯法之上的国家法,“是适用于雅典全体公民的全国性法律”[6]。制定和实施这种法律的目的在于确定新的社会关系和社会秩序,消除旧的氏族和部落习惯法对维护民族统一和国家权威的不利影响,巩固和发展新生的雅典民族和雅典国家。在这里,民族的特征表现为与原来的氏族、部落和其他民族国家的区别。法律的这种民族性是各国法律的重要文化特征,也是各国法律之间形成差异的重要原因。世界上有两千多个民族,生活在两百多个国家和地区。由于生存条件、历史发展和经济状况的差异,生活在不同国家或地区的民族往往有不同的民族特征。这些特征反映在法律上,就形成了法律的民族性。因此,以法律的民族性来解读法律,“便有了类似雅典国家法这样的民族法”[7]。

因此,恩格斯使用的“民族法”概念与我国当下使用的“民族法”概念有本质区别。我国当下使用的“民族法”概念,是在全国人民代表大会民族委员会于1979年10月提出要加强“民族立法”工作和“民族法制”建设的背景下产生的,源自茂敖海在1981年发表的《试论创立民族法问题》。[8] 茂敖海在此文中将“民族法”作为“民族立法”和“民族法制”的属概念或者上位概念使用,并在这一范畴下对我国通过法律调整国内民族关系、保障民族权利而开展的民族立法和民族法治建设进行了专门探讨。由此可见,我国法学界自20世纪80年代开始关注的“民族法”,明显不同于恩格斯笔下的“民族法”。首先,恩格斯所讲的“民族法”是一个国家法律的总称,而我国当下使用的“民族法”概念则是指一国法律体系中调整民族关系的法律规定。其次,恩格斯所讲的“民族法”以国家的民族特征作为分类标准,而我国当下所讲的“民族法”则以法律调整对象的主体特性和利益指向为分类标准。最后,恩格斯所讲的“民族法”存在于所有国家,而我国当下所讲的“民族法”只存在于有民族关系需要通过法律加以调整的统一的多民族国家。

之所以存在上述差异,是因为中文中的“民族”一词有多种用法,至少存在广义和狭义两种解释。广义的民族是就民族国家整体层面而言的,它在某种程度上指代整个国家,如“中华民族”“德意志民族”“大和民族”等;狭义的民族是广义民族的种概念或者下位概念,是指国家内部构成广义的民族的各民族群体或者族群等,如我国的汉族和55个少数民族就是狭义的民族,这些民族共同构成了国家层面的“中华民族”。

二、民族法的概念释义

在借助语言描述事实或问题的时候,明确的定义是科学研究的前提。只有意义表达方式统一,才能使科学交流成为可能。“定义的工作”十分艰苦,但是不能放弃。没有确定的定义,就不能清晰地思考、科学地认识。对概念的争论,是法学者们日常工作的一部分。[9] 民族法的定义也是如此。迄今为止,在民族法的概念解读上,理论界仍然存在较大分歧。

从理论演进的视角看,茂敖海虽然将“民族法”术语作为“民族立法”和“民族法制”的属概念来使用,但并没有对其进行专门解释。史筠虽然在1984年首次提出要“建立民族法制学这样一门学科”,但也只是从我国实际出发,指出“中国的民族法制是调整国内的民族关系的”,[10] 并没有对“民族法”概念作出一般解释。

---

[6] 王天玺:《民族法概论》,云南人民出版社1988年版,第1页。

[7] 吴宗金、张晓辉主编:《中国民族法学》(第2版),法律出版社2004年版,第104页。

[8] 参见茂敖海:《试论创立民族法问题》,载《内蒙古社会科学》1981年第1期。

[9] 参见[德]伯恩·魏德士:《法理学》,丁晓春、吴越译,法律出版社2003年版,第9页。

[10] 史筠:《民族法制研究》,北京大学出版社1986年版,第14页。

王天玺是最早对“民族法”的含义作出明确界定的学者。他认为，“‘民族法’这个概念广义地说是指一切调整民族关系的法律和法规。从理论上看，无论何种社会，只要存在民族，只要是不同的民族组成一个国家，就有调整民族关系的必要，就可能产生民族法。但在实际上，民族法是社会主义民主发展的结果，只有在社会主义社会中，才能实现民族平等，才能按彻底民主的原则调整民族关系。因此，民族法是专指按照民族平等的原则调整民族关系的法律规范之总和”[11]。这一解释包括了两个方面的内容：一是关于“民族法”概念的一般定义，即“民族法是多民族国家内调整民族关系的法律和法规”；二是从社会主义立场对“民族法”的界定，即“民族法是社会主义民主发展的结果”“民族法是专指按照民族平等的原则调整民族关系的法律规范之总和”。

从法理上讲，定义“民族法”有两个目的：一是促进民族法学理论研究；二是规范民族法治实践。因此，民族法的定义应当具有一定的包容性，能够将历史上存在过的不同的民族法理论与实践现象包含进来；同时，这样的定义又应当具有一定的科学性，必须符合事物发展的基本逻辑，如此才能满足法治实践的需要。而将“民族法”仅仅限定在社会主义社会，认为“民族法”是专指按照民族平等的原则调整民族关系的法律规范的观点，不符合定义包容性和科学性的要求。因为，从人类发展的历史来看，无论是奴隶制国家，还是封建制国家，抑或资本主义国家或者社会主义国家，只要是由多个民族构成的国家，就都存在民族关系，就需要通过法律来调整民族关系。因此，不应当以是否遵循民族平等的原则作为是否存在民族法的判断标准。事实上，从多民族国家的历史发展来看，民族关系都经历了从不平等关系向平等关系的变化，调整民族关系的法律也同样经历了从不平等的法律向平等的法律的转变。严格地讲，“近代之前的法律根本没有体现平等，即使有，也仅仅是社会等级之内的平等；近代资本主义社会的法律关注主体资格形式上的平等；社会主义社会的法律不仅关注主体资格形式上的平等，而且关注主体法律权利、法律义务和法律责任实质上的平等”[12]。由此看来，即便是在“民族平等已经成为国际社会的一个共同准则”[13]的当今世界，对民族平等内涵的理解仍然存在较大差异。但并不能由此认为，在对民族平等有不同理解的国家中，一些国家据此制定的调整民族关系的法律是民族法，而作出不同解释的国家制定的调整民族关系的法律就不是民族法。

进言之，对民族法概念的解释重在说明“民族法是什么”的问题，而对调整民族关系的法律是否符合民族平等的要求则解决的是“民族法应当是什么”的问题。前者属于事实判断，而后者属于价值判断。正因为如此，王天玺从社会主义立场对民族法的界定在学界并未产生多大影响，而其对民族法概念的一般定义，即民族法是“多民族国家内调整民族关系的法律和法规”，则得到了大多数学者的认同。之后一些学者的定义，或者是对此定义的重述，或者是对此定义的细化，都没有超出上述定义的界限。例如，吴宗金、张晓辉认为，民族法是指多民族国家内部调整民族关系的法律；[14] 陈洪波、王光萍、熊文钊认为，民族法是指国家及其授权机关制定和认可的，调

---

〔11〕 王天玺：《民族法概论》，云南人民出版社 1988 年版，第 1 页。

〔12〕 《法理学》编写组编：《法理学》（第 2 版），人民出版社 2020 年版，第 96 页。

〔13〕 吴宗金、张晓辉主编：《中国民族法学》（第 2 版），法律出版社 2004 年版，第 120 页。

〔14〕 参见吴宗金：《民族法制的理论与实践》，中国民主法制出版社 1998 年版，第 22 页；吴宗金、张晓辉主编：《中国民族法学》（第 2 版），法律出版社 2004 年版，第 104 页。

整民族之间以及国家与民族地区之间的权利义务关系的法律规范的总和;[15]吴大华认为,民族法是国家权力机关和管理机关在对民族关系、民族问题进行调整、处理等活动中的法律规范的总和;[16]牛文军认为,民族法是指专门调整和处理国内民族关系的法律规范的总和,是多民族国家调整国内民族关系、管理民族事务的普遍而又重要的方式;[17]等等。从这些学者对民族法概念的界定来看,为进一步厘清民族法概念的含义,还有一些问题需要进一步明确。

首先,虽然绝大多数学者都认为民族法是多民族国家调整民族关系的法律,但也有学者认为除调整民族关系的法律外,调整国家与民族地区的关系的法律也属于民族法的范畴。因此,民族法的调整对象既包括民族关系,也包括国家与民族地区或民族自治地方的关系。[18] 而这些学者之所以认为国家与民族地区的关系也是民族法的调整对象,其主要原因在于,在这些学者看来,民族区域自治法是民族法律制度的核心部分,而民族区域自治法既调整国家与民族自治地方民族的关系,也调整国家与民族自治地方的关系,但"民族自治地方的民族"与"民族自治地方"是不能等同的,因此,"民族关系的归纳并不能完全包容民族区域自治制度,自然也就无法周延整个民族法的调整对象"。[19] 但从法理上讲,这一解释是不能成立的。民族区域自治法之所以属于我国民族法律制度的核心部分,主要有以下原因:其一,从制度实施的初衷来看,实施民族区域自治制度的根本目的在于保障聚居少数民族通过在其聚居的地方实行区域自治,实现其当家作主管理本民族内部事务的权利,以妥善处理多数民族与少数民族的关系。从这个角度讲,民族区域自治法之所以是我国民族法律制度的核心部分,是因为民族区域自治制度是我国调整民族关系的基本制度,而民族区域自治法则是保障民族区域自治制度有效实施的基本法律。在这个意义上讲,是否实施或者能否有效实施民族区域自治制度,是影响多数民族与少数民族之关系的重要因素。其二,从制度实施的现状来看,我国已经建立的民族自治地方都是多个民族共同居住的地方,不存在单一民族聚居的情况,因此,如何处理好民族自治地方内部的民族关系,也是实施民族区域自治需要解决的重要问题。正因为如此,我国《民族区域自治法》对如何处理好民族自治地方内部的民族关系作出了专章规定。

其次,实践中对民族关系产生影响的社会规范有许多,包括各种道德规范、宗教规范、风俗习惯等,这些规范是不是民族法的组成部分?而要回答这一问题,在界定何为民族法时,必须明确指出调整民族关系的法律从何而来。从上述学者对民族法概念的界定来看,除少数学者指出民族法是由"国家及其授权机关制定和认可的"外,绝大多数学者对此并没有给予必要关注。从法理上讲,明确民族法从何而来,是将调整民族关系的法律与其他行为规范区分开来的关键,因此,在定义民族法时必须对此予以明确界定。国家创制法律的形式包括两类:一是制定新规则;二是认可既有规则。因此,理论界虽然习惯于将道德规范、宗教规范、风俗习惯等称为"民间法",但这些规范只有在得到国家认可时,才属于民族法的范畴。从这个角度讲,民族法不能脱离国家权力,只有国家机关依照法定权限和程序制定或者认可的行为规范才能称为法。

---

〔15〕 参见陈洪波、王光萍:《当前我国民族立法工作中存在的主要问题、成因及对策研究》,载《民族研究》2001年第2期;熊文钊主编:《民族法学》,北京大学出版社2012年版,第26页。

〔16〕 参见吴大华:《民族法律文化散论》,民族出版社2004年版,第179页。

〔17〕 参见牛文军:《论民族立法存在的基础与空间》,载《广播电视大学学报(哲学社会科学版)》2005年第2期。

〔18〕 参见熊文钊主编:《民族法学》,北京大学出版社2012年版,第27页;吴宗金、张晓辉主编:《中国民族法学》(第2版),法律出版社2004年版,第110页。

〔19〕 参见熊文钊主编:《民族法学》,北京大学出版社2012年版,第27~30页。

最后,法律对社会关系的调整有两种模式:一是授权模式;二是义务模式。换言之,法律对社会关系的调整是通过明确规定行为主体的权利和义务而实现的。从这个角度讲,通过法律调整民族关系,就是将现实生活中的民族关系转化为法律上的权利义务关系,发挥权利机制的激励和引导功能及义务机制的约束和惩戒功能,从而将民族关系纳入法治轨道,有效保障各民族的合法权益,促进各民族的团结奋斗和繁荣发展。

综上所述,我们认为,将民族法界定为由多民族国家制定或者认可的调整国内各民族之间的权利义务关系的法律规范的总称,是较为科学的。在此基础上,也有学者进一步指出,民族法还有广义和狭义之分。在我国,广义的民族法包括宪法中有关民族条款,专门的民族法规,其他法律、法规中有关民族方面的规定;而狭义上的民族法,则专指民族法文件,如《民族区域自治法》等。[20] 然而,在多民族国家,民族关系是一个非常复杂的问题,涉及政治、经济、文化和社会等领域的各个方面,仅仅通过专门的民族法文件不可能满足通过法律调整民族关系的需要。因此,这种广义和狭义的民族法区分是没有必要的。

三、民族法的调整对象

法律以社会关系为调整对象,而民族法是由多民族国家制定或者认可的调整国内民族关系的法律,因此,民族法的调整对象是指属于民族关系范畴并由法律规定用法律手段予以调整的社会关系。简言之,民族法所调整的对象是民族关系。要准确理解民族法的调整对象,关键是要厘清何谓“民族关系”。对此,可以从社会关系涉及的领域、性质和主体等方面展开。

从社会关系涉及的领域来看,民族关系是指在多民族国家中,各民族为维护其生存与发展,在政治、经济、文化、社会、生态等领域的交往活动中形成的各种社会关系,涉及的范围十分广泛。在多民族国家中,由于不同民族在人口、地域、政治形态、经济发展、文化传统等方面存在或大或小的差异或差距,从而形成了较为复杂的民族关系。民族关系所具有的这种复杂性特点也必然反映在民族法的内容上。因此,民族法的内容十分广泛,涉及政治、经济、文化、教育、科技、自然环境等诸多方面。无论是政治权利的分配,还是经济的均衡发展、文化的传承与创新、自然环境的保护与资源的开发利用等,都涉及各民族之间的利益关系,需要用法律手段加以调整。

从社会关系的性质来看,多民族国家的民族关系经历了从不平等的等级关系向平等关系的演进。从世界发展的历史看,在相当长的人类发展的历史进程中,整个世界的民族关系基本上是建立在一种奴役、剥削、压迫基础上的不平等的等级关系。由于民族关系紧张而引发的民族矛盾、民族纠纷和民族战争时有发生,极大地制约了国家的统一和社会的发展。当代,在一些国家或者地区,仍然存在一些民族不平等问题有待解决。世界范围内由于民族关系调控失当而导致的民族分离、民族纠纷、民族仇恨,仍是当今世界政治风云变幻的重要根源。因此,在多民族国家,维护、促进和实现民族平等,构成了民族关系调整的根本目标和追求。从人类社会发展的历史和现实来看,对多民族国家而言,推进必要的政治、经济、文化和社会体制改革,维护各民族平等的生存权、发展权和参与公共事务的权利,妥善处理和调整民族关系,是人类和平与发展的根基。我国56个民族在历史中共同创造了优秀的中华民族文化,组成了以中国为生存空间和符号象征的中华民族大家庭。中华人民共和国成立以来,我国各民族在社会主义生产关系的基础上,形成了平等团结互助和谐的新型民族关系,为全面建成社会主义现代化强国和实现中华民族伟

---

〔20〕 参见吴宗金:《民族法制的理论与实践》,中国民主法制出版社1998年版,第22页。

大复兴奠定了可靠基础,也为世界各国处理民族关系提供了宝贵经验。

从社会关系主体的角度讲,民族关系是各民族在政治、经济、文化交往和共同活动中形成的相互关系,是不同民族之间的关系。但理论界对此有多种理解和界定。归纳起来,大致有三种观点:第一种观点认为,民族关系包括国家与民族的关系、各民族之间的关系、各民族内部成员之间的关系;[21] 第二种观点认为,民族关系包括国家与民族的关系、各民族之间的关系;[22] 第三种观点认为,民族关系仅指各民族的相互关系。[23] 有学者认为,民族关系指的是各民族之间的关系。[24] 由此看来,要厘清何为民族关系,关键是要厘清国家与民族的关系、各民族内部成员的关系是否属于民族关系的范畴。

从主体角度讲,民族关系本质上是人与人的关系。而在人类社会活动中,“人与人的关系”既可以通过个体之间的行为表现出来,也可以通过群体之间的行为表现出来。在一个主权国家内,从个体角度来讲,“人与人的关系”主要表现为公民与公民之间的关系;从群体角度来讲,“人与人的关系”主要表现为政党、阶层、民族、宗教和区域的差异,而且,在现实性上,这种群体关系也要通过个体的行为才能形成。因此,从现实的个人的角度看,一个人既有可能基于个人利益的需要,与特定群体或群体中的个人发生交往关系,也可能基于本群体的利益需要,与其他群体或者群体中的个人发生交往关系。凡是基于个人利益的需要,无论是与本民族的个体还是与他民族的个体之间发生的交往关系,都是一种公民关系;凡是基于本民族利益的需要,与其他民族的群体组织或者个体成员之间发生的交往关系,都是一种民族关系。换言之,由于民族是一个由具有共同特征的若干个体的人组成的共同体,其意志形成、行为的实施,需要通过代表本民族利益和诉求的现实的人的行为才能完成,因此,当一个现实的人,无论这个人是何种民族身份,只要他在代表某一个民族的利益实施可能对其他民族的利益产生影响的行为,由此结成的现实的社会关系,就是不同民族之间的关系,或者说是抽象的民族关系的现实化。反之,如果一个现实的人不是为了维护或者表达某一个民族群体的利益或诉求,而是为了实现个人的利益诉求而实施对其他人可能产生影响的行为,由此结成的社会关系,无论这种关系是发生在具有相同民族身份的个体之间,还是发生在具有不同民族身份的个体之间,都不属于民族关系的范畴。从这个角度讲,民族法所调整的民族关系是一种民族群体之间的关系,各民族内部成员间的关系和具有不同民族身份的个体之间的关系,都不是民族关系的组成部分,不能成为民族法的调整对象。

此外,从国家与民族的关系来看,多民族国家是由不同民族共同构成的国家,这个国家是所有民族共同拥有的国家,多民族国家与民族的关系体现为整体与部分的关系,而民族关系则是构成多民族国家的不同民族之间的关系,体现的是部分与部分的关系,因此,国家与民族的关系不属于民族关系的范畴。相应地,代表多民族国家行使权力的政府是以多民族为基础形成的国家意志得以表达的载体,是各民族共同的政府,因此,政府与民族的关系体现的也是整体与部分的关系,不属于民族关系的范畴。从这个角度讲,那种认为在民族自治地方,“自治法规调整的社

[21] 参见熊文钊主编:《民族法学》,北京大学出版社 2012 年版,第 27~29 页;毛为民、周春梅:《民族法调整对象新探——兼与吴宗金同志商榷》,载《中央民族学院学报》1993 年第 2 期;吴宗金、张晓辉主编:《中国民族法学》(第 2 版),法律出版社 2004 年版,第 109~113 页。

[22] 参见吴大华主编:《民族法学》,法律出版社 2013 年版,第 76~78 页。

[23] 参见吴宗金:《论民族法调整对象》,载《中央民族学院学报》1992 年第 3 期。

[24] 参见吴宗金:《论民族法调整对象》,载《中央民族学院学报》1992 年第 3 期。

会关系实际上是作为国家权力机关的自治机关与单一民族或者诸民族中的某一民族之间的社会关系，仍然属于调整民族关系的范畴”[25]的观点，是不能成立的。此外，也有学者认为，在我国，国家与民族的关系之所以属于民族关系的范畴，是因为国家代表的是中华民族的整体利益，反映的是中华民族与各民族的关系。[26] 这种观点也是不周延的，因为在中华民族多元一体格局下，一方面，国家不仅代表作为一体而存在的中华民族的整体利益，也代表作为多元而存在的各民族的利益；另一方面，中华民族的整体利益与各民族的利益是整体与部分的关系，各民族的利益共同构成中华民族的利益，中华民族的利益也是各民族的利益，因此，维护中华民族整体利益，关键在于处理好各民族间的关系。正因为如此，2021 年中央民族工作会议强调：要正确把握中华民族共同体意识和各民族意识的关系，引导各民族始终把中华民族利益放在首位，本民族意识要服从和服务于中华民族共同体意识，同时要在实现好中华民族共同体整体利益进程中实现好各民族具体利益，大汉族主义和地方民族主义都不利于中华民族共同体建设。

而要处理好各民族之间的关系，实现好中华民族共同体整体利益和各民族具体利益，关键在于政府在协调和处理民族关系问题时，必须认真区分不同群体或者个体之间基于不同利益诉求发生的交往活动，不能将基于个人利益需要发生的社会关系，混同为基于民族群体利益需要发生的社会关系。在处理涉及民族因素的问题时，不能把各民族公民的民事或者刑事问题、发生在民族自治地方的普通矛盾或纠纷等纳入民族问题范畴；对各民族的违法犯罪行为必须依法处理，不搞选择性执法。[27] 否则，在现实生活中，极有可能由于具有不同民族身份的公民没有得到政府的同等对待，而诱发群体性的民族与民族之间的纠纷与矛盾。因而，在针对不同民族或地区的发展现状和客观需要采取相应的政策措施、维护群体意义上的民族平等、营造团结互助和谐的局面时，应当认真对待为保障群体意义上的民族平等所采取的政策措施，慎重考虑其可能对其他民族或者公民的权利产生的影响，不能为了维护群体平等而违反公民权利义务平等原则的要求。

由此可见，从民族关系发生机理的角度讲，政府是协调和处理民族关系问题的重要主体，对民族关系的发展和走向具有重大影响，但政府与民族的关系本身不属于民族关系范畴。同时，虽然具有不同民族身份的公民与公民之间的关系，对民族与民族之间的关系具有重要的影响；民族与民族的关系是否和谐，对公民的权利实现和义务履行也有重要意义；但这两种社会关系仍然具有不同的性质，不能将二者混同。从这个角度讲，政府在协调和处理民族关系问题时，能否正确区分具有不同民族身份的公民之间的社会关系与不同民族群体之间的社会关系，既是决定其能否有效协调和处理民族关系问题的根本前提，也是影响民族关系的发展和走向的重要因素。

第二节　民族法的特征

一、民族法是由国家制定或者认可并由国家强制力保障实施的行为规范

国家制定或者认可，既是国家创制法律的两种方式，也是法律规范与道德规范、宗教规范和

〔25〕 吴宗金、张晓辉主编：《中国民族法学》（第 2 版），法律出版社 2004 年版，第 109 页。

〔26〕 吴宗金、张晓辉主编：《中国民族法学》（第 2 版），法律出版社 2004 年版，第 109 页。

〔27〕 参见中共中央、国务院 2014 年 12 月印发的《关于加强和改进新形势下民族工作的意见》。

风俗习惯等其他社会规范的根本区别。在多民族国家,民族法是国家法律的一个重要组成部分,只有经国家制定或者认可的调整民族关系的行为规范,才属于民族法的范畴。任何一种社会规范,都有保障其实施的社会力量,即都具有一定的强制性。但是,不同社会规范强制性的性质、范围、程度和方式等不尽相同。例如,道德规范主要是依靠人们的内心信念和社会舆论的压力来保证实施的,体现的是一种社会强制力的保障,违反道德规范的行为通常会受到社会舆论的谴责和批评。而民族法是国家法律的组成部分,其实施是由国家强制力来保证的。需要注意的是,这种保证是从终极意义上讲的。当人们的行为符合民族法的要求时,国家强制力是潜在的,只有当人们的行为违反民族法的要求时,国家强制力才会显现出来。在国家治理中,国家意志的形成和国家强制的实施,都是由代表国家行使权力的政府来完成的,因此,民族法创制和实施的权力也只能由代表国家行使权力的政府来行使,具有国家性。在我国,民族法的创制主要由全国人民代表大会及其常务委员会、国务院及其各部委、省级人民代表大会及其常务委员会和人民政府及设区的市人民代表大会及其常务委员会和人民政府等国家机关承担,民族法的实施主要由各级人民政府、人民法院和人民检察院等国家机关承担。

在中华民族多元一体的格局下,各民族的历史传统、风俗习惯、宗教信仰、生存条件及其与之相关的文化观念,对民族法的影响是巨大的。正如法国思想家卢梭指出的,除了根本法、公民法和刑事法之外,还存在第四种法,而且是最重要的法,"这种法律既不是铭刻在大理石上,也不是铭刻在铜表上,而是铭刻在公民们的内心里;它形成了国家的真正宪法;它每天都在获得新的力量;当其他的法律衰老或消亡的时候,它可以复活那些法律或代替那些法律,它可以保持一个民族的创制精神,而且可以不知不觉地以习惯的力量取代权威的力量。我说的就是风尚、习俗,而尤其是舆论"[28]。这段话深刻揭示了作为文化内容和文化观念的民族风俗习惯对立法、执法和司法的重大影响。也正是在这个意义上,有学者指出:"民族法是民族文化的独立性在法律上的反映。"[29]"民族文化的特殊性和民族文化的内容为民族法的制定和实施提供着历史的和现实的依据。"[30]这就要求我们,无论是在立法中,还是在执法或者司法时,都应当对各民族的风俗习惯的影响给予足够的重视。

我们是一个统一的多民族国家,在中华民族多元一体的格局下,既有体现各民族共同性的中华民族文化,也有体现各民族特殊性的各民族文化。无论是汉族文化,还是少数民族文化,都是中华文化的组成部分。因此,在民族法的制定和实施中,要重视以风俗习惯为主要载体的各民族文化的影响,关键在于按照增进各民族的共同性,尊重和包容各民族的差异性的要求,妥善处理好中华文化与各民族文化及各民族文化之间的关系,夯实民族法体系的文化根基。从这个角度讲,虽然法人类学或者民族法学界经常将各民族的风俗习惯称为"习惯法",但从法治的角度讲,这些风俗习惯在得到国家认可之前,只是诸多民间规范中的一种,不是具有国家性的民族法的组成部分。

在多民族国家,各民族的风俗习惯是各民族在长期的生活与生产过程中逐渐形成的,用来分配本民族内部成员之间的权利义务,并且依靠各民族特定的权威和组织来保证实施的一套行为

〔28〕 [法]卢梭:《社会契约论》,何兆武译,商务印书馆2003年版,第70页。
〔29〕 吴宗金、张晓辉主编:《中国民族法学》(第2版),法律出版社2004年版,第107页。
〔30〕 吴宗金、张晓辉主编:《中国民族法学》(第2版),法律出版社2004年版,第108页。

规范。这种行为规范是一种地方性知识,是一种“准法律”。[31] 为妥善处理各民族传统文化的关系,按照尊重和包容差异性的要求,我国在《宪法》第4条第4款明确规定,各民族都有保持或者改革自己的风俗习惯的自由。《民族区域自治法》《立法法》《刑法》等法律也赋予了有关国家机关根据民族的政治、经济和文化的特点,对国家法律进行变通或者补充的权力,为保障各民族保持或者改革自己的风俗习惯的权利提供了广阔的发展空间;在尊重和包容各民族差异性的同时,为促进各民族共同性的生成,进而为各民族交往交流交融提供制度保障,《民法典》第10条规定:“处理民事纠纷,应当按照法律;法律没有规定的,可以适用习惯,但是不得违背公序良俗。”从法理上讲,这一规定不仅为纠纷裁断者在处理民事纠纷时如何选择和确定裁断依据提供了必要的准则,也为各民族保持或者改革自己的风俗习惯提供了广阔空间。

作为地方性知识的各民族的风俗习惯,已经内化为人们的行为习惯,比较贴近人们的生活,有效实用,但其“人域”与“地域”的局限性是显而易见的。无论是在民族自治地方内部,还是在各民族自治地方之间或者民族自治地方与非民族自治地方之间,由于每一个民族都有自己的风俗习惯,针对同一事项的调整就可能存在不同的行为规则。因此,虽然在相对封闭的熟人社会,风俗习惯具有极强的有效性,但是,由于其作为地方性知识的人域性和地缘性的限制,在日渐开放的社会之中,在各民族之间的交往交流不断增强的背景下,各民族的风俗习惯已难以发挥其规范和调控功能。此外,由于客观的外在因素的变化和影响,各民族成员认同和接受正当且有效的习惯法的心理确信可能会发生变化。某一特定民族群体的成员对该群体的风俗习惯的态度,可能会经历一个从“认同与接受”到“不认同与不接受”的转变过程。经历这一过程之后,曾经正当而有效的风俗习惯就失去了对该群体所有成员的普遍约束力。如果“认同与接受”本民族风俗习惯的成员与“不认同与不接受”本民族风俗习惯的成员发生了纠纷,与风俗习惯相适应的保障机制将不再有效。于是,在既有的治理体系中,国家法及其司法机制就合法地进入曾经为各民族习俗解决纠纷机制所有效调控的领域。正因为如此,《民法典》第10条才明确规定,执法或者司法机关在处理民事纠纷时,应当按照法律的规定来处理;只有在法律没有规定时,才可以适用不违背公序良俗的习惯来处理。而对习惯是否违背公序良俗的裁断,也应当由代表国家行使权力的执法或者司法机关依据法理来作出。

二、民族法通过发挥民族权利和民族义务的功能实现对民族关系的调整

法律对社会关系的调整,是通过规定人们的权利和义务,以权利和义务为机制,发挥权利的激励、保障功能和义务的约束、惩戒功能,进而影响人们的行为动机,指引人们的行为来实现的。通过民族法调整民族关系,也应当通过规定各民族的权利和义务来实现。

民族权利是一个具有多重含义的概念,可以从道德意义、社会学意义和法律意义等多个维度进行解释。例如,各民族追求生存和自由的权利、追求高质量的物质生活的权利和在社会生活中保持和改革自己的语言文字、风俗习惯、文化传统和价值取向的权利等,都可以在道德意义、社会意义或者法律意义上证成。从法理上讲,由法律规定和确认并由国家权力保障实现,是法律上的民族权利与道德或者社会学意义上的民族权利的主要区别。当然,法律对民族权利的规定和确认也不是任意的,既要考虑人们的道德要求,也要考虑社会的发展需要。因此,道德或者社会学

---

〔31〕 [美]克利福德·吉尔兹:《地方性知识——阐释人类学论文集》,王海龙、张家瑄译,中央编译出版社2000年版,第266页。

意义上的民族权利经常被确认为法律上的民族权利,随着社会的发展变化,原来被法律所规定和确认的民族权利,又会转化为道德或者社会学意义上的民族权利。民族权利是一个历史的范畴,不是永恒不变的,在特定的历史时期,一个民族在法律上究竟享有哪些权利,应当以当时的法律规定为依据。

在多民族国家,法律之所以要规定民族权利,有两个方面的目的:一是有效调整民族关系,消除民族冲突和矛盾,促进各民族的团结与合作,维护国家统一、稳定和发展;二是民族作为一个由若干个体的人构成的共同体,在其形成与发展过程中形成的民族的整体利益,对其成员的生存与发展具有重要的意义,通过法律对民族权利予以规定来确认和保护民族整体利益,是为了更好地保障民族成员的个体权利得到充分实现。从这个角度讲,法律所规定和确认的民族权利,是一个民族相对于其他民族而言在法律上所享有的权利,其权利主体是作为共同体或者集体存在的民族,不是民族成员。因此,民族权利是一个民族集体所享有的集体权利,而非该民族成员所享有的个体权利。在我国,民族权利的主体是我国境内的56个民族。那种认为"民族权利既是一个民族集体享有的权利,也是民族集体中的民族成员个体享有的权利"的观点,[32]在法理上是不能成立的。

综上所述,民族权利,是指由法律规定和确认并体现在民族法律关系中,由各民族为维护和实现民族利益而享有并以其他民族应承担的法定义务为保障的法律资格和手段。而民族义务,则指的是由法律规定和确认并体现在民族法律关系中,督促各民族按照民族权利主体的要求做一定的行为或者不做一定行为,以满足民族权利主体维护和实现其利益需要的手段。从这个角度讲,民族权利与民族义务之间具有相互性,没有无民族义务的民族权利,也没有无民族权利的民族义务。一方面,民族权利的实现依赖于民族义务主体承担相应的义务,如果民族义务主体不承担义务,民族权利就不能实现;另一方面,在各民族之间的相互关系中,各民族既是权利主体,也是义务主体。每一个民族相对于其他民族而言,它的权利意味着其他民族所应当承担的义务,而其他民族享有的权利,也依赖于这个民族对其承担义务的履行。例如,某一民族的平等权利的实现,依赖于其他民族对其平等权利所承担的不侵权的义务,该民族也承担着不侵犯其他民族平等权的义务。又如,作为一个国家的社会集团和公民群体,维护国家统一、民族团结和促进社会进步既是各民族所享有的权利,也是各民族应当承担的义务。由此看来,在民族关系治理中,国家能否通过法定的民族权利和民族义务机制有效调整民族关系,取决于两个方面的因素:一是在资源配置或者利益分配中,国家是否在法律上合理地规定民族权利、设定民族义务;二是在民族义务主体不履行其应当履行的法定义务,侵犯民族权利主体的法定权利时,国家能否对违反法定义务的民族义务主体给予必要的惩戒,并对民族权利主体的权利给予有效的保障。

马克思指出:"权利决不能超出社会的经济结构以及由经济结构制约的社会的文化发展。"[33]因此,在民族关系治理实践中,为了合理地规定民族权利、设定民族义务,需要充分考虑社会的经济结构以及受经济结构制约的社会的文化发展状况。一般认为,在多民族国家,各民族应当享有三个方面的权利:一是政治权利,包括平等权、区域自治权和参政权等;二是经济权利,包括经济发展权、获得帮助权和财政贸易管理权等;三是文化权利,包括使用和发展语言文字的

---

〔32〕 吴宗金、张晓辉主编:《中国民族法学》(第2版),法律出版社2004年版,第151页;王军:《少数民族差别性权利的正当性:理论基础与范式》,载《民族研究》2017年第1期。

〔33〕 《马克思恩格斯选集》(第3卷),人民出版社1995年版,第305页。

权利、保持或者改革风俗习惯的权利和开发、利用、保护民族文化的权利等。[34] 也有学者认为，除这三项权利外，各民族还应当享有受教育权利及发展医疗卫生、体育事业和社会保障的权利等。[35] 由于权利义务的对等性，当一个民族享有一定的政治、经济、文化和社会权利时，其他民族也就要承担相应的政治、经济、文化和社会义务。但是，按照马克思主义的观点，各民族在现实生活中究竟应当享有哪些法定权利、承担哪些法定义务，“既不能从它们本身来理解，也不能从人类精神的一般发展来理解，相反，它们根源于物质的生活关系”。[36] 具体而言，影响民族权利和义务配置的因素主要包括社会性质、民族空间分布格局、民族人口规模结构和民族发展特性等。

首先，社会性质是决定民族权利和义务配置的根本因素。在各民族地位不平等的奴隶制和封建制时代，国家在配置民族权利和义务时，遵循的是是否有利于统治民族利益的要求；各民族享有不同的权利，承担的义务也不同。在各民族地位平等的资本主义社会和社会主义社会，国家在配置民族权利和义务时，遵循平等原则的要求；各民族享有相同的权利，承担相同的义务。需要注意的是，资本主义国家和社会主义国家虽然都以民族平等为原则，但二者之间仍然存在较大差异，因为资本主义国家追求的是形式平等，而社会主义国家追求的是实质平等，因此导致的结果必然是，在资本主义国家，各民族之间在形式上虽然是平等的，但在实质上一定是不平等的；只有在社会主义国家，各民族之间才能达到形式平等和实质平等的完全统一。

其次，民族空间分布格局是影响民族权利和义务配置的重要因素。在多民族国家，民族空间分布格局，决定了民族权利和义务配置模式。一般而言，当一个民族有一个或者几个聚居区时，可以由该民族在其聚居区实行区域自治，自主管理其地方性的内部事务，因此制度设计的关键是赋予并保障其享有自治权。同时，要采取特别措施，有效保障生活在该地区的散居少数民族的权利。因而，可以将这种模式概括为民族聚居—散居格局下的区域自治模式。而在各民族交错杂居的地区，为协调民族关系、维护民族平等，应当实行完全民主的地方自治。在自治单元内部，所有民族都有权利和义务参与地方治理，共同管理地方公共事务。因此，制度设计的关键是赋予并保障其享有参与权或共治权。对此，可以将这种模式概括为各民族杂居格局下的区域共治模式。

再次，民族人口规模结构对民族权利和义务配置具有重要影响。一般而言，如果各民族的人口规模结构大体相当，在配置民族权利和义务时无须专门考虑，而在各民族人口规模结构在全国或者地方层面存在较大差距时，就需要采取必要的差别对待措施，以保证各民族都能够参与国家或者地方公共事务的管理。具体而言，在中央层面，应采取差别对待的选举制度等措施，保障少数民族参与国家和社会事务的管理。同时，应建立专门的全国民族事务管理机构。在地方层面，也应采取差别对待的选举制度等措施，保障散居少数民族参与地方公共事务的管理，并建立专门的地方民族事务管理机构。此外，无论是在中央层面，还是在地方层面，在处理涉及某一民族的具体事务时，都应坚持协商民主原则，与其代表进行充分协商。

最后，民族发展特性是影响民族权利和义务配置的关键因素。各民族在自身的发展过程中形成的特性，是一个民族之所以能够与其他民族区分开来，从而成为一个民族的根本原因。从人类社会发展的历史来看，一些国家试图通过实施强制同化、种族歧视或隔离等措施来解决民族问

---

〔34〕 参见吴宗金、张晓辉主编：《中国民族法学》(第2版)，法律出版社2004年版，第153～159页。

〔35〕 参见吴大华主编：《民族法学》，法律出版社2013年版，第95～101页。

〔36〕 《马克思恩格斯选集》(第2卷)，人民出版社1995年版，第32页。

题,但这不仅没有达到解决民族问题的目的,反而导致民族纠纷、冲突和矛盾甚至民族分裂,其根本原因就在于没有尊重民族发展的规律,没有认真对待民族发展特性。因此,在民族权利和义务配置时,如何对待各民族的发展特性,是国家必须高度重视并予以解决的关键问题。从民族形成和发展的角度讲,各民族的特性即各民族间的差异性,形成于各民族处于相对封闭、与外部缺乏交往的时代,而各民族间的共同性则形成于各民族相互流动、广泛交往的时代。在我国,“70 年来特别是改革开放以来,各民族在社会生活中紧密联系的广度和深度前所未有,我国大散居、小聚居、交错杂居的民族人口分布格局不断深化,呈现出大流动、大融居的新特点”[37]。在此背景下,各民族的共同性必然增加,差异性则会不断缩小。这种共同性的增加,既是族际交往的结果,又会进一步促进族际交往的深化。这就要求国家在配置民族权利和义务时,应当按照“增进共同性、尊重和包容差异性”的原则要求,建立健全采取差别对待政策调整民族关系的民族法体系,做到“尊重差异而不是强化差异,保持民族特性而不是强化特性”,[38]同时要按照增进共同性的方向改进民族工作,做到共同性和差异性的辩证统一、民族因素和区域因素的有机结合。具体而言,国家在配置民族权利和义务时,既要考虑各民族在传统文化、语言文字和风俗习惯方面存在的差异,也要考虑各民族在经济社会发展水平方面存在的差异,从而配置相应的权利和义务。正因为此,我国在《宪法》第 4 条第 2 款和第 4 款明确规定,“国家根据各少数民族的特点和需要,帮助各少数民族地区加速经济和文化的发展”,“各民族都有使用和发展自己的语言文字的自由,都有保持或者改革自己的风俗习惯的自由”,从而为尊重、包容和保障各民族发展特性提供了宪法依据。

三、民族法以对民族关系有重大影响的行为为调整的重点范围

法律对社会关系的调整,是通过对人们的行为进行规范和调整而实现的。但在现实生活中,法律不会对人们的所有行为都进行规范和调整,因而也不会对所有的社会关系都进行调整。从法理上讲,法律只对那些对国家的统一、社会的发展和人们的幸福有重大影响,而且适合由法律进行调整的社会关系和行为进行调整。作为法律的组成部分,民族法也不例外。

民族关系是一种动态的社会关系,它会随着政治、经济、文化及其他社会环境或者自然条件的变化而变化。因此,对民族关系的调整和处理不是一劳永逸或者一蹴而就的,而是国家治理和国家建设中的一项长期的经常的事务。民族关系的调整有多种方法和手段,包括政策手段、道德手段、舆论手段等,法律手段只是调整民族关系诸多手段中的一种。在民族关系的调整中,不能过分地强调法律手段的功能,忽视其他调整手段的作用。法律不是万能的,作为调整民族关系的手段,民族法也有一定的局限性。一方面,法律是通过对人的行为进行规范从而达到调整社会关系的目的的,通过法律的实施虽然可以对人们的思想、观念或者信仰等产生影响,但不能直接以人的思想、观念或者信仰等主观内心世界作为法律的调整对象。因此,对那些可能对民族关系产生不利影响的思想、观念或者信仰等,只能通过教育来引导其逐步改变。如果采用法律手段强行干预、限制或者禁止,不仅不能改善民族关系,而且往往会导致民族矛盾。另一方面,在多民族背景下,尊重和包容各民族的特殊性或者差异性,是处理好民族关系的根本前提,正因为此,我国《宪法》明确规定各民族“都有保持或者改革自己的风俗习惯的自由”。从这个角度讲,对各民族

---

〔37〕《习近平谈治国理政》(第 3 卷),外文出版社 2020 年版,第 301 页。
〔38〕参见中共中央、国务院 2014 年 12 月 22 日印发的《关于加强和改进新形势下民族工作的意见》。

内部成员依据本民族风俗习惯实施的行为，除非违背了公序良俗的要求，或者对民族关系产生了不利影响，否则，也不能通过法律手段进行干预、限制或者禁止。因此，在处理民族关系的时候，应当正确地选择调整手段，区分法律手段与非法律手段的调整对象，这样才能使各种调整手段相互协调，形成最佳的调整效果。

从民族关系发生的机理来看，民族作为个人的共同体，本质上是一个具有整体性、集合性的存在。在一个民族的形成和发展过程中，为了维护本民族的存在和利益，无论是基于自然演进，还是理性建构，都必须解决代表本民族表达意志、从事社会活动的组织机构的建设问题。由此，才能实现民族的抽象性向具体性的转化，使抽象的民族关系转化为具体的民族关系。从当下的治理实践来看，多民族国家都非常重视不同民族的意志表达和利益维护的组织和机制建设问题，形成了三种类型的实践：一是通过实施区域自治，来保障聚居少数民族的自治权利，使他们的文化能够得到充分和自由的发展，使他们的人民能够得到最大利益；二是通过实施多元文化主义政策，来保障少数民族基于文化差别而形成的多族类权利；三是通过实施特别代表权制度，使少数民族能够在其上级或中央政府中有自己的代表参与决策，以防止上级或中央政府作出不利于自己的决定。[39]

我国为协调国内民族关系，也实施了类似的群体性政策和措施。一是赋予各少数民族聚居的地方实行区域自治的权利。[40] 二是赋予各民族使用和发展自己的语言文字、保持或者改革自己的风俗习惯的自由，要求国家应根据各少数民族的特点和需要，采取相应措施帮助各少数民族地区加速经济和文化的发展。[41] 三是明确规定各少数民族在全国人民代表大会中都应当有适当名额的代表，[42] 人口特少的民族，至少应有代表一人。[43] 在全国人民代表大会常务委员会组成人员中，应当有适当名额的少数民族代表。[44] 有少数民族聚居的地方，每一聚居的少数民族都应有代表参加当地人民代表大会；人口特少的其他聚居民族，至少应有代表一人；[45] 散居的少数民族应选当地人民代表大会代表，每一代表所代表的人口数可以少于当地人民代表大会每一代表所代表的人口数。[46] 从这些制度设计来看，在少数民族存在聚居和散居两种居住形态下，聚居少数民族的权益可以通过区域自治权和特别代表权制度获得保障，相应地，其意志表达和利益维护，也可以通过自治机关和人民代表大会代表的行为而得以具体化、现实化。而散居少数民族的意志表达和利益维护，则只能通过人民代表大会代表的行为而得以具体化、现实化。但是，由于我国以少数民族聚居的地方为基础建立的民族自治地方，仍然有多个民族共同居住，事实上属于多民族杂居区。从这个角度讲，我国的民族区域自治是民族自治和区域自治的结合。[47] 作为两种自治结合的自治机关，我国的民族区域自治机关实质上并不是某一个民族的自治机关，而

---

〔39〕 参见[加]威尔·金利卡：《多元文化的公民身份——一种自由主义的少数群体权利理论》，马莉、张昌耀译，中央民族大学出版社2009年版，第39～48页。

〔40〕 参见《宪法》第4条第3款。

〔41〕 参见《宪法》第4条第2款、第4款。

〔42〕 参见《宪法》第59条第1款。

〔43〕 参见《全国人民代表大会和地方各级人民代表大会选举法》第18条。

〔44〕 参见《宪法》第65条第2款。

〔45〕 参见《全国人民代表大会和地方各级人民代表大会选举法》第19条。

〔46〕 参见《全国人民代表大会和地方各级人民代表大会选举法》第21条。

〔47〕 周恩来：《关于我国民族政策的几个问题》，载《周恩来选集》（下卷），人民出版社1984年版，第258页。

是生活在当地的所有民族实施联合自治的自治机关,[48] 由其表达和维护的意志和利益,是生活在当地的所有民族的共同意志和利益。因此,在民族杂居的背景下,对生活在民族自治地方的各民族而言,在法律轨道上,其意志表达和利益维护,也只能通过本民族的代表而实现。而代表各民族意志和利益的代表,能否严格按照法定职责的要求,积极履行职责,就构成了决定民族关系发展趋势的重要因素。

当然,抽象的民族关系的具体化和现实化的路径并不是唯一的。在现实生活中,无论是公民个体的行为,还是公民集体(包括公司、企业或其他社会组织)的行为,都可能对民族关系产生重大影响,从而使抽象的民族关系得以现实化。此类民族关系的现实化,主要有以下两种路径。

第一,公民(自然人)或社会组织为追求和实现某一民族的利益,而自愿代表某一民族的意志和利益,从事相关社会活动。为维护和实现某一民族的利益的公民(自然人),既可能是本民族的公民(自然人),也可能是他民族的公民(自然人);为维护和实现某一民族的利益的社会组织,既可能是由本民族的公民(自然人)发起成立,也可能是由他民族的公民(自然人)发起成立。如果这些公民或社会组织能够在法律许可的范围内从事相关活动,不仅有利于特定民族的存在与发展,而且也有利于民族关系的良性发展。但是,如果这些公民或社会组织为了维护某一民族的利益,而超越法律许可的界限,甚至以直接侵犯其他民族利益为代价,而从事相关活动,如实施煽动民族仇恨、民族歧视的行为等,将会阻碍甚至破坏平等、团结、互助、和谐的民族关系的形成、巩固和发展。也正因为此,我国《刑法》明确规定,煽动民族仇恨、民族歧视,情节严重的,将以犯罪论处。[49]

第二,公民(自然人)或社会组织为追求和实现个人或单位利益,而实施的影响民族关系的行为。此类行为对民族关系的影响,既可能是积极的,也可能是消极的。在现实生活中,这种影响主要通过两类行为关系而发生:(1)由于各民族的风俗习惯的差异,所导致的公民交往行为对民族关系的影响。在各民族的风俗习惯针对某一事项的规定存在差异,而这些风俗习惯又与国家法律的规定不一致的情形下,发生交往关系的不同民族的成员,如果坚持按照本民族的风俗习惯来处理相关问题,就会导致现实的冲突和矛盾。如果这些冲突和矛盾不能得到有效解决,由于“蝴蝶效应”的作用,极有可能由于具有不同民族身份的公民与公民之间的冲突,而诱发群体性的民族矛盾和冲突。但是,如果发生交往关系的不同民族的成员,能够在相互尊重对方的风俗习惯的基础上,按照国家法律的规定来处理相关问题,不仅可以有效防止公民与公民之间的矛盾和冲突,而且可以促进民族关系的和谐发展。(2)公民(自然人)或社会组织为追求和实现个人或单位利益而实施的侵犯民族利益、破坏民族关系的行为。例如,一些公民(自然人)为了实现个人利益,与出版社合谋,出版刊载有歧视、侮辱少数民族的内容的图书,必然对民族关系产生严重的影响。正因为此,我国《刑法》明确规定,在出版物中刊载歧视、侮辱少数民族的内容,情节恶劣、造成严重后果的,对直接责任人员,将以犯罪论处。[50] 当然,从民族关系治理的角度讲,我们既要防止一些公民(自然人)或社会组织,为追求和实现个人或单位利益,而实施歧视、侮辱少数民族的行为,也要防止一些公民(自然人)或社会组织,为追求和实现个人或单位利益,而实施歧视、侮辱汉族的行为。只有如此,才符合各民族一律平等的宪法原则。

---

〔48〕 参见田钒平:《民族区域自治的实质内涵辨析》,载《贵州社会科学》2014 年第 9 期。

〔49〕 参见《刑法》第 249 条。

〔50〕 参见《刑法》第 250 条。

此外，政府基于各民族的政治、经济和文化的特点和需要，制定和实施法律，或者对法律、行政法规或地方性法规的具体规定进行变通，或者作出其他公共决策时，能否平等对待各民族及其成员，也会对民族关系的发展趋势及具有不同民族身份的公民对民族关系、民族问题的认识产生重大影响，从而影响民族关系的有效调整和平等团结互助和谐的民族关系的巩固和发展。

从以上分析来看，对民族关系的法律调整虽然可以通过发挥权利机制的引导功能和义务机制的惩戒功能来实现，但在法治实践中，为了更好促进各民族间的交往交流交融，应当以发挥义务机制的约束和惩戒功能为核心，将那些不利于民族关系和谐发展的行为作为调整和控制的重点。这些行为包括公民或组织为了维护某一民族的利益而超越法律许可的界限，以侵犯其他民族利益为代价从事相关活动；公民或组织为追求个人或单位利益而侵犯民族利益、破坏民族关系的行为；政府及其工作人员在协调民族关系、执行法律时，没有平等对待不同民族的行为；政府或政府工作人员在协调具有不同民族身份的公民关系时，不平等地适用法律，造成某一民族的成员享有事实上的特权，而破坏民族关系的行为；等等。

第三节　民族法的性质

一、民族法学创立之初对民族法性质的认识

从法理上讲，民族法的性质，是指在多民族国家中，为调整民族关系制定而成的有机的法律规范整体区别于其他类别法律的本质属性，而传统法学理论通常以法律部门（又称部门法）指代不同类别的法律规范整体。在部门法理论中，一般将法律规范自身的不同性质，即主要依据法律调整社会关系的不同领域或者社会关系的性质差异，以及调整社会关系的不同方法作为划分不同法律类别的标准与依据，从而把同类的法律规范整体视为一国法律体系中的法律部门之一。[51] 当前，我国已经形成了“以《宪法》有关协调民族关系的专门规定为核心，以《民族区域自治法》为主干，以其他法律、法规和规章为补充的民族法律规范体系”，[52]但在对民族法性质的认识上仍然存在诸多理论分歧和争议，在一定程度上制约了民族法学的学科发展及其功能彰显。从认识论的角度讲，虽然民族法的存在与发展受到物质生活条件的制约，不以人的主观意志而转移，但是从不同的认知立场出发，民族法性质的判定却带有鲜明的思想观念烙印。因而，为了较为全面地厘清不同学者对民族法性质的观点脉络及其逻辑理路，有必要对民族法学初创时期的思想进行溯源，探明理论界对民族法性质的不同看法及其思想渊源，以期更为客观准确地认识和把握民族法的性质。

早在20世纪80年代中期，王天玺就对民族法的性质作了较为全面的阐释。王天玺首先是从部门法视角来界定民族法的性质。他认为，法律部门是按照社会关系的分类而对同类的法律规范进行划分的产物，社会关系的客观存在以及多样性决定了法律部门的划分具有客观性以及不同法律部门的多元性，而民族法的调整对象——民族关系作为社会关系的重要分支，必然在法律部门的划分上具有独立性与特殊性。具体而言，王天玺认为，民族法是一个单独的法律部门的

---

〔51〕 参见张文显主编：《法理学》（第5版），高等教育出版社2018年版，第102～103页。

〔52〕 田钒平：《通过科学立法促进民族交往交流交融的法理探讨》，载《民族学刊》2020年第4期。

依据主要有以下几点:首先,民族关系是一种客观存在的特殊的社会关系,也是民族法的调整对象,这符合部门法理论根据社会关系划分法律部门的理论逻辑,因而是民族法能成为一个单独的法律部门的主要依据;其次,在社会主义国家中,民族法律关系主体虽然也包括其他法律关系中的主体,如各民族公民、社会团体和国家机关等,但是民族法律关系包括其他法律部门所不具有的在国家与社会中享有平等地位的“民族”这一特殊的法律关系主体;最后,民族法具有不同于其他部门法的立法原则,如国家统一、民族平等、民族团结和各民族共同繁荣等。[53] 在传统部门法理论影响下,王天玺对民族法是一个独立的法律部门做了较为全面的论证,并对其后的民族法学理论产生了深远的影响。

然而,王天玺也敏锐地觉察到,虽然民族法在调整对象上异于其他法律部门,但是从民族关系的表现形式来看,民族法并不具有传统部门法理论对一个法律部门所需具备的调整同一社会关系的同类法律规范的有机统一整体这一属性,从而引发了对民族法属于部门法的认识悖论与理论危机。在他看来,民族关系不具有其他部门法调整对象的社会关系的单一性质,而涉及政治、经济、文化与社会生活等一切领域的复杂的社会关系,因而,民族关系必然受到几个不同法律部门的调整,成为其他法律部门的部分内容。尽管这种调整涉及的只是其他法律部门在自身特定范围内的民族关系的某个侧面,而不是对所有的民族关系进行全面调整。对此,王天玺进一步指出,在一个国家中各个法律部门调整民族关系的法律规范,构成了该国民族法的体系。[54] 但是,这种认知所导致的是,作为一种特殊的社会关系,民族关系并非由民族法律部门进行调整,而是由与民族关系相关的所有法律部门的法律规范来调整,这已然与传统部门法理论的思维进路相互冲突,因而必然得出民族法不是一个独立的法律部门,而是由多个法律部门中调整民族关系的相关内容构成的一个完整的整体这一结论。

从民族法学创立早期的代表性观点来看,一方面民族法学界因循传统部门法理论作出民族法属于部门法的性质判定,另一方面又在民族法的体系证成过程中与部门法理论背道而驰。这种认识上的悖论为其后理论界民族法的性质之争埋下伏笔。由于法学界部门法学理论长期占据主导地位,一些民族法学者对此也未能进行深入的批判反思,从而使民族法属于部门法的观点在很长一段时间内处于主流地位。因而,有必要对主流观点的理论证成作简要分析,以此探求其存在的不足之处,并加以完善。

二、民族法属于部门法的理论证成

从民族法学形成和发展的历程来看,王天玺提出的“民族法是由多个法律部门的相关内容构成的完整体系”这一思想观点,在20世纪80年代末90年代初并未得到大多学者的重视,而“民族法是一个独立的法律部门”这一性质界定成为民族法学界所认可和继承的主流观点。例如,吴宗金等人认为,民族法是调整民族关系的法律规范的总称,是调整民族关系的部门法;[55] 吴大华认为,随着我国民族法治的建设与发展,民族法应当成为我国社会主义法律体系中的一门独立的部门法,而我国法学界长期以来将民族法排斥在部门法之外,或将其视为宪法中的一个问题,或将其视为民族理论与政策方面的问题,抑或狭隘地将其等同为民族区域自治法而否认民族

〔53〕 参见王天玺:《民族法概论》,云南人民出版社1988年版,第3~7页。

〔54〕 参见王天玺:《民族法概论》,云南人民出版社1988年版,第180页。

〔55〕 参见吴宗金、陈曼蓉、廖明主编:《民族法学导论》,广西民族出版社1990年版,第58页。

法具有与部门法一样的全国普遍适用性特征等，均带有片面性。[56] 尤其是在1991年6月中旬召开的中国法学会民族法学研究会成立大会暨第一次民族法学理论研讨会上，尽管当时存在否定民族法的部门法地位的观点，但是多数学者认为民族法是专门调整民族关系的独立的法律部门，[57]从而在理论上奠定了民族法是部门法的主流学术地位。此外，理论界的不断推动进一步加深了民族法是部门法的观点对实务部门的影响。1997年，时任国家民委政法司司长的杨侯第在全国民族法师资培训班上的讲话，进一步明确了民族法是一个独立的法律部门的主张。[58] 总体而言，从20世纪90年代末至21世纪初，民族法是独立的部门法的观点一直是主流的认识，各种主要的民族法学著作以及诸多有影响力的民族法学者均持这种观点。[59]

从根本上看，民族法属于部门法这一主流理论主张，根源于传统部门法理论主要依据法律的调整对象——社会关系的性质或领域来作为划分不同部门法的标准。从法理上讲，通说认为，法是由国家强制力保障实施的调整社会关系的行为规范，[60]法律通过对人们行为的调整，进而实现调整社会关系的目的。在此意义上，由于法律调整的社会关系的性质或领域的差异，必然导致调整某一社会关系的法律规范具有区别于调整其他社会关系的法律规范的性质与特征，从而形成了不同社会关系性质或领域的法律关系。在传统部门法理论看来，调整不同性质或领域的社会关系的法律规范，依据其调整的社会关系的领域范围构成了相应的法律制度，而调整同一社会关系领域的诸多法律制度，则构成了一个独立的法律部门，最终不同的法律部门构成了一国的法律体系。[61] 由于依据法律调整的社会关系来划分部门法的标准，不能解释同一社会关系需要由不同的法律部门来调整的法律现象，法律调整方法作为法律部门的次要划分依据纳入部门法理论之中，包括确立法律制裁的不同方法、确定法律关系的不同主体以及确定法律关系主体之间的权利义务关系的形式[62]等。

正是因循上述部门法理论中依据所调整的社会关系划分法律部门的主要观点，主流的部门法论依据调整民族关系的法律规范构建起了民族法属于部门法的理论主张。从理论上讲，一个部门法的形成需要具备两种条件：一是需要法律调整的某种社会关系客观存在，具备部门法形成的实质要件；二是调整特定社会关系的法律规范达到一定规模，具备部门法形成的形式要件。因而，主流观点支持者大多从我国民族关系的客观存在，以及调整民族关系的法律规范的发展与完善两个进路，来论证民族法属于部门法的理论主张。一方面，民族法的调整对象是客观存在的，“从理论上讲，无论何种社会，只要存在着民族，只要是不同的民族组成一个国家，就有调整民族关系的必要，就可能产生民族法”。[63] 因而，在多民族国家中，运用法律手段调整民族关系不仅

---

[56] 参见吴大华：《民族与法律》，民族出版社1990年版，第174页。

[57] 参见吴宗金：《第一次民族法学理论研讨会综述》，载《民族研究》1992年第2期。

[58] 参见杨侯第：《中国民族法制的若干问题》，载吴大华主编：《民族法学讲座》，民族出版社1997年版，第5页。

[59] 参见吴宗金主编：《中国民族法学》，法律出版社1998年版；吴宗金、张晓辉主编：《中国民族法学》（第2版），法律出版社2004年版；敖俊德：《民族立法和民族区域自治法的修改问题》，载吴大华主编：《民族法学讲座》，民族出版社1997年版，第23页；彭谦：《再论民族法学的构建》，载《西南民族学院学报（哲学社会科学版）》2002年第7期；等等。

[60] 参见《法理学》编写组编：《法理学》（第2版），人民出版社2020年版，第40～43页。

[61] 参见张文显主编：《法理学》（第5版），高等教育出版社2018年版，第102～104页。

[62] 参见沈宗灵主编：《法理学》，北京大学出版社1988年版，第351页。在理论上，法律的调整方法的种类比较复杂。还有学者认为，独立的法律的调整方法包括刑事方法、民事方法、行政法方法、宪法方法，而其他的法律调整方法只是上述四种调整方法的综合运用。转引自姚建宗主编：《法理学》，科学出版社2010年版，第77页。

[63] 参见王天玺：《民族法概论》，云南人民出版社1988年版，第1页。

具有充足的必要性和有效性,也具有重大的社会治理意义。然而,从民族关系的内涵来看,有学者认为,民族关系不仅是指狭义的各民族之间的相互关系,而且是指"发生在特定的民族权利主体间能引起、产生、变更和消灭的法律事实,构成民族关系的那部分",[64]因而民族法并不调整所有的民族关系,而是调整包括国家与民族自治地方的关系、国家与散杂居少数民族的关系、各民族之间的关系、各民族内部的关系的法律规范构成的部门法。[65] 另一方面,调整社会主义民族关系的法律规范也经历了从无到有、从不完善到逐步完善的创制与发展过程,宪法有关调整民族关系的基本原则和制度、有关调整民族关系的专项民族立法以及民族自治地方的自治法规等法律规范,都属于我国民族法的范畴。因而,民族法这一新兴部门法是随着民族关系和民族立法的发展,以及人们对民族法律现象的认识水平的不断提高而最终确立的。[66]

从上述两方面要件来看,对于调整民族关系的法律规范的分类而言,按照传统部门法理论的标准,"我们自然可以将调整民族关系的法律作为一个独立的部门法,并以其调整对象的特征为依据,将它命名为'民族法',以区别于法律体系中的其他部门法"。[67] 对此,有民族法学者进一步指出,尽管社会关系彼此交错,以至于有些社会关系不能被一个法律部门囊括,但从调整对象的侧重点出发仍可以将它们划分开来,"以法律调整对象的不同为依据划分法律部门,这是毫无疑义的"。[68] 民族关系作为不同民族在政治、经济、文化、社会等各领域相互关系的总和即如此,根据民族法的调整对象——民族关系这一标准,依然可以将之划分为一个独立的法律部门。

三、对部门说理论的批判与综合法的继承发展

自"民族法是独立的部门法"这一主流观点确立以来,学界鲜见对此观点的理论反思。21 世纪初,一些学者在继承王天玺"民族法是由多个法律部门中调整民族关系的相关内容构成的一个完整的民族法体系"之思想的基础上,提出民族法"是一个法域范畴,而非调整某一特定性质社会关系的部门法"的理论主张。[69] 在"法域说"看来,传统的部门法理论是按照法律所调整的社会关系的不同性质以及不同的法律调整方法来划分不同法律部门的,由此形成的宪法、刑法、民法等法律部门不仅调整部门法内部的法律关系,同时也调整民族关系;但是,民族法作为独立的部门法理论却是按照民族法所调整的社会关系的部类来认定民族法的部门法性质的。究其原因,是因为民族关系的内容极其广泛、性质十分复杂,由此导致不能采用某一部门法的原则和方法来调整纷繁复杂的民族关系,同时,民族法律规范也并非任何一个部门法所能囊括的。[70] 因而,由于分类标准上的差异,调整民族关系的法律规范构成的是一个"法域"范畴,而不能用"独立部门法"来界定民族法的性质。

虽然"法域说"深刻指明了传统部门法理论在民族法性质的适用问题上存在的缺憾,提出了

---

〔64〕 参见吴宗金、陈曼蓉、廖明主编:《民族法学导论》,广西民族出版社 1990 年版,第 58 页。也有学者认为,民族法的调整对象包括各民族之间的相互关系、国家与民族的相互关系。参见吴大华主编:《民族法学》,法律出版社 2013 年版,第 76 ~ 78 页。还有学者认为,民族法的调整对象包括民族关系、国家与民族地区间的关系。参见熊文钊主编:《民族法学》(第 2 版),北京大学出版社 2016 年版,第 26 ~ 30 页。

〔65〕 参见吴宗金、张晓辉主编:《中国民族法学》(第 2 版),法律出版社 2004 年版,第 110 ~ 112 页。

〔66〕 参见吴大华主编:《民族法学》,法律出版社 2013 年版,第 75 页。

〔67〕 吴宗金、张晓辉主编:《中国民族法学》(第 2 版),法律出版社 2004 年版,第 104 页。

〔68〕 吴大华主编:《民族法学》,法律出版社 2013 年版,第 74 ~ 75 页。

〔69〕 参见熊文钊:《关于民族法学的性质问题》,载《中央民族大学学报(哲学社会科学版)》2000 年第 2 期。

〔70〕 参见熊文钊主编:《民族法学》(第 2 版),北京大学出版社 2016 年版,第 30 ~ 31 页。

民族法是不同部门法在调整性质各异的民族关系以及国家与民族地区之间的关系的过程中形成的各种法律规范的总和，属于法域范畴的理论观点，但是，从根本上讲，“法域说”对民族法性质的解读，依然受制于传统部门法划分依据的理论框架，不能解决不同部门法中不同性质的民族法律规范之间的关系、同一部门法中不同性质的民族法律规范之间的关系（例如在刑法、经济法部门中不同的民族关系），也不能解决不同部门法中的民族法律规范和调整国家与民族地区之间的法律规范之间的关系，也未能将民族法的性质与民族法的体系区别开来，因而仍具有一定的理论局限性。

从以上分析不难看出，对民族法性质的认识，自民族法学初创时期的认识悖论，到主流“部门说”的观点确立，再到“法域说”的理论反思，都与传统部门法理论具有千丝万缕的联系，为此有必要从部门法理论出发，检视民族法究竟是不是部门法。如前文所述，传统部门法理论主要是依据法律调整的对象——不同性质或领域的社会关系，同时依据法律调整的方法来确立法律部门的划分标准，为此我们依次从这两方面展开分析。

第一，按照法律调整的社会关系的性质或领域分类的标准不能适用于民族关系。一般而言，某一社会关系，通常是指社会主体在某一社会领域中的相互关系，而同一社会性质的社会关系，由于涉及不同的领域，如政治、经济、文化、社会生活等领域，从而也就形成了不同种类的社会关系。从性质上看，我国已经形成了平等团结互助和谐的社会主义民族关系，在社会关系的性质上具有同一性，这也是我国民族法律关系的真实反映。从社会关系的领域来看，由于民族关系是在多民族国家中的各民族为了维护自身的生存与发展，在政治、经济、文化、宗教等社会领域的交往活动中形成的各种社会关系，因而，只要涉及民族性的利益因素，各个部门法中就有调整民族关系的法律规范的存在，由此形成的是涵盖各种社会领域的民族法律关系，这已然违背了依据法律调整的不同领域的社会关系标准来划分不同法律部门的理论要求。就此而言，诸多持民族法“部门说”的学者都认可民族关系涉及的社会领域的广泛性与复杂性，并将之作为论证民族法是独立部门法的依据，〔71〕虽然认识到民族关系在社会领域中表现形式的多维性，但是在论证民族法是部门法的过程中却未能深入认识民族关系的确切含义，也未能深入分析传统部门法依据特定社会关系划分法律部门的理论要求。事实上，作为部门法的调整对象的社会关系，是以其性质或者所在领域为标准而划分为不同种类的，而民族法被设计为独立部门法是按其调整的社会关系的主体特性而划分的。〔72〕然而，以社会关系的主体特性作为划分部门法的标准不符合传统部门法理论的精神和要求，这种按社会关系的主体特性划分法律部门的方法，带来了法律部门分类的理论危机。因而，在既有的部门法理论之下，按照法律调整社会关系的性质或领域这一标准不能准确界定民族法的性质。

第二，按照法律调整的方法分类的标准也不能适用于民族法的性质划分。从传统部门法理论来看，以法律规范的调整方法分类可以弥补同一社会关系需要由不同法律部门来调整这一法律现象的不足。那么依据法律调整方法能否证成民族法是一个法律部门呢？对此，我们暂且搁

---

〔71〕例如，有学者认为，民族法成为独立法律部门的原因，除调整对象不同外，还在于民族法规定的内容包括政治、经济、文化、语言、文字、习俗、宗教等各个领域和各个方面，内容十分广泛。就其内容涉及的范围而言，仅次于宪法。参见敖俊德：《民族立法和民族区域自治法的修改问题》，载吴大华主编：《民族法学讲座》，民族出版社 1997 年版，第 24 页。

〔72〕也有学者认为，民族法被设计为独立部门法是按社会关系的部类划分的。参见熊文钊：《关于民族法学的性质问题》，载《中央民族大学学报（哲学社会科学版）》2000 年第 2 期。

置民族关系表现形式的多维性特征,从法律调整方法来作进一步考察。既然民族法构成一个独立的法律部门,由于调整民族关系的法律规范存在于刑法、经济法等诸多部门法之中,那么民族法必然采取各个部门法的调整方法。亦如有学者所言,由于民族法调整对象和规定内容的特殊性,"民族法没有自己特有的调整方法,而是将民事、刑事、行政、经济等调整方法综合起来作为自己的调整方法。这种调整方法的综合性也是民族法的一个显著特点,而其他法都有自己特有的调整方法"。[73] 然而,民族法调整方法的综合性并不符合部门法理论法律调整方法的要求。相反,其所印证的并非民族法具有部门法的性质,而是具有综合性特征。需要指出的是,法律部门可以根据确定法律所调整的社会关系的不同主体以及确定这种主体之间的权利义务的不同形式进行划分,但这并不适用于民族法。因为,民族法的划分是基于民族关系的主体特性,即民族来划分的,民族关系的主体具有同一性;而上述划分方法主要是基于不同的法律关系的主体地位差异来划分的,如民法部门与经济法部门都调整财产关系,但二者的区别在于民法调整的是平等主体之间的财产关系,而经济法调整的是具有上下隶属关系的主体之间在一方行使权力的过程中所发生的财产关系。因而,民族法仍然不能依据传统部门法理论中的法律调整方法而被划分为一个独立的法律部门。

由此可见,依据传统部门法理论的划分标准不能得出民族法是一个法律部门的结论,这既与部门法理论自身的理论局限有关,[74]也与民族法的调整对象的特殊性相联。然而,民族法作为我国法律体系的重要组成部分,不能因为传统部门法理论的自身缺陷而否认民族法在我国法律体系中的存在与地位。在此问题上,"法域说"已经作了一次有益的尝试与突破,只是受制于"法域"范畴概念而未能揭示其中的民族法律规范之间的内在联系。但是,由于传统部门法理论长期主导着法律体系的划分标准,并对法治实践中部门法的确立产生了重大影响,同时人们自身也对部门法理论有着较强的路径依赖,因而在民族法的性质界定上难以不受到部门法理论的影响,而尝试彻底颠覆部门法理论而创立新的理论学说也难以被理论与实务部门认可和接受。因而,我们认为,在部门法理论基础上,可以重新认识法律制度这一概念在部门法理论中的内涵与作用,以弥补部门法理论在民族法性质界定上的不足之处。这并不是去改造部门法理论,而是使我们清楚地认识到民族法究竟是什么性质的法律,并得以更加全面、多层次地认识不同部门法之间的协调关系。

在传统部门法理论看来,我国的法律体系主要是由法律规范到法律制度,再到法律部门,最后到法律体系这四个等级层次所组成的,其中,依据法律调整的对象和方法将不同的法律规范划分为不同的法律部门。然而,这种界定部门法和法律体系构成单位的方法,忽略了存在于法律规范、法律部门以及法律体系之间的法律制度具有多个层次的含义。

一般而言,法律制度是由调整社会关系的法律规范所构成的有机整体,但是由于法律所调整的社会关系的范围大小不同,由此构成的法律制度的内涵也就具有差异,具体可分为以下三种类型:(1)具体性的法律制度。这种意义上的法律制度是由调整整个社会关系中某一较小的、能够相对独立存在的方面或领域的法律规范组成的统一整体。在与法律部门的关系上,一定数量的

---

[73] 敖俊德:《民族立法和民族区域自治法的修改问题》,载吴大华主编:《民族法学讲座》,民族出版社1997年版,第24页。

[74] 有学者认为,部门法理论存在划分标准的非逻辑性、部门法划分的随意性、理论对实践指导的软弱性等局限性。参见姚建宗主编:《法理学》,科学出版社2010年版,第77~79页。

具体意义上的法律制度构成了部门法,因而具体的法律制度高于法律规范,而又位于法律部门的地位之下。[75] 传统部门法理论就是在此意义上使用法律制度概念的。例如,在行政法领域中的听证制度即属于具体性的法律制度。(2)综合性的法律制度。这种法律制度是指由一系列彼此相关的具体性的法律制度所构成的调整社会关系中的较大方面或领域的法律制度。在与法律部门的关系上,综合性法律制度不是存在于一个法律部门之中,而是跨法律部门而存在。[76] 例如,在不同法律部门中均存在的调整不同财产关系的具体性的法律制度共同构成了综合性的财产法律制度。(3)广义上的法律制度,即构成一国现行法律规范的总和,具有与法律体系的同等含义。正如德国法学家魏德士所指出的,"任何具体法律规范都必须理解为是和谐的整个法律制度的一部分,都必须在这个统一的法律体系中来规定,并根据其调整目的来解释"[77]。当然,根据法的历史类型的不同,还可以将法律制度划分为奴隶制社会法律制度、封建制社会法律制度、资本主义社会法律制度、社会主义社会法律制度等不同类型。

在传统部门法理论框架下,我们认为,民族法在性质上应当属于第二层次的综合性的法律制度,即"综合法",或更为妥当地指称为"民族法律制度"。从民族法的构成来看,在法律体系层面的民族法,包括宪法及其相关法、行政法、民法、刑法、诉讼法、经济法等关涉民族关系问题的法律规范;在法律渊源层面的民族法,包括宪法、法律、行政法规和部门规章、地方性法规和地方规章关涉民族关系问题的法律规范。而由这些民族法律规范构成的民族区域自治法律制度、民族乡法律制度、城市民族工作法律制度、人大代表选举差别对待法律制度、文化保护与社会融入法律制度以及族际关系治理中有关公民义务的法律制度等具体性的法律制度,共同构成了综合性的民族法律制度,即综合性的民族法。当然,需要指出的是,在民族法律制度中,具体性的法律制度之间也会因为法律所调整的民族关系所涉及的社会领域的范围大小而存在相对意义上的层次关系。例如,在民族法律制度中,相对于调整范围较大的民族区域自治制度,民族自治地方的民主协商制度就属于较小范围或较低层级的具体性的法律制度。

综上所述,我们认为,民族法是由不同部门法中或不同法律渊源中调整民族关系的各种具体性的法律制度所构成的综合性法律制度,或称为"综合法",其在法律体系下具有高于部门法的地位,而非在传统部门法理论中调整某一特定性质的社会关系的部门法。

---

〔75〕 参见黄文艺:《论法律制度的三种意义》,载《政治与法律》1992 年第 5 期。

〔76〕 参见孙国华主编:《法理学》,法律出版社 1995 年版,第 291 ~292 页。

〔77〕 [德]伯恩·魏德士:《法理学》,丁晓春、吴越译,法律出版社 2005 年版,第 123 页。

第二章 民族法的原则

第一节 民族法原则概述

一、民族法原则的概念

从系统论的角度讲，一个国家的法律体系是由诸多相互联系、相互作用的规则、原则和概念等基本要素构成的整体。民族法律制度体系作为一国法律体系的组成部分，也是由诸多相互联系、相互作用的规则、原则和概念等基本要素构成的整体。因此，民族法原则是构成民族法律制度体系的基本要素。从法理上讲，法律原则是“可以作为规则的基础或本源的综合性、稳定性原理和准则”[1]。相应地，民族法原则，是指能够构成民族法规则得以存在的基础或本源的具有综合性、稳定性特征的准则。

在国家和社会治理中，通过法律明确规定人们在特定行为中的权利、义务和法律后果，是充分发挥法治的功能，有效规范人们的行为、化解冲突和矛盾的根本前提。法律概念只是在法律意义上对各种社会事实进行概括，抽象出它们的共同特征而形成的权威性范畴，是将具体的社会事实与法律规则或原则联系起来，进而对社会事实进行法律评价的桥梁和纽带。法律原则“不预先设定任何确定、具体的事实状态，也没有规定具体的权利和义务，更没有规定确定的法律后果”[2]。而法律规则是具体规定人的权利、义务及其法律后果的行为准则。因此，通过法律进行的社会控制主要是依赖数量众多的法律规则实现的。

但是，一个具体规定人的权利、义务和后果的法律规则能否成为法律体系的组成部分，必须通过法律原则的检验。只有符合法律原则的精神和要求的规则，才能成为法律体系的构成要素。例如，我国《宪法》第4条第1款规定，中华人民共和国各民族一律平等。因此，凡是违背这一原则要求的任何规则，都不能成为我国民族法律制度体系的组成部分。正是在这个意义上，我们说民族法原则是民族法规则得以存在的基础或本源，它们不仅构成了具体的“法律权利和法律义务赖以存在并从其中逻辑地展开的精神价值内核”[3]，而且“反映了我们的道德情感，使法律获得了道德特征，获得了道德权威”[4]，因而具有高度的概括性和综合性特征。

此外，由于法律原则没有预先设定任何确定、具体的事实状态，也没有规定具体的权利和义务，更没有规定确定的法律后果，因而，相对于法律规则而言，一项原则可能引导特定领域的多个

---

[1] 张文显：《法哲学范畴研究》（修订版），中国政法大学出版社2001年版，第53～54页。

[2] 张文显：《法哲学范畴研究》（修订版），中国政法大学出版社2001年版，第54页。

[3] 公丕祥主编：《法理学》，复旦大学出版社2002年版，第338页。

[4] [美]罗纳德·德沃金：《认真对待权利》，信春鹰、吴玉章译，中国大百科全书出版社1998年版，第21页。

具体行为,而一个规则只能调整特定领域的一个具体行为。在立法者不能很好地处理法律规则的确定性、前瞻性之时,具有概括性和综合性特征的法律原则能够更好地满足社会发展的法律需求。同时,由于法律原则通常是人类社会在历史发展中形成的重要价值诉求的积淀,一般不会随着社会情势的变化而轻易改变,而法律规则的改变要容易得多。例如,民族平等原则自形成以来,其内涵和要求并没有发生实质变化,但调整民族关系的法律规则则顺应时代变化适时作出了必要的修改和完善。因此,相对于民族法规则而言,民族法原则具有较强的稳定性,更有助于维护多民族背景下社会关系和社会生活的稳定与和谐。

二、民族法原则的功能

在多民族国家,将民族关系纳入法治轨道,是充分发挥法治的功能、有效促进各民族交往交流交融、实现各民族团结奋斗和繁荣发展的根本保证。而建立完备的民族法律制度体系、高效的法治实施体系、严密的法治监督体系和有力的法治保障体系,则是将民族关系纳入法治轨道的关键。在民族法的微观构成要素中,作为民族法规则赖以存在的本源和基础的民族法原则,集中体现了民族法律制度体系的本质和根本价值,构成了民族法律制度体系的灵魂和根基,是将民族关系纳入法治轨道、推进民族事务依法治理应当遵循的指导思想和基本准则,贯穿于民族法制定和实施的全过程,对民族法的制定和实施具有重要的理论价值和现实意义。具体而言,民族法原则具有以下几个方面的功能。

第一,指导民族法制定,保障民族法体系的统一。法律原则"体现着立法者及其代表的社会群体对社会关系的本质和历史发展规律的认识,体现着他们所追求的社会理想的总体图景,体现着他们对各种相互重叠和冲突着的利益要求的基本态度,体现着他们判断是非善恶的根本准则……因此,确定了一批什么样的法律原则,也就确立了一种什么样的法律制度"[5]。从这个角度讲,民族法原则决定了民族法规则和制度的基本性质、基本内容和基本价值取向,民族法规则只是民族法原则的细化和具体化。立法者在制定民族法时,首先需要明确的是民族法原则,然后才能根据民族法原则的精神和要求对法律的内容进行设计,制定具体的民族法规则。无论是中央立法机关制定的民族法规则,还是地方立法机关制定的民族法规则,都不能违背宪法和法律确定的民族法原则的精神和要求。从这个意义上讲,民族法原则不仅是在立法中评价一个具体的行为准则能否成为民族法规则的判断标准,也是消除不同的民族法规则之间的冲突、维护民族法律制度体系内在的统一性、协调性和一致性的根本基础,呈现指导民族法制定、保障民族法体系统一的功能。

第二,消除民族法规则的不确定性,弥补民族法体系的漏洞。从法理上讲,民族法规则之所以存在不确定性,主要有两个方面的根源:(1)立法者所使用的语言存在局限性,难以满足对复杂的社会现象进行准确描述的需要;(2)立法者能力不足,对社会现象缺乏准确认识,致使其难以选择准确的语言来描述社会现象。在实践中,立法语言的有限性和不准确必然"造成法律概念和法律规范的多义和歧义,从而使法律概念和法律规范不明确"[6],这不仅会导致可供法律实施者选择的法律渊源复杂多样,甚至会造成相互冲突的行为模式客观存在,从而使法律实施者陷入两难困境。为将这些不确定的、抽象的民族法规则适用于具体的事实、关系或行为,法律实施

[5] 张文显主编:《法理学》(第2版),法律出版社2007年版,第122~123页。
[6] 公丕祥主编:《法理学》,复旦大学出版社2002年版,第341页。

者需要运用民族法原则来对法律规则进行解释,以消除规则的不确定性。因此,在法律实施中,民族法原则构成了准确解释规则含义、消除规则冲突、保障法律解释和法律推理的正确性的重要依据。如果没有民族法原则的指导,很难消解不合理的解释和推理对民族法实施造成的消极影响。同时,受制于人的认知能力,立法者因对应该在法律中规定的社会关系缺乏预见而未作出规定,或者因对社会关系的发展趋势缺乏准确预测而未作出规定,必然导致现行法律规则出现缺陷和漏洞。在这种情况下,法律实施者只能依据民族法原则来填补规则漏洞,对规则没有规定的事项进行调整。此外,由于绝大多数规则的确定性具有相对性,而无论是执法者还是司法者都具有一定的自由裁量权,此时,只有将自由裁量权的行使置于法律原则的约束之下,才能充分发挥自由裁量权的积极作用,消除其消极影响。

第三,帮助社会公众更好地理解民族法规定,有效规范各民族间的交往交流交融。我国各民族人口大流动、大融居的空间居住格局,决定了为调整民族关系和治理民族事务而制定的民族法的具体规定的多样性和复杂性。在通常情况下,除非有切身的体验和感受,绝大多数社会公众对数量众多的法律规定所设定的权利和义务的内容并不了解。但对民族法规则的具体规定缺乏了解,并不意味着社会公众对民族法的要求一无所知。事实上,对绝大多数社会公众而言,"对于法律原则的知悉,是他们了解法律的最重要的途径"[7]。例如,"尊重和保障人权""维护国家统一""各民族一律平等""民族区域自治"等原则,既反映了各族公民的要求,也是引导各族公民从整体上认知我国民族法律制度体系,养成信赖国家法律、尊重国家法律的良好习惯,确立合理的行为评价标准,进而将各民族间的交往交流交融行为纳入法治轨道的重要支撑点。

三、民族法原则的内容

相较于法律规则的数量众多,作为法律体系构成要素的法律原则虽然数量较少,但在一国的法律体系中仍然有若干存在。因此,要准确把握法律原则的内容和构成,仍有必要依据一定的分类标准对法律原则进行类型化处理。由此,才能准确理解不同法律原则之间的逻辑关系,更好地维护法律体系的统一性和稳定性。

按照民族法原则的产生基础及其普遍性、稳定性程度进行分类,可以将其分为公理性原则和政策性原则两大类。公理性原则,是人们在长期的生产、生活实践中形成,得到反复验证,并为人类社会所广泛认可的一般性的生活准则。如宪法领域的各民族一律平等原则、各族公民权利义务平等原则、尊重和保障人权原则,刑法领域的罪刑法定原则,民法领域的诚实信用和公序良俗原则等。政策性原则,是国家为实现经济社会发展的战略目标,或者完成某一时期、某一方面的任务而作出的政治决策,如为解决民族地区发展问题而制定的扶贫政策和差别对待政策等。公理性原则和政策性原则的区别在于:(1)不同国家、同一国家在不同历史时期面临不同的政治任务,因此制定不同的政策性原则。所以说,政策性原则具有较强的针对性,社会发展问题不同,政策性原则就不同,而公理性原则是不分地域性的共同适用。(2)公理性原则的落实必须坚持相同情况相同对待,而政策性原则可以随着形势、情况的变化而变更,允许差别对待。例如,我国对民族性差别支持政策和区域性差别支持政策的调整等。

无论是公理性原则还是政策性原则,都可以依据其调整范围的大小分为基本原则和具体原则。在一国法律体系中,基本原则体现的是该国法律体系的本质和根本价值,是所有法律部门都

---

〔7〕 公丕祥主编:《法理学》,复旦大学出版社 2002 年版,第 342 页。

需要共同遵循的基本准则,决定着法律体系的内在统一性和稳定性。如我国《宪法》规定的法律面前人人平等原则、尊重和保障人权原则等。具体原则是基本原则的具体化,构成了具体的法律部门或特殊的法律制度需要遵循的准则和要求。例如,相对于一国法律体系而言,罪刑法定原则就只是适用于刑法领域的具体原则,各民族一律平等就只是适用于民族法领域的具体原则。需要注意的是这种区分只具有相对意义。又如,相对于一国法律体系而言,各民族一律平等是适用于民族法领域的具体原则,但如果把讨论范围限定在民族法领域,各民族一律平等就成为民族法领域的基本原则,而民族文化保护原则、民族地区资源开发中的利益补偿原则等则是解决民族法领域某一方面的问题时需要遵循的具体原则。

从基本原则和具体原则的关系来看,由于基本原则是决定法律体系的统一性和稳定性的根本因素,而具体原则只是基本原则的具体化,在效力地位上低于基本原则,因此,要准确把握民族法原则的内容和要求,关键在于准确把握民族法基本原则的内容和要求。我国的民族法是一个以调整民族关系的宪法规定为核心,以《民族区域自治法》《立法法》《民法典》《刑法》等基本法律的规定为主干,以其他法律、法规和规章的规定为补充而构成的综合性法律制度体系。从根本法与部门法的关系看,宪法原则的效力地位高于部门法原则,因此,要准确把握我国民族法的基本原则,关键是要准确把握《宪法》规定的通过法律调整民族关系应当遵循的基本原则的内容和要求。

迄今为止,理论界对我国民族法基本原则的解读并未达成一致。有学者认为,民族法的基本原则包括"国家统一""民族平等""民族团结互助""各民族共同繁荣""重视民族特殊性"五项原则;[8]也有学者认为,民族法的基本原则包括"民族平等""保障各民族合法权益""促进各民族共同发展、共同繁荣""构建和谐的民族关系""维护民族团结、国家统一和社会稳定"五项原则;[9]还有学者认为,民族法的基本原则包括"各民族一律平等""保障各民族合法权益""促进各民族共同繁荣""维护民族团结和国家统一"四项原则。

从法理上讲,理论界对民族法基本原则内容的分析和总结虽然有其合理性,但存在将法律原则与法律价值、法律原则与法律规则相混淆之嫌。例如,"促进各民族共同繁荣"是通过法律调整民族关系、依法治理民族事务要实现的重要价值目标,在法律规则缺失时并不能据此确定民族关系主体的权利、义务和责任,因此将其归结为民族法的基本原则并不符合法律原则的实质要义。又如,"维护国家统一和全国各民族团结"是《宪法》第 52 条规定的每一个公民应当履行的基本义务,属于宪法规则而非宪法原则。

从我国《宪法》的规定来看,通过法律调整民族关系、依法治理民族事务应当遵循的基本原则体现在《宪法》总纲第 4 条的规定之中,包括"各民族一律平等""国家根据各少数民族的特点和需要,帮助各少数民族地区加速经济和文化的发展""各少数民族聚居的地方实行区域自治,设立自治机关,行使自治权""各民族都有使用和发展自己的语言文字的自由,都有保持或者改革自己的风俗习惯的自由"四项原则。[10] 从这些原则之间的逻辑关系来看,民族平等原则是通过法律调整政治、经济、文化和社会等领域所有的民族关系都应当遵循的基本原则,而"国家帮

---

〔8〕 参见熊文钊主编:《民族法学》(第 2 版),北京大学出版社 2016 年版,第 43 ~ 49 页。

〔9〕 参见吴大华主编:《民族法学》,法律出版社 2013 年版,第 105 ~ 111 页。

〔10〕 为尊重学界的语言表达习惯,同时保持叙述的简洁和方便,以下将这四项原则分别简称为"民族平等原则""国家帮助原则""民族区域自治原则""多样性保护原则"。

助原则”“民族区域自治原则”“多样性保护原则”则是为了保障民族平等,在通过法律调整特定领域的民族关系时应当遵循的基本原则。

第二节 民族平等原则

一、民族平等的概念

民族平等原则,是中国共产党将马克思主义民族理论与中国实际相结合,在领导全国各族人民探索救国图存真理的伟大实践中形成的解决我国民族问题的基本原则和根本政策,是我国制定和实施民族法应当遵循的基本原则。从法源的角度讲,将民族平等确立为我国处理民族关系的宪法原则,源自《宪法》第 4 条第 1 款的规定,即“中华人民共和国各民族一律平等”。

马克思主义认为,“平等是人在实践领域中对自身的意识,也就是人意识到别人是和自己平等的人,人把别人当作和自己平等的人来对待。……它表明人对人的社会关系或人的关系”〔11〕。由此可见,平等的基本含义是指“人与人的同等对待关系”〔12〕。因此,厘清“同等对待”是准确理解平等的关键。恩格斯指出:“一切人,作为人来说,都有某些共同点,在这些共同点所及的范围内,他们是平等的,这样的观念自然是古老的。但是,现代的平等要求是与此完全不同的;这种平等要求更应当是,从人的这种共同特性中,从人就他们是人而言的这种平等中,引申出这样的要求:一切人,或至少是一个国家的一切公民,或一个社会的一切成员,都应当有平等的政治地位和社会地位。”〔13〕由此可见,同等对待的核心要义,是指在政治地位和社会地位上应当得到同等对待。从这个角度讲,民族平等是指各民族不分人口多少、历史长短、先进与落后,都应当得到同等对待,享有平等的政治地位和社会地位。

从法理上讲,这种同等对待包括两个方面的含义:“一是,两个主体之间的对等对待,不自持特权、不对人歧视……二是,其他主体对其他两个以上的主体以同等的对待。”〔14〕因此,在民族关系治理实践中,维护和保障民族平等的关键是排除特权、消除歧视。为此,我国《宪法》序言明确规定,“在维护民族团结的斗争中,要反对大民族主义,主要是大汉族主义,也要反对地方民族主义”,同时在第 4 条第 1 款中也明确规定,“国家保障各少数民族的合法的权利和利益,维护和发展各民族的平等团结互助和谐关系。禁止对任何民族的歧视和压迫,禁止破坏民族团结和制造民族分裂的行为”。

但是,平等是一个历史的范畴,其内涵随着社会历史环境和条件的改变而变化,因此,法律所保障的平等有其显著的历史性。从历史发展的角度看,“近代之前的法律根本没有体现平等,即使有,也仅仅是社会等级之内的平等;近代资本主义社会的法律关注主体资格形式上的平等;社会主义社会的法律不仅关注主体资格形式上的平等,而且关注主体法律权利、法律义务和法律责

〔11〕《马克思恩格斯全集》(第 2 卷),人民出版社 1957 年版,第 48 页。
〔12〕卓泽渊:《法的价值论》,法律出版社 1999 年版,第 425 页。
〔13〕《马克思恩格斯全集》(第 20 卷),人民出版社 1971 年版,第 113 页。
〔14〕卓泽渊:《法的价值论》,法律出版社 1999 年版,第 425 页。

任实质上的平等”[15]。由此看来,虽然在当今世界“民族平等已经成为国际社会的一个共同准则”[16],但对其内涵的理解仍然存在较大差异。要准确理解我国《宪法》规定的民族平等原则,还需要厘清形式平等和实质平等的含义。

在现实生活中,人与人之间在民族、种族、性别、职业、家庭出身、宗教信仰、教育程度、财产状况等方面的差异是客观存在的。在等级社会,以这些客观存在的差异为依据,在人与人之间设定不同的权利和义务,是通过法律维护居于优势地位的群体或个体特权的主要手段。因此,要实现平等,必须在立法上作出不区分差异的相同的法律规定。由此,就形成了第一种类型的平等,即不考虑主体自身的自然的和社会的、历史的和现实的具体情况而适用同一标准,亦即无差别地同等对待,每一个社会成员都有相同的政治地位和社会地位,享有相同权利并承担相同义务。理论上将其称为形式平等。在立法上确定不区分差异的同等对待原则,实现形式上的平等,是将等级社会改造为平等社会的根基。正是在这个意义上,我国《宪法》明确规定,“任何组织或者个人都不得有超越宪法和法律的特权”[17],“任何公民享有宪法和法律规定的权利,同时必须履行宪法和法律规定的义务”[18]。

法律对权利和义务的平等确认,为每一个社会成员提供了平等参与社会生活的机会。但人们能否将这种纸面上的、形式上的机会平等转化为行动中、生活中的平等,取决于人们是否有能力利用法律所赋予的机会。要使人们能够真正通过履行应尽义务实现其应当享有的权利,还应当考虑以下因素:一是人们在拥有的个人禀性、自然条件、交通、教育、文化等基础资源方面是否存在差异;二是人们在求学、就业、升迁等方面是否得到平等对待,其功绩是否得到平等确认,进而获得应该得到的资源或报酬。因此,要使人们能够将法律规定上的平等转化为法律行动中的平等,需要考虑人们在拥有的个人禀性、自然条件、交通、教育、文化等方面存在的差异,采取相应的政策措施给予差别对待,以保障社会成员在起点上的平等,同时要提供公正合理的评价、分配等标准,消除求学、就业、升迁和功绩评价等过程方面的歧视现象。正是在这个意义上,李维汉指出,各少数民族由于历史上遗留下来的在政治、经济和文化上的落后状态的影响,“在享受民族平等权利时,不能不在事实上受到很大的限制”,[19]国家实施民族政策“不仅在于保障各民族在政治、经济、文化以及社会生活各方面的平等权利,而且在于帮助各少数民族发展其政治、经济和文化教育的建设事业,使其能逐步地改变其落后状态,逐步地达到事实上的平等”[20]。为此,我国《宪法》第4条第2款明确规定:“国家根据各少数民族的特点和需要,帮助各少数民族地区加速经济和文化的发展。”理论上,将这种充分考虑主体自身的自然的和社会的、历史的和现实的具体情况而适用差别性的评价标准,亦即有差别的不同等对待的平等,称为实质平等。当法律对这些差异给予充分关注,采取必要的差别支持政策时,人们就不仅拥有了形式上的机会平等,而且具备了将形式上的机会平等转化为现实机会的能力,拥有了实质上的机会平等。

因此,遵循民族平等原则依法调整民族关系、治理民族事务,首要的是要在立法上处理好形式上的机会平等和实质上的机会平等的关系,为人们提供平等参与社会生活的机会。在此基础

---

〔15〕《法理学》编写组编:《法理学》(第2版),人民出版社2020年版,第96页。

〔16〕吴宗金、张晓辉主编:《中国民族法学》(第2版),法律出版社2004年版,第120页。

〔17〕《宪法》第5条第5款。

〔18〕《宪法》第33条第4款。

〔19〕李维汉:《有关民族政策的若干问题》,载《李维汉选集》,人民出版社1987年版,第256页。

〔20〕李维汉:《有关民族政策的若干问题》,载《李维汉选集》,人民出版社1987年版,第256~257页。

上,通过政府、社会和个体的共同努力,将纸面上的法律变为行动中的法律,就能够实现实质上的结果平等,使各民族达到事实上的平等。但是,实践中将这种通过消除权利实现能力的不平等逐步达到事实平等的追求,直接解读为结果平等是不合理的。因为实质上的结果平等的实现,不仅取决于起点与过程平等的保障,还要受到个人的兴趣爱好、努力程度等因素的影响,而这些因素是政府难以控制的。

二、通过差别对待落实民族平等的目的

从我国《宪法》的规定来看,涉及民族因素的平等包括两个方面的内容:一是各民族群体之间的平等,即《宪法》第4条第1款规定的"各民族一律平等";二是各族公民之间的平等,即具有不同民族身份的公民在权利和义务上完全平等。[21] 准确理解并妥善处理这两类平等之间的关系,是有效贯彻民族平等原则、维护平等团结互助和谐的民族关系、促进各民族交往交流交融的关键。但无论是在理论上还是在实践中,都存在将两者混同的倾向,[22] 造成了保障民族平等的措施异化为个体特权的现象,[23] 制约了各民族团结互助和交往交流的巩固和发展。因此,"甄别群体平等与个体平等之间的有机联系与相互影响,明确特别保护措施的根本目标,是当下促进和维护民族平等的实践需要特别关注的问题"[24]。

从法理上讲,平等理念在个体领域的落实,需要具备逻辑上呈现递进关系的两个基本要素:一是公民"在法律面前一律平等"[25],享有相同权利并承担相同义务,任何"个人都不得有超越宪法和法律的特权";[26] 二是公民在社会生活中能够真正拥有平等享有的法律权利,"同时必须履行宪法和法律规定的义务"[27],不存在任意免除法律义务的情形。也就是说,法律规定上的公民权利和义务平等是社会和谐的前提,而这些权利的充分实现和义务的切实履行则是社会和谐的根基,正如恩格斯所说,"平等应当不仅是表面的,不仅在国家的领域中实行,它还应当是实际的,还应当在社会的、经济的领域中实行"[28]。

在现实生活中,公民平等享有的法律权利的实现,既要受到公民自身的利益期待、收入水平、综合素质等内在因素的影响,也要受到其赖以存在的自然地理状况、区域经济、文化、社会发展水平等外部因素的制约。[29] 为有效解决内在因素和外在因素对公民权利实现的制约,需要重视和解决以下问题:

第一,各民族及其聚居区的政治、经济、文化和社会发展水平与公民权利实现的关系。公民

---

[21] 参见《宪法》第33条第2款、第4款等条文的规定。

[22] 郝时远:《评"第二代民族政策"说的理论与实践误区》,载《新疆社会科学》2012年第2期;胡鞍钢、胡联合:《第二代民族政策:促进民族交融一体和繁荣一体》,载《新疆师范大学学报》2011年第5期;马戎:《如何进一步思考我国现实中的民族问题——关于"第二代民族政策"的讨论》,载《中央民族大学学报(哲学社会科学版)》2013年第4期。

[23] 例如,在实践中,将为保障民族平等设定的加强民族自治地方人才队伍建设的高等教育招生和就业等差别支持政策,解读为保障少数民族个体权利的特别对待措施,不仅造成了个体权利保障不平等,而且制约了民族自治地方人才队伍建设实效。参见田钒平:《少数民族高等教育招生优惠政策的价值辩正与制度完善》,载《中国法学》(英文版)2010年第1期;田钒平:《少数民族就业优惠法律制度的立法目的探讨》,载《学术界》2020年第8期。

[24] 田钒平:《民族平等的实质内涵与政策限度》,载《湖北民族学院学报(哲学社会科学版)》2011年第5期。

[25] 《宪法》第33条第2款。

[26] 《宪法》第5条第5款。

[27] 《宪法》第33条第4款。

[28] 《马克思恩格斯选集》(第3卷),人民出版社1972年版,第146页。

[29] 参见田钒平:《民族平等的实质内涵与政策限度》,载《湖北民族学院学报(哲学社会科学版)》2011年第5期。

权利实现能力的形成既受到个人努力程度的影响,也受到外部环境的制约。个人努力属于主体自我选择的范畴,政府只能给予积极引导而无法强制。但外部环境的改造,则是政府应当承担的重要责任。因此,为提升公民实现法律权利的可行能力,政府必须采取有效措施,改善公民提升其权利实现能力所必需的政治、经济、文化和社会环境。从各民族构成、分布与发展状况来看,在不同民族聚居区之间政治、经济、文化和社会发展程度存在较大差距的情况下,如果不采取有效的政策措施提升落后地区的政治、经济、文化和社会发展水平,必然会影响生活在这些地区的各族公民法律权利的平等实现。

第二,各民族传统文化的差异性与公民权利实现的关系。由于受到自身独具特色的形成和发展进程的影响,一些民族在生产生活中形成了不同于其他民族的风俗习惯、语言文字和宗教信仰。这些相互联系和影响的因素,构成了独具特色的民族文化,成为这些民族的成员实现其法律权利不可缺少的文化基础。在这种背景下,如果不加区分地对所有民族实施同样的政策和制度,则难以满足一些民族及其成员实现其法律权利所必需的文化基础的需要。

正因为此,我国《宪法》第4条第4款明确规定:"各民族都有使用和发展自己的语言文字的自由,都有保持或者改革自己的风俗习惯的自由。"第4条第3款中明确规定,"各少数民族聚居的地方实行区域自治,设立自治机关,行使自治权"。凡是符合实施区域自治条件的少数民族聚居区,都依照《宪法》和《民族区域自治法》的规定,建立了民族自治地方。[30] 为有效解决民族自治地方政治、经济、文化和社会发展问题,《宪法》、《民族区域自治法》和其他有关法律不仅赋予了民族自治地方的自治机关优于其他同级地方国家机关的自治权,[31] 而且明确规定了中央和有关地方国家机关为推动民族自治地方经济、政治、文化和社会事业全面发展应承担的职责,以及为履行职责必须实施的差别支持政策和特别措施,[32] 构建了一个以改善民族自治地方实现公民权利的外部环境、增强公民权利实现能力为目标,以自治机关的自治权和上级国家机关的帮助职责为核心的民族区域自治制度。

由此可见,我国遵循各民族一律平等的宪法要求,基于民族和区域因素实施的民族区域自治及其他相关差别对待政策,不是直接针对个人设定的特别措施,而是一种区域性、整体性的差别对待政策。实施这些政策措施的根本目的,不仅在于保障群体或区域权利的实现,更重要的是通过对群体或区域权利的特殊保障,消除客观存在的制约特定区域或特定群体的公民实现法律权利的影响因素,促进各民族公民真正拥有平等实现其所享有的法律权利的可行能力。

三、通过差别对待落实民族平等的边界

为落实民族平等原则而实施的差别对待政策虽然是为解决特定群体或者区域发展问题而设定的,但在实践中,一些差别对待政策需要与作为特定群体或者区域的个体结合才能实施。[33] 因此,在制定和实施群体或区域差别对待政策时,需要认真对待政策的边界或限度,防止此类政策异化为个体特权。

首先,要建立健全通过个体落实差别对待政策的责任机制。在制定需要通过个体才能实施

---

〔30〕 迄今为止,建立有155个民族自治地方,包括5个自治区、30个自治州和120个自治县(旗)。

〔31〕 参见《宪法》第4条第3款、第115～121条,《民族区域自治法》第19～45条。

〔32〕 参见《宪法》第4条第2款、第122条,《民族区域自治法》第54～72条。

〔33〕 参见田钒平:《民族平等的实质内涵与政策限度》,载《湖北民族学院学报(哲学社会科学版)》2011年第5期。

的群体或区域差别对待政策时,不仅要明确规定个体从事特定行为或者获得特定利益的资格,而且要明确规定取得此类资格应承担的法律责任。同时,还应明确规定政策实施者的职责,以及不严格执行政策的责任追究机制,以保证政策的有效实施。由此,才能将差别对待政策的实施限定在合理的边界以内,否则,极有可能造成此类群体性政策异化为个体特权。针对少数民族的硕士研究生招生单独划线录取政策,就是一个典型例子。实践中,由于主管毕业生派遣的有关单位没有严格执行政策规定,致使一些人毕业后并没有严格履行应该回到民族地区工作的公共责任,而是利用为公共目的而设置的差别对待政策,获得实现个人目的的机会,使为解决群体和区域发展而制定的差别对待政策演化为个体的特权。〔34〕

其次,要认真甄别并妥善处理共同性与差异性的关系。由于各民族交错杂居的影响,在各民族的共同性不断增强的背景下,为妥善处理共同性和差异性的关系,应当按照2021年中央民族工作会议提出的“增进共同性、尊重和包容差异性”的原则要求,建立健全采取差别对待政策调整民族关系、维护民族平等的法律规范体系及法律实施、监督和保障体系。做到“尊重差异而不是强化差异,保持民族特性而不是强化特性”,〔35〕同时要按照增进共同性的方向改进民族工作,做到共同性和差异性的辩证统一、民族因素和区域因素的有机结合,推动各民族坚定对伟大祖国、中华民族、中华文化、中国共产党、中国特色社会主义的高度认同,不断推进中华民族共同体建设。

最后,要防止群体权利的行使侵犯其成员的个体权利。从当下的实践来看,赋予各民族群体权利的政策措施的实施,存在侵犯其内部成员个体权利的可能性。这虽然与民族关系没有直接联系,但仍然会影响各民族成员对国家调整民族关系的法律和政策的认识和判断。如果有关国家机关不认真对待和处理此类问题,极有可能降低与此类政策有关的一些民族的成员对国家法律和政策的认同度,制约这些法律和政策的积极功能的有效发挥。从实践来看,这方面的问题主要集中在是否遵守本民族的风俗习惯、是否使用本民族的语言文字等方面。在现实生活中,作为一个民族的成员,是否继续保持本民族的传统习俗和文化,是否继续使用本民族的语言和文字,应当由其自主行使选择的权利。各民族成员自愿放弃其传统习俗、接受其他文化,自愿放弃本民族语言文字、接受其他语言文字的行为,应当受到法律保护,本民族群体不能基于任何理由阻碍或限制此类选择。因此,有关国家机关在制定和实施此类差别对待政策时,必须明确群体权利的边界。

第三节　国家帮助原则

一、国家帮助的概念

国家帮助原则,是我国《宪法》规定的保障各民族一律平等,促进各民族团结奋斗和繁荣发展,实现中华民族伟大复兴应当遵循的重要原则。在我国各民族交往交流交融的历史进程中,由于历史与现实因素的影响,我国各民族在空间分布上呈现交错杂居的格局,同时少数民族地区与汉族地区之间在经济社会发展程度上也存在较大差距。在此背景下,为了实现各民族事实上的

〔34〕 参见田钒平:《民族平等的实质内涵与政策限度》,载《湖北民族学院学报(哲学社会科学版)》2011年第5期。
〔35〕 参见中共中央、国务院2014年12月印发的《关于加强和改进新形势下民族工作的意见》。

平等,我国《宪法》确立了国家根据少数民族的特点和需要,帮助各少数民族地区发展经济和文化的原则。当前,我国已经建立起以《宪法》对国家帮助的原则性规定为指引,以《民族区域自治法》对上级国家机关帮助职责的规定为核心的国家帮助法律制度体系。准确理解与把握国家帮助原则的概念内涵及其精神实质,是发挥国家帮助法律制度体系的功能、实现民族法的价值追求的根本前提和必然要求。

从法理上讲,对国家帮助概念的基本内涵和精神实质的分析,应当以宪法的规定为依据。《宪法》第4条第2款规定:"国家根据各少数民族的特点和需要,帮助各少数民族地区加速经济和文化的发展。"这一规定明确界定了国家帮助的主体、对象、范围、依据等内容。首先,从帮助主体来看,按照宪法规定,承担帮助职责的主体是"国家"。在实践中,履行国家帮助职责的主体是代表国家行使权力的有关国家机关。其次,从帮助对象来看,按照宪法规定,可以获得国家帮助的主体是"各少数民族地区",不是"各少数民族"。再次,从帮助范围来看,按照宪法规定,国家应当帮助各少数民族地区解决的是"经济和文化"的发展问题。最后,从帮助依据来看,按照宪法规定,国家应当根据"各少数民族的特点和需要",来决定如何帮助各少数民族地区发展经济文化事业。此外,《宪法》第122条规定:"国家从财政、物资、技术等方面帮助各少数民族加速发展经济建设和文化建设事业。国家帮助民族自治地方从当地民族中大量培养各级干部、各种专业人才和技术工人。"由此可以看出,国家帮助各少数民族地区的手段主要包括财政、物资、技术和人才培养等。

综上可知,国家帮助原则是国家为保障各民族一律平等,根据少数民族的特点和需要,通过财政、物资、技术以及人才培养等手段,帮助各少数民族地区加速发展经济和文化事业的一项宪法原则,是在中华民族多元一体格局下,促进各民族团结奋斗和繁荣发展,实现中华民族伟大复兴的必然要求。

二、国家帮助的对象

从民族关系治理实践的现状来看,无论是理论界还是实务界,都对国家帮助对象的认识存在分歧。有人认为应该是"各少数民族地区",也有人认为应该是"各少数民族"。由此也制约了与此相关的差别化支持政策的实施绩效,因此,有必要对此加以专门分析。

从法解释学的角度讲,对国家帮助对象具体指向的分析首先应从文义解释出发。从文义上看,《宪法》第4条第2款规定的是"各少数民族地区",第122条第1款规定的是"各少数民族",第122条第2款则将之表述为"民族自治地方"。[36] 虽然《宪法》第122条第1款是对《宪法》第4条第2款规定的国家帮助原则的具体化,但二者在帮助对象的表述上都非常明确,因而难以从文义解释的角度回应理论界和实务界存在的分歧。为解决该问题,需要借助体系解释方法作进一步分析。

从体系解释的观点来看,《宪法》第4条第2款和第122条第1款都是对国家帮助的规定,构成了宪法体系上的相关条款。首先,《宪法》第4条第2款处于宪法总纲部分,在宪法整体性规定中具有统领整个宪法规范的重要地位和功能;第122条第1款位于宪法第三章第六节"民族自治地方的自治机关"的规定之中,在宪法体系上应当服从总纲中的相关规定。就此而言,应当认

---

〔36〕《宪法》第122条第2款将国家帮助对象规定为"民族自治地方",这与《宪法》第4条第2款的"各少数民族地区"在实质上都属于群体性概念,因而在此视为同一概念,不作区分。

定国家帮助的对象是“各少数民族地区”,而非“各少数民族”。其次,《宪法》第122条是对《宪法》第4条第2款的补充、细化和具体化,将《宪法》第122条第1款规定的国家帮助对象“各少数民族”解释为“各少数民族地区”,更加符合宪法体系解释的要求。最后,从宪法相关法来看,《民族区域自治法》有关上级国家机关帮助职责的法律规定,亦将“民族自治地方”这一区域性概念作为国家帮助的对象。[37]

尽管在体系解释下可对作为区域性概念的国家帮助对象进行解释,但体系解释仍然要受到历史解释方法的限制,因而有必要从历史解释视角进一步加以分析。从历史解释角度来看,有关国家帮助的宪法性文件可以追溯至1949年《中国人民政治协商会议共同纲领》(以下简称《共同纲领》)。《共同纲领》在总纲第9条中规定,“中华人民共和国境内各民族,均有平等的权利义务”,确立了民族平等的基本原则。为落实这一原则规定,《共同纲领》在第六章“民族政策”的第53条作出了人民政府帮助各少数民族的人民大众发展各项建设事业的规定。[38] 然而,虽然《共同纲领》将人民政府的帮助对象界定为各少数民族的人民大众,但该规定只是落实各民族一律平等原则的具体规定,而非我国民族关系治理的宪法原则。对此,李维汉指出,“新中国的民族工作任务已不是要帮助各少数民族从民族压迫制度下争取解放,而是要帮助他们彻底实现民族平等,首先帮助他们提高到新民主主义水平,提高他们的物质生活和文化生活”[39]。在这一观念的影响下,1954年《宪法》在总纲中也未将国家帮助规定为一项基本的宪法原则,而是在第二章“国家机构”中规定了上级国家机关帮助“各少数民族”的职责。[40] 随着我国社会主义事业的不断进步和民族关系的不断发展,1982年《宪法》在总纲部分首次规定了国家帮助原则。[41] 究其原因,主要有以下两个方面:

第一,1978年党的十一届三中全会正式召开后,在以经济建设为中心的指引下,面对民族地区经济文化依然十分落后的客观现实,帮助民族地区大力发展经济文化事业成为我国需要认真对待的重大问题。因而,1982年《宪法》延续中华人民共和国成立以来上级人民政府对少数民族地区的帮助政策,并将之提升为宪法原则,这不仅契合了我国改革开放时期社会主义经济建设的中心任务,也彰显了我国彻底实现各民族“事实上的平等”的坚定决心。

第二,国家帮助的对象经过了从1949年《共同纲领》规定的“各少数民族的人民大众”,到1954年《宪法》规定的“各少数民族”,再到1982年《宪法》规定的“各少数民族地区”的演进历程,这与我国民族识别工作的阶段性开展,以及立法者对我国多民族交错杂居国情的认识不断加深有着密切关系。一方面,中华人民共和国成立后,按照各民族一律平等的原则要求,为了给实行民族区域自治、全面落实民族政策创造条件,我国开展了民族识别工作。正如费孝通先生所言:“要认真落实党的民族政策,有必要搞清楚我国有哪些民族。……在实行民族区域自治建立民族自治地方时,就得搞清楚这些地方是哪些民族的聚居区。”[42] 然而,由于民族识别工作的复

---

〔37〕 参见《民族区域自治法》“序言”第4段、第8条、第54~72条。

〔38〕 《共同纲领》第53条规定:“各少数民族均有发展其语言文字、保持或改革其风俗习惯及宗教信仰的自由。人民政府应帮助各少数民族的人民大众发展其政治、经济、文化、教育的建设事业。”

〔39〕 李维汉:《有关民族政策的若干问题》,载李维汉:《统一战线问题与民族问题》,中共党史出版社2016年版,第586页。

〔40〕 1954年《宪法》第72条规定:“各上级国家机关应当充分保障各自治区、自治州、自治县的自治机关行使自治权,并且帮助各少数民族发展政治、经济和文化的建设事业。”

〔41〕 1982年《宪法》第4条第2款规定:“国家根据各少数民族的特点和需要,帮助各少数民族地区加速经济和文化的发展。”

〔42〕 费孝通:《关于我国民族的识别问题》,载《中国社会科学》1980年第1期。

杂性，我国民族识别经历了发端阶段、高潮阶段、受干扰阶段和恢复阶段，在时间跨度上长达四十多年。[43] 在此背景下，由于一时无法识别出我国具体有多少民族，也难以准确把握我国各民族的空间分布格局，从而确定可以建立多少民族自治地方。因而，1949 年《共同纲领》和 1954 年《宪法》将帮助对象规定为“各少数民族的人民大众”和“各少数民族”等群体性概念，是符合我国开展民族工作的实际情况与推行民族政策的现实需要的。另一方面，随着我国民族识别工作的深入推进和民族自治地方的建立完善，政策制定者逐渐认识到少数民族聚居地区中多民族杂居的客观现实，这也是 1954 年《宪法》及其后制定的历部宪法将《共同纲领》中确定的“各少数民族聚居的地区，应实行民族的区域自治”，修改为“各少数民族聚居的地方实行区域自治”的根本原因。[44]

因而，1982 年《宪法》将国家帮助对象从“各少数民族”向各少数民族聚居的地区（民族自治地方）转变，既符合民族地区以经济建设为中心的时代发展要求，也符合我国多民族交错杂居的民族空间分布格局。

三、国家帮助的前提

虽然我国《宪法》及其相关法对上级国家机关的职责内容进行了具体规定，但是并未明确界定国家帮助的前提条件。从法治的角度讲，在通过规则界定上级国家机关应该承担的积极义务时，必须对上级国家机关为什么要承担义务、符合怎样的前提条件时才需要承担义务等相关问题作出明确规定，[45] 因而有必要对国家帮助的前提问题加以分析。

从法律体系的角度讲，宪法是国家的根本法，其他法律的规定都不能违背宪法的规定。因此，对上级国家机关为什么要承担帮助职责，符合怎样的前提条件才承担帮助职责等问题的分析，首先应当考察宪法的规定。我国《宪法》第 4 条第 2 款与第 122 条虽然确定了国家帮助的基本概念，但并没有对国家承担帮助职责的前提条件作出相关规定。根据法律解释原理，对某一具体条文的解释，还应考虑与其有关联的其他条文的规定。从《宪法》有关民族问题的规定来看，与国家帮助具有直接关联性的条文是第 4 条第 1 款所确立的民族平等原则的相关规定。然而，民族平等原则作为民族关系治理的根本性宪法原则，可以构成国家承担帮助职责的目标，但难以说明为什么国家要承担帮助职责、符合怎样的前提条件才承担帮助职责的问题。

从法律解释学角度讲，在通过文义和体系解释方法无法明确法律规范的实质含义的情形下，应当运用历史解释方法来确定法律规范的含义。因此，要阐明上级国家机关承担帮助职责的前提条件，还需要进一步考察《宪法》和《民族区域自治法》等有关法律的立法背景资料、同类法律规范的历史演变等情况。与此有紧密关联的历史资料主要包括《关于〈中华人民共和国民族区域自治法（草案）〉的说明》《关于〈中华人民共和国民族区域自治法修正案（草案）〉的说明》等。

第一，《关于〈中华人民共和国民族区域自治法（草案）〉的说明》明确指出，由于在历史上存在的各民族之间的事实上的不平等，我国少数民族地区经济、文化一般较为落后，而为解决这一历史遗留问题，最为根本的任务就是要帮助少数民族地区加速发展经济文化建设事业，这既是

[43] 参见李绍明：《我国民族识别的回顾与前瞻》，载《思想战线》1998 年第 1 期。

[44] 参见田钒平：《共识中的差异——中国民族区域自治演进的历史考察》，载《贵州民族研究》2016 年第 4 期。

[45] 参见田钒平：《民族自治地方经济发展的宪政保障研究》，经济科学出版社 2013 年版，第 251 页。

《宪法》第4条第2款国家帮助原则的现实渊源,也是《中华人民共和国民族区域自治法(草案)》根据国家帮助原则规定上级国家机关帮助职责的直接依据。[46]

第二,《关于〈中华人民共和国民族区域自治法修正案(草案)〉的说明》在阐释上级国家机关为什么要承担帮助职责时也指出,由于民族地区多处边境偏远地区、经济欠发达,在争取国家基础设施建设项目中财政困难、无法提供足够的配套资金,以及民族地区贫困面大、贫困人口多,属于国家"脱贫攻坚"的主战场等原因,上级国家机关根据民族地区的特殊情况应当给予照顾,这不仅有利于国家安全和社会稳定,也有助于帮助民族地区尽快摆脱贫困状况,逐步实现小康。[47]

由此可见,少数民族地区经济和文化比较落后,存在历史上遗留下来的事实上的不平等,是上级国家机关应当承担帮助职责的根本原因。也就是说,只有满足少数民族地区的经济、文化仍然落后于其他地区的前提时,上级国家机关才需要履行相应的帮助职责。如果这一前提消失,上级国家机关就不应当再对这些地区实施具体的优惠政策。否则,就会导致区域之间的不平等。

上述结论也能从相关规定的历史渊源中获得支持。从法律演进的角度讲,我国现行法律中有关上级国家机关的帮助职责及履行帮助职责的具体政策,是在继承以1954年《宪法》为核心的有关法制实践的基础上发展起来的。[48] 对此,有关政策设计者对上级国家机关应当承担帮助职责的理由等相关问题进行过比较充分的研究和阐释。李维汉指出,"民族问题的根本解决,有待于改变历史上遗留下来的各少数民族在政治上、经济上和文化上的落后状态。这种落后状态,使各少数民族在享受民族平等权利时,不能不在事实上受到很大的限制"[49]。也就是说,自然与历史的原因造成少数民族地区的落后状态,在很大程度上制约了各少数民族在事实上享有平等权利的可能性,因此,为了在事实上实现宪法和法律所规定的各民族一律平等,必须通过国家帮助的途径消除各少数民族实现权利的可行能力不平等,这是解决民族问题的关键所在。

总之,实施国家帮助的前提是少数民族地区在经济和文化上处于落后状态,而上级国家机关帮助职责的目的在于改变少数民族地区的落后状态,增强该区域内公民实现权利的可行能力,使其能够达到事实上的平等状态。因而,只要少数民族地区在经济和文化上的落后状态是客观的,而且由此导致各民族公民不具备达到事实上的平等状态的权利行使能力,那么上级国家机关通过制定和实施具体的差别支持政策来履行其帮助职责,就符合民族平等的要求,是一种正当、合理的选择。然而,当前我国法律并未对上级国家机关履行帮助职责的前提条件提供一个明确的界定标准,因此增加了实践的难度。因而,如何保证上级国家机关为履行帮助职责而制定和实施的差别支持政策不偏离平等的要求,是与此相关的理论与实践必须解决的重大问题。

---

[46] 参见阿沛·阿旺晋美:《关于〈中华人民共和国民族区域自治法(草案)〉的说明——1984年5月22日在第六届全国人民代表大会第二次会议上》,载《中华人民共和国国务院公报》1984年第13号。

[47] 参见铁木尔·达瓦买提:《关于〈中华人民共和国民族区域自治法修正案(草案)〉的说明——2000年10月23日在第九届全国人民代表大会常务委员会第十八次会议上》,载《中华人民共和国全国人民代表大会常务委员会公报》2001年第2号。

[48] 参见彭真:《关于中华人民共和国宪法修改草案的报告——一九八二年十一月二十六日在第五届全国人民代表大会第五次会议上》,载《中华人民共和国全国人大常委会公报》2004年第S1期。其中1982年《宪法》第4条第2款继承的是1954年《宪法》序言和第72条的相关内容。1954年《宪法》有关上级国家机关应当帮助各少数民族发展经济、文化等事业的规定,则源于1949年《共同纲领》第53条和1952年《民族区域自治实施纲要》第31~33条的规定。

[49] 李维汉:《有关民族政策的若干问题》,载《李维汉选集》,人民出版社1987年版,第256页。

四、国家帮助的依据

从国家帮助原则的概念来看，国家帮助的依据在于“各少数民族的特点和需要”，亦即民族自治地方中各少数民族在政治、经济、文化和社会生活领域中的特点和需要，是上级国家机关履行帮助职责的根本依据。尽管上级国家机关依据《宪法》和《民族区域自治法》的规定，对少数民族地区实施了差别化支持政策，但是由于在实践中未能充分考虑民族自治地方各少数民族的特点和需要，导致一些普惠式优惠政策缺乏必要的针对性、有效性、稳定性与权威性等问题。[50]

事实上，将“各少数民族的特点和需要”确定为国家履行帮助职责的依据，有深刻的历史与现实背景。中华人民共和国成立后，由于历史与现实等因素的影响，民族自治地方的经济社会发展程度落后于非民族自治地方。尽管民族自治地方内部的少数民族占据我国少数民族总人口的绝大多数，但是无论是在少数民族地区还是在非少数民族地区，少数民族与多数民族之间在政治、经济、文化等社会领域中的发展依然存在较大差距。因而，为了解决少数民族地区与非少数民族地区之间以及少数民族地区内部的少数民族与多数民族之间在经济文化上的差距，国家依据各少数民族的特点和需要确立了国家帮助原则，以此提升少数民族地区公民的权利可行能力，改变少数民族地区落后面貌，最终实现各民族事实上平等的目标。

因而，国家能否准确把握各少数民族的特点和需要，就成为国家帮助原则及差别化支持政策能否有效实施的关键。从我国法律规定来看，《民族区域自治法》虽然在总则第 8 条与第六章第 54 条中都明确规定上级国家机关的帮助职责应当适应民族自治地方的实际情况，[51]但没有对保证其“决议、决定、命令和指示”适合“民族自治地方的实际情况”的决策程序作出相应规定。从当前我国实施差别化优惠政策的决策程序来看，一般由履行帮助职责的上级国家机关承担差别化支持政策的确定者、制定者、实施者等多重角色，这成为理论界与实务界所诟病的“单向决策”与“普惠式优惠”形成的根本原因。因而，为充分把握民族自治地方各民族的特点和需要，应当由最了解当地客观情况的民族自治地方政府来行使是否需要实施差别化政策的请求权和差别化支持政策的执行权，[52]由上级国家机关行使是否实施差别化支持政策的决定权，以使差别化支持政策能够更好地适应民族自治地方内部不同区域或群体的发展特点和客观需要。[53]

第四节　民族区域自治原则

一、民族区域自治的法律定义

民族区域自治，既是中国共产党运用马克思主义民族理论解决我国民族问题的基本政策，也

---

〔50〕 参见田钊平：《我国民族地区优惠政策效应评价与制度建设研究》，载《华东经济管理》2010 年第 8 期。

〔51〕 参见《民族区域自治法》第 8 条规定：“上级国家机关保障民族自治地方的自治机关行使自治权，并且依据民族自治地方的特点和需要，努力帮助民族自治地方加速发展社会主义建设事业。”第 54 条规定：“上级国家机关有关民族自治地方的决议、决定、命令和指示，应当适合民族自治地方的实际情况。”

〔52〕 参见田钒平：《民族自治地方经济发展的宪政保障研究》，经济科学出版社 2013 年版，第 213 页。

〔53〕 参见田钒平：《上级国家机关履行法定职责的决策程序探讨》，载《中南民族大学学报（人文社会科学版）》2016 年第 2 期。

是我国处理民族关系的一项基本原则和基本政治制度。我国不仅在《宪法》中对这一原则和制度作出了明确规定,而且还专门制定了《民族区域自治法》来规范和保障这一原则和制度的实施。因此,对民族区域自治原则的研究应以《宪法》和《民族区域自治法》的规定为依据而展开。

《宪法》规定,“各少数民族聚居的地方实行区域自治,设立自治机关,行使自治权。各民族自治地方都是中华人民共和国不可分离的部分”[54]。《民族区域自治法》规定,“民族区域自治是在国家统一领导下,各少数民族聚居的地方实行区域自治,设立自治机关,行使自治权”,“各民族自治地方都是中华人民共和国不可分离的部分”[55]。这些规定,揭示了我国民族区域自治的基本含义。据此,可以将民族区域自治界定为:在中华人民共和国领土之内,在国家统一领导下,由各少数民族聚居的地方通过设立自治机关行使自治权而实行的区域自治。这一定义明确了实施民族区域自治的主体、方式和原则三个基本要素。

(一)实施民族区域自治的主体

从民族的构成和分布来看,在我国,一些地方以少数民族聚居为主,一些地方以汉族聚居为主。依据《宪法》和《民族区域自治法》的规定,只有少数民族聚居的地方才有权实行区域自治,没有少数民族聚居的地方则不能实行民族区域自治。因此,我国的民族自治地方不同于一般的地方行政区域,我国的民族区域自治也不同于西方具有一般性和普遍意义的地方自治。

西方国家的地方自治是指一定地域或社区的居民以自己的意志为基础,自己管理自己的地方治理方式。无论是英美法系国家以人民自治理论为基础的自治制度,还是大陆法系国家以团体自治理论为基础的自治制度,都以地域为基本的构成要素,不考虑该区域的民族构成和分布状况。而是否有少数民族聚居,则是我国实施民族区域自治的根本前提和条件。[56]

(二)实施民族区域自治的方式

在我国,通过自治的方式解决民族问题,不仅要考虑民族要素,还要考虑区域要素,是以各少数民族聚居的地方实行区域自治的方式来解决民族问题的[57],不同于民族文化自治。

民族文化自治是奥地利社会民主党在1899年提出的主张,旨在将当时的奥匈帝国改造成多民族和民主的联邦国家。民族文化自治的理论基础是文化民族论。这种理论认为,民族主要是基于共同语言和文化认同的个人联合会,与教会等社会组织的性质相同,可以按照教会与国家的关系那样确立民族和国家的关系,可以把民族与国家、政治和政权等概念分离开来。民族文化自治的设计方案以建立超领土的民族社会组织为基础,成立包括同一民族的各自治区的民族联盟,自主管理本民族内部的语言、文化和教育等事务,又称为民族社会组织自治。[58]

我国的民族区域自治不是各少数民族以民族为单位实施的超区域的社会组织自治,而是以一个或几个少数民族聚居区为基础建立的区域性自治单元,[59]分为自治区、自治州、自治县三级。[60]

---

[54] 《宪法》第4条第3款。

[55] 《民族区域自治法》(2001年修正版)“序言”、第2条第3款。

[56] 参见《中国大百科全书(政治学卷)》,中国大百科全书出版社1992年版,第56~57页。

[57] 我国的民族区域自治制度发展至今,民族区域自治实际考虑的因素应包括:民族因素与区域因素、政治因素与经济因素、历史因素与现实因素、制度因素与法律因素。民族区域自治是这几个因素的统一。

[58] 参见朱伦:《自治与共治:民族政治理论新思考》,载《民族研究》2003年第2期。

[59] 参见《民族区域自治法》(2001年修正版)第12条。

[60] 参见《民族区域自治法》(2001年修正版)第2条。

(三)实施民族区域自治的原则

在我国,各少数民族聚居的地方必须在国家统一领导下,设立自治机关,行使自治权。各民族自治地方都是中华人民共和国不可分离的部分。也就是说,在我国,民族区域自治是单一制国家结构下的地方自治,民族自治地方的人民代表大会和人民政府既是自治地方的自治机关,又是一级地方国家机关。根据国家宪法规定,自治机关既行使同级地方国家机关的职权,同时又行使其他地方国家机关所不能行使的自治权。各民族自治地方既没有制宪权,更没有分离权,不同于民族领土自治。

民族领土自治,是苏联和南斯拉夫解决国内民族问题采取的民族政治自治制度,又称为民族联邦制。实施民族联邦制的国家,各加盟共和国或自治共和国是独立的政治实体,拥有"自由加入和退出"联盟的自决权利,拥有自己的宪法和国籍。

我国的民族自治地方是国家统一领导下的地方行政区域,民族区域不是民族领土的概念,而是指少数民族人口占有一定比例的各民族杂居地区,不是独立自治或半独立状态的自治邦。正是在这个意义上,有学者指出,我国的民族区域自治属于行政自治而非政治自治〔61〕。也就是说,"坚持和完善民族区域自治要做到'两个结合'",即坚持统一和自治相结合、坚持民族因素和区域因素相结合。团结统一是国家的最高利益,是各族人民的共同利益,是实行民族区域自治的前提和基础。没有国家的团结统一,就谈不上民族区域自治。民族区域自治,既包含了民族因素,也包含了区域因素。这是由我国各民族交错杂居的基本国情决定的。做到坚持"两个结合",核心要义是把维护国家统一、民族团结放在第一位,将其视为实行民族区域自治的初衷、坚持的依据、完善的目标。〔62〕

二、多民族背景下民族区域自治的实质内涵

我国《宪法》第4条和《民族区域自治法》序言对民族区域自治的定义,明确界定了实行民族区域自治的主体、方式和基本原则,体现了我国的民族区域自治与其他国家的地方自治、民族领土自治和民族文化自治的不同。但是,理论界在分析民族区域自治的法律定义时,由于研究视角不同,发生了分歧,形成了不同观点。因此,有必要在概念上澄清民族区域自治的实质内涵。

在多民族国家,采取什么样的制度协调民族关系、保障民族平等,至少应考虑两个因素:一是民族构成与发展状况。其关键在于各个民族之间在人口数量、发展程度等方面是否处于均衡状态。如果各个民族在人口数量上相当、发展程度上接近,就没有必要针对某一个或者几个民族采取特殊的政策和制度;如果存在较大差距,则应对某一个或者几个人口较少或者发展水平不高的民族实施特殊的政策和制度。二是民族聚集与分布状况。这是多民族国家选择特殊的政策和制度保护特定少数民族的生存与发展权益之时必须考虑的关键因素。一般而言,一个民族在聚集和分布特性方面,包括聚居和散居两种形态。相应地,对聚居少数民族可采用区域性的政策和制度,而对散居少数民族则只能选择非区域性的群体政策和制度。〔63〕

从民族构成及其人口比例来看,我国不仅有56个民族,而且汉族一直占全国人口的绝对多

〔61〕 参见陈云生:《中国民族区域自治制度》,经济管理出版社2001年版,第48~49页。

〔62〕 参见国家民族事务委员会编:《中央民族工作会议精神学习辅导读本》(增订版),民族出版社2019年版,第63~65页。

〔63〕 参见田钒平:《论民族自治地方自治机关协商民主决策机制的完善》,载《民族研究》2010年第4期。

数,少数民族的人口只占少数。从民族发展程度来看,55 个少数民族聚居地在政治、经济、文化和社会发展程度上明显低于汉族地区同时期的发展水平。而且,特定的少数民族在其形成与发展过程中也形成了不同于汉族和其他少数民族的生产生活方式、风俗习惯、民族心理和精神特质。如果不加区分地对汉族和少数民族实施一般性、整体性的政策和制度,就可能导致统一性的政策和制度无法满足少数民族的制度需求,从而制约少数民族的发展。而从民族聚集与分布状况来看,我国的 56 个民族在历史发展中形成了“大杂居、小聚居”的空间分布格局,与之相适应,我国选择和实施民族区域自治这一基本政治制度,保障聚居少数民族当家作主的权利,维护平等团结互助和谐的民族关系。

但是,在实践中能否通过这一制度来保障聚居少数民族当家作主,实现民族平等的价值追求,在很大程度上取决于客观上是否真正存在单一少数民族的聚居区。如果存在单一少数民族的聚居区,并由该民族在其聚居区建立自治单元,管理本民族的地方性事务,一般而言,其当家作主的权利就能够得到有效保障;否则,如何通过建立地方性的自治单元来保障少数民族当家作主的权利,在具体的制度设计上就显得比较复杂。

而从我国民族构成与分布特性来看,客观上并不存在单一少数民族聚居区。在这种情况下,需要有一个明确标准来判断某一地区是否属于少数民族聚居区。列宁指出,只有其他民族成分少于5%的地区,才属于少数民族聚居区。〔64〕 我国在 20 世纪 50 年代初推行民族区域自治时并没有明确规定聚居少数民族占当地人口的比例,但从 1950 年《中共中央关于在民族杂居地区成立民族民主联合政府的指示》关于少数民族占多数民族杂居地区也应建立民族民主联合政府的规定来看,只有人口达到比多数民族更高比例的少数民族聚居区,才能实施民族区域自治。

然而,由于我国民族构成与分布的制约,要按照上述标准实施民族区域自治,几乎是不可能的。为消解这一因素的影响,我国降低了聚居少数民族的人口要求,李维汉明确指出,“民族的区域自治是……以少数民族聚居区为基础的区域自治,不应以少数民族所占当地人口的一定比例为基础”〔65〕。以此为指导,在充分考虑少数民族聚居区的民族关系、经济条件和历史关系等情况的基础上,我国建立了单一型、联合型、包含型自治,在一些自治地方,汉族甚至占到了多数。〔66〕 在其后的实践中,1957 年中央提出聚居少数民族人口应当占当地人口的 30% 左右,才能建立自治地方;1985 年又提出聚居少数民族人口一般应当占当地人口的 50% 以上,才能建立自治地方。〔67〕 无论是不以聚居少数民族的人口比例为基础,还是要求聚居少数民族的人口必须达到一定比例,客观上都说明我国已经建立的自治地方并不是单一少数民族聚居区。

在多民族背景下,作为以保障聚居少数民族当家作主之权利为基本价值取向的政治制度,不仅需要平衡和协调聚居的少数民族、其他少数民族、汉族等不同民族群体之间的利益关系,而且需要平衡和协调不同的民族群体与民族自治地方整体之间的利益关系。所以,在建立民族自治地方的过程中,既要考虑聚居的少数民族,也要考虑民族关系、经济、文化、社会发展状况等区域因素〔68〕,以平衡聚居的少数民族与该地域范围内其他民族之间的利益关系,而不能实行纯粹的

---

〔64〕 参见《列宁选集》(第 25 卷),人民出版社 1988 年版,第 144 页。

〔65〕 《李维汉选集》,人民出版社 1987 年版,第 249 ~ 250 页。

〔66〕 参见《李维汉选集》,人民出版社 1987 年版,第 249 ~ 250 页。

〔67〕 参见梁洪霞:《非民族自治地方享受民族优惠待遇的宪法界限——兼议我国民族区域自治的性质和目标》,载《政治与法律》2015 年第 2 期。

〔68〕 如前所述的“民族因素与区域因素、政治因素与经济因素、历史因素与现实因素、制度因素与法律因素的统一”。

聚居少数民族的区域自治。这是1954年《宪法》将《共同纲领》规定的“各少数民族聚居的地区，应实行民族的区域自治”[69]修改为“各少数民族聚居的地方实行区域自治”[70]的根本原因，1982年《宪法》和1984年《民族区域自治法》延续了1954年《宪法》的规定。

因此，早在1957年周恩来就指出，在多民族背景下实施的民族区域自治，实质上“是民族自治与区域自治的正确结合，是经济因素与政治因素的正确结合，不仅使聚居的民族能够享受到自治权利，而且使杂居的民族也能够享受到自治权利”[71]。也正因如此，针对实践中存在的对民族区域自治实质内涵的误解，我们强调指出，民族区域自治，既包含了民族因素，又包含了区域因素，民族区域自治不是某个民族独享的自治，民族自治地方更不是某个民族独有的地方。[72]

三、多民族背景下民族自治与区域自治结合的路径

既然我国的民族区域自治是民族自治与区域自治的结合，在实践中如何实现两种自治的结合，是需要认真研究的。理论界存在两种不同的观点：

第一种观点认为，民族区域自治就是少数民族在其聚居区实行自治，自治的主体是“自治地方居于主体地位的少数民族”，自治的范围是“本民族内部的地方性事务”。[73]质言之，这种理解只能在单一民族聚居区才具有合理性。而在多民族背景下，不仅会导致保障少数民族当家作主的权利的制度建构的困难，而且也与“各民族一律平等”的宪法原则不符。

第二种观点认为，民族区域自治是在少数民族聚居地区，以一个或两个以上的少数民族为主体，联合其他民族实行的自治。自治的主体是“民族自治地方的各民族人民”；自治的范围是“该区域的民族事务”。[74]这种观点注意到了两种自治的结合问题，但没有深入分析两种自治实现结合的本质路径，而将自治的范围限定在该区域的民族事务，从而导致了实践中区分自治地方内部的民族事务和地方事务的实践难题。

要准确把握两种自治结合的路径，首先应当区分自治权利与自治权力两个维度。[75]在权利意义上，民族自治的主体是特定地域范围内居于主体地位的少数民族群体，区域自治的主体是特定地域范围内的全体居民。从权力视角分析，作为一种群体权利的民族自治与区域自治的结合，是通过民族自治地方不同民族群体的个体行使选举权和被选举权，选出人民代表大会代表，组成自治机关，并由宪法和法律赋予自治机关一定的自治权力来完成的。因此，在权力意义上，民族区域自治的主体是由自治地方各族人民共同组成的自治机关，不是某一个民族组成的自治机关，自治的范围是该区域的民族事务和地方事务。

这一结论，可以通过《宪法》和《民族区域自治法》对自治机关组成、职责、权力以及处理自治

---

〔69〕参见《共同纲领》第51条。

〔70〕参见1954年《宪法》第3条。

〔71〕《周恩来选集》，人民出版社1984年版，第258页。

〔72〕参见丹珠昂奔：《沿着中国特色解决民族问题的道路前进——中央民族工作会议精神学习体会》，载《民族论坛》2014年第12期。

〔73〕参见乌兰夫：《民族区域自治的光辉历程》，载《人民日报》1981年7月14日。

〔74〕参见戴小明：《当代中国民族区域自治的价值分析》，载《中国民族》2004年第9期。

〔75〕参见周勇：《探究中国“区域自治”和“民族自治”结合之路》，载王铁志、沙伯力主编：《国际视野中的民族区域自治》，民族出版社2002年版，第171页。

地方内部民族关系的原则等方面的规定加以说明。[76]

首先,从对自治机关组成的规定来看,在人民代表大会中,除聚居少数民族的代表外,其他居住在本行政区域内的民族也应当有适当名额的代表。在人民政府和自治机关所属工作部门中,应当合理配备聚居少数民族和其他民族的人员。

其次,从对自治机关的职责以及处理自治地方内部民族关系的规定来看,自治机关应当领导各族人民,共同建设民族自治地方,逐步提高各民族的物质生活水平和科学文化水平,维护和发展各民族的平等团结互助和谐的民族关系,保障本地方各民族的平等权利。由此可见,自治的范围不仅包括聚居少数民族的内部事务,还包括民族关系以及各民族的经济、文化、社会生活等事务。

最后,从民族自治地方的自治立法应依据"当地民族的政治、经济和文化的特点"的含义来看,这里的"当地民族"是指所有的民族,不是单指聚居的少数民族,自治的范围也不应当限于该民族的地方性内部事务。

这些规定进一步说明,我国的民族区域自治是民族自治与区域自治的结合,不只是聚居少数民族在其聚居区实行区域自治。正如《民族区域自治法》序言所说,民族区域自治体现了国家坚持实行各民族平等、团结和共同繁荣的原则。也正因如此,有学者指出,我国的民族区域自治的实质是"民族共治"。[77]

第五节　多样性保护原则

一、多样性保护的概念

在中华民族多元一体格局下,由于自然地理条件和生产力发展水平等因素的影响,多元并存的各民族都经历了各具特色的形成和发展过程,形成了各自的特点。"当前我国正处于社会主义初级阶段,各民族共性因素不断增多,同时民族特点、民族差异将长期存在。"[78]因此,为实现宪法确立的维护平等团结互助和谐的社会主义民族关系、促进各民族共同繁荣和实现中华民族伟大复兴的价值目标,在各民族共性因素不断增多的背景下,如何遵循多样性保护原则的要求,准确认识和把握各民族客观存在的特点及其差异,妥善处理各民族间的差异性的关系,是依法治理民族事务需要认真对待和解决的重大问题。

从总体上讲,各民族的特点及其差异表现在政治、经济、文化和社会生活的方方面面,但"文化差异是最重要的差异,风俗习惯的不同则是文化差异的最直接表现"[79]。因为,一方面,"一定的文化是一定社会的政治和经济在观念形态上的反映",[80]各民族在政治、经济和社会生活方面存在的差异,都会通过观念形态的文化反映出来,由此形成不同的政治文化、经济文化、科技文

---

〔76〕 参见《宪法》第113~114条;《民族区域自治法》(2001年修正版)第6条、第9~11条、第16~19条、第48条、第51条等。

〔77〕 参见朱伦:《民族共治论——对当代多民族国家族际政治事实的认识》,载《中国社会科学》2001年第4期。

〔78〕 国家民族事务委员会编:《中央民族工作会议精神学习辅导读本》(增订版),民族出版社2019年版,第86页。

〔79〕 国家民族事务委员会编:《中央民族工作会议精神学习辅导读本》(增订版),民族出版社2019年版,第86页。

〔80〕《毛泽东选集》(第2卷),人民出版社1991年版,第694页。

化、教育文化、家庭文化等各种文化；另一方面，从文化与人的行为的关系来看，各民族成员无论是参与共同的政治生活、经济生活还是其他社会生活，都需要遵循习得的行为规则的要求，而反映各民族政治、经济及其他社会生活需要，体现各民族生产生活方式、历史传统和心理情感的风俗习惯，则是这种习得的行为规则的主要存在形式。因此，遵循多样性保护原则的要求，妥善处理各民族间差异性的关系，关键在于处理好各民族风俗习惯的关系。

我国历来高度重视各民族风俗习惯在社会治理中的作用。在《周礼》《汉书》《唐律疏议》等史书上都有这方面的记载。如强调"修其教不易其俗，齐其政不易其宜"[81]"以其故俗治"[82]"各依本俗治"[83]"天子之于夷狄也，其义羁縻勿绝而已"[84]"临时制宜，略依其俗，防其大故，忍其小过"[85]等。到元一代，统治者依据"尽收诸国、各依风俗"[86]的立法思想，在尊重祖宗旧法，保持本民族传统的同时，注重民族的不同风俗习惯和传统，具体表现为立法上的"附合汉法""参照唐宋之制"，最终形成了元代"南北异制"的多元法律格局，其中以反映社会习惯为主的条、格、例在整个法律体系中占有绝对优势。清朝在"因俗为制""缘俗为制"的指导思想下，制定了《蒙古律例》《理藩院则例》《苗例》《回疆则例》。[87] 从总体上讲，在处理民族问题方面，"无论哪一个朝代都认识到对少数民族地区的行政管理应与汉族地区有所区别，必须'以其故俗治'"[88]。

中华人民共和国成立之际制定的《共同纲领》延续"因俗而治"的政治传统，明确规定"各少数民族均有发展其语言文字、保持或改革其风俗习惯及宗教信仰的自由"。[89] 毛泽东在《关于中华人民共和国宪法草案》中亦明确指出："少数民族问题，它有共同性，也有特殊性。共同的就适用共同的条文，特殊的就适用特殊的条文。"[90]据此，1954 年《宪法》在第 3 条第 3 款规定："各民族都有使用和发展自己的语言文字的自由，都有保持或者改革自己的风俗习惯的自由。"由此，将保护各民族的多样性和差异性作为一项宪法原则规定下来。1982 年《宪法》继承了这一原则。

从法理上讲，现行《宪法》第 4 条第 4 款之所以将多样性保护作为一项宪法原则规定下来，明确规定"各民族都有使用和发展自己的语言文字的自由，都有保持或者改革自己的风俗习惯的自由"，主要有以下几个方面的原因：(1)各民族风俗习惯保持了与其经济基础相适应的形式，是一个民族社会生活的真实写照，体现着一个民族对自然环境的选择性和适应性。(2)语言既是人们交流思想、沟通信息、传承风俗习惯的工具，也是风俗习惯的组成部分。(3)从风俗习惯与本民族生存发展的关系来看，有些风俗习惯是健康的、有益的，有些风俗习惯则是不健康的、消极的，因此，也存在一个是保持还是改革的问题，但这种改革必须由各民族自己解决。[91]

由此看来，从各民族交往交流的角度讲，多样性保护原则包括两个方面的要求：一是各民族

---

〔81〕《周礼·王制》。

〔82〕《汉书》(卷四二)。

〔83〕《唐律疏议·刑名》。

〔84〕《史记》(卷一一七)。

〔85〕《后汉书》(卷八七)。

〔86〕张晋藩主编：《中国法律史》，法律出版社 1995 年版，第 308～314 页。

〔87〕参见梁治平：《清代习惯法：社会与国家》，中国政法大学出版社 1996 年版，第 46 页。

〔88〕徐杰舜、韦日科主编：《中国民族政策史鉴》，广西人民出版社 1992 年版，第 14 页。

〔89〕《共同纲领》(1949 年)第 53 条。

〔90〕毛泽东：《关于中华人民共和国宪法草案》(1954 年 6 月 14 日)，载《毛泽东文集》(第 6 卷)，人民出版社 1999 年版，第 327 页。

〔91〕参见《毛泽东文集》(第 6 卷)，人民出版社 1999 年版，第 75 页。

都有保持或者改革自己的风俗习惯的自由;二是各民族在行使保持或者改革自己的风俗习惯的自由时,应当尊重其他民族保持或者改革其风俗习惯的自由。因此,多样性保护的核心和要义是"尊重差异",而"尊重差异,就是尊重各民族群众的选择,尊重各民族风俗习惯","各民族都不能以自身的好恶来对待其他民族的风俗习惯"。〔92〕从民族关系的角度讲,各民族互相尊重各自的风俗习惯,既是民族平等的要求和标志,也是民族团结互助的前提和基础。具体而言,尊重各民族的风俗习惯有两个方面的含义:(1)汉族要尊重少数民族的风俗习惯,少数民族也要尊重汉族的风俗习惯;(2)各少数民族之间要彼此尊重各自的风俗习惯。

二、多样性保护的对象和范围

明确多样性保护原则适用的对象和范围,是贯彻落实该原则要求的根本前提。从法律条文的文义来看,《宪法》第 4 条第 4 款对此的规定是非常明确的,不存在歧义。一方面,从保护的对象来看,《宪法》在规定谁有使用和发展自己的语言文字的自由、谁有保持或者改革自己的风俗习惯的自由时使用的主语是"各民族",因此,宪法规定的这两项自由权利的主体是"各民族",在法理上属于群体权利范畴,是"各民族"基于宪法赋权享有的群体权利而非个体权利。另一方面,从保护的范围来看,《宪法》只规定了语言文字和风俗习惯两个方面的事项。从这个角度讲,各民族基于多样性保护获得的群体权利只有两项权利,即语言文字使用和发展权与风俗习惯保持和改革权。

当然,要准确认识和把握多样性保护原则的适用对象和范围,还需要厘清以下问题:

第一,宗教信仰是否属于群体权利范畴,能否基于扩大解释将《宪法》第 4 条第 4 款规定的多样性保护原则适用于宗教信仰自由保护?我国是一个统一的多民族国家,也是一个有多种宗教信仰的国家。一些民族的形成和发展与宗教有着密切联系。因此,建立与我国实际情况相符合的宗教法律制度,保护人们合法的宗教信仰,是法治国家建设需要解决的重要议题。自中华人民共和国成立以来,我国就非常重视宗教法治建设问题。无论是具有临时宪法作用的《共同纲领》,还是其后制定的历部宪法,都对宗教信仰自由作出了明确规定。但需要注意的是,《共同纲领》是从民族政策和少数民族群体权利的角度作出的规定,即"各少数民族均有……保持或改革其风俗习惯及宗教信仰的自由";〔93〕而历部宪法虽然在具体规定上存在细微差别,但都是从公民个体权利的角度作出的专门规定。〔94〕因此,从历部宪法的规定来看,宗教信仰是公民个人的私人事务,宗教信仰自由是公民个体的基本权利,与民族身份无关。质言之,信仰或不信仰都属于公民个人自由选择的范畴,各民族公民既有信仰宗教的自由,也有不信仰宗教的自由,任何国家机关、社会团体和个人不得歧视信仰宗教的公民和不信仰宗教的公民,也不得强迫公民信仰宗教或者不信仰宗教。在现行宪法下,保护公民宗教信仰多样性的宪法依据源自《宪法》第 36 条规

---

〔92〕 国家民族事务委员会编:《中央民族工作会议精神学习辅导读本》(增订版),民族出版社 2019 年版,第 86 页。

〔93〕 徐杰舜、韦日科主编:《中国民族政策史鉴》,广西人民出版社 1992 年版,第 14 页。当然,历史上的"半地方自治"制度与民族区域自治制度有本质区别。"半地方自治"制度的特点是对少数民族上层人物实行"羁縻"政策,基本上不触动少数民族内部原有的经济基础和上层建筑,维护剥削制度,其实质是少数民族内部统治阶级的自治。

〔94〕 历部宪法的具体规定如下:1954 年《宪法》第 88 条规定:"中华人民共和国公民有宗教信仰的自由。"1975 年《宪法》第 28 条第 1 款规定:"公民……有信仰宗教的自由和不信仰宗教、宣传无神论的自由。"1978 年《宪法》第 46 条规定:"公民有信仰宗教的自由和不信仰宗教、宣传无神论的自由。"1982 年《宪法》第 36 条第 1 款规定:"中华人民共和国公民有宗教信仰自由。"

定的“中华人民共和国公民有宗教信仰自由”，不属于《宪法》第4条第4款规定的多样性保护原则调整的范围。因此，在实践中不能对《宪法》第4条第4款的规定作扩大解释，将其适用于各族公民宗教信仰自由的保护。

第二，《宪法》第4条第4款与第139条第1款有关语言文字之规定的关系。《宪法》第139条第1款规定：“各民族公民都有用本民族语言文字进行诉讼的权利。人民法院和人民检察院对于不通晓当地通用的语言文字的诉讼参与人，应当为他们翻译。”这一规定解决了两个问题：一是明确赋予了各民族公民使用本民族语言文字进行诉讼的权利；二是为保障各民族公民使用本民族语言文字进行诉讼的权利，明确规定了人民法院和人民检察院为不通晓当地通用的语言文字的诉讼参与人提供翻译的义务。由此看来，《宪法》第139条第1款解决的是各民族公民的个体权利及其保障问题，而《宪法》第4条第4款有关语言文字的规定解决的则是各民族的群体权利及其保障问题。当然，从实践的角度讲，各民族是否有使用和发展自己的语言文字的自由，对各民族公民能否使用本民族语言文字具有重要意义，是决定各民族公民能否使用本民族语言文字进行诉讼的前提和基础。但从权利主体的角度讲，使用本民族语言文字进行诉讼的权利属于各民族公民的个体权利，而使用和发展自己的语言文字的自由则属于各民族的群体权利，不能将二者混为一谈。还需要注意的是，享有使用本民族语言文字进行诉讼的权利的主体是各民族公民，理论与实务界仅仅从保障少数民族诉讼权利的视角，来解读司法实务部门为不通晓当地通用语言文字的诉讼参与人提供翻译的正当性和必要性是不妥当的。〔95〕客观地讲，在此情形下，不仅不通晓当地通用语言文字的诉讼参与人需要翻译，不通晓需要翻译的诉讼参与人所使用的语言文字的其他诉讼参与人也需要翻译。从这个角度讲，翻译的存在，是保证诉讼过程顺畅进行的根本前提，不仅保护了少数民族诉讼参与人的诉讼权利，也保护了其他诉讼参与人的诉讼权利。〔96〕

三、多样化保护的路径和要求

从我国法律的有关规定来看，为落实多样性保护原则的要求，立法者在《宪法》《民族区域自治法》《立法法》《民法典》《刑法》《教育法》等有关法律中提供了以下保护路径。

第一，通过赋予有关国家机关对国家法律的具体规定进行变通或者补充的权力，来保障各民族保持或者改革其风俗习惯的自由。在“我国大散居、小聚居、交错杂居的民族人口分布格局不断深化，呈现出大流动、大融居的新特点”〔97〕的背景下，各民族之间的交往交流虽将成为常态，但各民族在历史发展中形成的具有民族或者地域特色的风俗习惯，由于路径依赖的作用，仍将发挥其规制功能，进而对各民族公民的行为产生影响，从而诱致风俗习惯与国家法律规定间的冲突。为有效协调二者之间的关系，《宪法》第116条、《民族区域自治法》第19条明确规定：民族自治地方的人民代表大会有权依照当地民族的政治、经济和文化的特点，制定自治条例和单行条例。《立法法》第85条第2款进一步规定，自治条例和单行条例可以依照当地民族的特点，对法律和行政法规的规定作出变通规定。《刑法》第90条也明确规定，民族自治地方不能全部适用本法

〔95〕参见王祺国：《要求专人翻译是少数民族当事人一项重要的诉讼权利》，载《中国民族》1986年第2期；窦梅、林蕾、田应斌：《论少数民族当事人使用本民族语言进行诉讼之权利的司法保障》，载《中南民族大学学报（人文社会科学版）》2006年第1期。

〔96〕参见田钒平：《铸牢中华民族共同体意识的宪制基础研究》，载《贵州民族研究》2022年第1期。

〔97〕《习近平谈治国理政》（第3卷），外文出版社2020年版，第301页。

规定的,可以由自治区或者省的人民代表大会根据当地民族的政治、经济、文化的特点和本法规定的基本原则,制定变通或者补充的规定,报请全国人民代表大会常务委员会批准施行。此外,在《民法典》颁布之前,原《民法通则》、原《婚姻法》、原《收养法》、原《继承法》等法律也赋予了民族自治地方人民代表大会对相关法律规定进行变通或者补充的权力。

第二,通过制定和实施双语教育和使用双语或者多语言执行公务的规定,来保障各民族使用和发展其语言文字的自由。关于实施双语教育的规定,主要体现在《教育法》的规定之中。《教育法》第12条第1、2款明确规定:"国家通用语言文字为学校及其他教育机构的基本教育教学语言文字,学校及其他教育机构应当使用国家通用语言文字进行教育教学。民族自治地方以少数民族学生为主的学校及其他教育机构,从实际出发,使用国家通用语言文字和本民族或者当地民族通用的语言文字实施双语教育。"此外,《民族区域自治法》第36条规定:"民族自治地方的自治机关根据国家的教育方针,依照法律规定,决定本地方的……教学用语……"关于使用双语或者多语言执行公务的规定,主要体现在《宪法》的规定之中。《宪法》第121条规定:"民族自治地方的自治机关在执行职务的时候,依照本民族自治地方自治条例的规定,使用当地通用的一种或者几种语言文字。"《宪法》第139条第2款规定:"在少数民族聚居或者多民族共同居住的地区,应当用当地通用的语言进行审理;起诉书、判决书、布告和其他文书应当根据实际需要使用当地通用的一种或者几种文字。"为落实宪法的原则要求,《民族区域自治法》《民事诉讼法》《刑事诉讼法》等法律也对使用双语或者多语言执行公务的问题作出了专门规定。

第三,通过明确规定有关国家机关的职责,来保护和发展各民族传统文化。主要包括以下几个方面的内容:一是《宪法》有关保护和发展各民族传统文化的规定。《宪法》第119条规定,"民族自治地方的自治机关……保护和整理民族的文化遗产,发展和繁荣民族文化";其第122条规定,"国家从财政、物资、技术等方面帮助各少数民族加速发展……文化建设事业"。二是《民族区域自治法》有关保护和发展各民族传统文化的规定。《民族区域自治法》除在总则第6条第4款明确规定"民族自治地方的自治机关继承和发扬民族文化的优良传统,建设具有民族特点的社会主义精神文明,不断提高各民族人民的社会主义觉悟和科学文化水平"外,还在第38条、第40条、第41条等有关条文中,明确规定民族自治地方的自治机关保护和发展各民族传统文化的职责和权力,包括自主发展具有民族形式和民族特点的文学、艺术、新闻、出版、广播、电影、电视等民族文化事业,收集、整理、翻译和出版民族书籍,保护民族的名胜古迹、珍贵文物和其他重要历史文化遗产,发展现代医药和民族传统医药,开展民族传统体育活动等。三是《非物质文化遗产法》有关保护和发展各民族传统文化的规定。《非物质文化遗产法》是保护和发展各族人民世代相传的非物质文化遗产的专门法律。该法不仅明确规定了县级以上地方人民政府文化主管部门和其他有关部门在保护、保存非物质文化遗产的职责,而且从非物质文化遗产的调查、非物质文化遗产代表性项目、非物质文化遗产的传承与发展等方面,对如何保护和发展各族人民世代相传并视为其文化遗产组成部分的传统口头文学、语言、美术、书法、音乐、舞蹈、戏剧、曲艺、杂技、技艺、医药、体育、游艺、历法、礼仪、节庆等非物质文化遗产作出了明确具体的规定。此外,《文物保护法》《中医药法》《体育法》等法律也作出了相应规定。

根据现行法律的规定和2021年中央民族工作会议提出的关于加强和改进民族工作的重要思想的核心要义、精神实质和实践要求,实践中按照以上路径落实多样性保护原则的要求时,需要注意处理好以下几个方面的问题。

其一,要以铸牢中华民族共同体意识为主线,在正确把握共同性和差异性的关系的基础上,按照“增进共同性、尊重和包容差异性”的民族工作原则和“依法治理民族事务，确保各族公民在法律面前人人平等”的要求，来处理各民族风俗习惯与国家法律的关系。首先，对国家法律的变通不得违背法律或者行政法规的基本原则，不得对《宪法》和《民族区域自治法》的规定以及其他有关法律、行政法规专门就民族自治地方所作的规定作出变通规定。其次，应按照“科学立法”“民主立法”“依法立法”的要求，充分发挥合宪性审查、协商立法和法律解释等机制的功能，审慎行使法律变通权能，建构良法体系，夯实善治之基。在此基础上，切实遵循严格执法、公正司法的要求，将各民族习惯法的适用限定在法律许可的范围之内，防止不当扩大习惯法的适用范围阻碍各民族交往交流交融；准确解读并严格遵循增进共同性和包容差异性的法律规定的要求处理各类纠纷和矛盾，防止选择性执法或司法不公损及法律权威。由此，才能夯实营造良好族际生态、推进中华民族共同体建设的法治之基。此外，由于《民法典》没有对民族自治地方人大能否根据当地民族的特点和具体情况制定变通或补充规定的权力作出明确规定，在全国人大常委会作出裁决之前，[98]应当严格遵循《民法典》第10条规定的“处理民事纠纷，应当依照法律；法律没有规定的，可以适用习惯，但是不得违背公序良俗”的要求，来处理各民族风俗习惯与国家法律的关系。而且，从法理上讲，《民法典》第10条的规定不仅为纠纷裁断者在处理民事纠纷时如何选择和确定裁断依据提供了明确的准则，也为各民族保持或者改革自己的风俗习惯提供了广阔空间，可以有效保障各民族享有的保持或者改革自己的风俗习惯的自由。[99]

其二，要按照推广普及国家通用语言文字，科学保护各民族语言文字，尊重和保障少数民族语言文字学习和使用的原则要求，来处理国家通用语言文字与各民族语言文字的关系。语言文字是人类社会最重要的交际工具和信息载体，是文化的基础要素和鲜明标志。语言文字事业具有基础性、全局性、社会性和全民性特点，事关国民素质提高和人的全面发展，事关历史文化传承和经济社会发展，事关国家统一和民族团结。因此，在尊重和保障少数民族语言文字学习和使用，科学保护方言和少数民族语言文字，加强民族文字教材管理，提升民族语文教学质量的同时，必须高度重视国家通用语言文字的推广普及。为此，首先，要牢固确立国家通用语言文字的主体地位；其次，要聚焦民族地区、农村地区，聚焦重点人群，分类指导，精准施策，加大国家通用语言文字推广力度；再次，要加强学校语言文字工作，全面落实国家通用语言文字作为教育教学基本用语用字的法定要求；最后，要全面加强民族地区国家通用语言文字教育。[100]

其三，要以“构筑中华民族共有精神家园，使各民族人心归聚、精神相依，形成人心凝聚、团结奋进的强大精神纽带”为目标，来处理中华文化与各民族传统文化的关系。中华文化既包括在5000多年文明发展中孕育的中华优秀传统文化，也包括在党和人民伟大斗争中孕育的革命文化和社会主义先进文化，积淀着中华民族最深层的精神追求。因此，构筑中华民族共有精神家园，首先，要正确把握中华文化和各民族文化的关系。中华文化是主干，各民族文化是枝叶，根深

---

〔98〕 从法理上讲，原《民法通则》等法律的授权规定属于旧的特别规定，《民法典》的规定属于新的一般规定。《立法法》第105条第1款规定：法律之间对同一事项的新的一般规定与旧的特别规定不一致，不能确定如何适用时，由全国人民代表大会常务委员会裁决。因此，民族自治地方人大能否对《民法典》的规定进行变通，还有待全国人大常委会作出裁决。参见田钒平：《民法变通规定制定权的法源冲突及解决路径——以〈民法典〉相关规定阙如为切入点》，载《政治与法律》2021年第5期。

〔99〕 参见田钒平：《民法典视野下铸牢中华民族共同体意识的法理探讨》，载《西南民族大学学报（人文社会科学版）》2021年第2期。

〔100〕 参见《关于全面加强新时代语言文字工作的意见》（国务院办公厅，2020年9月14日）。

干壮才能枝繁叶茂。其次,要坚持以社会主义核心价值观为引领,引导各族人民牢固树立休戚与共、荣辱与共、生死与共、命运与共的共同体理念。再次,要正确把握中华民族共同体意识和各民族意识的关系,引导各民族始终把中华民族利益放在首位,本民族意识要服从和服务于中华民族共同体意识,同时要在实现好中华民族共同体整体利益进程中实现好各民族具体利益。最后,要树立和突出各民族共享的中华文化符号和中华民族形象,大力繁荣各民族文化,把尊重、继承和弘扬少数民族优秀传统文化,与传承、建设各民族共享的中华文化有机结合起来,努力实现创造性转化和创新性发展。

第三章　民族法的渊源

第一节　民族法渊源的概念

一、法的渊源的概念

法的渊源是一个具有多重意义与含义的概念，是迄今为止法学理论中最复杂的范畴之一。法的渊源语出古罗马法的 fontes juris，意为"法的源泉""法的来源之所"。

按照《牛津法律大辞典》，法的渊源主要有六种含义：[1]（1）法的历史渊源，指的是历史上据以产生或形成法律、法律原则或规则的行为、事件。（2）法的理论渊源，即法理，法律制度、法律体系和法律原则的普遍性、基础性的原理和学说。（3）法的本质渊源，指的是法的本质的根源。马克思主义法学认为，特定时空下的特定国家的法律都是由一定的社会物质生活条件所决定的，是统治阶级意志的反映。马克思主义法学产生之前，很多思想家将法视为神的意志、民族精神、主权者的意志等。（4）效力渊源，又称法的形式渊源或法律规范的渊源，主要指具有法的形式外观、法定效力的制定法。（5）文献渊源，指对法律规则作出权威性说明的文件，包括法律文件的原始记录、综述和汇编，人们可以从中找到对法律的权威性阐述。（6）学术渊源，指有关法的百科全书、教材、专著及法学参考资料，主要是从学术视角对法律的非权威性阐释和说明，不具有法律效力。

法的渊源是法理学中的重要概念和术语，其源头可以追溯到古罗马法。但是究竟何为法的渊源，其内涵和外延是什么，至今没有达成一致认识，存在理论上的分歧，还有彼此矛盾和对立的情形，即便从名称上看，用法也不尽统一，有"法的渊源""法律渊源""法源"等不同的称谓和表述。有些法学家甚至对法的渊源这一概念持反对态度。凯尔森认为，"法律的'渊源'是一个比喻性并且极端模糊不明的说法""法律的'渊源'，并不像这一词语所可能示意那样，是一个不同于并且总是独立于法律之外存在的本体"，法律的渊源被用之于一种完全非法学上的意义，有人也就用来指所有那些实际上影响创造法律机关的观念、道德规范、政治原则、法律学说、法学专家的看法等，实际上，这些渊源本身并无任何法律约束力。它们并不像真正的法律渊源那样，是法律规范或法律规范的特定内容。"'法律的渊源'这一用语的模糊不明似乎使这一用语近乎无甚用处。"[2] 德国法学家魏德士认为法律渊源概念具有多重含义。广义上讲，它指的是对客观法产生决定性影响的所有因素，法学文献、行政实践、法院实践和国民的一般法律意识都属于法律渊

〔1〕 David M. Walker, *The Oxford Companion to Law*, Oxford University Press, 1980, p. 1156.

〔2〕［奥］凯尔森：《法与国家的一般理论》，沈宗灵译，商务印书馆 2013 年版，第 203～204 页。

源,这些渊源可以帮助法官正确认知现行的法,即法律认知的辅助手段。在这个意义上,可称之为“广义的法律渊源”或“社会学的法律渊源”。狭义的法律渊源,是指对于法律适用者具有约束力的法规范。法律渊源学说明确了法律适用者必须从哪里获得法律规范以及适用这些法律规范的顺序如何;法律渊源涉及法律约束力问题。[3]

二、法的渊源的不同学说

国内理论界对于法的渊源形成了各种理论学说,不同角度的观察视角和不同标准的分类反映了不同的理论与实践旨趣。有的从立法中心的角度思考法律渊源,有的着重从司法适用的角度考察法的渊源,形成了正式法源与非正式渊源、法定渊源与酌定渊源、主要法源与次要法源、直接渊源与间接渊源、法律渊源与规范渊源、效力渊源与认知渊源等不同的主张。

(一)立法中心主义下的法的渊源

该视角下法的渊源主要是指法的形式渊源,又称效力渊源或法律规范的渊源,专指作为首创法律规范的文件、作为具有法的效力和意义的法的外部表现形式。法的渊源包括两个不可分割的要素,一方面,法的渊源必然与法的效力相联系,只有产生法的效力的法律文本或其他规范,才能成为法的渊源。另一方面,法的渊源必然要表现为一定的法的形式,即要求任何具有法律效力的规范性文件或非规范性文件,必须以一定的法的形式表现出来(法的形式是指法的外在表现形态)。法的渊源即法的形式,法的形式是具有法律效力的法的表现形式。法律文件的效力和形式是统一的,凡是具有法的效力的法律文本,都有一定的表现形式,二者缺一不可。国内的一些法理学教材和部门法学教材,多将法的渊源等同于法的形式。例如,“宪法的渊源是宪法的表现形式”。[4] 在民法学教材中,将法的渊源等同于法的形式的观点更为普遍。法的渊源等同于法的形式,这种认识只能适用于制定法国家,基于立法视角而非司法视角,因为法的形式就是法律文本的表现形式,只有权威立法机关制定的规范才具有法的形式外观,才是法的渊源意义上的法律。法的渊源可以是法律形式,但并不就是法律形式。二者存在明显的不同:从实践来看,法律渊源之法是指司法之法,法律形式之法是指立法之法;从内容来看,法律渊源之法是具有一定开放性的规则体系,而法的形式则是具有一定封闭性的规则体系;从路径来看,法律渊源之法是在司法适用过程中发现和寻找的,法的形式之法是在立法中形成的。[5]

立法中心主义下的法的渊源说对应的即为法的形式渊源,相应地,制定法为正式渊源,制定法之外的其他规范为非正式渊源。按照博登海默的观点:“正式渊源,我们意指那些可以从体现为权威性法律文件、可以从明确文本形式中得到的渊源……所谓非正式渊源,我们是指那些具有法律意义的资料和值得考虑的材料,而这些材料和值得考虑的材料尚未在正式法律文件中得到权威性的或至少是明文的阐述和体现。”博登海默认为,正式渊源的种类主要有宪法和法规、行政命令、行政法规、条例、自主或半自主机构和组织的规章、条约协议、司法先例等;而非正式渊源的种类有正义标准、推理和思考事物本质的原则、衡平法、公共政策、道德信念、社会倾向和习惯法。[6] 博氏将法的渊源划分为正式法源和非正式法源,主要是以是否成文作为标准,而在普通

---

[3] 参见[德]魏德士:《法理学》,丁晓春、吴越译,法律出版社 2005 年版,第 98 ~ 99 页、第 122 页。

[4] 《宪法学》编写组编:《宪法学》(第 2 版),高等教育出版社、人民出版社 2020 年版,第 25 页。

[5] 参见彭中礼:《论法律形式与法律渊源的界分》,载《北方法学》2013 年第 1 期。

[6] [美]E. 博登海默:《法理学:法律哲学与法律方法》,邓正来译,中国政法大学出版社 1999 年版,第 414 ~ 415 页。

法系国家,判例虽然是正式的法的渊源,但却不以成文为表现形式。在我国,法的正式渊源即为宪法、法律、行政法规、规章、地方性法规、自治条例和单行条例等。

直接渊源和间接渊源的分类与正式渊源和非正式渊源接近。直接渊源是具有法的效力的渊源,如法律、法令、条例、条约等;间接渊源指须经国家认可后才有法的效力的渊源,如习惯、道德、宗教戒律、政策、外国法、理论学说等。规范的法律文本固然是法的渊源,但能否认为法的渊源只包括法定立法机关制定的规范性法律文件?如何在法的渊源视域下认识习惯与习惯法,却成了“等同说”下的难题。我国《民法典》第10条规定:“处理民事纠纷,应当依照法律;法律没有规定的,可以适用习惯,但是不得违背公序良俗。”有学者认为,《民法典》的规定赋予了习惯以法源地位。然而,从形式上来看,习惯并非有效力的法律表现形式,习惯也并未因为《民法典》的规定而变为习惯法,《立法法》并未规定习惯这一规范类型。只有在《民法典》没有相关规定,习惯才可以有条件地成为裁判依据和说理依据。同时,也应注意到,此处的习惯并非封闭的、固定的,而是开放的、变化的,不同地域、不同民族、不同领域的习惯存在很大差异。《民法典》中就有交易习惯、当地习惯、风俗习惯等不同的表述,显然,这些习惯与规范的法律条文不同,需要根据个案的不同情况,经由法官来甄别适用。因此,有学者将其界定为“规范渊源”。我国的法的渊源就是《宪法》和《立法法》中所确定的法律表现形式,其他的称为规范渊源,如习惯、政策等。法律体系应当是从成文法的角度来考虑的,即法律体系是指由现行有效的各个法律部门组成的结构体系。法律体系概念的最大特点就是强调“现行有效”,能够成为法律体系组成部分的必然是正在生效的法律。按照法律体系的这个特点,则习惯、政策等规范类型都不能纳入法律体系的概念当中去。特别是在司法层面,由于法律体系的概念并没有包含习惯、政策等规范,不能把法院在审理案件过程当中所包含的所有的裁判规范都涵盖进去,因而不能满足现实社会的需求,难以满足不断变化的现实生活的需要。习惯、政策等范畴应当视为规范体系,规范体系概念弥补了法律体系概念的局限性,可以对我国现存的各种各样的规范类型进行结构性安排。从功能来看,规范体系的概念确实可以让法官在更为广阔的范围内去发现“裁决规范”,选择更为合理的裁判依据。法律体系能够容纳的内容,不需要规范体系来容纳;但是,超出法律体系的内容,则应当由规范体系来容纳。所以,法律体系的核心概念是“法律”,而规范体系的核心概念是“规范”。“法律”是“规范”之一种,法律体系包含在规范体系之中。[7]

(二)司法中心主义下的法的渊源

该视角的法的渊源学说认为,法的渊源是一个实践性很强的概念,只有立足于司法主义的立场,并从法官的视角去理解,法的渊源这个概念才有意义。法的渊源即为当下法律赋予法律效力的裁判案件的依据,它既包括法律形式,也包括那些不表现为法律形式的其他权威性理由。司法实践意义上的法的渊源,应当满足以下条件:必须具有法律效力;必须为人们所感知;必须是能够在司法判决中加以明示的理由;作为判决的理由,其本身并不需要再证明。在此定义下,法的渊源分为法定渊源与酌定渊源。在法定渊源中,大陆法系主要是制定法,英美法系主要是判例;我国则除了制定法外还包括司法解释,判例不是我国法律渊源。在酌定渊源中,习惯、公认价值、法学家意见、公共政策等,则必须在满足一定条件后才可以成为法律渊源。从司法主义立场来看,法律渊源的最理想分类既不是主要渊源与次要渊源,也不是正式渊源与非正式渊源,而是法定渊源和酌定渊源。凡是由法律规定的,法官必须适用的法律渊源就是法定渊源;凡是法律没有规定

---

〔7〕 参见刘作翔:《“法源”的误用——关于法律渊源的理性思考》,载《法律科学(西北政法大学学报)》2019年第3期。

的,而是由法官决定是否适用的法律渊源就是酌定渊源。法定与酌定的划分标准取决于法律是否规定,这就比主要与次要、正式与非正式的划分有了客观的依据。根据这个划分,制定法是大陆法系国家主要的法定渊源,判例则是英美法系国家主要的法定渊源。而习惯、公认价值和社会观念等就属于酌定渊源,这些内容,法律没有直接规定"必须适用",而由法官自由裁量"可以适用",并且只有在正式法律渊源空白或因适用而导致严重不公正时,方可进入司法。[8]

在司法主义视角下,还有一种观点,认为法律渊源指的是法律的权威及强制力的来源或法律的存在形态,凡是司法适用的规范就是"法律",而不论它是否被立法权威承认,对其形式也不应特别关注。按照司法适用情况,法律渊源分为主要渊源和次要渊源。法的主要渊源是指法源的主体,是在诉讼中优先适用的法律,包括制定法、判例法、习惯法。法的次要渊源是附属性法源,在诉讼中通常居于次要地位,一般包括权威的理论和公认的价值。在一般情况下,主要法源具有优先适用性,只有在无主要法源可资援引的情况下,才可以适用次要法源,次要法源只起到补充主要法源空白的作用。在特殊情况下,次要法源可以纠正主要法源的失误。[9]

在瑞典学者佩策尼克看来,法源可以划分为三个范畴:必须的法源、应当的法源、可以的法源,即在适用于众多法律秩序中必须提出、应当提出、可以提出的权威性理由。人们无法想象一种不能作为权威性理由、也不能作为法源的法律体系。某条有效的法律规范必然具有权威,人们当然应当遵守它,遵守的原因不在于规范的内容,而在于法律规范本身。总体来说,有些文本是法源,有些则不是。有些法源具有约束力,有些则没有。对于具有约束力的法源,人们才必须将其作为权威性理由加以提出,而对于没有约束力的法源,则可以将其作为权威性理由加以提出。某些法源虽然没有约束力,但却具有与某种制定法类似的权威,指引着法律实践。"应当的法源"比"可以的法源"更为重要,"必须的法源"比"应当的法源"更为重要。"必须的法源""应当的法源""可以的法源"具有如下关系:与次重要相比,较重要的法源是更强的理由;与忽视次重要法源相比,证成忽视较重要法源的理由强度要求更高;如果较重要法源与次重要法源不兼容,例如,当制定法与立法准备性材料中的观点不一致时,制定法具有当然的优先性,除非有足够强的理由支持相反结论;任何人若要反转这种优先程序,必须具有推理责任。[10]

从法律适用的角度看,法的渊源理论是用来解决法官在裁判案件时去哪里寻找法的渊源以及如何确定法的渊源,法的渊源只是法律适用者用来证成他的法律决定的大前提的理由之一。在这个角度下,法的渊源就是指特定法律共同体一般所承认的规则。[11] 任何特定法律共同体都有不同种类的法的渊源,作为形式理由的法的渊源,不同种类的法的渊源的形式性程度不同。有的法的渊源的形式性程度高,有的法的渊源的形式性程度低。一般来说,形式性程度高的法的渊源对法律决定或判断的支持程度比较高,而形式性程度低的法的渊源对法律决定或判断的支持程度低。因此,我们可以根据不同法的渊源的形式性程度和支持程度的高低对其进行分类。无论法的渊源的二分法还是三分法,都是根据这个标准进行分类的。只不过,前者是将法的渊源对法律决定或法律判断的支持程度或重要性程度分为高与低两个位阶,即通常所谓的正式的法的渊源与非正式的法的渊源;后者是将法的渊源对法律决定或法律判断的支持程度或重要性程度

---

[8] 参见周安平:《法律渊源的司法主义界定》,载《南大法学》2020年第4期。
[9] 参见周永坤:《法理学——全球视野》(第4版),法律出版社2016年版,第43~45页。
[10] 参见[瑞典]亚历山大·佩策尼克:《论法律与理性》,陈曦译,中国政法大学出版社2015年版,第298~300页。
[11] 参见王夏昊:《法适用视角下的法的渊源》,载《法律适用》2011年第10期。

分为高、中、低三个位阶，亦即“必须的法源”“应当的法源”“可以的法源”。[12]

（三）效力渊源与认知渊源——一种新的视角

既有的法的渊源理论，无法有效区分法的渊源与法律适用中可能运用到的其他规范材料，也没有说明不同法源类型之间的关系。例如，针对我国原《民法总则》第10条规定的“可以适用习惯”的规定，有人主张“《民法总则》第10条赋予了习惯以新的法源地位”，若该观点成立，那么此处的习惯是正式渊源还是非正式渊源，是直接渊源还是间接渊源，是法定渊源还是酌定渊源？按相关理论，如果立法将某一具体的习惯通过确认吸收进法律之中，毫无疑问，此时的习惯就成为习惯法，习惯上升为法律，不再以习惯的形式而是以法律的形式存在，被立法吸收的习惯因而也成了法律的一部分，成为正式渊源、法定渊源、直接渊源和实质渊源。但法律只规定在某些情况下“可以适用习惯”的情形，具体的习惯并未成为制定法的一部分，尚需司法过程中的确认。因此，有学者提出了法律渊源的另一种分类：效力渊源与认知渊源。

在逻辑上，“裁判依据的来源”包括两层意思，即裁判依据的效力源于哪里，以及它的内容源于哪里。由此，法的渊源就由两个部分组成：一部分是鉴别裁判依据法律效力的来源，另一部分是鉴别裁判依据内容的来源，二者既可以合一，也可能分离。前者称为“效力渊源”，后者称为“认知渊源”。司法裁判是一种基于来源的论证活动，这里的来源首先指的就是效力渊源。效力渊源是裁判依据乃至整个裁判活动具有法律效力的必要条件。如果某种来源同时具备独立的效力来源和内容来源，那么它就是法的效力渊源。典型的效力渊源是立法行为及其产物制定法。相反，假如某个规范在效力上不具有独立的来源，而是源于其他的规范，那么它就不是效力意义上的法源。因为依赖于其他渊源才能获得效力者，本身不可能是效力渊源。认知渊源，指的是在法律适用活动中只能为裁判依据提供内容来源，但却无法提供效力来源的规范材料。一方面，认知渊源必须获得制度性权威直接的或间接的认可。制度性权威最典型的是立法条款。立法条款的认可方式有两种，即直接认可与间接认可。直接认可又分为一般认可和特殊认可。前者最常见的例子是民法法源条款，如我国《民法典》第10条的规定，后者如《城市房地产管理法》第55条规定，住宅用房的租赁，应当执行国家和房屋所在城市人民政府规定的租赁政策。这里，国家和房屋所在城市人民政府的租赁政策就成为裁判“住宅用房租赁纠纷”之裁判依据的内容来源。间接认可最常见的情况，是通过立法赋予某类主体以权威地位或授予其某项权力，这类主体基于其权威地位或依照其授权所制定、颁布相关规范文本就可成为认知渊源。如我国《立法法》第119条和《法院组织法》第18条明确赋予最高司法机关解释制定法的权力，因此最高人民法院按照法定程序颁布的司法解释就属于我国法的认知渊源。另一方面，认知渊源本身只是提供了裁判依据的内容而非效力，所以必须与效力渊源结合在一起才能提供完整的裁判依据。认知渊源本身不涉及对相关规范的“定性”问题。同一个规范命题既可以成为法律规范的内容，也可以成为道德规范或其他规范的内容。如某项习惯在《民法典》颁布之前可能只是裁判理由，但在《民法典》第10条出现之后就可成为裁判依据的内容来源。[13] 效力渊源提供独立而完整的裁判依据，是裁判依据之效力来源和内容来源的合一；认知渊源只提供裁判依据的内容来源，需要获得效力渊源的认可并须与之相结合才能发挥作用。两者之间是不对等的，其中效力渊源居于主导地位。

---

〔12〕　参见王夏昊：《论作为法的渊源的制定法》，载《政法论坛》2017年第3期。

〔13〕　参见雷磊：《“宪法渊源”意味着什么？——基于法理论的思考》，载《法学评论》2021年第4期。

在当代中国,属于法的效力渊源的只有立法行为及其产物制定法,属于法的认知渊源的有国际条约、外国法、司法解释、指导性案例、国家政策、习惯和法律行为,以及党的政策和党内领导法规。[14]

三、民族法渊源的概念

由于法理学界对法的渊源问题没有达成共识,民族法学界对于民族法渊源的概念、构成、范围和内容,也没有形成一致的观点。国内几部重要的民族法学教材,对民族法渊源这一重要范畴,也存在多样化的理解和不同归纳与分类。吴宗金、张晓辉主编的《中国民族法学》[15]认为,民族法渊源是指民族法的效力来源,即民族法得以体现的法律形式,是有权力的国家机关依据法定职权制定的调整民族关系的各种规范性文件。该教材主要是从制定法视角界定民族法渊源的内涵并以此确定民族法的范围和类型,包括宪法、民族区域自治法、其他包含调整民族关系内容的基本法和法律、调整民族关系的行政法规、自治法规、有关调整民族关系的地方性法规、国家条约中关于处理民族关系的规定等。吴大华主编的《民族法学》[16]认为,民族法的渊源主要应当指对民族法的产生具有决定性影响的因素——资源性要素、进路性要素和动因性要素。民族法的渊源,就是民族法得以形成的资源、进路和动因。资源性要素是最基本的,通常所说的民族法渊源,也主要是指民族法的资源性要素。民族法的进路性要素是指民族法形成的途径,即习惯、道德规范、正义观念、礼仪、乡规民约在动因促动下,借助立法、司法、行政等途径,对资源性渊源进行选择、提炼、加工,形成民族法的过程和行为。民族法不是无缘无故产生的,动因性要素是促成民族法形成的根本原因,包括国家权力、社会力量、道德力量、人民意志等;而动因往往是隐性的,对民族法的形成没有直接价值。因此,当代中国民族法的渊源主要是民族法的资源性渊源和进路性渊源,包含以下10种:(1)立法;(2)国家机关的决策和决定;(3)司法机关的判例和司法解释;(4)国家和有关社会组织的政策;(5)国际法;(6)民族习惯;(7)民族道德规范和正义观念;(8)含有民族要素的社团规章和民间合约;(9)外国法中处理民族关系的法律制度;(10)民族理论和民族法学说。在民族法渊源与民族法的形式上,该教材采取了二分法,主张民族法的渊源与民族法的形式是两个不同的概念,属于两种不同性质的事物,分别代表民族法在形成过程中两个性质不同的阶段,各有各的价值。民族法的渊源是未知和可能的概念,是民族法的半成品和预备库;民族法的形式则是已然的和现实的概念,是法的既成产品。民族法的渊源是多样化的,它们之间有复杂的关联,又各自具有独立性,多元化地存在于一国民族法的渊源体系之中。民族法的形式是多样的,但却不是多元的,多样化的民族法的形式被统一的国家权力体系这一主线紧紧地贯穿在一起。熊文钊主编的《民族法学》[17]认为,民族法的形式就是民族法的渊源,即民族法的外部表现形态。我国民族法的渊源可以分为两类,国内渊源和国际渊源。前者可以细分为国家制定法和民族习惯法,后者体现为国际法律文件;国内制定法包含宪法、法律、法规、规章、自治条例和单行条例等类型。

将民族法渊源等同于民族法的形式,民族法渊源就是调整民族关系的各个层级的制定法,而

---

〔14〕　参见雷磊:《法的渊源:一种新的分类法及其在中国语境中的运用》,载《河北法学》2021年第11期。

〔15〕　参见吴宗金、张晓辉主编:《中国民族法学》(第2版),法律出版社2004年版,第114~116页。

〔16〕　参见吴大华主编:《民族法学》,法律出版社2013年版,第79~82页。

〔17〕　参见熊文钊主编:《民族法学》(第2版),北京大学出版社2016年版,第50页。

民族法的形式是具有法定效力的制定法，实际上将在实际生活中大量存在的民族政策、民族习惯法和其他民间社会规范排除在民族法的渊源之外，缩小了民族法的渊源。按照法的渊源“三要素理论”，一方面，法的渊源其实构成了法律形成过程中的一个阶段，是预备阶段的法，是民族法的雏形和半成品；另一方面，认为习惯、政策、判例、道德规范、正义观念、理论学说等资源素材是民族法的渊源，则使民族法的渊源成为一个范围十分广泛又缺乏清晰和明确标准的概念，不当地扩大了民族法的渊源，也失去了民族法渊源自身独特的理论价值和实践旨趣。

按照法的效力渊源和认知渊源理论，法的渊源是一切围绕规范命题的法律论证活动得以开展的起点，肩负从外部划定司法裁判和执法依据来源的范围，以及从内部确定不同法源（表现形式）的层级、效力、位阶或适用顺序的双重任务。效力渊源和认知渊源理论既能有效区分法的渊源与其他规范材料的关系，又能恰当界定“法的渊源”与“法”及“法的形式”这两个范畴之间的关系。

按照这一法的渊源理论的新视角，民族法渊源指的是涉民族事务和民族问题的法律适用过程和执法过程中裁判依据和执法依据的来源：一是裁判依据和执法依据的效力来源。民族法的效力渊源是使相关裁判和执法成为有效裁判与合法执法的前提，我国《宪法》以及按照《立法法》规定的权限和程序制定的规范性法律文件是民族法的效力渊源。二是裁判依据和执法依据的内容来源，即认知渊源，民族习惯、民族政策、党内法规、司法解释、我国加入和批准的国际条约等是我国民族法的认知渊源。民族法的效力渊源在民族法的渊源体系中占有主导地位，是民族法的认知渊源的基础，认知渊源须获得效力渊源的认可并与之相结合才能起作用。民族法的认知渊源并不是民族法，但却依托于民族法而成为有效的裁判依据和执法依据。没有民族法的效力渊源，民族法的认知渊源也就成了无源之水、无本之木。

第二节　民族法的效力渊源

一、调整民族关系的宪法规定

作为治国安邦的总章程和国家根本法，宪法确立了国家的制度体系和权力架构，是我国制度体系的根本保障。宪法既是制度的载体和文本表达，又是制度的依存和保障，同时也是制度的组成部分，是其他一切法律赖以产生和存在的最高依据。

《宪法》序言和正文的很多条款都对有关民族问题作了规定，是民族法的直接依据。如《宪法》第4条规定：“中华人民共和国各民族一律平等。国家保障各少数民族的合法的权利和利益，维护和发展各民族的平等团结互助和谐关系。禁止对任何民族的歧视和压迫，禁止破坏民族团结和制造民族分裂的行为。国家根据各少数民族的特点和需要，帮助各少数民族地区加速经济和文化的发展。各少数民族聚居的地方实行区域自治，设立自治机关，行使自治权。各民族自治地方都是中华人民共和国不可分离的部分。各民族都有使用和发展自己的语言文字的自由，都有保持或者改革自己的风俗习惯的自由。”该条款内容是制定相关法律法规的最高和最直接的依据。

二、调整民族关系的法律规定

这里的法律指的是狭义的法律,即由全国人民代表大会及其常务委员会制定的在全国范围内普遍适用的法律。法律的位阶低于宪法,高于行政法规、地方性法规和规章,在我国民族法治体系中占有重要地位。作为民族法渊源的法律分为两大类:一是专门的民族立法,主要是指《民族区域自治法》,二是一般法律中有关民族的条款。

(一)专门的民族立法

我国专门的民族立法只有一部——《民族区域自治法》,该法于1984年10月1日起实施,2001年2月28日修订。《民族区域自治法》由序言、总则、民族自治地方的建立和自治机关的组成、自治机关的自治权、民族自治地方的人民法院和人民检察院、民族自治地方内的民族关系、上级国家机关的职责和附则八个部分组成。民族区域自治制度是中国共产党创造性地把马克思主义民族理论同中国民族问题具体实际相结合的产物,是我国的一项基本政治制度,是中国特色解决民族问题正确道路的重要内容。《民族区域自治法》是规范民族区域自治制度的基本法律,是民族法最重要的法律渊源。

(二)法律中有关民族的条款

民族关系是民族法的主要调整对象,法律是调整民族关系的重要手段,因而一般法律中的民族条款也是民族法的渊源。《立法法》《民法典》《刑法》《民事诉讼法》《刑事诉讼法》《妇女权益保障法》等法律中有很多关于民族问题的具体规定。列举如下:

《立法法》第85条规定:"民族自治地方的人民代表大会有权依照当地民族的政治、经济和文化的特点,制定自治条例和单行条例。自治区的自治条例和单行条例,报全国人民代表大会常务委员会批准后生效。自治州、自治县的自治条例和单行条例,报省、自治区、直辖市的人民代表大会常务委员会批准后生效。自治条例和单行条例可以依照当地民族的特点,对法律和行政法规的规定作出变通规定,但不得违背法律或者行政法规的基本原则,不得对宪法和民族区域自治法的规定以及其他有关法律、行政法规专门就民族自治地方所作的规定作出变通规定。"

《民法典》第1015条第2款规定,"少数民族自然人的姓氏可以遵从本民族的文化传统和风俗习惯"。

《刑法》第249条规定:"煽动民族仇恨、民族歧视,情节严重的,处三年以下有期徒刑、拘役、管制或者剥夺政治权利;情节特别严重的,处三年以上十年以下有期徒刑。"第250条规定:"在出版物中刊载歧视、侮辱少数民族的内容,情节恶劣,造成严重后果的,对直接责任人员,处三年以下有期徒刑、拘役或者管制。"

《商标法》第10条规定:"下列标志不得作为商标使用:……(六)带有民族歧视性的;……"

《刑事诉讼法》第9条规定:"各民族公民都有用本民族语言文字进行诉讼的权利。人民法院、人民检察院和公安机关对于不通晓当地通用的语言文字的诉讼参与人,应当为他们翻译。在少数民族聚居或者多民族杂居的地区,应当用当地通用的语言进行审讯,用当地通用的文字发布判决书、布告和其他文件。"

《民事诉讼法》第17条规定:"民族自治地方的人民代表大会根据宪法和本法的原则,结合当地民族的具体情况,可以制定变通或者补充的规定。自治区的规定,报全国人民代表大会常务委员会批准。自治州、自治县的规定,报省或者自治区的人民代表大会常务委员会批准,并报全国人民代表大会常务委员会备案。"

从以上列举内容可以看出，在内容方面，作为制定法的民族法渊源，涉及内容广泛，覆盖面广，既有宪法相关法的规定，也有犯罪和刑罚、民事基本制度方面的规定；既包括实体法规定，也包括程序法规定。从横向维度上看，我国各个部门法都在相关领域对特定民族问题的处理加以专门规定，具有权威性、稳定性和体系性。

三、调整民族关系的行政法规

行政法规在我国现行立法权限划分体制中具有承上启下的作用。行政法规在法的形式上或渊源中处于低于宪法、法律而高于地方性法规的地位。一方面，行政法规可以使宪法和法律的原则和精神具体化，从而使其更好地加以落实。另一方面，行政法规又是连接地方性法规与宪法和法律的重要纽带。

作为民族法渊源的行政法规，最主要的是2005年5月11日由国务院第89次常务会议通过的《国务院实施〈中华人民共和国民族区域自治法〉若干规定》。该规定共35条，围绕着发展主题和建设小康和谐社会的目标，就上级国家机关在加快民族自治地方发展问题上应尽的职责和将采取的具体措施作了规定，重点涉及民族自治地方的基础设施建设、资源开发、生态环境保护、教育发展等内容。

《城市民族工作条例》和《民族乡行政工作条例》也都属于行政法规的范围。[18]《城市民族工作条例》旨在加强城市民族工作，保障城市少数民族的合法权益，促进适应城市少数民族需要的经济、文化事业发展。城市民族工作在民族工作和城市工作中的分量越来越重。随着城市民族关系日趋多元和更加复杂，1993年国务院批准实施的《城市民族工作条例》已不能适应新形势的发展变化，不能有效解决已经出现的诸多现实问题，迫切需要修订。《民族乡行政工作条例》旨在促进民族乡经济、文化等项事业的发展，保障农村散居少数民族的合法权益，增强民族团结。

四、自治条例和单行条例

根据《宪法》《民族区域自治法》《立法法》的规定，民族自治地方的人民代表大会有权依照当地民族的政治、经济和文化的特点，制定自治条例和单行条例。自治条例和单行条例可以依照当地民族的特点，对法律和行政法规的规定作出变通规定。自治条例是全面调整本自治地方事务的综合性规范文件，单行条例是调整本自治地方某一方面事务的单项规范文件。理论界通常将二者合称为"自治法规"。

在民族自治地方，自治法规不同于地方性法规。根据《立法法》的规定，地方性法规不得与宪法、法律、行政法规相抵触，而自治法规在不得违背法律、行政法规的基本原则的前提下，可以突破法律、行政法规的具体规定，对法律、行政法规的个别条款和内容进行变通。

自治条例和单行条例都是以民族自治地方内的民族关系和经济社会发展问题为内容的法规，是民族法律法规体系中重要的渊源。制定自治条例和单行条例，是《宪法》和《民族区域自治法》赋予民族区域自治地方的一项重要职权，也是落实自治权的具体体现。我国有5个自治区、30个自治州、120个自治县（旗），这些不同层级的自治地方制定了数量众多的自治条例和单行

---

〔18〕按照现行的《立法法》，行政法规由总理签署国务院令公布，部门规章由部门首长签署命令予以公布。《城市民族工作条例》和《民族乡行政工作条例》制定于1993年，当时我国的立法程序还不规范，因此该条例虽由国务院批准、国家民族事务委员会令公布，大多数人还是认为其属于行政法规。但按照《立法法》规定，该条例应当属于部门规章。

条例。

五、调整民族关系的地方性法规

地方性法规,是指有地方立法权的人民代表大会及其常务委员会根据本行政区域的具体情况和实际需要,在法定权限范围内制定的规范性法律文件。包括两种类型:一是省、自治区、直辖市的人民代表大会及其常务委员会在不同宪法、法律、行政法规相抵触的前提下制定地方性法规;二是设区的市的人民代表大会及其常务委员会在不同宪法、法律、行政法规和本省、自治区的地方性法规相抵触的前提下,对城乡建设与管理、环境保护、历史文化保护等方面的事项制定的地方性法规。其中,关于调整民族关系的法规在民族法的渊源中占有重要地位。例如,2007 年河北省人民代表大会常务委员会通过的《河北省实施〈中华人民共和国民族区域自治法〉若干规定》;辽宁省人大常委会 2004 年通过的《辽宁省散居少数民族权益保障条例》。

当前,为夯实铸牢中华民族共同体意识的法治基础,各地纷纷出台有关条例,包括《新疆维吾尔自治区民族团结进步工作条例》《西藏自治区民族团结进步模范区创建条例》《青海省促进民族团结进步条例》《内蒙古自治区促进民族团结进步条例》《云南省民族团结进步示范区建设条例》《黄南藏族自治州民族团结进步条例》等,它们都是民族法的渊源。

六、调整民族关系的部门规章

我国《立法法》规定,国务院各部、委员会、中国人民银行、审计署和具有行政管理职能的直属机构,可以根据法律和国务院的行政法规、决定、命令,在本部门的权限范围内,制定规章。部门规章规定的事项应当属于执行法律或者国务院的行政法规、决定、命令的事项。

这类规范数量众多,有的是关于民族问题的专门规定,更多的则散见于不同的规章之中。例如,2015 年 6 月公安部与国家民族事务委员会联合颁布的《中国公民民族成份登记管理办法》;广电总局 2011 年发布实施的《关于贯彻〈中华人民共和国民族区域自治法〉的若干意见》;新闻出版总署 2012 年印发实施的《国家"十二五"少数民族语言文字出版规划》;等等。

七、调整民族关系的地方政府规章

地方政府规章,是指省、自治区、直辖市和设区的市、自治州的人民政府,根据法律、行政法规和本省、自治区、直辖市的地方性法规制定的规范性法律文件。地方政府规章规定的事项包括为执行法律、行政法规、地方性法规的规定需要制定规章的事项和属于本行政区域的具体行政管理事项。其中涉及民族问题的内容也是民族法的一部分。例如,2002 年山东省人民政府出台的《山东省清真食品管理规定》,即为典型的有关民族事务的地方政府规章。

第三节　民族法的认知渊源

一、习惯

一般来讲,习惯进入实在法体系主要有三种方式:(1)通过立法规定的方式,即通过制定或修改法律的方式将特定习惯吸纳其中，并因此成为法律的内容。例如，国务院《全国年节及纪念日放假办法》第2条将中秋节、端午节、清明节这些传统节日纳入“法定假日”的范畴。(2)通过司法裁判的方式，即立法并无相关的授权性规定，但法官径直依据特定习惯作出判决，在制定法之外寻找裁判依据或理由。在缺乏裁判依据时，法官可能会寻找相关习惯来替补。在已有裁判依据时，为了加强说理效果，法官也可能运用某些习惯作为裁判理由。(3)通过授权间接进入的方式，即通过法律上的授权性条款将特定习惯引入法律当中，使之成为法律的内容。

但是，无论哪种方式，都不会使习惯变成效力渊源上的习惯法。被立法规定的习惯能作为裁判依据是因为其本身是制定法，被司法裁判采纳的习惯能作为裁判依据是因为它本身是判例法或法官法。第一种方式中的裁判依据在内容上还可以说是来自立法的直接规定，第二种和第三种情形中的裁判依据(或理由)的内容却明白无误地由习惯来供给。从这个意义上说，习惯本身在法律实践上的意义在于它在司法裁判中扮演了认知渊源的角色——它可以构成法官处理纠纷时所适用的裁判依据的内容来源。也就是说，在运用习惯进行裁判的场合，裁判依据的效力来自立法或司法的事实，而裁判依据的内容则来自习惯。

习惯虽非效力渊源，却是认知渊源。上述第一种情形，习惯的具体内容因为被国家法所承认和吸收，习惯因成为制定法而不复存在。第三种情况，习惯法通过法律的概括规定，并经由法律规定的指引，才能将具体的习惯转化为法律的内容，亦即，没有法律的概括和原则规定，习惯不能进入司法者的视野，也无法成为法的渊源。此处的习惯并非确定的，可以有不同的内容，在司法过程中会因不同地区和不同类型的案件而有所不同，在地方立法和民族自治地方立法过程中也是如此。

在对地方立法进行合宪性、合法性判断过程中，也要根据具体习惯的内容作出判断。我国《宪法》第4条第4款规定：“各民族都有使用和发展自己的语言文字的自由，都有保持或者改革自己的风俗习惯的自由。”《民族区域自治法》第6条第2款规定：“民族自治地方的自治机关根据本地方的情况，在不违背宪法和法律的原则下，有权采取特殊政策和灵活措施，加速民族自治地方经济、文化建设事业的发展。”第10条规定：“民族自治地方的自治机关保障本地方各民族都有使用和发展自己的语言文字的自由，都有保持或者改革自己的风俗习惯的自由。”依据上述规定，民族自治地方人民代表大会可以通过自治立法的方式，将某些风俗习惯纳入自治立法中。

二、政策

我国《民族区域自治法》与《民法典》《刑法》等作为司法裁判依据的“司法适用导向的法律”不同，其属于依赖立法裁量和行政裁量将立法意图具体化的“行政执法导向的法律”，立法条文中存在大量的原则性、抽象性的内容，使用的术语也存在大量的不确定法律概念和模糊性术语。由于我国《民族区域自治法》存在大量的“愿景性规范”，贯彻实施这部基本法律需要低位阶的规范性文件对其进行细化和明确化，因而，这种“高位阶法律规范→低位阶法律规范→更低位阶法律规范”实施的特点，意味着我国《民族区域自治法》配套立法的重要性。在实践中，贯彻实施《民族区域自治法》的可能有国务院的行政法规、省级和设区的市(自治州)的地方性法规、民族自治地方(自治区、自治州和自治县)的自治法规、部门规章、地方政府规章以及其他规范性文件；贯彻实施国务院行政法规的可能有省级和设区的市(自治州)的地方性法规、部门规章、地方政府规章以及其他规范性文件；贯彻实施省级地方性法规的可能有设区的市(自治州)的地方性法规、地方政府规章以及其他规范性文件。[19]

由于《民族区域自治法》的行政执法导向特点,其具体实施除依赖下位法以外,还需要大量的政策来落实。政策从学理上可分为国家政策和党的政策,一般认为国家政策具有法的渊源地位,但不具备独立的效力渊源地位;它要成为认知渊源,关键是立法认可。现已废止的我国《民法通则》第6条曾规定,民事活动中法律没有规定的,应当遵守国家政策。但在该文件失效后,新生效的《民法典》并没有作出类似规定,这表明,目前国家政策在民法领域并不具备一般性的法的认知渊源的地位。但在民族法中,政策是《民族区域自治法》明确认可的渊源,这确立了政策在民族法中的认知渊源地位。在《民族区域自治法》中,“政策”出现了16次之多。其中第4条第1款规定:“民族自治地方的自治机关行使宪法第三章第五节规定的地方国家机关的职权,同时依照宪法和本法以及其他法律规定的权限行使自治权,根据本地方的实际情况贯彻执行国家的法律、政策。”第31条第3款规定:“民族自治地方在对外经济贸易活动中,享受国家的优惠政策。”第60条规定:“上级国家机关根据国家的民族贸易政策和民族自治地方的需要,对民族自治地方的商业、供销和医药企业,从投资、金融、税收等方面给予扶持。”第61条规定:“国家制定优惠政策,扶持民族自治地方发展对外经济贸易,扩大民族自治地方生产企业对外贸易经营自主权,鼓励发展地方优势产品出口,实行优惠的边境贸易政策。”

上述政策主要是国家政策。党的政策虽然未有法律明确予以认可,但2018年宪法修改明确规定“中国共产党领导是中国特色社会主义最本质的特征”。党的领导主要是政治、思想和组织的领导,其中政治领导的重要方面就是通过党中央制定的民族方面的路线方针政策对民族问题事务进行全局性的领导。因此,党的政策已被宪法文本间接认可为宪法的认知渊源。《民族区域自治法》作为宪法相关法,党的政策事实上也成为了民族法的渊源。2019年12月16日第十三届全国人民代表大会常务委员会第四十四次委员长会议通过的《法规、司法解释备案审查工作办法》第37条规定,对法规、司法解释进行审查研究,发现法规、司法解释存在与党中央的重大决策部署不相符或者与国家的重大改革方向不一致问题的,应当提出意见。这一规定表明,党的政策已成为合宪性审查依据的内容来源,也是审查民族法合法性与合宪性的重要依据。

三、党内法规

党的十八届四中全会提出全面推进依法治国的总目标,即建设中国特色社会主义法治体系,建设社会主义法治国家,建立形成完备的法律规范体系、高效的法治实施体系、严密的法治监督体系、有力的法治保障体系,形成完善的党内法规体系。党内法规体系是中国特色社会主义法治体系的五个子体系之一,是中国特色社会主义法治体系建设的特色和优势所在,是国家治理的重要规范基础。

加强和完善党的全面领导,是做好新时代党的民族工作的根本政治保证。党内法规不直接调整民族关系,但由于中国共产党的领导地位,部分党内法规尤其是党的领导法规制度有可能涉及宪法和法律关系,调整民族关系的法律法规不能与党内法规相违背。《宪法》第1条第2款规定的“中国共产党领导是中国特色社会主义最本质的特征”,可被认为对党的领导法规制度作为宪法认知渊源的地位作了间接认可,这些法规制度也可以成为民族法合宪性审查依据的内容

---

〔19〕 参见沈寿文:《理解“行政执法导向的法律”——一种对我国〈民族区域自治法〉立法思路的思考》,载《政治与法律》2018年第3期。

来源。

四、司法解释

理论上对司法解释能否成为我国当代法的渊源，尚有不同认识。张文显将其归纳为“正式解释”[20]，周永坤则认为司法解释是制定法之外的法的渊源[21]。《最高人民法院关于司法解释工作的若干规定》第5条和《最高人民检察院司法解释工作规定》第5条分别规定，“两高”发布的司法解释具有法律效力。《最高人民法院关于裁判文书引用法律、法规等规范性法律文件的规定》也将司法解释列为裁判文书应当引用的裁判依据之一。

但是，上述两个赋予司法解释以“法律效力”的规定本身也属于司法文件，而司法机关无法通过主观上宣告自己的文件具有“法律效力”，就使得其具备客观的法律效力。所以，司法解释要成为具有拘束力的裁判依据，还得从立法中寻找授权。事实上，1981年《全国人民代表大会常务委员会关于加强法律解释工作的决议》、《立法法》第119条和《人民法院组织法》第18条、《人民检察院组织法》第23条，都明确赋予最高司法机关解释制定法的权力。但是，这种授权并不会使司法解释成为法的正式渊源（效力渊源），而相当于间接认可了司法解释的认知渊源地位：司法解释并不具备独立的效力来源。但依照立法授权，它可以成为个案中裁判依据的内容来源。所以，司法解释在裁判文书中不能被单独引用，而需要与被它解释的法律条款一起引用。[22]

五、国际条约

国际法一般是由若干国家就某一问题达成的共识，以公约、条约、协议的方式确定下来的，既无超然的立法机关，又没有强制力保障实施。国际条约的国内适用方式有两种，即并入和转化。转化了的国际条约无异于国内制定法，而能否并入则取决于国内相关立法的具体规定。只有当我国某个立法明确规定相关条约可以在国内直接适用时，国际条约才可能在国内法院成为裁判依据。

目前，涉及民族问题和少数民族权利的国际法文件较多，如《世界人权宣言》《经济、社会及文化权利国际公约》《公民权利和政治权利国际公约》《消除一切形式种族歧视国际公约》《消除对妇女一切形式歧视公约》等。

有关民族方面的国际条约能否成为我国民族法的渊源，在于我国是否批准或将其加入并转化为国内法。我国《刑法》第9条规定：“对于中华人民共和国缔结或者参加的国际条约所规定的罪行，中华人民共和国在所承担条约义务的范围内行使刑事管辖权的，适用本法。”《刑事诉讼法》第18条规定：“根据中华人民共和国缔结或者参加的国际条约，或者按照互惠原则，我国司法机关和外国司法机关可以相互请求刑事司法协助。”《民用航空法》第184条规定，中华人民共和国缔结或者参加的国际条约同本法有不同规定的，适用国际条约的规定；但是，中华人民共和国声明保留的条款除外。在这些领域，相关法律直接但也是有保留地认可了国际条约的认知渊源地位。我国批准和加入的处理民族关系的国际条约和协议，构成我国民族法的认知渊源。

---

〔20〕 张文显主编：《法理学》（第5版），高等教育出版社2018年版，第90页。

〔21〕 参见周永坤：《法理学——全球视野》（第4版），法律出版社2016年版，第62页。

〔22〕 参见雷磊：《法的渊源：一种新的分类法及其在中国语境中的运用》，载《河北法学》2021年第11期。

第四章　民族法的效力

第一节　民族法的效力概念

一、法的效力的概念

法的效力是法律生命力的体现,没有法的效力也就无所谓法。“一旦法律丧失了力量,一切就都告绝望了;只要法律不再有力量,一切合法的东西都不会再有力量。”〔1〕法的效力是法的基本属性,是法的各种约束力的总称。规范法学代表人物凯尔森认为,“我们所说的‘效力’,意思就是指规范的特殊存在。说一个规范有效力就是说我们假定它的存在,或者就是说,我们假定它对那些其行为由它调整的人具有‘约束力’。法律规则,如果有效力的话,便是规范”〔2〕。法之所以能发生作用,就在于它对人们的行为具有约束力,以此规范和调整人们的相互关系,维护社会的正常秩序。

法的效力不同于法的实效。法的实效是指法律实际上成为行为规则,即被人们遵守或被有权机关加以适用和执行,“是法律规范是否并在多大程度上得到市民的遵守”,〔3〕也即法的实现程度。法的实效表明的是法的实现的客观结果与状态。法的效力是一个规范问题,属于应然范畴,是一个规范法学视野下的概念;法的实效是一个事实问题,属于实然范畴,是一个社会学视野下的概念。一个法律有效力,并不意味着它有实效。法的效力是法取得实效的前提,法的实效是法的效力实现的结果,一个有效的法律通过一定的实效表现出来。若一部法律在现实中缺少实效,也就意味着立法的目标、立法的意图没有在现实中得到切实的实现。法律之所以被遵守,在于其价值和功能。德国法学家魏德士认为,大多数市民对法律制度的遵守是基于共同的法律确信,而这种共同的法律确信根据的是得到认可的社会道德的基本价值。因此,魏德士主张,除了法律效力和现实效力之外,还有道德效力,它表明了遵守法律的道德基础。如果法律与市民的道德确信相互一致,人们出于法律确信而自愿遵守法律,道德效力就可以加强国家现行法的实效性。〔4〕

二、民族法的效力概念

民族法的效力,是指民族法对其所指向的对象的约束力。民族法在其效力范围内,需要人们

〔1〕［法］卢梭:《社会契约论》,何兆武译,商务印书馆1980年版,第168页。

〔2〕［奥］凯尔森:《法与国家的一般理论》,沈宗灵译,商务印书馆2013年版,第65页。

〔3〕［德］魏德士:《法理学》,丁晓春、吴越译,法律出版社2005年版,第149页。

〔4〕参见［德］魏德士:《法理学》,丁晓春、吴越译,法律出版社2005年版,第149页。

遵守。具有法律效力的民族法,设定权利和义务,依法保障人们应该享有的民族法权利,对违反民族法的行为加以惩罚和制裁。

民族法的实效与民族法的效力密切相关。民族法的实效是民族法的目的实现的程度和状态,强调的是民族法的实现程度和具体实施效果。如果已经制定出台的民族法科学、严谨、规范,符合客观实际和实践要求,其实施效果就能得到有效保证。反之,如果民族法的规范不明确、不具体,缺乏针对性和可执行性,脱离实际,民族法的实施就难以取得良好的效果。现实中,自治地方的自治条例和单行条例存在简单重复、照搬《宪法》和《民族区域自治法》条款,缺少民族特色和地方特色的情形,实施效果较差。民族法的实效不能否定民族法的效力,实施效果不好并不等于该民族法不具有法的效力。民族法的效力和民族法的实效是一体两面,如果一个具有效力的民族法在实施中毫无实效,那么其本身基本上丧失了作为法存在的价值。

第二节 民族法的效力范围

一、民族法的效力范围概述

法的效力范围是指法的效力所及的时限、界限和对象,也就是说,法对什么人、在什么时间和空间有效,所以又称法的适用范围或生效范围。法律是调整人们行为的规则,行为是由一定的主体做出的,人的行为都发生在一定的时空中,但法律并非对所有人、在所有时间和所有空间都有效,因而确定法律效力的范围就十分必要。

"法律效力是一种作用力,是指法律在属时、属地、属人、属事四维度中的国家强制作用力。"[5]纯粹法学的代表人物凯尔森将法的效力范围分为属时效力范围、属地效力范围、属事效力范围、属人效力范围。在规范的四个效力范围中,属人和属事这两个范围先于属地和属时的范围。后两个范围只是一个人应遵守某种行为所在的地域和所处的时间。一个规范只有在联系到人时才能决定时间和空间。说一个规范对该地域有效,就是说它涉及在那一地域所发生的人的行为。说一个规范对该时间有效,就是说它涉及那一时间内所发生的人的行为。人的行为发生在任何地域以及任何时间,可能组成规范的属地和属时的效力范围。[6]

民族法的效力范围就是民族法的时间效力、空间效力、对人的效力和对事的效力,亦即民族法对什么人、在什么时间、在什么地域和对什么行为产生约束力的问题。

二、民族法的时间效力

民族法的时间效力是指民族法的生效时间、失效时间以及溯及力问题。

(一)民族法的生效时间

民族法的生效时间主要包括以下几种类型:

1. 明确规定生效时间。1984 年 5 月 31 日第六届全国人民代表大会第二次会议通过《民族区域自治法》,该法第 74 条规定,"本法由全国人民代表大会通过,自 1984 年 10 月 1 日起施行"。

---

〔5〕 张根大:《法律效力论》,法律出版社 1999 年版,第 20 页。

〔6〕 参见[奥]凯尔森:《法与国家的一般理论》,沈宗灵译,商务印书馆 2013 年版,第 65 页。

《国务院实施〈中华人民共和国民族区域自治法〉若干规定》于2005年5月11日经国务院第89次常务会议通过,该法规自2005年5月31日起施行。《贵州省玉屏侗族自治县自治条例》于1988年4月9日由玉屏侗族自治县第二届人民代表大会第二次会议通过,1988年7月15日经贵州省第七届人民代表大会常务委员会第三次会议批准,然后由玉屏侗族自治县人民代表大会常务委员会发布公告予以公布,于1988年11月7日起实施。上述法律和法规通过时间和生效实施时间不一致,立法机关通过后一段时间生效,且生效时间由其自身条款规定。

2. 颁布时间即为生效时间。例如,《国务院关于进一步贯彻实施〈中华人民共和国民族区域自治法〉若干问题的通知》于1991年12月18日颁布,于同日生效。

3. 通过公告规定生效时间。由于自治立法的程序不同于地方性法规,需要报请上级人民代表大会常务委员会批准才能生效,因此自治立法的通过时间必然与生效时间不一致。例如,云南省楚雄彝族自治州人民代表大会常务委员会2020年6月28日发布公告:《云南省楚雄彝族自治州自治条例修正案》于2020年5月16日云南省楚雄彝族自治州第十二届人民代表大会第五次会议通过,2020年6月11日云南省第十三届人民代表大会常务委员会第十八次会议批准,现予公布,自2020年7月1日起施行。该修订的楚雄彝族自治州自治条例通过时间、批准时间、开始实施的时间均不一致,而在文本中,也未具体规定实施的时间,生效实施的时间是由人民代表大会常务委员会通过公告的形式确定的。自治法规的立法程序与普通的地方立法程序不一样,自治立法首先要经自治地方人民代表大会通过,然后报上级人民代表大会常务委员会批准,批准后由自治地方人民代表大会常务委员会公布,批准时间和公布时间也不必然是自治立法的生效时间。实践中自治立法的生效时间有两种模式:一种是在立法文本附则中规定生效时间;另一种是人民代表大会常务委员会公布时在公告中确定生效时间。

4. 批准通过时间为生效时间。例如,《云南省西双版纳傣族自治州城镇市容和环境卫生管理条例》于1993年3月21日西双版纳傣族自治州第八届人民代表大会第二次会议通过,1993年4月7日云南省第七届人民代表大会常务委员会第二十九次会议批准,该条例第38条规定:"本条例经西双版纳傣族自治州人民代表大会审议通过,报云南省人民代表大会常务委员会批准后施行。"

(二)民族法的失效时间

民族法的失效时间,即民族法失去法律效力的起始时间,即法的终止或废止时间。民族法的废止时间和其他法律一样,主要有明示废止和默示废止两种情形。明示废止,可以在新法中规定废止旧法的时间,也可以通过公告加以废止。例如,黑龙江省人民代表大会常务委员会通过发布公告的形式,废止了部分有关的民族法规:2010年4月15日,黑龙江省第十一届人民代表大会常务委员会第十六次会议经过审议,决定将《黑龙江省人大常委会关于进一步加强民族工作的决议》《黑龙江省人大常委会关于深入贯彻民族区域自治法进一步加强少数民族工作的决议》《黑龙江省人大常委会关于进一步加强侨务工作的决议》予以废止。默示废止,指的是新的民族法公布实施后,覆盖了有关旧法的内容,旧的法规自然失效,不再具有法律效力。

(三)民族法的溯及力

民族法的溯及力,即民族法溯及既往的效力,指的是新的民族法生效后,是否可以适用于其生效前发生的事件和行为。如果可以适用,则该法律有溯及力;如果不能适用,则该法没有溯及力。法律溯及力的一般规则是:法律不溯及既往,国家不能因为现在生效的法律规范其生效前的事件和行为,更不能对人们过去进行的某种当时合法而新法生效后违法的行为,以新法去追究和处罚。作为对法不溯及既往原则的补充,许多国家在法律上还规定新法可以有条件地适用于既往行为,即实行"有利追溯"原则,如我国《刑法》规定的从旧兼从轻原则。我国《立法法》第104条规定,"法律、行政法规、地方性法规、自治条例和单行条例、规章不溯及既往,但为了更好地保护公民、法人和其他组织的权利和利益而作的特别规定除外",这实际上意味着,《立法法》不仅确立了除刑法以外的其他法律规范在溯及力上的"从旧兼从轻"原则,实质上是确立了"从旧兼有利"原则,即有利于私权利的原则。私权利与公权力相比,私权利处于弱势地位,"从旧兼有利"有利于权力平衡和对私权的保护。

三、民族法的空间效力

法的空间效力即法产生效力的地域范围。法的空间效力一般分为域内效力和域外效力两个方面。就民族法来说,在域内,主要分为两种情形:一是在全国范围内有效,包括宪法、民族法律、法规和部门规章。二是在局部地域有效,包括自治条例、单行条例和有关的地方性法规等,如《黔东南苗族侗族自治州自治条例》《云南省怒江傈僳族自治州自治条例》,这两部自治州自治条例虽然没有在条文中具体规定自治州自治条例的适用范围,但由于它们都是地方立法主体在法定的立法权限范围内制定的,同时在正文中又对州的范围进一步明确:《黔东南苗族侗族自治州自治条例》第2条规定,"黔东南苗族侗族自治州(以下简称自治州)是贵州省东南部地区苗族、侗族实行区域自治的地方。自治州的辖区为:凯里市、丹寨县、麻江县、黄平县、施秉县、镇远县、岑巩县、三穗县、天柱县、锦屏县、黎平县、从江县、榕江县、雷山县、台江县、剑河县"。《云南省怒江傈僳族自治州自治条例》第2条规定,"自治州辖泸水市、福贡县、贡山独龙族怒族自治县、兰坪白族普米族自治县"。因此,该两部条例的适用范围就是自治州的全领域。

民族自治地方自治条例和单行条例的适用范围与一般的地方性法规相比,具有特殊性。自治条例和单行条例是在《立法法》第四章"地方性法规、自治条例和单行条例、规章"中的第一节"地方性法规、自治条例和单行条例"中规定的,地方性法规与自治条例和单行条例并列表明,国家最高立法机关是将其作为不同性质的法律规范来看待的。自治条例和单行条例尽管与地方性法规设置的目的不同,但有一个共同之处,即地方性,也就是说,自治立法只在民族自治地方内有效。

但是民族自治地方的边界和范围在哪里,并非一个不言自明的问题。我国五个自治区中,有三个除了辖有一般地方之外,还辖有自治区自治民族之外的其他民族自治地方。新疆维吾尔自治区除了辖有自治州外,还辖有自治县;内蒙古自治区辖有三个自治县,形成了"实行区域自治的民族间纵向的关系"[7]。自治区作为民族自治地方,其自治权及于整个自治区;自治州作为民族自治地方,其自治权及于整个自治州;自治县作为民族自治地方,其自治权及于整个自治县,这些是毫无疑问的。但是,自治区、自治州、自治县的自治权只能由相应的自治机关来行使。例如,呼和浩特市、银川市、包头市、北海市,大理白族自治州下辖的祥云县、博尔塔拉蒙古自治州下辖的博乐市、阿拉山口市、精河县、温泉县等虽然在自治地方的辖区内,但其作为一个行政区划,却不是民族自治地方,不能行使自治权。位于民族自治地方内的非民族自治地方,实际上享有的自治权依赖上级自治地方自治机关来落实。这也意味着,位于自治地方行政区划内的一般地方的上级自治机关若不积极行使自治权,其下辖的一般地方是无法受惠于《民族区域自治法》赋予上

〔7〕 李宝奇:《民族区域自治法学》,法律出版社2013年版,第223页。

级民族自治地方的自治权所带来的利益和优惠的,因为民族自治地方是分层级的,不是位于民族自治地方区划内的所有地方都能直接行使自治权。

民族自治地方区划设置和权力结构的特点,使自治立法尤其是自治区自治条例和单行条例的效力空间更为复杂。就自治区自治条例来说,其空间效力范围及于全部自治区,既包括其下辖的一般地方,也包括其下辖的民族自治地方。其下辖的民族自治地方对法律、行政法规和地方性法规可以变通,但是能否对上级自治机关的自治条例和单行条例进行变通,法律上没有规定,尚未有相关的研究成果,也没有相关的立法实践。在现实中,存在上级自治地方的自治立法不符合下辖其他民族自治地方实际的情形,而从逻辑上以及自治立法的目的和宗旨上看,下辖的自治地方可以变通上级自治地方的自治条例和单行条例。不过,从另一个视角观之,上述观点可能并不成立:若该自治区辖有其他少数民族的自治地方,该下辖自治地方的民族特点和地方特点是自治区制定自治条例必须要重点考量的因素,加之自治区自治条例具有较强的综合性,自治州和自治县自治条例需要变通自治区自治条例的情形出现的概率不高,这一点还有待以后的自治立法实践来检验。

由于自治区自治条例只在本地方具有法律效力,不能超越其边界而在全国范围内有效,因而不能调整其与上级国家机关的关系,上级国家机关不受自治区自治条例的约束。从自治区自治条例的空间效力这个角度而言,自治区自治条例的内容不应出现调整自治区与上级国家机关关系的内容。

四、民族法的对象效力

法的对象效力即法对人的效力,就是法对什么样的人生效。"人"是指法律关系主体,包括自然人和法人,也包括国家和国际组织。确定法对人的效力原则包括属人原则、属地原则、保护主义原则、综合主义原则。综合主义原则是以属地主义为主、以属人主义和保护主义为辅的原则。民族法的对象效力就是民族法的适用对象,即民族法对哪些公民、法人、社会组织、企事业单位、国家机关产生法律效力,不同层级民族法的适用对象有所不同。

第一,我国宪法和法律层面的民族法在全国范围内有效,凡在我国领土范围内,无论是不是我国公民,都应当遵守相关的法律规定。

第二,行政法规和部门规章的对象效力分为两种情况:一是处理全国性的民族事务的行政法规和部门规章,其对象效力及于全国范围内的自然人、法人、非法人组织、国家机关等。二是处理局部性民族事务的行政法规和部门规章,其对象效力只能是该类法规规章确定的地域范围内的人和组织,如《扶持人口较少民族发展规划(2011—2015年)》《兴边富民行动规划》等。

第三,自治条例、单行条例和地方性法规、地方政府规章的对象效力。该类规范的对象效力主要是依照属地原则来解决,但有些变通和补充规定明确规定了适用对象,排除了确定对象之外的人的适用。例如,《云南省第五届人大常委会关于孟连、宁蒗、沧源三个自治县对〈婚姻法〉所作变通规定的报告的审议意见》,批准孟连、宁蒗、沧源三个自治县施行原《婚姻法》的结婚年龄变通规定为:该三个县的少数民族结婚年龄,男不得早于20周岁,女不得早于18周岁,结婚双方都是国家职工的仍按原《婚姻法》的规定执行,汉族的仍按原《婚姻法》规定的年龄执行。又如,《甘南藏族自治州施行〈中华人民共和国婚姻法〉结婚年龄变通规定》规定:结婚年龄,男不得早于20周岁,女不得早于18周岁,该规定只适用于居住在甘南藏族自治州内的藏族及其他各少数民族公民,而不能适用于汉族公民。

五、民族法的属事效力

属事效力,指的是法律对何种事项具有效力。法律调整人的行为,人的行为都与一定的事项有关。事项有各种各样的分类,一项法律只对其规范事项范围内的行为发生效力,如《民法典》侵权责任编只适用于侵权事项。

法律的属事效力取决于这样的理念:事物的性质决定法律,不同的事物有不同的法律,任何法律都有一个事项维度。对于法律规范的事项以外的事项,该法律就没有效力。[8] 就民族法来说,非综合性的民族法规各有其事项维度和界限。例如,民族自治地方关于原《婚姻法》的变通和补充规定,都是针对原《婚姻法》的有关内容作出的,而且主要集中于少数民族结婚的最低年龄。

第三节 民族法的效力位阶

一、法律效力位阶释义

法律位阶理论旨在解决法律内部的价值评价冲突。法律位阶由奥地利的梅尔克创立,通过凯尔森得以发展并继而成为通说。其主要观点是,不同法律规范处于不同位阶,当出现价值评价矛盾(规范冲突)时,上位阶的法优先于下位阶的法,处于较低位阶的法由于与处于高位阶的法相冲突而不予适用。凯尔森认为,法律制度是一个有层次的体系,下级规范之权威来自上级规范,层层上溯,最后止于最高级的宪法。法律规范之所以有效力,是因为它是按照由另一个法律规范决定的方式被创造的,因此,后一个规范便成了前一个规范的效力产生的理由。这两种规范之间的关系,用空间比喻来说,可以表现为高级和低级的关系——决定另一个规范的创造的那个规范是高级规范,根据这种调整而被创造的规范是低级规范。[9] 法律秩序是一个不同级的诸规范的等级体系,从位阶的语义上看,位阶指等级、次序、等次,“位”表示空间,表示居于哪个位置、坐落于何处,“阶”指阶梯、层级,意在表明纵向上高低错落的分布。法律位阶即不同的法律规范在一国现行全部法律规范中高低等级的序位排列,每一部法律规范在这个序列中都有其特定位置。法律位阶关注的不是法在横向上的效力范围,而是纵向上的高低顺序:高位阶法决定低位阶法的内容,控制低位阶法,并引申出低位阶法的效力;当两者冲突时,低位阶法无效。

法律位阶离不开法律效力,法律效力与法律位阶是何关系,是首先要澄清的问题。目前,国内学术界对法律位阶和法律效力的认识尚未达成一致,对于法律位阶划分的标准也有不同的主张,法律位阶的划分标准也关涉法律效力问题。在国内有关教材中,往往用“法的效力等级”“法的效力冲突”“法的效力位阶”等表达法律位阶的含义。

关于法律位阶的确定与区分,国内代表性的观点有以下几种:

第一种观点认为,以立法主体的地位高低和立法程序的限制程度划分法律位阶高低,立法主体地位越高,立法程序限制越严,法律位阶越高。

---

〔8〕 参见周永坤:《法理学——全球视野》(第4版),法律出版社2016年版,第90页。

〔9〕 参见[奥]凯尔森:《法与国家的一般理论》,沈宗灵译,商务印书馆2013年版,第65页。

第二种观点认为,法律位阶等同于法律效力,效力等级高的是上位法,效力等级低的是下位法。〔10〕

第三种观点认为,应当区分法律位阶与法律效力,“法律效力本身是没有等级的,所有的法律在其调整范围内效力是一样的,对义务人的约束力也是一样的”,“‘法律效力等级’本身是一个虚假的命题”。形成“法律效力等级”的说法,原因之一是没有将法律效力本身与法律效力范围区别开来,错误地认为法律效力范围广的法律规范其效力就高。事实上,法律效力范围不同,却没有高低等级之分。另一个原因是没有将法律的效力理由与效力本身区别开来,错误地认为作为另一个法律规范制定依据的法律规范的效力就高,另一个法律规范的效力就低。事实上,法律效力理由表示的是法律规范之间创造与适用的一种关系,是区别法律规范不同等级地位的一个标准,而不是解释法律效力等级的依据。一个法律规范如果是另一个法律规范制定的根据,就成为其效力理由、效力来源。〔11〕

第四种观点认为,法的位阶和效力等级,是由其制定机关所代表的人民利益的层次和范围所决定的,可以用制定机关的地位和立法权的性质作为标准,衡量某种法的位阶及效力等级。具体而言,国家权力机关立法效力等级高于行政机关的立法;中央机关所立之法的效力高于地方机关所立之法;国务院行政法规效力高于部门规章和地方政府规章。〔12〕

第五种观点认为,划分法律位阶的标准有三个:权力的等级性、事项的包容性和权力的同质性。权力的等级性,是指制定法律文件的权力机关的权力大小不同,因此所制定的法律位阶不同。事项的包容性,是指两部存在上下位阶关系的规范性法律文件之间,下位法所规定的内容已为上位法的内容所包容,下位法只是依照上位法确定的框架进行具体与细化工作。权力的同质性,是指两个或两个以上权力主体所拥有的权力在性质上归属于同一类型,如均属于立法权或行政权或司法权。〔13〕

第六种观点认为,划分法律位阶应当采取形式标准和实质标准,制定机关的地位为形式标准,能否行使合法性审查是实质标准。该观点主张,制定机关是划分位阶的形式标准,法律位阶划分标准与立法制定机关密切相关。制定机关往往具有层次性和等级性,由于制定机关不同,其立法权限、调整对象及效力范围等往往也随之不同。制定机关的层级主要体现为:中央优于地方、全国优于区域、上级优于下级、独立优于隶属、同级立法机关优于同级行政机关等。能否行使合法性审查权是实质标准,如果上级机关有权对下级机关制定的法进行监督与审查,则该上级机关制定的法与下级机关制定的法之间可形成上下位阶关系。〔14〕

二、确立法律效力位阶的原因和意义

法的位阶以法的渊源的多样性和多层次性为前提。若一国的法律渊源只有一种,或者法的渊源虽多但纵向地位完全相同,法的位阶也就没有存在的价值。作为一个单一制国家,我国的立法体制是统一而又分层次的,形成了一元(全国人民代表大会及其常务委员会)、两级(中央和地

---

〔10〕 参见乔晓阳主编:《立法法讲话》,中国民主法制出版社2000年版,第284页。

〔11〕 参见邓世豹:《法律位阶与法律效力等级应当区分开》,载《法商研究(中南政法学院学报)》1999年第2期。

〔12〕 参见杨忠文、杨兆岩:《法的效力等级辨析》,载《求是学刊》2003年第6期。

〔13〕 参见胡玉鸿:《试论法律位阶划分的标准——兼及行政法规与地方性法规之间的位阶问题》,载《中国法学》2004年第3期。

〔14〕 参见顾建亚:《法律位阶划分标准探新》,载《浙江大学学报(人文社会科学版)》2006年第6期。

方)、两类(国家权力机关和行政机关)、四区(一般地区、民族区域自治地方、经济特区、特别行政区)的多层立法体制。法律位阶理论是法律适用的基础,只有首先明确不同规范性法律文件的位阶关系,才能进一步解决法在运行中的取舍和适用顺序;也只有在法的适用中,法律位阶理论才有实践意义。

按照法律位阶的次序,整个法律体系自上而下形成一个效力由高至低、数量由少到多的金字塔形状的稳定体系。下位法的效力来自上位法,即下位法生效是有条件的,是由另一个法规范导致的。法律位阶的构造,一方面显示了法律结构的等级性,另一方面也表明了法律的变化,这种变化就是从一般到具体,从普遍到个别。高位阶的法在整个法律体系中具有更重要的地位,它有权作为对低位阶的法规范进行合法性审查的依据,低位阶的规范总是由高位阶的规范来决定,与之相抵触的则无效。法的位阶理论有助于理顺不同位阶的法之间的关系,满足法律体系结构有序的需要。

在现实生活中,同一社会关系可能由位阶各不相同的多个法律规范调整,但这些规范有时并不一致甚至存在冲突,适用不同的法可能产生不同的法律后果,导致法适用上的冲突。法的位阶理论为处于不同位阶或虽为同一位阶但相互冲突的法规范安排了适当的顺序和适用关系。当拟适用的多个法规范有位阶等级区分时,适用位阶高的法;法规范等级相同时,遵循新法优于旧法或特殊法优于一般法的原则。明确法的位阶,可使执法机关和司法机关在法的适用过程中按照确定的法的位阶次序进行选择,从而形成规范的法的适用制度,减少法律适用的无序,维护法适用秩序的安定,维护法的权威。

三、我国民族法的效力位阶

在我国现行法律中并未出现法律效力位阶的概念,《宪法》序言规定我国《宪法》"具有最高的法律效力",《立法法》第五章"适用与备案"对有关法律法规之间的效力关系作了部分规定,实质上,是在把法律效力等同于法律位阶的意义上使用的,形成了以《宪法》为最高等级的多层次高低排列的纵向结构和等级体系。《立法法》第 98 条规定:"宪法具有最高的法律效力,一切法律、行政法规、地方性法规、自治条例和单行条例、规章都不得同宪法相抵触。"第 99 条规定:"法律的效力高于行政法规、地方性法规、规章。行政法规的效力高于地方性法规、规章。"第 100 条规定:"地方性法规的效力高于本级和下级地方政府规章。省、自治区的人民政府制定的规章的效力高于本行政区域内的设区的市、自治州的人民政府制定的规章。"第 101 条规定:"自治条例和单行条例依法对法律、行政法规、地方性法规作变通规定的,在本自治地方适用自治条例和单行条例的规定。经济特区法规根据授权对法律、行政法规、地方性法规作变通规定的,在本经济特区适用经济特区法规的规定。"第 102 条规定:"部门规章之间、部门规章与地方政府规章之间具有同等效力,在各自的权限范围内施行。"

根据我国《宪法》《立法法》《地方各级人民代表大会和地方各级人民政府组织法》《民族区域自治法》的相关规定,我国法律体系形成了以下效力位阶关系:(1)宪法的法律位阶最高。(2)法律的位阶高于行政法规、地方性法规、规章。(3)行政法规的位阶高于地方性法规、规章。(4)地方性法规的位阶高于地方政府规章。(5)上级地方政府规章的位阶高于下级地方政府规章。(6)部门规章之间、部门规章与地方政府规章之间具有相同法律位阶。

上述规定实际上采取了立法机关的等级和性质两个指标,比较的方式一是单纯看立法机关等级,二是看立法机关是否具有同质性,三是结合立法机关等级和同质性两个方面来考察。我国民族法的效力位阶与上述我国法的效力位阶大体相当,但由于自治条例和单行条例可以变通法律、行政法规和地方性法规,因而,民族法的效力位阶呈现出与我国总体法律效力位阶体系不一样的独特之处。

(一)我国民族法的最高效力位阶——宪法

宪法处于法律位阶的最高层级,是一个国家的根本法,具有最高的法律地位,也是民族法的最高层级。

首先,宪法是其他一切法律,包括民族法的立法依据。宪法确立的原则是民族法的立法基础,民族法的具体内容是宪法中有关民族问题的具体化和细化,是宪法有关内容和精神的延伸。

其次,民族法的内容不能与宪法相抵触,所有与宪法相抵触的民族法都没有法律效力。《全国人民代表大会常务委员会法制工作委员会关于2020年备案审查工作情况的报告》指出,有的地方性法规规定,各级各类民族学校应当使用本民族语言文字或者本民族通用的语言文字进行教学;有的规定,经本地教育行政部门同意,有条件的民族学校部分课程可以用汉语言文字授课。经审查,上述规定与《宪法》第19条第5款关于国家推广全国通用的普通话的规定和国家通用语言文字法、教育法等有关法律的规定不一致,已要求制定机关作出修改。

最后,全国各族人民、一切国家机关和武装力量、各政党和各社会团体、各企业事业组织,都必须以宪法为根本的活动准则,宪法是一切民族工作的最高规范。无论哪一个民族,都负有维护宪法尊严、保证宪法实施的职责。

(二)我国第二位阶的民族法——民族法律

法律是国家最高权力机关按照规定的权限和程序制定的位阶仅次于宪法的基本法律和非基本法律。全国人民代表大会及其常务委员会制定的法律在我国法律的纵向层级中低于宪法,高于行政法规和地方性法规。全国人民代表大会及其常务委员会制定的基本法律和其他基本法律是行政法规、地方性法规和规章的制定依据。

我国的民族法律最重要的是《民族区域自治法》。该法序言第一段规定,中华人民共和国是全国各族人民共同缔造的统一的多民族国家。民族区域自治是中国共产党运用马克思列宁主义解决我国民族问题的基本政策,是国家的一项基本政治制度。该法序言最后一段规定,《民族区域自治法》是实施宪法规定的民族区域自治制度的基本法律,进一步明确了《民族区域自治法》的地位。《民族区域自治法》是民族法的专门法律,此外还有大量散见于法律中有关民族问题和民族事务的具体规定,它们都处于民族法的第二位阶。

(三)我国第三效力位阶的民族法——行政法规

行政法规低于宪法和法律,高于地方性法规,处于民族法纵向体系结构的第三位阶。按照《立法法》第72条之规定,国务院根据宪法和法律,制定行政法规。行政法规可以就下列事项作出规定:(1)为执行法律的规定需要制定行政法规的事项;(2)《宪法》第89条规定的国务院行政管理职权的事项。

我国是单一制国家,《宪法》第89条第11项即国务院关于民族事务的领导和管理权:"领导和管理民族事务,保障少数民族的平等权利和民族自治地方的自治权利",《国务院实施〈中华人民共和国民族区域自治法〉若干规定》是最主要的民族行政法规,其制定的直接依据是《民族区域自治法》。民族行政法规位阶高于地方性法规,自然也高于民族类地方性法规。我国是单一制国家,国家机构实行民主集中制的原则,中央和地方的国家机构职权的划分,遵循在中央的统一领导下,充分发挥地方的主动性、积极性的原则。因此,在中央和地方关系上,地方要服从中央,地方立法要服从、服务于中央立法。国务院是我国最高权力机关的执行机关,是最高行政机关,国务院制定的民族行政法规在全国范围内有效,而地方的民族法规只在地方行政区域内有效。此外,在立法权限上,地方性民族法规只能规范地方的民族事务,而不能越级越权规范应由法律和行政法规调整的民族事项。

(四)我国第四效力位阶的民族法——地方性法规

地方性法规分为省、自治区、直辖市制定的地方性法规,也包括设区的市按照规定的权限和范围制定的地方性法规。地方性法规的位阶高于本级和下级地方政府规章。

除宪法、民族法律、民族行政法规之外,我国地方性的民族法规位阶居于整个民族法的第四层级,各省制定的关于《民族区域自治法》的实施条例和实施办法均属此类。

(五)我国第五效力位阶的民族法——政府规章

省、自治区和直辖市政府制定的规章的位阶高于本行政区域内设区的市和自治州的人民政府制定的规章。下级政府从属于上级政府,上下级政府之间存在领导与被领导的关系。部门规章之间、部门规章与地方政府规章之间具有同等效力,在各自的权限范围内施行,而地方性法规的位阶高于本级和下级地方政府规章,但这并不意味着地方性法规的位阶高于部门规章。

《立法法》第106条第1款第2项、第3项规定:"(二)地方性法规与部门规章之间对同一事项的规定不一致,不能确定如何适用时,由国务院提出意见,国务院认为应当适用地方性法规的,应当决定在该地方适用地方性法规的规定;认为应当适用部门规章的,应当提请全国人民代表大会常务委员会裁决;(三)部门规章之间、部门规章与地方政府规章之间对同一事项的规定不一致时,由国务院裁决。"可见,地方性法规与部门规章之间存在规定不一致的可能,若在执行中无法确定如何适用,则依据《立法法》确定的办法解决。这也说明,地方性法规和部门规章之间,并无确定的位阶关系,需要在实践中根据具体情形来判断,涉及民族法的地方性法规和部门规章之间,总体上也应遵循这一路径。

四、我国民族法效力位阶的特殊情形

(一)自治条例和单行条例与法律的效力位阶关系

就一般情形来看,我国法律体系中各规范间的位阶脉络是较为清晰的。但《立法法》对自治条例和单行条例与法律、行政法规、部门规章的位阶关系并没有作出规定。在学术界,对自治条例和单行条例的位阶问题,也并没有一致意见。甚至有学者认为,自治条例具有与法律一样的效力,在适用范围上也与法律一样,对一切国家机关,包括国务院及有关部委均适用。"必须报经全国人大常委会批准后才能生效的自治区的自治条例,在我国法制体系中的地位,属于必须由全国人大常委会审议通过的这一类法律的范畴。自治区的自治条例,同国务院提请全国人大常委会审议通过的法律,在我国法制体系中居于同等地位。经全国人大常委会批准生效的自治区的自治条例,同其他法律一样,一切国家机关,包括国务院及其有关部委在内,都必须遵守,国务院的行政法规也不得同它相抵触。"[15]

自治条例和单行条例的上位法是宪法、法律。从立法主体权力等级观之,自治地方与中央对应,自治条例和单行条例属于广义的地方立法的范畴;从立法主体的性质来看,宪法、法律、自治条例和单行条例的立法机关都是权力机关;从立法宗旨和目的而言,自治条例和单行条例是为了

---

〔15〕 史筠:《关于制定自治区自治条例的几个问题》,载《民族研究》1993年第6期。

落实《宪法》和《民族区域自治法》的规定,将其进一步具体化,使之更有针对性和可执行性。依据上述关于法律位阶的相关理论,自治条例和单行条例与宪法和法律具有自上而下的位阶,即宪法、法律的位阶高于自治条例、单行条例。

宪法的位阶高于任何法律和其他法律性文件毋庸多言,而《立法法》之所以没有规定法律与自治条例和单行条例的位阶关系,主要是因为,基于民族自治地方自治权,自治条例和单行条例在不违背法律基本原则的情形下可以对法律进行变通,变通的部分在本地方具有优先适用的效力,而变通只涉及个别条款且不具有普遍性,只在特定地方针对特定事项和民族具有法律效力。变通意味着对法律部分条款的改变或补充,经自治法规"变通"的条款在该民族自治地方不再适用而适用自治法规,自治法规获得了优先适用的效力。这种"变通权"是宪法法律赋予的,是上级对下级的赋予,是中央对民族自治地方的赋予。如果地方性法规出现这种情况,则是对法律的"抵触",需要经法定程序改变或撤销,任何地方的地方性法规的任何一部分都不能与法律相抵触。另外,上位法与下位法存在决定与被决定、创造与被创造的关系,这种"依附性与条件性",不仅反映在程序上,即自治区自治条例和单行条例须经全国人民代表大会及其常务委员会批准才能生效,而且就地方性法规而言,体现在内容上,即不能"抵触"。所谓"抵触",是下位法抵触上位法而不是上位法抵触下位法,若存在抵触,才会发生有权力的上级机关予以"改变或撤销"的情形。若自治法规是批准机关合法批准的变通规定,则其可视为合法的"抵触",不会发生被撤销的情况。从《立法法》第 108 条第 1 项规定来看,只有全国人民代表大会及其常务委员会批准的自治区自治条例和单行条例存在《立法法》规定的违法情形,全国人民代表大会才会行使撤销权。尽管与省级地方性法规相比,自治区自治条例和单行条例有更大的权限,但无论从立法程序上还是立法内容上看,法律的位阶高于自治条例和单行条例,不能因为法律的个别条款经由变通不再适用而否认法律与自治条例和单行条例的上下级位阶关系。

(二)自治条例和单行条例与行政法规的效力位阶关系

行政法规与自治条例和单行条例的关系呈现出另外一种样貌。一方面,行政法规与地方性法规的制定主体在权力性质上不具有同质性,前者的制定主体是国家最高行政机关国务院,后者的制定主体是地方权力机关。另一方面,在权力的等级方面,上级行政机关对下级权力机关没有领导关系。

依照《立法法》的规定,行政法规规定的事项包括两个方面:一是为执行法律,二是《宪法》第 89 条第 5 项至第 18 项规定的内容,主要是行政管理事项。国务院是国家最高行政机关,属于中央范畴,国务院对地方事务的管理和领导是全面性、整体性、宏观性的领导,而不是某一局部、某一方面的领导,国务院虽然不能直接领导自治地方人民代表大会,但是在行政级别方面,国务院高于自治区人民代表大会;在管理权限和范围方面,高于自治地方人民政府,行政法规的效力及于全国,在全国范围内有效。《宪法》第 3 条第 4 款规定的"中央的统一领导",包括"作为核心的中央对地方人事、财权和事权的控制"。[16]

领导和管理全国民族事务是国务院的一项职权,《国务院实施〈中华人民共和国民族区域自治法〉若干规定》,即国务院为了落实《民族区域自治法》而制定颁行的管理民族事务方面的行政法规。行政法规是民族自治地方人民代表大会制定自治条例和单行条例的依据和基础之一,是自治条例和单行条例的高级规范、上位规范、条件性规范,也是自治条例和单行条例合理存在的

〔16〕　参见郑毅:《论宪法上的"中央的统一领导"》,载《法学家》2021 年第 2 期。

依据之一和效力来源。

自治条例和单行条例是《宪法》和《民族区域自治法》的细化和具体化,承载着变通国家法律和行政法规的功能,它们与国务院行政法规在内容上具有一定程度的包容性和交叉性,不能脱离法律和行政法规另起炉灶。因此,尽管《立法法》没有对行政法规与自治条例和单行条例的效力关系作出规定,但显而易见,通常情况下,自治条例和单行条例的位阶低于行政法规,如果自治条例和单行条例存在对行政法规的变通条款,则优先适用自治条例和单行条例。这里需要特别强调的是,自治法规的优先适用有其特殊内涵,与其他法律法规的优先适用不同,即被变通了的法律法规条款在自治地方不再具有法律效力。也有学者将自治法规的适用作了进一步区分:若自治立法条款明显体现了民族自治地方鲜明的民族特色与地方特色,则优先适用这些特色条款。[17]

(三)自治条例和单行条例与部门规章的效力位阶关系

《立法法》同样未就自治条例、单行条例与国务院部门规章作出规定,相关法律也未明确自治条例和单行条例能否变通国务院部门规章。

国务院作为国家最高行政机关、国家最高权力机关的执行机关,其领导和管理范围涉及国家事务和行政管理的各个方面。部门规章规定的事项应当属于执行法律或者国务院的行政法规、决定、命令的事项。国务院对地方的领导,在很大程度上是通过各部、委员会和直属机构实现的。国务院部委在行政级别上,与自治区自治机关是一样的。差别在于,国务院部委属于国务院组成部门,主管某个系统、某个领域或某个行业,在其主管的范围内,具有中央的权威。国务院组成部门是中央的当然组成部分,[18]其制定的部门规章在全国范围内有效。自治区政府作为一级政府与国务院部委不存在法律上的隶属关系,没有上下级之分。自治区人民代表大会是自治区最高权力机关,与国务院部委不具有权力上的同质性。那么,部门规章与自治区自治条例和单行条例处于何种位阶关系,二者是否具有可比性,就需要寻找另外的路径。部门规章作为实施性、执行性的规范性文件,其上位规范主要是法律和行政法规,部门规章要在其权限内从程序和实体方面对上位规范进行细化。自治区自治条例和单行条例具有法定的变通法律法规的权力,《立法法》虽然没有规定自治法规可以变通部门规章,但是存在这样一种情形,即国务院部门具体化和细化的规章所依据的法律法规的某些条款是被自治区自治条例或单行条例变通了的,那么体现变通部分的部门规章对于自治区自然就没有效力,从而优先适用自治区自治条例或单行条例,其他部分由于部门规章在全国范围内有效,应当优先适用部门规章。因而,国务院部门规章的位阶总体上高于自治区自治法规。按照《民族区域自治法》规定,尽管民族自治地方享有自治权,但是执行宪法法律,维护国家统一,是自治地方的法定责任和义务,自治地方不能抛开国务院部委另起炉灶。

从另一个视角看,《立法法》和《民族区域自治法》实际上隐含自治立法可以变通部门规章的立法意图。尽管《立法法》没有直接规定自治条例和单行条例可以变通部门规章,但结合《民族区域自治法》和《立法法》的有关规定来看,自治条例和单行条例在逻辑和事实上可以对部门规

---

〔17〕 参见郑毅:《再论自治条例和单行条例的法律地位——基于规范位阶和效力位阶的二元化视角》,载《广西民族研究》2014年第1期。

〔18〕 参见郑毅:《论我国宪法文本中的“中央”与“地方”——基于我国〈宪法〉第3条第4款的考察》,载《政治与法律》2020年第6期。

章进行变通。《民族区域自治法》第19条规定了自治地方人民代表大会通过制定自治条例和单行条例在一定范围和条件下变通法律法规的权力,通常称为立法自治权或自治立法权;第20条则规定了"变通执行和停止执行权",变通执行或停止执行的对象是上级国家机关的决议、决定、命令和指示。目前学术界多认为该项权力属于自治地方的行政自主权,其与立法自治权相对应,"决议、决定、命令和指示"是政策性规范,不是规范性法律文件,"对政策性规范的'变通'在属性上是'执行'不是'立法'"。[19] 这意味着,无论是中央立法还是政策性文件,凡是不适合民族自治地方实际情况的,当然也应包括部门规章,民族自治地方都有权按照法定程序在立法或执行方面予以变通,其对应的依次是法律、行政法规、决议、决定、命令、指示。可以看出,变通立法和行政管理变通的对象中,只有国务院部门规章是缺位的,这种情况显然不符合《民族区域自治法》的精神。部门规章不属于法律法规,同时也不同于"决议、决定、命令和指示",但若自治条例和单行条例不能对其变通,也不能变通执行,从《民族区域自治法》的宗旨、目的精神上看,则存在自身无法克服的矛盾。

"法律应是一个内在统一的体系,各具体规范是体系的组成部分,它们具有意义和含义上的相互关联性。"[20] 德国法学家魏德士指出:"任何具体法律规范都必须理解为是和谐的整个法律制度的一部分,都必须在这个统一的法律体系中来规定,并根据其调整目的来解释。"[21] 因此,站在体系的立场上看,民族自治地方就部门规章进行立法变通或执法变通,也是贯彻落实民族区域自治制度、正确行使自治权的题中之义。除了《民族区域自治法》第19条、第20条自治立法权条款、变通执行与停止执行条款之外,《民族区域自治法》序言和总则中还有若干条款的内容也佐证了这一点。《民族区域自治法》序言第四段第一句阐明:"实践证明,坚持实行民族区域自治,必须切实保障民族自治地方根据本地实际情况贯彻执行国家的法律和政策;……"第一章总则第4条第1款规定:"民族自治地方的自治机关行使宪法规定的地方国家机关的职权,同时依照宪法和本法以及其他法律规定的权限行使自治权,根据本地方的实际情况贯彻执行国家的法律、政策。"第6条第2款规定:"民族自治地方的自治机关根据本地方的情况,在不违背宪法和法律的原则下,有权采取特殊政策和灵活措施,加速民族自治地方经济、文化建设事业的发展。"必须要提及的是,自治区自治条例在法律适用上与部门规章存在很大差别,在人民法院审判中,部门规章不是必须适用的制定法渊源。在民事诉讼和刑事诉讼中,部门规章不能作为裁判依据;在行政诉讼中,规章也只有"参照"的效力,而在民事诉讼和行政诉讼中,自治条例和单行条例均可以作为裁判依据。《行政诉讼法》第63条规定:"人民法院审理行政案件,以法律和行政法规、地方性法规为依据。地方性法规适用于本行政区域内发生的行政案件。人民法院审理民族自治地方的行政案件,并以该民族自治地方的自治条例和单行条例为依据。人民法院审理行政案件,参照规章。"《最高人民法院关于适用〈中华人民共和国行政诉讼法〉的解释》第100条规定,人民法院审理行政案件,适用最高人民法院司法解释的,应当在裁判文书中援引。人民法院审理行政案件,可以在裁判文书中引用合法有效的规章及其他规范性文件。《最高人民法院关于裁判文书引用法律、法规等规范性法律文件的规定》第4条规定,民事裁判文书应当引用法律、法律解释或者司法解释,对于应当适用的行政法规、地方性法规或者自治条例和单行条例,可以直接引用;第

---

〔19〕 参见韦志明:《论民族自治地方"法律变通"的规范认识》,载《学术论坛》2014年第12期。

〔20〕 郑永流:《法律方法阶梯》(第3版),北京大学出版社2015年版,第135页。

〔21〕 [德]魏德士:《法理学》,丁晓春、吴越译,法律出版社2005年版,第123页。

5 条规定，行政裁判文书应当引用法律、法律解释、行政法规或者司法解释。对于应当适用的地方性法规、自治条例和单行条例、国务院或者国务院授权的部门公布的行政法规解释或者行政规章，可以直接引用。“参照”，即人民法院审理行政案件时，可以依据案件的具体情形选择适用规章，法官对规章的选择取舍有一定自主权，不是必须适用规章，而是可以拒绝适用，这也体现了司法权对行政权的监督。

综上所述，部门规章作为效力及于全国的规范性法律文件，其位阶与自治条例和单行条例相比，总体上要高，但在司法适用和行政执法中，却呈现出更为复杂的情形，而制定自治条例或单行条例，也无法绕过自治地方与国务院部委的关系。

五、不能将自治条例视为民族自治地方的“小宪法”

由于自治条例的全面性、综合性等特点，有研究者将自治条例称为“小宪法”。覃乃昌从自治条例的综合性、自治条例的“特别性”、自治条例效力高于地方性法规等视角，认为自治条例具有基本性，有“小宪法”之称。[22] 有学者认为，自治条例是行使自治权的基本规范，具有纲领性，是地方性法规当中最为特别的地方性法规种类，[23]“是民族自治地方全面调整自治事务的总章程”，[24]因而可称其为“小宪法”。也有学者从自治条例性质的归属方面认为，自治条例具有宪法的性质，在法的部门上属于宪法性的部门法，属于自治法规。自治条例是民族地区行使自治权的具体法律保证，是该地区行使自治权的基本法律依据之一，是该地区行使自治权的总章程，涉及该地区自治权的基本问题。对该地区来说，它具有“宪法”的性质，具有全面的指导作用，这种条例规范不可能是单一的而只能是综合性的，是调整一定区域民族关系的综合性规范，涉及的内容比单行条例宽广。[25] 也有很多学者认为“小宪法”之说不适当，“不利于维护单一制国家内部的法制的统一”，[26]“在实施成文宪法的单一制国家，宪法渊源的范围不宜随意扩大”，“归根结底，不是任何‘小宪法’，而只有单一制中国的成文宪法，才是具有无可置疑凌驾性的唯一法律”[27]。

理解和把握自治条例是否具有宪法的性质，不能脱离国家结构形式，不能抛开中央与地方权力关系的实质。我国是单一制国家，单一制是我国国家结构和政体的根本特点，民族区域自治制度是单一制国家结构形式下解决民族问题的特殊创制，是我国解决民族问题道路与制度的伟大创举。民族区域自治制度只能在单一制国家结构形式下的框架内实现，各民族自治地方都是国家版图内不可分割的国土，各民族自治地方的国家机关和自治机关都是国家统一政权体系的有机组成部分。单一制国家的特点是全国只有一部宪法，中央统一领导各国家机关和行政区域，虽然地方有一定的自主权，但地方的权力都是中央通过一定的形式和程序赋予的，不是天然的、固有的，地方的权力来自中央的授权。中央与地方的权力划分，不是分权的产物，而是基于国家治理的一种分工。事实上，之所以将民族区域自治立法权（乃至民族区域自治权）误读为“分权”，一个重要原因是混淆了“分权”（Decentralization）与“分工”（De－concentration）之间的本质区

---

〔22〕 参见覃乃昌：《论民族自治地方立法》，载《民族研究》1995 年第 5 期。

〔23〕 参见宋才发：《民族自治地方立法自治权再探讨》，载《法学家》2005 年第 2 期。

〔24〕 宋才发：《论自治区自治条例在法律体系中的地位》，载《河北法学》2009 年第 3 期。

〔25〕 参见曾宪义：《论自治条例的立法基础》，载《中南民族大学学报（人文社会科学版）》2004 年第 4 期。

〔26〕 韩大元：《论自治条例的若干问题》，载《中央民族大学学报》1996 年第 6 期。

〔27〕 屠凯：《自治条例并非民族自治地方“小宪法”》，载《政治与法律》2018 年第 3 期。

别。所谓“分工”,指的是在中央主导下,国家权力在不同层级国家机关之间进行纵向(垂直)分担,中央的权力具有支配性;反之,地方的权力不能对抗中央,仅能在中央确定的地方辖区内行使。由于“分工”通常是由中央向地方下放权力,因而“分工”也称为“放权”。[28] 在单一制国家结构形式之下,国家的全部主权都由中央掌握,地方权力的大小、范围由中央授予。

我国民族自治地方虽然享有比一般地方更多的自治权,但这种自治权本质上属于自主权的范畴,是中央赋予自治地方的超出一般地方权力的那部分权力。中央赋予民族自治地方多少权力是由中央单方面决定的事,自治地方的权力是由宪法和法律规定的,其基本的底线是不能危及国家的安全和统一。我国的民族区域自治制度是统一与自治相结合,统一是前提、基础和根本,没有统一,自治也就无从谈起。“民族区域自治是由国家设立的,是在国家行政区域内实施的。自治权是一种国家授权。”[29] 自治条例虽然在内容上较之单行条例更加宏观、综合、全面,但仍属于中央授权范围;自治地方不能独立于中央,自治条例也不具有宪法的属性。将自治条例称为“小宪法”,在某种程度上会造成民族自治地方的误读,不利于在实践中学习、宣传、贯彻和落实民族区域自治制度。

---

〔28〕 参见沈寿文:《民族区域自治立法权与一般地方立法权的关系——以“优惠照顾理论”范式为视角》,载《广西民族研究》2016 年第 3 期。

〔29〕 周平:《“两个结合”:民族区域自治制度的圭臬》,载《社会科学研究》2020 年第 3 期。

第五章　民族法的体系

第一节　民族法体系的概念

一、民族法体系的概念

体系，是指由若干有联系的事物或者由事物若干有关部分所共同组成的一个有机联系的整体或系统。法律体系，或称法律规范体系，[1]是指一国中按照一定的标准对其现行的所有法律规范进行分类、重组后所形成的有机联系的成体系化的法律规范整体。在法律体系的划分标准上，一般认为，依据法律调整对象和调整方法的不同而将法律规范划分为不同的法律部门，从而形成了由不同法律部门构成的一国整体性的法律体系，或称部门法体系。[2] 然而，法律体系是一个由调整不同社会关系的法律规范所构成的和谐的整体，在划分标准上，并非只有法律部门这一唯一的分类标准。事实上，从部门法视角来界定法律体系划分标准的方法，肇始于20世纪40年代至20世纪80年代苏联法学家先后确立的，以法律调整对象和调整方法作为法律部门划分依据，再由部门法构成法律体系的理论，而法律调整方法的提出正是对法律调整对象这一方法局限的修补。[3] 从20世纪50年代开始，我国法学界基本沿用和继承了苏联的法律体系理论，并经过对法律体系的学术论争，最终才基本确立了以部门法为划分依据的法律体系构成标准。然而，当前我国以部门法为界定标准的法律体系学说，在以调整对象和调整方法的划分标准上却存在逻辑上的局限性，无论是就法律的调整对象即社会关系而言，还是以调整方法而言，都存在不可忽视的缺憾。[4]

从法律体系的基本构成单位而言，法律体系是由法律规范所构成的，而法律规范是调整人与人之间关系的行为规范，它反映一定的社会关系，并通过对人们的行为进行规范而达到调整社会关系的目的。从具有规范性和概括性特征的法律规范来看，界定法律主体能够做什么、不能做什么、必须做什么以及当人们违反规则之后由谁监督、如何监督的规则及其实施机制的行为规范，在客观上构成了静态意义上的法律制度。[5] 从法律制度的概念而言，法律制度是调整某一类社

---

〔1〕 参见［英］约瑟夫·拉兹：《法律体系的概念》，吴玉章译，中国法制出版社2003年版，第54页。

〔2〕 参见张文显主编：《法理学》（第5版），高等教育出版社2018年版，第100页。

〔3〕 参见［俄］B. B. 拉扎列夫主编：《法与国家的一般理论》，王哲等译，法律出版社1999年版，第161～162页。

〔4〕 该观点认为，我国当下以法律部门为唯一划分标准的法律体系学说不仅存在“划分标准的非逻辑性”，同时还存在“体系内容的单一性”、“部门法划分的随意性”、“理论对实践指导的软弱性”以及“主权学说的非自足性”等问题。参见姚建宗主编：《法理学》，科学出版社2010年版，第75～80页。

〔5〕 参见田钒平：《民族自治地方经济发展的宪政保障研究》，经济科学出版社2013年版，第14页。

会关系或社会关系的某一方面的法律规范的统称。[6] 在此意义上,法律制度与法律部门二者是一种交叉关系。其中,一种法律制度可能包括几个法律部门,如所有权法律制度包括行政法、民法、刑法等法律部门,而一个法律部门又包括若干法律制度,如诉讼法律部门包括公开审判制度、陪审制度、辩护制度等。与此相反的是,传统法律体系理论认为,法律部门与法律制度之间是一种包含关系。法律部门的概念要大于法律制度的概念,其中,一系列相关的法律规范构成了法律制度,而若干相关的法律制度又构成了法律部门,不同的法律部门构成了法律体系。由此看来,包含性法律制度理论对法律制度概念的解析,是在一项具体的法律制度这一意义上所作出的,这是导致以调整对象和调整方法为标准划分的部门法体系存在非逻辑性缺陷的重要原因;而交叉性法律制度理论虽然在具体的法律制度之外,洞察到了由调整同一法律关系的诸多具体法律制度构成了在法律部门概念之上的更高层次的法律制度的存在,但是在其法律体系构建理论中仍然以部门法为划分依据,因而在法律体系的逻辑构成上也存在抵牾之处。[7] 其实,无论是包含性法律体系理论还是交叉性法律体系理论,在一定程度上都未能全面认知法律制度,混淆了法律制度在不同意义上的指称对象,从而导致在以单一部门法为依据的法律体系划分标准上的缺陷性。

事实上,法律制度作为法学的基本概念,主要包括以下几层意义。第一,具体意义上的法律制度,[8] 即法律制度是调整特定社会关系的法律规范体系的泛称,是位于法律规范概念之上、法律部门概念之下的指代调整某一种特定社会关系的法律规范体系。这种特定的社会关系,一般是整个社会关系中某一较小的、能够相对独立存在的社会领域。例如,在诉讼过程中,为了保证诉讼程序的公正,要求具有利害关系的诉讼参与人回避的相关法律规范构成的回避法律制度,即属于具体意义上的法律制度概念范畴。第二,综合性的法律制度,即由彼此相关的一系列具体意义上的法律制度所构成的调整某一较大社会领域或方面的法律制度。这种法律制度在交叉性法律体系理论中得以体现,即综合性的法律制度不仅仅存在于一个法律部门中,而往往跨越若干法律部门而存在。[9] 例如,规定财产所有人占有、使用、收益和处分自己财产的法律制度在宪法、经济法、行政法等法律部门的规定中都有体现,是由诸多部门法的规定构成的综合性法律制度范畴。第三,广义上的法律制度,即构成一国现行法律规范的总和,在此意义上其与法律体系具有同等含义。此外,若以社会历史形态来划分,法律制度还包括奴隶制社会法律制度、封建制社会法律制度、资本主义社会法律制度和社会主义法律制度等。因而,从法律制度的视角来看法律体系的构成即可发现,法律体系是由一国中调整不同社会关系的法律规范所构成的彼此有机联系的法律制度体系。

从这个角度讲,民族法体系是由一国调整民族关系的现行法律规范构成的综合性法律制度体系,属于法律体系的组成部分,而非单独的一个法律部门。具体而言,民族法是宪法、刑法、行政法等部门法在调整不同性质的民族关系的过程中形成的各种法律规范的总和,[10] 而民族法体系则是由不同部门法之中涉及调整民族关系的具体法律制度或者法律规定所构成的综合性法律

---

〔6〕 参见《法学词典》编辑委员会编:《法学词典》(增订版),上海辞书出版社 1984 年版,第 619 页。

〔7〕 交叉性法律制度理论认为,法律体系是指"全部现行法律规范分类组合为法律部门而形成的一国法律有机联系的统一体"。参见《法学词典》编辑委员会编:《法学词典》(增订版),上海辞书出版社 1984 年版,第 618 页。

〔8〕 参见黄文艺:《论法律制度的三种意义》,载《政治与法律》1992 年第 5 期。

〔9〕 参见孙国华主编:《法理学》,法律出版社 1995 年版,第 291 ~ 292 页。

〔10〕 参见熊文钊:《关于民族法学的性质问题》,载《中央民族大学学报(哲学社会科学版)》2000 年第 2 期。

制度体系,是位于法律体系之下而高于部门法的概念范畴。

民族法体系的形成经历了一个长期的发展过程。我国是一个统一的多民族国家,在中华民族多元一体格局下,依法处理好各民族之间的关系和各民族与中华民族的关系是法治国家建设的必然要求和应有之义。全国民族团结进步表彰大会指出:我们辽阔的疆域是各民族共同开拓的,我们悠久的历史是各民族共同书写的,我们灿烂的文化是各民族共同创造的,我们伟大的精神是各民族共同培育的,一部中国史,就是一部各民族交融汇聚成多元一体中华民族的历史,就是各民族共同缔造、发展、巩固统一的伟大祖国的历史。[11] 无论是从历史发展演进的脉络来看,还是从当前我国各民族在文化上兼收并蓄、在经济上相互依存、在情感上相互亲近而彼此交融汇聚成为多元一体的中华民族这一现实国情来看,民族关系作为社会关系的组成部分,是客观存在的,特别是基于不同的地理区位环境、经济发展程度、历史文化风俗、社会自然禀赋等因素的存在,民族地区内部、民族地区之间以及民族地区与非民族地区之间的发展还面临着不平衡、不充分的矛盾。因而,在调整社会关系时就必须关注、解决制约维护和发展平等团结互助和谐民族关系的不利因素,引导、促进各民族在交往交流交融中铸牢中华民族共同体意识,以实现中华民族伟大复兴的时代重任和历史使命。

在民族事务治理实践中,调整民族关系的手段具有多元性。但从依法治国的角度讲,依法治理民族事务和实现民族关系法治化,是最为根本性的方式。在解决民族关系问题上,中国共产党在成立之初就形成了坚持各民族一律平等的根本原则。随着中华人民共和国的成立,以毛泽东为主要代表的中国共产党人通过制定《共同纲领》(1949 年)、《民族区域自治实施纲要》(1952 年)、《宪法》(1954 年)等规范性法律文件,以宪法和法律的形式确立并巩固了各民族平等团结这一新民主主义革命的宝贵成果。然而,中华人民共和国成立后至改革开放时期,我国调整民族关系的主要手段是依靠党的政策和深入细致的民族工作,虽然我国有一些调整民族关系的法律法规,但是数量较少,无论在规模还是在内容上都未形成民族法律规范体系。

改革开放以来,随着民主与法治建设的不断推进,一方面,党的民族政策通过立法程序,由国家立法机关制定为法律;另一方面,一些地方立法机关也根据宪法和法律的规定,结合本地区的民族实际情况,颁布了许多调整民族关系的地方性法规。[12] 例如,全国人民代表大会于 1984 年制定了《民族区域自治法》,1993 年国务院批准了国家民委制定的《城市民族工作条例》《民族乡行政工作条例》,2005 年国务院出台了《实施〈中华人民共和国民族区域自治法〉若干规定》;民族自治地方制定的自治法规和对法律、行政法规作出的一些变通补充规定等也愈加呈现出体系化特征。总体而言,民族立法在数量、层次、部门、形式等诸多方面呈现出新的特点,在内容上也有了较大拓展,实现了从突出保障政治权益向政治权利、经济社会发展权利全面一体保护的转变。这些调整民族关系的法律的出台,标志着我国调整民族关系的主要手段开始由政策手段转变为法律手段,也标志着我国在不同社会领域中调整民族法律关系的法律制度逐渐成形。

党的十八大以来,我国将全面依法治国纳入"四个全面"战略布局,确立了建设中国特色社会主义法治体系和社会主义法治国家的目标,并在中国特色解决民族问题的正确道路上将法治

---

〔11〕 参见国家民族事务委员会编:《铸牢中华民族共同体意识——全国民族团结进步表彰大会精神辅导读本》,民族出版社 2021 年版,第 4 ~6 页。

〔12〕 参见张炜达、郭朔宁:《中国共产党百年民族法制建设:实践探索、基本经验、时代回应》,载《西北民族大学学报(哲学社会科学版)》2021 年第 4 期。

作为调整民族关系的主要方法,为民族法体系的构建和民族工作法治化的发展进一步明确了方向。2018 年 3 月通过的宪法修正案不仅将"平等团结互助的社会主义民族关系"修改为"平等团结互助和谐的社会主义民族关系",还将"实现中华民族伟大复兴"写入《宪法》序言。各地也相继出台了促进民族团结进步创建的条例。迄今为止,我国已基本上建成"以《宪法》有关协调民族关系的专门规定为核心,以《民族区域自治法》为主干,以其他法律、法规和规章为补充的民族法律规范体系",[13]形成调整民族关系的综合性法律制度体系;民族法体系在我国法律体系中占有重要地位。

二、民族法体系的特征

民族法体系作为法律体系的组成部分,符合法律体系的基本特征,同时也具有自身的独有特性。

第一,民族法体系是由一个国家调整民族关系的全部现行法律规范构成的整体。换言之,民族法体系只包括一个主权国家内的所有调整民族关系的现行有效的国内法和被承认的有关调整民族关系的国际法。一方面,民族法体系是一个主权国家范围内调整民族关系的法律规范,而非国际法意义上的民族法律规范体系。它是一个主权国家调整民族关系的法律规范的整体,而不是一个或几个地区调整民族关系的法律规范的总和。另一方面,民族法体系是从一个国家当前正在实施的实在法意义上而言的,既不包括一国历史上的或已经失效的调整民族关系的法律,也不关涉一国将要制定的或尚未生效的调整民族关系的法律。它指的是由享有国家立法权的立法机关通过特定的立法程序制定的法律,即调整民族关系的国家制定法,不包括在特定民族内部适用的风俗习惯。

第二,民族法体系是一个由不同法律部门中调整民族关系的具体法律制度所构成的一个体系化、系统性的综合性法律制度体系。从当前调整民族关系的部门法来看,民族法体系作为部门法中调整各种性质的民族关系的各项法律制度所构成的综合性法律制度体系,其内容主要包括宪法及其相关法、行政法、民法、刑法、诉讼法、经济法、社会法等部门法中调整民族关系的法律规范。从我国民族法的调整对象来看,民族关系作为社会关系的一种,指的是在中华民族多元一体格局下,"各民族在参与共同的政治、经济、文化和社会生活的过程中,所形成的政治、经济、文化等各种类型的社会关系"。[14] 当渗透于政治、经济、文化等社会关系类型中的民族关系进入法律调整的范围之时,民族法律规范体系就表现为在政治、经济、文化等社会领域中调整民族关系的法律规范的总和。然而,民族法体系不仅表现为这些调整不同社会领域中民族关系的法律规范,而且是按照调整不同社会领域中的民族关系的具体法律制度的标准进行分类组合,而形成的由不同部门法中调整民族关系的具体法律规范和制度所构成的体系化、系统化的综合性法律制度体系,而非由一个国家中所有调整民族关系的现行法律规范彼此机械地、混乱地相互叠加堆积的法律规范总和,亦非由不同法律部门中调整民族关系的法律规范的简单相加的结果。

第三,民族法体系具有客观性和主观性的双重特征。一方面,从法的本质上来讲,调整不同社会领域中民族关系的法律规范反映的是一定历史时期的经济关系。马克思在《哲学的批判》

---

〔13〕 田钒平:《通过科学立法促进民族交往交流交融的法理探讨》,载《民族学刊》2020 年第 4 期。

〔14〕 田钒平:《民族自治地方族际公民关系法治化研究》,载《学术界》2018 年第 11 期。

一文中指出:“无论是政治的立法或市民的立法,都只是表明和记载经济关系的要求而已”,〔15〕而由特定历史时期的物质生活条件所决定的民族关系“取决于每一个民族的生产力、分工和内部交往的发展程度”〔16〕。因而,民族法体系作为经济基础之上的上层建筑的组成部分,从本质上而言,反映的是一定历史时期不同民族之间的经济关系,必须适应于不同民族在交往交流交融中的客观经济发展规律。另一方面,虽然民族法体系取决于不同民族之间的经济关系及其特性,具有本质上的客观属性,但从民族法体系的形成过程而言,调整民族关系的法律规范始终是由代表一定阶级利益的统治集团所制定的。在阶级利益与民族利益的关系上,阶级利益是高于民族利益的,正如列宁所言,“在股份公司里,不同民族的资本家坐在一起,不分彼此。在工厂里,不同民族的工人在一起工作。当发生任何真正严肃而深刻的政治问题时,人们是按阶级而不是按民族来进行组合的”〔17〕。因而,作为调整民族关系的法律规范体系,民族法体系主要体现的是统治阶级在处理民族关系中的意志,具有鲜明的主观属性。从马克思主义民族法观来看,资产阶级法律的虚伪本性不过是在法律的面纱下奉行资产阶级的意志,“过去一切的运动都是少数人的,或者为少数民族谋利益的运动。无产阶级的运动是绝大多数人的,为绝大多数人谋利益的独立的运动”,〔18〕当“民族内部的阶级对立一消失,民族之间的敌对关系就会随之消失”〔19〕。因而,马克思主义民族法体系从根本上而言是在遵循各民族一律平等原则下代表无产阶级和人民大众的根本利益,强调社会主义国家民族法律规范必须体现无产阶级的意志,代表无产阶级及其领导下的最广大人民群众的整体性和根本性利益。

第四,从马克思主义民族理论中国化来看,新时代中国民族法体系以实现中华民族伟大复兴为根本价值目标。民族法体系并非调整民族关系的法律规范的堆积,而是在法秩序统一和特定民族法价值原则指引下形成的综合性法律制度体系。从法律体系视角而言,作为“体系化”的民族法“秩序内在的一致性,其一方面是法学体系化工作的成果,另一方面则是一种先决规定,‘借以(作为人类精神活动产物的)法秩序内的一些规范性及目的性关系,彼此才不至于混沌一片’”〔20〕。在构建和完善民族法体系的过程中,民族法体系不仅在法的产生和表现形式上恪守宪法及其相关法在立法权限、立法程序、立法技术等方面的法秩序统一性规定,同时,民族法体系也必然遵循特定的调整民族关系的价值目标,这构成了作为一种意义脉络的民族法秩序整体。中华人民共和国成立以来,我们党和国家在调整民族关系的过程中,一直坚持将马克思主义民族平等的价值理念作为国家施政和法治的根本前提和实践指引,致力于维护和发展各民族的平等团结互助和谐关系,并通过在广泛的社会领域中实施差别对待法律政策,以促进各民族共同团结进步、共同繁荣发展。2018 年《宪法修正案》将“实现中华民族伟大复兴”在《宪法》序言中作出了明确规定,在根本法的地位上肯定了中华民族“多元一体”结构,提升了我国民族法体系的价值理念,并最终“形成了由维护和发展各民族平等团结互助和谐关系、促进各民族共同繁荣、实现中华民族伟大复兴三层次目标构成的目的价值体系”。〔21〕 2021 年 8 月,习近平总书记在中央民

〔15〕《马克思恩格斯选集》(第 4 卷),人民出版社 1972 年版,第 121 ~ 122 页。
〔16〕《马克思恩格斯选集》(第 1 卷),人民出版社 1972 年版,第 25 页。
〔17〕《列宁全集》(第 24 卷),人民出版社 1990 年版,第 139 页。
〔18〕《马克思恩格斯选集》(第 1 卷),人民出版社 1972 年版,第 262 页。
〔19〕《马克思恩格斯选集》(第 1 卷),人民出版社 1972 年版,第 270 页。
〔20〕[德]卡尔·拉伦茨:《法学方法论》,陈爱娥译,商务印书馆 2003 年版,第 44 页。
〔21〕田钒平:《依法规约:夯实铸牢中华民族共同体意识的法治之基》,载《西北民族研究》2020 年第 2 期。

族工作会议上指出,必须从中华民族伟大复兴的战略高度把握新时代党的民族工作的历史方位,以实现中华民族伟大复兴为出发点和落脚点,统筹谋划和推进新时代党的民族工作。实现中华民族伟大复兴将在国家战略高度上被纳入民族法体系建设的最终价值目标。在新时代民族工作中,应把实现中华民族伟大复兴作为民族法体系的最高价值引领,加强民族法治建设,促进各民族交往交流交融,为在法治轨道上引导各民族公民铸牢中华民族共同体意识奠定坚实基础和法律保障。

第二节 民族法体系的内容

一、宪法及宪法相关法中调整民族关系的法律规范

在中国特色社会主义法律体系中,宪法是我国的根本法,"坚持依法治国首先要坚持依宪治国"[22]。在以宪法为约束的法治轨道上,实现和维护民族团结、国家统一是整个社会共同体存在与发展的前提,也是以宪法为基础的民族法规范体系存在的根基。[23] 宪法及宪法相关法是规定我国基本的国家制度、政治制度、经济制度、社会制度,公民的基本权利和义务、国家机关的组织与活动的原则等方面的法律规范。从民族法体系层面而言,在宪法及宪法相关法中有关调整民族关系的法律规范性文件主要包括《宪法》《民族区域自治法》《立法法》《地方各级人民代表大会和地方各级人民政府组织法》《城市居民委员会组织法》《集会游行示威法》《公务员法》《国旗法》。这些宪法及宪法相关法中调整民族关系的法律规范主要构成了民族区域自治、人民代表大会代表选举差别对待、民族文化保护和社会融入及民族关系治理中的公民义务等法律制度。

(一)有关民族区域自治的规定

根据我国《宪法》和《民族区域自治法》的规定,我国的民族区域自治制度主要由民族自治地方的建立、变更和撤销制度,民族自治地方自治机关的构成与自治权制度,上级国家机关的职责制度等三个方面的具体制度构成。其中,有关民族自治地方建立、变更和撤销的规定主要包括《宪法》第4条第3款、第30条和《民族区域自治法》第2条第2款、第12~14条等条款;有关民族自治地方自治机关构成的规定主要包括《宪法》第112~114条和《民族区域自治法》第15~18条等条款;有关民族自治地方自治机关自治权的规定主要包括《宪法》第115~121条和《民族区域自治法》第19~45条等条款,这些条文对自治机关自治权的内容、行使方式和行使原则等作出了较为系统的规定;有关上级国家机关职责的规定主要包括《宪法》第4条第2款、第122条和《民族区域自治法》第8条、第54~72条等条款,这些条文对上级国家机关职责的内容、行使方式和行使原则等作出了较为系统的规定。

(二)有关人民代表大会代表选举差别对待的规定

民族作为一个具有集合性、抽象性存在的人类共同体,为了维护群体的存在和利益,必然要求解决代表本民族表达意志、从事社会活动的组织机构问题,在此意义上,现实性的民族关系是

---

〔22〕 习近平:《论坚持全面依法治国》,中央文献出版社2020年版,第126页。

〔23〕 参见韩大元:《宪法实施与中国社会治理模式的转型》,载《中国法学》2012年第4期。

基于代表民族意志和利益的组织行为而形成的。[24] 在多民族国家中,为了解决不同民族的意志表达和利益维护的组织和机制问题,各国往往通过建立和实施特别代表权制度,以使各民族群体都有代表参与到政治决策之中,从而防止上级或中央政府作出不利于自己的决定。我国是统一的多民族国家,不仅在《宪法》上对各民族公民具有同等选举权、被选举权和对少数民族人民代表大会代表选举实行差别对待等作出了明确的规定,同时在《全国人民代表大会和地方各级人民代表大会选举法》(以下简称《选举法》)以及《中华人民共和国地方各级人民代表大会和地方各级人民政府组织法》(以下简称《地方各级人民代表大会和地方各级人民政府组织法》)等法律文件对此也作出相应规定。具体而言,这些规定主要包括《宪法》第 34 条、第 59 条第 1 款、第 65 条第 2 款、第 113 条第 1 款和《选举法》第 12 条、第 19 ~ 24 条等条款。此外,《地方各级人民代表大会和地方各级人民政府组织法》第 5 条第 2 款等也对少数民族人大代表选举的差别对待作出了相关规定。

(三)有关民族文化保护和社会融入的规定

我国是统一的多民族国家,各民族共同创造了灿烂的中华文化,中华文化是各民族文化的集大成,每一个民族的文化都是中华文化不可分割的组成部分,是中华民族的共有精神财富。[25] 因而,我国在调整民族关系时十分注重通过法治方式保障各民族公民使用和发展本民族语言文字的自由以及保持和改革本民族风俗习惯的自由,形成了关于民族文化保护的法律制度。这方面的规定主要包括《宪法》第 4 条第 4 款、第 121 条和《民族区域自治法》第 10 条、第 21 条、第 37 条第 3 ~ 4 款、第 38 条、第 40 ~ 42 条、第 47 条、第 49 条、第 50 条第 2 款、第 53 条、第 55 条第 1 款、第 59 条、第 63 ~ 64 条等条款。此外,《选举法》第 23 条对民族自治地方各少数民族选举过程中的文字使用问题作出了专门规定。

此外,现行法律在做好民族文化保护的同时,也十分注重繁荣和发展共有的中华文化,促进各民族交往交流交融,以实现中华民族伟大复兴的历史使命。推广普及国家通用语言文字,提升各民族成员的社会融入能力,是我国《宪法》规定的责任。我国《宪法》及其相关法在规定各民族文化保护制度的同时,也对各民族公民应当学习国家通用语言文字进行了明确规定。《宪法》第 19 条第 5 款规定,国家推广全国通用的普通话;《民族区域自治法》在第 37 条第 3 款中也规定,招收少数民族学生为主的学校(班级)和其他教育机构应当根据情况从小学低年级或高年级起开设汉语课程,推广全国通用的普通话和规范汉字。

(四)有关民族关系治理中的公民义务的规定

从宪法对民族关系的治理模式来看,无论是民族区域自治制度,还是少数民族人大代表选举差别对待制度,抑或各民族文化保护制度等,都是从群体视角来看待和处理民族关系的宪法治理问题的。但群体性治理模式不能忽视公民个体之间的权利保障和义务规范,因此,我国宪法及其相关法对民族关系治理中的公民义务也作出了相应规定。

这方面的规定主要体现在以下几个方面:(1)《宪法》第 4 条第 1 款和《民族区域自治法》第 9 条规定,禁止对任何民族的歧视和压迫,禁止破坏民族团结和制造民族分裂的行为,明确界定了公民为维护和发展各民族的平等团结互助和谐关系、促进各民族共同繁荣和实现中华民族伟大复兴应当承担的消极的不作为义务;(2)《宪法》第 52 条规定,"中华人民共和国公民有维

---

〔24〕 参见田钒平:《民族自治地方族际公民关系法治化研究》,载《学术界》2018 年第 11 期。

〔25〕 参见国家民委研究室编:《新时代民族理论政策问答》,民族出版社 2019 年版,第 56 ~ 57 页。

护国家统一和全国各民族团结的义务”,明确界定了公民为维护和发展各民族的平等团结互助和谐关系、促进各民族共同繁荣和实现中华民族伟大复兴应当承担的积极的作为义务。

此外,《中华人民共和国公务员法》第59条规定,公务员不得有“挑拨、破坏民族关系,参加民族分裂活动或者组织、利用宗教活动破坏民族团结和社会稳定”的行为,同时在第52条规定,对“为增进民族团结,维护社会稳定作出突出贡献的”的公务员或者公务员集体给予奖励。《中华人民共和国村民委员会组织法》第9条第3款、《中华人民共和国城市居民委员会组织法》第5条也明确规定,多民族居住地区的村民委员会、居民委员会应当教育村民或居民互相帮助、互相尊重、加强民族团结。

二、行政法中调整民族关系的法律规范

在我国现行的一元两级多层次的立法体制之下,调整民族关系的行政法律规范主要由法律、行政法规以及部门规章等规范性文件中界定行政机关及其组成部门在调整民族关系中应该承担的职责的相关规定所构成。

(一)法律中有关行政机关调整民族关系的规定

从《宪法》的相关规定来看,一方面,国务院作为最高国家权力机关的执行机关和最高国家行政机关,行使“领导和管理民族事务,保障少数民族的平等权利和民族自治地方的自治权利”的职责(《宪法》第89条);另一方面,《宪法》规定,民族自治地方的自治机关除行使《宪法》规定的地方国家机关的职权外,同时还依照《宪法》、《民族区域自治法》和其他法律规定的权限行使自治权,并根据本地方实际情况贯彻执行国家的法律政策(《宪法》第115条)。另外,《宪法》通过赋予民族自治地方人民代表大会制定自治条例和单行条例的自治权,来保障民族自治地方自治机关职责的充分实现(《宪法》第116条)。因而,《宪法》上述规定对民族自治地方行政机关在协调民族关系中应承担的职责作出了原则性规定。

为了落实《宪法》关于行政机关调整民族关系的职责规定,《民族区域自治法》对民族自治地方的建立和自治机关的组成以及自治权进行了专门性规定,其中涉及民族自治地方行政机关调整民族关系的职责。主要包括:(1)《民族区域自治法》在总则的第5~11条对民族自治地方自治机关职责的原则性规定;(2)《民族区域自治法》第16条第3款、第17条第1款和第18条对自治机关组成的规定;(3)《民族区域自治法》第19~45条有关自治机关自治权的规定,在本质上是为了解决民族自治地方的发展问题而对其应当承担的具体职责作出的规定;(4)《民族区域自治法》第48~53条有关民族自治地方内部的民族关系的职责规定,是民族自治地方自治机关在协调和处理本民族内部的民族关系时应当承担的具体职责,也属于民族法体系中调整民族关系的行政法律规范的范畴。

从《宪法》和《民族区域自治法》的相关规定来看,虽然《民族区域自治法》对民族自治地方自治机关的职责作出了专门规定,但是民族自治地方的自治机关包括人民代表大会和人民政府,而《民族区域自治法》在界定自治机关的职责和权力时并未对其进行区分,因而这不仅造成理论与实务界对民族自治地方人民代表大会和人民政府职权的认识分歧,而且严重影响了自治机关权力行使和职责履行的有效性。[26] 从《民族区域自治法》有关自治机关职责划分的立法现状来看,除个别条款外,《民族区域自治法》的绝大多数条款都是使用“自治机关”作为权力或职责主

---

〔26〕 参见田钒平:《民族自治地方自治机关法定职责划分问题研究》,载《贵州省党校学报》2019年第5期。

体,难以区分哪些职责应当由自治地方行政机关来承担,哪些职责应当由自治地方人民代表大会来承担。因而,有必要对《民族区域自治法》有关人民代表大会和人民政府的职责进行修改完善。

首先,应明确规定保障自治机关及其工作部门人员构成合理配置的责任主体。根据《民族区域自治法》第 15 条第 3 款的规定,民族自治地方自治机关的组织和工作,应当根据《宪法》和法律,由民族自治地方人民代表大会制定的自治条例或者单行条例规定,因而《民族区域自治法》第 16 条第 3 款、第 17 条第 1 款以及第 18 条有关职责规定应当由民族自治地方人民代表大会承担。

其次,明确界定民族自治地方人民代表大会和人民政府的自治权限。从横向的权力关系视角来看,民族自治地方人民政府既是民族自治地方人民代表大会的执行机关,也是民族自治地方的行政机关,二者的职责划分属于民族自治地方的自治事项,应当依据地方权力运行的法理逻辑来确定,由民族自治地方的人民代表大会行使自治权予以确立。但是,无论是《宪法》还是《民族区域自治法》,都没能对民族自治地方人民代表大会的自治权限予以明确规定。从当前的立法实践来看,有关民族自治地方自治权的规定主要包括《宪法》第 115 条和《民族区域自治法》第 4 条第 1 款关于自治权的一般规定,以及《宪法》第 116 条、《民族区域自治法》第 19 条对民族自治地方人民代表大会享有自治立法权的特别规定,但《宪法》和《民族区域自治法》都没有明确这两类规定之间的内在关系,从而导致了诸多问题。因而,为进一步明确自治地方人民代表大会的立法权限,确立民族自治地方立法机关和行政机关之间的职责范围,建议将《宪法》第 116 条、《民族区域自治法》第 19 条规定的"民族自治地方的人民代表大会有权依照当地民族的政治、经济和文化的特点,制定自治条例和单行条例"修改为:民族自治地方的人民代表大会根据宪法和本法以及其他法律规定的自治权限,依照当地民族的政治、经济和文化的特点,制定自治条例和单行条例,同时由民族自治地方人民代表大会通过制定自治条例和单行条例的方式来确定民族自治地方行政机关在调整民族关系中的职责范围。

最后,明确界定自治地方人民代表大会和人民政府在调整自治地方内部的民族关系时应承担的职责。从地方权力运行的角度讲,不仅民族自治地方人民政府的自治权限应当由民族自治地方人民代表大会来确定,而且自治地方人民政府在调整自治地方内部的民族关系时应承担的具体职责也应由民族自治地方人民代表大会来确定。因此,界定民族自治地方人民代表大会和人民政府在调整自治地方内部的民族关系时的具体职责,关键在于民族自治地方人民代表大会在自治条例或单行条例中也要对此作出明确规定。

(二)行政法规中有关行政机关调整民族关系的规定

为了推进《民族区域自治法》的具体实施,2005 年国务院制定了《实施〈中华人民共和国民族区域自治法〉若干规定》,构成了当前我国调整民族关系的主要行政法律规范性文件。

《实施〈中华人民共和国民族区域自治法〉若干规定》共计 35 条,对《民族区域自治法》中有关民族自治地方的自治权以及国家和上级人民政府的帮助职责进行了较为全面的细化规定。主要包括以下内容:(1)规定了该法制定的目的、依据,以及国家、各级人民政府、公民等社会主体发展民族团结进步事业、维护和巩固平等团结互助和谐的社会主义民族关系的职责(第 1 ~ 4 条)。(2)规定了国家和上级人民政府对民族自治地方的整体性帮助原则以及具有可操作性的帮助措施(第 5 ~ 18 条),包括国家和上级人民政府在基础设施建设、西部大开发战略、资源开发和生态补偿、财政转移支付、专项资金扶助、金融扶持力度、特殊商品和传统手工业帮扶、边境贸易合作、边境地区建设、人口较少民族发展、非公有制经济成长、扶贫开发和对口支援建设等方面的职责。(3)规定了国家和上级人民政府促进和帮助民族自治地方发展教育、科技、文化、卫生、社会保障事业的职责(第19~27条)。(4)规定了加大培养少数民族干部人才的力度,建立民族自治地方的干部人才体系的职责(第28~29条)。(5)确立了权力机关监督、行政机关监督和社会监督等监督机制(第30~32条)。

(三)部门规章中有关行政机关调整民族关系的规定

在部门规章中调整民族关系的行政法律规范,主要包括1993年由国家民族事务委员会制定、国务院批准颁布的《城市民族工作条例》和《民族乡行政工作条例》等。

《城市民族工作条例》是第一部全面、系统规范我国城市民族工作的行政法律规范性文件,是对宪法中关于各民族一律平等原则在城市民族工作中的具体落实。其宗旨主要在于加强城市民族工作,保障城市少数民族的合法权益,促进适应城市少数民族需要的经济、文化事业的发展,维护和发展平等团结互助和谐的民族关系以及促进各民族共同繁荣发展,以促进城市各民族公民之间的交往交流交融,引导各民族公民铸牢中华民族共同体意识。主要内容包括加强对城市少数民族工作的领导、保障城市散居少数民族的政治权利、支持城市散居少数民族发展经济文化教育事业、尊重和保障城市散居少数民族的风俗习惯以及保障城市散居少数民族使用本民族语言文字的权利等。

民族乡是我国特有的以保障各民族依法行使当家作主权利的一种基层政权组织形式。《民族乡行政工作条例》是对民族乡在调整民族关系中应遵循的行政原则、规范所作出的具体性规定,其宗旨是促进民族乡经济、文化等各项事业的发展,保障少数民族的合法权益,增强民族团结,以期促进民族乡各民族公民之间的交往交流交融,铸牢中华民族共同体意识。主要内容包括民族乡建立的条件、程序,民族乡在政治、经济、文化等方面的权利和县级以上地方各级政府对民族乡在财政、金融、税收、教育、科技、文化、卫生等方面的帮助职责等。此外,《民族乡行政工作条例》对民族乡应当对本行政区域内的各族人民开展爱国主义、社会主义和民族政策、民族团结的教育,不断巩固和发展平等团结互助和谐的社会主义民族关系等职责也作出了相关规定。

三、民法中调整民族关系的法律规范

在中华民族多元一体格局下,为了落实"各民族一律平等""各民族都有保持或者改革自己的风俗习惯的自由"等宪法原则的要求,有效协调各民族习惯与法的关系,我国在民事法律领域中赋予民族自治地方人民代表大会根据当地的民族特点和具体情况,在不违背法律原则的前提下可以对法律的一些具体规定进行变通或补充的权力。一般认为,由这些赋予民族自治地方人民代表大会变通权力的法律规定和民族自治地方人民代表大会据此制定的变通规定构成的法律制度体系,是民事领域调整民族关系的主要法律依据。

在《民法典》正式实行以前,我国原《民法通则》、原《婚姻法》、原《继承法》、原《收养法》等法律赋予了民族自治地方人民代表大会根据当地民族的特点和具体情况,在不违背法律原则要求的前提下,对法律的一些具体规定进行变通或补充的立法权。但是,由于《民法典》没有对此作出明确规定,而原《民法通则》等法律又因为《民法典》的实施被废止,民族自治地方人民代表大会还能否对《民法典》的相关规定作出变通或者补充性规定,就构成了民族自治地方全面贯彻实

施《民法典》必须解决的重大问题。[27]

从法理上讲,原《民法通则》等法律中有关变通或补充规定制定权的规定属于赋权性规范,其实质是允许在这些法律作出的一般性规定之外,针对同一事项的调整,在民族自治地方可以存在特别规定,只是基于科学立法的考量而将这些特别规定的制定权授予民族自治地方来行使。同时,从调整范围来看,《民法典》的调整对象是“平等主体自然人、法人和非法人组织之间的人身关系和财产关系”,而民族自治地方人民代表大会能否对《民法典》的规定进行变通或补充规定,其所涉及的是立法权在不同层级的国家机关之间的配置问题,因而,作为新法的《民法典》与作为旧法而被废止的《民法通则》等法律在这一事项的调整范围上并不完全一致,在旧法中为解决民族自治地方的法律需求而作出的特别赋权规定与新法是一种继续并存的关系。在《民法典》正式实施后,在民族自治地方人民代表大会能否对《民法典》的规定进行变通或补充规定的问题上,在《民法典》与原《民法通则》等法律之间形成的是新的一般的规定(没有赋权规定)和旧的特别规定(有赋权规定)之间的冲突。如何解决这一冲突,是充分发挥法治的功能,将各民族公民间的交往行为纳入法治轨道必须认真对待的重要问题。

而要解决上述冲突,首先必须厘清原《民法通则》等法律的赋权规定的性质,以及其与《宪法》《民族区域自治法》《立法法》等法律规定的自治法规制定权的关系。从当下的理论研究现状看,理论界在这一问题的认识上尚未达成共识,存在等同论[28]、包含论[29]、并行论[30]、部分竞合论[31]等不同理论主张。但从我国《宪法》《立法法》关于立法权限划分的规定来看,原《民法通则》等法律的赋权规定并不属于《宪法》及宪法相关法规定的职权性立法权,而是授权性立法权。由此看来,虽然《宪法》及宪法相关法明确规定民族自治地方人民代表大会享有职权性立法权,而且在职权立法中也可以对法律或行政法规进行变通,但并不能因此证成民族自治地方人民代表大会可以对《民法典》进行变通的结论。《立法法》第 105 条第 1 款规定:“法律之间对同一事项的新的一般规定与旧的特别规定不一致,不能确定如何适用时,由全国人民代表大会常务委员会裁决。”因此,如何解决《民法典》与原《民法通则》等法律之间形成的新的一般的规定和旧的特别规定之间的冲突,还有待于全国人民代表大会常务委员会根据《立法法》第 105 条的规定,在充分考虑《民法典》有关处理习惯与法律的关系的规定能否满足和保障各民族享有的保持或者改革其风俗习惯的自由的基础上,通过专门裁决予以确定。[32]

在中华民族多元一体格局下,全面贯彻实施在经济社会生活中以平权主体的财产关系和人身关系为调整对象的《民法典》,有效规范各民族成员间的交往行为、市场交易行为,以及政府的公共服务、宏观调控和市场监管活动,是维护和巩固平等团结互助和谐的民族关系,促进各民族交往交流交融,为铸牢中华民族共同体意识营造良好的政治、经济、文化和社会基础的重要保

---

〔27〕 参见田钒平:《民法变通规定制定权的法源冲突及解决路径——以〈民法典〉相关规定阙如为切入点》,载《政治与法律》2021 年第 5 期。

〔28〕 参见张文山:《通往自治的桥梁——自治条例与单行条例研究》,中央民族大学出版社 2009 年版,第 473 页。

〔29〕 参见陈伯礼、徐信贵:《关于民族变通规定法律问题探析》,载《西北民族大学学报(哲学社会科学版)》2007 年第 5 期。

〔30〕 参见邓建民:《论变通或补充规定与单行条例的区别》,载《西南民族学院学报(哲学社会科学版)》2002 年第 7 期。

〔31〕 参见郑毅:《论民族自治地方变通权条款的规范结构》,载《政治与法律》2017 年第 2 期。

〔32〕 参见田钒平:《民法变通规定制定权的法源冲突及解决路径——以〈民法典〉相关规定阙如为切入点》,载《政治与法律》2021 年第 5 期。

障。[33] 由于公民的民事行为不仅要受到以《民法典》为主要存在形式的正式制度的影响,同时也要受到以风俗习惯为主要存在形式的非正式制度的影响,因此,全国人民代表大会常务委员会在对《民法典》与原《民法通则》等法律之间存在的新的一般的规定和旧的特别规定之间的冲突作出裁决时,需要考虑的根本问题的是,《民法典》是否为妥善处理正式制度与非正式制度的关系,有效保障《宪法》所规定的"各民族都有保持或改革自己的风俗习惯的自由"提供了必要的制度基础,是否还有制定变通或补充规定的必要。

在《民法典》的规定中,与处理上述问题联系最为紧密的源自第10条,即"处理民事纠纷,应当按照法律;法律没有规定的,可以适用习惯,但不得违背公序良俗"。从法理上讲,这一规定不仅为纠纷裁断者在处理民事纠纷时如何选择和确定裁断依据提供了必要的准则,也为各民族保持或者改革自己的风俗习惯提供了广阔空间。

首先,如果民事纠纷发生在同一民族的不同成员之间,只要双方当事人能够遵循大家都认同和接受的风俗习惯及其实施机制的约束,在纠纷发生后能够通过风俗习惯及其实施机制有效解决纠纷,而不将纠纷起诉到法院或者提交其他法定纠纷解决机构,各民族保持或者改革其风俗习惯的自由就能够得到充分保障。而在纠纷发生后,如果当事人主动将纠纷起诉到法院或者提交其他法定的纠纷解决机构,则说明该民族的成员对源自传统生活的本民族的风俗习惯及其实施机制,已经发生了认同与不认同的分化,难以为解决本民族内部的民事纠纷提供有效保障。在此背景下,仅靠风俗习惯的自然演化和渐进变迁,无法满足复杂社会预防和解决纠纷的需要。这就有必要引入法律及其实施机制,以更好地化解民事纠纷。此外,在法律没有规定,而当事人之所以将纠纷起诉到法院,只是因为民间纠纷解决机制丧失了有效性的情形下,如果存在双方都认同的习惯,法院可以依据习惯裁断案件;反之,法院则应当依据民法原则或一般性条款裁断案件。由此看来,从各民族内部纠纷解决的需要来看,无论基于何种情形,都无须对《民法典》的规定进行变通或补充。

其次,如果民事纠纷发生在不同民族的成员之间,而不同民族的风俗习惯及其实施机制具有一致性,或者虽不具有一致性,但通过解释和沟通,仍然能够得到双方当事人的认同和接受,那么,依据风俗习惯及其实施机制,能够有效防止纠纷的发生或者解决纠纷,无须将纠纷起诉到法院或者其他纠纷解决机构,各民族保持或者改革其风俗习惯的自由就能够得到充分保障。而在各民族的风俗习惯及其实施机制存在较大差异,通过沟通和解释,仍然不能达成一致时,只有引入统一的法律及其实施机制,才能化解民事纠纷。由此看来,在此情形下,不存在对《民法典》的规定进行变通或补充的必要。

最后,在风俗习惯有违公序良俗的要求时,即便是双方当事人都认同和接受风俗习惯及其实施机制的约束,仍然不能根据风俗习惯裁断纠纷。当然,从法理上讲,此类问题主要存在于刑事司法中,因为民事司法遵循的是不告不理原则,如果双方当事人不将纠纷起诉到法院,法院不能主动介入此类纠纷。这就要求法院在处理刑事案件时,必须严格适用刑法规定裁断案件,进而通过刑法的实施,推进有违公序良俗要求的风俗习惯的强制变迁。此外,在民事司法中,如果双方当事人将纠纷起诉到法院,在法律没有规定,而与纠纷解决有关联的习惯又违背公序良俗的要求时,法院应当依据民法原则或一般性条款裁断案件。由此,一方面可以修正或填补民事法具体规

---

〔33〕 参见田钒平:《民法典视野下铸牢中华民族共同体意识的法理探讨》,载《西南民族大学学报(人文社会科学版)》2021年第2期。

定存在的缺陷或漏洞,另一方面也可以推进有违公序良俗要求的风俗习惯变迁。由此看来,此情形也没有留下基于风俗习惯的考量对法律进行变通或者补充的空间。

综上可知,《民法典》虽然没有赋予民族自治地方人民代表大会制定变通或补充规定的权力,但从民事行为调整和民事纠纷解决的角度讲,根据现有规定,已经可以有效保障各民族都享有的保持或者改革自己的风俗习惯的自由。同时,从发展的视角看,传统的风俗习惯是历史的产物,形成于特定的经济和社会生活背景,在语境发生改变后,如果不加甄别地因循风俗习惯的引导而生活,由此可能会产生一种消极的惰性,进而将人们吸附于一种低水平生活状态。[34] 虽然有学者认为风俗习惯“不但在现代市场经济形成之前的习俗经济中是维系社会稳定的纽带,也是现代发达市场经济的运行基础”,[35] 但在风俗习惯多元化的背景下,人们在与外部市场主体交往时,如果坚持以本地区或者本民族的风俗习惯来规范自己的行为,作为地方性知识的风俗习惯必然限制资本流入、技术进步、产业结构调整和人才引进等,从而阻碍市场运行和经济增长。[36] 从这个角度讲,在各民族交往交流交融不断加深的背景下,加强《民法典》的宣传、学习和实施,是提升人们的现代法治意识、观念和能力,从而使其更好地参与经济社会活动、过上美好生活的必然选择。

四、刑法中调整民族关系的法律规范

刑法中调整民族关系的法律制度主要包括:刑法在调整民族关系中有关民族自治地方变通实施刑法的相关规定,在刑法中保障民族平等权利的规定,以及有关少数民族刑罚执行方面的法律规范等。

(一)刑法在民族自治地方变通实施的规定

在坚持法治统一的前提下,为妥善处理法律的普遍性与特殊性需求的关系,有效协调各民族的传统习俗与国家《刑法》的冲突,推进民族自治地方刑事法治的发展与完善,我国《刑法》第 90 条规定:“民族自治地方不能全部适用本法规定的,可以由自治区或者省的人民代表大会根据当地民族的政治、经济、文化的特点和本法规定的基本原则,制定变通或者补充的规定,报请全国人民代表大会常务委员会批准施行。”这一授权规则主要包括三个方面的内容:(1)被授权的立法主体是自治区人民代表大会或者辖有民族自治地方的省级人民代表大会,刑法变通权是省级人民代表大会享有的权力;(2)授权的立法事项是根据民族自治地方的实际需要和《刑法》的基本原则对刑法规定进行变通;(3)刑法变通的监督主体是全国人民代表大会常务委员会,监督的方式是事前的批准监督。

由此可见,《刑法》第 90 条不仅明确地规定了民族自治地方刑法变通规定的制定主体,而且明确规定了制定变通规定应当遵循的原则及其程序要求。但即便如此,在理论界仍然有不同认识。有学者认为,刑法在民族自治地方的变通实施授权规定属于民族自治地方人民代表大会的自治立法权,如果只将其赋予自治区和省级人民代表大会来实施,就剥夺了省内自治州和自治县

---

〔34〕 Hoff, K. & Sen, A. , *The Kin System as a Poverty Trap*, in Bowles, S. Durlauf, S. & Hoff, K. eds. , Poverty Traps, Princeton University Press, 2004.

〔35〕 韦森:《习俗的本质与生发机制探源》,载《中国社会科学》2000 年第 5 期。

〔36〕 参见田钒平、王允武:《民族地区经济增长视阈下习俗变迁的意义与路径分析》,载《西南民族大学学报(人文社会科学版)》2010 年第 8 期。

人民代表大会的权力,因而不符合《宪法》与《民族区域自治法》的规定。[37] 也有学者认为,根据《立法法》规定,“犯罪和刑罚”这一事项只能由全国人民代表大会制定法律来进行规定,因而《刑法》第90条的授权规定与《立法法》的规定不一致,属于违宪规定。[38] 还有学者认为,刑法变通权是民族自治地方人民代表大会在犯罪与刑罚方面享有的自治立法权,刑法可以成为授权立法的事项。[39] 上述理论观点都建立在一个共同的前提之上,即1982年《宪法》赋予了民族自治地方的自治机关对刑法进行变通的自治权。但从《宪法》《民族区域自治法》的规定来看,在民族自治地方自治机关可以实施自治的事项中,并不涉及犯罪和刑法的规定,因此,将民族自治地方人民代表大会享有的对刑法进行变通的权力作为自治立法权的组成部分是不妥当的,以此为基础形成的理论观点也是不能成立的。依据《宪法》《立法法》的具体规定和基本精神,虽然规定犯罪和刑罚的《刑法》只能由全国人民代表大会来制定,但这并不排除其可以授权其他主体对规定进行部分变通,因而扩大自治区和省的人民代表大会的权力是授权立法的合理结果,是合乎《宪法》要求的授权性规则。[40]

(二)刑法中有关保障民族权利的规定

我国是统一的多民族国家,在中华民族多元一体格局下,各民族在显性的自然地理环境、生产生活方式和隐性的精神心理、风俗习惯等因素的作用下,不仅形成了有特色的各民族文化,而且由于各民族文化的交织相融,形成了悠久灿烂、历久弥新的中华文化。在此背景下,我国《刑法》不仅通过授权立法的形式赋予了自治区和省人民代表大会根据当地民族的政治、经济、文化的特点和刑法基本原则的要求,制定变通或者补充规定的权力,同时也对煽动民族仇恨和民族歧视,在出版物中刊载歧视、侮辱少数民族的内容,侵犯少数民族风俗习惯等破坏平等团结互助和谐民族关系的犯罪行为作出了相应的禁止性规定。例如,《刑法》第249条规定:“煽动民族仇恨、民族歧视,情节严重的,处三年以下有期徒刑、拘役、管制或者剥夺政治权利;情节特别严重的,处三年以上十年以下有期徒刑。”《刑法》第250条规定:“在出版物中刊载歧视、侮辱少数民族的内容,情节恶劣,造成严重后果的,对直接责任人员,处三年以下有期徒刑、拘役或者管制。”《刑法》第251条规定:“国家机关工作人员非法剥夺公民的宗教信仰自由和侵犯少数民族风俗习惯,情节严重的,处二年以下有期徒刑或者拘役。”

此外,考虑到各民族在文化风俗、饮食习惯、文化心理等方面存在的差异,为落实《宪法》规定的“各民族都有保持和改革自己的风俗习惯的自由”原则要求,我国《监狱法》第52条也明确规定,在刑罚执行过程中,“对少数民族罪犯的特殊生活习惯,应当予以照顾”。

当前,在信息网络快速发展的背景下,利用信息网络侵害民族平等权利的行为表现呈现出多元化、信息化和隐蔽性特征,对我国维护和发展各民族平等团结互助和谐关系和保障民族权利造成了极大损害。2013年,为回应民族关系治理法治化实践的需要,最高人民法院和最高人民检察院在《关于办理利用信息网络实施诽谤等刑事案件适用法律若干问题的解释》中,将利用信息网络诽谤他人,引发民族、宗教冲突的情形,明确纳入《刑法》第246条第2款规定的“严重危害社会秩序和国家利益”的行为之中,为在网络空间中保障民族平等提供了刑法保障。

---

〔37〕 参见王培英:《关于刑法对民族区域自治地方立法变通权的规定问题》,载《民族论坛》2000年第4期。

〔38〕 参见李健、邵栋豪:《我国民族自治地区刑事立法权的追问、批判与重构——兼与竹怀军先生商榷》,载《法学杂志》2005年第5期。

〔39〕 参见张殿军:《我国民族自治地方刑法变通的反思与重构》,载《民族研究》2009年第1期。

〔40〕 参见田钒平:《〈刑法〉授权省及自治区人大制定变通规定的法律内涵及合宪性辨析》,载《民族研究》2014年第1期。

五、社会法中调整民族关系的法律规范

社会法中调整民族关系的法律规范主要包括有关少数民族和民族地区教育发展、少数民族公民的就业保障、民族地区的妇女和老年人权益保障等方面的法律规定。

(一)有关少数民族和民族地区教育发展的规定

《宪法》第19条第1款规定:“国家发展社会主义教育事业,提高全国人民科学文化水平。”为落实宪法的原则要求,解决好少数民族和民族地区的教育发展问题,《民族区域自治法》第36条、第37条、第71条等条文从国家和地方两个层面对有关国家机关应当承担的职责,以及履行职责的路径和措施作出了较为系统的规定。其中,国家应该承担的职责主要包括:加大对民族自治地方的教育投入,并采取特殊措施,帮助民族自治地方加速普及九年义务教育和发展其他教育事业,提高各民族人民的科学文化水平;举办民族高等学校,在高等学校举办民族班、民族预科,专门或者主要招收少数民族学生,并且可以采取定向招生、定向分配的办法;在发达地区举办民族中学或者在普通中学开设民族班,招收少数民族学生实施中等教育;帮助民族自治地方培养和培训各民族教师;高等学校和中等专业学校招收新生的时候,对少数民族考生适当放宽录取标准和条件,对人口特少的少数民族考生给予特殊照顾;等等。民族自治地方的自治机关应该承担的职责主要包括:根据国家的教育方针,依照法律规定,决定本地方的教育规划,各级各类学校的设置、学制、办学形式、教学内容、教学用语和招生办法;自主地发展民族教育,扫除文盲,举办各类学校,普及九年义务教育,采取多种形式发展普通高级中等教育和中等职业技术教育,根据条件和需要发展高等教育;等等。这些规定为促进少数民族和民族地区教育发展提供了重要保障。

为贯彻落实好《宪法》《民族区域自治法》的规定,《教育法》《义务教育法》《高等教育法》等规范性法律文件也作出了相应规定。《教育法》第9条规定,中华人民共和国公民有受教育的权利和义务,不分何种民族身份,都依法享有平等的受教育机会。为保障少数民族受教育权的实现,《教育法》相关条款规定:国家要根据各少数民族的特点和需要,帮助各少数民族地区发展教育事业;民族自治地方以少数民族学生为主的学校及其他教育机构可以从实际出发,使用国家通用语言文字和本民族或者当地民族通用的语言文字实施双语教育,国家应当采取措施为少数民族学生为主的学校及其他教育机构实施双语教育提供条件和支持;国务院及县级以上地方各级人民政府应当设立教育专项资金,重点扶持边远贫困地区、少数民族地区实施义务教育。《义务教育法》相关条款规定:有关政府应当采取措施保障农村地区、民族地区实施义务教育;在经济发达地区设置接收少数民族适龄儿童、少年的学校(班);鼓励和支持城市学校教师、高等学校毕业生到农村、民族地区从事义务教育;鼓励高等学校毕业生以志愿者的方式到农村地区和民族地区缺乏教师的学校任教;在民族地区和边远贫困地区工作的教师享有艰苦贫困地区补助津贴;设立专项资金,扶持农村地区、民族地区实施义务教育。《高等教育法》相关条款规定:国家应当根据少数民族的特点和需要,帮助和支持少数民族地区发展高等教育事业,为少数民族培养高级专门人才,同时应当采取措施,帮助少数民族学生和经济困难的学生接受高等教育。

(二)有关少数民族公民就业保障的规定

公民既有劳动的权利,也有劳动的义务。但无论是劳动权的实现,还是劳动义务的履行,都离不开国家为公民提供必要的劳动条件和劳动保护。为此,《宪法》第42条规定,国家应当通过各种途径,为各民族公民创造劳动就业条件,加强劳动保护,改善劳动条件,并在发展生产的基础上,提高劳动报酬和福利待遇,同时对就业前的公民进行必要的劳动训练。为做好少数民族人员

的就业工作、加强民族自治地方人才队伍建设,更好推进民族区域自治制度的有效实施,《民族区域自治法》进一步规定:民族自治地方的自治机关录用工作人员时,对实行区域自治的民族和其他少数民族的人员应当给予适当的照顾(第22条第2款);民族自治地方的企业、事业单位在招收工作人员时,应当优先招录少数民族人员,并且可以从农村和牧区少数民族人口中招收(第23条);上级国家机关隶属的在民族自治地方的企业、事业单位依照国家规定招收人员时,优先招收当地少数民族人员(第67条第1款)。

为落实《宪法》《民族区域自治法》有关保障少数民族公民就业的规定,《劳动法》作了进一步规定。《劳动法》相关条款规定:劳动者就业,不因民族、种族、性别、宗教信仰不同而受歧视;少数民族的就业,法律、法规有特别规定的从其规定。《就业促进法》相关条款规定:劳动者就业不因民族、种族、性别、宗教信仰的不同而受到歧视;各民族劳动者享有平等的劳动权利,用人单位招用人员,应当依法对少数民族劳动者给予适当照顾;国家支持民族地区发展经济,扩大就业;等等。此外,《公务员法》相关条款规定:民族自治地方政府招录公务员时,应当依照法律和有关规定,对少数民族报考者予以照顾。

需要注意的是,以《民族区域自治法》第22条第2款、第23条、第67条第1款的规定为基础建立的少数民族就业优惠制度,与以《民族区域自治法》第71条第2款的规定为基础建立的少数民族高等教育招生优惠制度是一个整体,二者共同构成了民族自治地方人才队伍建设制度。从规范目的的角度讲,作出这些规定的根本目的不是保障少数民族个体的教育权和就业权,而是发挥自治机关和上级国家机关的作用,加强民族自治地方人才队伍建设,消除少数民族人才匮乏的消极影响,以切实推进民族区域自治制度的有效实施,巩固和发展平等团结互助和谐的民族关系,维护国家统一和民族团结。[41]

(三)有关民族地区妇女、儿童和老人权益保障的规定

保护妇女、儿童和老人依法享有的平等权利,既是人类社会文明发展的必然趋势,也是落实法律面前人人平等的宪法原则的基本要求。为此,我国《宪法》第48条规定:"中华人民共和国妇女在政治的、经济的、文化的、社会的和家庭的生活等各方面享有同男子平等的权利。国家保护妇女的权利和利益,实行男女同工同酬,培养和选拔妇女干部。"第49条规定:"……父母有抚养教育未成年子女的义务,成年子女有赡养扶助父母的义务……禁止虐待老人、妇女和儿童"。《民族区域自治法》第22条第1款也规定,民族自治地方的自治机关应当……注意在少数民族妇女中培养各级干部和各种专业技术人才。

为落实《宪法》《民族区域自治法》的原则要求,有效保障民族地区的妇女、未成年人和老人的合法权益,《妇女权益保障法》等法律也作出了相应规定。例如,《妇女权益保障法》第15条第1款规定:"国家积极培养和选拔女干部,重视培养和选拔少数民族女干部。"《未成年人保护法》第3条规定,未成年人依法平等地享有生存权、发展权、受保护权、参与权等权利,不因本人及其父母或者其他监护人的民族、种族……受到歧视。《工会法》第3条第1款规定,在中国境内的企业、事业单位、机关、社会组织(以下统称用人单位)中以工资收入为主要生活来源的劳动者,不分民族、种族……都有依法参加和组织工会的权利。任何组织和个人不得阻挠和限制。此外,为更好地解决民族自治地方妇女和老人权益保障的制度需要,《老年人权益保障法》第83条还明确规定民族自治地方人民代表大会在遵循法律原则约束的前提下,可以结合当地具体情况,制

---

[41] 参见田钒平:《少数民族就业优惠法律制度的立法目的探讨》,载《学术界》2020年第8期。

定变通的或者补充的规定。

六、经济法中调整民族关系的法律规范

经济法中调整民族关系的法律规范，主要包括有关民族地区的经济规划、资源开发、税收减免、金融投资、对外贸易等经济活动的法律规定，其目的在于通过实施区域性差别对待政策，缩小民族地区与发达地区存在的发展差距，实现区域经济均衡发展，以从根本上消除经济因素可能对民族关系的不利影响，为促进各民族交往交流交融、铸牢中华民族共同体意识提供坚实的经济基础。

（一）有关经济规划的规定

根据地方经济发展的特点和需要，制定合理的区域经济发展规划，是加强民族地区经济建设，推进民族地区经济发展的根本前提。为确保民族自治地方经济发展规划制定的合理性和有效性，《民族区域自治法》从民族自治地方的自治机关和上级国家机关两个方面对此作出了专门规定，明确界定了有关国家机关在规划制定和实施中的职责，以及履行职责应当遵循的要求。

具体而言，自治机关应当履行的职责包括：在国家计划的指导下，根据本地方的特点和需要，制定经济建设的方针、政策和计划，自主地安排和管理地方性的经济建设事业；在坚持社会主义原则的前提下，根据法律规定和本地方经济发展的特点，合理调整生产关系和经济结构，努力发展社会主义市场经济；坚持公有制为主体、多种所有制经济共同发展的基本经济制度，鼓励发展非公有制经济。上级国家机关应当履行的职责包括：帮助、指导民族自治地方经济发展战略的研究、制定和实施，从财政、金融、物资、技术和人才等方面，帮助各民族自治地方加速发展经济事业；在制定国民经济和社会发展计划的时候，应当照顾民族自治地方的特点和需要；从财政、金融、人才等方面帮助民族自治地方的企业进行技术创新，促进产业结构升级；等等。

（二）有关资源管理与开发的规定

加强资源管理与开发，将资源优势转化为经济优势，是加强民族地区经济建设，推进民族地区经济发展的重要路径。为此，《民族区域自治法》对民族自治地方的自治机关和上级国家机关在资源管理和开发中的职责以及履行职责应当遵循的要求作出了明确规定。

具体而言，自治机关应当承担的职责主要包括：根据法律规定，确定本地方内草场和森林的所有权和使用权；保护、建设草原和森林，组织和鼓励植树种草；管理和保护本地方的自然资源，优先合理开发利用可以由本地方开发的自然资源；根据本地方的财力、物力和其他具体条件，自主地安排地方基本建设项目；等等。上级国家机关应当承担的职责包括：根据统一规划和市场需求，优先在民族自治地方合理安排资源开发项目和基础设施建设项目；帮助民族自治地方加快实用科技开发和成果转化，大力推广实用技术和有条件发展的高新技术，积极引导科技人才向民族自治地方合理流动；向民族自治地方提供转移建设项目的时候，根据当地条件，提供先进、适用的设备和工艺；在民族自治地方开发资源、进行建设的时候，应当照顾民族自治地方的利益，作出有利于民族自治地方经济建设的安排，照顾当地少数民族的生产和生活，同时对输出自然资源的民族自治地方给予一定的利益补偿；等等。

为贯彻落实《民族区域自治法》的规定，《森林法》《矿产资源法》《电力法》《水法》《土地管理法》等法律也作出了相应规定。例如，《森林法》第 8 条规定："国务院和省、自治区、直辖市人民政府可以依照国家对民族自治地方自治权的规定，对民族自治地方的森林保护和林业发展实行更加优惠的政策。"《矿产资源法》第 10 条规定："国家在民族自治地方开采矿产资源，应当照顾

民族自治地方的利益,作出有利于民族自治地方经济建设的安排,照顾当地少数民族群众的生产和生活。民族自治地方的自治机关根据法律规定和国家的统一规划,对可以由本地方开发的矿产资源,优先合理开发利用。"《电力法》第 8 条规定:"国家帮助和扶持少数民族地区、边远地区和贫困地区发展电力事业。"这些规定为将民族自治地方的资源优势转化为经济优势,提供了必要的法治基础。

(三)有关税收、金融和投资的规定

在区域之间存在较大发展差距的背景下,从税收、金融和投资等方面实施必要的差别对待政策,是解决落后地区经济发展问题、缩小区域经济发展差距的重要保障。为解决民族地区的经济发展问题,《民族区域自治法》作出了如下规定:

第一,民族自治地方的自治机关在执行国家税法的时候,对属于地方财政收入的某些需要从税收上加以照顾和鼓励的,可以实行减税或者免税。《企业所得税法》和《固定资产投资方向调节税暂行条例》等法律也对此作出了相应规定。

第二,国家制定优惠政策,引导和鼓励国内外资金投向民族自治地方。在重大基础设施投资项目中适当增加投资比重和政策性银行贷款比重;在民族自治地方安排基础设施建设,需要民族自治地方配套资金的,根据不同情况给予减少或者免除配套资金的照顾。上级国家机关根据国家的民族贸易政策和民族自治地方的需要,从投资、金融、税收等方面扶持民族自治地方的商业、供销和医药企业;扶持民族自治地方改善农业、牧业、林业等生产条件和水利、交通、能源、通信等基础设施;扶持民族自治地方合理利用本地资源发展地方工业、乡镇企业、中小企业以及少数民族特需商品和传统手工业品的生产,组织、支持和鼓励经济发达地区与民族自治地方开展经济、技术协作和多层次、多方面的对口支援。

第三,民族自治地方根据本地方经济和社会发展的需要,可以依照法律规定设立地方商业银行和城乡信用合作组织。国家应当根据民族自治地方的经济发展特点和需要,综合运用货币市场和资本市场,加大对民族自治地方的金融扶持力度;鼓励商业银行加大对民族自治地方的信贷投入,积极支持当地企业的合理资金需求;设立各项专用资金,扶助民族自治地方发展经济文化建设事业;引导和鼓励经济发达地区的企业按照互惠互利的原则,到民族自治地方投资,开展多种形式的经济合作。金融机构对民族自治地方的固定资产投资项目和符合国家产业政策的企业,在开发资源、发展多种经济方面的合理资金需求,应当给予重点扶持。

(四)有关对外贸易的规定

从民族空间分布格局来看,我国边疆地区大多是少数民族聚居地区,因此,妥善处理国内市场和国外市场的关系,有序开展对外经济贸易活动,是推进民族自治地方经济发展的重要方面。为此,《民族区域自治法》第 31 条规定:"民族自治地方依照国家规定,可以开展对外经济贸易活动,经国务院批准,可以开辟对外贸易口岸。与外国接壤的民族自治地方经国务院批准,开展边境贸易。民族自治地方在对外经济贸易活动中,享受国家的优惠政策。"第 61 条规定:"国家制定优惠政策,扶持民族自治地方发展对外经济贸易,扩大民族自治地方生产企业对外贸易经营自主权,鼓励发展地方优势产品出口,实行优惠的边境贸易政策。"

为贯彻落实《民族区域自治法》有关规定,《对外贸易法》第 59 条规定,国家扶持和促进民族自治地方和经济不发达地区发展对外贸易;第 68 条规定,国家对边境地区与接壤国家边境地区之间的贸易以及边民互市贸易,采取灵活措施,给予优惠和便利,具体办法由国务院规定。这些规定为民族自治地方有序开展对外经济贸易活动,提供了必要的法治基础。当然,从《民族区域自治法》与《对外贸易法》的关系来看，由于《民族区域自治法》要求自治机关必须“依照国家规定”行使对外贸易自治权，但《对外贸易法》并没有为自治机关行使对外贸易自治权提供明确有效的行为准则，因此，亟待对其予以修改完善。

（五）有关消费者权益保障的规定

市场是各民族交往交流的重要场域，市场经济关系是民族关系的重要形式。从市场经济运行的机理来看，妥善处理消费者与生产者或经营者之间的关系，有效保护消费者权益，既是促进市场经济良性发展的根本前提，也是维护和发展平等团结互助和谐的民族关系，促进各民族交往交流交融的基本要求。为此，我国《消费者权益保护法》第14条规定：“消费者在购买、使用商品和接受服务时，享有人格尊严、民族风俗习惯得到尊重的权利，享有个人信息依法得到保护的权利。”《广告法》第3条规定：“广告应当真实、合法，以健康的表现形式表达广告内容，符合社会主义精神文明建设和弘扬中华民族优秀传统文化的要求。”《广告法》第9条规定，广告中不得含有民族、种族、宗教、性别歧视的内容。这些规定为规范市场经济行为，保护消费者权益，促进民族关系和谐发展提供了重要保障。

七、诉讼法中调整民族关系的法律规范

诉讼法中调整民族关系的法律规范，主要包括变通或补充规定的制定、法律适用特别规定和保障民族平等权利的程序性要求等方面的法律规定。

（一）有关变通或补充规定制定的规定

为落实《宪法》第4条第4款规定的多样性保护原则的要求，《民事诉讼法》第17条规定：“民族自治地方的人民代表大会根据宪法和本法的原则，结合当地民族的具体情况，可以制定变通或者补充的规定。自治区的规定，报全国人民代表大会常务委员会批准。自治州、自治县的规定，报省或者自治区的人民代表大会常务委员会批准，并报全国人民代表大会常务委员会备案。”这一规定为在纠纷解决和诉讼领域有效协调各民族传统文化与国家法的关系，保障各民族保持或改革其风俗习惯的自由提供了必要的制度基础。

（二）有关法律适用的规定

赋予民族自治地方人民代表大会根据当地民族的特点制定自治条例和单行条例，在不违背宪法和法律原则的前提下，对法律和行政法规进行变通，是协调国家法律的普遍要求与民族自治地方特殊性法律需求的关系，解决民族自治地方经济社会发展法治保障的根本路径。但从法治的角度讲，良法体系的建立，只是实行法治的前提；确保良法的有效实施，才是法治建成的关键。为此，《立法法》第101条第1款规定：“自治条例和单行条例依法对法律、行政法规、地方性法规作变通规定的，在本自治地方适用自治条例和单行条例的规定。”《行政诉讼法》第63条第2款也规定，人民法院审理民族自治地方的行政案件，应以该民族自治地方的自治条例和单行条例为依据。这些规定为保证民族自治地方人民代表大会制定的自治条例和单行条例的有效实施提供了保障。

（三）有关程序权利保障的规定

《宪法》第139条第1款规定，各民族公民都有用本民族语言文字进行诉讼的权利，为平等保障各民族公民使用本民族语言文字进行诉讼的权利的实现，《宪法》在该条中进一步规定：“人民法院和人民检察院对于不通晓当地通用的语言文字的诉讼参与人，应当为他们翻译。在少数民族聚居或者多民族共同居住的地区，应当用当地通用的语言进行审理；起诉书、判决书、布告和其

他文书应当根据实际需要使用当地通用的一种或者几种文字。"《民族区域自治法》第47条规定,民族自治地方的人民法院和人民检察院应当用当地通用的语言审理和检察案件,并合理配备通晓当地通用的少数民族语言文字的人员。对于不通晓当地通用的语言文字的诉讼参与人,应当为他们提供翻译。法律文书应当根据实际需要,使用当地通用的一种或者几种文字。此外,《刑事诉讼法》第9条、《民事诉讼法》第11条、《行政诉讼法》第9条也对各民族使用本民族语言文字进行诉讼的权利,以及保障这一权利的措施作出了相应规定。

从当下的实践来看,司法实务部门通过为不通晓当地语言文字的诉讼参与人提供翻译,较好地保障了各民族使用本民族语言文字进行诉讼的权利。但迄今为止,理论界对该制度的功能的认识并未达成共识。例如,有人认为,在诉讼法程序中建立的翻译制度是特殊保护少数民族使用本民族语言文字进行诉讼的特别措施,其目的在于保障少数民族的诉讼权利。[42] 然而,在此类诉讼中,不仅不通晓当地语言文字的诉讼参与人需要翻译,不通晓需要翻译的诉讼参与人所使用的语言文字的其他诉讼参与人也需要翻译。因此,建立翻译制度既是保护各民族诉讼参与人诉讼权利的客观要求,也是保障诉讼程序顺畅进行的根本前提。

---

〔42〕 参见窦梅、林蕾、田应斌:《论少数民族当事人使用本民族语言进行诉讼之权利的司法保障》,载《中南民族大学学报(人文社会科学版)》2006年第1期。

第二编 民族法的价值与功能

民族法的一般性原理是民族法基础理论的重要范畴，而民族法的价值与功能是民族法基础理论的深层次问题。作为一种综合性的法律制度体系，民族法必然彰显与发挥其在建设中国特色社会主义法治体系以及社会主义法治国家中的重要价值与功能。特别是在新时代背景下，只有坚持各民族一律平等的民族法价值基石，紧密围绕铸牢中华民族共同体意识这一民族法治工作的“总纲”，牢牢把握实现中华民族伟大复兴的最高价值目标，切实发挥民族法的功能，才能不断提升民族法在民族法治建设与法治国家建设中的应有作用。因而，从价值理念与功用效能出发，明晰民族法在民族关系法律治理中的价值追求与现实功能，不仅有助于深层次促进民族法律体系在实现依法治国总目标中的积极效用，也有利于进一步确立民族法在民族法学和民族法治建设中的功能定位。

本编在民族法的一般原理指引下，着重阐述贯穿于民族法治建设全过程、各方面所应坚守的价值理念，探究民族法在全面依法治国和实现中华民族伟大复兴时代背景下所应发挥的功能效用，并分析了在民族法治实践发展中制约民族法的价值与功能实现的相关因素及其解决路径，以期助益于提升民族法在国家治理能力与治理体系方面的现代化、法治化。

民族法的价值与功能在民族法中具有重要地位与意义，是准确掌握与深入理解我国民族法律政策的精髓要义，因而也是学习民族法学必须关注的重要内容之一。

第六章 民族法的价值

第一节 民族法价值的概念

一、民族法的价值释义

在哲学上，价值是一个关系范畴，所表达的是人与物之间的需要与满足的对应关系，即事物（客体）能够满足人（主体）的一定需要的积极意义。价值具有以下三个特点：

第一，价值具有社会性或者主体性。价值是在价值关系中产生、存在，并体现出来的，没有价值关系，价值就没有产生和存在的社会基础。可以说，价值以客体与主体的关系为客观基础，以客体与主体的关系为存在依据。人的需要是多元、多层次的，法的价值也具有多元、多层次性。

第二，价值是绝对性与相对性的统一。价值的绝对性，是指价值应当是主体内心确立并确信的绝对超越指向，主体对客体的期望、追求、信仰，是客体发展的重要动因。客观世界作用于主体而产生的对于客体的需求，仅是价值的一个前提，满足这种需求是价值的重要方面和主要内容，但它并不是价值的全部，价值还应当而且也确实具有人们的期望、追求与信仰的意义。人们在运用客体满足自己需要之前、之中、之后，都对客体有这样或者那样的精神寄托或精神诉求，这种精神的寄托与诉求也是价值，甚至是更为重要的价值，它具有更大的精神意义，它是由主体内心确信并追求的。价值的相对性，是指价值和价值评价总是与主体的情感、兴趣或意愿相关，与主体的视角、评价立场、态度相关。从某种意义上来说，情感与意志是价值之源。[1]

第三，价值是客观性与主观性的统一。价值是客观的，它是对象的固有属性，任何价值都是客体自身所具有的属性在一定条件下的外化。客体具有相应的属性，是一定价值存在于其上的内在根据。客体未作用于主体，其也存在潜在的价值，潜在的价值当然是非现实的价值，但是它确实存在，一旦作用于主体，潜在的价值即转化为现实的价值。价值是主观的，表达主体实际的偏好和欲望（如快乐、幸福）。

法的价值不仅包括作为法律制度层面的价值，还包括观念状态的法的价值和现实状态的法的价值。法的价值在广义上可以指法对于人的一切意义，包括法的一切有用性。广义的价值既包括法的目的性价值，也包括法的工具性价值。前者如法对自由、平等、公平、正义、人的全面自由发展的意义；后者如法在效益、民主、法治等方面的功能与作用。法的价值是指在法的功能与作用之上，作为功能与作用之目的的至上目标与精神存在，是法基于自身的客观实际而对于人所具有的精神意义或人关于法所设定的绝对超越指向，是以法的物质存在为基础的精神存在，是以

---

〔1〕 参见杨桂森：《价值的绝对性与相对性：人类文明演进的内在辩证法》，载《江西社会科学》2017年第10期。

法的知识体系为基础的超知识范畴。由此可见,法的价值有两大基础:(1)法的价值以法与人的关系为基础。法的价值存在的条件就是人与法的关系。人是法的主体,法是人的制造物;人是法的制造者,人又是法律的遵守者。法律由人所创设,又是人的行为规范。(2)法的价值是以法的属性为基础的。法的价值是法所有属性的表现,如果法根本就不具有可以实现秩序、自由、平等、人权、正义和促进人的全面发展等价值的属性基础,法将不可能具有相应的价值。由此可见,法的价值是以法的属性为基础的,法的属性为法的价值提供了客体上的产生法的价值的物化基础与客体可能性。

准确界定法的价值的概念,还必须明确法的价值主体和法的价值客体。一方面,法的价值主体是人。作为法的价值主体的人,包括人的个体、群体和人的类,但是最基本的还是作为个体的人、一般的人。人作为价值主体是主动、自觉的,他知道自己需要什么及需要是否获得满足,并可作出明确的价值评价,而且能够直接通过一定方式表达出来,并能在不同主体之间进行交流和传播。另一方面,法的价值客体是法。作为法的价值客体的法,是广义的法或者可称为法的现象,首先是指法的体系、法的制度以及作为制度的法及其规范;其次是指以社会状态存在的法,包括法的被执行与遵守,包括法律行为、法律裁决和其他法现象;最后是以观念形态存在的法,包括意识中的法和法意识。总而言之,法的价值客体可以是法的体系、法的制度、法的规范、法的事实、法的意识等。法的价值客体的内容非常丰富。[2]

结合以上分析可知,民族法的价值是指作为客体存在的民族法对作为主体存在的人的需要的满足。由于民族法是多民族国家调整民族关系的法律,因此,在民族法的价值关系中,涉及三个层次的价值主体:一是作为个体而存在的各民族成员;二是作为群体而存在的各民族;三是国家或国族。从这个角度讲,民族法的价值是指民族法对各民族成员的发展、各民族的发展及国家或国族发展的积极作用与影响。对民族法的价值分析和判断,既要看各民族及其成员需要的满足状况,也要看国家或国族需要的满足状况,因此,协调好三类主体需要之间的关系,是制定和实施民族法在价值权衡时需要给予高度关注的重要问题。而从这三类主体的内在关系来看,在多民族国家,由于各民族成员要依赖于各民族群体而存在,而国家或国族又由各民族所构成,因此,处理好各民族之间的关系及其发展问题,是协调民族法与各民族成员发展和国家或者国族建设需要之关系的关键所在。

就我国而言,在中华民族多元一体格局下,在民族法的价值权衡中,关键是要处理好作为部分而存在的各民族发展及其关系问题,由此才能更好地满足各民族成员的需要,也才能更好地满足全面建成社会主义现代化强国、实现中华民族伟大复兴的需要。正因如此,2019 年全国民族团结进步表彰大会指出:我们要加快少数民族和民族地区发展,推进基本公共服务均等化,提高把"绿水青山"转变为"金山银山"的能力,让改革发展成果更多、更公平惠及各族人民,不断增强各族人民的获得感、幸福感、安全感。2021 年中央民族工作会议进一步指出,必须坚持和完善民族区域自治制度,确保党中央政令畅通,确保国家法律法规实施,支持各民族发展经济、改善民生,实现共同发展、共同富裕。由此可见,民族法的价值定位应当是助力民族地区立足资源禀赋、发展条件、比较优势等实际,把握新发展阶段、贯彻新发展理念、融入新发展格局、实现高质量发展、促进共同富裕,为各民族发展提供制度保障。制度提供了人类相互关联、相互影响的框架,它们确立了构成一个社会或者更确切地说一种经济秩序的合作与竞争关系。制度的实施,能够给

〔2〕 参见卓泽渊:《法的价值论》(第 2 版),法律出版社 2006 年版,第 49~50 页。

我们带来某种收益:更好地降低当事人的行动风险,更直接地增加当事人的收入等,这些都在制度的"收益"之列。[3]

社会主义的本质是解放和发展生产力,消灭剥削,消除两极分化,最终达到共同富裕,因此,通过共同富裕实现各民族人民平等发展权利是社会主义的本质特征。共同富裕、平等发展意味着各民族人民能够公平分配和享有社会主义的发展成果,享有改革开放和经济发展所带来的利益,这正是民族法的精髓和内核。因此,民族法始终着眼于发展,力争缩小并能有效消除区域之间、民族之间的经济社会发展差距,譬如:赋予民族自治地方经济发展方面的自治权;为促进自治地方经济发展与社会进步,国家对自治地方提供支持和帮助;在少数民族和民族地区发展中,坚持可持续发展战略,促进人与自然的协调发展;坚持走生产发展、生活富裕、生态良好的发展之路;坚持科教兴国战略,大力发展教育事业,提高民族素质;坚持以人为本,积极发展文化、卫生等社会事业;坚持改革开放,以改革开放促发展繁荣等。[4] 可以说,民族法的根本价值就是促进民族地区的发展,并以此促进各民族共同繁荣,铸牢中华民族共同体意识,最终实现中华民族伟大复兴的目标。这也是民族法制度优越性的重要体现。

二、民族法价值的特征

(一)阶级性与社会性的统一

民族法价值的阶级性和社会性,可以从主体与客体两个角度进行论述。从主体角度来看,法的价值的主体是人,而人既是社会发展的产物,又是特定阶级的一员。而法的价值所具有的阶级性和社会性,正是由人所拥有的这种身份来决定。民族法作为法,尽管其调整的是民族关系,但民族法的价值主体依然是人,依然受到人的双重身份的影响,具有阶级性与社会性。从客体角度来看,法的价值的客体是法,而法本身也具有双重性。一方面,法是统治阶级意志的反映,具有阶级性。此处的统治阶级泛指在政治、经济、意识形态上占支配地位的阶级,在社会主义国家,则指全体人民。[5] 同样,民族法作为法,也是统治阶级意志的体现,在社会主义国家,则是全体人民的共同意志的反映。但需要注意的是,民族法并不等于统治阶级的意志本身,民族法成为法,经过了一个将统治阶级意志奉为法的过程,即统治阶级经由国家机关将自己的意志上升为国家的意志,并客观化为法律规定。因此,民族法也具有阶级性。另一方面,法是社会发展到一定阶段的产物,具有社会性。如果法不具有一定的社会性,那么法在社会中产生和发展是一件不可能的事。所以,法具有社会性,法的价值具有社会性也是理所当然的。民族法是法,当然也具有社会性,其价值同样具有社会性。在民族法的价值追求中,含有诸多的社会性因素,从而使民族法拥有社会意义,承担着社会公共职能。任何把法的价值的阶级性与社会性分离开来、对立起来的做法,都是不可取的。

(二)主观性与客观性的结合

民族法价值既具有主观性,又具有客观性,二者并不矛盾。

法的价值的主观性是由法的主观性、人的需要的主观性、法对人的需要的满足的主观性决定

---

〔3〕 参见张培刚、张建华主编:《发展经济学》,北京大学出版社2009年版,第105页。

〔4〕 参见吴仕民主编:《中国民族理论新编》,中央民族大学出版社2006年版,第208页。

〔5〕 参见张文显主编:《法理学》(第5版),高等教育出版社2018年版,第69~70页。

的。[6] 民族法作为法的组成部分,其价值的主观性也是由民族法的主观性、人的需要的主观性和民族法对人的需要的满足的主观性决定的。首先,尽管民族法是由特定物质生活条件决定的,但是民族法的制定与实施,都会受到立法者、执法者和守法者的主观意志的影响,产生不同的差异。其次,人的需要并不是社会物质生活条件本身,两者并不等同。人的需要是人脑对物质生活条件进行思考后的反应或者结论,是人的思维活动的产物。我国民族法涉及汉族和55个少数民族。这些民族的物质生活条件各异、文化风俗习惯不同,自然会产生各种不同的需要。同时,各民族是由不同成员组成的,这些成员同样属于人的范畴,他们的需要受到自身的主观性影响,以这些成员的需要为基础形成的各民族的需要也自然带有主观性。最后,从民族法对人的需要的满足的主观性来看,一方面,不同的民族成员对同一个需要的满足途径有不同的选择;另一方面,不同的民族成员对满足状况的评价也有所不同,就同样的结果状态,在一些民族成员看来,其需要被满足了,而在另一些民族成员看来,其需要并没有得到满足或者是没有完全得到满足。

法的价值的客观性可以从人的法需求是客观的、法律现象是客观的、法对人的需要的满足过程是客观的三方面予以考察。[7] 对民族法价值的客观性分析,也可以从人的法需求是客观的、民族法律现象是客观的和民族法对人的需要的满足过程是客观的三方面展开。首先,民族法的产生来自多民族国家对民族法的需要,这种需要根植于物质生活条件,因此,决定了民族的法需要是客观的。其次,民族法律现象的客观性是指民族法律现象的产生、内容是客观的。民族法律现象的产生是社会发展到一定阶段的产物,而其内容一旦确立,便是客观的。最后,民族法对人的需要的满足过程的客观性,是由人的外部社会活动和民族法满足了人的需要的结果是客观的这两者所决定的。

(三)多样性与统一性的协调

民族法价值具有多样性和统一性,二者和谐统一、协调一致。一方面,民族法价值是基于民族法主体的需求而产生的,而主体的需求却是多种多样并且处于不断发展变化的状态之中。我国的民族众多,每个民族都有不同的物质生活条件和文化习俗,因此各民族对民族法律制度的认识、理解和需求也存在诸多不同,差别较大,这就必然导致民族法对主体需求的满足呈现多种多样的状态,进而使民族法的价值多样化。另一方面,对处于同一时代、同一国家、同一社会的各民族而言,总会有某种共同的价值追求。例如,当代我国追求中华民族伟大复兴的中国梦,对这一梦想的实现,是每一个民族的共同愿望,是各民族共同的价值追求,体现在民族法上,就是以作为基本价值之一的中华民族复兴为价值引领。又如,民族平等这一价值追求,早已为各民族所公认,为民族法所确认和保护。

三、民族法的价值体系

(一)目的价值

法的目的价值是指法在发挥社会作用的过程中能够保护和助长的值得期待、希求的美好的东西。它是法的社会作用所要达到的社会目的,反映着法律制度追求的社会理想。[8] 法的目的

---

〔6〕 参见卓泽渊:《法的价值论》(第2版),法律出版社2006年版,第58页。

〔7〕 参见卓泽渊:《法的价值论》(第2版),法律出版社2006年版,第57页。

〔8〕 参见李瑜青、苗金春主编:《法理学》,科学出版社2008年版,第212页。

价值是整个法的价值体系的基础，对社会秩序的形成和维系具有无以复加的重要意义。[9] 民族法力图建立和维护各民族平等团结互助和谐的社会主义民族关系，维护国家统一和民族团结，促进各民族的共同繁荣，实现中华民族的伟大复兴。这是制定和实施民族法的宗旨和目的，也是民族法所追求的目的价值。

任何法律制度的目的价值都具有以下两方面的重要属性[10]，民族法的目的价值也不例外。一方面，民族法的目的价值具有多元性。民族法的目的价值众多，但凡是符合民族法所追求的社会目的，能够用法律上的权利和义务进行保护和促进的美好事物，都是民族法的目的价值。因此，民族法的目的价值无法简单地一一列举出来，即使是以归类的方法进行概括，分为许多基本型，依然可能存在遗漏。加之，与古代民族法的目的价值相比，现代的民族法的目的价值更具多元性，而人的精力是有限的，对所有的民族法的目的价值都进行研究是不可能的。所以，在探究民族法的目的价值时，要特别重视对民族法重要的目的价值的研究。另一方面，民族法的目的价值具有时代性。一定的价值观念的形成离不开一定的社会物质和精神条件。而不同的时代有着不同的社会生活条件，从而决定了不同时代的社会价值观之间存在一定的差异，相应地，法的目的价值也就具有一定的时代特征。换句话说，不同时代的法律制度在其所追求的理想和目的、所追求的对象方面可能存在不同的价值选择。[11] 如在古代民族法中，民族不平等是古代民族法的目的价值，北魏时期的强制汉化政策，清军入关时的剃发留辫被认为是好的、有价值的；而随着社会生活的条件改变，在现代社会，我国民族法不再像古代那般，而是以民族平等为民族法的目的价值，并通过宪法以及其他法律法规、政策努力实现这一目的价值。

（二）形式价值

法的形式价值，是指法律制度在形式上或表层上所具有的优良品质。[12] 民族法作为法，其形式价值就是指民族法律制度在形式上或表层上所具有的优良品质。民族法的形式价值同法的形式价值一样，具有许多内容，主要包括：（1）民族法的权威性。任何个人或者团体必须要无条件地服从民族法，民族法的尊严神圣不可侵犯。（2）民族法的普遍性。民族法在内容规定和效力上具有一般性。对于前者，民族法针对的主体和事项不是特定的，而是一般的；对于后者，民族法对一定时空范围内的与之相关的人和事项具有普遍的约束力。（3）民族法的明确性。民族法具有确定性，其语言表述清楚、内容确定，而非含义不明、内容不确定。值得注意的是，民族法的规则在面对具体的案件时，其规则的确定性程度因案件的复杂程度而变化，因此，应辩证地理解和对待民族法规则的确定性与不确定性。（4）民族法的公开性。民族法的公开性主要体现在：一是民族法的立法公开。其不仅体现在立法机关或者国家元首以一定的形式将已经通过或者批准的民族法正式公布，还体现在民族法的立法程序公开。二是民族法的执行和适用公开。如对涉及民族问题的案件予以公开审理和公布结果。（5）民族法的稳定性。民族法一经制定和颁布，就不得随意修改和变更。民族法若朝令夕改，则无法为人们在民族事务方面提供方向和指引，有损民族法的权威性和严肃性。当然，由于民族法的稳定性会与快速变化的现实之间产生矛盾，因此，民族法的稳定性并非绝对的，而是相对的。

---

〔9〕 参见张文显主编：《法理学》（第5版），高等教育出版社2018年版，第313页。

〔10〕 参见张文显主编：《法理学》（第5版），高等教育出版社2018年版，第313页。

〔11〕 参见张文显主编：《法理学》（第5版），高等教育出版社2018年版，第314页。

〔12〕 参见张文显主编：《法理学》（第5版），高等教育出版社2018年版，第314页。

(三)价值标准

法的评价标准,是指在法律上对各种事物进行价值判断时所遵循的准则。[13] 民族法的价值标准,实际上就是民族法的评价标准,也就是民族法在对各种事物进行价值判断时,应该遵循什么样的准则。民族法的评价标准主要用来解决两类问题:(1)进行民族法的价值确认,即以一定的标准来判断何种需要和利益是正当的,需要通过民族法予以肯定并加以保护。如在我国,是否有利于维护平等团结互助和谐的社会主义民族关系、是否有利于铸牢中华民族共同体意识、是否有利于维护国家统一等,就构成了制定和实施民族法的价值判断标准。(2)确定民族法的价值位阶。民族法拥有众多价值,而这些价值有不同的关系状态和等级层次。要想实现这些价值,需要有与这些价值相应的资源和机会,但是资源和机会是有限的,因此,民族法的价值之间就需要以一定的位阶顺序进行排列。在民族法的诸多价值中,当作为高位阶的基本价值与低位阶的价值发生冲突时,高位阶的基本价值应当被优先考虑。而当低位阶的价值之间或者高位阶的基本价值之间发生冲突时,应当联系具体的条件和事实加以确定。

第二节 民族法的基本价值

一、维护平等团结互助和谐的社会主义民族关系

维护平等团结互助和谐的社会主义民族关系,是我国宪法确立的民族法的基本价值之一。在多民族国家,平等团结互助和谐的社会主义民族关系的构建不是一劳永逸的事情,因为它不是一成不变的,而是一种动态的社会关系,是随着经济、政治、文化、社会和生态文明的变化而变化的。所以,在国家活动中,长期并经常性地面对它是必然的。尽管调整民族关系的方法多样,包括政治、军事、经济等诸多方面,但是这些调整的方法必须要纳入法治化的轨道,如此,才能使民族关系的调整处于一种稳定、有序的状态中。

民族关系具有复杂性、广泛性和动态性的特点,因此,民族法的内容也十分广泛。由于经济、政治、文化、社会和生态文明等因素都会影响各民族之间的利益,所以民族法的内容涉及经济、政治、文化、社会和生态文明等诸多方面,应当运用法律的手段加以规范和调整。值得注意的是,需要纳入法治化轨道、运用法律手段加以调整的民族关系,一般是指在各民族相互关系中的非思想范畴的事务,这种事务涉及经济、政治、文化、社会和生态文明等方面的权益关系。针对民族关系的复杂性特点,为更好地坚持依法治理民族事务,推进民族事务治理体系和治理能力现代化,在运用法律调整民族关系时,应当坚持以下两个方面的要求。

第一,以维护平等团结互助和谐的社会主义民族关系为指导制定民族法。迄今为止,我国已经逐渐形成了一套以《宪法》的相关规定为根本,以《民族区域自治法》为主干,包括其他法律关于民族方面的规定,国务院及其各部门制定的关于民族方面的行政法规和部门规章,各省、自治区、直辖市和设区的市制定的关于民族方面的地方性法规和规章,以及民族自治地方制定的自治条例和单行条例在内的民族法律法规体系。这套民族法律法规体系主要包括两个方面的内容:

[13] 参见张文显主编:《法理学》(第5版),高等教育出版社2018年版,第315页。

(1)国家建立的民族区域自治法律制度和散居少数民族权利保障法律制度,这是民族法治建设的主要方面。前者是为了解决以少数民族聚居的地方为基础建立的155个民族自治地方的法律需求而建立的,后者是为更好地保护全国范围内散杂居的少数民族公民的合法权益而建立的。(2)国家为加速少数民族和民族地区的政治、经济和文化的发展而建立的各项民族法律制度,包括民族经济法律制度、民族语言文字法律制度、民族教育法律制度、民族文化法律制度、民族风俗习惯法律制度、民族宗教法律制度、培养和使用少数民族干部法律制度、依据少数民族特点变通补充法律制度等。为更好地巩固和发展平等团结互助和谐的社会主义民族关系,应当坚持以维护民族平等团结互助和谐的思想为指导,做好民族法的制定和修改工作,健全和完善民族法律法规体系,为促进各民族广泛交往交流提供制度基础。

第二,以维护平等团结互助和谐的社会主义民族关系为指导推进民族法的实施。法律具有稳定性,相应地,民族法同样具有稳定性。由于民族法的稳定性与民族关系的动态性之间存在冲突,民族法在实施过程中必然会与现实的民族关系产生矛盾。当法与现实产生矛盾时,继续强行适用法律往往会使法律的目的难以实现,导致不正义的结果。因此,当民族法与民族关系产生矛盾时,让民族法来适应变化了的民族关系是适当的。解决民族法与变化了的民族关系之间的矛盾,除了通过高超的立法技术超前立法之外,还有两种办法:(1)针对变化了的民族关系,以维护平等团结互助和谐的社会主义民族关系为指导,及时制定相应的政策或司法解释,以弥补法律的滞后性所带来的缺陷,通过依据政策或司法解释对法律进行灵活适用,及时有效调整新的民族关系。(2)以维护平等团结互助和谐的社会主义民族关系为指导,加强法律适用的可操作性。由于我国现行的民族法规定较为原则,难以给予现实中变化着的民族关系以明确的指引,从而形成有法难依的困境。为提高依法调整民族关系的效率,在民族法的实施中要运用灵活的原则来提升民族法的可操作性。

二、促进各民族共同繁荣

促进各民族共同繁荣是宪法确立的民族法的又一基本价值。2021年中央民族工作会议上指出,要正确把握物质和精神的关系,要赋予所有改革发展以彰显中华民族共同体意识的意义,以维护统一、反对分裂的意义,以改善民生、凝聚人心的意义,让中华民族共同体牢不可破。这充分坚持了马克思主义的辩证法思想,强调民族关系的治理不单单是要解决物质层面的问题,更要解决精神层面的问题,要将民族地区发展、现代化建设与铸牢中华民族共同体意识、反分裂斗争、维护国家统一紧密结合、一体推进,让中华民族共同体牢不可破。从这个角度讲,实现各民族的共同繁荣需要达成两个条件:一是要达到一定高度的物质文明程度;二是要达到一定高度的精神文明程度。[14]

因此,为实现各民族的共同繁荣,在物质文明建设方面,当前关键是要推动各民族共同走向社会主义现代化。要完善差别化区域支持政策,支持民族地区全面深化改革开放,提升自我发展能力。民族地区要立足资源禀赋、发展条件、比较优势等实际,找准把握新发展阶段、贯彻新发展理念、融入新发展格局、实现高质量发展、促进共同富裕的切入点和发力点。要加大对民族地区基础设施建设、产业结构调整支持力度,优化经济社会发展和生态文明建设整体布局,不断增强各族群众获得感、幸福感、安全感。要支持民族地区实现巩固拓展脱贫攻坚成果同乡村振兴有效

---

〔14〕 参见吴宗金、张晓辉主编:《中国民族法学》(第2版),法律出版社2004年版,第127~128页。

衔接,促进农牧业高质高效、乡村宜居宜业、农牧民富裕富足。要完善沿边开发开放政策体系,深入推进固边兴边富民行动。上述要求体现在民族法上,主要涉及的是民族经济法律制度。这里的民族经济,主要指少数民族经济和少数民族地区经济。当前,我国民族经济法律规范不仅存在于单行的民族经济法规中,还体现在《民族区域自治法》、基本经济法律甚至《宪法》中;既有中央立法机关制定的民族经济法律,也有地方立法机关制定的民族经济法规。[15] 我国民族法主要通过两种途径促进少数民族地区经济发展:(1)赋予民族自治地方经济自治权,其内容主要包括:有权制定符合经济建设需要的自治条例和单行条例;有权在国家计划的指导下,根据本自治地方的特点和需要,制定经济建设的方针、政策和计划;有权自主管理本地方的财政和税收;有权自主管理本地方的经济建设。(2)要求国家和民族自治地方的上级国家机关采取特殊措施帮助民族自治地方发展经济。这些特殊措施主要包括:对民族自治地方财政支持的规定;在税收方面对少数民族地区的优惠措施;在投资、金融方面的特别规定;在基本建设、资源开发与环境保护方面的特别规定;在对外经济贸易方面的特别规定;在科技方面的特别规定;等等。[16]

在精神文明建设方面,当前的关键是"要正确把握中华文化和各民族文化的关系,各民族优秀传统文化都是中华文化的组成部分,中华文化是主干,各民族文化是枝叶,根深干壮才能枝繁叶茂"。正确把握中华文化和各民族文化的关系必须注意两点:(1)中华文化是中华民族的魂魄,文化认同是民族团结的根脉。"加强中华民族大团结,长远和根本的是增强文化认同,建设各民族共有精神家园,积极培养中华民族共同体意识。文化认同是最深层次的认同,是民族团结之根、民族和睦之魂。文化认同问题解决了,对伟大祖国、对中华民族、对中国特色社会主义道路的认同才能巩固。"中华文化彰显了铭刻在各族人民心中的中华民族共同体意识,是印刻在各族人民心中的深切认同,是涵养民族精神的不竭源泉。在各民族广泛交往、全面交流、深度交融的过程中,中华文化能够进一步促进各民族相互理解、相互团结和相互认同,促进各民族像石榴籽一样紧紧拥抱在一起,你中有我,我中有你,成为认同度更高、凝聚力更强的命运共同体,共同为更加美好的明天而奋斗。(2)中华文化与各民族优秀传统文化包容并蓄。中华文化之所以如此精彩纷呈、博大精深,就在于它兼收并蓄的包容特性。各族文化交相辉映,中华文化历久弥新,这是今天我们强大文化自信的根源。中华文化的生成和存在与各民族文化相伴始终,两者的交融互动是一个自然浸润扩散的过程,基本遵循"趋同"和"趋利"的规律。那些人与人之间、人与自然之间和谐共处,有益于身心的民族文化在各民族交往交流交融的过程中,极易被其他民族接受,从而形成与其他民族所共有的中华文化。这一过程生动演绎着顺应自然规律、各民族文化与中华文化交融互动的发展过程。

三、实现中华民族伟大复兴

实现中华民族的伟大复兴,是中华民族近代以来最伟大的梦想。这一梦想,体现了中华民族的整体利益,是每一个中华儿女的殷切期盼。中华民族伟大复兴的实现,需要达成两个条件:一是民族独立和人民解放;二是实现国家繁荣富强和全体人民共同富裕。而达成这两个条件需要进行两场伟大革命,一场是政治革命和社会革命,另一场则是生产力革命。而"社会主义现代化"的中心任务就是中国人民伟大的生产力革命。中国能否实现社会主义现代化,关系中华民

〔15〕 参见吴宗金、张晓辉主编:《中国民族法学》(第2版),法律出版社2004年版,第290页。
〔16〕 参见吴宗金、张晓辉主编:《中国民族法学》(第2版),法律出版社2004年版,第293页。

族能否实现伟大复兴。我国作为一个多民族的国家，在经历了长期的发展后，各民族在文化上逐渐形成了你中有我、我中有你的格局，在人口分布上呈现大杂居、小聚居、交错杂居的特点，在往来交流上频繁广泛、利益相关、荣辱与共。可以说，各民族之间相互团结、和睦相处是保证我国国家稳定、社会主义事业蓬勃发展的基础。因此，能否正确处理民族问题是实现社会主义现代化，进而实现中华民族伟大复兴的关键一环。2014 年 9 月，我国召开中央民族工作会议，就民族工作在新形势下的开展作出了新的部署。同年 12 月 22 日，中共中央、国务院印发了《关于加强和改进新形势下民族工作的意见》。该意见共 25 条，主要包括坚定不移走中国特色解决民族问题的正确道路、围绕改善民生推进民族地区经济社会发展、促进各民族交往交流交融、构筑各民族共有精神家园、提高依法管理民族事务能力、加强党对民族工作的领导等内容，旨在切实加强和改进新形势下民族工作，团结带领全国各族人民共同推进全面建成小康社会、努力实现中华民族伟大复兴的中国梦。在 2021 年 8 月 27～28 日召开的中央民族工作会议上，习近平总书记强调，必须从中华民族伟大复兴战略高度把握新时代党的民族工作的历史方位，以实现中华民族伟大复兴为出发点和落脚点，统筹谋划和推进新时代党的民族工作。

正确处理民族问题，需要将民族问题纳入法治化轨道，用法律来调整和解决各民族之间存在的问题，促进各民族共同繁荣，进而实现中华民族伟大复兴。民族法作为专门调整民族关系的法律制度，它的基本价值之一就是实现中华民族伟大复兴，这一价值的实现，需要制定良法，以良法在解决民族问题、处理民族关系中实现善治。我国《宪法》规定，我国社会主义民族关系是一种平等团结互助和谐的社会关系。换句话说，民族平等是民族团结的前提，民族团结又是各民族互助和谐、共同繁荣的基础。以《民族区域自治法》为核心的民族法律法规应当以实现中华民族伟大复兴为价值引领，在维护平等团结互助和谐的社会主义民族关系、促进各民族共同繁荣等方面发挥其应有作用。

在中华民族多元一体格局下，引导各族人民铸牢中华民族共同体意识，是实现中华民族伟大复兴的关键。首先，铸牢中华民族共同体意识是维护各民族根本利益的必然要求，只有铸牢中华民族共同体意识，才能有效应对实现中华民族伟大复兴过程中民族领域可能发生的风险挑战，才能为党和国家兴旺发达、长治久安提供重要思想保证。其次，铸牢中华民族共同体意识是巩固和发展平等团结互助和谐社会主义民族关系的必然要求，只有铸牢中华民族共同体意识，才能增进各民族对中华民族的自觉认同，夯实我国民族关系发展的思想基础，推动中华民族成为认同度更高、凝聚力更强的命运共同体。最后，铸牢中华民族共同体意识是党的民族工作开创新局面的必然要求，只有顺应时代变化，按照增进共同性的方向改进民族工作，做到共同性和差异性的辩证统一、民族因素和区域因素的有机结合，才能把新时代党的民族工作做好、做细、做扎实。为引导各族人民铸牢中华民族共同体意识，必须以铸牢中华民族共同体意识为新时代党的民族工作的主线，推动各民族坚定对伟大祖国、中华民族、中华文化、中国共产党、中国特色社会主义的高度认同，引导各族人民牢固树立休戚与共、荣辱与共、生死与共、命运与共的共同体理念，不断推进中华民族共同体建设。

在中华民族多元一体格局下，按照“增强共同性，尊重和包容差异性”的原则加强和改进民族工作，是引导各族人民铸牢中华民族共同体意识的本质要求，反映在民族法上就是探索和完善“增强共同性，尊重和包容差异性”的法治途径。为此，在立法时应以宪法为依据，处理好三个方面的关系：(1)要正确把握中华民族共同体意识和各民族意识的关系，引导各民族始终把中华民族利益放在首位，本民族意识要服从和服务于中华民族共同体意识，同时要在实现好中华民族共同体整体利益进程中实现好各民族具体利益,大汉族主义和地方民族主义都不利于中华民族共同体建设。(2)要正确把握中华文化和各民族文化的关系,“各民族优秀传统文化都是中华文化的组成部分,中华文化是主干,各民族文化是枝叶,根深干壮才能枝繁叶茂”。(3)要正确把握物质和精神的关系,要赋予所有改革发展以彰显中华民族共同体意识的意义,以维护统一、反对分裂的意义,以改善民生、凝聚人心的意义,让中华民族共同体牢不可破。当前,在民族关系治理法治化实践中,对“增强共同性,尊重和包容差异性”的法治路径的探索已初见成效。

第三节 民族法价值的实现

一、民族法价值实现的方式

法的价值实现是法的价值目标的现实化,是价值选择、价值评价等过程与结果的总称,是法的价值活动的目的得以现实化的过程与结果。法的价值实现也是法的价值主体作用于法的价值客体,而使作为客体的法的潜在价值、内在价值转化为法的现实价值和外在价值,对主体——人产生应有或期望意义的过程。它是法的价值客体的主体化的过程,是法在价值方面产生实际影响、效果、效益的过程。法的价值实现是一种复杂的社会实践、一项复杂的社会工程。[17] 民族法作为法,其价值实现就是对民族法价值目标的现实化,对民族法的价值进行评价和选择的过程和结果,也是民族法的价值客体的主体化过程。

民族法的价值实现的方式主要有两种。一种是法的价值实现的一般方式,指无须特别程序,而得以进行的法的价值实现,包括价值指引和价值服从;另一种是法的价值实现的特殊方式,指通过立法机关、行政机关、司法机关等法律机关的法的价值实现[18]。

(一)民族法价值实现的一般方式

民族法价值实现的一般方式既包括价值指引,也包括价值服从。

价值指引是在人们理解了法的价值要求后,自觉地按照法所表明的价值目标,确定自己的行为内容、行为方式,使自己的行为符合法的价值准则,使法的价值得以实现。[19] 在现实中,人们尊重各民族的风俗习惯,对试图分裂国家统一、破坏民族团结的行为深恶痛绝,鲜明地反映出人们对于民族法价值的认同与理解,并以民族法的价值为指引,自觉践行民族法的价值要求,使民族法的价值得以实现。

价值服从是在人们做出某种行为,或者遇到某种法律问题的时候,自觉根据法的价值要求来修正自己的行为,或者不通过法律机构的法的适用活动而自觉地解决法律问题。[20] 民族法价值的实现离不开人们对民族法的遵守,但是人们遵守民族法的意识有自愿和被迫之分。对于被迫遵守民族法的人群,他们在心理上排斥对民族法的遵守,但是因为害怕违反民族法的行为将会使他们招致法律的制裁或者受到其他利益的损失,他们便自觉地遵照民族法的价值,保证自己的行

〔17〕 参见卓泽渊:《法的价值论》(第2版),法律出版社2006年版,第483~484页。
〔18〕 参见卓泽渊:《法的价值论》(第2版),法律出版社2006年版,第495页。
〔19〕 参见卓泽渊:《法的价值论》(第2版),法律出版社2006年版,第494页。
〔20〕 参见卓泽渊:《法的价值论》(第2版),法律出版社2006年版,第494页。

为在民族法的界限范围内,从而使民族法的价值得以实现。

(二)民族法价值实现的特殊方式

民族法价值实现的特殊方式主要是指通过立法机关、行政机关和司法机关等法律机关的活动达成的价值实现。

首先,立法机关对民族法价值实现具有重要作用。这种作用体现在两个方面:(1)对民族法价值的确认,即立法机关在开展民族立法时,将民族法的价值以法律语言的方式在法律制度或者法典中予以充分表述。立法者在具体的立法过程中,即法律草案的提出、法律文本的起草、法律草案的审议、法律表决的通过等各个环节中,将民族法的价值予以充分体现。因此,法的价值在立法中的实现程度或者状况受立法程序的每一个阶段的直接影响。[21] (2)立法机关制定的民族法律文件和相关的立法解释,是立法机关对民族法的价值实现的外在成果形式。立法机关在进行立法和立法解释的过程中,常常面临争议和选择,而这些争议和选择便是对法的价值实现状况的争议和选择。[22]

其次,行政机关依法执法,是民族法价值实现的重要保障。实施民族法的国家机关主要是各级行政管理机关,民族法在现实中的有效实施和实现,离不开行政机关依法执法。民族法价值的实现要求民族法在现实中充分实现;倘若民族法被行政机关抛在一旁,束之高阁,那么民族法的价值也就自然而然地无法实现。因此,行政机关坚持依法行政,是民族法价值实现的重要方式。

最后,司法机关依法处理具体案件,是民族法价值实现的重要路径。司法机关在处理涉及民族问题的案件时,充分考虑民族问题的特殊性,积极发挥司法机关的能动职能,力图最大限度地化解民族矛盾纠纷。在这一过程中,司法机关进行价值选择与价值判断,对民族法的价值予以充分把握,在最后的法律文书中予以体现。

二、民族法价值实现的路径

(一)弥补立法的不足

加强法律、行政法规、地方性法规和自治法规的内在统一性,是弥补我国民族立法不足的关键。这就要求不同层级的立法机关遵循科学立法的要求,处理好以下问题:(1)同一层次的立法机关应当确保其制定的法律、法规和谐统一,不存在互相抵触的情形;(2)上级立法机关在制定全国或者全区性质的法律、法规时,要对民族地区的特殊性予以考虑,为民族自治地方的立法权行使留有余地,或者对民族自治地方的有关条款用弹性条款加以处理;(3)民族自治地方的立法机关应当遵循宪法和法律的基本原则,禁止以民族地区的特殊性为理由,通过立法对法律或者行政法规中不允许变通的规定予以变通。

为有效解决不同类型的法律渊源的统一性,有关立法机关应当重视立法技术对民族法价值实现的意义。立法技术属于方法论范畴,不具有地区特点的适用局限,有关立法机关应当加强立法技术训练,力求统一各级立法机关的立法技术,以避免因立法技术的不统一或者运用不当而导致民族法的价值难以实现的局面。

(二)正确认识民族法的价值

保证执法官员和大众对民族法价值的正确认识,形成对民族法价值的普遍认同,是十分重要

---

〔21〕 参见卓泽渊:《法的价值论》(第2版),法律出版社2006年版,第495页。

〔22〕 参见卓泽渊:《法的价值论》(第2版),法律出版社2006年版,第495页。

的。改变大众、执法官员对民族法价值的主观错误认识,需要从加强对法律目的的理解和把握以及对法律意识的提高和矫正两个方面入手。

在加强对法律目的的理解上,首先,需要充分理解和把握立法目的。正确实施法律、实现法的价值的前提条件是理解立法目的。[23] 要实现民族法的价值,首先就要理解民族立法的目的。在实践中,有些执行法律、落实法律的主体——执法官员,不顾及民族法的立法目的。这些执法官员的注意力往往只集中于具体执行的法律条文,而不在意那些表明立法目的的法律条文。此外,有些立法目的没有被明确地表述出来,需要由立法机关对其立法目的进行说明。因此,应强调在法律实施的过程中对民族立法目的的落实,重视培养执法官员把握与理解民族立法目的的能力,这是实现民族法价值的重要方面。其次,要对民族法的规定有充分的理解和把握。要想对民族法的规定有充分的理解和把握,应对法律规范特定的内在结构、法律规范的不同种类划分、法律的复杂格式、法律的严格体例和法律的文体都有一定的了解。要具有以上五个方面的知识,需要经过专业的学习。另外,还要消除对民族法价值认识的误解。正确掌握和运用民族法的价值,也必须要从法律教育着手,以对民族法律规定的正确理解为重点。

在对法律意识的提高和矫正上,需要注意以下三点:(1)提高公民的文化素质。公民对民族法价值的认识水平受制于公民的法律意识水平。公民的法律意识水平过低,必然对认识民族法价值产生消极影响。公民具有一定的文化知识,是了解和认识法律的基础;而要对法的价值有所了解,则需要公民具有更高的文化素质。提高公民的文化素质,是提高公民的法律意识,保证民族法价值实现的重要举措。(2)加强公民的法律教育。没有接受法律教育的公民对法的理解,并非出自其理性的思考,而是出自自己的感性认识,是一种直觉,受到道德、宗教、风俗习惯和个人经历等多种因素的影响。我国古代民族法是一种民族不平等的法律制度,维护着统治民族的特权,与我国当今的民族法相背离。古代民族法律制度的残余潜在地影响人们对民族法的认识,特别是对那些未接受过法律教育的人群来说,这种残余更是对他们理解当代民族法有相当大的误导作用,进而导致对民族法价值的理解和认识出现偏差,无法实现民族法的价值。所以,需要加强对公民的法律教育,普及民族法律,确保公民形成正确的法律意识。(3)执法官员树立终身学习法律的观念,终身接受法律教育。法律始终处在发展变化之中,民族法作为法律的一种,自然也不例外。当民族法有了新的发展变化时,人们的法律意识也应该有新的发展变化。特别是对执法官员来说,他们的法律意识更是应该紧随民族法的变化而变化。与此相适应,他们对法律的学习也应当是终身的、不断的和持续的。

(三)增强对中华文化的认同,为民族法价值实现创造文化条件

在中华民族多元一体格局下,民族立法要关注各民族的特殊利益,更要关注各民族的共同利益,应当将增进共同性、尊重和包容差异性作为做好民族工作的重要原则。2021 年中央民族工作会议强调,要正确把握中华文化和各民族文化的关系,各民族优秀传统文化都是中华文化的组成部分,中华文化是主干,各民族文化是枝叶,根深干壮才能枝繁叶茂。要想保证民族法价值的实现,必须不断增强各民族对中华文化的认同。为此,需要从以下几点入手开展相关工作。

第一,以共同性而非差异性为重点开展民族文化研究。我国拥有长期的大一统历史,并长期推行政治、经济、文化一体化政策,各民族之间频繁交往、流动。目前,大多数民族文化研究揭示出的"民族文化现象"或"民族文化成果",与其说是某个民族的文化,不如说是特定区域诸多民

---

[23] 参见卓泽渊:《法的价值论》(第 2 版),法律出版社 2006 年版,第 546 页。

族共享的地方文化。[24] 如藏传佛教,实质上是汉传佛教、西藏地区原始宗教、印度佛教等诸多宗教派系整合的产物,不能被简单地认为是藏族的宗教信仰或文化标识,并且信仰藏传佛教的不只是藏族,还有在青藏高原及邻近地区居住的其他民族的民众信仰。因此,对民族文化的研究,应当是以各民族间的共性为重点的研究,而不是为了证明某类文化属于某一民族的研究。同时,对各民族文化的共性研究,也是凝聚中华民族共同体意识的要求和回应。

第二,政府对各民族文化的保护应秉持谨慎态度,促进对中华文化的认同。政府应当明确,对少数民族文化的尊重和保护是建立在促进各民族对中华文化的认同的基础上,而不是过度强调对少数民族文化的保护,造成狭隘民族主义的产生和强化。对特殊文化的保护应避免过度地与某一民族相关联,而以公共服务的方式对其加以保护。严厉打击有碍中华文化认同、增强狭隘民族主义、煽动民族敌对情绪的所谓民族文化研究及相关成果、产品和宣传,保证各民族在文化上的团结统一。

(四)推动民族地区平衡充分发展,提升发展的质量

要继续坚持和推动区域协调发展战略的实施,深入推进西部大开发战略,促进民族地区经济发展。在政策的制定和实施方面,要针对民族地区制定不同的政策,以政策促进民族地区经济的发展,要加强对民族地区的一般转移支付和专项转移支付的力度,积极引导发达地区将失去比较优势的产业向民族地区转移,支持民族地区承接发达地区转移出来的产业,支持民族地区优势产业的发展,培育和增强民族地区经济发展的内生动力;加大对民族地区教育、医疗、交通的投入,培养民族地区的人力资本,激发少数民族自身经济发展的动力;推进民族地区大数据中心、人工智能、工业互联网等新型基础设施建设,满足民族地区人民日益增长的美好生活需要。此外,在经济落后的民族地区,民族法的实施可以是逐步、有选择地实施,并通过民族自治地方依照本区域情况和特点制定的自治法规促进民族地区的发展和繁荣,在保障民族法全面实施的同时充分实现民族法的价值。

---

〔24〕 参见卢小平、种航飞、郭静远:《警惕“与汉族切割”的民族文化研究和宣传》,载《吉首大学学报(社会科学版)》2016年第6期。

第七章　民族法的功能

第一节　民族法功能的概念

一、民族法的功能释义

民族法是中国特色社会主义法律体系的组成部分。民族法与中国特色社会主义法律体系的其他部分共同作用,实现法的功能。民族法的功能是法的功能的子概念。要弄清楚什么是民族法的功能,首先必须厘清法的功能的含义。

一般认为,功能是事物本身的属性,是事物的有利作用或者效能,或者是事物可以起作用的特性,“是指某一事物本身所固有的某种潜在的性能和效能的总称。它全靠赖以产生的条件已具备而存在,也全靠内部因素的协调配合而运作”[1]。法的功能也是法这种事物本身应当具有的属性。域外法理学界对法的功能有较为深入的研究。比如,美国学者凯尔维和库勒曼在其出版的著作《美国法律和法律体系》中,以“function”为主题讨论法的功能。德国学者魏德士的《法理学》有专章阐述“法的作用和功能”。英国的约瑟夫·拉兹研究了各种规范的作用。1986年,王天木在《理论学刊》发表论文《法的功能是什么》,对法的功能进行专门研究。此后,我国学者对法的功能开展广泛讨论。但迄今为止,理论界对何为功能的认识并未达成一致。概括地讲,主要有以下两种不同的观点:

第一种观点认为法的功能与法的作用是同一概念。例如,有学者认为,“法的作用,又称法的功能,是指法对个人以及社会发生影响的体现”[2]。也有学者认为,法的功能,也叫法的功用、法的作用,是指法对人们的行为和社会生活的影响。[3] 国外学者讨论的“function”,既可以译为“功能”,也可以译为“作用”。“把法的作用和法的功能看作同一概念的不同用词。”[4]还有学者认为,虽然从严格的语义上讲,法的作用和法的功能确有某些细微差别,但基本意义是没有差别的。[5]

第二种观点认为法的功能有别于法的作用和法的价值。这是绝大多数学者的观点。在这些学者看来,法的功能与法的作用“是一对既有意义上相近,又有表现形式上区别的范畴”;[6]法的

---

〔1〕 李力:《论法律的功能》,载《四川大学学报(哲学社会科学版)》1995年第3期。
〔2〕 沈宗灵主编:《法理学》,北京大学出版社2000年版,第92页。
〔3〕 参见实用百科全书编委会编:《实用百科全书》,开明出版社1993年版,第236页。
〔4〕 周永坤:《法理学——全球视野》,法律出版社2000年版,第154页。
〔5〕 参见张文显主编:《法理学》(第2版),高等教育出版社2004年,第349页。
〔6〕 吕世伦、公丕祥主编:《现代理论法学原理》,黑龙江美术出版社2018年版,第71页。

功能也不同于法的价值，二者从不同的指向体现法作为法的属性。（1）法的功能不同于法的作用。法的功能是天然的，而法的作用具有意志性。“法的功能即法的功用与效能，是指法内在具有的，对社会有益的功用和效能。法的功能的定义本身就决定了法具有‘内在性、应然性、有益性’的特点。”[7] 而法的作用是指法在社会中所产生的各种影响的总称，它是外在的、突然的、中性的、并不确定的。[8] 法以其功能对现实的社会关系——法律关系主体的行为产生影响并最终对社会产生外在影响。法的作用状况仅仅是将法的功能发挥得好或者坏的问题，即在何种程度上实现法的功能的问题。[9] 法对社会所产生的作用，既有积极作用，也有可能发生消极作用。而“法的功能本身并不包括，也不会产生对社会的危害。法的功能对社会的意义是正向的、正值的，不含负值。法的功能的有益性特点是由法的功能的性质决定的。其‘功’的含义理所当然地具有有益的性质”[10]。但法的作用不一样。法到底对社会产生什么样的实际影响，还要受制于各种主客观因素，“除受法的本质属性、功能的制约外，它还要受法的实施主体状况、社会条件以及各种偶然因素的影响”[11]。法的作用是法的功能发挥其调整效力的过程以及实际效果。[12] 在实际社会生活中，法的功能有可能通过法律的实施得到较好的发挥，也有可能法律的实施并不能达致法的功能。法的功能为法的作用的良好发挥设定了一个制度上的理想模式。法的作用越是接近法的功能，法的作用就发挥得越好；反之，若法的作用逆向法的功能，就会距法的功能日趋遥远甚至适得其反。[13] 法的功能是客观的，因而只能存在于静态的法中。对于动态的法，主体的活动是大量存在和直接作用的，这种情形下的法的功能，实际上已经转变为法的作用了。[14] 功能与作用的语义有相近之处，但作用侧重于实际的效果，功能侧重于说明带有方向的活动。[15] 总体上讲，法的功能是法本身固有的，而法的作用是被立法者赋予和设定的。法的功能是法的作用的方向。（2）法的功能不同于法的价值。法的功能和法的价值是两个程度不同的概念[16] 含义相近但仍然存在不同。“虽然法的功能与法的价值都是法内含的某种属性”，[17] 但法的价值在层次上高于法的功能，两者之间区别明显。法的功能和法的价值“是法的内在指向与外在指向的关系。法的功能是建立在一定法的价值基础之上的，法本身所固有的规范人的行为、调整社会关系、建立和维护其所预期的社会秩序的能量”。[18] 而法的价值体现的则是法的利益取向。

由于理论界对法的功能和作用的关系存在不同认识，不同的学者基于不同的理论或者视角来定义法的功能。有的学者从阶级斗争的视角出发，认为法的功能是指法作为阶级统治的工具，在实现其阶级任务中所起的特殊作用。[19] 有的学者从动态的视角定义法的功能，认为法的功能是“法在与社会主体相互联系、相互作用的过程中所表现出的行为指向性及其规范能力。法的

---

〔7〕 卓泽渊：《法理学》，法律出版社2009年版，第35页。

〔8〕 参见吕世伦、公丕祥主编：《现代理论法学原理》，黑龙江美术出版社2018年版，第71页。

〔9〕 参见李道军：《法学导论》，山东大学出版社2004年版，第251页。

〔10〕 葛洪义主编：《法理学》，中国政法大学出版社1999年版，第112页。

〔11〕 吴纪奎：《论我国的人民陪审制度》，载《政法论丛》2003年第6期。

〔12〕 参见吕世伦、公丕祥主编：《现代理论法学原理》，黑龙江美术出版社2018年版，第71页。

〔13〕 参见李道军：《法学导论》，山东大学出版社2004年版，第251页。

〔14〕 参见李军：《法的功能、作用和价值比较研究》，载《山东医科大学学报（社会科学版）》1998年第1期。

〔15〕 参见蒋晓伟主编：《法理学》，同济大学出版社1999年版，第134～138页。

〔16〕 参见付子堂：《法律功能论》，中国政法大学出版社1999年版，第36页。

〔17〕 吕世伦、公丕祥主编：《现代理论法学原理》，黑龙江美术出版社2018年版，第71页。

〔18〕 吕世伦、公丕祥主编：《现代理论法学原理》，黑龙江美术出版社2018年版，第71页。

〔19〕 参见赵之隆：《法的功能与价值》，载《当代法学》1997年第2期。

功能就是一种行为指向性和规范能力”。[20] 有的学者从静态的角度研究。法的功能与法的作用,有相对恒量与变量的区别。法的本质和属性决定了法一旦产生,其功能就被确定了。相对地说,它是一个恒量。[21] “是指法发挥作用的基本方向,它是法律本质的外部表现”。[22] 有的从法本身认识法的功能出发,认为“法的功能是随着法的制定而具有的,它是法之所以为法的根本属性”,[23]“是基于法的属性、内部诸要素及其结构所决定的某些潜在的能力”,[24]是“法所具有的、内在的能够对个人行为乃至社会关系的正常发展施以积极的有益的确认、引导、调节、整合的功用和效能”。[25] 法的功能是法所固有的可能对社会生活发生影响的功用和性能,是法这个事物内在的能量和潜力,也是法同其他事物相区别的一个标志和属性。每一种事物都有自己的功能,不同的事物有不同的功能。[26]

民族法学界鲜见定义民族法的功能。我们认为,无论是广义的民族法,还是狭义的民族法,其落脚点均是法。法具有体系性。法的功能是指作为系统或者整体的法的功能。民族法的本质是法。作为法的组成部分的民族法同调整其他领域的规范一样具有作为法应当具有的功用和性能。作为法的民族法具有法的内在属性。民族法的功能是民族法作为法所固有的可能对社会生活发生影响的功用和性能,是民族法作为法应当具有的内在的能量和潜力。它不同于民族法的作用,也不同于民族法的价值。民族法的功能同样具有内在性、应然性和有益性的特征。

二、民族法的功能结构

(一)法的功能结构

法的功能本身是有结构的。[27] 法的功能由若干具体功能组成。各具体功能相互联系,构成一个有机结合的整体,表现出系统的特征,构成法的功能结构。

德国学者霍恩认为,法律功能包括和平秩序、自由秩序、社会保障、合作和一体化。[28] 魏德士认为,法能为人民带来好处,法能反映社会价值,法能增加新的项目,法能禁止某些活动,法能提供预测资讯,[29]具有形式上的调整功能和实质的调整功能。其中,形式上的调整功能是指阻止混乱的发生,避免无法的状态;实质的调整功能包括赋予功能和法律保障功能、裁判纠纷的功能、满足功能、融合功能和创造与教育功能。[30] 韩国学者认为,法的功能是发展的,应从“作为国家单向控制社会的工具,转到法成为国家与社会双重与双向控制的工具,以及社会自治、自我保护的工具”。[31] 拉兹把法律的功能分为规范功能和社会功能。帕森斯把法的功能概括为以下几

---

〔20〕 郭东芳:《法的要素、结构、功能探析》,载《湖南工程学院学报(社会科学版)》2004 年第 2 期。

〔21〕 参见卓泽渊:《法理学》,法律出版社 2009 年版,第 37 页。

〔22〕 蒋晓伟主编:《法理学》,同济大学出版社 1999 年版,第 134 ~ 138 页。

〔23〕 李军:《法的功能、作用和价值比较研究》,载《山东医科大学学报(社会科学版)》1998 年第 1 期。

〔24〕 信春鹰主编、中国社会科学院法学研究所法律辞典编委会编:《法律辞典》(简明本),法律出版社 2004 年版,第 118 页。

〔25〕 李道军:《法学导论》,山东大学出版社 2004 年版,第 251 页。

〔26〕 参见周旺生:《法的功能和法的作用辨异》,载《政法论坛》2006 年第 5 期。

〔27〕 参见张正德、付子堂主编:《法理学》,重庆大学出版社 2003 年版,第 255 页。

〔28〕 参见[德]N. 霍恩:《法律科学与法哲学导论》,罗莉译,法律出版社 2005 年版,第 28 ~ 32 页。

〔29〕 参见[德]魏德士:《法理学》,丁小春、吴越译,法律出版社 2003 年版,第 2 ~ 4 页。

〔30〕 参见[德]魏德士:《法理学》,丁小春、吴越译,法律出版社 2003 年版,第 40 ~ 47 页。

〔31〕 转引自郭道晖:《〈多元化社会中法〉的本质与功能——第二届亚洲法哲学大会主题论文荟》,载《法制现代化研究》第 5 卷(1999 年辑刊)。

种功能:“一是模式维持功能。即确保社会成员的行为具有一定特征,处理行动者内外部的紧张,同时也维护一定的法律传统、法律体系、法律观念等。二是整合功能。即促使法律规定和法律程序与其内在原则体系协调一致。三是求达目的功能。即通过法律的施行来实现社会统治集团的一定立法意图。四是适应调节功能。”〔32〕

我国学者早期将法的功能与法的作用混同,也将法的功能结构与法的作用混同,认为“统治阶级用法来确认和保护有利于自己的社会制度和国家制度,巩固它在经济上和政治上的统治地位”〔33〕。“法对市场经济的功能包括引导作用、促进作用、保障作用和制约作用。”〔34〕后来区分研究法的功能与其他社会规范的功能。有的学者认为,“法的一般功能,就是人们常说的引导、预测、评论、教育与奖惩五个方面,其实,法律还有平衡、调解、折中的功能”。〔35〕有的学者认为,“建立和维护社会秩序是法所独具的特殊功能。不仅与其他社会规范,如道德、宗教教义、社会团体的组织规则等相区别,与国家组织的其他强制手段,如军队、警察,以及其他国家机关等组织手段也有区别”。〔36〕随着对法的功能的深入研究,尤其是在认识到法的功能与法的作用不同之后,法理学界对法的功能结构进行了专门探讨。有的学者从规范的视角研究,认为作为规范的法的功能主要有以下几种:调控功能、指引功能、预测功能、评价功能、强制功能以及教育功能。〔37〕其中,“法的调控功能……通过界定人们的不同主体资格及其权利、义务的归属和范围,将社会各种关系调控在一定程序范围之内”〔38〕。“这种功能的实质是经济上、政治上乃至思想文化上居于支配地位的阶级和集团对权利与义务的分配与运用。”〔39〕有的学者认为,“总体意义上的法应具有确认、限制、禁止、约束、惩罚、引导、调节、预测、管理等功能”。〔40〕还有的学者认为,法具有规范功能、导向功能、保护功能和制约功能。〔41〕有的学者认为,法是一个从属的社会现象。它不只是构成的社会标准,而且其本身就是从社会环境中派生出来的。〔42〕可以从功能主义视角研究法的功能。我国学者长期注重讨论法的社会功能,甚少将法的规范功能和法的社会功能合并研究。张文显教授把法的功能划分为规范功能和社会功能。其中,规范功能包括指引、预测、评价;社会功能包括社会管理功能和阶级统治功能。〔43〕将法律的功能归结为规范功能和社会功能,与新分析法学家的观点相近。但也有学者认为,法包括三方面的功能:社会控制、冲突解决,适应社会变化、规范实施等职能或功能。〔44〕

---

〔32〕 转引自陈宜:《法的价值与功能辨》,载《西南民族学院学报(哲学社会科学版)》2001 年第 4 期。

〔33〕 王天木:《法的功能是什么?》,载《理论学刊》1986 年第 4 期。

〔34〕 李龙:《论宏观调控与法的功能》,载《中国法学》1994 年第 2 期。

〔35〕 李龙主编:《法理学》,武汉大学出版社 2011 年版,第 37 页。

〔36〕 赵之隆:《法的功能与价值》,载《当代法学》1997 年第 2 期。

〔37〕 参见信春鹰主编、中国社会科学院法学研究所法律辞典编委会编:《法律辞典》(简明本),法律出版社 2004 年版,第 118 页。

〔38〕 卢云主编:《法学基础理论》,中国政法大学出版社 1999 年版,第 44 页。

〔39〕 卢云主编:《法学基础理论》,中国政法大学出版社 1999 年版,第 44 页。

〔40〕 李军:《法的功能、作用和价值比较研究》,载《山东医科大学学报(社会科学版)》1998 年第 1 期。

〔41〕 参见李力:《论法律的功能》,载《四川大学学报(哲学社会科学版)》1995 年第 3 期。

〔42〕 参见王子琳主编:《法律社会学》,吉林大学出版社 1991 年版,第 29 页。

〔43〕 参见陈宜:《法的价值与功能辨》,载《西南民族学院学报(哲学社会科学版)》2001 年第 4 期。

〔44〕 参见[美]埃尔曼:《比较法律文化》,高鸿钧等译,三联书店 1990 年版,第 26 页。转引自付子堂:《法律功能论》,中国政法大学出版社 1999 年版,第 48 页。

我们认为，“法的功能随着法的完善与发展，有从少到多的过程”[45]。但其基本结构仍然是规范功能和社会功能，只是其内涵在不同的时代有不同的变化或者发展。

（二）民族法的功能结构

民族法学界对民族法的功能有较多讨论。有的学者从民族关系的视角分析，认为民族法调整民族关系的功能主要表现在以下方面：“其一，民族法能够确立各民族在政治、经济、文化领域的权利；其二，民族法能够建立调整民族关系的程序；其三，民族法能够强化调整民族关系规范的效力；其四，民族法能够使调整民族关系的行为选择准则化；其五，民族法能够有效组织国家调整民族关系的活动。”[46]有的学者认为，民族法调节民族关系的功能主要表现在以下四个方面：“首先，调节各民族之间的具体权益矛盾；其次，调解风俗习惯以及语言文字使用方面的纠纷；再次，处理民族问题中的宗教因素；最后，避免伤害民族感情的行为。”[47]有的学者从民族法的内容阐述民族法的功能，认为“民族法具有维护国家统一和民族团结、保障宪法法律的实施、保证完成上级机关交给的各项任务以及尊重和保护少数民族风俗习惯、宗教信仰、使用和发展各少数民族语言文字的功能”[48]。有的学者认为，民族法具有维护社会秩序、传承民族文化、促进社会发展等社会功能，以及强制、教育、指引等规范功能。[49] 有的学者从一般法的角度讨论民族法的功能，认为“民族法起着干预着社会生活、调节人际关系的功能”[50]。“从法的作用角度而言，除了制裁作用外，告示、指引、评价、预测、教育等都是民族法的功能。”[51]有的学者认为民族法的功能属于宏观层面上的，具体包括政治功能与经济功能。[52] 也有学者讨论民族法功能的阶段性或者发展性问题，认为民族法的政治功能固然不能削弱，但应当更多地担负起保护和促进经济建设的职能，由注重政治功能的民族法观向注重经济功能的民族法观转变。[53] 还有的学者从民族法学的功能类型予以讨论，认为民族法学的功能“包括理论、文化与应用功能。理论功能表现在以民族法为研究对象会形成一系列理论与学说，正确的理论和学说能够为国家立法机关完善和发展我国的民族法提供理论依据；文化功能表现在为国家立法机关提供立法依据；应用功能是指为国家法治建设服务，尤其为民族法治建设服务”[54]。这一讨论实际揭示的是民族法学的学科价值。

我们认为，法的功能结构决定民族法的功能结构。民族法的功能结构与法的功能结构一样，既包括规范功能，也包括社会功能。

三、民族法的功能分类

在整体讨论民族法功能的基础之上，有必要对民族法的功能作分类研究。按照一定的标准，可以对民族法的功能进行不同分类。比如，作为整体的民族法的功能和作为构成要素的民族法

---

[45] 周旺生：《法的功能和法的作用辨异》，载《政法论坛》2006 年第 5 期。

[46] 吴宗金、张晓辉主编：《中国民族法学》（第 2 版），法律出版社 2004 年版，第 114 页。

[47] 吴大华：《民族法观念更新与民族自治地方立法》，载《贵州民族研究》1997 年第 4 期。

[48] 马玉祥：《论我国民族法体系及其特点》，载《西北民族学院学报（哲学社会科学版）》1992 年第 4 期。

[49] 参见任渝婉、王鹏：《少数民族法文化保护与法制建设的落实——以彝族地区为例》，载《四川旅游学院学报》2017 年第 1 期。

[50] 田成友：《民族法研究的理论意义和实践价值》，载《贵州民族研究》1995 年第 3 期。

[51] 熊文钊主编：《民族法学》（第 2 版），北京大学出版社 2016 年版，第 32 页。

[52] 参见方慧：《十一届三中全会以来我国民族法学研究回顾与展望》，载《思想战线》2000 年第 2 期。

[53] 参见吴大华：《民族法学通论》，中国方正出版社 1997 年版，第 120 页。

[54] 廖敏文：《关于我国民族法与民族法学的几个基本问题》，载《民族研究》2007 年第 5 期。

的功能,民族法的显性功能和隐性功能,民族法的直接功能和间接功能,民族法的正功能、反功能和非功能,民族法的长期功能和短期功能等。本部分重点介绍民族法的主要功能和次要功能、基本功能和辅助功能两种分类。

(一)民族法的主要功能和次要功能

对民族法的诸项功能,以它们对社会意义的大小为标准予以划分,可以分为主要功能和次要功能两类。一般认为,“促进各民族共同发展、共同繁荣是民族法的重要功能;同时,民族法不仅属于一般意义上的法律规范系统,而且还具有更多的社会关系调整、社会秩序治理和社会发展促进等功能;再者,维护民族团结、国家统一和社会稳定构成民族法的重要社会功能”[55]。

民族法的功能具有动态性、时代性。“一定民族的文化环境对于法的功能造成影响,法的具体功能依据时代和民族的文化特性产生差异。早期的民族法侧重于镇压敌对行为的功能,维护民族统一和专制集权,而现代的民族法则强调对政治、经济、文化和人与人之间关系的调整。”[56]由于民族法功能的相对变动性,不同历史时期民族法的功能的侧重点可能不同,因而将民族法的功能划分为重要功能和次要功能,可以反映不同历史时期民族法功能的阶段性特征,明确不同历史时期民族法功能的重点,但这种划分不能揭示作为法的民族法在任何历史时期都应当具有的固有功能。

(二)民族法的基本功能和辅助功能

以法的功能层次为标准予以划分,可以将法的功能分为基本功能和辅助功能两类。法的整体功能是基本功能,法的部分功能是辅助功能。[57] 法的辅助功能是为了保证实现法的基本功能所附加的功能。[58] 辅助功能是随着社会的发展,从基本功能中分化产生的功能。而法的基本功能是法直接满足一定的主要目标要求的功能,[59]是法律规范在明确其法律地位和推动其具体落实的过程中所产生的影响和作用。[60] 正如有学者分析的那样,法的本体是“对法的存在及其本质的认识和概括,反映法是什么,不是什么,何以是此而非彼,法内部的构成要素和结构形式,法的存在形式,法的调整机制,法的基本功能”等。[61] 法的基本功能是法的本体的组成部分,是法作为法具有的根本的基础的功能,具有恒常性和稳定性。

哪些功能是法的基本功能,有多种观点。自然法学派认为法的基本功能就是社会契约功能,而制约权力功能、维护权利功能等则为辅助功能。但庞德认为,法的功能在于调节、调和与调解各种错综复杂和相互冲突的利益,以便使各种利益中大部分或一个国家中最重要的利益得到满足、其他利益牺牲最少,通过把法律权力赋予主张各种利益的人以保障这些利益。[62] 我国古代对法的基本功能也有讨论,认为法的基本功能是“兴功惧暴”和“定分止争”。[63] 中华人民共和国成立后,学界从多个维度研究法的基本功能。比如,有的学者从阶级的角度出发,认为法具备

---

〔55〕 雷振扬、彭建军:《论我国民族法的基本原则》,载毛公宁、戴小明主编:《民族法学评论》第8卷,中央民族大学出版社2012年版。

〔56〕 张晓辉:《民族法律文化初探》,载《现代法学》1993年第4期。

〔57〕 参见张正德、付子堂主编:《法理学》,重庆大学出版社2003年版,第255页。

〔58〕 参见张正德、付子堂主编:《法理学》,重庆大学出版社2003年版,第255页。

〔59〕 参见张正德、付子堂主编:《法理学》,重庆大学出版社2003年版,第255页。

〔60〕 参见刘庆庆:《基于环境教育法视域下的新时代环境素养教育研究》,重庆大学出版社2018年版,第37页。

〔61〕 张文显:《法哲学范畴研究》(修订版),中国政法大学出版社2001年版,第13页。

〔62〕 参见[美]罗·庞德:《通过法律的社会控制·法律的任务》,沈宗灵、董世忠译,商务印书馆1984年版,第42页。

〔63〕 参见姜涛:《管子新注》,齐鲁书社2006年版,第378页。

调整统治阶级与被统治阶级各种关系的基本功能。[64] 有的学者从国家法和民间法的视角探讨,认为国家法的基本功能是控制官僚和打击犯罪,而民间法的基本功能是填补国家律令制度的缺席和维护民间日常生活的秩序。[65] 有的学者认为,控制功能就是法的基本功能,为了保证实现法的控制功能,必须附加上对利益的确认功能和保障功能等。[66] 还有的学者认为,法的基本功能是均衡利益,[67] 调节社会关系,而调节社会关系的目的自然是消除社会矛盾,解决社会争议。

法的基本功能是法作为法必须具有的那些功能,是不随时间和空间的转换一直应当存在的那些功能。反过来说,就是如果某种规范不具有那些功能,那么,这个规范就不能称为法。法必定与一定的关系相关,必定与一定的主体相关,法的基本功能必定与一定的主体和关系相关。"由于法的功能是法本身所固有的内在的属性,因而它是比较稳定的,只要有法存在,法所固有的调整、指引和保障功能也就会存在。尽管不同国家和不同历史条件下的法,有许多差别,这些差别对相应国家和历史时期的法的功能,多少也会有一定影响,但就总体而言,法的功能特别是它的基本功能并不因此而变动不居。"[68] 法对一定主体和关系的调整、指引和保障的功能是法的基本功能,而由基本功能衍生出的功能则为次要功能。

综上可知,民族法的整体功能是民族法的基本功能,民族法的部分功能是民族法的辅助功能。"法律功能是指法作为一个体系或部分,在一定立法目的的指引下,基于其内在结构属性与社会单位所发生的,并能够通过自己的活动或运行造成一定的客观后果,从而有利于实现法的价值和体现其在社会中实际特殊地位的关系。"[69] 作为法体系组成部分的部门法或者法律制度,其基本功能不能脱离于法的功能。各部门法或者法律制度是法的功能的载体。"法的功能成为反映各部门法特征的主要标志,并体现着各部门法的本质。"[70] 有的学者认为,作为部门法,其往往只具有侧重于法的功能中的几项功能。[71] 也就是说,不同部门法或者法律制度的基本功能并不相同。有的侧重规范功能,有的侧重社会功能;有的侧重制裁功能,有的侧重教育功能;有的侧重干预功能,有的侧重其他功能;等等。比如,"刑事和民事科责的区别可能反映了刑法和民法的基本功能不同,它们分别是惩罚和修复"[72]。但我们认为,"调整对一定主体有利的社会关系,以明确的方式指引一定主体的社会行为,以国家强制力保障一定主体的权益。法的这些功能是法这个事物自身固有的、内在的属性,是法天然具备的,而不是人为造就和附加的,不是可以随便移易的"[73]。部门法或者法律制度的基本功能不能脱离法的基本功能。只是不同的部门法或者法律制度调整不同的社会关系,指引主体不同事项或者不同性质的行为,保障主体不同的权利或者以不同的方式保障主体的某项权利。不同部门法或者法律制度的基本功能的最大差异就是各自调整的社会关系不同、指引的行为不同、保障的权利不同或者保障权利的方式不同。

由于民族法是以民族关系为规范对象的法,与其他部门法调节的社会关系并不相同。民族

---

〔64〕 参见王天木:《法的功能是什么?》,载《理论学刊》1986 年第 4 期。

〔65〕 参见徐忠明:《〈老乞大〉与〈朴通事〉蒙元时期庶民的日常法律生活》,上海三联书店 2015 年版,第 23 页。

〔66〕 参见张正德、付子堂主编:《法理学》,重庆大学出版社 2003 年版,第 255 页。

〔67〕 参见何家弘:《均衡与和谐》,载何家弘主编:《法学家茶座》(总第 36 辑),山东人民出版社 2012 年版,"卷首语"。

〔68〕 周旺生:《法的功能和法的作用辨异》,载《政法论坛》2006 年第 5 期。

〔69〕 赵震江、付子堂:《现代法理学》,北京大学出版社 1999 年版,第 74 ~ 76 页。

〔70〕 李昌麒主编:《经济法学》,中国政法大学出版社 1999 年版,第 53 页。

〔71〕 李军:《法的功能、作用和价值比较研究》,载《山东医科大学学报(社会科学版)》1998 年第 1 期。

〔72〕 [澳]皮特·凯恩:《法律与道德中的责任》,罗李华译,商务印书馆 2008 年版,第 324 页。

〔73〕 周旺生:《法的功能和法的作用辨异》,载《政法论坛》2006 年第 5 期。

法的基本功能应当与民族关系、民族权益、民族团结、中华民族共同体以及国家统一等密切相关，是民族法作为法具有的与民族关系、民族权益、民族团结、中华民族共同体以及国家统一相关的那些根本的基础的功能。从民族法具有的与民族关系、民族权益、民族团结、中华民族共同体以及国家统一相关的那些根本的基础的功能衍生的功能，则是民族法的辅助功能，民族法的辅助功能是为了更好地实现基本功能而起辅助作用的功能。

民族法的基本功能，是由法的本质属性决定的，也是由法的基本功能决定的。民族法的基本功能是作为法的民族法不可缺少的那些功能，是决定民族法属性的功能。民族法的基本功能主要包括调整民族关系、指引与民族相关行为以及保障民族权益、民族团结和中华民族共同体。民族法律制度不仅对各民族权利予以确认，对相关主体的行为加以规范和调整，而且对其正常的发展秩序加以维护和保障，从而彰显民族法保护各民族权利、铸牢中华民族共同体意识、促进中华民族伟大复兴的本质和目的。

第二节　民族法的基本功能

一、调整民族关系

调整功能是法的基本功能。民族法与其他部门法或者法律制度一样，具有调整功能，只是具体内容不一样。民族法的调整功能，主要表现为对民族关系的调整功能。《宪法》序言规定，“中华人民共和国是全国各族人民共同缔造的统一的多民族国家。平等团结互助和谐的社会主义民族关系已经确立，并将继续加强”，以“实现中华民族伟大复兴”。

通过民族法调整民族关系，是为了细化和落实“实现中华民族伟大复兴”的宪法目标。因此，民族法必须调整好以下三方面的关系：(1)中华民族与各民族的关系。“中华民族伟大复兴的主体是中华民族。”〔74〕各民族是“一个也不能少”的复兴力量。2014 年中央民族工作会议指出，我们讲中华民族多元一体格局，一体包含多元，多元组成一体，一体离不开多元，多元也离不开一体，一体是主线和方向，多元是要素和动力，两者辩证统一。一体“要求大家庭所有成员‘一个也不能少’地同心同向建设中华民族共同体，向中华民族伟大复兴的目标迈进”〔75〕。作为多元的“各民族都要培养孩子们树立中华民族一员的意识，不要让孩子们只知道自己是哪个民族的人，首先要知道自己是中华民族，这是月亮和星星的关系，这件事一定要大张旗鼓做起来，持之以恒做下去”〔76〕。民族法必须规定好中华民族和各民族的关系，为伟大复兴提供制度保障。比如，《民族区域自治法》规定，上级国家机关和民族自治地方的自治机关维护和发展各民族的平等、团结、互助的社会主义民族关系。(2)少数民族与汉族的关系。我国共有 56 个民族，由 1 个汉族和 55 个少数民族组成。1956 年，毛泽东在《论十大关系》中指出：“我们必须搞好汉族和少数民

---

〔74〕　郝时远：《民族工作以铸牢中华民族共同体意识为“纲”》，载《贵州民族研究》2021 年第 5 期。

〔75〕　郝时远：《民族工作以铸牢中华民族共同体意识为“纲”》，载《贵州民族研究》2021 年第 5 期。

〔76〕　《共享民族复兴的伟大荣光——习近平总书记关于民族团结进步重要论述综述》，载《人民日报》2021 年 8 月 25 日，第 1 版。

族的关系,巩固各民族的团结,来共同努力于建设伟大的社会主义祖国。”[77]汉族和少数民族的关系是民族法的重要调整对象,也是民族法调整功能发生功用和效能的重要着力点。(3)少数民族之间的关系。平等团结互助和谐的社会主义民族关系必须以少数民族之间平等团结互助和谐的关系为基础和支撑。少数民族之间亦应互相尊重。民族法应规范好少数民族之间的权利和义务。

民族法对民族关系的调整,可以分为静态调整和动态调整。静态调整主要表现为民族法依法规定中华民族与各民族的关系、少数民族与汉族的关系以及少数民族之间的关系,将民族关系以法律的形式予以确认。在依法规定民族关系的过程中,重点依法规定各民族的权利义务以及上级国家机关的职责义务。动态调整,是指民族法必须回应社会的发展和时代的进步,动态分配民族权利和民族义务,以实现民族法应当具有的调整功能。民族法的真正效益在于确保有序的平衡,而这种平衡能成功地预防基于民族问题产生的纠纷。

二、指引与民族相关行为

马克思曾精辟分析法与行为的关系,认为“只是由于我表现自己,只是由于我踏入现实的领域,我才进入受立法者支配的范围。对于法律来说,除了我的行为以外,我是根本不存在的,我根本不是法律的对象。我的行为就是法律在处置我时所应依据的唯一的东西,因为我的行为就是我为之要求生存权利、要求现实权利的唯一东西,而且因此我才受到现行法的支配”[78]。法对行为予以指引,是法之为法的基本功能。就民族法而言,则是指引那些与民族相关的行为。民族法的指引功能,表现在民族法通过规定民族权利和民族义务,设定与民族相关的行为模式,将与民族相关的行为纳入建设中华民族共同体、实现中华民族伟大复兴的宪法秩序之中。

民族法作为特殊的规范,是指引行为主体行使与民族相关行为的准则。民族法的指引功能是指民族法所具有的,能够为行为主体提供某种行为模式,予以指引行为人可以作出某种行为、必须如何作出某种行为或不得作出某种行为的功用和效能。民族法的指引包括确定性指引和不确定性指引。确定性指引具有刚性,不确定性指引为行为主体预留选择空间。其中,确定性指引往往通过义务性规范或者禁止性规范的方式表现。不确定性指引往往通过授权性规范的方式表现。民族法的指引功能属于一般指引,是通过一般或普遍的法律规定对行为主体行使的与民族相关的同类行为进行的指引,至少包括以下内容:一是为行为主体提供与民族相关的行为模式;二是对与民族相关行为的后果作出规定;三是预防行为主体作出有损民族团结、中华民族共同体的行为。

(一)提供与民族相关的行为模式

民族法的指引功能,首先表现为为行为主体提供行为模式。一般来说,民族法提供三种类型的指引:一是授权性指引;二是义务性指引;三是职权性指引。它既规定积极行为模式,也规定消极行为模式。积极行为,是指行为主体以积极、主动的方式作出的具有法律意义的行为。比如,《宪法》序言规定,在维护民族团结的斗争中,要反对大民族主义,主要是大汉族主义,也要反对地方民族主义。消极行为,是指义务主体以消极的、抑制的方式表现的具有法律意义的行为。比

[77] 中共中央文献研究室、国家民族事务委员会编:《毛泽东民族工作文选》,中央文献出版社、民族出版社2014年版,第243页。

[78] 《马克思恩格斯全集》(第1卷),人民出版社1956年版,第16~17页。

如,《宪法》第4条规定,禁止对任何民族的歧视和压迫,禁止破坏民族团结和制造民族分裂的行为。

除此之外,民族法针对不同行为主体分别规定相应的行为,对不同主体的行为予以分类指引:(1)指引上级国家机关的帮助行为。《民族区域自治法》规定,国家根据各少数民族的特点和需要,帮助各少数民族地区加速经济和文化的发展。上级国家机关应当帮助、指导民族自治地方经济发展战略的研究、制定和实施,从财政、金融、物资、技术和人才等方面,帮助各民族自治地方加速发展经济、教育、科学技术、文化、卫生、体育等事业。(2)指引民族自治地方自治机关的区域自治行为。比如,规定"各少数民族聚居的地方实行区域自治,设立自治机关,行使自治权。各民族自治地方都是中华人民共和国不可分离的部分"。(3)指引民族自治地方其他机关的行为。比如,规定"民族自治地方的企业、事业单位依照国家规定招收人员时,优先招收少数民族人员,并且可以从农村和牧区少数民族人口中招收"。(4)指引各民族人民的行为。比如,规定"各民族都有使用和发展自己的语言文字的自由,都有保持或者改革自己的风俗习惯的自由"。

(二)提供与民族相关行为的后果

民族法的指引功能,不仅在于为行为主体提供行为模式,还在于为行为主体的行为后果提供评价标准。民族法对与民族相关的行为规定行为后果,是民族法指引功能的应有之义。民族法既提供回应违法行为的否定性后果,也提供回应合法行为的肯定性后果。如《内蒙古自治区促进民族团结进步条例》规定:在图书、报刊、音像制品、影视、网络等载体以及地域名称、企业名称、品牌商标、广告信息等方面出现否定中华民族共同体、诋毁民族风俗习惯、损害民族尊严、伤害民族感情内容的;散布不利于民族团结言论,收集、制作、提供、传播不利于民族团结信息,实施破坏民族团结、煽动民族仇恨和民族歧视行为的;实施渗透颠覆破坏活动、暴力恐怖活动、民族分裂活动、宗教极端活动的,由旗县级以上人民政府民族事务部门会同有关部门和单位给予批评教育、责令改正;构成违反治安管理行为的,由公安机关依法给予处罚;构成犯罪的,依法追究刑事责任。自治区人民政府每5年召开一次民族团结进步表彰大会,盟行政公署、设区的市人民政府和旗县级人民政府应当定期开展民族团结进步表彰活动,对在促进民族团结进步事业中做出显著成绩和突出贡献的模范集体和模范个人给予表彰奖励。

(三)预防有损民族团结和中华民族共同体的行为

民族法之所以具有指引功能,是因为民族法的最终目的并不在于制裁,而是在于引导,预防行为主体做出违法行为,鼓励行为人依法行为,以维护平等团结互助和谐的社会主义民族关系,促进各民族交往交流交融,铸牢中华民族共同体意识。在中华民族多元一体格局下,民族平等是民族关系最本质的特征。民族法的指引功能,既表现为指引各民族认同本民族是中华民族的组成部分,还要指引各民族认同各民族共同组成的中华民族,处理好本民族局部利益与中华民族整体利益的关系,正视多样性,增强一致性。做民族团结的忠诚守卫者和捍卫者,旗帜鲜明地反对破坏民族团结、制造民族分裂以及一切民族歧视、民族隔阂的言行,反对大汉族主义和地方民族主义。因此,预防有损民族团结和中华民族共同体的行为,是民族法不同于其他部门法的最为重要的指引功能。

三、保障民族权益、民族团结和中华民族共同体

民族法的保障功能是民族法所具有的对中华民族利益、各民族利益以及民族关系予以保护的功用和性能。《宪法》规定,"中华人民共和国各民族一律平等。国家保障各少数民族的合法

的权利和利益，维护和发展各民族的平等团结互助和谐关系”“中国各族人民将继续在中国共产党领导下，在马克思列宁主义、毛泽东思想、邓小平理论、‘三个代表’重要思想、科学发展观、习近平新时代中国特色社会主义思想指引下……推动物质文明、政治文明、精神文明、社会文明、生态文明协调发展，把我国建设成为富强民主文明和谐美丽的社会主义现代化强国，实现中华民族伟大复兴”。民族法的保障功能，主要表现在保障民族权益、民族团结和中华民族共同体等几个方面。

第一，对民族权益的保障。改革开放以来，各省、市纷纷制定散居少数民族工作条例或散居少数民族权益保障条例，保障散居少数民族的合法权益，巩固和发展平等团结互助和谐的社会主义民族关系，促进各民族交往交流交融，推动各民族共同繁荣发展。“自第一届全国人民代表大会以来，历届全国人民代表大会少数民族代表的比例都高于少数民族人口的比例。例如，第十届全国人民代表大会有少数民族代表415名，占代表总数的13.91%，高于人口比例5.5个百分点。每个民族都有全国人民代表大会代表，人口在百万以上的民族都有全国人民代表大会常务委员会委员。”〔79〕

第二，对民族团结的保障。国务院“为了帮助民族自治地方加快经济和社会的发展，增进民族团结，促进各民族共同繁荣”，专门颁布《实施〈中华人民共和国民族区域自治法〉若干规定》。在这部行政法规中有多个条款明确规定了与民族团结相关的内容。例如，该规定第2条规定，各级人民政府应当加强《中华人民共和国民族区域自治法》以及相关法律、法规和民族政策的宣传教育，依法制订具体措施，保护少数民族的合法权益，妥善处理影响民族团结的问题，巩固和发展平等、团结、互助的社会主义民族关系，禁止破坏民族团结和制造民族分裂的行为。其第3条规定，维护祖国统一和民族团结是公民的职责和义务。增进民族团结是民族法的出发点，也是落脚点。保障民族团结是民族法必不可少的功能。

第三，对中华民族共同体的保障。中华民族共同体是我国各族人民在长期历史发展中形成的政治上团结统一，文化上兼容并蓄，经济上相互依存，情感上相互亲近，你中有我、我中有你、谁也离不开谁的民族共同体，是建立在共同历史条件、共同价值追求、共同物质基础、共同身份认同、共有精神家园基础上的命运共同体。这个命运共同体需要各民族人民共同维护，合力发展。

自“中华民族”入宪以来，铸牢中华民族共同体意识成为民族工作的重中之重。截至2020年年底，已经制定的“涉及‘铸牢中华民族共同体意识’的法规合计42部，其中部门规章1部、党内法规3部、省级地方性法规13部、设区的市地方性法规4部、自治条例和单行条例21部”。〔80〕其中，《河北省围场满族蒙古族自治县自治条例》《甘肃省张家川回族自治县自治条例》《云南省文山壮族苗族自治州自治条例》《云南省怒江傈僳族自治州自治条例》《云南省德宏傣族景颇族自治州自治条例》《青海省海南藏族自治州自治条例》《云南省楚雄彝族自治州自治条例》《青海省海北藏族自治州自治条例》《云南省峨山彝族自治县自治条例》《云南省西双版纳傣族自治州自治条例修正案》《云南省红河哈尼族彝族自治州自治条例》《云南省贡山独龙族怒族自治县自治条例》《青海省玉树藏族自治州自治条例》《云南省迪庆藏族自治州自治条例》《贵州省黔东南

〔79〕《中国的民族区域自治》，载中华人民共和国中央人民政府网，http://www.gov.cn/zhengce/2005-09/13/content_2615742.htm。

〔80〕参见蒋慧、孙有略：《“铸牢中华民族共同体意识”入法：理论阐释、规范考察与制度完善》，载《广西民族研究》2021年第3期。

苗族侗族自治州自治条例》《云南省大理白族自治州自治条例》这16部自治条例明确将“铸牢中华民族共同体意识”写入其中。《四川省北川羌族自治县促进民族团结进步条例》《四川省阿坝藏族羌族自治州民族团结进步条例》《吉林省前郭尔罗斯蒙古族自治县民族团结进步条例》这3部单行条例也将“铸牢中华民族共同体意识”写入条例文本。铸牢中华民族共同体意识成为民族法保障中华民族共同体的关键所在。

第三节　民族法功能的实现

一、民族法功能的实现概述

(一)民族法功能的应然与实然

民族法的功能具有应然性特征,仅是一种可能性。正如应然权利、法律权利和现实权利之间的关系一样,应然性不等于现实性。只有实然的民族法无限接近应然的民族法,具有应然性的民族法的功能才能够转化为现实的功用和效能。因此,民族法固然可以对行为主体与民族相关的行为发生影响,并对那些行为具有天然的功用和性能,“不因外部环境的变化而变化,也不因某个主体的变更而消失”,[81]但未必都能实际产生效能。

中华人民共和国成立以来,国家高度重视民族法规的建设工作。以广西壮族自治区为例,截至2021年9月,广西壮族自治区现行有效的涉民族工作地方性法规、自治条例和单行条例共68件,其中包括自治区地方性法规24件、设区的市地方性法规8件、自治县自治条例12件、自治县单行条例24件,初步形成了以民族区域自治法为核心、涉民族工作地方性法规和自治条例、单行条例相配套的具有广西壮族自治区特色的民族工作法规体系,为建立完善民族事务治理体系提供了法治保障。[82] 但民族法的功能仍没有在现实的社会生活中完全实现。因此,从功能主义的角度讲,积极采取有效措施,促进具有应然性的民族法功能转化为现实的功用和效能,是通过法治方式促进各民族交往交流交融,引导各族人民铸牢中华民族共同体意识,加强中华民族共同体建设的关键所在。

(二)民族法功能的实现离不开民族法作用的发挥

民族法的功能具有内生性,如果仅仅停留在应然层面,只是空中楼阁。只有当民族法律规范从纸面上走进行为主体的现实工作、生活中,从理想变成现实,民族法的功能才能实现。因此,民族法功能的实现,需要以民族法切实发挥作用为纽带和桥梁。“在法的功能问题上,人们所能做和所应做的,主要是使法的功能的潜质尽可能得以实现,而不是去做形式上所谓‘充分发挥’而实质上则属于画蛇添足的徒劳的工作。”[83]

民族法只有在实际生活中发挥其作为法应有的作用,其功能才可能从应然状态变成实然状态。需要注意的是,大部分民族法发挥的是“基础性和综合性法律所具有的统领性功能,即整

---

〔81〕 李力:《论法律的功能》,载《四川大学学报(哲学社会科学版)》1995年第3期。

〔82〕 参见《全国人大民委到广西专题调研民族工作法律法规贯彻实施和涉民族工作地方立法情况》,载中国人大网2021年11月2日,http://www.npc.gov.cn/npc/c30834/202111/52fcf52234ca4cbfa906c3d4b6d105e9.shtml。

〔83〕 周旺生:《法的功能和法的作用辨异》,载《政法论坛》2006年第5期。

合、规范和系统推进的功能。其实用性不在于具体案件中具体条文的适用,而在于对该特定领域中现有法律体系进行高屋建瓴的整合、机制体制建构和整体推进该特定领域法治的重大作用”[84]。

(三)有效推动民族事务治理法治化是实现民族法功能的关键

民族事务治理法治化是全面推进依法治国的要求,也是实现民族法功能的关键。民族法功能的实现须以民族法的实施为依托,而民族法的实施须以民族法功能的实现为目的。民族法的功能要实现,须以民族法的社会化为保障。民族法的功能应“是立法者或执法者在制定和执行法律的过程中必然会考虑到的因素”[85]。且民族事务的治理并入法治化轨道,“通过法律实施活动,把法律规范中体现立法者有关权利和义务的要求和意图,转化成社会现实生活中的权利和义务,从而建立牢固的法律秩序”[86]。

二、民族法功能的实现条件

如何实现民族法的功能,学界已有零星研究。熊文钊认为,民族法在调整民族关系时离不开政策调整和法律调整,同时强调以国家强制力保障实施,确保民族法调整民族关系效果的重要性。[87] 田成友认为,民族法功能的实现需要依靠差别调整机制,即面对民族关系的特殊性,必须有一套特殊的法律调整手段,有适合民族地区实际情况的法律调整机制,即实行与汉族地区或主体民族地区不同的差别调整机制。[88] 这些研究主要从立法角度研究民族法功能的实现条件。民族法功能的实现,首先要以能够体现民族法功能的民族立法为基础和支撑,但徒法不足以自行,立法要件只是民族法功能实现的条件之一。除此之外,还应当具备其他条件。比如,吴宗金认为,民族法通过规范国家立法、司法、行政机关的活动和各民族公民的关系来调整我国的民族关系。[89] 也有学者认为,“法的功能的实现需要具备若干个条件,包括法的功能实现的内在要件与外在要件。其中,民主、法治、公平、正义要素基本构成了法的功能实现的内在内容要件,词语准确性、结构合理性、体系系统性则构成了法的功能实现的内在形式要件。法的功能实现的外在要件就是在司法、执法、守法过程中应当具备的影响法的功能实现的具体构成要素”。我们认为,有法可依、有法必依、执法必严和违法必究,是民族法功能得以实现的关键,因此,民族法功能的实现条件包括立法、执法和司法等方面的内容。

(一)立法条件

自中华人民共和国成立以来,国家一直坚持将民族平等、民族团结和各民族共同繁荣发展原则作为解决民族问题和处理民族关系的基本原则,同时在少数民族聚居地区实施了民族区域自治制度,以期为保障人身权利、政治权利、经济权利、文化权利、社会权利、妇女儿童权利以及宗教信仰自由等提供坚实的法治基础。而各民族公民享有的上述权利能否得到有效保障,关键取决于民族法律制度体系是否具有完备性。从这个角度讲,民族法功能的实现,首先依赖于民族立法是否符合科学性、民主性、合宪性的要求。

---

〔84〕 王晨光、张怡:《〈基本医疗卫生与健康促进法〉的功能与主要内容》,载《中国卫生法制》2020 年第 2 期。

〔85〕 陈宜:《法的价值与功能辨》,载《西南民族学院学报(哲学社会科学版)》2001 年第 4 期。

〔86〕 付子堂、胡仁智:《关于法律功能实现的若干思考》,载《法学评论》1999 年第 5 期。

〔87〕 参见熊文钊主编:《民族法学》(第 2 版),北京大学出版社 2016 年版,第 31 页。

〔88〕 参见田成友:《民族法研究的理论意义和实践价值》,载《贵州民族研究》1995 年第 3 期。

〔89〕 参见吴宗金、张晓辉主编:《中国民族法学》(第 2 版),法律出版社 2004 年版,第 113 页。

从立法的角度讲,在中华民族多元一体格局下,要充分发挥民族法的功能,必须在相关法律中对中华民族与各民族、汉族与少数民族以及少数民族之间的关系作出合理的制度安排。中华人民共和国成立以来,“一是通过宪法、民族区域自治法确立了中华民族的国家民族地位和单一制国家结构形式,明确了中国各民族建构中华民族共同体的法律地位。二是通过民族区域自治制度实现了各民族共同团结奋斗、共同繁荣发展,提升了少数民族对中华民族共同体的凝聚力。三是通过民族法治建设推动和保障了民族团结进步事业发展和平等、团结、互助、和谐的社会主义新型民族关系的构建”[90]。这些立法蕴含了民族法应当具有的调整功能、指引功能以及保障功能。但2018年将“中华民族”写入《宪法》序言之后,民族法如何成体系地在中央立法和地方立法中对“中华民族”作出细化安排,成为实现民族法功能必须解决的重要问题。

近年来,各地先后围绕民族团结进步而创建开展了相应的立法工作。在5个自治区中,有4个自治区已经完成民族团结进步创建立法。先后制定《新疆维吾尔自治区民族团结进步工作条例》《西藏自治区民族团结进步模范区创建条例》《宁夏回族自治区促进民族团结进步工作条例》《内蒙古自治区促进民族团结进步条例》。虽然这些条例的名称不一,内容存在差异,但立法目的基本一致。比如,《西藏自治区民族团结进步模范区创建条例》规定,“为全面深入推进民族团结进步事业,巩固和发展平等团结互助和谐的社会主义民族关系,铸牢中华民族共同体意识,把西藏建成全国民族团结进步模范区,根据宪法以及《中华人民共和国民族区域自治法》等法律法规,结合自治区实际,制定本条例”。《内蒙古自治区促进民族团结进步条例》规定,“为了铸牢中华民族共同体意识,促进民族团结进步事业,巩固发展平等团结互助和谐的社会主义民族关系,根据宪法、民族区域自治法和国家有关法律、法规,结合自治区实际,制定本条例”。《宁夏回族自治区促进民族团结进步工作条例》规定,“为了巩固和发展平等团结互助和谐的社会主义民族关系,铸牢中华民族共同体意识,促进民族团结进步事业,根据宪法和有关法律法规,结合自治区实际,制定本条例”。除此之外,贵州省、青海省、云南省迪庆藏族自治州、青海省海北藏族自治州等也制定了民族团结进步条例,为新时代实现民族法功能提供了有利的立法条件。但从系统的角度来看,“新时代的中国特色社会主义法治体系对于民族共同体的意义还有待进一步挖掘和强化,需要在全面推进依法治国的战略下来审视中华民族共同体法治建构的理念和制度设计”[91]。从这个角度讲,当前实现民族法功能的立法条件尚需进一步完善。

(二)执法条件

坚持全面推进科学立法、严格执法、公正司法、全民守法,是全面依法治国的重要环节,也是习近平法治思想的重要内容。而全面推进依法治国的重点是保证法律严格实施,因此,民族法功能的实现,还必须依赖于执法机关依法执法。民族法应当被适用,而且应以宪法为基本遵循,在宪法的框架下适用。民族法功能的实现,在执法环节至少需要符合三方面的条件:一是要有高素质的执法主体;二是要有符合中华民族共同体建设要求的执法理念;三是要有有助于实现中华民族伟大复兴的执法方式。

执法主体的素质直接关系民族法功能的实现程度。“随着法治国家的不断演进,单纯的形式法治已经无法适应治理型政府的内涵与要求。作为一种更为合乎权利保障要求的法治形式,

---

〔90〕　陆平辉:《铸牢中华民族共同体意识的法治建构》,载《中央社会主义学院学报》2021年第4期。

〔91〕　陆平辉:《铸牢中华民族共同体意识的法治建构》,载《中央社会主义学院学报》2021年第4期。

实质法治亦将在执法过程中发挥其独特的作用。”〔92〕因此,执法者必须围绕民族执法的功能和目标,不断完善与民族行为相关的执法制度体系,规范执法程序,确保执法在法治轨道上进行。

在民族执法过程中,还应秉持铸牢中华民族共同体意识的执法理念,将党的民族政策与民族法紧密结合,严禁民族歧视,严格落实民族平等原则。“除法律之外,还有执政党的政策、规章、社会伦理道德、风俗习惯等其他社会规范在发挥着不同程度的调节作用。因此,法并不是孤立的社会调整形式,它必须与其他社会调控形式相融合和协调,才能充分发挥法的功能所具有的调节潜力。”〔93〕因此,在执法过程中,还必须处理好民族法与其他规范的关系。

民族执法尤其需要创新执法方式。通过创新民族执法方式提高执法效能,促进民族法功能转化为现实的作用。在民族执法过程中,既要注意刚性执法与柔性执法相结合,也要加强执法、服务、监管、共治相结合,并尽力推动精准执法。

(三)司法条件

法的功能实现是指法的功用和效能的现实化,是法的功能转化为现实作用的过程和结果。法的功能转化为现实,离不开司法机关对民族法的适用。司法机关在司法活动中适用民族法规,必然有助于民族法的功能在社会中成为现实,其效果也才能真正地在社会生活中得以显现。

有学者“通过对裁判文书网106份援引民族自治地方自治法规的裁判文书的梳理发现,民族自治地方自治法规在民族自治地方基层法院的司法实践中正发挥着作用,其中在行政案件中援引频率最高。这些案例中公民、法人和其他组织,以及行政机关都有援引自治法规表达诉求或辩称,可以看出民族自治地方自治法规影响着民族自治地方社会生活的各个方面。民族自治地方自治法规还为法院平息诉讼争议提供了说理和裁判的依据”〔94〕。只有民族法在司法活动中被审判机关遵守,民族法的调整功能、指引功能和保障功能才得以最终呈现。从这个角度讲,司法条件是民族法功能得以实现的最终条件。民族法的司法适用,为民族法功能的实现提供最后的保障。

三、民族法功能的实现途径

民族法功能的实现途径,最为重要的就是所有人依法实施与民族相关的行为。因为“只有合法行为,才能把法律规范对人们行为的要求转化为现实,合法行为乃是法律实现的基本途径”〔95〕。当所有人都在法治的轨道上行进,民族法绘制的民族团结蓝图就一定能够实现,各民族人民也才能真正地“像爱护自己的眼睛一样爱护民族团结,像珍视自己的生命一样珍视民族团结,像石榴籽那样紧紧抱在一起”。具体而言,民族法功能实现的路径主要包括民族自治地方的上级国家机关和自治机关依法履行职责、各民族严格遵守民族法的各项规定等。

(一)上级国家机关依法履行法定职责

《民族区域自治法》第六章规定了“上级国家机关的职责”,共有19条。比如,第58条规定,“上级国家机关从财政、金融、人才等方面帮助民族自治地方的企业进行技术创新,促进产业结构升级。上级国家机关应当组织和鼓励民族自治地方的企业管理人员和技术人员到经济发达地

---

〔92〕 石珍:《从“行政管理”到“国家治理”:执法理念的法治化回应》,载《四川行政学院学报》2014年第4期。

〔93〕 吕世伦、公丕祥主编:《现代理论法学原理》,黑龙江美术出版社2018年版,第72页。

〔94〕 郭丽萍:《民族自治地方自治法规司法适用的实证考察——以106份裁判文书为分析样本》,载《民族研究》2016年第5期。

〔95〕 付子堂、胡仁智:《关于法律功能实现的若干思考》,载《法学评论》1999年第5期。

区学习,同时引导和鼓励经济发达地区的企业管理人员和技术人员到民族自治地方的企业工作”。第59条规定,“国家设立各项专用资金,扶助民族自治地方发展经济文化建设事业。国家设立的各项专用资金和临时性的民族补助专款,任何部门不得扣减、截留、挪用,不得用以顶替民族自治地方的正常的预算收入”。第60条规定,“上级国家机关根据国家的民族贸易政策和民族自治地方的需要,对民族自治地方的商业、供销和医药企业,从投资、金融、税收等方面给予扶持”。上级国家机关根据民族自治地方以及少数民族的特点和需要,促进民族共同繁荣和发展,是《宪法》确定的解决民族自治地方经济社会全面发展问题,巩固和发展平等团结互助和谐的社会主义民族关系的基本原则和重要途径。为充分发挥上级国家机关帮助民族自治地方发展经济和文化的宪法原则和制度的功能,需要建立一个完备的决策程序制度,以保证上级国家机关制定的政策和措施能够真正满足民族自治地方以及少数民族的特点和需要。[96] 因此,上级国家机关履行法定职责对于实现民族法的功能具有重要作用。为此,有必要提高上级国家机关履行法定职责的意识与能力,进一步完善和创新督促上级国家机关履责的监督机制,完善配套立法或政策,以保证民族优惠政策落到实处。[97]

(二)自治机关依法行使自治权

“新时代,在肯定‘民族区域自治’制度的同时,在序阶上应特别强调必须把‘统一’放在‘自治’之上:‘没有国家统一,就谈不上区域自治’,在谈到实行区域自治的民族群体时,强调他们在维护统一、民族团结方面‘负有更大的责任’。”[98] 这就要求民族自治地方的自治机关必须在铸牢中华民族共同体意识这一新的背景下,依法行使宪法和法律赋予的自治权。

我国《民族区域自治法》第三章较为系统地规定了“自治机关的自治权”。民族自治地方的自治权涵盖面广,包括“政治方面的自治权,有立法自治权、变通执行或停止执行权、语言文字自治权、人事管理自治权、公安部队自治权等;经济方面的自治权,有经济建设管理自治权、自然资源管理自治权、企业事业管理自治权、对外经济贸易管理自治权、地方财税管理自治权、金融建设管理自治权等;社会管理方面的自治权,有民族教育管理自治权、民族文化管理自治权、民族科技管理自治权、民族医药卫生管理自治权、民族体育管理自治权、人口管理自治权、环境管理自治权等”[99]。一般地方并不享有民族自治地方的这些自治权。从民族法的调整功能看,民族区域自治权的设定要考虑民族法的平衡功能,民族自治地方在行使区域自治权的过程中,也需要考虑实现民族法的平衡功能。

具体而言,民族自治地方行使自治权时必须遵循以下原则要求:(1)必须遵循合宪原则的要求。(2)必须遵循合法原则的要求。《宪法》和《民族区域自治法》均对民族自治地方自治机关的自治权限作了明确规定,“那种任意扩大或缩小自治权限的行为,都是法律所不允许的”。民族自治地方只有尊重并遵守自治权限的要求,“才能更好地行使自治权限。另外,由于自治区、自治州、自治县的自治机关,还要行使宪法规定的地方国家机关的职权,因而还必须在明确自治权

---

〔96〕 参见田钒平:《上级国家机关履行法定职责的决策程序探讨》,载《中南民族大学学报(人文社会科学版)》2016年第2期。

〔97〕 参见潘红祥、曾冰洁:《上级国家机关履行民族法职责的问题分析与对策研究》,载《湖北民族学院学报(哲学社会科学版)》2015年第2期。

〔98〕 马戎:《中国民族区域自治制度的历史演变轨迹》,载《中央社会主义学院学报》2019年第3期。

〔99〕 熊文钊、多杰昂秀:《推进中央与民族自治地方关系法治化》,载《中国民族报》2017年12月1日,第6版。转引自马戎:《中国民族区域自治制度的历史演变轨迹》,载《中央社会主义学院学报》2019年第3期。

限的同时,正确处理好行使自治权和行使地方国家机关职权的双重职权的关系”[100]。(3)必须遵循合理原则的要求。(4)还要考虑国家法律与党内法规的衔接。

(三)各民族严守民族法各项规定

从法理上讲,只有各族群众真正树立对法律的信仰,自觉按法律办事,民族团结才有保障,民族关系才会牢固。因此,各民族严守民族法的各项规定,是实现民族法功能最为关键的途径。比如,根据《宪法》和《民族区域自治法》的规定,任何国家机关、社会团体和个人不得强制公民信仰宗教或者不信仰宗教,不得歧视信仰宗教的公民和不信仰宗教的公民。任何人不得利用宗教进行破坏社会秩序、损害公民身体健康、妨碍国家教育制度的活动。因此,遵守宗教法规,是各民族公民应尽的民族法义务。只有各民族公民互相尊重对方的宗教信仰自由,良好的宗教秩序才能够得以持续维护。

从这个角度讲,守法是实现法的功能最经济也是最有效的途径。为促进民族法功能的实现,必须进一步培育各族人民的守法意识,激发各族人民自觉守法的动力。新时代,“要教育和引导各族人民把对本民族的民族感情同爱国主义、社会主义结合起来,同拥护中国共产党的领导结合起来,同中华民族共同体意识结合起来,牢固树立正确的祖国观、历史观、民族观,不断增强各族人民的‘五个认同’。在实际工作中还要警惕形而上学地把‘铸牢中华民族共同体意识’和讲‘民族平等、民族团结、各民族共同发展繁荣’对立起来”。[101] 各族人民应当以铸牢中华民族共同体意识为己任,严格履行民族法为各族人民设定的民族法义务,以合法行为维护自身权益。由此,民族法字里行间的平等团结互助和谐的新型民族关系必然转换成生动的、鲜活的平等团结互助和谐的社会主义民族关系,各民族共同团结奋斗和繁荣发展的局面才能形成,中华民族伟大复兴的战略目标也才能从理想转化为现实。

---

[100] 吴大华:《民族法学通论》,中国方正出版社 1997 年版,第 152 页。

[101] 李赞、金炳镐:《新时代促进我国民族团结进步事业基本途径的探索》,载《中国边疆史地研究》2019 年第 3 期。

第三编　民族法的运行

法律的生命和权威在于实施，而保证法律有效实施的前提在于良法的创制。民族法的运行既包括民族法的制定，也包括民族法的实施，是民族法的一般原理与价值理念从静态的理论观念向动态的法律活动转变的关键环节。因而，民族法的运行不仅在宏观层面与民族法律制度的价值实现状况和功能发挥效果密切相关，同时在微观层面上也对现实生活中各族公民的切身利益产生重大影响。为此，确保民族法良好运行的关键在于提升民族法的立法质量与实施效果，这既是在法治国家中保持民族生机活力与有效权威的根本前提，也是在多民族国家中运用法治思维与法治方法调整民族关系的应有之义。

本编从民族法的运行机制出发，主要阐述了民族法的制定与民族法的实施两方面内容。其中，在民族法的制定部分着重介绍了民族立法的概念、原则、程序、监督等内容；在民族法的实施部分重点阐释了民族法的执行、适用、监督、遵守等内容，以从法治的视角较为全面地展现民族法运行的全貌。同时，也针对其中存在的问题进行了实践考察与理论思考。

民族法的运行是民族法学研究与民族法治建设的重要关切，在学习过程中需要对其进行准确把握与重点理解。

第八章　民族法的制定

第一节　民族立法的概念

一、民族立法的概念释义

立法，即法的创制。狭义的立法即创制法律，仅指国家权力机关及其常设机关，在法定权限内，依照法定程序制定、修改和废止法律的活动。广义的立法，是指有权机关依照法定职权和法定程序，制定、修改和废止法律、行政法规、地方性法规、自治条例和单行条例、规章的活动。[1]

民族立法，是指有权机关依照法定职权和法定程序，制定、修改、废止调整民族关系的法律、行政法规、地方性法规、自治条例和单行条例、规章的活动。

民族立法并不等同于民族自治地方立法。从主体上说，民族立法的主体是享有立法权的国家机关，而民族自治地方立法主体是自治区、自治州人民代表大会及其常委会和自治县的人民代表大会。从内容上说，民族立法是指调整民族关系的法律规范，而民族自治地方的立法既包括调整民族关系的法律规范，也包括调整当地一般社会关系的法律规范。民族自治地方的自治区、自治州存在自治立法权和地方性法规制定权，调整民族关系或需要行使变通权的立法通常采用自治条例、单行条例的方式，行使自治立法权。自治县由于只有自治立法权，在目前的立法实践中，无论是调整民族关系还是其他社会关系，都是通过自治条例和单行条例的方式立法。

二、民族立法的主体是具有立法权的国家机关

《宪法》和《立法法》规定的具有立法权的国家机关，在不同时期有所差别。例如，1954 年《宪法》第 22 条规定，全国人民代表大会是“行使国家立法权的唯一机关”。其第 70 条第 4 款规定，自治区、自治州、自治县的自治机关可以依照当地民族的政治、经济和文化的特点，制定自治条例和单行条例，报请全国人民代表大会常务委员会批准。1955 年和 1959 年，全国人民代表大会分别授权全国人民代表大会常务委员会制定和修改法律。1979 年的《地方各级人民代表大会和地方各级人民政府组织法》授权省、自治区、直辖市人民代表大会及其常务委员会制定地方性法规，1982 年《宪法》修改后再次予以确认。1986 年《地方各级人民代表大会和地方各级人民政

---

〔1〕《立法法》第 2 条规定：“法律、行政法规、地方性法规、自治条例和单行条例的制定、修改和废止，适用本法。国务院部门规章和地方政府规章的制定、修改和废止，依照本法的有关规定执行。”

府组织法》再次修改,授权省会市和经国务院批准的较大的市人民代表大会及其常务委员会制定地方性法规。2015 年《立法法》修改,授权所有设区的市和自治州人民代表大会及其常务委员会制定地方性法规。2018 年宪法修正案对《立法法》授权设区的市和自治州制定地方性法规的规定予以确认。由此,我国民族立法主体更加多元化。

三、民族立法应当在职权范围内进行

我国各级各类立法主体在立法权限上不一致,民族立法在内容和法律效力地位上都有差别。同时,由于民族自治地方享有自治立法权,立法权限与其他地方也不相同。例如,制定自治条例与单行条例属于民族自治地方人民代表大会的自治立法权,根据《立法法》第 85 条第 2 款的规定,自治条例和单行条例可以依照当地民族的特点,对法律和行政法规的规定作出变通规定。但该条同时又对变通权作了限制:(1)不得违背法律或者行政法规的基本原则;(2)不得对《宪法》和《民族区域自治法》的规定作出变通规定;(3)不得对其他有关法律、行政法规专门就民族自治地方所作的规定作出变通规定。民族自治地方的变通立法权,与其他地方在立法上的"先行先试"权也不一样。[2]

四、民族立法应当遵守一定的程序

立法程序是民族立法合法性、科学性、民主性的重要保障。《立法法》及各地的立法条例对立法程序作了严格规定。尽管不同层级的立法主体所遵循的程序有所不同,但也存在共性。例如,立法草案出台,首先要根据该项立法需要解决的问题制定立法目标,起草立法案,再经立法各方参与主体的论证、人民代表大会或者常务委员会代表的审议,最后经有权机关批准、报送备案审查。民族自治地方的立法在程序上还存在一些特殊规定。例如,《立法法》第 109 条第 1 款第 3 项规定,自治州、自治县的人民代表大会制定的自治条例和单行条例,由省、自治区、直辖市的人民代表大会常务委员会报全国人民代表大会常务委员会和国务院备案;自治条例、单行条例报送备案时,应当说明对法律、行政法规、地方性法规作出变通的情况。

五、民族立法的内容是调整民族关系

民族立法是制定、修改、废止调整民族关系的法律、行政法规、地方性法规、自治条例和单行条例、规章的活动。因此,民族法在内容上也区别于调整其他社会关系的法律规范。在实践中,民族法的存在形式可以是《民族区域自治法》、《城市民族工作条例》、《民族乡行政工作条例》以及民族自治地方制定的自治条例、单行条例等专门调整民族关系的规范性法律文件,也可以是存在于《宪法》《立法法》《民法典》《刑法》等并非专门调整民族关系的规范性法律文件中有关调整民族关系的条款。

---

[2] 《立法法》第 82 条第 2 款规定,除本法第 11 条规定的事项外,其他事项国家尚未制定法律或者行政法规的,省、自治区、直辖市和设区的市、自治州根据本地方的具体情况和实际需要,可以先制定地方性法规。

第二节　民族立法的体制

一、民族立法体制概述

立法体制是由立法权、立法权运行和立法权载体等构成的有机整体,其核心是有关立法权限的体系和制度。[3] 民族立法体制是我国立法体制的重要组成部分,随着整体立法体制的发展而发展。当今世界的立法体制多样,既包括立法权由议会、国家元首等一个立法主体行使的单一立法体制,也包括立法权由上述多个立法主体共同行使的复合立法体制。我国现行立法体制独具特色,是在中央统一领导下的多级多层次立法权并存的体制。

立法制度是与立法体制密切相关的一个概念。立法体制是一国立法制度最重要的组成部分。立法制度是立法活动、立法过程中所需遵循的各种实体性准则的总称,是国家法制的重要组成部分。[4] 立法制度由立法体制、立法主体的制度、立法权的制度、立法运作的制度、立法监督的制度等一系列制度构成,它是国家进行法治建设的前提和基础性条件。我国是成文法国家,通过《宪法》和相关法律对立法制度作出规定。由于《宪法》的规定比较原则,为了规范立法活动,提高立法质量,根据《宪法》,又制定了《立法法》,对国家立法制度进行专门规定。

立法机制是在实践中经常与立法体制并用的一个概念。例如,党的十九届四中全会要求"完善立法体制机制"。立法机制侧重于立法权的载体与运行过程,立法体制相对偏向宏观层面,立法机制则更为具体。

二、我国立法体制的建立与发展

(一)中华人民共和国成立初期的立法体制

在中华人民共和国成立初期,我国建立的是中央与地方分散式立法体制。1949 年《共同纲领》第 12 条规定,国家政权属于人民,人民行使国家政权的机关为各级人民代表大会和各级人民政府,人民普选产生各级人民代表大会,各级人民代表大会选举各级人民政府,各级政府在闭会期间行使各级人民代表大会的职权。1949 年政务院制定的《大行政区人民政府委员会组织通则》和 1950 年制定的《省县市人民政府组织通则》规定,各大行政区人民政府委员会可"拟定与地方政务有关之暂行法令条例",须报政务院批准或备案;各省、市的人民政府委员会可拟定与辖区内政务相关的"临时法令条例",县政府委员会也有权拟定"单行法规",但都须报上级人民政府批准或备案。[5] 当时实行分散式立法体制的目的是适应中华人民共和国成立初期的革命和建设需要。

民族自治地方最初也采取了上述分散式立法体制。1952 年的《民族区域自治实施纲要》第 23 条规定:"各民族自治区自治机关在中央人民政府和上级人民政府法令所规定的范围内,依其

---

〔3〕 参见周旺生:《立法学》(第 2 版),法律出版社 2009 年版,第 145 页。

〔4〕 参见周旺生:《立法学》(第 2 版),法律出版社 2009 年版,第 143 页。

〔5〕 参见中华人民共和国司法部编:《中华人民共和国法规汇编 1949 – 1952》(第 1 卷),中国法制出版社 2019 年版,第 51 ~55 页。

自治权限,得制定本自治区单行法规,层报上两级人民政府核准。凡经各级地方人民政府核准的各民族自治区单行法规,均须层报中央人民政府政务院备案。”同年的《政务院关于地方民族民主联合政府实施办法的决定》也规定,民主联合政府在“中央人民政府和上级人民政府法令所规定的范围内”制定适合各民族实际情况的单行法规,并在要求层报上两级政府核准后再层报政务院备案。

(二)1954 年《宪法》确立的立法体制

上述中央与地方分散式立法体制在 1954 年《宪法》颁布后发生改变。1954 年《宪法》第 22 条规定全国人民代表大会是“行使国家立法权的唯一机关”;根据第 27 条和 31 条的规定,全国人民代表大会制定法律,全国人民代表大会常务委员会则只有权解释法律和制定“法令”。至 1955 年和 1959 年,全国人民代表大会才分别授权全国人民代表大会常务委员会制定和修改法律。[6]根据 1954 年《宪法》第 60 条的规定,地方各级人民代表大会只能通过和发布决议,没有立法权。对于民族自治地方,1954 年《宪法》保留了自治立法权,[7]取消了 1952 年《民族区域自治实施纲要》要求层报上两级人民政府核准的立法程序规定。可见,在这一时期,中央与民族自治地方仍然保持了两级立法体制,其他地方的立法权均收归中央。

(三)1979 年以后的立法体制

“文化大革命”期间我国立法体制基本停滞,1979 年之后,立法权逐步向地方扩容。1979 年的《地方各级人民代表大会和地方各级人民政府组织法》授权省级人民代表大会及其常务委员会制定地方性法规,1982 年《宪法》修改后予以确认,我国的立法体制由此正式演变为“中央和地方两级立法体制”。适应于改革开放和经济体制改革的需要,在国务院规章制定权的基础上,全国人民代表大会还分别于 1984 年、1985 年授予国务院在实施国营企业利改税和改革工商税制的过程中拟定有关税收条例,在有关经济体制改革和对外开放方面制定暂行规定或者条例的权力。1986 年《地方各级人民代表大会和地方各级人民政府组织法》再次修改,授权省会市和经国务院批准的较大的市人民代表大会及其常务委员会制定地方性法规。2015 年《立法法》修改,所有设区的市人民代表大会及其常务委员会获得城乡建设与管理、环境保护、历史文化保护等方面事项的地方性法规制定权,设区的市政府则获得相应领域的规章制定权。自治州因其法律地位等同于设区的市,也获得上述三方面的地方性法规制定权和规章制定权。我国地方性法规制定主体从 49 个省会市、较大的市,扩展为所有设区的市、30 个自治州和 4 个不设区的市。2018 年宪法修正案对《立法法》授权设区的市和自治州制定地方性法规的规定予以确认。由此,中央与地方原来的两级立法体制则在地方层面进一步分化,形成“一元两级多层次”的立法体制。

三、我国的民族立法体制

(一)《宪法》确立了我国民族立法体制的基石

《宪法》是国家的根本法,具有最高的法律效力地位,是国家立法最高层次的表现和权限依据。《宪法》规定的调整民族关系的基本原则和规范,是具有最高效力的民族立法,也是构建民族立法体制的基石。《宪法》第 4 条确立了“中华人民共和国各民族一律平等”的基本原则,要求

[6] 参见乔晓阳主编:《〈中华人民共和国立法法〉导读与释义》,中国民主法制出版社 2015 年版,第 24 页。

[7] 1954 年《宪法》第 70 条第 4 款规定:“自治区、自治州、自治县的自治机关可以依照当地民族的政治、经济和文化的特点,制定自治条例和单行条例,报请全国人民代表大会常务委员会批准。”

“维护和发展各民族的平等团结互助和谐关系”，为我国的民族立法提供了基本准则。在民族立法的权限上，《宪法》第62条授权全国人民代表大会修改宪法、制定和修改基本法律；第67条授权全国人民代表大会常务委员会制定和修改除应当由全国人民代表大会制定的法律以外的其他法律；第89条授权国务院制定行政法规；第100条授权设区的市及以上的地方人民代表大会及其常务委员会制定地方性法规；第90条授权国务院各部委制定规章。全国人民代表大会制定的《民族区域自治法》、国务院批准的《城市民族工作条例》《民族乡行政工作条例》、各省市人民代表大会及其常务委员会对少数民族权益保护的立法，都是基于上述授权。

对于民族自治地方，《宪法》第115条规定，自治区、自治州、自治县的自治机关行使《宪法》第三章第五节规定的地方国家机关的职权，同时依照《宪法》、《民族区域自治法》和其他法律规定的权限行使自治权，根据本地方实际情况贯彻执行国家的法律、政策。该条为民族自治地方行使立法权以及其他法律授权民族自治地方行使立法权提供了宪法依据。根据《宪法》第116条的规定，自治条例和单行条例是民族自治地方人民代表大会行使自治立法权的主要方式。

（二）《立法法》专门规定了包括民族立法在内的国家立法体制

《立法法》第11条规定，涉及民族区域自治制度的事项，只能制定法律。《立法法》第80条、第81条规定，授权省、自治区、直辖市的人民代表大会及其常务委员会制定地方性法规，调整本行政区域内的民族立法；设区的市的人民代表大会及其常务委员会可以对城乡建设与管理、环境保护、历史文化保护等方面的事项制定地方性法规。《立法法》第91条、第93条规定，国务院各部、委员会、中国人民银行、审计署和具有行政管理职能的直属机构，省、自治区、直辖市和设区的市、自治州的人民政府，可以制定规章。

对民族自治地方，《立法法》第85条重述了《宪法》第116条的规定，授权民族自治地方人民代表大会依照当地民族的政治、经济和文化的特点，制定自治条例和单行条例。同时，对自治条例和单行条例的变通权限作出了规定：不得违背法律或者行政法规的基本原则，不得对宪法和民族区域自治法的规定以及其他有关法律、行政法规专门就民族自治地方所作的规定作出变通规定。上述规定为民族自治地方的民族立法设定了权力边界。

（三）《民族区域自治法》细化了我国民族自治地方的立法体制

《民族区域自治法》规定的民族自治地方立法体制是我国民族立法体制的重要组成部分。《民族区域自治法》第4条第1款重述了《宪法》第115条的规定，并在第6条进一步细化了民族自治地方的变通立法权限，“民族自治地方的自治机关根据本地方的情况，在不违背宪法和法律的原则下，有权采取特殊政策和灵活措施，加速民族自治地方经济、文化建设事业的发展”。

（四）《地方各级人民代表大会和地方各级人民政府组织法》规定的民族立法体制

《地方各级人民代表大会和地方各级人民政府组织法》规定了地方人民代表大会和政府的立法权。对于民族自治地方，该法第3条规定，自治区、自治州、自治县的自治机关除行使本法规定的职权外，同时依照《宪法》、《民族区域自治法》和其他法律规定的权限行使自治权，重申了我国《宪法》第115条规定的自治机关的自治权，包括自治立法权。

（五）其他相关法律对民族自治地方的授权立法体制

除《宪法》及宪法相关法规定的民族立法权外，还有一些部门法对民族自治地方进行授权立法。归纳起来主要包括三类：（1）刑事领域的立法授权。例如，《刑法》第90条规定了民族自治地方刑法适用的变通，规定：“民族自治地方不能全部适用本法规定的，可以由自治区或者省的人民代表大会根据当地民族的政治、经济、文化的特点和本法规定的基本原则，制定变通或者补充的规定,报请全国人民代表大会常务委员会批准施行。”(2)民事领域的立法授权。《民法典》并没有对民族自治地方人民代表大会在不违背《民法典》基本原则的前提下,可以根据当地民族的特点和具体情况制定变通或补充规定的权力作出规定,但是,授权民族自治地方根据法律的基本原则和当地具体情况制定变通或补充规定的实践,是之前民事法律的一贯做法。[8] 此做法源于1950年《婚姻法》第27条。[9] 1980年《婚姻法》第36条、[10] 1985年《继承法》第35条等条款继承了这一规定的主要精神,授权民族自治地方人民代表大会制定变通规定。[11] 1986年《民法通则》第151条则将授权范围延伸到整个民事实体法领域。[12] 1991年颁布的《收养法》第32条也授权民族自治地方人民代表大会及其常务委员会制定变通规定。[13] (3)其他领域法律作出的立法授权。除刑事和民事领域外,还有社会法、经济法、环境法、诉讼法等领域的法律对民族自治地方进行的授权立法。例如,《老年人权益保障法》《全民所有制工业企业法》《森林法》《民事诉讼法》等法律的规定。[14]

需要注意的是,依据《宪法》以及《立法法》《民族区域自治法》《地方各级人民代表大会和地方各级人民政府组织法》等宪法相关法行使的自治立法权,与依据有关部门法规定行使的变通规定制定权,在主体、权限和程序等方面都存在明显区别:[15]

第一,立法主体不同。自治立法权的主体是民族自治地方人民代表大会,而不同领域法律授权制定变通规定的主体各有不同。例如,《刑法》规定的是省、自治区人民代表大会;原《民法通则》、原《婚姻法》、原《继承法》、《老年人权益保障法》、《民事诉讼法》规定的是自治地方人民代

---

〔8〕 当然,《民法典》施行后,《民法通则》《婚姻法》《继承法》等法律被废止,全国人民代表大会常务委员会应当对原有的特别授权规定、已经制定的变通和补充规定是否继续有效作出说明。参见田钒平:《民法典视野下铸牢中华民族共同体意识的法理探讨》,载《西南民族大学学报(人文社会科学版)》2021年第2期。

〔9〕 1950年《婚姻法》第27条第2款规定,“在少数民族聚居的地区,大行政区人民政府(或军政委员会)或省人民政府得依据当地少数民族婚姻问题的具体情况,对本法制定某些变通的或补充的规定,提请政务院批准施行”。

〔10〕 1980年《婚姻法》第36条规定:“民族自治地方人民代表大会和它的常务委员会可以依据本法的原则,结合当地民族婚姻家庭的具体情况,制定某些变通的或补充的规定。自治州、自治县制定的规定,须报请省、自治区人民代表大会常务委员会批准。自治区制定的规定,须报全国人民代表大会常务委员会备案。”

〔11〕 1985年《继承法》第35条规定:“民族自治地方的人民代表大会可以根据本法的原则,结合当地民族财产继承的具体情况,制定变通的或者补充的规定。自治区的规定,报全国人民代表大会常务委员会备案。自治州、自治县的规定,报省或者自治区的人民代表大会常务委员会批准后生效,并报全国人民代表大会常务委员会备案。”

〔12〕 1986年《民法通则》第151条规定:“民族自治地方的人民代表大会可以根据本法规定的原则,结合当地民族的特点,制定变通的或者补充的单行条例或者规定。自治区人民代表大会制定的,依照法律规定报全国人民代表大会常务委员会批准或者备案;自治州、自治县人民代表大会制定的,报省、自治区人民代表大会常务委员会批准。”

〔13〕 1991年《收养法》第31条规定:“民族自治地方的人民代表大会及其常务委员会可以根据本法的原则,结合当地情况,制定变通的或者补充的规定。自治区的规定,报全国人民代表大会常务委员会备案。自治州、自治县的规定,报省或者自治区的人民代表大会常务委员会批准后生效,并报全国人民代表大会常务委员会备案。”

〔14〕 《老年人权益保障法》第83条规定:“民族自治地方的人民代表大会,可以根据本法的原则,结合当地民族风俗习惯的具体情况,依照法定程序制定变通的或者补充的规定。”《全民所有制工业企业法》第68条规定:“自治区人民代表大会常务委员会可以根据本法和《中华人民共和国民族区域自治法》的原则,结合当地的特点,制定实施办法,报全国人民代表大会常务委员会备案。”《森林法》第8条规定:“国务院和省、自治区、直辖市人民政府可以依照国家对民族自治地方自治权的规定,对民族自治地方的森林保护和林业发展实行更加优惠的政策。”《民事诉讼法》第17条规定:“民族自治地方的人民代表大会根据宪法和本法的原则,结合当地民族的具体情况,可以制定变通或者补充的规定。自治区的规定,报全国人民代表大会常务委员会批准。自治州、自治县的规定,报省或者自治区的人民代表大会常务委员会批准,并报全国人民代表大会常务委员会备案。”

〔15〕 参见田钒平:《民法变通规定制定权的法源冲突及解决路径——以〈民法典〉相关规定阙如为切入点》,载《政治与法律》2021年第5期。

表大会;原《收养法》规定的是自治地方人民代表大会及其常务委员会;《全民所有制工业企业法》规定的是自治区人民代表大会常务委员会;《森林法》规定的是自治地方的自治机关。

第二,立法权限不同。依据《宪法》及其相关法行使的自治立法权,涵盖了政治、经济、文化、社会和生态等领域,而变通规定制定权则源于其他部门法的专门规定,其立法权限仅限于部门法规定的具体事项。

第三,立法程序不同。依据《宪法》及其相关法制定的自治条例、单行条例须报全国人民代表大会常务委员会批准,自治州和自治县则需报省级人民代表大会常务委员会批准,并报全国人民代表大会常务委员会和国务院备案,而变通规定则因法律规定存在差异而有不同要求。例如,除《老年人权益保障法》不要求报批和备案外,自治州、自治县的变通规定应报省级人民代表大会常务委员会批准,对原《继承法》、原《收养法》的变通还应报全国人民代表大会常务委员会备案;省或自治区对原《继承法》《收养法》以及《全民所有制工业企业法》的变通应报全国人民代表大会常务委员会备案,对原《民法通则》的变通应报全国人民代表大会常务委员会批准或备案,对其他法律的变通应报全国人民代表大会常务委员会批准。

第三节　民族立法的原则

一、民族立法的原则概述

立法原则是立法活动依循并体现的价值取向,是立法主体据以进行立法活动的重要准则。立法原则在中国特色社会主义立法指导思想的指引下确立。《立法法》第3条、第4条规定了新时代立法的指导思想,即立法应当坚持中国共产党的领导,坚持以马克思列宁主义、毛泽东思想、邓小平理论、“三个代表”重要思想、科学发展观、习近平新时代中国特色社会主义思想为指导,推进中国特色社会主义法治体系建设,保障在法治轨道上全面建设社会主义现代化国家;立法应当坚持以经济建设为中心,坚持改革开放,贯彻新发展理念,保障以中国式现代化全面推进中华民族伟大复兴。在上述指导思想的指引下,我国的立法原则确定为依法立法、民主立法、科学立法、坚持社会主义核心价值观、立法决策与改革决策相衔接相统一原则。

上述立法原则分别从不同角度对立法活动进行规范。依法立法原则要求立法遵守《宪法》和相关上位法。我国是单一制国家,无论是中央立法还是地方立法,维护国家的法制统一,都是立法活动必须遵循的重要原则。民主原则要求立法贯彻落实全过程人民民主重大理念。我国是人民民主专政的社会主义国家。国家的一切权力属于人民。全国人民代表大会和地方各级人民代表大会都由民主选举产生,对人民负责,受人民监督。立法活动贯彻民主原则是人民代表大会制度的内在要求。科学在一般意义上是对理论认知的要求,一旦利用理论认知改造社会实践,科学就变成对实践活动的要求。科学性原则要求立法符合事物的客观规律并且具有可行性,是立法能够有效调整社会生活的必要条件。社会主义核心价值观是社会主义法治建设的灵魂。把社会主义核心价值观融入法治建设全过程、各领域、各方面,是坚持依法治国和以德治国相结合的必然要求。明确立法决策与改革决策相衔接相统一的原则,是为了解决改革与立法的关系问题,做到在法治下推进改革,在改革中完善法治。

民族立法作为国家立法的重要组成部分,必须坚持和贯彻《立法法》所确立的基本原则。这是民族立法与其他领域立法的共性。基于与民族相关问题的独有特点,《立法法》所确立的基本原则在民族立法过程中的具体贯彻和落实也可能呈现一定差异性。

二、依法立法原则

依法立法要求立法主体遵循法定的权限和程序。《立法法》是规范立法活动的法律,其第 5 条规定了依法立法原则:“立法应当符合宪法的规定、原则和精神,依照法定的权限和程序,从国家整体利益出发,维护社会主义法制的统一、尊严、权威。”该条首先强调了依法立法应当依宪法立法的理念,再进一步从权限、程序和内容上对立法提出了要求。

(一)民族立法权限的法定性

民族立法权限的法定性,意味着立法主体的法定性。在民族立法领域,除《宪法》及宪法相关法规定的立法权外,还有一些部门法对民族自治地方进行授权立法。无论是基于职权的民族立法主体,还是依据授权的民族立法主体,行使民族立法权都必须有宪法、法律或具有法律效力的授权规定。

民族立法权限的法定性,意味着立法权限的明晰化。立法权限不明晰,立法权的行使就会陷入无序状态。民族立法权限的明晰包括两方面:(1)实体性的立法权限明晰,如民族立法主体在制定法律、行政法规、地方性法规、规章时的具体权限要明晰,民族自治地方在行使自治立法权和地方性法规制定权时的具体权限要明晰。(2)程序性的立法权限明晰,即民族立法过程中的提案权、表决权、批准权、公布权等权限的归属和界限要明晰。

民族立法权限的法定性,还意味着立法权的受制约性。民族立法必须在宪法和法律规定的范围内行使,因此应当受到有权机关及社会公众的监督。这种监督包括立法案起草过程中的民主监督,也体现在立法后的审批、备案审查等过程中。

(二)民族立法程序的法定性

民族立法程序强调的是立法权的行使过程应当于法有据。立法程序是法定的立法步骤和方法,程序不因人的意志改变而改变,才能约束和排除各种人治因素。民族立法程序也是实现立法民主性与权威性的保障。立法程序以法定形式固定下来,有助于获得公民对民族立法的认同和遵从。

(三)民族立法内容的法定性

民族立法内容合法首先体现为立法内容的合宪性。《宪法》是民族立法的最高依据,综合地规定着多民族国家处理民族关系的指导思想、基本原则和规则。例如,《宪法》序言规定,中华人民共和国是全国各族人民共同缔造的统一的多民族国家。平等团结互助和谐的社会主义民族关系已经确立,并将继续加强。在维护民族团结的斗争中,要反对大民族主义,主要是大汉族主义,也要反对地方民族主义。国家尽一切努力,促进全国各民族的共同繁荣。《宪法》第 4 条规定,中华人民共和国各民族一律平等。这些都是民族立法规定民族关系的根本依据。《宪法》第 5 条第 3 款规定:“一切法律、行政法规和地方性法规都不得同宪法相抵触。”民族立法符合《宪法》规定是法治原则的必然要求,不符合《宪法》规定的立法应当被依法撤销或宣布无效。

民族立法内容合法还体现为立法内容的协调性。《立法法》第 5 条规定立法应当“从国家整体利益出发,维护社会主义法制的统一、尊严、权威”,强调从国家整体利益出发,在于防止部门利益和地方保护主义法律化;强调社会主义法制的统一、尊严和权威,在于实现不同层次、不同位阶的立法之间的协调。我国是统一的多民族国家,也是实行单一制的国家,民族立法坚持社会主义法制统一是根本原则。民族立法内容的协调性,既包括下位法不得与上位法相抵触,也包括同位阶的法之间要互相衔接、彼此协调。民族自治地方立法存在变通权,《立法法》第85条第2款规定,变通规定不得违背法律或者行政法规的基本原则,不得对《宪法》和《民族区域自治法》的规定以及其他有关法律、行政法规专门就民族自治地方所作的规定作出变通规定。因此,变通规定与相关上位法也应当在《宪法》和法律规定的原则下保持协调。

三、民主立法原则

民族立法是表达民意的活动,必须遵循民主原则。《立法法》第6条规定:"立法应当坚持和发展全过程人民民主,尊重和保障人权,保障和促进社会公平正义。立法应当体现人民的意志,发扬社会主义民主,坚持立法公开,保障人民通过多种途径参与立法活动。"民主立法原则要求民族立法贯彻全过程人民民主的理念。[16] 主要内容体现在两方面:一是立法内容的民主性;二是立法过程的民主性。

(一)民族立法内容的民主性

民族立法内容的民主性是由我国的国体与立法活动的本质决定的。根据《宪法》第1条的规定,我国是人民民主专政的社会主义国家。《宪法》第2条规定,中华人民共和国的一切权力属于人民。民族立法是立法权力的行使,内容应当反映人民的意志,要以维护各民族人民的利益为宗旨,确认和协调各民族人民的利益。

民族立法内容所体现的人民的意志,是通过法定程序认可的不特定多数人的意志。民主的基本形式包括全体一致同意或多数决。在一个利益多元化的社会,立法上达成全体一致同意几乎是不可能的,因此现代民主国家的议会立法采用的都是多数决的方式。代议制的运作原理,可以借鉴卢梭曾在《社会契约论》中提出的"公意"的设想,但是卢梭没有对"公意"在立法实践中的形成方式及其正当性作过多阐释。后世学者对代议制下产生的立法及其正当性进行了研究。有学者指出:"参与权的逻辑不仅要求多数人当中的成员要负责任地行使自己的表决,也要求他们在行使自己的表决时应该有意地与其他人发生相互作用,以便议事会中的最终表决会将一种综合反映出来,而这种综合不只是各个构成部分的简单聚集。"[17] 在不同民族公民之间意志各异的情况下,立法应当经过法定的规则和程序进行意志的博弈,最终形成大多数人的共同意志。因此,民族立法不是体现某些个人、某些民族的意志,而是特定区域内不特定多数人的意志。

(二)民族立法过程的民主性

民族立法是一个利益的配置过程,[18] 要体现出立法内容的民主性,就需要民主程序保障各方利益主体的充分参与。基于人民主权原则,公民有权选举代表参与立法,也有权通过其他渠道直接参与立法。这是公民参与机制的理论基础。《宪法》第2条第3款规定:"人民依照法律规定,通过各种途径和形式,管理国家事务,管理经济和文化事业,管理社会事务。"参与民族立法,就是各族人民当家作主的重要表现。《立法法》第39条、第40条和第74条分别规定了法律、行

〔16〕 参见习近平:《习近平谈治国理政》(第4卷),外文出版社2022年版,第258~261页。

〔17〕 [美]杰里米·沃尔德伦:《立法的尊严》,徐向东译,华东师范大学出版社2019年版,第125页。

〔18〕 正如学者所言,立法是对权利资源、权力资源及其他有关社会利益,进行法定制度性配置和调控的专门活动。参见周旺生:《立法学》(第2版),法律出版社2009年版,第49页。

政法规立法过程中可以采取座谈会、论证会、听证会等多种形式听取意见,相关法律、行政法规草案应当向社会公开征求意见,保障公民参与。地方性法规、自治条例、单行条例、规章等的民主参与过程,通常由各省市的立法条例规定。为了加强基层群众参与,《立法法》第70条、第90条还分别规定,全国人民代表大会常务委员会工作机构、省、自治区、直辖市和设区的市、自治州的人民代表大会常务委员会根据实际需要设立基层立法联系点,深入听取基层群众和有关方面对立法草案和立法工作的意见。

四、科学立法原则

民族立法的科学性主要包括立法从实际出发、立法具有针对性和可执行性。《立法法》第7条第1款规定:"立法应当从实际出发,适应经济社会发展和全面深化改革的要求,科学合理地规定公民、法人和其他组织的权利与义务、国家机关的权力与责任。"第7条第2款规定:"法律规范应当明确、具体,具有针对性和可执行性。"民族立法的科学性可从以下几个方面理解:

(一)民族立法理念的科学性

立法理念直接影响立法活动的内容。民族立法要符合客观实际、尊重立法活动的客观规律。所立之法遵循《立法法》确立的"从实际出发"的立法理念,才能符合民族关系的实际,从而得到遵守和落实。在增进中华民族共同性的前提下,尊重和包容差异性是我国民族工作的重要原则。正如2021年中央民族工作会议所强调的,铸牢中华民族共同体意识是党的民族工作开创新局面的必然要求,只有顺应时代变化,按照增进共同性的方向改进民族工作,做到共同性和差异性的辩证统一、民族因素和区域因素的有机结合,才能把新时代党的民族工作做好做细做扎实。因此,重视对民情的调查研究、照顾各民族的特点和利益,是立法过程中应当贯穿始终的理念。

(二)民族立法内容的科学性

民族立法内容的科学性,主要体现在立法对权力、权利和义务配置的合理性。《宪法》上确立的民族平等原则和平等团结互助和谐的社会主义民族关系等,都需要在民族立法中加以具体化。在具体规范中,权利与权力应当平衡,过分强调个人利益的"权利本位"与过分强调公共利益的"权力本位",或者只强调权力或权利,不规定大致对等的义务,都不符合法治国家的理念,也不符合科学立法的理念。

(三)民族立法技术的科学性

民族立法技术的科学性,主要体现在要处理好从民族地区实际情况出发与维护国家法制统一的关系,科学合理地确定民族立法的形式和内容。以少数民族习惯法与国家法的关系为例,民族立法中试图将少数民族习惯法纳入国家法并不科学。我国56个民族在空间分布上呈"大杂居,小聚居"样态,即使是在已经建立的155个民族自治地方中,也没有一个是单一民族建立的自治单元。每一个民族都有独具特色的习惯和惯例,随着各民族的交往交流交融,每一个民族内部又都存在遵循或不遵循本民族习惯法的公民。特定区域内的立法机关直接将某一个民族的习惯法予以"识别"并纳入国家法并不科学,除非该习惯法得到该区域大多数公民的认同。要真正彰显少数民族习惯法存在的意义与价值,需要在民族立法的过程中科学对待习惯法。任何法律的制定都是人为的理性设计,要保证习惯法与国家法的协调与互动,其实就是要保证立法者能识别习惯、善待习惯,在存在正当而有效的习惯法领域,不设置相应的国家法规范。[19]《民法典》第

〔19〕 参见田钒平:《少数民族习惯法理论研究进路的解构与重塑》,载《西南民族大学学报(人文社科版)》2009年第6期。

10 条规定,“处理民事纠纷,应当依照法律;法律没有规定的,可以适用习惯,但是不得违背公序良俗”,确立了国家法律的优先地位,又为习惯法的适用留下了空间。同时,还以“公序良俗”原则对习惯法进行甄别和约束。该条体现了民族立法技术的科学性。

五、坚持社会主义核心价值观

在社会主义核心价值观基本内容中,富强、民主、文明、和谐是国家层面的价值目标,自由、平等、公正、法治是社会层面的价值取向,爱国、敬业、诚信、友善是公民个人层面的价值准则。《立法法》第 8 条规定,立法应当倡导和弘扬社会主义核心价值观,坚持依法治国和以德治国相结合,铸牢中华民族共同体意识,推动社会主义精神文明建设。该原则主要包含两方面内容:

(一)民族立法坚持依法治国和以德治国相结合

法治与德治的关系是一个古老又常新的话题,坚持依法治国和以德治国相结合,是中国特色社会主义法治的鲜明特色。新时代的民族立法是实现国家治理的重要途径,因此,在立法中“必须坚持依法治国和以德治国相结合,使法治和德治在国家治理中相互补充、相互促进、相得益彰,推进国家治理体系和治理能力现代化”。[20]

(二)民族立法以铸牢中华民族共同体意识为指引

首先,民族立法工作要以铸牢中华民族共同体意识为主线。铸牢中华民族共同体意识是巩固和发展平等团结互助和谐社会主义民族关系的必然要求,只有铸牢中华民族共同体意识,才能增进各民族对中华民族的自觉认同,夯实我国民族关系发展的思想基础,推动中华民族成为认同度更高、凝聚力更强的命运共同体。其次,民族法律法规的立、改、废要以铸牢中华民族共同体意识为指引。按照增进共同性的方向制定、改进立法,做到民族立法中共同性和差异性的辩证统一、民族因素和区域因素的有机结合。坚持正确的,调整过时的民族立法,更好保障各民族群众合法权益。最后,以良法促善治,通过民族立法促进中华民族共同体建设。通过立法完善差别化区域支持政策,支持民族地区全面深化改革开放,提升自我发展能力。根据不同民族、不同地区的实际,统筹城乡建设布局规划和公共服务资源配置,完善立法,逐步实现各民族在空间、文化、经济、社会、心理等方面的全方位嵌入,促进各民族交往交流交融。

六、立法决策与改革决策相衔接相统一原则

立法和改革的关系贯穿改革开放和法治建设整个过程。在法治国家,改革应当在法治框架之下进行,但改革也会突破现有的立法。为避免这种情况,很长一段时间立法的思路是“宜粗不宜细”,在立法时“留白”,作原则规定,或者先改革、后立法,改革积累实践经验,立法巩固改革成果,立法是对成熟经验的总结。[21]新时代改革与法治的关系发生了重要变化。改革和法治相辅相成、相伴相生。“改革与法治如鸟之两翼、车之两轮”,要坚持改革决策和立法决策相统一、相衔接,立法主动适应改革需要,积极发挥引导、推动、规范、保障改革的作用。因此,《立法法》第 9 条规定,“立法应当适应改革需要,坚持在法治下推进改革和在改革中完善法治相统一,引导、推

---

〔20〕 习近平:《论坚持全面依法治国》,中央文献出版社 2020 年版,第 165 页。

〔21〕 参见童卫东:《新〈立法法〉的时代背景与内容解读》,载《中国法律评论》2023 年第 2 期。

动、规范、保障相关改革,发挥法治在国家治理体系和治理能力现代化中的重要作用”。[22] 民族立法也要顺应时代变化,完善立法引领和推动改革创新的体制机制,有利于更好实现立法决策和改革决策相统一、相衔接,为改革发展提供法治支撑和法治保障,更好发挥法治固根本、稳预期、利长远的保障作用。

第四节　民族立法的程序

一、民族立法程序概述

立法程序,是指有权的政权机关或授权组织在制定、变动规范法文件的活动中所必须遵循的法定的步骤和方法。[23] 有权进行立法的机关,包括宪法和法律直接赋予立法职权的机关和特别授权的机关。“变动”包括修改、补充、废止等立法活动。完善的立法程序是依法立法、民主立法、科学立法的前提与保障。

无完善的程序便无良好的立法,是当代法治国家普遍认同的理念。首先,完善的立法程序是依法立法的保障。中国特色社会主义法律体系是一个有机整体,立法必须在维护国家法制统一的前提下进行,只有在立法过程中设置审议、批准、监督等程序,进行合法性审查,才能真正实现依法立法。其次,完善的立法程序是民主立法的保障。立法的民主性要求公民广泛地参与与充分的意见表达。立法过程中的公众参与程序、议事规则等,都是切实保障公民平等而有效参与立法的必要措施。最后,完善的立法程序是科学立法的保障。立法程序有助于克服立法者的专断、盲目和认识的局限性,保障其在立法过程中遵循一定认识规律,作出科学的立法决策。

立法程序的种类具有多样性。除法定程序外,实践中还存在并非法定却作为“工作程序”存在的立法程序。例如,在自治州自治立法过程中,向省级人民政府报送审批,并非法定立法程序,却是一些省市要求自治立法过程中必须遵循的工作程序,省人民政府和省直各相关部门的意见对自治立法草案是否能顺利提交自治州人民代表大会审议产生影响。本节按照立法主体的类型,将法定的民族立法程序分为国家权力机关(全国人民代表大会及其常务委员会、地方各级人民代表大会及其常务委员会)的立法程序与行政机关(国务院、国务院各组成部门与地方政府)的立法程序进行阐释。民族自治地方的自治立法程序与地方性法规制定程序、其他地方的立法程序相比,又具有一定特殊性。

二、权力机关的民族立法程序

我国权力机关的民族立法程序主要包括提出立法议案、审议草案、表决草案和公布通过法案等四个阶段。

(一)提出民族立法议案

提出民族立法议案,是指有权主体依法向有权接受立法议案的主体提出制定或变动民族立

---

〔22〕 参见王晨:《关于〈中华人民共和国立法法(修正草案)〉的说明——2023年3月5日在第十四届全国人民代表大会第一次会议上》,载《中华人民共和国全国人民代表大会常务委员会公报》2023年第3期。

〔23〕 参见徐向华主编:《立法学教程》(第2版),北京大学出版社2017年版,第158页。

法的书面提议。根据《立法法》第17条、第18条的规定,有权向全国人民代表大会提出民族立法议案的有权主体包括:全国人民代表大会主席团、全国人民代表大会常务委员会、国务院、中央军事委员会、最高人民法院、最高人民检察院、全国人民代表大会各专门委员会、一个代表团或者30名以上的代表。根据《立法法》第29条、第30条的规定,有权向全国人民代表大会常委会提出民族立法议案的有权主体包括:全国人民代表大会常务委员会委员长会议、国务院、中央军事委员会、最高人民法院、最高人民检察院、全国人民代表大会各专门委员会、全国人民代表大会常务委员会组成人员10人以上联名。

地方性法规的提案主体一般规定在各省市的立法条例之中,如《湖北省人民代表大会及其常务委员会立法条例》第13条规定,省人民代表大会主席团可以向省人民代表大会提出法规案,由省人民代表大会会议审议。常务委员会、省人民政府、专门委员会可以向省人民代表大会提出法规案,由主席团决定提交大会审议,或者先交有关专门委员会审议、提出报告,再由主席团审议决定提交大会审议。省人民代表大会代表10人以上联名,可以向省人民代表大会提出法规案,由主席团决定是否列入会议议程,或者先交有关专门委员会审议,提出是否列入会议议程的意见,再决定是否列入会议议程。

(二)审议民族立法草案

审议民族立法草案,是指有权机关及组成人员对列入议程的草案,根据法定程序进行正式审查和辩论的活动。根据《立法法》第21～24条的规定,列入全国人民代表大会会议议程的民族立法草案的审议方式主要包括以下几种:

第一,代表团审议。这是人民代表大会审议法律案最基本的方式。代表团是按照选举单位组成的人民代表大会代表参加大会的临时性组织。由于人数众多、规模庞大,为提高会议审议效率,除全体会议之外,人民代表大会代表大部分时间都按代表团参加活动。对于列入全国人民代表大会会议议程的民族立法草案,《立法法》第21条规定,大会全体会议听取提案人的说明后,由各代表团进行审议。

第二,专门委员会审议。《立法法》第22条规定,列入全国人民代表大会会议议程的法律案,由有关的专门委员会进行审议,向主席团提出审议意见,并印发会议。全国人民代表大会的专门委员会目前包括民族委员会、宪法和法律委员会、监察和司法委员会、财政经济委员会、教育科学文化卫生委员会、外事委员会、华侨委员会、环境与资源保护委员会、农业与农村委员会、社会建设委员会。与民族问题相关的法律草案,由民族委员会负责审议。

第三,宪法和法律委员会审议。宪法和法律委员会虽然也是专门委员会之一,但在国家立法活动中,担负着更多也更为重要的职责。宪法和法律委员会对民族立法草案的审议,是各种审议中最为关键的一环。根据《立法法》第23条的规定,列入全国人民代表大会会议议程的民族立法草案,由宪法和法律委员会根据各代表团和有关的专门委员会的审议意见,对法律案进行统一审议,向主席团提出审议结果报告和法律草案修改稿,对重要的不同意见应当在审议结果报告中予以说明,经主席团会议审议通过后,印发会议。

第四,其他审议方式。包括代表团团长会议、代表团代表会议审议等方式。根据《立法法》第24条的规定,列入全国人民代表大会会议议程的民族立法草案,必要时,主席团常务主席可以召开各代表团团长会议,就法律案中的重大问题听取各代表团的审议意见,进行讨论,并将讨论的情况和意见向主席团报告。主席团常务主席也可以就法律案中的重大的专门性问题,召集代表团推选的有关代表进行讨论,并将讨论的情况和意见向主席团报告。

列入全国人大常务委员会会议的民族立法草案,一般应当经3次常务委员会会议审议后再交付表决。根据《立法法》第32条的规定,常务委员会会议第一次审议法律案,在全体会议上听取提案人的说明,由分组会议进行初步审议;常务委员会会议第二次审议法律案,在全体会议上听取宪法和法律委员会关于法律草案修改情况和主要问题的汇报,由分组会议进一步审议;常务委员会会议第三次审议法律案,在全体会议上听取宪法和法律委员会关于法律草案审议结果的报告,由分组会议对法律草案修改稿进行审议。同时,该条还规定,常务委员会审议法律案时,根据需要,可以召开联组会议或者全体会议,对法律草案中的主要问题进行讨论。

各省市人民代表大会及其常务委员会的民族立法审议程序,与全国人民代表大会及其常务委员会的审议程序相似,此处不作赘述。

(三)民族立法草案的表决与通过

民族立法草案的表决,是指有表决权的主体对草案表示赞成、反对或弃权的态度。民族立法草案获得法定数目以上的赞成票即通过。根据《宪法》和相关法律规定,宪法的修改须经全国人民代表大会全体代表2/3以上多数通过,法律由全国人民代表大会全体代表或人民代表大会常务委员会全体组成人员的过半数通过。在我国的立法实践中,大多数情况下对立法草案采取整体表决的方式。2015年修改《立法法》后,其第44条第2款规定了部分表决方式。该条规定,"法律草案表决稿交付常务委员会会议表决前,委员长会议根据常务委员会会议审议的情况,可以决定将个别意见分歧较大的重要条款提请常务委员会会议单独表决。单独表决的条款经常务委员会会议表决后,委员长会议根据单独表决的情况,可以决定将法律草案表决稿交付表决,也可以决定暂不付表决,交法律委员会和有关的专门委员会进一步审议"。可见,单独表决的结果会影响整个立法草案的表决。部分表决方式加强了立法的民主性与科学性。[24]

从地方各级人民代表大会及其常务委员会的议事规则和立法审议规则看,也是分别采用"全体代表的三分之二以上"和"全体组成人员的过半数"通过。值得注意的是,设区的市与省级人民代表大会地方性法规的制定,在此环节稍有差异。根据《立法法》第80条、第81条第1款和第4款的规定,设区的市(包括自治州)的地方性法规须报省、自治区的人民代表大会常务委员会批准后施行。省级人民代表大会及其常务委员会制定的地方性法规则无须经过审批程序。

(四)民族立法的公布

民族立法的公布,是指有权机关或人员,在特定期限内,采用法定方式将立法机关通过的民族立法正式公之于众的活动。民族立法的公布,直接关系公众对法的知晓与遵守。

根据《立法法》的规定,全国人民代表大会通过的法律由国家主席签署主席令予以公布;全国人民代表大会常务委员会通过的法律由国家主席签署主席令予以公布;省、自治区、直辖市的人民代表大会常务委员会制定的地方性法规由常务委员会发布公告予以公布;设区的市、自治州的人民代表大会及其常务委员会制定的地方性法规报经批准后,由设区的市、自治州的人民代表大会常务委员会发布公告予以公布。实践中,全国性的民族立法公布在《中华人民共和国全国人民代表大会常务委员会公报》和在全国范围内发行的报纸上。地方性的民族立法则刊载于本级人民代表大会常务委员会公报和在本行政区域内公开发行的报纸上。

---

〔24〕 参见徐向华主编:《立法学教程》(第2版),北京大学出版社2017年版,第189页。

三、行政机关的民族立法程序

行政机关的民族立法，是指国务院、国务院各组成部门及有立法权的地方人民政府制定、修改或废止调整民族关系的行政规范性法文件的活动，[25]主要包括制定行政法规和规章。行政机关的民族立法程序是一系列法定步骤和方法的统称，包括立项、起草、审查、决议、公布等环节。

（一）立项

行政机关民族立法的立项，是指有权立法的行政机关编制民族立法年度计划的活动。行政机关进行民族立法，由行政机关内部决定立项。行政法规由国务院有关部门向国务院报请立项；部门规章由国务院部门的有关机构向本部门报请立项；地方政府规章由有立法权的地方人民政府所属工作部门或下级人民政府报请立项。

（二）起草

行政机关民族立法的起草，是指列入立法计划的某一行政法规或规章的制定活动。根据《立法法》第74条、第94条的规定，行政法规由国务院有关部门或者国务院法制机构具体负责起草，重要行政管理的法律、行政法规草案由国务院法制机构组织起草。行政法规在起草过程中，应当广泛听取有关机关、组织、人民代表大会代表和社会公众的意见。听取意见可以采取座谈会、论证会、听证会等多种形式。规章的制定程序参照行政法规。

（三）审查

行政机关民族立法的审查，是行政机关内部的专门机构对立法草案进行审核和复查。例如，《立法法》第75条第1款规定，行政法规起草工作完成后，起草单位应当将草案及其说明、各方面对草案主要问题的不同意见和其他有关资料送国务院法制机构进行审查。同样，规章由制定主体的法制机构进行审查，审查内容包括是否符合《宪法》与其他上位法的规定、是否与相关行政法规、规章协调，是否符合立法技术要求等。

（四）决议

行政机关民族立法的决议，是指行政机关决定立法草案能否通过的程序。行政法规草案由国务院常务会议审议，或者由国务院审批。部门规章由部务会议或者委员会会议决定。地方政府规章由政府常务会议或者全体会议决定。

（五）公布

行政机关民族立法的公布，是指有权主体依照法定程序或者方式将行政法规或规章予以公开的活动。根据《立法法》第77条、第78条的规定，行政法规由总理签署国务院令公布。有关国防建设的行政法规，可以由国务院总理、中央军事委员会主席共同签署国务院、中央军事委员会令公布。行政法规签署公布后，应当及时在国务院公报和中国政府法制信息网以及在全国范围内发行的报纸上刊载。根据《立法法》第96条、第97条的规定，部门规章由部门首长签署命令予以公布。地方政府规章由省长、自治区主席、市长或者自治州州长签署命令予以公布。部门规章签署公布后，应当及时在国务院公报或者部门公报和中国政府法制信息网以及在全国范围内发行的报纸上刊载。地方政府规章则应及时在本级人民政府公报和中国政府法制信息网以及在本

---

〔25〕 规范性法文件区别于规范性文件。广义的规范性文件包括宪法、法律、行政法规、地方性法规、规章以及不具立法效力的其他规范性文件。规范性法文件是指通过立宪或立法程序制定的宪法、法律、行政法规、规章。参见刘作翔：《论建立分种类、多层级的社会规范备案审查制度》，载《中国法学》2021年第5期。

行政区域范围内发行的报纸上刊载。

四、民族自治地方的民族立法

民族自治地方存在自治立法权与地方性法规制定权两种立法权。《宪法》第116条、《民族区域自治法》第19条规定,民族自治地方的人民代表大会有权依照当地民族的政治、经济和文化的特点,制定自治条例和单行条例。《立法法》第85条第2款规定,"自治条例和单行条例可以依照当地民族的特点,对法律和行政法规的规定作出变通规定,但不得违背法律或者行政法规的基本原则,不得对宪法和民族区域自治法的规定以及其他有关法律、行政法规专门就民族自治地方所作的规定作出变通规定"。上述规定为自治机关通过自治条例、单行条例和变通或者补充规定的形式行使变通立法权提供了依据。

除自治立法权以外,自治区、自治州还不同程度地享有地方性法规制定权。1979年的《地方各级人民代表大会和地方各级人民政府组织法》第6条、第27条授权自治区可以制定地方性法规。[26] 该规定为1986年《地方各级人民代表大会和地方各级人民政府组织法》、2000年《立法法》所延续;2015年《立法法》修正、2018年《宪法》修正之后,在不与上位法相抵触的前提下,自治州人民代表大会及其常务委员会也可以在城乡建设与管理、环境保护、历史文化保护等方面制定地方性法规。

民族自治地方的自治区、自治州制定地方性法规、规章应当遵循的程序,与其他地方人民代表大会及其常务委员会制定地方性法规、地方政府制定规章的程序相同,此处不再赘述。民族自治地方的自治区、自治州、自治县制定自治条例与单行条例,与其他地方立法一样,也要经过提出立法议案、审议草案、表决草案和公布通过法案等程序,但在自治条例和单行条例的批准程序上具有特殊性。根据《宪法》第116条、《立法法》第85条的规定,自治区的自治条例和单行条例,报全国人民代表大会常务委员会批准后生效。自治州、自治县的自治条例和单行条例,报省、自治区、直辖市的人民代表大会常务委员会批准后生效。

第五节 民族立法的监督

一、民族立法监督权概述

立法监督权与立法权是两种性质不同的权力。[27] 民族立法权,是调整民族关系的法的创制权。民族立法的监督,是指有权主体在自己的监督权限范围内,依据一定程序,对有关民族立法主体的立法所实行的监察和督促。

民族立法的监督,按照不同的方式可分为内部监督与外部监督、过程监督和结果监督、事前

〔26〕 根据1979年《地方各级人民代表大会和地方各级人民政府组织法》第6条、第27条的规定,自治区人民代表大会、自治区人民代表大会常务委员会在本级人民代表大会闭会期间可以根据本行政区域的具体情况和实际需要,在和国家宪法、法律、政策、法令、政令不抵触的前提下,制定和颁布地方性法规,并报全国人民代表大会常务委员会和国务院备案。

〔27〕 参见周旺生:《立法学》(第2版),法律出版社2009年版,第325页。

监督与事后监督。

第一,依据监督主体是在民族立法主体内部还是外部,分为内部监督与外部监督。内部监督是立法主体内部所实施的监督。例如,全国人民代表大会常务委员会对国务院制定的行政法规、有关地方人民代表大会及其常务委员会制定的地方性法规实施的监督;国务院对其所属部门制定的规章的监督。外部监督,是指立法主体之外的国家机关、社会组织和个人,对立法主体的立法实行的监督。例如,《立法法》第110条第2款规定,国家机关和社会团体、企业事业组织以及公民认为行政法规、地方性法规、自治条例和单行条例同宪法或者法律相抵触的,可以向全国人民代表大会常务委员会书面提出进行审查的建议,由常务委员会工作机构进行研究,必要时,送有关的专门委员会进行审查、提出意见。

第二,依据监督对象是民族立法的全过程还是经过立法过程所产生的规范性法文件,分为过程监督和结果监督。过程监督包括对立法计划、立法起草班子的组成、立法草案的内容、立法调研的过程等全面的监察和督促。结果监督是对经立法过程所产生的规范性法文件的合法性、适当性进行的审查监督。例如,依据《立法法》第81条第1款的规定,省、自治区的人民代表大会常务委员会对报请批准的地方性法规,应当对其合法性进行审查,认为同宪法、法律、行政法规和本省、自治区的地方性法规不抵触的,应当在4个月内予以批准。该审查批准权就是对立法结果的监督,而不是对过程的监督。[28]

第三,依据监督时间是在民族立法的起草过程中还是表决通过后,分为事前监督与事后监督。事前监督主要是对已经产生但尚未生效的规范性法文件草案进行审查,监督的结果是要对该规范性法文件草案的合法性、适当性予以认同或者批准,或是提出修改建议、予以否决。事后监督是对于已经生效的规范性法文件的合法性、适当性予以审查,发现问题向有权机关提出解决。例如,《立法法》第81条第1款规定的审查批准权属于事前监督,而《立法法》第108条规定的备案审查权则属于事后监督。

综上所述,民族立法的外部监督是民主法治国家公民行使监督权的一种方式,但其不像内部监督那样具有直接的强制性。根据《宪法》和《立法法》的规定,我国民族立法的监督主要通过两种方式进行:对制定过程中的规范性法文件草案行使审查批准权;对制定机关已经通过的规范性法文件行使备案审查权。因此,本节重点讨论审查批准与备案审查这两种立法监督方式。

二、民族立法的审查批准

从《宪法》和《立法法》的规定看,民族立法的审查批准权主要包括:(1)对地方民族立法的审查批准权。根据相关规定,设区的市(包括自治州)的地方性法规须报省、自治区的人民代表大会常务委员会批准后施行。(2)对民族自治地方自治立法的审查批准权。根据相关规定,自治区的自治条例和单行条例,报全国人民代表大会常务委员会批准后生效。自治州、自治县的自治条例和单行条例,报省、自治区、直辖市的人民代表大会常务委员会批准后生效。

(一)审查批准权是立法权还是立法监督权

需要指出的是,审查批准权究竟属于立法权还是立法监督权,理论界尚存争议,对于设区的市及自治州的地方性法规制定权、民族自治地方的自治立法权,有观点认为只能算“半个立法

---

〔28〕 参见冉艳辉:《省级人大常委会对设区的市地方性法规审批权的界限》,载《法学》2020年第4期。

权”。[29] 那另外“半个立法权”,就是有权机关的审查批准权。我们认为,《宪法》和《立法法》规定的审查批准权,属于立法监督权,不属于立法权。要澄清该问题,必须考察我国立法权在中央与地方的配置及发展变化情况。[30]

1. 地方立法过程中上下级人民代表大会的确共享过立法权

按照1982年《地方各级人民代表大会和地方各级人民政府组织法》对立法权的配置,省会市和经国务院批准的较大的市人民代表大会及其常务委员会可以拟订地方性法规草案,提请省级人民代表大会常务委员会审议制定。可以看出,此时《地方各级人民代表大会和地方各级人民政府组织法》的目的是让省会市和较大的市与省级人民代表大会常务委员会共享一个地方立法权。从立法过程上看,包括立项、起草、审议、批准等环节。地方性法规的拟定权只是立法权的一部分,而且省会市和较大的市拟订的法规案,在省级人民代表大会常务委员会审议阶段还可能被修改、被否决,审议制定权才是整个立法过程中起决定性作用的权力。因此,虽然省会市和较大的市与省级人民代表大会常务委员会共享一个立法权,但省级人民代表大会常务委员会才是真正起决定作用的立法主体。

2.《宪法》《立法法》明确规定了地方的立法权与立法监督权

1986年《地方各级人民代表大会和地方各级人民政府组织法》修改、2015年《立法法》修改以及2018年《宪法》修改,先后赋予所有设区的市和自治州地方性法规制定权,同时授予省级人民代表大会常务委员会对地方性法规的审查批准权。自此,设区的市和自治州的地方性法规制定权与之前的地方性法规拟订权相比,发生了质的变化。从《立法法》的权力配置思路上看,“地方性法规的制定权,主要是为了保证地方更有效地管理本行政区域内的各种事务,体现的是宪法规定的‘遵循在中央的统一领导下,充分发挥地方的主动性、积极性的原则’”[31]。要更好地发挥设区的市的主动性和积极性,省级人民代表大会常务委员会的审查批准权就不能再跟以前的审议制定权一样定位为立法决定权,而只能是一种立法监督权。立法权与立法监督权是两种性质不同的权力,存在各自的边界、内容和责任承担方式,如果法律规定不完善或者权力行使不当,就会造成一种权力对另一种权力的非法干预和侵占。根据《立法法》第80条和第81条的规定,这个“边界”就是立法监督权对立法权的合法性审查。

同理,全国人民代表大会常务委员会批准自治区的自治条例和单行条例,省、自治区、直辖市的人民代表大会常务委员会批准自治州、自治县的自治条例和单行条例,都属于立法监督权,而不是立法权。

(二)民族立法审查批准权的行使标准

对于一般地方的民族立法,《立法法》只规定了省级人民代表大会常务委员会进行合法性审查,没有直接规定合法性审查的具体标准,实践中可以结合全国人民代表大会常务委员会法制工作委员会的解释进行把握。

1. 合法性审查

在地方性法规制定阶段,合法性审查的重点在于与上位法是否抵触。根据全国人民代表大会常务委员会法制工作委员会的解释,与上位法相抵触主要包括以下情况:(1)上位法有明确规

[29] 参见刘锦森:《对“半个立法权”立法范围的认识》,载《新疆人大(汉文)》2015年第10期。

[30] 参见冉艳辉:《省级人大常委会对设区的市地方性法规审批权的界限》,载《法学》2020年第4期。

[31] 全国人大常委会法制工作委员会国家法室编著:《中华人民共和国立法法释义》,法律出版社2015年版,第244页。

定,与上位法相反的;(2)虽不与上位法相反,却旨在抵消上位法规定、搞"上有政策下有对策"的;(3)上位法无明确规定,与上位法立法目的和立法精神相反的;(4)违反《立法法》关于立法权限规定的;(5)超出上位法关于行政处罚的种类与幅度、行政许可权限、行政强制措施种类规定的。[32]

2. 合法性审查包含一定程度的合理性审查

如果将合法性审查作为一个大前提,"适当性"应当是在符合"合法性"这个前提下讨论的问题,即法定幅度和范围内的适当性。例如,要求设区的市根据具体情况和实际需要制定地方性法规,就是在符合立法权限这个"合法性"问题之下的"适当性"问题。对于合理性审查,可以确定为对公民权利和国家权力配置过程中明显违反比例原则情形的审查,如要求公民、法人和其他组织执行的标准或者遵守的措施明显脱离实际的;要求公民、法人和其他组织履行义务与其所享有的权利明显不平衡的;赋予国家机关的权力与要求其承担的义务明显不平衡的;对某种行为的处罚与该行为所应承担的责任明显不平衡,违反比例原则的;等等。[33]

对于民族自治地方的立法,除上述合法性与适当性审查标准外,存在变通立法的还要根据《立法法》第 85 条第 2 款的规定,增加几项审查标准:审查其是否违背法律或者行政法规的基本原则,是否对《宪法》和《民族区域自治法》的规定以及其他有关法律、行政法规专门就民族自治地方所作的规定作出变通规定。

三、民族立法的备案审查

规范性法文件的备案审查制度,是保障宪法、法律实施,维护国家法制统一的重要方式。近年来,全国人民代表大会常务委员会在完善备案审查制度、工作机制、审查纠正违宪违法的规范性法文件方面不断开展实践探索。[34] 民族立法的备案审查工作也逐步开展起来。

(一)民族立法备案审查的主体及权限

依照《宪法》《立法法》的规定,民族立法包括两个体系:国家权力机关(全国人民代表大会及其常务委员会、地方各级人民代表大会及其常务委员会)的立法与行政机关(国务院、国务院各组成部门与地方政府)的立法。因此,民族立法的监督主体也分为国家权力机关和国家行政机关两个系统。

根据《立法法》第 108 条的规定,国家权力机关和行政机关对民族立法的备案审查权限如下。(1)全国人民代表大会有权改变或者撤销其常务委员会制定的不适当的法律,有权撤销全国人民代表大会常务委员会批准的违背《宪法》和《立法法》第 85 条第 2 款规定的自治条例和单行条例。《立法法》第 85 条第 2 款规定,自治条例和单行条例可以依照当地民族的特点,对法律和行政法规的规定作出变通规定,但不得违背法律或者行政法规的基本原则,不得对《宪法》和《民族区域自治法》的规定以及其他有关法律、行政法规专门就民族自治地方所作的规定作出变通规定。(2)全国人民代表大会常务委员会有权撤销同《宪法》和法律相抵触的行政法规,有权撤销同《宪法》、法律和行政法规相抵触的地方性法规,有权撤销省、自治区、直辖市的人民代表

---

〔32〕 参见全国人大常委会法制工作委员会国家法室编著:《中华人民共和国立法法释义》,法律出版社 2015 年版,第 303 页。

〔33〕 参见全国人大常委会法制工作委员会国家法室编著:《中华人民共和国立法法释义》,法律出版社 2015 年版,第 303 ~ 304 页。

〔34〕 例如,全国人民代表大会常务委员会委员长会议于 2019 年 12 月审议通过了《法规、司法解释备案审查工作办法》。

大会常务委员会批准的违背《宪法》和《立法法》第85条第2款规定的自治条例和单行条例。(3)国务院有权改变或者撤销不适当的部门规章和地方政府规章。(4)省、自治区、直辖市的人民代表大会有权改变或者撤销它的常务委员会制定的和批准的不适当的地方性法规。(5)地方人民代表大会常务委员会有权撤销本级人民政府制定的不适当的规章。(6)省、自治区的人民政府有权改变或者撤销下一级人民政府制定的不适当的规章。(7)授权机关有权撤销被授权机关制定的超越授权范围或者违背授权目的的法规,必要时可以撤销授权。

(二)民族立法备案审查的标准

结合《宪法》《立法法》等相关法律规定和各级人民代表大会常务委员会多年来开展备案审查工作的实践,民族立法备案审查标准可分为合宪性、政治性、合法性、适当性四个方面。[35]

1. 合宪性

合宪性审查,是指对民族立法是否符合宪法规定、宪法原则和宪法精神进行审查。宪法是国家的根本法,对社会主义民族关系作出了明确规定。例如,《宪法》序言规定:"……中华人民共和国是全国各族人民共同缔造的统一的多民族国家。平等团结互助和谐的社会主义民族关系已经确立,并将继续加强。在维护民族团结的斗争中,要反对大民族主义,主要是大汉族主义,也要反对地方民族主义。国家尽一切努力,促进全国各民族的共同繁荣。……"第4条第1款确立了"中华人民共和国各民族一律平等"的原则。第4条第2款规定:"国家根据各少数民族的特点和需要,帮助各少数民族地区加速经济和文化的发展。"第4条第3款规定:"各少数民族聚居的地方实行区域自治,设立自治机关,行使自治权。各民族自治地方都是中华人民共和国不可分离的部分。"第4条第4款规定:"各民族都有使用和发展自己的语言文字的自由,保持或者改革自己的风俗习惯的自由。"上述规定构成了我国处理民族关系的基本原则。

民族立法必须符合宪法的规定、原则和精神。例如,《宪法》保障各民族使用和发展语言文字的自由,同时也在第19条第5款规定,国家推广全国通用的普通话。曾有地方性法规规定,各级各类民族学校应当使用本民族语言文字或者本民族通用的语言文字进行教学;有的规定,经本地教育行政部门同意,有条件的民族学校部分课程可以用汉语言文字授课。全国人民代表大会常务委员会法制工作委员会审查认为,上述规定与《宪法》第19条第5款关于国家推广全国通用的普通话的规定和《国家通用语言文字法》《教育法》等有关法律的规定不一致,已要求制定机关作出修改。[36]

2. 政治性

政治性审查,是指对民族立法是否与党中央的重大方针政策、决策部署以及国家重大改革方向保持一致进行审查。《宪法》第1条第2款规定,社会主义制度是中华人民共和国的根本制度。中国共产党领导是中国特色社会主义最本质的特征。坚持和拥护党的领导,是民族立法工作的首要政治原则。2021年中央民族工作会议强调:做好新时代党的民族工作,要把铸牢中华民族共同体意识作为党的民族工作的主线。铸牢中华民族共同体意识是党的民族工作开创新局面的必然要求,只有顺应时代变化,按照增进共同性的方向改进民族工作,做到共同性和差异性

---

〔35〕 参见《法规、司法解释备案审查工作办法》第36~39条。

〔36〕 参见全国人民代表大会常务委员会法制工作委员会主任沈春耀于2021年1月20日在第十三届全国人民代表大会常务委员会第二十五次会议上所作的《全国人民代表大会常务委员会法制工作委员会关于2020年备案审查工作情况的报告》。

的辩证统一、民族因素和区域因素的有机结合,才能把新时代党的民族工作做好做细做扎实。民族立法应当贯彻铸牢中华民族共同体意识这个主线,在民族平等的原则之下体现合理差别,通过立法实现民族事务治理法治化。

3. 合法性

合法性审查,是指对民族立法是否与上位法"相抵触"进行审查。根据《立法法》第107条的规定,民族立法有下列情形之一的,由有关机关依照法定权限予以改变或者撤销:"(一)超越权限的;(二)下位法违反上位法规定的;(三)规章之间对同一事项的规定不一致,经裁决应当改变或者撤销一方的规定的;(四)规章的规定被认为不适当,应当予以改变或者撤销的;(五)违背法定程序的。"其中第"(一)""(二)""(五)"三项就是合法性审查的标准。

《法规、司法解释备案审查工作办法》第38条又对"合法性"作了进一步细化规定,要求对有下列情形之一的,应当提出意见:"(一)违反立法法第八条,对只能制定法律的事项作出规定;(二)超越权限,违法设定公民、法人和其他组织的权利与义务,或者违法设定国家机关的权力与责任;(三)违法设定行政许可、行政处罚、行政强制,或者对法律设定的行政许可、行政处罚、行政强制违法作出调整和改变;(四)与法律规定明显不一致,或者与法律的立法目的、原则明显相违背,旨在抵消、改变或者规避法律规定;(五)违反授权决定,超出授权范围;(六)对依法不能变通的事项作出变通,或者变通规定违背法律的基本原则;(七)违背法定程序;(八)其他违背法律规定的情形。"

4. 适当性

适当性审查又称合理性审查,是指民族立法的内容应当符合一般社会公众对民主、自由、公平、正义、平等、秩序等法的价值的认知,还要符合实际、合乎理性、宽严适度,能够为一般社会公众所接受和理解。[37]

根据《法规、司法解释备案审查工作办法》第39条的规定,民族立法可能构成不适当的情形主要包括:"(一)明显违背社会主义核心价值观和公序良俗;(二)对公民、法人或者其他组织的权利和义务的规定明显不合理,或者为实现立法目的所规定的手段与立法目的明显不匹配;(三)因现实情况发生重大变化而不宜继续施行;(四)变通明显无必要或者不可行,或者不适当地行使制定经济特区法规、自治条例、单行条例的权力;(五)其他明显不适当的情形。"

需要指出的是,根据相关解释,审查批准过程中的"合法性审查"包含一定程度的"适当性审查",而在备案审查过程中的"合法性审查"与"适当性审查"又是并列的标准。由于事前审查与事后审查的"合法性"标准不一致,不利于立法机关在实践中准确掌握,笔者建议全国人民代表大会宪法和法律委员会出台一个合法性审查标准的指导意见,相关省市人民代表大会常务委员会根据《立法法》及指导意见,对各省市的审查批准权行使标准作出调整。同时,全国人民代表大会常务委员会法制工作委员会也可以及时整理、公布审查批准或备案审查工作中发现的合法性问题相关指导意见或典型案例,供各级人民代表大会常务委员会参照。

(三)民族立法备案审查的程序

民族立法备案审查的程序主要分为三个环节:[38](1)备案程序。民族立法草案经法定程序

---

〔37〕 参见全国人大常委会法制工作委员会法规备案审查室:《〈法规、司法解释备案审查工作办法〉导读》,中国民主法制出版社2020年版,第110页。

〔38〕 参见全国人大常委会法制工作委员会法规备案审查室:《规范性文件备案审查理论与实务》,中国民主法制出版社2020年版,第4页。

通过后,由制定机关在规定的期限内向有权机关报送备案。(2)审查程序。有关机关对民族立法的文本进行实质审查,并依照法定标准作出评价。(3)纠正程序。如果民族立法存在问题,则由制定机关自行纠正,或者由有权机关依职权纠正。

1. 备案程序

根据《立法法》和《法规、司法解释备案审查工作办法》的规定,行政法规、地方性法规、自治条例和单行条例、规章应当在公布后的30日内报有关机关备案。行政法规由国务院办公厅报送全国人民代表大会常务委员会备案;地方性法规、自治州和自治县制定的自治条例和单行条例由各省、自治区、直辖市人民代表大会常务委员会办公厅报送全国人民代表大会常务委员会和国务院备案;自治条例、单行条例报送备案时,应当说明对法律、行政法规、地方性法规作出变通的情况。

2. 审查程序

根据《法规、司法解释备案审查工作办法》的规定,审查程序大致包括初步研究、函告制定机关、征求意见、实地调研、提出审查报告等。

经初步研究,民族立法有下列情形之一的,可以不启动审查程序:相关规定已经修改或者废止的;此前已就建议审查的立法与制定机关作过沟通,制定机关明确表示同意修改或者废止的;此前对建议审查的同一规定进行过审查,已有审查结论的;建议审查的理由不明确或者明显不成立的;其他不宜启动审查程序的情形。对民族立法在合宪性、政治性、合法性、适当性方面可能存在问题的,可以函告制定机关在1个月内作出说明并反馈意见。

对法规、司法解释进行审查研究,对涉及国务院职权范围内的事项,可以征求国务院有关方面、有关专门委员会、常务委员会工作机构的意见。可以通过座谈会、听证会、论证会、委托第三方研究等方式,听取国家机关、社会团体、企业事业组织、人大代表、专家学者以及利益相关方的意见。根据需要也可以进行实地调研,深入了解实际情况。

全国人大专门委员会、人大常委会法制工作委员会一般应当在审查程序启动后3个月内完成审查研究工作,提出书面审查研究报告。

3. 纠正程序

经审查研究,认为民族立法在合宪性、政治性、合法性、适当性方面可能存在问题,需要予以纠正的,在提出书面审查研究意见前,可以与制定机关沟通,要求制定机关及时修改或者废止。经沟通,制定机关同意对民族立法予以修改或者废止,并书面提出明确处理计划和时限的,可以不再向其提出书面审查研究意见,审查中止。经沟通没有结果的,应当依照《立法法》第112条规定,向制定机关提出书面审查意见、研究意见,要求制定机关在2个月内提出书面处理意见。制定机关未按照书面审查研究意见对法规及时予以修改、废止的,全国人大专门委员会、人大常委会法制工作委员会可以依法向委员长会议提出予以撤销的议案、建议,由委员长会议决定提请常务委员会会议审议。

第九章　民族法的实施

第一节　民族法实施的概念

一、民族法实施的概念

法律与社会息息相关，它源于社会生活，服务于社会生活，最终在社会生活中运行并得到检验。一般认为，法的实施是将法律规范的要求转化为人们的行为、将法律规范中统治阶级的意志转化为现实关系，使法律规范的抽象规定具体化，由可能性转变为现实性的过程。[1]

社会生活中影响法的实施的因素很多，有学者认为主要有：国家的阶级本质；法律、法规等规范性文件反映统治阶级（在社会主义国家为工人阶级领导的广大人民）意志的程度；现行法与社会生活，归根到底与经济发展相适应的程度；国家机关活动中贯彻法治原则的程度及社会成员的法律意识、法律文化水平。[2] 在法的确立（立法）、法的遵守（守法）、法的执行（执法）、法的适用（司法）、法的监督、学法和用法等环节中，立法是法治的起点和前提，而法的实施意即法的遵守（守法）、法的执行（执法）、法的适用（司法）和法的监督，则是使制定出来的法规范具体化，是法治的落实和归宿。

民族法的实施，是指调整民族关系的相关法律法规，包括《宪法》《民族区域自治法》，民族区域自治条例、单行条例、变通规定及补充规定等在现实生活中的实际施行。具体来讲，民族法的实施包括民族法的遵守（守法）、民族法的执行（执法）、民族法的适用（司法）和民族法的监督等环节。

需要注意的是，从法的本质的角度讲，资产阶级法的本质是统治阶级统治人们的工具，法律实施体现出来的都是统治阶级的意志，与之相反，社会主义法律实施具有人民性，其本质是实现人民的共同意志。因此，我们在日常生活中见到的"人民政府""人民法院""人民检察院"的称号并不是随意的，而是人民性的体现。在社会主义条件下，法律制定的本质在于表达人民的共同意志，法律实施的本质则在于实现人民的共同意志。一方面，人民自觉遵守和运用体现人民自己共同意志、维护人民自己根本利益、保障人民自己各项权利的宪法和法律；另一方面，人民政府、人民法院、人民检察院依法办事，严格、公正、高效、权威地执行和适用法律，使体现为宪法和法律的人民共同意志得到尊重和实现。

---

〔1〕 参见孙国华、朱景文主编：《法理学》，中国人民大学出版社 1999 年版，第 310 页。

〔2〕 参见孙国华、朱景文主编：《法理学》，中国人民大学出版社 1999 年版，第 310 ~ 311 页。

二、民族法实施的方式

民族法实施的方式包括法的遵守、法的执行、法的适用和法的监督等。

民族法的遵守,是指国家机关、社会组织和公民个人依照法律规定行使法律权利和履行法律义务的活动。守法是法的运行的重要环节。法治首先是法律制定得良好,其次是制定的法律必须得到普遍的尊崇。守法是全民参与的,制定的法律如果得不到遵守,那就达不到立法的目的,法律也就失去了权威和尊严。

民族法的执行,是指国家行政机关、法律授权或委托的组织及其公职人员依照法定职责和程序,贯彻实施民族法的活动。执法是法律实施的重要环节,是法的基本实现方式。"法的生命不在于逻辑而在于实践",指的就是这种具体实施。

民族法的适用,是指国家司法机关及其工作人员根据法定职权和法定程序,具体运用民族法处理案件的专门活动,也即日常生活中所说的司法。司法权具有专属性,专属于各级人民法院和人民检察院。

民族法的监督,是指有关国家机关、政党、社会组织、人民团体和公民等依法对民族法的执行、民族法的适用和民族法的遵守等活动的合法性进行监督的活动。法律监督的对象既包括实施法律的行政机关、监察机关、审判机关、检察机关等公权力主体,也包括公民、法人和其他社会组织等私权利主体。

三、民族法实施的要求

民族法的实施是法律实施的重要组成部分。在依法治国、建设社会主义法治国家的背景下,社会主义法律实施应当遵循坚持党的领导,坚持依法执政、严格执法、公正司法和全民守法等基本要求。[3]

第一,民族法实施的根本前提是坚持党的领导。中国共产党是中国的执政党,坚持党的领导是人民的选择、历史的必然。中国共产党是中国现代化建设事业的领导核心,也是中国特色社会主义法治建设的领导力量。依法治国是党领导人民治国理政、管理国家和社会事务、管理经济和文化事业的基本治国方略。民族法的实施,必须坚持党的领导。

第二,民族法实施的根本保证是坚持依法执政。执政党坚持依法执政、执政为民,既领导人民制定宪法和法律,又领导人民遵守、执行和宣传法律,且在宪法和法律范围内活动,带头维护宪法和法律的权威和尊严,从政治上、组织上和思想上切实保证宪法和法律的实施,这是民族法得以实施的根本保障。

第三,民族法实施的关键环节是坚持严格执法。严格执法、依法行政是依法治国的重要环节,也是法律实施的关键。我国社会主义法律法规的绝大部分都是由国家行政机关主导执行的,国家公务员中绝大部分是行政机关的公务员。因此,行政机关及其公务员如果真正做到依法行政和公正执法,依法治国基本方略的主要内容就得到了落实。行政机关及其公务员应秉持执法为民的社会主义法治精神,认真严格地执行法律法规,做到既不越权,又不失职;既不越位,也不缺位。

第四,民族法实施的内在要求是坚持公正司法。从法律实施的角度来看,司法是依法治国的

---

〔3〕 参见《法理学》编写组编:《法理学》(第2版),人民出版社2020年版,第330~332页。

重要环节和法律实施的重要方面,是通过国家审判机关、检察机关、司法行政机关依法独立行使审判权、检察权和执行权,公正、高效地把社会主义法适用于具体案件的活动。公正司法是社会主义法律实施对司法权和司法活动的本质要求,是司法为民的根本体现。公正司法要求人民法院、人民检察院、司法行政机关严格、公正、高效、权威地执行和适用法律,把法律中抽象的规范正确、及时地适用于千差万别的案件,以实现社会公平正义的目的。

第五,民族法实施的重要条件是全民自觉守法。遵守宪法和法律是所有公民和组织的宪法义务。公民和组织自觉守法,是社会主义法治对法律实施的最高要求,也是社会主义法律实施的重要条件。我国的宪法和法律是人民共同意志的集中体现。因此,全体公民和社会组织自觉遵守宪法和法律,就是尊重人民自己的共同意志,维护人民自己的根本利益。当然,在社会主义初级阶段,要使守法成为每个公民自觉自愿的选择绝不是一朝一夕就可以实现的,还需要相当长时间的艰苦努力。中国共产党作为执政党带头守法,是实现全民自觉守法的前提和保证。因此,各级党和国家机关以及领导干部要带头尊法学法守法用法,提高运用法治思维和法治方式深化改革、推动发展、化解矛盾、维护稳定、应对风险的能力。

第二节　民族法的执行

一、民族法执行的概念

民族法的执行是民族法运行的重要环节。法律执行,又称行政执法,是指国家行政机关及其公职人员依法行使行政管理职权、履行法定职责、执行法律的活动。民族法的执行,就是指国家行政机关及其公职人员依法行使行政管理职权、履行法定职责、执行民族法的活动。《宪法》第89条有关国务院行使"领导和管理民族事务,保障少数民族的平等权利和民族自治地方的自治权利"的职权,第107条有关县级以上地方各级人民政府依照法律规定的权限,管理本行政区域内民族事务的规定,是规范民族法执行的根本依据。

执法是法的实施的重要组成部分和基本实现方式。法的生命在于它在社会生活中的具体实施。国家制定法律,就是要使法律在社会生活中得到遵守和执行,否则,法律将变成一纸空文,失去应有的效力和权威,因此,高度重视执法,是现代社会建设法治国家的必然要求。我国《宪法》规定,国家行政机关是国家权力机关的执行机关,国家权力机关制定的法律和规范性文件主要通过国家行政机关的日常职务活动来贯彻执行。国家行政机关职权范围十分广泛,涉及国家管理和社会生活的各个领域,内容和范围也极为广泛。因此,执法是法的实现最主要的途径。[4]

二、民族法执行的原则

民族法的执行是法的执行的重要组成部分,同样应当遵循法的执行遵循的依法行政原则、合理性原则、信赖保护原则及效率原则。在这些原则中,尤以依法行政原则为要。[5]

第一,依法行政原则。依法行政原则,是指行政机关必须根据法律法规的规定取得、行使行

---

〔4〕 参见张文显主编:《法理学》(第3版),高等教育出版社、北京大学出版社2007年版,第246页。

〔5〕 参见《法理学》编写组编:《法理学》(第2版),人民出版社2020年版,第333~334页。

政权力,并对行政行为的后果承担相应的责任。在法治国家,依法行政之"法"不仅包括法律规范,还包括法律的一般原则、法律精神和法律目的。

第二,合理性原则。合理性原则,是指行政机关在执行法律的过程中应当正确行使自由裁量权,所采取的措施、作出的决定合乎理性,符合案件事实、情节、执法对象本身的情况,符合公平的原则。法律设定自由裁量权,旨在使执法机关能够对具体情况作具体分析,既遵守一般要求又体现个别化,按照合理而公正的原则作出正确的选择和判断,从而更加准确地贯彻法律的意图,体现公正的要求。但自由裁量权不等于任意裁量权,要受到制约和监督。

第三,信赖保护原则。信赖保护原则的具体要求是:行政行为具有确定力,一经作出,如无法定事由和未经法定程序,就不得随意撤销、废止或改变;对行政管理相对人的授权行政行为作出后,事后即便发现有轻微违法,或产生不利后果,只要该行为不是因相对人过错造成的,也不得撤销、废止或改变;行政行为作出后,如事后发现有较严重的违法情形或可能给国家、社会公共利益造成重大损失,必须撤销或改变此种行为,行政机关对因撤销或改变此种行为而给无过错的行政管理相对人造成的损失,应给予补偿。

第四,效率原则。效率原则,是指在依法行政的前提下,行政机关在对社会提供管理和服务的过程中,应尽可能简捷快速,以尽可能低的成本取得尽可能大的效益,从而获取最大的执法效益。具体有三方面的要求:一是提高时间效率,减少工作拖延;二是节约执法成本,以最低的成本投入、资源消耗取得最佳的法律效果和社会效果;三是提高制度的科学性,减少不合理制度的负面作用。

三、依法行政的内容和要求

依法行政是行政执法的基本要求,主要包括以下基本内容和要求。[6]

第一,行政主体合法。行政主体必须依法设立并具备相应的资格和条件。该项内容包括行政机关和其他依法行使行政权的组织都必须符合法律规定的主体地位、资格和组织条件。如果进行行政活动的主体不是依法成立的或不具备行政主体资格,其行为不具有法律效力。

第二,行政权的行使合法。行政权的行使必须符合法律法规的规定。行政活动必须有法律法规的依据,否则,不得作出影响公民权利与义务的行为;行政主体必须在法定权限范围内活动,越权无效。

第三,行使行政权必须承担相应的责任,做到权责统一。具体包括:行政主体的职权与职责相统一;行为主体与责任主体相一致;责任与违法相对应,违法必须受追究。

第四,依法行政的本质是依法规范、约束行政权力。行政权在本质上是一种超越于个人之上的公共力量,具有巨大的规模效益。但行政权是一把"双刃剑",既可以成为维护公共利益最有效的工具,也可能成为侵害公民个人权利最厉害的工具。为了保证行政机关既有权又有责,既不越权又不失职,一方面,宪法和法律授予行政机关充分而又必要的行政权力,以确保其能够有效履行职责;另一方面,宪法和法律又明确规定行政机关的责任和对行政权力的制约与监督,以防止行政权力被滥用。

国家行政机关在执法活动中,对任何公民在适用法律上必须一律平等。这是"公民在法律面前人人平等"的原则所要求的。所谓公民在适用法律上一律平等,就是说任何公民不分民族、

---

〔6〕《法理学》编写组编:《法理学》(第2版),人民出版社2020年版,第333~334页。

种族、性别、职业、家庭出身、宗教信仰、教育程度、财产状况、居住期限和职务高低，无论是原告一方还是被告一方，国家行政机关在适用法律时，都必须平等对待，不得因人而异。我国是一个统一的多民族的社会主义国家，各民族群众都是中华人民共和国的公民。因此，“公民在法律面前一律平等”的原则对各民族公民都是适用的。

此外，民族地区的行政机关在依法行政过程中要充分考虑民族地区的经济、文化、教育、医疗卫生等具体情况，做到具体问题具体分析。在民族地区应特别注意发挥民族上层人物的作用，他们在一定范围内有很大的影响力。因此，工作中，应团结他们，依靠他们，变阻力为助力，借助解决各种纠纷，弄清事实真相，克服工作中的困难。[7]

第三节　民族法的适用

一、民族法适用的概念

民族法的适用是民族法运行的重要环节。法的适用即司法，是与立法和行政相对应的概念，是指国家司法机关依据法定职权和法定程序，具体应用法律处理案件的专门活动。

民族法的适用，即国家有关调整民族关系的法律在具体案件中的适用。需要特别指出的是，民事习惯（习惯法）在近年的司法实践中运用较多。对此，《民法典》第10条规定：“处理民事纠纷，应当依照法律；法律没有规定的，可以适用习惯，但是不得违背公序良俗。”之所以如此规定，是因为现实生活是变化的，书面法律是有局限的，法律不可能穷尽所有的事务，对于某些特别的超出法律规定的民事案件，在不违背公序良俗原则的前提下，按照本地风俗处理，解决问题，顺应民情，是最好的选择；同时，这也表明了法律规范与其他民间社会规范的并行，共同解决多元的社会问题的治理理念。

二、民族法适用的原则

民族法的适用是法的适用的重要组成部分，应当遵循司法为民、司法平等、司法公正、司法公开及依法独立行使职权等司法原则的基本要求。[8]

一是司法为民原则。司法为民是社会主义法治的本质要求，是中国共产党以人为本、执政为民的执政理念对法律适用的必然要求，是“一切权利属于人民”的宪法原则在司法工作中的具体体现，是司法工作始终保持正确政治方向的重要保证。在法律适用过程中坚持司法为民，就是要坚持以人民为中心，尊重和保障人权，努力做到一切为了人民，一切依靠人民，对法律负责，让人民满意，坚持法律效果与社会效果的统一。人民法院在依法办案时，应怀着对人民群众的深厚情感去落实司法为民的原则，始终把人民群众的冷暖放在心上，诚心诚意地为人民群众排忧解难，让人民群众切实感受到社会主义司法制度的温暖。

二是司法平等原则。司法平等原则是法律面前人人平等原则在司法活动中的具体体现，是适用法律的重要原则。在我国，司法平等原则是指各级国家司法机关及其司法人员在行使司法

---

[7]　参见吴大华主编：《民族法学》，法律出版社2013年版，第341页。

[8]　《法理学》编写组编：《法理学》（第2版），人民出版社2020年版，第338～341页。

权、处理案件时,对于任何公民,无论其民族、种族、性别、职业、宗教信仰、教育程度、财产状况、居住期限等有何差别,也无论其出身、社会地位和政治地位有何不同,在适用法律上一律平等,不允许有任何特殊和差别对待。具体表现为:司法机关对于任何公民的违法犯罪行为,都必须同样地追究法律责任;对所有诉讼参与人都应当平等地、公平地对待,切实保障诉讼参与人充分行使诉讼权利和履行诉讼义务。这一原则不仅适用于公民个人,也适用于法人和其他社会组织。司法平等原则是我国司法的一项重要原则。实现这一原则,对于切实保障公民在适用法律上的平等权利,反对特权思想和行为,惩治司法腐败行为,维护社会主义法治的尊严、权威和统一,调动广大人民的积极性,都有重要意义。

三是司法公正原则。司法公正原则是指司法机关及司法人员在司法活动中应坚持和体现公平和正义的原则。司法公正是社会正义的重要组成部分,包括实体公正和程序公正。实体公正主要是指司法裁判的结果公正:当事人的权益得到充分的保障,违法犯罪者受到应有的惩罚和制裁。程序公正主要是指司法过程的公正:司法程序具有正当性,当事人在司法过程中受到公平的对待。司法活动的合法性、独立性、有效性,裁判人员的中立性,当事人地位的平等性以及裁判结果的公正性,都是司法公正的必然要求和体现。

四是司法公开原则。司法公开是公正司法的必然要求。司法越公开,就越有权威和公信力。如果司法权运行不公开,或有选择地公开,司法公信力就无法树立。司法机关要增强主动公开、主动接受监督的意识,完善机制、创新方式、畅通渠道,依法及时公开司法依据、流程、结果和裁判文书。除法律规定的情形外,一般都要公开。司法机关要努力做到"以至公无私之心,行正大光明之事",对公众关注的案件,要提高透明度,让公平正义的阳光照亮人民的心田。

五是依法独立行使职权原则。司法机关依法独立行使职权是司法机关适用法律的一项重要原则。我国《宪法》规定,人民法院、人民检察院依照法律规定分别独立行使审判权、检察权,不受行政机关、社会团体和个人的干涉。《人民法院组织法》《人民检察院组织法》《民事诉讼法》《刑事诉讼法》《行政诉讼法》也作了类似的规定。其基本内容是:国家的司法权只能由国家的司法机关统一行使,其他任何组织和个人都无权行使此项权力;司法机关行使司法权时,必须严格依照法律规定,准确地适用法律。

在我国宪法体制下,坚持司法机关依法独立行使职权原则,并不意味着司法机关可以脱离党的领导和人大监督,不受任何约束。恰恰相反,司法机关必须始终坚持党对司法的绝对领导,把党的政策作为司法的指导;要自觉接受人大及其常委会的监督,与其他国家权力互相配合、互相制约,共同维护社会主义法治的尊严、权威和统一。

三、民族法适用的要求

民族法的适用不仅仅要求做到"公民在法律面前一律平等",而且要根据各民族、各地区的不同特点,尤其是需要考虑自然环境、风俗习惯、语言文字的特殊性,执行差别性对待的要求。[9]

第一,民族地区较为恶劣的自然环境给司法工作带来困难。我国大多数少数民族居住的地区或属高山峡谷,或属茫茫草原,或属沙漠边缘,交通都极为不便。这就势必导致消息闭塞、信息不通,给及时报案、及时取证和及时惩处带来困难。加之,少数民族基本上以同一民族构成一个村寨,民族成员宗亲观念浓厚,有时也不易查明案情真相。因此,需要采取必要措施给予有效应对。

---

〔9〕 参见吴大华主编:《民族法学》,法律出版社2013年版,第341页。

第二,定罪量刑时应充分考虑民族传统习俗的影响。从少数民族地区的实际情况出发,正确执行有关法律的规定,既要坚持国家法律的统一性,又要考虑少数民族地区的特殊性。《刑法》规定为犯罪,但在少数民族地区,属于传统习俗或因传统习俗引起的纠纷而又对社会没有造成较大危害的,可以不以犯罪论处。

第三,充分考虑少数民族语言文字特殊性的要求。少数民族地区的司法工作,还有一个十分重要的特点,就是少数民族地区的人民法院、人民检察院、公安机关等在诉讼过程中,应认真贯彻执行以本民族语言文字进行诉讼的原则。诉讼以本民族的语言文字进行,是我国诉讼制度中的一项基本原则。《刑事诉讼法》第 9 条规定:"各民族公民都有用本民族语言文字进行诉讼的权利。人民法院、人民检察院和公安机关对于不通晓当地通用的语言文字的诉讼参与人,应当为他们翻译。在少数民族聚居或者多民族杂居的地区,应当用当地通用的语言进行审讯,用当地通用的文字发布判决书、布告和其他文件。"在司法实践中,诉讼以本民族语言文字进行的原则在少数民族聚居地区基本上得到了贯彻执行,但在个别少数民族散居地区却遇到了一些问题。主要表现在:一些少数民族人口少,居住分散,诉讼中以本民族语言进行诉讼的权利往往容易被忽视。有的司法机关怕麻烦,不主动找翻译人员,或者翻译人员不懂法导致误译,甚至有的还用同案当事人做翻译等,致使他们的合法权利实际上被剥夺。这种状况与我国法律规定的诉讼以本民族语言文字进行的原则是背道而驰的,需要加以纠正。

此外,在司法过程中还需要认真对待文化基础、经济生活的差异等对司法的影响,在适用法律时要根据具体情况,做到具体问题具体处理,从而达到司法效果与社会效果的统一。

第四节 民族法的遵守

一、民族法遵守的概念

民族法的遵守是民族法实施的重要环节。它不像民族法的执行(执法机关)和民族法的适用(司法机关)等以部分法律人为主体的法律行为,而是所有人参与的一项法律实施活动,是包括国家机关、社会组织和公民个人依照法律规定行使法律权利和履行法律义务的活动。全民守法是通过法律实施实现法治的保障。

从法理意义上来说,守法由守法的主体、守法的范围及守法的内容等构成。[10]

在守法的行为主体上,法律遵守既是法律实施的一种重要形式,也是法治的基本内容和要求。法律制定出来以后,除依靠国家机关执行法律、适用法律外,主要依靠全社会的公民、法人、社会组织、武装力量以及国家机关的遵守。因此,守法的主体既包括公民和法人,也包括社会组织、武装力量和国家机关等。

在守法的行为方式上,这里的"遵守",既包括不违法、不做法律所禁止的事这类消极被动的、不作为的守法,也包括根据授权性法律规范积极主动地行使自己权利、履行自己义务的积极作为的守法;既包括"不应当做什么"的行为方式,也包括"应当做什么"和"应当怎样做"的行为

〔10〕 参见张文显主编:《法理学》(第 3 版),高等教育出版社、北京大学出版社 2007 年版,第 239 页。

方式。[11]

二、民族法遵守的主体

遵守民族法的主体,范围十分广泛,包括一切国家机关、企事业单位、人民团体以及其他社会组织和全体公民。遵守民族法的主体所具有的这一特点,是与民族法调整对象的特点相关的。

第一,国家机关。遵守民族法的一个重要主体是国家机关,它包括一般国家机关和民族自治地方的自治机关。对一般国家机关而言,遵守民族法主要是履行民族法规定的国家机关的职责,而对民族自治地方的自治机关来讲,遵守民族法一方面是依法行使自治权,另一方面是履行民族法所规定的职责。国家机关在保障民族权利中处于重要的地位,遵守民族法是国家机关依法治国的一项重要内容。民族关系是一种敏感性强、影响范围大的社会关系,倘若在国家机关的活动中不遵守民族法,将导致损害国家利益、民族利益的严重危害后果。

第二,企事业单位、人民团体和其他社会组织。企事业单位、人民团体和其他社会组织是由人组成的不同性质的机构,无论它们的性质如何,它们的成员中往往有不同的民族成份,有不同数量的属于少数民族人口的成员。因此,在这些机构组织内部,便存在有不同民族成员之间的关系,需要依照民族法的规定妥善地予以处理。企事业单位、人民团体和其他社会组织的活动具有社会性,在这些机构和组织的外部活动中,也会经常发生与民族地区或少数民族群众利益相关的活动,这也需要遵守民族法,依法调整上述机构和组织的行为。

第三,公民个人。我国民族众多,每个公民都属于某个民族的成员。除汉族外,我国的55个少数民族在空间分布上呈现大散居、小聚居的特点,使我国各民族及其成员在政治、经济、文化方面交往密切,利害相关。民族间的相互关系是公民日常生活及公民在各个领域的活动中所经常需要直接面对的社会关系,而在处理民族关系的时候,每个公民都应当遵守民族法的规定。

三、民族法遵守的内容

民族法遵守的内容是指守法主体必须遵守的行为规范的种类。在我国,主要是各种制定法,包括宪法、法律、行政法规、部门规章、地方性法规、地方政府规章和民族自治地方的自治条例、单行条例和变通规定、补充规定等。[12]

遵守民族法不仅要求民族法律关系的主体履行民族法规定的义务,而且要求民族法律关系的主体行使民族法规定的权利。

行使民族权利是遵守民族法的重要内容,我国《民族区域自治法》等相关民族法规定了各民族享有的广泛的民族权利,这些有关权利的规定,是民族法的重要内容,也是建立平等、团结、互助、和谐的民族关系的依据。只有行使民族法规定的民族权利,才能有效地维护国家统一、民族团结和社会稳定与进步。因此,遵守民族法,要求各民族及其成员和有关国家机关自觉地、认真地、主动地行使民族权利。所谓自觉行使民族权利,是指民族权利的主体增强权利意识,敢于和善于主张自己享有的合法权利;所谓认真行使民族权利,是指民族权利的主体正确地依照民族法的规定行使民族权利,既不超出法律规定的民族权利的限度,也不随意地放弃民族权利或缩小民族权利的限度;而主动行使民族权利,是指民族权利的主体积极行使民族法赋予的权利,在法定

---

〔11〕 参见《法理学》编写组编:《法理学》(第2版),人民出版社2020年版,第342~343页。

〔12〕 吴宗金、张晓辉主编:《中国民族法学》(第2版),法律出版社2004年版,第185页。

范围内为实现民族的利益而充分地享有表达意志，选择、从事一定的活动，而不是被动地依靠他人的帮助来行使民族权利。

履行民族义务也是遵守民族法的重要内容。我国《民族区域自治法》等相关民族法为保障民族权利的实现规定了与民族权利相关的种种民族义务和承担民族义务的主体。履行民族法规定的民族义务是实现民族权利的基本保障，一般来说，不履行民族法规定的民族义务，往往会造成对民族权利的侵害。因为，我国民族法规定的许多民族权利是以承担民族义务的主体尊重民族权利，不做出某种行为或做出某种行为的义务为保证的。如果承担民族义务的主体做出民族法禁止的行为或不做出民族法要求做出的行为，便使民族权利处于被侵害的状态之中，使民族权利的实现丧失条件，从而导破坏民族关系的危害后果。因此，遵守民族法规定，认真履行民族义务，是承担其义务的主体不能任意放弃或选择的法律责任，一旦承担民族义务的主体不履行民族法规定的义务，将遭受法律的制裁。

第五节 民族法的监督

一、民族法监督的概念

民族法的监督是民族法运行的重要环节。民族法监督，指的是各级国家机关、社会组织和全体公民对民族法实施进行的监察和督促。民族法监督是民族法治建设的重要内容，其目的是保证民族法律法规在全国范围内的统一、正确、有效地适用和遵守。随着各民族权利意识的增强，人们越来越认识到，民族法监督是民族法治不可缺少的重要组成部分，它与民族立法、民族法执行、民族法适用、民族法遵守共同构筑民族法治的框架。在现代社会中，如果不能建立完善的民族法监督机制，就不能保证民族法治的真正实现。同时，民族法监督也是国家法统一的重要措施和维护民族法权威的重要保障。〔13〕

民族法监督的对象，包括民族法实施的公权力主体，主要是行政机关、监察机关、审判机关、检察机关。它们在实施法律时是行使行政权、监察权和司法权等权力的主体，但在监督与被监督的法律关系中，它们则是法律实施监督的对象。同时，也包括法律实施的私权利主体，如公民、法人和社会组织等。法律实施监督的内容，包括法律的制定、执行、适用和遵守的各个环节，贯穿于法律实施的整个过程。〔14〕

中国特色社会主义法律实施监督，是在中国共产党的领导下，以人民代表大会制度为基础，以社会主义民主法治为原则，以权力的合理划分与相互制约为核心，依法对法律执行、法律适用和法律遵守等活动进行监视、约束、控制、检查和督促的法律机制。实施法律监督，应围绕国家工作大局，以经济建设为中心，坚持中国共产党的领导，坚持马克思列宁主义、毛泽东思想、邓小平理论、“三个代表”重要思想、科学发展观、习近平新时代中国特色社会主义思想，坚持人民民主专政，坚持社会主义道路，坚持改革开放。〔15〕

---

〔13〕 参见吴大华主编：《民族法学》，法律出版社2013年版，第368页。

〔14〕 参见《法理学》编写组编：《法理学》（第2版），人民出版社2020年版，第352页。

〔15〕 参见《法理学》编写组编：《法理学》（第2版），人民出版社2020年版，第354页。

二、民族法监督的机制

民族法实施的监督机制,主要包括国家权力机关的监督、监察机关的监督、行政机关的监督、司法机关的监督及社会监督等方面。

(一)国家权力机关的监督

国家权力机关对民族法实施的监督主要包括两个方面:(1)对民族法执行的监督;(2)对民族法适用的监督。这两方面的监督是依靠各级人民代表大会及其常务委员会的工作来实现的。这种监督主要是通过听取和审议司法、行政机关的工作报告,向有关机关提出质询案、对重大问题进行调查处理等形式,督促司法、行政机关认真执行民族法,帮助司法、行政机关纠正工作中出现的违反民族法的问题,对司法、行政机关的权力起到制约与监督的作用。国家权力机关对司法、行政机关工作的民族法监督可以在人民代表大会期间或闭会后进行。

(二)国家监察机关的监督

中华人民共和国成立以来,各级监察机构实施的监察主要是行政系统内部的监察,监察机构长期隶属于行政机关。监察体制改革后,才设置了独立于立法、司法、行政机关的监察委员会,与执政党的纪律检查委员会合署办公。

国家监察机关对下列公职人员和有关人员进行监察:[16] 中国共产党机关、人民代表大会及其常务委员会机关、人民政府、监察委员会、人民法院、人民检察院、中国人民政治协商会议各级委员会机关、民主党派机关和工商业联合会机关的公务员,以及参照《公务员法》管理的人员;法律、法规授权或者受国家机关依法委托管理公共事务的组织中从事公务的人员;国有企业管理人员;公办的教育、科研、文化、医疗卫生、体育等单位中从事管理的人员;基层群众性自治组织中从事管理的人员;其他依法履行公职的人员。

(三)国家行政机关的监督

行政机关的民族法监督,是指上级行政机关对下级行政机关执行民族法活动的监督,这种监督是依行政管理权限和行政隶属关系产生的,是行使行政管理权的一种手段。

行政机关的民族法监督主要有以下内容:国务院领导和管理民族事务,保障少数民族的平等权利和民族自治地方的自治权利;国务院有权改变或者撤销各部、各委员会发布的不适当的有关民族问题的命令、指示和规章;国务院有权改变或撤销地方各级国家行政机关颁布的不适当的有关民族问题的决定和命令;县级以上的地方各级人民政府有权改变或者撤销所属各工作部门和下级人民政府的不适当的有关民族问题的决定;等等。

(四)国家司法机关的监督

司法机关的民族法监督包括纵向监督和横向监督两种类型。

纵向监督是指上级司法机关对下级司法机关适用民族法的情况的监督。根据法律的规定,上级人民法院或人民检察院对下级人民法院或人民检察院的工作具有监督和指导的职权。上级人民法院对下级人民法院在审判工作中违反民族法的裁判或决定,可以通过上诉审或再审程序予以撤销或改变。上级人民检察院对下级人民检察院在侦查、起诉工作中违反民族法的决定或文件,可以通过复议或审查制度予以撤销或改变。

---

〔16〕《监察法》第15条。

横向监督是指同级的人民检察院和人民法院之间的相互制约。人民检察院对人民法院在审判工作中违反民族法的活动或司法文书,可以进行抗诉;人民法院对人民检察院在侦查、起诉工作中违反民族法的活动或司法文书,可以通过审判程序予以撤销或改变。

(五)社会监督

社会监督是指由国家机关之外的主体依照法律规定实施的监督。社会监督虽然不具有国家监督那样的法律效力,但在我国,它与国家监督之间有密切的联系,是国家监督的基础,目的都是保证社会主义民主和法治的实现。社会监督还有自己的独特意义,即它更能体现广大人民群众自己当家作主,直接参与管理国家和社会事务,直接监督国家机关及其工作人员的活动的重要作用。

民族法的社会监督机制是社会组织和人民群众对民族法实施的监督,它虽然不是国家机关的监督,但是是国家机关民族法监督机制的必要补充。另外,民族法的社会监督所依靠的社会组织和人民群众在社会中具有广泛性,它扩大了民族法监督的广度,有利于保障民族法的实施。

在我国,社会监督涉及的范围广,形式多,手段和途径也比较全,归纳起来民族法的社会监督主要包括以下几个方面。[17]

第一,中国共产党的监督。中国共产党是我国社会主义建设事业的领导核心,是执政党,它的监督在整个法律监督体系中占有十分重要的地位。党的监督,不是以党代政,而是通过党对国家的政治、思想、组织的领导,以及对党组织、党员是否带头遵纪守法的监督来实现。党的监督主要体现在:(1)党通过各级党组织和纪检部门,实行政治方面的监督。党的领导是政治领导,即政治原则、政治思想方向和重大决策的领导,所以党必须实行政治监督,以保证政治原则、方向的正确和重大决策的贯彻。其中,党在各级国家机关中的党组织和纪检部门的监督,尤其重要。(2)党通过向国家机关推荐、选派干部,实行组织方面的监督。党的组织原则是个人服从组织、少数服从多数、下级服从上级、全党服从中央。党通过要求在国家机关中的党组织和党员在组织上与中央保持一致,实现党的组织监督。(3)党通过各级党组织和纪检部门,实行党纪监督。共产党是执政党,党组织能否带头在宪法和法律的范围内活动,广大党员能否带头遵纪守法,是十分重要的问题。因此,党必须通过党纪监督,清除党内的违法犯罪分子、腐败分子,保证党的队伍的纯洁,保证国家机关的清正廉洁。

第二,人民政协的监督。中国人民政治协商会议是具有广泛代表性的统一战线组织,是在中国共产党的领导下,由共产党、各民主党派、无党派民主人士、人民团体、各少数民族和各界的代表及台港澳同胞和归国侨胞的代表以及特别邀请的人士组成的。人民政协通过政治协商和民主监督,成为我国社会监督的重要力量。人民政协的监督主要有:通过各种形式,参与有关国家事务和地方事务重要问题的讨论;就国家的大政方针和群众生活的重要问题提出建议和批评;密切联系各界群众,倾听他们的意见和要求等。

第三,各民主党派的监督。我国各民主党派是各自所联系的一部分社会主义劳动者和一部分拥护社会主义的爱国者的政治联盟,是接受中国共产党领导的,同中国共产党通力合作、共同致力于建设社会主义事业的亲密友党,是参政党。中国共产党领导的多党合作和政治协商制度,能够有效地发挥各民主党派的监督作用。在长期的革命和建设过程中,中国共产党对各民主党派实行"长期共存、互相监督、肝胆相照、荣辱与共"的方针,各民主党派通过批评和建议的方式,

---

〔17〕 参见孙国华、朱景文主编:《法理学》,中国人民大学出版社 1999 年版,第 396 ~ 398 页。

对党和政府的工作进行监督。

第四,各人民团体的监督。在我国,工会、共产主义青年团、妇联等群众性人民团体也是实行社会监督的重要力量。工会、共产主义青年团、妇联除了进行一般的社会监督外,还特别对涉及职工、青年和妇女儿童的问题发挥重要的监督作用。

第五,专业性、学术性团体的监督。我国各种群众性的专业团体、学术团体在社会监督中也发挥着专业性、职能性、学理性的监督作用。这种监督往往带有较强的科学性、专业性、技术性、权威性的成分。

第六,社会舆论的监督。社会舆论的监督,是指利用大众传播媒介(报刊、广播、电视、互联网等)以揭露违法犯罪、批评存在的问题等方式对民族法实施情况的报道,来督促民族法的遵守和实施。由于具有快速、客观、影响面广的特点,社会舆论对民族法实施情况的报道能引起社会的关注,形成对国家机关的舆论压力,促使国家机关依照民族法规定积极工作,改正错误。

第七,人民群众的监督。我国《宪法》规定,一切国家机关和国家机关工作人员必须依靠人民的支持,经常保持同人民的密切联系,倾听人民的意见和建议,接受人民的监督。从根本上说,我国的一切权力都是属于人民的。所以,人民群众有权通过各种方式和途径,对国家机关及其工作人员的活动进行直接的监督。这种监督是多种多样的,主要有:各级人民代表大会代表要受原选举单位或选民的监督,原选举单位和选民有权依照法律规定的程序罢免由他们选出的代表;县级以上地方各级人民代表大会常务委员会受理人民群众对本级人民政府、人民法院和人民检察院及其工作人员的申诉和意见;在各级国家权力机关、行政机关、审判机关和检察机关中专门设立人民来信、来访的机构等。人民群众对民族法实施的监督是我国监督机制中的重要环节,也是我国各民族群众的一项公民权利。尤其是人民群众通过提出批评、建议、申诉、控告或检举的方式,对国家机关实施民族法进行形式灵活多样的监督。人民群众的监督在司法领域主要体现为司法听证、人民陪审员、特约检察员等形式,这些特殊形式的监督在司法实践中对普法及法治的进步起到了不可替代的作用。

总之,实行社会主义法治,不仅要有完善的法律制度,而且要重视和加强法律监督,建立有效的法律监督体系。只有实行严格的法律监督,才能真正树立宪法和法律的权威,严格维护法治的统一和尊严,切实保证各民族公民合法权利的行使和法定义务的履行,促进国家的廉政建设,保证社会主义建设事业的顺利发展,实现长治久安。

三、民族法监督机制的完善

从总体上讲,我国的民族法监督机制,体现出两个特点:一方面,立法监督机制完善;另一方面,其他监督机制薄弱。民族法立法监督机制完善,是由于法治的统一和法律的权威性得到国家各级立法机关的高度重视,并且具有严格和详细的规定,体现了以程序保证监督效力的特点。完善我国民族法实施中的司法、行政、社会监督机制,是保证我国民族法有效实施需要解决的重要问题。

完善我国民族法实施的监督机制,应当注意解决以下几个问题。

第一,健全民族法的监督系统。目前,我国的监督机制中,专门的民族法监督机关是人民代表大会的民族委员会和政府机构中的民族事务委员会,但是这两个机关在实施民族法监督职能的权限上存在职权不明确、分工不具体的情况。因此,健全民族法的监督机制要以立法的形式确立民族委员会和民族事务委员会的监督权限,使这两个委员会真正担负起民族法的监督职能。

在民族地区的司法机关,要加强对政府行为中实施民族法情况的监督,以诉讼的形式,处理违反民族法的各类案件,充分发挥司法监督的功能。

第二,确立明确的监督标准。我国民族法的规定存在操作性不强,义务和责任不明确的弱点。这一弱点直接导致在民族法的监督中缺乏明确的监督标准,自然也谈不上对履行这些义务的监督了。因此,确立民族法的监督标准,当务之急是采取立法的形式,增强民族法的操作性,明确不履行义务的责任标准,以便为民族法的监督提供必要的法律依据。

第三,增强接受监督的观念。国家机关及其工作人员接受监督的观念,直接影响我国监督机制的建立和监督效果的发挥。由于我国监督制度的建立在中华人民共和国成立后历经坎坷,党的十一届三中全会之后才走上顺利发展的道路,一些国家机关及其工作人员自觉接受监督的意识不强。为此,应该在民族法的实施中,加强对国家机关及其工作人员的教育,提高他们接受民族法监督的意识,从而形成监督者与被监督者在实施民族法上的合力,保证民族法的实施。

总之,在依法治国背景下,加强对民族法实施的监督具有重要的意义。首先,它是现代国家法治不可缺少的重要组成部分,又是实现法治的重要保障;其次,它是维护法律统一和权威的重要措施;再次,它是保障法律实施的重要条件;最后,它是保证执法机关及其工作人员依法办事的重要手段。[18] 因此,必须进一步完善我国民族法实施的监督机制。

〔18〕 参见沈宗灵主编:《法理学》,高等教育出版社1994年版,第451~452页。

第四编 民族法的主要制度

民族法的制度构成了民族法体系的基本内容，不仅是民族法在法治建设中的集中体现，同时也是法治建设中的重要着力点。在我国，根据涉及的社会领域的差异，调整民族关系的不同层级的法律规范组成了相互关联而又有所区别的民族法律制度体系，与调整其他社会领域法律关系的法律制度体系共同组成了中国特色社会主义法律体系。因而，从法律制度的视角考察分析我国民族法律规范的主要内容，既是在宪法约束下检视与完善我国民族法律制度体系的基本要求，也是发挥民族法律制度在推进民族法治建设实践中的功能的重要内容。

本编主要介绍了民族区域自治法律制度、民族乡法律制度、城市民族工作法律制度、人大代表选举差别对待法律制度、民族文化保护与社会融入制度、族际关系治理的公民义务等有关法律制度，并着重释明了不同民族法律制度的基本概念、主要内容、现实意义、完善路径等内容，展现了民族法律制度的多元规范特征与时代价值蕴含。

学习民族法律制度内容，需要深入挖掘民族法律制度的实质内涵、功能定位和价值理念，把握不同法律制度之间的相互关联点，同时注重在中华民族多元一体格局下发挥民族法律制度在加强各民族交往交流交融、引导各民族共性的生成与发展以及铸牢中华民族共同体意识中的法治保障功能。

第十章　民族区域自治法律制度

第一节　民族区域自治基本政治制度

一、民族区域自治制度的概念

《民族区域自治法》序言规定，民族区域自治是在国家统一领导下，各少数民族聚居的地方实行区域自治，设立自治机关，行使自治权。可见，民族区域自治制度包含以下几个因素：

第一，实施民族区域自治的前提是国家的统一领导。国家统一是实行民族区域自治的前提条件。我国是全国各族人民共同缔造的统一的多民族国家，单一制是国家结构的根本特点之一，民族自治地方与国家的关系是部分与整体的关系，民族自治地方是整个国家的有机组成部分。国家在各民族自治地方行使主权，维护国家统一和领土完整，而各民族自治地方的自治机关是一级地方国家机关，接受中央国家机关的统一领导，担负维护国家统一和领土完整，保证宪法、法律和党的方针、政策在本地方的遵守和执行，完成中央和上级机关下达的各项任务的职责。

第二，民族区域自治以区域为载体。民族区域自治是“共同性和差异性的辩证统一、民族因素和区域因素的有机结合”。此处的“区域”并不是一般意义上的地理概念，而是有特定条件的，即在“各少数民族聚居的地方实行区域自治”，“聚居”是“区域”特定的限制条件。只有达到一定人口数量的少数民族地区，才能建立相应的民族自治地方，实行民族区域自治。

第三，民族区域自治制度中，“民族区域自治权”是其核心要素。民族区域自治权是民族自治地方的自治机关（包括人民代表大会和人民政府）依照《宪法》、《民族区域自治法》和其他法律规定的权限，根据本地方的实际情况，贯彻执行国家的法律、政策，行使管理本地方经济文化建设事业的权力。

二、民族区域自治制度的性质

从地位上看，1954 年召开的第一届全国人民代表大会第一次会议，把民族区域自治制度载入了《宪法》之中。此后中国历次《宪法》修改，都载明坚持实行这一制度。2001 年修改颁布的《民族区域自治法》则明确规定：民族区域自治制度“是国家的一项基本政治制度”。习近平总书记在 2021 年中央民族工作会议上指出，民族区域自治制度是我国的一项基本政治制度，是中国特色解决民族问题的正确道路的重要内容和制度保障。民族区域自治制度是具备中国特色的、符合中国民族关系实践的基本政治制度，是尊重历史、合乎国情、顺应民心的正确抉择，是我们党经过长期探索、反复比较而作出的伟大创举，是对马克思主义民族理论的极大丰富和发展。

从内容上看,民族区域自治制度,既不是以中央和地方“分权”(decentralization)为基础、排除中央领导的地方自治制度,也不是以某一民族集团为中心、排除汉族和其他少数民族公民参与的民族自治制度,而是在中央统一领导下,国家为了实现区域协调发展、各民族共同繁荣,依法给予民族自治地方以一般地方所没有的特殊支持的制度。[1]

三、民族区域自治制度的优越性

民族区域自治制度的成功实施,开辟了发展各民族平等团结互助和谐关系的新纪元,开创了经济发展、政治安定、文化繁荣、社会和谐、生态良好的生动局面,使少数民族的面貌、民族地区的面貌、民族关系的面貌、中华民族的面貌都发生了翻天覆地的历史性巨变。

一是依法维护了国家统一和民族团结。切实维护国家统一和民族团结,是国家最高利益和各民族的共同利益、根本利益。我国《宪法》和《民族区域自治法》明确规定,各民族自治地方都是中华人民共和国不可分离的部分,禁止破坏民族团结和制造民族分裂的行为。国家将民族团结作为处理民族问题的根本原则,大力开展中华民族共同体意识教育和民族团结进步创建活动,促进各民族交往交流交融,引导各民族“像石榴籽一样紧紧抱在一起”。

二是有效保障了各族人民依法行使当家作主的权利。设立自治机关、行使自治权,是国家尊重和保障少数民族合法权益的集中体现。截至2020年年底,全国共建立了155个民族自治地方,其中包括5个自治区、30个自治州、120个自治县(旗)。人民当家作主,是我国民族区域自治制度的核心和根本,在少数民族聚居的地方,各族人民除了享有宪法和法律规定的普遍性的政治权利,还享有民族区域自治的特殊性的政治权利,包括立法权、使用民族语言文字的权利、自主发展文化教育权等。民族平等,是我国民族政策的基石,各民族不论人口多少、历史长短、居住地域大小、经济发展程度如何,无论语言文字、宗教信仰和风俗习惯是否相同,政治地位一律平等,在经济、文化、社会生活等所有领域平等,在法律面前一律平等。

三是不断满足了各族人民日益增长的美好生活需要。实现国家区域协调发展、各民族共同繁荣是党的民族政策的根本立场,也是社会主义社会的本质要求。国家从战略高度重视少数民族和民族地区发展,先后实施了西部大开发、兴边富民、精准扶贫等重大发展战略,通过一般性财政转移支付、专项财政转移支付等增加对民族自治地方的资金投入,逐步缩小民族地区与发达地区的差距。特别是党的十八大以来,党中央高度重视民族地区发展,中央新调整的东西部扶贫协作和对口支援结对关系对30个民族自治州实现了全覆盖,明确“三区三州”深度贫困地区全部在民族地区,采取一系列政策措施和制度性安排给予民族地区更精准的扶持,推动少数民族地区和全国一道历史性地消除了绝对贫困,阔步迈上了社会主义现代化建设新征程。[2]

---

〔1〕 参见沈寿文:《中国民族区域自治的理论范式》,载《中央社会主义学院学报》2019年第4期。

〔2〕 参见陈小煜:《充分发挥民族区域自治制度优势》,载《西藏日报》2021年5月17日,第6版。

第二节　民族区域自治基本法律制度

一、适用于民族自治地方的一般法律规范

《宪法》第4条第3款和《民族区域自治法》第2条第3款规定,各民族自治地方都是中华人民共和国不可分离的部分。《宪法》第115条和《民族区域自治法》第4条第1款规定,自治区、自治州、自治县的自治机关行使《宪法》第三章第五节规定的地方国家机关的职权,同时依照宪法、民族区域自治法和其他法律规定的权限行使自治权,根据本地方实际情况贯彻执行国家的法律、政策。《民族区域自治法》第5条规定,民族自治地方的自治机关必须维护国家的统一,保证宪法和法律在本地方的遵守和执行。按照上述规定,民族自治地方是中华人民共和国不可分离的组成部分;民族自治地方自治机关是一级地方国家机关;民族自治地方的自治机关必须维护国家的统一,保证宪法和法律在本地方的遵守和执行。因而,与一般地方相同,国家的法律、法规、规章和政策文件,同样适用于民族自治地方。

二、涉及民族区域自治的专门法律规范

我国法律体系中涉及民族区域自治的专门法律规范分布在《宪法》、《民族区域自治法》及其他法律、行政法规、地方性法规、自治条例和单行条例等规范性文件中。

(一)《宪法》中涉及民族区域自治的专门法律规范

《宪法》中对民族区域自治的规定涵盖了序言和其他涉及民族的条款,形成了一个融贯的规范体系。第一,《宪法》序言规定,中华人民共和国是全国各族人民共同缔造的统一的多民族国家。平等团结互助和谐的社会主义民族关系已经确立,并将继续加强。在维护民族团结的斗争中,要反对大民族主义,主要是大汉族主义,也要反对地方民族主义。国家尽一切努力,促进全国各民族的共同繁荣。第二,《宪法》第4条规定:“中华人民共和国各民族一律平等。国家保障各少数民族的合法的权利和利益,维护和发展各民族的平等团结互助和谐关系。禁止对任何民族的歧视和压迫,禁止破坏民族团结和制造民族分裂的行为。国家根据各少数民族的特点和需要,帮助各少数民族地区加速经济和文化的发展。各少数民族聚居的地方实行区域自治,设立自治机关,行使自治权。各民族自治地方都是中华人民共和国不可分离的部分。各民族都有使用和发展自己的语言文字的自由,都有保持或者改革自己的风俗习惯的自由。”第三,《宪法》第三章“国家机构”第六节专门规定了“民族自治地方的自治机关”。此外,涉及民族区域自治的规范还散见于其他《宪法》条文之中,如第三章第五节中关于民族乡的若干规定等。这些内容是民族区域自治制度法律规范的宪法依据。

(二)《民族区域自治法》

《民族区域自治法》是一部实施宪法规定的民族区域自治制度的基本法律。《民族区域自治法》于1984年5月31日由第六届全国人民代表大会第二次会议通过,于1984年10月1日起施行,该法是实施民族区域自治基本政治制度的核心规范。

一方面,《民族区域自治法》是我国民族区域自治制度法制化的开端。1949年《共同纲领》

第51条第1句规定:“各少数民族聚居的地区,应实行民族的区域自治,按照民族聚居的人口多少和区域大小,分别建立各种民族自治机关。”这是我国民族区域自治正式制度化的先声,但此时它仅是一项基本政治制度。直到1984年《民族区域自治法》出台,民族区域自治制度才真正实现了从基本政治制度到基本法律制度的性质转变。可以说,该法的出台既是对中华人民共和国成立30多年来民族区域自治制度实践经验和教训的历史总结,更是未来民族区域自治制度进一步发展与完善的坚实基础。

另一方面,《民族区域自治法》是民族区域自治法制化集大成者。无论是内容范畴还是规范力度,《民族区域自治法》至今仍在我国民族区域自治制度乃至整个民族关系的处理中占据核心地位。该法颁行30多年来,我国的民族法制根据具体实践不断实现自我完善与长足发展,但无一不是以《民族区域自治法》作为逻辑起点与制度归依。正因如此,《民族区域自治法》成为了中国特色社会主义法律体系的重要组成部分。

此外,《民族区域自治法》作为基本法律,是民族法体系中的核心规范,该法在我国民族法规范中位阶最高,保障的对象涉及绝大多数的少数民族人口,既包括在155个民族自治地方实行区域自治的少数民族,也涉及生活在这些地方但未实行区域自治的少数民族甚至汉族。该法规制的范畴涉及绝大多数的重要民族关系事项。而且,该法也是中国传统思想与源自西方的民族理论本土化结合的成功典范。[3]

2001年,我国对《民族区域自治法》进行了修改,主要体现在以下几个方面:(1)关于对序言的修改;(2)关于财政体制和对民族自治地方的财政支持;(3)关于投资、金融等方面的支持;(4)关于教育文化方面的支持;(5)关于经济发达地区和民族自治地方的对口支持;(6)关于少数民族干部的配备;(7)对《民族区域自治法》的实施方式进行了完善。[4]

(三)《国务院实施〈中华人民共和国民族区域自治法〉若干规定》

《国务院实施〈中华人民共和国民族区域自治法〉若干规定》于2005年制定并颁布,较为具体地规定了贯彻落实《民族区域自治法》的措施,是一部较为完备的实施性行政法规。其主要内容如下:

第一,规定了促进民族自治地方经济社会发展方面的政策措施。这部分规定是《国务院实施〈中华人民共和国民族区域自治法〉若干规定》的主要内容,具体内容包括:(1)对未列入西部大开发范围的自治县,明确要求由其所在省级人民政府在职权范围内比照西部大开发有关政策予以扶持。(2)明确规定了国家对民族自治地方基础设施建设的资金支持。(3)明确规定了国家征收的矿产资源补偿费在安排使用时,加大对民族自治地方的投入,并优先考虑原产地的民族自治地方。同时,根据开发者付费、受益者补偿、破坏者赔偿的原则,规定了对在生态环境保护方面作出贡献的民族自治地方给予合理补偿。(4)在对民族自治地方财政支持上,使国家对民族自治地方的财政支持落到实处。这一内容,将优惠政策上升为法律规定,解决了民族自治地方财政困难等问题。同时,还规定了上级人民政府出台税收减免政策造成民族自治地方财政减收部分,在测算转移支付时作为因素予以考虑。(5)将中央设立少数民族发展资金和民族工作经费

---

〔3〕 参见熊文钊、郑毅:《论〈民族区域自治法〉的地位、作用及其完善》,载《中央民族大学学报(哲学社会科学版)》2014年第3期。

〔4〕 参见铁木尔·达瓦买提2000年10月23日在第九届全国人民代表大会常务委员会第十八次会议上所做的《关于〈中华人民共和国民族区域自治法修正案(草案)〉的说明》。

用行政法规的形式加以确立。(6)将兴边富民行动和对人口较少民族的扶持写进《国务院实施〈中华人民共和国民族区域自治法〉若干规定》中,为今后大力推进这两项工作奠定法律基础,使这两项工作有法可依。(7)将国家长期以来实行的民贸优惠照顾政策法律化,使这项政策具有相对的稳定性。同时,对少数民族特需商品实行定点生产并建立必要的储备制度的规定,将对边销茶的储备制度扩展到一切少数民族特需商品,是落实党的民族政策,更好地满足少数民族群众生产生活特殊需要的重要举措。(8)明确规定了经国务院批准,可以在与外国接壤的民族自治地方边境地区设立边境贸易区。

第二,《国务院实施〈中华人民共和国民族区域自治法〉若干规定》对《民族区域自治法》作出的有关民族自治地方的扶贫开发、非公有制经济、对口支援、促进民族自治地方教育发展、文化发展、培养少数民族干部和各类人才等方面的规定作出了较为细化的规定。

第三,《国务院实施〈中华人民共和国民族区域自治法〉若干规定》对违反该规定要求应承担的法律责任作出了规定。这是民族立法的一个重大突破。《国务院实施〈中华人民共和国民族区域自治法〉若干规定》将法律责任分为个人责任和法人责任。其中,个人违反《国务院实施〈中华人民共和国民族区域自治法〉若干规定》的,依情节给予行政处分,直至追究刑事责任;法人违反《国务院实施〈中华人民共和国民族区域自治法〉若干规定》的,由其主管部门或者监察机关责令改正。[5]

(四)专门实施《民族区域自治法》的地方性法规

《民族区域自治法》第73条第2款规定:"自治区和辖有自治州、自治县的省、直辖市的人民代表大会及其常务委员会结合当地实际情况,制定实施本法的具体办法。"各级民族自治地方按照该规定,制定贯彻民族区域自治法的实施办法,使民族区域自治法的各项规定得到全面贯彻落实,同时也能起到进一步规范和细化省级国家机关对民族自治地方工作的职责,保障和促进民族自治地方发展的重要作用。

目前我国许多省市结合当地实际制定了贯彻实施《民族区域自治法》的地方性法规,主要包括:《湖南省实施〈中华人民共和国民族区域自治法〉若干规定》(2020修正)、《吉林省实施〈中华人民共和国民族区域自治法〉办法》(2017)、《海南省实施〈中华人民共和国民族区域自治法〉若干规定》(2015修正)、《河北省实施〈中华人民共和国民族区域自治法〉若干规定》(2013修正)、《辽宁省实施〈中华人民共和国民族区域自治法〉办法》(2008)、《广东省实施〈中华人民共和国民族区域自治法〉办法》、《黑龙江省实施〈中华人民共和国民族区域自治法〉办法》(2007)、《重庆市实施〈中华人民共和国民族区域自治法〉办法》(2007)、《甘肃省实施〈中华人民共和国民族区域自治法〉若干规定》(2006修订)、《贵州省实施〈中华人民共和国民族区域自治法〉若干规定》(2005)、《云南省实施〈中华人民共和国民族区域自治法〉办法》(2004)、《湖北省实施〈中华人民共和国民族区域自治法〉的若干规定》(2003修改)等。这些地方性法规在《民族区域自治法》的宏观框架和授权下,结合当地实际,主要从"经济建设与资金扶持、环境保护与资源开发、社会事业发展、干部及人才的培养选拔、法律责任"等方面较为系统地规定了实施《民族区域自治法》的具体措施。

---

[5] 参见《国家民委政法司负责人就国务院实施〈中华人民共和国民族区域自治法〉若干规定答记者问》,载中央人民政府网,http://www.gov.cn/govweb/zwhd/2005-06/20/content_22611.htm。

(五)自治条例和单行条例

自治条例和单行条例是民族自治地方的人民代表大会依照当地民族的政治、经济和文化的特点制定的,是一种特殊的地方立法。自治条例是民族自治地方的人民代表大会,依照当地民族的政治、经济和文化的特点制定的,全面调整本自治地方事务的综合性法律文件。单行条例是民族自治地方的人民代表大会依照当地民族的政治、经济和文化的特点制定的,调整本自治地方某方面事务的规范性文件。自治条例集中体现民族自治地方的自治权,具有民族自治地方总章程的性质。单行条例是民族自治地方行使某一方面自治权的具体规定,单行条例应当遵循自治条例的要求。

我国1954年《宪法》就对自治条例作出了规定。1985年,吉林省延边朝鲜族自治州率先制定《延边朝鲜族自治州自治条例》。单行条例的制定则始于1954年《宪法》颁布后的20世纪五六十年代,当时单行条例的内容多为自治地方人民代表大会和人民委员会组织条例。但随着时间和情况的变化,许多都已不再适用。1984年《民族区域自治法》颁布后,规范了自治条例和单行条例的制定。[6] 2000年制定的《立法法》对自治条例和单行条例制定应遵循的原则、报批程序、变通范围、备案审查等内容作出了系统规定。仅在2021年,全国人民代表大会常务委员会办公厅共收到报送备案的设区的市、自治州、不设区的地级市地方性法规688件,自治条例和单行条例87件[7],以我国较为典型的多民族省份云南省为例,截至2022年6月27日,云南省现行有效的涉民族事务地方性法规有7件,自治条例有37件,单行条例有286件,变通规定有6件,民族立法数量居全国前列[8]。

自治条例、单行条例和地方性法规一样,都是由有关地方国家权力机关制定的,但不同于一般的地方性法规。具体而言,地方性法规的制定是为了保证更有效地管理本行政区域内的各种事务,既要考虑本行政区域的具体情况和实际需要,也要遵循不同宪法、法律和行政法规相抵触的原则,体现的是宪法规定的"遵循在中央的统一领导下,充分发挥地方的主动性、积极性的原则"。而自治条例和单行条例的制定是为了保证民族自治地方的自治机关有效行使自治权,只需要依照当地民族的政治、经济和文化特点,可以对法律和行政法规予以变通,体现的是宪法规定的"各民族一律平等"原则。

第三节 民族自治地方的国家机关及民族关系

一、民族自治地方的建立和自治机关的组成

(一)民族自治地方的含义

民族自治地方有两个层面的含义,即行政建制意义上的民族自治地方和行政辖区意义上的

---

〔6〕 参见乔晓阳主编:《〈中华人民共和国立法法〉导读与释义》,中国民主法制出版社2015年版,第254页。

〔7〕 参见徐艳红:《中国社会科学院法学研究所发布2022年〈法治蓝皮书〉》,载中国人大网2022年6月23日,http://www.npc.gov.cn/npc/c30834/202206/47d7e71acf384f7ba2a822648de2e11a.shtml。

〔8〕《用法治力量推动民族团结进步示范区建设》,载新华网,http://www.yn.xinhuanet.com/reporter/2022-06/27/c_1310634079.htm。

民族自治地方。[9]

第一，民族自治地方是一种行政建制的指称。行政建制意义上的民族自治地方是为了设立“自治机关”，“行使自治权”的需要而出现的概念。这个意义上的民族自治地方分为自治区、自治州、自治县三个层级。设立民族自治地方（自治区、自治州或者自治县）的要求是在少数民族聚居的地方，根据当地民族关系、经济发展等条件，并参酌历史情况，可以建立以一个或者几个少数民族聚居区为基础的自治地方；民族自治地方内其他少数民族聚居的地方，建立相应的自治地方或者民族乡。此外，“自治区”和“自治州”中也可以设立“市”“县”“乡”“镇”“民族乡”等行政建制，“自治县”中也可以设立“乡”“镇”“民族乡”等行政建制。

第二，民族自治地方是一种行政辖区的指称。在一个自治区的行政辖区内，所有地方，不管是其他少数民族聚居的地方设立的低层级的民族自治地方（自治州、自治县）或者民族乡，还是以汉族为主聚居的城镇（市、县、乡、镇等），均属于自治区这一民族自治地方。与之相同，在一个自治州行政辖区范围内，所有地方，同样均属于自治州这一民族自治地方；在一个自治县行政范围内，所有地方，同样均属于自治县这一民族自治地方。

（二）民族自治地方的建立

我国各少数民族聚居的地方实行区域自治，民族自治地方分为自治区、自治州、自治县；民族自治地方设立自治机关，自治机关是国家的一级地方政权机关，民族自治地方的自治机关实行民主集中制的原则。具体而言，有关民族自治地方建立的规定主要包括以下几个方面：（1）在少数民族聚居的地方，根据当地民族关系、经济发展等条件，并参酌历史情况，可以建立以一个或者几个少数民族聚居区为基础的自治地方。民族自治地方内其他少数民族聚居的地方，建立相应的自治地方或者民族乡。民族自治地方依据本地方的实际情况，可以包括一部分汉族或者其他民族的居民区和城镇。（2）民族自治地方的名称，除特殊情况外，按照地方名称、民族名称、行政地位的顺序组成。（3）民族自治地方的建立、区域界线的划分、名称的组成，由上级国家机关会同有关地方的国家机关，和有关民族的代表充分协商拟定，按照法律规定的程序报请批准。（4）民族自治地方一经建立，未经法定程序，不得撤销或者合并；民族自治地方的区域界线一经确定，未经法定程序，不得变动；确实需要撤销、合并或者变动的，由上级国家机关的有关部门和民族自治地方的自治机关充分协商拟定，按照法定程序报请批准。

（三）民族自治地方自治机关的组成

第一，民族自治地方自治机关的类型。民族自治地方的自治机关包括权力机关和行政机关两大类型，即由自治区、自治州、自治县的人民代表大会和人民政府组成。各民族自治地方的人民政府都是国务院统一领导下的国家行政机关，都服从国务院，同时要对本级人民代表大会和上一级国家行政机关负责并报告工作，在本级人民代表大会闭会期间，对本级人民代表大会常务委员会负责并报告工作。

第二，民族自治地方人民代表大会的组成。在民族自治地方的人民代表大会中，除实行区域自治的民族的代表外，其他居住在本行政区域内的民族也应当有适当名额的代表；实行区域自治的民族和其他少数民族代表的名额和比例，根据法律规定的原则，由省、自治区、直辖市的人民代表大会常务委员会决定，并报全国人民代表大会常务委员会备案此外，民族自治地方的人民代表大会常务委员会中应当有实行区域自治的民族的公民担任主任或者副主任；民族自治地方的人

〔9〕 参见沈寿文：《“民族自治地方”的两层涵义》，载《贵州民族研究》2013 年第 1 期。

民代表大会所属工作部门的干部中,还应当合理配备实行区域自治的民族和其他少数民族的人员。

第三,民族自治地方人民政府的组成。自治区主席、自治州州长、自治县县长由实行区域自治的民族的公民担任。自治区、自治州、自治县的人民政府的其他组成人员,应当合理配备实行区域自治的民族和其他少数民族的人员。此外,民族自治地方的人民政府所属工作部门的干部中,还应当合理配备实行区域自治的民族和其他少数民族的人员。

二、民族自治地方自治机关的自治权

有关民族自治地方自治机关自治权的规定主要体现在《民族区域自治法》第三章。以自治机关自治权的内容及类别为标准,可以将自治机关的自治权划分为政治类自治权、经济类自治权、文化类自治权、社会类自治权四个类型。

第一,政治类自治权。政治类自治权是指自治机关管理本地区的政治性事务的自治权。主要包括:立法自治权,即制定自治条例和单行条例的权力及对上级国家机关决议、决定、命令和指令的变通执行和停止执行权;语言文字方面的自治权;人事管理方面的自治权等。

第二,经济类自治权。经济类自治权是指自治机关管理本地区的经济建设、财政税收等经济方面的自治权。主要包括:经济管理自治权、自然资源管理自治权、地方财税管理自治权等。

第三,文化类自治权。文化类自治权是指自治机关管理本地区民族文化和教育事业的自治权。主要包括民族教育管理自治权、民族文化管理自治权、科技管理自治权、民族医药卫生管理自治权、民族体育管理自治权及对外文化交流自治权等。

第四,社会类自治权。社会类自治权是指自治机关管理本地区社会公共事务的自治权。主要包括流动人口管理自治权、计划生育管理自治权、环境管理自治权等。

三、民族自治地方的人民法院和人民检察院

(一)民族自治地方的人民法院和人民检察院的一般规定

民族自治地方的人民法院和人民检察院是民族自治地方的司法机关,它们与民族自治地方的立法机关、行政机关、监察机关共同组成民族自治地方的国家机关。但民族自治地方司法机关不是自治机关,为此,《民族区域自治法》将“民族自治地方的人民法院和人民检察院”单列一章以区别于民族自治地方的自治机关。

民族自治地方的人民法院和人民检察院与一般地方的人民法院和人民检察院在性质、地位和功能上没有本质区别。《宪法》规定人民法院是国家的审判机关,人民检察院是国家的法律监督机关。人民法院和人民检察院依照法律规定独立行使审判权和检察权,不受行政机关、社会团体和个人的干涉。《民族区域自治法》第 46 条第 1 款、第 2 款规定:“民族自治地方的人民法院和人民检察院对本级人民代表大会及其常务委员会负责。民族自治地方的人民检察院并对上级人民检察院负责。民族自治地方人民法院的审判工作,受最高人民法院和上级人民法院监督。民族自治地方的人民检察院的工作,受最高人民检察院和上级人民检察院领导。”

(二)民族自治地方的人民法院和人民检察院的专门规定

民族自治地方的人民法院和人民检察院与民族自治地方的权力机关、行政机关不同,它们不是民族自治地方的自治机关,但由于民族自治地方的人民法院和人民检察院设立在民族自治地方,在民族自治地方履行审判和法律监督职责,因而法律对其作出了一些专门要求。

第一，人员构成方面的要求。《民族区域自治法》第 46 条第 3 款规定："民族自治地方的人民法院和人民检察院的领导成员和工作人员中，应当有实行区域自治的民族的人员。"

第二，工作原则方面的要求。《民族区域自治法》第 47 条规定："民族自治地方的人民法院和人民检察院应当用当地通用的语言审理和检察案件，并合理配备通晓当地通用的少数民族语言文字的人员。对于不通晓当地通用的语言文字的诉讼参与人，应当为他们提供翻译。法律文书应当根据实际需要，使用当地通用的一种或者几种文字。保障各民族公民都有使用本民族语言文字进行诉讼的权利。"此外，《民事诉讼法》第 11 条、《行政诉讼法》第 9 条和《刑事诉讼法》第 9 条对此也有明确规定。

四、民族自治地方内的民族关系

（一）民族自治地方处理民族关系的原则

第一，民族平等原则。这是正确处理民族关系的核心内容，是中国共产党根据马列主义民族观解决民族问题的基本观点和基本立场，是国家制定民族法律、法规、规章的基础。一般认为，所谓民族平等，是指各民族不分人口多少、历史长短、先进与落后，在国家政治、经济、文化和社会生活等各个方面都须一律平等。[10]

第二，民族团结互助原则。民族团结原则是指全国各族人民同心同德、齐心协力地为维护祖国的统一完整而并肩战斗，为建设中国特色的社会主义现代化和衷共济。[11] 维护民族团结主要分为反对大民族主义（主要是大汉族主义）和反对地方民族主义两个方面。民族间的互助主要体现在两个方面：(1)汉族对少数民族的帮助；(2)人口较多、发展程度较好的少数民族对人口较少、发展程度较差的少数民族的帮助。民族团结为民族互助提供良好的背景与环境，是民族间实现互助的前提；而民族互助则能够通过各民族间良性互动的过程进一步推动民族团结态势的发展，使民族团结的实质内涵更为丰富，也更为深化。

第三，民族和谐原则。民族关系和谐是指各民族之间及民族内部各组成部分之间建立在根本利益一致基础上的友好团结、亲密无间、和睦融洽，没有根本的矛盾和利益（利害）冲突；各族人民和睦相处、和衷共济、和谐发展。"和谐"作为民族关系发展的新特征，既是现实的映照，又是理论的概括总结。民族关系和谐是整个社会和谐的重要方面或组成部分，没有民族关系的和谐，就不可能有整个社会的和谐；各民族之间友好相处，亲如一家，则必然有利于社会的安定祥和。[12]

第四，各民族共同繁荣原则。各民族共同繁荣是我国民族政策的根本立场，包括物质文明和精神文明两个方面。前者是指解放生产力、发展生产力，消灭剥削、消除两极分化，最终实现各民族的共同富裕；后者是指大力发展民族的文化教育、科学技术、卫生体育等民族精神文明建设事业，提高全民族的思想、道德和科学文化素质，弘扬民族优秀的传统文化，繁荣和发展社会主义内容和民族形式相结合的社会主义新文化。[13] 社会主义是各民族共同繁荣的时期，社会主义初级阶段是各民族共同繁荣的重要发展阶段。以实现各民族共同繁荣为目标，妥善处理各民族关系，

---

〔10〕 参见吴宗金、张晓辉主编：《中国民族法学》（第 2 版），法律出版社 2004 年版，第 119 页。

〔11〕 参见吴宗金、张晓辉主编：《中国民族法学》（第 2 版），法律出版社 2004 年版，第 129 页。

〔12〕 参见田孟清：《从修宪看社会主义民族关系的新发展与新特征》，载《中南民族大学学报（人文社会科学版）》2018 年第 4 期。

〔13〕 参见吴宗金、张晓辉主编：《中国民族法学》（第 2 版），法律出版社 2004 年版，第 126 ~ 127 页。

有效促进各民族交往交流交融,是引导各族人民铸牢中华民族共同体意识,实现中华民族伟大复兴的关键。

(二)民族自治地方处理民族关系的措施

为妥善处理民族自治地方内部的民族关系,《民族区域自治法》第五章对民族自治地方自治机关应当承担的职责,以及履行职责时应当采取的措施作出了较为系统的规定。

第一,落实民族平等原则的措施。主要包括:自治机关要保障本地方内各民族都享有平等权利;保障本地方内各民族公民都享有宪法规定的公民权利,并且教育他们履行公民应尽的义务。

第二,落实民族团结互助原则和民族和谐原则的措施。主要包括:自治机关要团结各民族的干部和群众,充分调动他们的积极性,共同建设民族自治地方;教育和鼓励各民族的干部互相学习语言文字,汉族干部要学习当地少数民族的语言文字,少数民族干部在学习、使用本民族语言文字的同时,也要学习全国通用的普通话和规范汉字;提倡爱祖国、爱人民、爱劳动、爱科学、爱社会主义的公德,对本地方内各民族公民进行爱国主义、共产主义和民族政策的教育;教育各民族的干部和群众互相信任,互相学习,互相帮助,互相尊重语言文字、风俗习惯和宗教信仰,共同维护国家的统一和各民族的团结;处理涉及本地方各民族的特殊问题时,必须与他们的代表充分协商,尊重他们的意见。

第三,落实各民族共同繁荣原则的措施。主要包括:自治机关要帮助聚居在本地方的其他少数民族,建立相应的自治地方或者民族乡;帮助本地方各民族发展经济、教育、科学技术、文化、卫生、体育事业;照顾本地方散居民族的特点和需要。

五、民族自治地方上级国家机关的范围与职责

(一)民族自治地方上级国家机关的范围

民族自治地方的上级国家机关是指所有民族自治地方自治机关的上级国家机关,包括自治县自治机关、自治州自治机关以及自治区自治机关的上级国家机关。

第一,上级国家机关包括权力机关。《民族区域自治法》第 55 条第 3 款规定:“上级国家机关在制定国民经济和社会发展计划的时候,应当照顾民族自治地方的特点和需要。”而根据《宪法》和《地方各级人民代表大会和地方各级人民政府组织法》的规定,经济和社会发展计划的批准、监督执行、变更等均属国家权力机关的职权。可见,上级国家权力机关理所当然包含在上级国家机关之中。

第二,上级国家机关包括行政机关。从《民族区域自治法》第六章规定的上级国家机关职责的内容来看,涉及经济、文化、教育、人才培养等诸方面,这些内容属于宪法规定的国务院及各级人民政府的职权范畴。《国务院实施〈中华人民共和国民族区域自治法〉若干规定》强调了“上级人民政府”帮助民族自治地方的诸职责,甚至直接确认:“本规定所称上级人民政府,是指民族自治地方的上级人民政府。”可见,上级国家行政机关属于上级国家机关。

第三,上级国家机关包括司法机关和监察机关。根据《民族区域自治法》第 46 条的规定,不论是领导关系还是监督关系,上级司法机关势必对设在民族自治地方的下级司法机关的司法权行使施加能动影响,因此也就具有成为“上级国家机关”的可能。此外,虽然现行《民族区域自治法》尚未作出修改,但 2018 年 3 月 20 日第十三届全国人民代表大会第一次会议表决通过了《监察法》,在中央设立了监察委员会,并要求省、自治区、直辖市、自治州、县、自治县、市、市辖区设

立监察委员会，这表明监察机关是民族自治地方设立的国家机关之一，自然也就相应地能够成为"上级国家机关"。

（二）民族自治地方上级国家机关的职责

《民族区域自治法》第六章从上级国家机关职责履行的原则、应当承担的主要职责等几个方面对民族自治地方上级国家机关的职责作出较为系统的规定。

1. 上级国家机关履行职责的原则

主要包括：一是上级国家机关在履行职责时必须从民族自治地方的实际情况出发，实行分类指导。二是上级国家机关必须保障民族自治地方自治机关有效行使自治权，并为自治权的行使提供便利和条件。三是上级机关应当从财政、税收、投资、信贷、技术、人才等各方面帮助民族自治地方发展经济和文化。

2. 上级国家机关的具体职责。

大致可以分为如下几类：

一是帮助民族自治地方发展经济的职责。主要包括：(1)政策支持。《民族区域自治法》第55条第2款规定："国家制定优惠政策，引导和鼓励国内外资金投向民族自治地方。"第61条规定："国家制定优惠政策，扶持民族自治地方发展对外经济贸易，扩大民族自治地方生产企业对外贸易经营自主权，鼓励发展地方优势产品出口，实行优惠的边境贸易政策。"(2)经济扶持。首先，国家根据民族自治地方的经济发展特点和需要，综合运用货币市场和资本市场，加大对民族自治地方的金融扶持力度。其次，国家根据统一规划和市场需求，优先在民族自治地方合理安排资源开发项目和基础设施建设项目。国家在重大基础设施投资项目中适当增加投资比重和政策性银行贷款比重。国家在民族自治地方安排基础设施建设，需要民族自治地方配套资金的，根据不同情况给予减少或者免除配套资金的照顾。再次，逐步加大对民族自治地方财政转移支付力度。通过一般性财政转移支付、专项财政转移支付、民族优惠政策财政转移支付以及国家确定的其他方式，增加对民族自治地方的资金投入。最后，国家在民族自治地方开发资源、进行建设的时候，应当照顾民族自治地方的利益，作出有利于民族自治地方经济建设的安排，照顾当地少数民族的生产和生活。国家采取措施，对输出自然资源的民族自治地方给予一定的利益补偿。(3)技术支持。一方面，国家帮助民族自治地方加快实用科技开发和成果转化，大力推广实用技术和有条件发展的高新技术，积极引导科技人才向民族自治地方合理流动。另一方面，国家向民族自治地方提供转移建设项目的时候，根据当地的条件，提供先进、适用的设备和工艺。

二是帮助民族自治地方发展科学、教育、文化及卫生事业的职责。《民族区域自治法》第55条第1款规定："上级国家机关应当帮助、指导民族自治地方经济发展战略的研究、制定和实施，从财政、金融、物资、技术和人才等方面，帮助各民族自治地方加速发展经济、教育、科学技术、文化、卫生、体育等事业。"第64条规定："上级国家机关应当组织、支持和鼓励经济发达地区与民族自治地方开展经济、技术协作和多层次、多方面的对口支援，帮助和促进民族自治地方经济、教育、科学技术、文化、卫生、体育事业的发展。"

三是帮助民族自治地方加强人才队伍建设的职责。《民族区域自治法》第70条规定："上级国家机关帮助民族自治地方从当地民族中大量培养各级干部、各种专业人才和技术工人；根据民族自治地方的需要，采取多种形式调派适当数量的教师、医生、科学技术和经营管理人员，参加民族自治地方的工作，对他们的生活待遇给予适当照顾。"

第四节 《民族区域自治法》的实施

一、《民族区域自治法》的实施模式

(一)法律的实施模式概述

根据我国法律的实际实施模式的不同,可以将法律分为两种不同类型,第一类是“司法适用导向的法律”,第二类是“行政执法导向的法律”。[14]

第一,司法适用导向的法律。这类法律是典型的、可直接作为司法裁判依据的法律,我国的《刑法》、《民法典》和三大诉讼法等法律就是这种传统意义上、经典意义上的法律。它们有如下特征:首先,立法者的任务是制定尽可能清晰明确具体的法律规范,法官则是在个案中将这些法律规范加以适用;其次,有明确拘束力之行为要求或者有拘束力之判断标准;再次,具备一般性特质,即非仅适用于某一特定事实,而是适用于一定地域和时间效力范围内的所有同类事实;最后,为了有效适用法律规范,这类法律往往会具备一套指导法官司法裁判、填补法律漏洞的法律解释理论。总之,司法裁判在个案中定分止争的本质,决定了司法适用导向的法律追求的是法律规范的精确性。

第二,行政执法导向的法律。这类法律是依赖立法裁量和行政裁量来具体化立法意图的法律,我国的《科学技术进步法》《乡村振兴促进法》等法律就是典型的行政执法导向的法律。它们具备如下特征:首先,立法者就立法目标提出一个总体的要求,目标的具体执行由低位阶的法律制定机关制定贯彻实施规则或交由行政部门在法律规范执行时根据具体的变量进行裁量;其次,这类法律依赖立法裁量和行政裁量来具体化立法意图,由大量不确定性法律概念和其他模糊术语、弹性规范等构成的模糊性规则组成。

《民族区域自治法》属于依赖立法裁量和行政裁量来具体化立法意图的行政执法导向的法律。一方面,它的文本中规定了大量的目标条款;另一方面,它的文本规定了大量的不确定性法律概念和其他模糊术语、弹性规范。例如第一章“总则”强调的“民族自治地方的自治机关必须维护国家的统一,保证宪法和法律在本地方的遵守和执行”(第5条),第三章“自治机关的自治权”所规定的民族自治地方自治机关人才培养(第22条),第六章“上级国家机关的职责”所规定的“上级国家机关有关民族自治地方的决议、决定、命令和指示,应当适合民族自治地方的实际情况”(第54条)等内容。

(二)《民族区域自治法》的实施逻辑

《民族区域自治法》作为行政执法导向的法律,决定了其实施主要靠其配套规定和行政执法两种形式。

一是《民族区域自治法》配套规定。在实践中,贯彻实施《民族区域自治法》的配套规定有国务院的行政法规、省级和设区的市(自治州)的地方性法规、民族自治地方(自治区、自治州和自治县)的自治法规、部门规章和地方政府规章及其他规范性文件;贯彻实施国务院行政法规的有

---

〔14〕 沈寿文:《理解“行政执法导向的法律”——一种对我国〈民族区域自治法〉立法思路的思考》,载《政治与法律》2018年第3期。

省级和设区的市(自治州)的地方性法规、部门规章和地方政府规章及其他规范性文件;贯彻实施省级地方性法规的有设区的市(自治州)的地方性法规、地方政府规章及其他规范性文件;依此类推。无论配套立法如何贯彻实施,最终需要在具体的领域和事项上产生具有直接法律效力的命令/强制规范。例如,《民族区域自治法》关于少数民族教育方面的优惠照顾规定,需要通过国务院有关部门(比如教育部)在其规范性文件中加以明确,而一些具体内容(比如某些少数民族考生高考加分)最终会落实到县级教育行政主管部门出台的关于少数民族考生高考加分的具体规定上。此外,我国现有的《中国的民族区域自治(白皮书)》《新疆的发展与进步(白皮书)》《西藏的发展与进步(白皮书)》《新疆人权事业的发展进步(白皮书)》等大量内容,也可以纳入《民族区域自治法》的配套规定实施范畴。

二是《民族区域自治法》的行政执法实施。从实践的角度讲,前述配套立法最终在具体的领域和事项上产生的具有直接法律效力的命令/强制规范,为实现《民族区域自治法》所规定的立法目标提供了静态的制度基础。但这些立法目标最终能否得以实现,则取决于有关行执法政机关能否遵循静态规则和制度的要求,将相应内容贯彻实施。

二、《民族区域自治法》的实施路径

(一)《民族区域自治法》的配套立法

通过配套立法构建民族自治地方的自治机关与上级国家机关有效履行职责的法律约束和保障机制,是《民族区域自治法》得以实施的重要路径。当前,我国已经建成了一个由行政法规、地方性法规、自治法规(自治条例和单行条例)、行政规章和规范性文件所构成的实施《民族区域自治法》的配套法规和政策规范体系。

《民族区域自治法》的配套法规可以分为两种类型:一类是专门针对民族区域自治的配套法规;另一类是将民族因素作为重要考虑对象而制定的法律、法规和政策等。前者如《国务院实施〈中华人民共和国民族区域自治法〉若干规定》,《湖南省实施〈中华人民共和国民族区域自治法〉若干规定》,自治州、自治县制定的自治条例和单行条例等;后者如国务院的各类对口支援措施、国家对西部地区的基础设施建设投入、国家的扶贫和乡村振兴战略、国家社科基金项目中的"西部项目"等。

(二)《民族区域自治法》实施的监督机制

《民族区域自治法》实施的监督机制一般是指为保证《民族区域自治法》及其配套法规的贯彻实施而设置的一系列监督制度,其主要功能在于既要保证民族自治机关在法定范围内和正常轨道上行使自治权,又要督促其切实履行法定职责。根据我国现行的法律监督体制的规定,《民族区域自治法》实施监督主要包括立法机关的监督、行政机关的监督、监察机关的监督、社会监督等。

1. 立法机关的监督

立法机关的监督是指各级人民代表大会及其常务委员会专门针对《民族区域自治法》实施的执法检查和涉及"民族因素"的法律法规实施情况的执法检查,以此督促下级政府及部门依法贯彻实施《民族区域自治法》及其配套立法与措施。此类执法检查主要是从监督依法行政、依法监察、依法审判和依法检察等方面开展的,监督的内容包括法律实施的合法性、合理性与有效性,行政执法资源分配的合理性,执法体制和执法保障的有效性等。各级人民代表大会及其常务委员会在执法检查中发现相关问题后,可以为法律实施主体提供可行的改进意见和改进方案,进而促进法律实施水平的提升。

2. 行政机关的监督

行政机关的监督是指行政机关对下级政府及部门贯彻实施《民族区域自治法》的监督,是一种内部视角的法律实施监督机制。主要包括上级政府(部门)对下级政府(部门)的监督和审计监督两种类型。

第一,上级政府(部门)对下级政府(部门)的监督。此类监督是指上级政府(部门)通过对下级政府(部门)实施《民族区域自治法》及其配套法规的情况进行检查,对取得的成效和存在的不足等进行分析与总结,将发现的问题反馈给相关部门并督促其改进与提升的活动。提升《民族区域自治法》实施的针对性和实效性,是实施此类监督的目的。

第二,审计监督。此类监督是指由审计署或者地方各级审计机关依照法定职责开展的监督。监督的内容主要包括:民族自治地方的人民政府财政部门具体组织本级预算执行的情况;本级预算收入征收部门征收预算收入的情况;与民族自治地方的本级人民政府财政部门直接发生预算缴款、拨款关系的部门、单位的预算执行情况和决算;下级人民政府的预算执行情况和决算;其他财政收支情况;等等。经本级人民政府批准,审计机关还可以对其他取得财政资金的单位和项目接受、运用财政资金的真实、合法和效益情况,依法进行审计监督。

3. 监察机关的监督

监察机关的监督是指各级监察机关依法定职责开展的监督。监督的内容包括:公职人员政治品行、行使公权力和道德操守情况;有关机关、单位对所属公职人员的教育、管理、监督情况;坚持党的领导、坚持中国特色社会主义制度,贯彻落实党和国家路线方针政策、重大决策部署,履行从严管理监督职责,依法行使公权力的情况;等等。其中同样包括对各级国家机关实施《民族区域自治法》及其配套法规、政策实施情况的监督。在发现相关国家机关存在不作为、乱作为的情况时,可以向有关机关、单位提出改进工作的意见或者监察建议,促进其完善制度,提高治理效能。对违法的公职人员,监察机关将依据监察法、政务处分法等规定作出政务处分决定,追究违法的公职人员的直接责任;对履行职责不力、失职失责,造成严重后果或者恶劣影响的领导人员,将依法予以问责。

4. 社会监督

社会监督是指各民主党派、人民团体、社会组织和公民依法开展的监督,是国家机关监督的必要补充。对《民族区域自治法》实施情况进行监督的内容包括:向有关国家机关提出批评、建议、申诉、控告、检举,促使行政机关依法行政;揭露和曝光违法行为,为有关国家机关的监督提供信息,使之采取有法律效力的监督措施和监督行为,实现对国家机关及其工作人员的有效监督。

第五节 《民族区域自治法》的完善

一、《民族区域自治法》完善的必要性

《民族区域自治法》制定于国家计划经济时期,整部法律都以计划经济作为基调。[15] 尽管在

〔15〕 参见胡令明:《关于修改完善〈民族区域自治法〉的几点思考》,载《民族论坛》2011 年第 22 期。

2001 年进行了很大程度的修改,但依然保留了计划经济时期的痕迹。在社会主义市场经济改革不断深化、国家已经进入中国特色社会主义新时代的背景下,亟须对《民族区域自治法》进行修改完善,为民族自治地方走向社会主义现代化提供坚实的法治基础。

(一)历史维度:从计划经济体制向市场经济体制转变

为适应我国社会主义市场经济体制改革和 WTO 贸易规则在我国实施的要求,2001 年 2 月 28 日第九届全国人民代表大会常务委员会第二十次会议对制定于计划经济时期的《民族区域自治法》进行了全面修正。此次修改不仅有效回应了改革开放和经济全球化的需要,也为妥善处理民族地区与发达地区间的发展不平衡、少数民族群众跨区域大流动、民族主义和宗教极端主义跨境传播对我国意识形态建设的负面影响等问题提供了法治保障。

2001 年《民族区域自治法》的修改较好地体现了社会主义市场经济思维。例如,2001 年《民族区域自治法》在序言中增加"发展社会主义市场经济,加强社会主义民主与法制建设"的内容。又如,2001 年《民族区域自治法》第 62 条将 1984 年《民族区域自治法》第 58 条规定的"上级国家机关合理核定或者调整民族自治地方的财政收入和支出的基数"修改为"……通过一般性财政转移支付、专项财政转移支付、民族优惠政策财政转移支付……逐步缩小与发达地区的差距",完善了关于财政转移支付的规定。之所以要对财政转移支付制度进行改革,是因为我国在 20 世纪 80 年代实行的是"划分收支、分级包干"财政体制,后从 1994 年起实施了与社会主义市场经济相适应的分税制财政体制。从总体上讲,此次修改较好地解决了《民族区域自治法》与国家政治经济体制改革的适应性问题。20 余年的实施状况也表明,修改后的《民族区域自治法》具有很强的生命力。

但 2001 年《民族区域自治法》的修改并不彻底,一些法律规则仍然保留了计划经济的痕迹。例如,《民族区域自治法》第 6 条第 3 款仍然将"国家计划的指导"确定为实施该规则的前提条件,保留了计划经济时代的思维,在整体上与政府引领、市场调节、自主经营等社会主义市场经济的思维不符。类似的规定还有《民族区域自治法》序言规定的"根据国民经济和社会发展计划,努力帮助民族自治地方加速经济和文化的发展",第 25 条规定的"民族自治地方的自治机关在国家计划的指导下,根据本地方的特点和需要,制定经济建设的方针、政策和计划,自主地安排和管理地方性的经济建设事业",第 29 条规定的"在国家计划的指导下……",第 33 条规定的"民族自治地方的自治机关对本地方的各项开支标准、定员、定额……"等。

(二)现实维度:中国特色社会主义进入新时代

党的十八大以来,以习近平同志为核心的党中央统筹推进"五位一体"总体布局、协调推进"四个全面"战略布局,提出一系列新理念新思想新战略。党中央准确把握这些新的时代特征,作出了"新时代"的科学论断。党的十九大报告指出,经过长期努力,中国特色社会主义进入了新时代,这是我国发展新的历史方位。进入新时代以来,党中央治理民族事务、处理民族关系的指导思想发生了较大变化。

具体而言,这些变化主要体现在以下几个方面:(1)2004 年《宪法修正案》将"三个代表"重要思想作为国家建设的指导思想写入《宪法》序言;(2)2018 年《宪法修正案》将科学发展观和习近平新时代中国特色社会主义思想作为国家建设的指导思想写入《宪法》序言;(3)2018 年《宪法修正案》将"实现中华民族伟大复兴"作为国家建设的战略目标写入《宪法》序言;(4)2018 年《宪法修正案》将《宪法》序言中的"平等、团结、互助的社会主义民族关系已经确立"修改为"平等团结互助和谐的社会主义民族关系已经确立",将《宪法》第 4 条第 1 款中的"维护和发展各民族的平等、团结、互助关系”修改为“维护和发展各民族的平等团结互助和谐关系”,凸显了维护各民族和谐的重要性。

但是,由于《民族区域自治法》在2001年之后没有进行过任何修改完善,上述变化在《民族区域自治法》中并没有得到体现。从我国民主法治建设的实践来看,以宪法为依据制定和指导民族法并建立民族法体系是中国特色社会主义民族法治建设的一个重大特点,[16]而《宪法》规定的国家建设的指导思想对坚持和完善民族区域自治制度具有重要的指导作用。民族区域自治制度是中国解决民族问题和处理民族关系的基本制度,是将民族感情和社会主义国家有机结合的创举,是民族因素与区域因素的辩证统一。在新时代,坚持和完善民族区域自治制度,是铸牢中华民族共同体意识的重要保障。为此,有必要及时对《民族区域自治法》予以修改完善。

二、《民族区域自治法》完善的思路

(一)指导思想

高举中国特色社会主义伟大旗帜,坚持以习近平新时代中国特色社会主义思想,尤其是以习近平法治思想为指导,加强党对民族工作和立法工作的领导,坚持稳中求进的工作总基调,坚持以人民为中心,紧扣“中华民族一家亲,同心共筑中国梦”总目标,以铸牢中华民族共同体意识为主线,以依法治理民族事务为核心,为完善民族区域自治制度,加快推进民族事务治理体系和治理能力现代化提供法治保障。

(二)立法技术

在法律文本的结构上,现行《民族区域自治法》除“序言”之外,分为“总则”“民族自治地方的建立和自治机关的组成”“自治机关的自治权”“民族自治地方的人民法院和人民检察院”“民族自治地方内的民族关系”“上级国家机关的职责”“附则”,较为全面地涵盖了民族区域自治制度需要突出规定的内容,各章之间的逻辑关系也比较清楚。因此,在修订这部法律时,没有必要另起炉灶,可以在现有框架结构中进行修订。

在立法技术上,作为行政执法导向的法律,《民族区域自治法》文本中可以保留诸如“维护”“保证”“加速”“提高”“继承”“发扬”“完成”“保障”“帮助”“发展”“推广”“扶持”“改善”“增强”等不确定性法律概念和模糊术语,但必须合理运用“以粗为主、粗细结合”的立法技术。此外,由于这种类型的法律的法律责任主体主要是各级国家机关(含自治机关)及其工作人员,他们的法律责任已经涵括于《监察法》《公务员法》等法律之中,因而没有必要单独设置“法律责任”章节。但是,为了保证法律规范的明确性,减少不必要的法律实施成本,需要运用准用性法律规范的技术,规定必要的衔接条款,处理好《民族区域自治法》和其他相关法律之间的衔接关系。

(三)具体内容

第一,关于自治机关自治权条款的完善。由于“自治权”是相对一般地方国家机关的职权而言的,因而应当在比较一般地方相应国家机关职权的基础上,重新考虑和设定民族自治地方人民代表大会和人民政府的职权。同时,修改现行相关制度与新形势不匹配、不协调的条文内容。

第二,关于上级国家机关职责条款的完善。应当结合新时代的新需求,对上级国家机关的职责重新进行设计,为推动各民族共同走向社会主义现代化提供法治保障。当前,需要特别关注两

---

〔16〕 参见许元宪:《论宪法对民族区域自治立法的指导作用》,载《当代法学》2006年第4期。

个方面的问题:一是要持续加大巩固民族自治地方脱贫攻坚成果,接续推进乡村振兴的帮助扶持力度,支持民族地区实现巩固拓展脱贫攻坚成果同乡村振兴有效衔接,促进农牧业高质高效、乡村宜居宜业、农牧民富裕富足。二是要完善差别化区域支持政策,加大对民族地区基础设施建设、产业结构调整支持力度,优化经济社会发展和生态文明建设整体布局,完善沿边开发开放政策体系,深入推进固边兴边富民行动,支持民族地区全面深化改革开放,提升自我发展能力。

第十一章　民族乡法律制度

第一节　民族乡概述

一、民族乡的概念

民族乡制度是中国共产党将马克思主义民族理论与中国社会主义革命和建设实践相结合而创立的具有中国特色的制度，是解决我国的民族问题及保障散杂居少数民族的权利的一个重要途径和方法，对促进少数民族聚居区经济社会全面发展，保障少数民族的合法权益，增强民族团结，具有重要的意义。

《宪法》第30条第1款第3项规定："县、自治县分为乡、民族乡、镇。"《民族区域自治法》第12条第2款规定："民族自治地方内其他少数民族聚居的地方，建立相应的自治地方或者民族乡。"《民族乡行政工作条例》第2条第1款明确规定，民族乡是在少数民族聚居的地方建立的乡级行政区域。这些规定，揭示了我国民族乡的基本含义。民族乡是指在不具备建立民族自治地方条件的较小的少数民族聚居地方建立的乡级基层政权，是对民族区域自治制度的补充。要准确理解这一概念，需要注意以下几个方面的问题：

第一，建立民族乡的条件是要有少数民族聚居的地方，但与民族自治地方不同，民族乡是在较小的相当于乡级的少数民族聚居区建立的行政区域。我国各民族在长期的社会历史发展过程中形成了你中有我、我中有你的大杂居、小聚居、交错杂居的居住状况，很多民族既有较大的聚居区又有较小的聚居区域。县级及以上较大的少数民族聚居区通过建立民族自治地方，实行民族区域自治，来保障各民族的平等权利；而在相当于乡级的较小的少数民族聚居区，由于其没有条件也没有必要实行民族区域自治，因而通过建立民族乡的方法，来保障该聚居区内少数民族的平等权利。而对何为聚居的判断，则应依据《民族乡行政工作条例》规定的标准进行。该条例第2条第2款规定，少数民族人口占全乡总人口30%以上的乡，可以按照规定申请设立民族乡；特殊情况的，可以略低于这个比例。可见民族乡的建立不是简单按照少数民族人口多少来划分的，少数民族人口通常应高于全乡总人口的30%，但特殊情况下也可以略低于这个比例，但"略低于"的具体标准在该条例中并没有明确。因此，人口比例是一个参考因素。

第二，民族乡的建立可以以一个少数民族聚居区为基础建立，也可以以两个或两个以上少数民族聚居区为基础联合建立。譬如，在北京的5个民族乡中，朝阳区常营回族乡、通州区于家务回族乡、怀柔区喇叭沟门满族乡、怀柔区长哨营满族乡4个民族乡属于在一个少数民族聚居的地方建立的，而密云县檀营满族蒙古族乡则是由满族和蒙古族两个民族联合建立。

第三，根据《民族乡行政工作条例》第3条第2款的规定，民族乡的名称，除特殊情况外，按照以地方名称加民族名称确定。但在实际操作中,还应在名称的末尾加“乡”以表示其行政级别。譬如,沈阳市康平县柳树屯蒙古族满族乡的名称构成为:地方名称“沈阳市康平县柳树屯”加民族名称“蒙古族满族”加行政级别“乡”。

二、民族乡的性质

(一)民族乡不是民族自治地方

《宪法》第30条规定:“中华人民共和国的行政区域划分如下:(一)全国分为省、自治区、直辖市;(二)省、自治区分为自治州、县、自治县、市;(三)县、自治县分为乡、民族乡、镇。直辖市和较大的市分为区、县。自治州分为县、自治县、市。自治区、自治州、自治县都是民族自治地方。”该规定明确民族乡与一般乡、镇都属国家同一级的基层政权,行使《地方各级人民代表大会和地方各级人民政府组织法》所授予的乡级基层政权的职权,其与一般乡、镇在法律或行政地位、机构设置、职权行使等方面都有着广泛的联系。

民族乡不属于民族自治地方。首先,民族乡制度和民族区域自治是两种不同类型的政治形式。1954年《宪法》确定“县、自治县分为乡、民族乡、镇”,但“自治区、自治州、自治县都是民族自治地方”,明确民族乡的性质与乡和镇平行,不属于民族自治地方。二者在解决民族问题的对象、范围、内容以及方法上都是不同的,各自有着不同的特定的内涵。其次,从民族乡与民族自治地方的本质特征来看,二者最根本的区别在于是否拥有“自治权”。民族区域自治中的三级民族自治地方都拥有宪法和法律所赋予的自治权,而民族乡则没有这种“自治权”。正如1954年9月15日刘少奇同志在第一届全国人民代表大会第一次会议上所作的《关于中华人民共和国宪法草案的报告》中提到的,“在只有一个乡的民族聚居地区内,虽然不可能也不需要建立自治机关行使上述各种自治权,但也要设立民族乡,以适应聚居的民族成份的特殊情况”。[1] 因此,是否拥有自治权成为区别民族乡和民族自治地方的特定标志。当然,民族乡没有自治权,但可以依照法律的权限采取适合民族特点的具体措施。再次,从二者的地位来看,民族区域自治制度是中国的一项基本政治制度,而民族乡制度则是国家的一般性政治制度,它所要解决的是较小范围内聚居的少数民族的问题,这类民族问题不仅存在于非民族自治地方,也存在于民族自治地方内。最后,从地方国家机构的组成来看,各级民族自治地方的人民代表大会可以设立常务委员会,而民族乡人民代表大会则不能设立常务委员会;人民法院和人民检察院的设置也是如此。因此,民族乡与民族自治地方在机构设置、职权划分等方面都有所不同。

当然,民族乡与民族自治地方之间也存在一些相同之处。其一,二者都是马克思主义民族理论与中国民族情况相结合的成果,其核心之处都是为充分保障和实现各民族平等的权利,保障和实现各民族人民当家作主的平等权利,从本质上而言,二者是相同的。其二,二者都是解决中国民族问题的具体形式,民族乡产生于民族区域自治制度的实践过程,民族区域自治制度的发展和完善促进了民族乡制度的创立和发展,同时民族乡制度的发展和完善也促进了民族区域自治制度的完善和发展。

(二)民族乡是一种特殊的基层政权形式

民族乡与一般乡、镇既相互联系又相互区别。《宪法》第99条第3款规定,“民族乡的人民

---

〔1〕 中共新疆维吾尔自治区委员会党史研究室编:《中国共产党与民族区域自治制度的建立和发展》(上册),中共党史出版社2000年版,第146页。

代表大会可以依照法律规定的权限采取适合民族特点的具体措施”,由此确认了民族乡与一般乡、镇在民族特点方面存在的显著区别。从这个角度讲,民族乡虽然不是一级民族自治地方政权,但又是与一般乡、镇不一样的基层政权,是一种特殊的基层政权形式。其一,在民族构成方面,建立民族乡的前提条件之一是必须在少数民族聚居的地方建立;其二,在法律地位方面,宪法和法律赋予了民族乡比一般乡、镇更为特殊的系列权利;其三,在人事方面,根据《地方各级人民代表大会和地方各级人民政府组织法》的规定,民族乡的乡长由建立民族乡的少数民族公民担任;且根据《民族乡行政工作条例》第 4 条的规定,民族乡人民政府配备工作人员,应当尽量配备建乡的民族和其他少数民族人员;其四,在保障民族语言方面,民族乡人民政府在执行职务的时候,应当使用当地通用的语言文字;其五,民族乡可以结合本地区的情况和民族特点,因地制宜发展民族乡的经济文化;其六,在设置目的方面,一般乡、镇的设置是作为国家管理的一级基层政权组织,而民族乡的设置则是为了更好地保障少数民族平等权利而设置的特殊的乡级基层政权。

三、民族乡建立及发展的历史

民族乡作为解决中国民族问题的一种政治形式,并不是在中华人民共和国成立之初就有的,而是在实施民族区域自治的实践中总结和提升出来的。

(一)民族自治区(乡)建立及发展时期

1954 年《宪法》颁布以前,县以下的区、乡范围的民族聚居区都可以成立民族自治地方。我国最早的民族乡建立于抗日战争时期。1942 年 4 月,陕甘宁边区政府划定了定边的四、五区和城关镇的两个自然村为回民自治区,同年 9 月,又划定曲子县的三岔镇为回民自治区。此后边区政府又在伊克昭盟建立了城川蒙民自治区,还在回民聚居的农村(如关中正宁县)陆续建立了一些少数民族自治区、乡。在少数民族自治区、乡内,由少数民族自治选举区、乡长,管理自治区内的政治经济文化事业。

1949 年 9 月,《共同纲领》规定,“各少数民族聚居的地区,应实行民族的区域自治,按照民族聚居的人口多少和区域大小,分别建立各种民族自治机关”。1952 年颁布的《民族区域自治实施纲要》(现已失效)对上述规定作了更为具体的规定:“各民族自治区的行政地位,即相当于乡(村)、区、县、专区或专区以上的行政地位,依其人口多少及区域大小等条件区分之。”根据《民族区域自治实施纲要》的规定,当时全国建立了一批乡(村)、区级民族自治地方,并与县、专区、省级民族自治地方一样,统称为自治区,这些自治地方的性质、权利和任务都基本相同。人们为了区别乡和区的称呼,都自觉地把乡级自治区称为“自治乡”,现在仍有部分人将民族乡称为“自治乡”,就是受当年的习惯叫法的影响。[2]

(二)民族乡的创立和发展时期

1954 年至 1958 年是我国民族乡制度的创立和发展阶段,这是民族乡蓬勃发展的黄金时期。1954 年 9 月 15 日刘少奇同志在第一届全国人民代表大会第一次会议上所作的《关于中华人民共和国宪法草案的报告》中提到,“在只有一个乡的民族聚居地区内,虽然不可能也不需要建立自治机关行使上述各种自治权,但也要设立民族乡,以适应聚居的民族成份的特殊情况。”[3]

---

[2] 参见覃乃昌主编:《广西的民族乡》,广西民族出版社 2003 年版,第 5 ~ 6 页。

[3] 中共新疆维吾尔自治区委员会党史研究室编:《中国共产党与民族区域自治制度的建立和发展》(上册),中共党史出版社 2000 年版,第 146 页。

1954 年《宪法》规定“县、自治县分为乡、民族乡、镇”,但“自治区、自治州、自治县都是民族自治地方”,明确民族乡的性质与乡和镇平行,但并不属于民族自治地方。

1955 年 12 月 29 日国务院同时发布了《关于建立民族乡若干问题的指示》和《关于更改相当于区的民族自治区的指示》(现已失效)。《关于更改相当于区的民族自治区的指示》强调,“根据几年来的经验,在只有一个相当于区或相当于乡的少数民族聚居区内,事实上不可能完全行使宪法中规定的各种自治权,因而不需要建立自治机关”,因此,“过去建立的相当于区的和相当于乡的民族自治区必需予以更改”。对于民族乡的更改方案具体在《关于建立民族乡若干问题的指示》中体现,即“各少数民族相当于乡的聚居地方,应该依照当地民族关系和便利生产等条件,分别建立下列的民族乡:(一)以一个少数民族聚居的相当于乡的地方建立的民族乡。(二)以两个或几个少数民族共同聚居的相当于乡的地方建立的民族乡。(三)以少数民族聚居地方为基础并且包括一部分汉族居民区的相当于乡的地方建立的民族乡”。“根据中华人民共和国宪法,凡是相当于乡的少数民族聚居地方,应该建立民族乡,凡是过去建立的相当于乡的民族自治区,应该改建为民族乡。”[4] 基于改建过程中出现的新的情况,1956 年 10 月 6 日国务院《关于更改相当于区和相当于乡的民族自治区的补充指示》中谈到,关于改建相当于乡的民族自治区为民族乡的问题,“如果当地少数民族现在还不同意,也可以暂缓处理”。到 1958 年,全国共建立了 1000 多个民族乡(民族区、民族镇),这一时期的实践证明了民族乡制度作为中国解决民族问题的一种政治形式,在解决散杂居民族问题和保障其平等权利等方面发挥了重要的历史作用,同时也推进了民族区域自治制度的发展。[5]

(三)民族乡的曲折发展时期

1958 年至 1978 年是我国民族乡制度的曲折发展时期。1958 年以后,中华人民共和国成立初期确立的一系列政策措施受“左”的干扰,“民族问题的实质是阶级问题”的错误理论成为指导民族工作的普遍原则,特别是反右扩大化和反对地方民族主义的运动,严重阻碍了我国的民族工作。刚刚建立起来的民族乡被“政社合一”的人民公社所取代。

20 世纪 60 年代初,国家在“调整、巩固、充实、提高”的三年调整时期,纠正了违反民族政策的做法,全国开始进行恢复民族乡的工作,但由于受到当时历史条件的局限,未能从根本指导思想上纠正“左”的错误。“文化大革命”中党的各项民族政策受到严重破坏,一些刚恢复的民族乡又被撤销。1975 年《宪法》和 1978 年《宪法》也都取消了民族乡的规定。[6]

(四)民族乡的重建与新发展时期

1979 年至今是民族乡的重建与新发展时期。党的十一届三中全会后,1982 年《宪法》恢复了有关民族乡的规定。1983 年国务院发出了《关于建立民族乡问题的通知》(现已失效),指出“建立民族乡是一件重要的工作,是关系到加强民族团结、保障少数民族实现民族平等权利的大事,各省、市、自治区应当予以重视。事前应做好调查研究,同当地有关民族群众和干部充分协商,统筹规划,进行必要的试点,然后有步骤地进行”。[7] 1984 年颁布实施的《民族区域自治法》

---

〔4〕 中共新疆维吾尔自治区委员会党史研究室编:《中国共产党与民族区域自治制度的建立和发展》(上册),中共党史出版社 2000 年版,第 153 ~ 154 页。

〔5〕 参见铁木尔、赵显人主编:《中国民族乡统计分析与对策研究》,民族出版社 2002 年版,第 19 ~ 20 页。

〔6〕 参见铁木尔、赵显人主编:《中国民族乡统计分析与对策研究》,民族出版社 2002 年版,第 20 页。

〔7〕 中共新疆维吾尔自治区委员会党史研究室编:《中国共产党与民族区域自治制度的建立和发展》(上册),中共党史出版社 2000 年版,第 243 页。

第12条第2款规定:“民族自治地方内其他少数民族聚居的地方,建立相应的自治地方或者民族乡。”从1984年起,全国各地开始把恢复和建立民族乡(包括民族区、民族镇)的工作作为民族工作的一个重要任务。1987年4月中共中央、国务院批转的《关于民族工作几个重要问题的报告》特别强调了要“重视民族乡的工作”,之后在不到三年的时间里,全国建立民族乡1500多个(包括民族区、民族镇)。[8] 1993年《民族乡行政工作条例》的颁布实施标志着我国民族乡工作步入了法治化、规范化的轨道,标志着民族乡制度的不断完善和成熟。

截至2019年,我国共有民族乡966个(其中北京5个、天津1个、河北46个、内蒙古17个、辽宁54个、吉林28个、黑龙江52个、江苏1个、浙江14个、安徽9个、福建19个、江西8个、河南12个、湖北10个、湖南83个、广东7个、广西59个、重庆14个、四川83个、贵州193个、云南140个、西藏9个、甘肃32个、青海28个、新疆42个),行政区划面积268427平方公里,年末总人口达1614.03万人,其中少数民族人口达871.60万人。[9] 民族乡的重建与发展对全面恢复贯彻落实党的民族政策,巩固和发展社会主义民族关系,保障散杂居少数民族的权利有着十分重要的意义。

第二节　《民族乡行政工作条例》

一、《民族乡行政工作条例》的出台

2021年中央民族工作会议指出,回顾党的百年历程,党的民族工作取得的最大成就,就是走出了一条中国特色解决民族问题的正确道路。民族乡制度是解决散杂居少数民族问题的具有中国特色的制度,是民族区域自治制度的重要补充,对保障散杂居少数民族的权益具有十分重要的现实意义。国务院于1993年8月29日批准、国家民族事务委员会于1993年9月15日发布实施的《民族乡行政工作条例》汲取了民族乡工作几十年的实践经验,对民族乡工作作出了全面、系统和规范的规定,成为中华人民共和国成立以来颁布的关于民族乡的第一部行政法规。[10]

1983年12月29日国务院发布了《关于建立民族乡问题的通知》,民族乡的恢复和重建工作于次年正式展开。各地在实践中,不断探索和创造了许多加强民族乡工作及完善民族乡制度的办法和经验,并不断朝着法制化的道路迈进。1988年1月通过的《黑龙江省民族乡条例》,这是我国关于民族乡的第一部地方性法规。之后,1991年11月四川省人民政府发布了《四川省民族乡工作暂行规定》。1992年5月,《云南省民族乡工作条例》通过。这些地方性法规或地方政府规章不仅囊括了几十年来对民族乡发展行之有效的政策和做法,还吸收了多年来各地根据不同情况、不同特点对民族乡采取的特殊灵活的措施和优惠政策,从而不断充实和完善了民族乡制度

---

〔8〕 参见铁木尔、赵显人主编:《中国民族乡统计分析与对策研究》,民族出版社2002年版,第21页。

〔9〕 参见国家民族事务委员会经济发展司、国家统计局国民经济综合统计司编:《中国民族统计年鉴(2020)》,中国统计出版社2021年版,第98页。

〔10〕 按照现行《立法法》的规定,行政法规由总理签署国务院令公布,部门规章由部门首长签署命令予以公布。《民族乡行政工作条例》制定于1993年,当时我国的立法程序还不规范,因此,该条例虽由国务院批准、国家民族事务委员会公布,但大多数人还是认为其属于行政法规。参见吴大华主编:《民族法学》,法律出版社2013年版,第283页。如按照《立法法》的规定,该条例应当属于部门规章。

的建设,加强了民族乡工作。

在各地不断加强和推进民族乡工作规范化、法制化的同时,1986 年全国人民代表大会民族委员会开始准备起草《散居少数民族平等权利保障法》,国家民族事务委员会也在总结各地经验的基础上,开始组织起草关于散杂居少数民族工作的法规,经过反复协调和广泛征求建议,基本上形成了现在的《民族乡行政工作条例》的框架。在此基础上,国家民族事务委员会开始了第二轮与中央各部委的协调征求意见工作,广泛征求各地方的建议,召开学者座谈会、民族乡乡长座谈会、民族工作部门负责人座谈会等专门会议讨论修改《民族乡行政工作条例》的草案,并组织有关部门联合调研考察。经过多方共同努力,国务院于 1993 年 8 月批准、国家民族事务委员会于 1993 年 9 月发布了《民族乡行政工作条例》。这部条例的发布是对《宪法》关于民族问题原则性规定的具体实施,是 1984 年《民族区域自治法》颁布之后的又一部重要的民族法律法规。[11]

《民族乡行政工作条例》的出台意义重大,填补了中国散杂居少数民族工作无法可依的空白,对维护民族平等、加强民族团结、促进各民族共同繁荣具有重要的现实意义。中国的 55 个少数民族中,有 11 个民族尚无条件建立自治地方,但其中的 9 个都已经建立了民族乡。《民族乡行政工作条例》发布实施后,各省、自治区、直辖市结合本地实际情况,制定和出台了地方性法规,如《民族乡条例》《民族乡工作暂行规定》《散居少数民族权益保障条例》等,使国家对民族乡的各项政策能够更加具体,使国家对民族乡帮助的力度更大,极大地推动了民族乡的发展,使民族乡的面貌发生了根本性变化。

二、《民族乡行政工作条例》的内容

《民族乡行政工作条例》共有 24 条,涉及了政治、经济、文化等各领域,包括民族乡的设立、民族乡人民政府和上级国家机关的职责等内容。

(一)民族乡设立的有关规定

根据《民族乡行政工作条例》的规定,民族乡的设立要经过两个步骤。首先,少数民族人口占全乡总人口 30% 以上的乡(特殊情况的,可以略低于这个比例),可以按照规定向民族乡所属的省、自治区、直辖市的人民政府提出申请。其次,由民族乡所属的省、自治区、直辖市的人民政府来作出是否建立民族乡的决定。如《吉林省民族乡行政工作若干规定》(吉林省人民政府令[第 61 号])第 3 条规定:民族乡区域界限确立后,一般不予变动;特殊情况需要变动时,按照规定逐级上报,由省政府批准。《四川省民族乡工作暂行规定》(1991 年 11 月 26 日,四川省人民政府令第 27 号)第 3 条规定:民族乡的建立,由所在的县(市、区)、自治县人民政府同有关民族的代表充分协商拟定,经所在市(州)人民政府、地区行政公署审查同意后报省人民政府批准。民族乡特殊情况需要撤销或合并,按前款规定办理。《贵州省实施〈民族乡行政工作条例〉办法》(贵州省人民政府令[第 24 号])第 2 条规定:民族乡的建立,由县级人民政府同当地有关民族的代表充分协商后,逐级上报省人民政府批准。民族乡一经建立,不得撤销或合并,确因特殊情况需要撤销或合并的,必须依照前款规定办理。

同时,根据《民族乡行政工作条例》的规定,关于民族乡的名称,除特殊情况外,应当按照以地方名称加民族名称确定。此外,根据《关于建立民族乡若干问题的指示》的规定,由于民族乡的建立与否关系到当地少数民族能否行使相应的法定权利和保障当地各族人民的切身利益,因

---

〔11〕 参见沈林:《中国的民族乡》,民族出版社 2001 年版,第 61 ~ 62 页。

此,建立民族乡必须同当地民族的代表充分协商,征求他们的意见,并且应该深入地向当地人民进行宣传,防止任何简单急躁的做法。

(二)民族乡人民政府职责的有关规定

民族乡人民政府所有职权的行使都应遵循促进民族乡经济、文化等项事业的发展,保障少数民族的合法权益,增强民族团结的原则要求。具体职责包括:

第一,语言文字方面,在面临民族乡人民政府的工作人员的配备,政府执行职务时的语言文字的选择,该辖区内经济、教育、科技、文化、卫生等事业的发展问题时,都应该注意少数民族人员和他们的语言文字的问题,应考虑到当地民族的特点、地区特点。民族乡的中小学可以使用当地少数民族通用的语言文字教学,同时推广全国通用的普通话。使用民族语言文字教学的中小学,其教育行政经费、教职工编制可以高于普通学校。

第二,民族关系方面,民族乡人民政府在本行政区域各族人民中进行爱国主义、社会主义和民族政策、民族团结的教育,不断巩固和发展平等、团结、互助的社会主义民族关系。

第三,经济发展方面,民族乡依照法律、法规和国家其他有关规定,管理和保护本乡的自然资源,并对可以由本乡开发的自然资源优先合理开发利用。在民族乡依法开发资源、兴办企业,应当照顾民族乡的利益和当地人民群众的生产、生活,在配套加工产品的生产和招收当地少数民族人员方面作出合理安排。

第四,教育方面,民族乡人民政府根据实际情况,可以兴办小学、中学和初级职业学校;牧区、山区以及经济困难的民族乡,在上级人民政府的帮助和指导下,可以设立以寄宿制和助学金为主的学校。民族乡在上级人民政府的帮助和指导下,积极开展扫盲工作。

第五,计划生育方面,民族乡人民政府应当搞好优生优育优教,提高人口素质。

第六,人才培养和引进方面,民族乡人民政府应当在上级人民政府的帮助和指导下,采取各种措施,加强对少数民族干部的培养和使用;应当采取多种形式和提供优惠待遇,引进人才参加本乡的社会主义建设事业。

(三)上级国家机关及其他机构职责的有关规定

第一,民族乡所属的省、自治区、直辖市人民政府有权决定是否设置民族乡;有权按照优待民族乡的原则确定民族乡的财政;可以依据本条例制定具体的实施办法。

第二,民族乡的上一级人民政府在编制财政预算时,应当给民族乡安排一定的机动财力,乡财政收入的超收部分和财政支出的节余部分,应当全部留给民族乡周转使用。信贷部门应当根据法律、法规和国家其他有关规定,对经济发展水平较低的民族乡用于生产建设、资源开发和少数民族用品生产方面的贷款给予照顾。

第三,县级以上地方各级人民政府依照税收法律、法规的规定及税收管理权限,可以采取减税、免税措施,扶持民族乡经济的发展;在分配支援经济不发达地区专项资金及其他固定或者临时专项资金时,对经济发展水平较低的民族乡给予照顾;在分配扶贫专项物资时,应当照顾贫困民族乡的需要;应当帮助民族乡加强农业、林业、牧业、副业、渔业和水利、电力等基础设施的建设,扶持民族乡发展交通事业;应当在师资、经费、教学设施等方面采取优惠政策,帮助民族乡发展教育事业,提高教育质量;可以根据当地实际情况,在有关大中专院校和中学中设立民族班,尽可能使民族乡有一定数量的学生入学;应当积极帮助民族乡创办广播站、文化馆(站)等文化设施,丰富各族人民的文化生活,保护和继承具有民族特点的优秀文化遗产;应当帮助民族乡开展科学技术知识的普及工作,组织和促进科学技术的交流和协作;应当积极帮助民族乡发展医药卫生事业，扶持民族乡办好卫生院（所），培养和使用少数民族医疗保健人员，加强对地方病、多发病、常见病的防治，积极开展妇幼保健工作；应当采取调派、聘任、轮换等办法，组织教师、医生、科技人员等到民族乡工作；对长期在边远地区的民族乡工作的教师、医生和科技人员，应当给予优惠待遇。

三、《民族乡行政工作条例》实施存在的问题

《民族乡行政工作条例》自颁布实施以来，对规范民族乡的行政工作，推进民族乡各项事业发展，发挥了重要作用。但是，随着经济社会发展，城镇化进程加快，民族乡的发展也面临许多新情况、新问题，该条例的一些规定已不适应新形势新任务新要求，确有必要对其进行修订和完善。

一方面，《民族乡行政工作条例》颁布于20多年前，亟须更新。无论是从建立民族乡的社会历史背景、建立过程，还是从几十年的实践经验来看，《民族乡行政工作条例》都面临着更新的需要。由于法律本身具有滞后性，再加上《民族乡行政工作条例》颁布后没有任何更新，已不能很好地适应民族乡的发展变化。

另一方面，《民族乡行政工作条例》的条文本身需要进行完善。如在该条例关于上级国家机关对民族乡的帮扶条款中，很多条款表达较为模糊，不够具体，多使用“照顾”等字样来对民族乡给予一定方向上的支持，这导致实际操作时没有明确且可量化的标准来评价当地政府对民族乡的“照顾”是否履行到位。因此，《民族乡行政工作条例》的很多条文也许面临着进一步的调整细化。

由此看来，当下亟待在总结民族乡实际工作经验的基础上，根据宪法精神，结合《民族区域自治法》的规定，延续1993年颁布的《民族乡行政工作条例》的基本原则，对该条例进行进一步的修订和完善，以求更好保障散居少数民族，特别是民族乡内各民族的法律权利。

国家民族事务委员会于2012年启动了《民族乡行政工作条例》的修订工作。近年来主要开展了以下工作：（1）下发专门文件，部署推动各级民族工作部门开展民族乡专题大调研，深入了解当前民族乡的基本情况。（2）组成专题调研组，赴辽宁、内蒙古、四川等地分类开展民族乡工作的专题调研。（3）致函各省级民族工作部门，收集整理对条例的具体修订意见。（4）在河南、辽宁等地召开条例修订座谈会，充分听取各方意见建议。目前，国家民族事务委员会正在对民族乡面临的一些突出问题和特殊困难进行深入调研，进一步为《民族乡行政工作条例》的修订打好基础，力争早日将其列入国务院立法计划。

第三节　民族乡法律制度的完善

一、民族乡法律制度概述

自1954年《宪法》确立民族乡制度以来，有关国家机关对与民族乡建设有关的制度建设给予了必要重视，迄今已经初步建成以《宪法》《民族区域自治法》为基础，以《民族乡行政工作条例》为主干，各级、各部门法规和规章为补充的具有中国特色的民族乡法律制度体系。本部分主要介绍和分析《民族乡行政工作条例》之外的其他相关法律法规的规定。

(一)《宪法》中的有关规定

《宪法》作为我国的根本大法,对民族问题作出了原则性和指导性的规定,确立了民族乡的地位,具体内容涉及民族乡的区域划分、人民代表大会的组成和职能等内容:(1)《宪法》第 4 条规定了有关各民族一律平等、国家保障各少数民族合法的权利和利益、帮助少数民族地区加速经济和文化的发展等调整民族关系、治理民族事务的原则规定,为民族乡法律制度建设提供了根本的宪法依据。(2)《宪法》第 30 条第 1 款第 3 项规定"县、自治县分为乡、民族乡、镇",从而将民族乡作为乡级基层行政区域确认下来。(3)《宪法》第 95 条第 1 款确认了民族乡人民代表大会和人民政府在宪法上的地位。(4)《宪法》第 97 条、第 102 条规定民族乡的人民代表大会应当由选民直接选举、接受选民监督。(5)《宪法》第 107 条第 3 款规定民族乡的建置与区域划分由省级人民政府决定。

(二)法律中的有关规定

现行法律中没有关于民族乡的基本法律,有关民族乡的法律规定散见于其他法律之中。比较典型的有《民族区域自治法》《选举法》《地方各级人民代表大会和地方各级人民政府组织法》等,主要涉及民族乡及其人民代表大会和人民政府的设立,人民代表大会代表的选举、监督、罢免、补选及乡人民代表大会和政府的职责等内容。

《民族区域自治法》中的有关规定。由于民族乡并不是民族自治地方,所以该法对民族乡的规定不多,主要涉及两个方面的内容。(1)确立民族自治地方内其他少数民族聚居的地方拥有建立民族乡的权利。《民族区域自治法》第 12 条规定:"少数民族聚居的地方,根据当地民族关系、经济发展等条件,并参酌历史情况,可以建立以一个或者几个少数民族聚居区为基础的自治地方。民族自治地方内其他少数民族聚居的地方,建立相应的自治地方或者民族乡。民族自治地方依据本地方的实际情况,可以包括一部分汉族或者其他民族的居民区和城镇。"(2)规定了民族自治地方自治机关帮助自治地方内其他少数民族聚居的地方建立民族乡的职责。《民族区域自治法》第 50 条规定:"民族自治地方的自治机关帮助聚居在本地方的其他少数民族,建立相应的自治地方或者民族乡。民族自治地方的自治机关帮助本地方各民族发展经济、教育、科学技术、文化、卫生、体育事业。民族自治地方的自治机关照顾本地方散居民族的特点和需要。"

《选举法》有关民族乡人民代表大会的人民代表大会代表选举方面的规定。主要包括以下内容:民族乡人民代表大会代表的选举由选举委员会主持,采用直接选举方式产生;民族乡人民代表大会代表的基数为 45 名,代表名额分配到选区,按选区进行选举;各少数民族选民可以按照当地的民族关系和居住状况,采用单独选举或者联合选举方式产生其代表;由代表资格审查委员会对当选代表是否符合宪法、法律规定的代表的基本条件,选举是否符合法律规定的程序,以及是否存在破坏选举和其他当选无效的违法行为进行审查,提出代表当选是否有效等意见等。

《地方各级人民代表大会和地方各级人民政府组织法》有关民族乡人民代表大会和人民政府职责的规定。民族乡政权属于我国的乡级政权,是我国基层政权的组成部分,与普通乡一样,设乡人民代表大会和乡人民政府。

根据《地方各级人民代表大会和地方各级人民政府组织法》(2022 年修正)规定,民族乡设立人民代表大会,民族乡人民代表大会代表由选民直接选举。民族乡人民代表大会的职权主要包括:(1)在本行政区域内,保证宪法、法律、行政法规和上级人民代表大会及其常务委员会决议的遵守和执行;(2)在职权范围内通过和发布决议;(3)根据国家计划,决定本行政区域内的经济、文化事业和公共事业的建设计划和项目;(4)审查和批准本行政区域内的预算和预算执行情况的报告，监督本级预算的执行，审查和批准本级预算的调整方案，审查和批准本级决算；(5)决定本行政区域内的民政工作的实施计划；(6)选举本级人民代表大会主席、副主席；(7)选举乡长、副乡长，镇长、副镇长；(8)听取和审议乡、民族乡、镇的人民政府的工作报告；(9)听取和审议乡、民族乡、镇的人民代表大会主席团的工作报告；(10)撤销乡、民族乡、镇的人民政府的不适当的决定和命令；(11)保护社会主义的全民所有的财产和劳动群众集体所有的财产，保护公民私人所有的合法财产，维护社会秩序，保障公民的人身权利、民主权利和其他权利；(12)保护各种经济组织的合法权益；(13)铸牢中华民族共同体意识，促进各民族广泛交往交流交融，保障少数民族的合法权利和利益；(14)保障宪法和法律赋予妇女的男女平等、同工同酬和婚姻自由等各项权利。值得一提的是，少数民族聚居的乡、民族乡、镇的人民代表大会在行使职权的时候，可以依照法律规定的权限采取适合民族特点的具体措施。

民族乡的人民政府设乡长、副乡长。民族乡的乡长由建立民族乡的少数民族公民担任。乡长、副乡长由乡人民代表大会选举产生，对乡人民代表大会负责，受它监督。民族乡人民政府的职权主要包括：(1)执行本级人民代表大会的决议和上级国家行政机关的决定和命令，发布决定和命令；(2)执行本行政区域内的经济和社会发展计划、预算，管理本行政区域内的经济、教育、科学、文化、卫生、体育等事业和生态环境保护、财政、民政、社会保障、公安、司法行政、人口与计划生育等行政工作；(3)保护社会主义的全民所有的财产和劳动群众集体所有的财产，保护公民私人所有的合法财产，维护社会秩序，保障公民的人身权利、民主权利和其他权利；(4)保护各种经济组织的合法权益；(5)铸牢中华民族共同体意识，促进各民族广泛交往交流交融，保障少数民族的合法权利和利益，保障少数民族保持或者改革自己的风俗习惯的自由；(6)保障宪法和法律赋予妇女的男女平等、同工同酬和婚姻自由等各项权利；(7)办理上级人民政府交办的其他事项。

(三)行政法规和行政规章中的有关规定

除《宪法》《民族区域自治法》等法律对民族乡的建设提供了指导性或具体性的规定之外，国务院及其有关部委也发布了《民族乡行政工作条例》等有关民族乡的行政法规、部门规章及规范性文件，对民族乡建设中的一系列基本问题作出了规定。这些规定对依法促进民族乡发展起到了非常重要的作用。但同时也应该看到，以《民族乡行政工作条例》为主干的有关民族乡建设的行政法规和规章不仅立法层次较低，而且制定时间较早，亟待修订和完善。

此外，为规范民族乡称谓、促进民族乡科学发展，国家民族事务委员会办公厅先后发布了《关于进一步规范有关民族乡称谓的通知》(2011年11月14日)、《关于开展民族乡科学发展专题调研的通知》(2012年5月30日)等规范性文件，为保障民族乡少数民族平等权益的实现起到了很大的作用。

(四)地方性法规、地方政府规章及其他地方规范性文件中的有关规定

为推进民族乡法律制度建设，有关省、自治区、直辖市人民代表大会和政府等地方立法机关针对本地民族乡的实际情况，出台了相应的地方性法规、地方政府规章及其他地方规范性文件，涉及政治、经济、文化等多方面的内容。据统计，关于民族乡的现行有效的地方性法规、地方政府规章及其他地方规范性文件等的专门性规定有3088条，已经经过修改的共有609条。[12]

在政治方面，自《民族乡行政工作条例》施行后，有关地方制定了与其相配套的实施条例。

---

〔12〕 通过在北大法宝中搜索“民族乡”而得到相关数据，最后访问时间为2023年7月26日。

如黑龙江省在1988年1月7日发布了《黑龙江省民族乡条例》;云南省在2004年7月30日发布了《云南省民族乡工作条例》;贵州省在2017年6月2日发布了《贵州省民族乡保护和发展条例》;新疆维吾尔自治区在2020年10月28日发布了修订后的《新疆维吾尔自治区乡、民族乡、镇人民代表大会工作条例》等。由于这些条例都是对《民族乡行政工作条例》的细化,为推进民族乡的建设作出了有益贡献。

在经济方面,多地规定了对民族乡的支持和帮扶工作。如2019年10月18日福建省财政厅下达对民族乡财政转移支付的通知,以支持该省民族乡的经济建设和发展的工作。2012年9月27日原中国保险监督管理委员会新疆监管局发布《关于同意筹建中国人民财产保险股份有限公司尼勒克支公司科克浩特浩尔蒙古民族乡营销服务部的通知》,在民族乡建立保险业的营销服务部,服务基层少数民族群众;2018年7月18日浙江省发布了《浙江省民族乡村振兴实施方案(2018—2022年)》,以旅游业带动当地民族乡经济发展。

在宗教事务方面,一些地方政府及组成部门制定、发布和实施了相应的规范性文件和工作文件。如2020年7月24日,福建省民族与宗教事务厅发布了《关于举办全方位推动民族乡村高质量发展现场观摩交流系列活动(展览、展示部分)的询价函》,强调党对宗教活动的领导。

在教科文卫方面,一些地方政府及组成部门制定和发布了相应的规范性文件。如2007年5月11日宜宾市人民政府发布了《宜宾市人民政府办公室关于对民族乡教育实施对口帮扶的意见》;2009年11月20日甘肃省卫生厅发布了《关于开展民族乡镇卫生院人员调查的通知》。这些规范性文件的出台较好地促进了当地民族乡教育、科技、文化、卫生等事业的进步和发展。

二、民族乡法律制度的完善措施

自改革开放初期启动重建、新建民族乡工作以来,我国民族乡的法治建设已走过近40年。在此期间,有关民族乡的法律法规相继出台了两百余件。其中现行有效的专门性规定中,中央层面的法律法规等有5部,地方层面的法规和规章等有173部。[13] 民族乡法治建设取得了切实有效的成就,但仍存在一些问题,需要进一步修改完善。为此,应进一步加强党对民族乡法治建设的领导,准确把握统一的多民族国家的基本国情,把维护国家统一和民族团结作为各民族的最高利益,使党的民族政策既一脉相承又与时俱进,更好推进民族乡法治建设。

(一)加强与民族乡建设有关的中央和地方立法

我国民族乡法律制度建设虽已初具规模,但总体数量仍然偏少,难以满足实际需要。从中央层面来看,从1955年12月29日国务院发布的《关于建立民族乡若干问题的指示》(已失效),到2012年5月30日国家民族事务委员会办公厅发布的《关于开展民族乡科学发展专题调研的通知》,这期间中央法律、法规及规范性文件只出台了8部,且有3部已经失去了法律效力,数量甚微。更为紧迫的是,目前我国专门就民族乡进行的立法中层级最高的是1993年出台的《民族乡行政工作条例》,该条例不仅存在立法层次较低的问题,而且还存在因制定时间较早而难以满足民族乡建设的需要的问题,亟待中央层面享有规则制定权的有关国家机关高度重视并适时推进与民族乡有关的法律修改和完善工作。

此外,有关地方立法机关应当根据当地实际需要,对与民族乡建设有关的地方性法规、规章等进行必要的清理、修订和完善。我国不仅少数民族数量较多,而且地区差异性明显,这就要求

〔13〕 通过在北大法宝中搜索"民族乡"而得到相关数据,最后访问时间为2023年7月26日。

辖有民族乡的省、自治区、直辖市人民代表大会等地方立法机关应当高度重视民族乡建设的法治保障问题，严格根据《宪法》和《民族乡行政工作条例》等法律法规的有关规定和要求，及时出台与当地民族乡特点相应的地方性法律规定，弥补当下有关民族乡的法律空白，以适应不断发展的民族乡建设的需要。

(二)优化民族乡法治建设的内容

从民族乡法治建设现状来看，现行法律制度在结构和内容方面存在较大缺陷，是制约民族乡法律制度实施绩效的关键因素。在现行制度中，有关民族乡政治方面的法律法规在涉及民族乡的全部法律法规中所占的比重是最大的，而相对忽略了对民族乡经济、教育、文化、科技等方面法律法规的制定。[14] 为充分发挥法治的功能，有效提升民族乡建设实效，当前尤其需要加强促进民族乡经济发展的法律法规和优惠政策的制定和完善。同时，《宪法》《民族区域自治法》《民族乡行政工作条例》中有很多对民族乡进行帮助和照顾的规定，但是，由于监督制度缺位，[15] 严重制约了这些规定的有效实施。因此，需要适当增加处罚和监督方面的内容。

此外，当前民族乡法治建设存在滞后性的一个很重要的原因是重视程度不够，不仅理论界对民族乡的研究数量和探讨热度较低，实务界推进民族乡法治建设的动力也略显不足。譬如与民族区域自治制度相比，民族乡制度一直处在较为边缘化的地位。为提高民族乡的法律地位，需要增加一些效力层级比较高的有关民族乡的法律法规，以加强各界对民族乡工作的重视。

(三)与时俱进推进民族乡法治建设

由于法律本身具有滞后性的缺陷，因此法治建设一定要适应社会环境的变化和转变。为此，应当以《宪法》、《民族乡行政工作条例》及其他相关法律法规的规定为基础，灵活应对迅速变化的社会环境，适时出台有关民族乡的新法，及时修订原有的法律法规，妥善解决民族乡城镇化进程中部分民族乡行政区划变动中出现的问题。[16] 此外，由于城镇化和市场化的推进，掀起了"撤乡改镇"的潮流，但"民族镇"的法律地位尚未得到确认。因此，需要进一步加强对民族乡建设中出现的新问题的法律研究，适时出台相应的法律法规，进一步完善民族乡法治体系，增强其针对性和有效性。

三、《中华人民共和国乡村振兴促进法》与民族乡法律制度的完善

2021 年 4 月 29 日第十三届全国人民代表大会常务委员会第二十八次会议通过了《中华人民共和国乡村振兴促进法》(以下简称《乡村振兴促进法》)。该法规定了一整套保障和推动乡村振兴的制度措施、体制机制和政策体系，为实施乡村振兴战略提供了有力的法治保障。《乡村振兴促进法》(草案)中所称的"乡村"，是指城市建成区以外具有自然、社会、经济特征和生产、生活、生态、文化等多重功能的地域综合体，包括乡(民族乡、镇)、村(含行政村、自然村)等。[17] 民族乡作为乡村振兴的重要主体之一，该法的实施为民族乡的发展提供了契机，相关主体应紧密结合该法相关内容促进民族乡法律制度的完善。

---

〔14〕 参见马广成：《我国民族乡法制建设的现状及应对策略》，载《学术论坛》2014 年第 11 期。

〔15〕 参见蒋佳妮：《健全我国民族乡法制体系的对策探讨》，载《黑龙江史志》2010 年第 3 期。

〔16〕 参见马广成：《我国民族乡法制建设的历程及启示》，载《广西社会科学》2015 年第 1 期。

〔17〕 参见《建立实施乡村振兴战略考核评价制度》，载中国人大网 2020 年 6 月 23 日，http://www.npc.gov.cn/npc/c30834/202006/3076eeaf977b4f99aa26a63cfccc5641.shtml。

(一)在民族乡深入宣传普及和贯彻实施《乡村振兴促进法》

一般乡、镇在乡村振兴战略中的制度需求,对民族乡而言同样存在。民族乡的乡村振兴就是要把乡村振兴战略的总要求和总目标贯穿于民族乡发展的始终,即实现民族乡产业兴旺、生态宜居、乡风文明、治理有效、生活富裕。综合而言,民族乡的乡村振兴就是要统筹推进民族乡经济建设、政治建设、文化建设、社会建设、生态文明建设,实现民族乡的经济发展、政治民主、文化繁荣、民族团结、生态美丽的美好局面。国家及各地方制定的有关乡村振兴战略实施的规范、针对民族乡建设进行的专门立法及《乡村振兴促进法》,都为全面推进民族乡乡村振兴工作提供了法律法规等制度性依据和保障。

民族乡制度是我国乡村制度的重要组成部分,《乡村振兴促进法》的贯彻实施将为新时代全面推进包括民族乡在内的乡村振兴注入强劲法治动力。该法共10章(第一章"总则"、第二章"产业发展"、第三章"人才支撑"、第四章"文化繁荣"、第五章"生态保护"、第六章"组织建设"、第七章"城乡融合"、第八章"扶持措施"、第九章"监督检查"、第十章"附则")74条,从内容上看,它对全面推进乡村振兴的方方面面都予以规范,不仅围绕"五大振兴",对产业、人才、文化、生态和组织等方面作出规定,还就社会关注的城乡融合、扶持措施、监督检查等内容作出规定,基本上涵盖了民族乡在内的乡村振兴发展所需的基本要素。因此,必须在民族乡做好《乡村振兴促进法》的普法宣传工作,通过多种方式解读阐释法律,在全社会营造依法推进乡村全面振兴的良好氛围。

(二)及时制定配套法规,加快完善民族乡法律制度体系

1.相关配套法规的制定必须把握三大核心要义,突出重点和关键。结合《乡村振兴促进法》的立法目的,在完善民族乡相关法律法规制度体系的过程中必须把握三大核心要义:一是制定以增加农民收入、提高农民生活水平、提升农村文明程度为核心的《乡村振兴促进法》,不是仅为促进经济发展,而是要推动农业全面升级、农村全面进步、农民全面发展。二是要解决好农业农村承担的保障好农产品供给安全、保护好农村生态屏障安全、传承好中国农村优秀传统文化等历史任务,明确农业农村发展在国家发展中的战略定位。三是要全面加强农村社会主义精神文明建设,坚持农民主体地位,全面提升新时代农民素质,培养一代又一代高素质的新型农民。

同时,根据《乡村振兴促进法》的规定和要求,通过制定配套法规完善民族乡法律制度体系,既要注重全面系统,也要突出重点和关键。一是要因地制宜促进乡村产业发展,促进农村一二三产业融合发展,确保粮食安全,进一步增加农民收入、提高农民生活水平。二是要培养造就新型职业农民队伍,广泛依靠农民、教育引导农民、组织带动农民,投身乡村振兴、建设美好家园。三是要传承好农村优秀传统文化,倡导科学健康的生产生活方式,引导特色鲜明、优势突出的乡村文化产业发展。四是要加强农村生态环境保护,推行绿色发展方式和生活方式,加强农业面源污染防治,持续改善农村人居环境。五是要加强农村基层政权建设,巩固和确保党长期执政的基层基础。六是要保障好维护好农民的合法权益,解决好农民群众关心关切的利益问题,让农民吃上长效"定心丸"。[18]

---

〔18〕 参见《栗战书在乡村振兴促进法实施座谈会上强调 深入学习贯彻习近平总书记关于"三农"工作的重要论述 推动乡村振兴促进法贯彻实施和宣传普及》,载中国人大网2021年5月27日,http://www.npc.gov.cn/npc/kgfb/202105/a0f30fbfa0c74b4cab130947f17fbb69.shtml。

2. 应结合《乡村振兴促进法》中有关民族的条款，加快推动民族乡相关领域的法治建设。在《乡村振兴促进法》中，除与一般乡村的共性之外，立法者在民族传统文化、民族地区生态保护及国家对民族地区的帮扶和支持三个方面，用专门的条款进行了规定。这些规定在一定程度上弥补了民族乡法律制度的不足，应当以此为契机，加快推动民族乡相关领域的法治建设。

第一，促进文化发展是民族乡法律制度的重要内容，但当前有关民族乡文化的条文数目很少。如《民族乡行政工作条例》中专门对文化建设进行规范的条文仅体现在第 16 条，从条文数量上看，其仅规定了一条；从内容上看其虽强调了县级以上地方各级人民政府的法定职责，但内容较为抽象，不够具体。而《乡村振兴促进法》第 3 条强调要传承发展中华民族优秀的传统文化，第 32 条特别指出县级以上地方人民政府应当加强对少数民族特色村寨的保护，为加强各民族传统文化保护提供了更为明确的法律指引。

第二，生态文明建设是推动民族地区高质量发展的关键举措，也是民族地区绿色高质量发展的重要体现。党的十九届四中全会从推进国家治理体系和治理能力现代化的维度明确提出"坚持和完善生态文明制度体系，促进人与自然和谐共生"，为民族地区实现绿色高质量发展指明了方向。很多关于民族乡的法律法规制定时间偏早，当时对生态保护的重要性并没有足够的重视，因此在民族乡其他相关法律法规制度中，有关生态的条文极少，《民族乡行政工作条例》也没有对此作出相应规定。而《乡村振兴促进法》第 38 条明确规定要鼓励农村住房设计体现地域、民族和乡土特色，同时鼓励农村住房建设采用新型建造技术和绿色建材，引导农民建设功能现代、结构安全、成本经济、绿色环保、与乡村环境相协调的宜居住房，较好地填补了《民族乡行政工作条例》的空白。

第三，在《民族乡行政工作条例》的 24 个条文中，有 10 条是有关县级及以上各级人民政府应当如何优待和帮扶民族乡的规定，这是我国从立法层面对少数民族群体权利给予的特别保护，尤其是政府层面对民族乡在政治、经济等多层面、多领域支持和帮扶的制度化，民族乡村也应在国家和政府的帮扶下，由靠"输血"到激发自身的"造血"功能，自力更生，持续发展，从而迎头赶上，达到平权视域下的实质平等要求。但是，实践中这些规定并没有得到很好的实施。《乡村振兴促进法》的颁行，则为我国乡村发展滞后、城乡发展不均衡的现状注入了法治动力。我国民族乡目前的整体发展现状在乡村整体中表现为较为欠发达、待补偿的状态，因此从实现保障少数民族权利、实现民族平等的初衷和目标出发，《乡村振兴促进法》第 59 条明确规定国家要加大对民族地区、边疆地区等实施乡村振兴战略的支持力度，为更好地落实《民族乡行政工作条例》有关优待和帮扶的规定，提供了更高位阶的法律依据。

3. 准确把握民族乡在发展振兴中的特殊问题，制定有针对性的配套法规，加快完善民族乡法律制度体系。受民族乡本身存在的特殊性的影响，民族乡的乡村振兴较一般乡村振兴而言内涵及需求更为丰富，因此，实现民族乡的乡村振兴的制度安排和措施需更具针对性。民族乡制度所具有的保障少数民族平等权益，实现民族平等、促进民族团结的价值和功能不能忽视，甚至应将此方面的要求纳入推进民族乡的乡村振兴的目标之中。

我国有 966 个民族乡，每个民族乡都有各自的特点和问题，各个地方的差异很大。因此，《民族乡行政工作条例》第 6 条规定："民族乡人民政府依照法律、法规和国家有关规定，结合本乡的具体情况和民族特点，因地制宜地发展经济、教育、科技、文化、卫生等项事业。"由于《乡村振兴促进法》是一个针对全国所有乡村制定的法律文件，因此，在全面推进乡村振兴的过程中，需要制定更加细致的制度和措施来推进,这就要求包括民族乡在内的各个地方、各个部门在推进过程中需要结合本地情况进行细化,才能更好推进乡村全面振兴。为在民族乡建设中有效贯彻《乡村振兴促进法》的要求,亟须制定有针对性的法规、规定或者实施办法,加快完善民族乡法律制度体系。

第十二章　城市民族工作法律制度

第一节　城市民族工作特征

一、城市民族工作的一般特征

我国的城市包括直辖市、设区的市和县级市。随着经济的快速发展，区域间人口流动急剧增加，民族地区的公民通过求学、就业、从事经营活动等各种渠道进入城市，若干民族的公民共同居住在城市已经成为普遍现象，城市民族工作也成为我国民族工作的重要组成部分。与民族地区的民族工作相比，城市民族工作更具复杂性、敏感性，同时也关乎国家民族工作的全局。

第一，各民族公民利益交往频繁，造就城市民族工作的复杂性。由于城市民族工作是城市工作与民族工作的结合，各民族公民在城市从事政治、经济和文化活动，相互之间利益交往频繁，再加上城市面积大、人员流动性大、辐射影响大，所以城市民族问题一旦产生，往往反响大、连锁反应强。

第二，生活在城市的各民族公民往往是本民族公民中素质较高的群体，其对自身合法权益的高度关注，易引发城市民族工作的敏感性。城市各民族公民往往是本民族学历或专业技能较高的群体，有着较强的民族意识和民族精神，对本民族公民在教育、就业和参政等方面的状况更为关注。一旦城市民族工作政策出现偏差或落实不到位，就会引发较大的矛盾，甚至在城市与民族地区之间形成连锁反应。

第三，城市民族工作关乎特定区域的民族关系，也关乎国家处理民族关系的全局。城市各民族流动人口日益增加，增强了城市各民族公民与其本民族之间的联系。各民族公民无论在城市从事何种工作、生活状态如何，对城市的认同感、归属感都有一个长期形成的过程。在此过程中，同一民族的公民之间往往会形成更为密切的联系，甚至导致生活在城市的一些民族成员的民族意识强于生活在民族地区的民族成员。如果引导不当，就可能出现只强调民族特点、民族利益，而忽视或损伤全局利益的极端民族主义倾向，不利于城市民族关系的正常发展。[1]

二、不同时期城市民族工作的特征

随着社会的不断发展和民族交往交流交融程度的深化，我国城市民族工作的目标和具体内容也与时俱进，城市民族工作在不同时期呈现出不同特征。

（一）早期城市民族工作以消除民族歧视为主要目标

中华人民共和国成立初期，由于户籍制度的影响，城乡之间人口流动性不大，城市民族工作

---

〔1〕　参见吴宗金、张晓辉主编：《中国民族法学》（第2版），法律出版社2004年版，第248页。

政策主要包含在散杂居地区民族工作之中,工作重点是消除民族歧视、实现民族平等。这一特点从1952年政务院发布的《关于保障一切散居的少数民族成分享有民族平等权利的决定》可以看出。该决定为保障散居在“汉族地区”的“城市与集镇”的少数民族权利作了详细要求:包括与当地汉族人民同样享有思想、言论、出版、集会、结社、通讯、人身、居住、宗教信仰、游行示威的自由权;依法享有选举权与被选举权;自由保持或改革其民族的生活方式、宗教信仰和风俗习惯的权利;加入当地各种人民团体及参加各种职业的权利;在法庭上以本民族语言、文字进行诉辩的权利;遭受民族歧视、压迫或侮辱,有向人民政府控告的权利等。

(二)改革开放初期城市民族工作以保障少数民族合法权益为目标

“文化大革命”期间城市民族工作陷入混乱和停滞期,拨乱反正后开始全面恢复各项民族工作。1979年,中共中央、国务院批转的国家民族事务委员会《关于做好杂居、散居少数民族工作的报告》指出,要恢复民族机构和民族工作,强调要切实保障散杂居少数民族的平等权利、积极帮助其发展经济文化、认真尊重其风俗习惯等。

1987年,中共中央、国务院批复并转发的《关于民族工作几个重要问题的报告》明确提出要“做好城市少数民族工作”。该报告是党和国家最早对城市民族工作进行专门论述的重要文献。〔2〕当时全国散居在城市的少数民族约600万人,每个大中城市都有比较多的少数民族成份。《关于民族工作几个重要问题的报告》指出,城市少数民族面临的主要问题是:人口少,居住分散,往往容易被忽视;不够注意他们的特点,执行政策存在“一刀切”现象;很多地区少数民族的经济文化发展水平低于当地汉族;歧视少数民族,不尊重他们的风俗习惯和宗教信仰,伤害民族感情,导致民族纠纷时有发生。《关于民族工作几个重要问题的报告》就做好城市民族工作提出了以下要求:(1)要求各级政府要重视少数民族工作,保障他们的平等权利。(2)充分发挥城市少数民族代表人物和专业人才的影响力和特长。在城市,少数民族代表人物和专业人才比较集中,在国内外有广泛的联系和较大的影响,要充分利用这些有利条件,加强支边工作,扩大对外联系。要充分发挥他们的产业特长,发展工艺品、民族特需商品、清真饮食业等工商业。(3)要求对当前遇到困难甚至濒临倒闭的清真饮食企业和部分民族特需用品企业,制定保护性措施加以扶持,帮助他们改善经营管理,提高竞争能力,求得稳步发展。要适当增设清真食品网点和医疗、文化设施。(4)要加强对少数民族历史文化的保护。要求少数民族集中居住的街道,注意保护和建设具有民族风格的建筑物。

为进一步规范和加强城市民族工作,保障城市少数民族的合法权益,促进适应城市少数民族需要的经济、文化事业的发展,1993年国务院批准、国家民族事务委员会发布《城市民族工作条例》。该条例是我国第一部专门调整城市民族工作的规范性法律文件,表明我国城市民族工作进入法治化的新阶段。

(三)新时期城市民族工作以促进民族团结和中华民族共同体建设为目标

随着改革开放的深入,国家的民族工作政策也渐趋成熟。中央民族工作会议和全国城市民族工作会议的报告对新时期城市民族工作予以重新定位,将增进民族团结、铸牢中华民族共同体意识作为城市民族工作的目标和主线。

2014年,党中央、国务院召开第四次中央民族工作会议。会议指出,民族团结是我国各族人

〔2〕　相关研究参见郑信哲:《我国城市民族工作的演进及其展望》,载《中央民族大学学报(哲学社会科学版)》2020年第3期;郑信哲:《论新时代城市民族工作的创新发展》,载《学术界》2021年第4期。

民的生命线。会议要求加强各民族交往交流交融，尊重差异、包容多样，让各民族在中华民族大家庭中手足相亲、守望相助。会议强调，改革开放以来，我国进入了各民族跨区域大流动的活跃期，做好城市民族工作越来越重要：一是对于少数民族流动人口，强调不能采取"关门主义"的态度，也不能采取放任自流的态度，关键是要抓住流入地和流出地的两头对接。二是要求把着力点放在社区，推动建立相互嵌入的社会结构和社区环境，注重保障各民族合法权益，坚决纠正和杜绝歧视或变相歧视少数民族群众、伤害民族感情的言行，引导流入城市的少数民族群众自觉遵守国家法律和城市管理规定，让城市更好接纳少数民族群众，让少数民族群众更好融入城市。

2016年，第一次全国城市民族工作会议在北京召开，会议强调推进城市民族事务治理现代化。要求加强党对城市民族工作的领导，依法管理城市民族事务，以保障各民族合法权益为核心，以做好少数民族流动人口服务管理为重点，以推动建立相互嵌入的社会结构和社区环境为抓手，推进城市民族工作制度化、规范化、精细化。这是中华人民共和国成立后城市民族工作的第一次专题会议，预示着城市民族工作进入新阶段。

2021年，党中央、国务院召开第五次中央民族工作会议。会议强调，做好新时代党的民族工作，要把铸牢中华民族共同体意识作为党的民族工作的主线。要促进各民族交往交流交融，充分考虑不同民族、不同地区的实际，统筹城乡建设布局规划和公共服务资源配置，完善政策举措，营造环境氛围，逐步实现各民族在空间、文化、经济、社会、心理等方面的全方位嵌入。本次会议再次强调要将增进共同性、尊重和包容差异性作为民族工作的重要原则，进一步深化了新时期城市民族工作的要求。

第二节　《城市民族工作条例》

一、《城市民族工作条例》的立法目的与调整范围

《城市民族工作条例》于1993年8月29日经国务院批准，1993年9月15日由国家民族事务委员会令第2号发布实施，是我国第一部全面、系统地调整城市民族工作的规范性法律文件。在规范层级上，一般认为其属于行政法规。[3]《城市民族工作条例》的颁布，改变了我国城市民族工作长期无法可依的情况，对依法调整城市民族关系意义重大。

根据《城市民族工作条例》的规定，城市民族工作立法有三个层次的目的：(1)加强城市民族工作。例如，该条例通过赋予各级人民政府相应管理权、设置专门负责城市民族工作的部门或者配备专职干部，从组织上加强对城市民族工作的保障。又如，该条例要求将适应当地少数民族需要的经济、文化事业列入国民经济和社会发展计划，要求城市人民政府根据财力对发展适应当地少数民族需要的经济、文化事业的资金给予适当照顾，从规划、资金等方面加强对城市民族工作的保障。(2)保障城市少数民族的合法权益。该条例通过规定城市少数民族公民在担任公职、

---

〔3〕按照现行《立法法》的规定，行政法规由总理签署国务院令公布，部门规章由部门首长签署命令予以公布。《城市民族工作条例》制定于1993年，当时我国的立法程序还不规范，因此，该条例虽由国务院批准、国家民族事务委员会公布，但大多数人还是认为其属于行政法规。参见吴大华主编：《民族法学》，法律出版社2013年版，第283页。如按照《立法法》的规定，该条例应当属于部门规章。

就业、受教育、从事经营活动等方面的权利,对少数民族公民的风俗习惯、语言文字、历史文化传统等方面的保障措施,实现对城市少数民族合法权益的保护。(3)促进适应城市少数民族需要的经济、文化事业的发展。该条例对城市少数民族公民从事经济、文化活动规定了大量鼓励和扶持措施,以适应城市少数民族发展的需要。

从调整范围上看,《城市民族工作条例》所适用的"城市",是指国家按照行政建制设立的直辖市和市,其中市包括设区的市和县级市。要理解"城市少数民族",必须与"散居少数民族"这个概念结合起来。散居少数民族,是指我国55个少数民族人口中不实行民族区域自治的群体,从外延上主要包括两部分:一是居住在民族自治地方以外的少数民族;二是居住在自治地方内但未实行区域自治的少数民族。[4] 其中,适用于民族自治地方未实行区域自治的少数民族的相关规定,主要包含于民族自治地方的自治条例与单行条例中,与实行区域自治的少数民族相关规定差异不大,但与其他散居少数民族差异较大;民族乡虽然不是民族自治地方,但设立于少数民族聚居地,是民族区域自治制度的重要补充,与其他散居少数民族情况差异也较大。本章所讨论的城市少数民族,是除民族自治地方和民族乡之外的散居少数民族。[5]

二、《城市民族工作条例》的主要内容

《城市民族工作条例》规定了城市散居少数民族在政治、经济、文化、社会等各方面的权利及保障措施。

在政治权利方面,规定少数民族人口较多的城市的人民政府、少数民族聚居的街道的办事处,以及直接为少数民族生产、生活服务的部门或者单位,应当配备适当数量的少数民族干部。要求城市人民政府重视少数民族干部的培养和选拔。

在就业方面,规定城市人民政府有关部门应当重视少数民族专业技术人员的培养和使用。要求城市人民政府鼓励企业招收少数民族职工。

在教育方面,规定城市人民政府应当重视发展少数民族教育事业,加强对少数民族教育事业的领导和支持。城市人民政府应当采取适当措施,提高少数民族教师队伍的素质,办好各级各类民族学校(班),在经费、教师配备方面对民族学校(班)给予适当照顾,并根据当地少数民族的特点发展各种职业技术教育和成人教育。地方招生部门可以按照国家有关规定,结合当地实际情况,对义务教育后阶段的少数民族考生,招生时给予适当照顾。

在经济活动方面,规定信贷部门对以少数民族为主要服务对象的从事食品生产、加工、经营和饮食服务的国有企业和集体企业,在贷款额度、还款期限、自有资金比例方面给予优惠。对相关企业以及生产经营少数民族用品企业的贷款,可以根据当地的实际需要和条件,予以贴息。相关企业纳税确有困难的,税务机关依照有关税收法律、法规的规定,给予减税或者免税。要求城市人民政府根据实际需要,合理设置清真饭店和清真食品生产加工、供应网点,并在投资、贷款、税收等方面给予扶持。对城市民族贸易企业和民族用品定点生产企业的优惠,按照国家有关规定办理。要求城市人民政府支持并组织有关经济、技术部门,加强同少数民族地区和农村散杂居

---

[4] 关于散居少数民族概念的探讨,参见陆平辉:《散居少数民族概念解析》,载《西北民族大学学报(哲学社会科学版)》2011年第5期。

[5] 有些省市的城市民族工作立法也包含在散居少数民族立法之中,如《湖南省散居少数民族工作条例》(2017修正)、《河北省散居少数民族权益保障条例》(2010修正)。

少数民族开展横向经济技术协作。要求城市人民政府有关部门对进入本市兴办企业和从事其他合法经营活动的外地少数民族人员,根据情况提供便利条件,予以支持。

在风俗习惯方面,规定城市人民政府应当教育各民族干部、群众相互尊重民族风俗习惯。宣传、报道、文艺创作、电影电视摄制,应当尊重少数民族风俗习惯、宗教信仰和民族感情。清真饮食服务企业和食品生产、加工企业必须配备一定比例的食用清真食品的少数民族职工和管理干部。清真食品的运输车辆、计量器具、储藏容器和加工、出售场地应当保证专用。清真饮食服务企业和食品生产、加工企业实行承包、租赁时,一般应当由有关少数民族人员承包或者租赁。清真饮食服务企业和食品生产、加工企业兼并或者被兼并时,不得随意改变其服务方向,确实需要改变服务方向的,必须征得当地城市人民政府民族事务工作部门同意。要求城市人民政府保障少数民族保持或者改革民族风俗习惯的自由。城市人民政府应当按照国家有关规定,对具有特殊丧葬习俗的少数民族妥善安排墓地,并采取措施加强少数民族的殡葬服务;少数民族人员自愿实行丧葬改革的,应当给予支持。少数民族职工参加本民族重大节日活动,可以按照国家有关规定放假,并照发工资。

在民族文化方面,规定少数民族人口较多的城市的人民政府,应当根据需要和条件,设立具有民族特点的文化馆(站)、图书馆。要求城市人民政府保障少数民族使用本民族语言文字的权利,并根据需要和条件,按照国家有关规定加强少数民族文字的翻译、出版和教学研究。城市人民政府在少数民族聚居的街道,应当按照城市规划,保护和建设具有民族风格的建筑物。

在医药卫生方面,规定少数民族人口较多的城市的人民政府,应当根据实际需要和条件,建立民族医院、民族医药学研究机构,发展少数民族传统医药科学。城市人民政府应当在少数民族中加强计划生育的宣传、教育和指导工作。

三、《城市民族工作条例》相关配套立法

在城市民族工作方面,省级及设区的市制定了大量地方性法规,在地域分布上,涉及 22 个省(直辖市)、市,分别是北京、天津、河北、辽宁、吉林、黑龙江、上海、南京、浙江、安徽、福建、江西、河南、湖北、湖南、广东、海南、重庆、四川、贵州、云南、陕西。在时间跨度上,地方性法规颁布实施分散在 1987 年至 2020 年。最早颁布的是 1987 年 9 月 23 日的《湖南省散居少数民族工作条例》,已于 2017 年 10 月 30 日修正;最近修正的是《哈尔滨市少数民族权益保障条例》,于 2020 年 10 月 23 日修正。

作为《城市民族工作条例》的实施性规范,地方性法规的内容与《城市民族工作条例》的内容大同小异。例如,在政治权利方面,《城市民族工作条例》第 8 条第 1 款、第 2 款规定:“城市人民政府应当重视少数民族干部的培养和选拔。城市人民政府有关部门应当重视少数民族专业技术人员的培养和使用。”《河北省散居少数民族权益保障条例》第 10 条第 1 款规定:“各级国家机关要按照有关规定,有计划地从少数民族公民中选拔配备各级干部,培养各种专业人才和技术工人。”在就业方面,《城市民族工作条例》第 8 条第 3 款规定:“城市人民政府鼓励企业招收少数民族职工。”《上海市少数民族权益保障条例》第 11 条第 1 款规定:“各级人民政府应当鼓励国家机关、企业事业单位录用少数民族公民。”在教育方面,《城市民族工作条例》第 9 条第 3 款规定:“地方招生部门可以按照国家有关规定,结合当地实际情况,对义务教育后阶段的少数民族考生,招生时给予适当照顾。”《北京市少数民族权益保障条例》第 21 条第 1 句规定:“本市中等学校、高等院校应当按照国家和本市有关规定,对少数民族考生在录取标准和条件方面给予适当照

顾。”在风俗习惯方面,《吉林省实施〈城市民族工作条例〉办法》第27条要求单位中只要有清真饮食习惯的少数民族职工的,都应当设立清真灶;没有设立清真灶的,应当按照国家有关规定,对有清真饮食习惯的少数民族职工发放清真饮食补助费。在民族文化方面,《天津市少数民族权益保障规定》第25条规定:“各级人民政府应当重视少数民族文化建设,加强对少数民族文化遗产的继承、保护,开展具有民族特色的、健康的文化艺术活动,帮助民族乡、民族村和少数民族公民较集中的区域建立文化站、文化室等设施。”在经济活动方面,《北京市少数民族权益保障条例》第13条规定:“市和区人民政府的有关主管部门应当在每年财政预算安排的专项资金中安排一定数额的扶持少数民族经济发展资金。”在医药卫生方面,《河南省少数民族权益保障条例》第37条规定:“各级人民政府应当重视和发展少数民族人口较多地方的医疗卫生事业,在卫生专项资金、医疗设备、医务人员配备等方面应当给予特殊照顾。扶持民族区建立民族医院、防疫保健站、妇幼保健院(所);扶持民族乡(镇)建立卫生院,培养少数民族医务人员,加强对地方病、传染病、多发病、常见病的防治,积极开展妇幼保健工作。少数民族人口较多的城市可开办民族医院和诊所。”

城市民族工作相关法规的内容涵盖了城市少数民族公民在政治、经济、文化、教育、医疗、风俗习惯等各方面的权益,为各地开展城市民族工作提供了规范依据,促进了城市民族工作的法治化,保障了城市少数民族工作的合法权益。

第三节　城市民族工作法律制度的完善

一、调整城市民族工作立法的目标

城市少数民族主要由世居的少数民族和少数民族流动人口构成。近年来,少数民族进城务工人员总体稳定、有所增长,代际更替加快,目前已经完成第二代并逐渐形成第三代人居城市的格局。城市少数民族职业结构多样化,各族群众以前所未有的速度、广度、深度交往交流。[6] 随着少数民族人口进城务工和生活就业趋于稳定,其市民化的要求越来越强烈。[7] 新时期城市民族工作呈现出新的特点,城市民族工作法律制度应当作出相应调整。

不同时期城市民族工作存在不同目标和侧重点。早期城市民族的工作重点是消除民族歧视、实现各民族平等;改革开放以来侧重于采取差别化优惠措施,从实质上保障城市少数民族的合法权益;新时期城市的少数民族公民生存状况和民族关系发生了较大变化,城市民族工作的重点逐渐转移到促进民族团结和中华民族共同体建设上。

2021年的中央民族工作会议指出,做好新时代党的民族工作,要把铸牢中华民族共同体意识作为党的民族工作的主线。铸牢中华民族共同体意识是党的民族工作开创新局面的必然要求,只有顺应时代变化,按照增进共同性的方向改进民族工作,做到共同性和差异性的辩证统一、

---

〔6〕 参见彭建军、柏贵喜:《我国城市民族工作新常态的形成及对策研究》,载《中南民族大学学报(人文社会科学版)》2016年第2期。

〔7〕 参见彭建军、刘荣:《城市少数民族流动人口市民化突出问题及对策——以湖北省10个城市为例》,载《中南民族大学学报(人文社会科学版)》2019年第6期。

民族因素和区域因素的有机结合，才能把新时代党的民族工作做好做细做扎实。因此，城市民族工作立法中要着重思考的问题是：应当如何按照增进共同性的方向改进城市民族工作，在具体条款中把握好共同性和差异性的辩证关系，在每一项措施中实现民族因素和区域因素的有机结合。在新时期，通过解决上述问题，促进民族团结和中华民族共同体建设，就是城市民族工作立法的目标。

二、立法中正确认识城市与民族自治地方民族工作的共同性与差异性

城市与民族自治地方民族工作在立法方面具有共同性。《宪法》第 4 条第 1 款规定："中华人民共和国各民族一律平等。国家保障各少数民族的合法的权利和利益，维护和发展各民族的平等团结互助和谐关系。禁止对任何民族的歧视和压迫，禁止破坏民族团结和制造民族分裂的行为。"无论是在城市还是在民族自治地方，对民族工作进行立法，都是为了在民族平等原则的指导下，维护和发展平等团结互助和谐的民族关系，促进各民族共同团结奋斗、共同繁荣发展和实现中华民族伟大复兴。根据 2021 年中央民族工作会议精神，城市民族工作与民族自治地方工作立法的主线和目标，都是在新时期铸牢中华民族共同体意识、促进中华民族共同体建设。因此，城市与民族自治地方民族工作立法都要贯彻《宪法》和党的民族政策的上述要求。

城市与民族自治地方民族工作在立法方面具有差异性。根据《宪法》和党的民族政策，民族区域自治制度是民族因素和区域因素相结合的制度，国家保障各少数民族的合法的权利和利益，维护和发展各民族的平等团结互助和谐关系，同时也根据各少数民族的特点和需要，帮助各少数民族地区加速经济和文化的发展。《民族区域自治法》所规定的教育、就业、经济等方面的优惠或扶持措施，既有针对民族自治地方少数民族公民的措施，也有针对整个民族自治地方的区域性措施，并不仅仅以民族身份作为差别对待标准。而在城市民族工作中，对城市少数民族的优惠或扶持措施，往往以民族身份作为差别对待标准。实践中，如果将《民族区域自治法》中适用于民族自治地方的措施直接"移植"到城市少数民族工作中，脱离了"民族自治地方"这个区域限定，很多区域性措施就变成仅以民族身份作为差别对待标准的措施，就会失去合法性和正当性。

三、城市民族工作相关规范的调整

2021 年中央民族工作会议指出，党的民族工作创新发展，就是要坚持正确的，调整过时的，更好保障各民族群众合法权益。对待现行城市民族工作相关规范，也要坚持正确的，调整过时的。从当前城市民族工作实践的需要来看，亟待对以下几个方面的规定及时予以修改完善。

（一）在实质平等原则指导下调整城市少数民族的就业扶持措施

城市少数民族相关法规中，规定了大量对少数民族公民的就业机会、就业培训方面的优惠措施，这些规定与相关上位法和党的民族政策是否一致值得商榷。[8] 从法理上讲，城市少数民族就业优惠措施的制定和实施，应当符合《劳动法》《就业促进法》的相关规定。劳动者应当受到平等保护。《劳动法》第 3 条第 1 款规定："劳动者享有平等就业和选择职业的权利、取得劳动报酬

---

〔8〕 就业机会上的优惠措施，如《黑龙江省城市民族工作条例》第 15 条第 2 款规定："城市中的各类企业和技工学校，从城市青年中招工、招生时，在同等条件下，应优先招收少数民族。"就业培训上的优先，如《哈尔滨市少数民族权益保障条例》（2020 年 10 月修正）第 8 条第 2 款规定："有关部门和企事业单位对待业的少数民族公民，应当优先安排技能培训……"

的权利、休息休假的权利、获得劳动安全卫生保护的权利、接受职业技能培训的权利、享受社会保险和福利的权利、提请劳动争议处理的权利以及法律规定的其他劳动权利。”同时,《就业促进法》第28条也规定,各民族劳动者享有平等的劳动权利。用人单位招用人员,应当依法对少数民族劳动者给予适当照顾。从一般意义上说,就业机会的获取在很大程度上取决于劳动者的劳动技能,在特殊情形下可能涉及户籍、性别或民族身份。因此,落实到城市民族工作立法,要根据不同地区的实际情况作出判断。立法上要实现实质意义的平等,应当考虑对所有就业弱势群体进行帮助和扶持,不能仅仅强调以民族身份作为依据的差别对待。

(二)调整以民族身份为标准采取的各项教育优惠措施

城市民族工作立法中存在大量对少数民族学生在招生录取中的优惠措施,在奖学金、助学金、生活补助上的差别对待以及对民族学校的扶持措施。[9] 各地相关优惠措施与上位法和党的民族政策的一致性值得商榷。首先,《宪法》第4条第2款规定:“国家根据各少数民族的特点和需要,帮助各少数民族地区加速经济和文化的发展。”据此,教育领域的招生照顾政策,应当是国家对少数民族地区的帮扶政策,以民族身份考量不具正当性。城市少数民族考生与当地其他考生享受同样的教育资源,招生时以民族身份为依据予以照顾,违反民族平等原则,不利于民族团结。其次,奖学金应当依据学生的成绩进行评定,助学金和补助金则应当根据学生家庭的经济状况发放。直接规定给城市少数民族学生的奖学金、助学金与生活补助方面的特殊照顾,属于根据民族身份予以区别对待,正当性值得商榷。最后,在少数民族人口较多的城市开设民族学校,有利于散居少数民族公民接受教育,能够增进各民族的交往交流交融,但是各地相关扶持措施要符合比例原则,要考虑当地各学校的实际需求,不能因学校的“民族”属性而“一刀切”。

(三)平等保护各民族的传统文化和风俗习惯

当前各地城市民族相关法规对文化方面的规定,普遍倾向于强调对“少数民族文化”的保护。[10] 但2021年中央民族工作会议指出,要正确把握中华文化和各民族文化的关系,各民族优秀传统文化都是中华文化的组成部分,中华文化是主干,各民族文化是枝叶,根深干壮才能枝繁叶茂。在城市民族工作立法中不宜过分强调少数民族文化,应当平等保护各民族的传统文化、促进各民族在文化上的交往、交流和交融。[11]

---

[9] 在考试招录方面,如《城市民族工作条例》第9条第3款规定:“地方招生部门可以按照国家有关规定,结合当地实际情况,对义务教育后阶段的少数民族考生,招生时给予适当照顾”;《北京市少数民族权益保障条例》(2016年11月修正)第21条第1句规定:“本市中等学校、高等院校应当按照国家和本市有关规定,对少数民族考生在录取标准和条件方面给予适当照顾”。在奖学金、助学金、生活补助方面,如《四川省〈城市民族工作条例〉实施办法》第12条第2款规定:“各类学校应当关心民族班和散读的少数民族学生,可以适当提高其助学金、奖学金和生活补助的标准。”在对民族学校的扶持措施方面,如《河北省散居少数民族权益保障条例》第24条规定:“……在安排教育经费时,民族学校的比例要高于其他学校,并在师资力量、教学设备等方面给予照顾”;《南京市少数民族权益保障条例》第19条第2款规定:“市、区人民政府应当优先帮助民族中小学和幼儿园改善办学条件,提高教学质量”;《河南省少数民族权益保障条例》第27条规定:“……在安排教育经费时,民族学校应当高于其他学校……”

[10] 如《天津市少数民族权益保障规定》第25条规定:“各级人民政府应当重视少数民族文化建设,加强对少数民族文化遗产的继承、保护,开展具有民族特色的、健康的文化艺术活动,帮助民族乡、民族村和少数民族公民较集中的区域建立文化站、文化室等设施”;《吉林省散居少数民族权益保障条例》第15条规定:“各级人民政府应当帮助散居少数民族发展文化、艺术和体育事业。加强对散居少数民族文物的保护,继承优秀文化遗产,开展健康的文化、艺术和体育活动,培养散居少数民族文化、艺术和体育人才……”

[11] 学者通过实证研究指出,当前需要在尊重与理解民族文化多样性和差异性的前提下,加强市民化教育和中华传统文化教育,提高少数民族流动人口市民化素质,培养中华民族共同的文化意识。参见周俊利、张书军:《城市民族散居区文化冲突与文化融合探析——以成都市为例》,载《西南民族大学学报(人文社会科学版)》2015年第11期。

同样,各民族的风俗习惯,都应该得到平等尊重和保护,但在当前城市民族相关法规中,过分强调对"少数民族"风俗习惯的尊重。例如,《城市民族工作条例》第17条第1句规定,"城市人民政府应当教育各民族干部、群众相互尊重民族风俗习惯",强调了各民族的相互尊重;但是,该条第2句却规定,"宣传、报导、文艺创作、电影电视摄制,应当尊重少数民族风俗习惯、宗教信仰和民族感情",前后所表述的规范内涵并不一致。在当前各地的城市民族工作立法中,不乏单独强调尊重"少数民族风俗习惯"的规定,[12] 与党关于加强民族团结及铸牢中华民族共同体意识的民族政策不一致,应当进行调整。

(四)调整对城市少数民族从事贸易活动的优惠政策

当前的城市民族工作立法中,对城市少数民族相关企业采取的贸易优惠措施的适应性存在问题。我国城市民族工作立法严重滞后,随着我国从计划经济体制向社会主义市场经济体制的转轨,对原来在计划经济体制下对城市少数民族经济采取的保护和扶持措施,需要及时作出调整。

对于城市少数民族公民从事贸易活动的相关规定,从内容上看,大多"移植"于《民族区域自治法》。[13] 但相关规定与《宪法》《民族区域自治法》的立法目的并不相符。《宪法》第4条第2款规定:"国家根据各少数民族的特点和需要,帮助各少数民族地区加速经济和文化的发展。"依据《宪法》制定的《民族区域自治法》,其相关优惠扶持政策的前提是适用于"民族自治地方"。适用于民族自治地方的区域性扶持措施,"移植"到城市少数民族工作中,就变成了以民族身份作为差别对待标准的措施。2021年的中央民族工作会议指出,要根据不同地区、不同民族实际,以公平公正为原则,突出区域化和精准性,更多针对特定地区、特殊问题、特别事项制定实施差别化区域支持政策,因此,上述"移植"措施的正当性也值得商榷。

(五)其他需要调整的相关规范

根据2021年的中央民族工作会议精神,在民族工作中,要正确把握共同性和差异性的关系,增进共同性、尊重和包容差异性是民族工作的重要原则。在《城市民族工作条例》与各省市的法规中,除上述问题外,还存在一些不适当强调各民族之间差异性、特殊性的地方,要及时进行调整。

例如,在城市少数民族相关法规中,存在大量关于民族医院、少数民族医务人员及少数民族医药的规定,在实践中,与城市少数民族权益保护之间并不具备任何相关性,刻意强调民族属性

---

[12] 《北京市少数民族权益保障条例》第26条规定:"……严禁在各类图书、报刊、广播、影视、音乐、戏曲和其他宣传活动中出现煽动民族分裂,破坏民族团结,侮辱、歧视少数民族,侵害少数民族风俗习惯,伤害民族感情的内容。"

[13] 例如,《民族区域自治法》第57条第2款规定:"国家鼓励商业银行加大对民族自治地方的信贷投入,积极支持当地企业的合理资金需求。"第59条第1款规定:"国家设立各项专用资金,扶助民族自治地方发展经济文化建设事业。"第60条规定:"上级国家机关根据国家的民族贸易政策和民族自治地方的需要,对民族自治地方的商业、供销和医药企业,从投资、金融、税收等方面给予扶持。"《城市民族工作条例》第10条规定:"信贷部门对以少数民族为主要服务对象的从事食品生产、加工、经营和饮食服务的国有企业和集体企业,在贷款额度、还款期限、自有资金比例方面给予优惠。"第11条规定:"城市人民政府对本条例第十条所列企业以及生产经营少数民族用品企业的贷款,可以根据当地的实际需要和条件,予以贴息。"第12条规定:"本条例第十条所列企业纳税确有困难的,税务机关依照有关税收法律、法规的规定,给予减税或者免税。"《北京市少数民族权益保障条例》第13条规定:"市和区人民政府的有关主管部门应当在每年财政预算安排的专项资金中安排一定数额的扶持少数民族经济发展资金。"

并无意义。[14] 因此,建立民族医院、优先保证民族医院对医疗卫生人员的需要等规定,与保障城市少数民族权益无关,相关差别对待措施并不具备合理性。传统医药的发展、医务人员培养,是地方政府发展公共事业的基本举措,过分强调发展少数民族传统医药和培养少数民族医务人员并不合理。医院、医药和医务人员关系到当地所有民族公民的身心健康,因此,相关规定的目的,应当从十分牵强的少数民族权益保护,转向鼓励各级人民政府发展传统医药、培养基层医务工作人员,加强公共卫生方面的投入,服务于当地所有公民。

---

〔14〕 例如,《河南省少数民族权益保障条例》第37条规定:"各级人民政府应当重视和发展少数民族人口较多地方的医疗卫生事业,在卫生专项资金、医疗设备、医务人员配备等方面应当给予特殊照顾。扶持民族区建立民族医院、防疫保健站、妇幼保健院(所);扶持民族乡(镇)建立卫生院,培养少数民族医务人员,加强对地方病、传染病、多发病、常见病的防治,积极开展妇幼保健工作。少数民族人口较多的城市可开办民族医院和诊所。"

第十三章　人大代表选举差别对待法律制度

第一节　人大代表选举差别对待法律制度的概念

一、人大代表选举制度概述

选举制度是我国社会主义民主政治制度的组成部分，是人民代表大会制度有效运行的重要制度支撑。我国《宪法》第2条第1款、第2款规定，“中华人民共和国的一切权力属于人民。人民行使国家权力的机关是全国人民代表大会和地方各级人民代表大会”。第3条第2款规定，“全国人民代表大会和地方各级人民代表大会都由民主选举产生，对人民负责，受人民监督”。我国的选举制度直接体现我国社会主义制度的性质与要求，体现国家一切权力属于人民的宪法原则，保障人民参与国家管理的民主权利，具有民主性和科学性的特点。

选举制度是由一系列与选举原则、选举程序、选举方法相关的法律规范形成的各种具体制度构成的整体和总称，一般由宪法、选举法、组织法加以规定。选举制度有广义和狭义之分，广义的选举制度包括人大代表选举和政府官员选举、基层民主选举（村民委员会选举和居民委员会选举）、党内民主选举等选举。狭义的选举制度仅指全国和地方各级人大代表的选举。

选举法是人民群众参与国家管理的法律与程序保障。1953年3月1日，中央人民政府委员会公布施行《中华人民共和国全国人民代表大会及地方各级人民代表大会选举法》（以下简称1953年《选举法》），确立了普遍、平等、直接选举与间接选举并用、举手表决与无记名投票表决相结合的基本原则，标志着人大选举制度的正式建立。1979年7月，第五届全国人民代表大会第二次会议对1953年《选举法》进行了重大修改，通过并颁布新选举法，即现行的选举法。此后随着改革开放的不断深入，我国先后于1982年、1986年、1995年、2004年、2010年、2015年、2020年7次对1979年《选举法》进行了修正，最终形成今天人大代表选举制度的基本框架。

我国选举制度的基本原则体现社会主义民主的要求，且符合我国当前的实际情况，具有中国特色。第一，选举权普遍性原则。我国《宪法》第34条规定，“中华人民共和国年满十八周岁的公民，不分民族、种族、性别、职业、家庭出身、宗教信仰、教育程度、财产状况、居住期限，都有选举权和被选举权；但是依照法律被剥夺政治权利的人除外”。我国《选举法》第4条也有相似规定。从中可以看出，我国选举权的主体范围非常广泛，享有选举权的公民占适龄人口的97%以上，居于绝大多数。第二，选举权平等性原则。选举权平等性原则是指每个选民在每次选举中只能在一个选区享有一个投票权，不承认也不允许任何选民因民族、种族、职业、财产状况、家庭出身、居住期限的不同而在选举中享有特权，更不允许非法限制或者歧视任何选民对选举权的行使。第三，直接选举与间接选举并用原则。《选举法》第3条规定：“全国人民代表大会的代表，省、自治区、直辖市、设区的市、自治州的人民代表大会的代表,由下一级人民代表大会选举。不设区的市、市辖区、县、自治县、乡、民族乡、镇的人民代表大会的代表,由选民直接选举。”直接选举和间接选举并用原则主要是根据国家的经济、政治与文化发展的实际情况确定的,具有现实的客观基础。第四,差额选举原则。差额选举是指选举中候选人人数多于应选出的代表名额,与等额选举相对应。根据《选举法》第 31 条的规定,直接选举的代表候选人名额应多于应选代表名额的 1/3 至 1 倍,间接选举的代表候选人名额应多于应选代表名额的 1/5 至 1/2。第五,无记名投票原则。无记名投票原则又称秘密选举原则,指投票人在投票时不用署名,一般须亲自书写选票并将已填好的选票投入密封的投票箱或以直接按电子表决器的形式自由表达意志。2010 年修改选举法时,增加了“选举时应当设有秘密写票处”的规定,这是对无记名投票原则的重要完善,目的在于实现秘密投票,从而保证选民投票的自由。

二、人大代表选举差别对待法律制度体系

人大代表选举必须贯彻选举的平等性原则。《宪法》第 33 条第 2 款规定:“中华人民共和国公民在法律面前一律平等。”平等权是一项基本权利,它适用于人类生活的一切领域,表现为政治生活的平等、经济生活的平等、社会生活的平等与文化生活的平等。《选举法》第 5 条规定:“每一选民在一次选举中只有一个投票权。”它集中阐述公民在政治生活中的平等,即享有平等的选举权与被选举权,除了形式上的“一人一票”外,深层次的含义是“同票同权”,要求代表名额的分配平等。

平等权反对不合理的差别对待,承认并允许在一定范围内的合理差别。《宪法》第 34 条规定:“中华人民共和国年满十八周岁的公民,不分民族、种族、性别、职业、家庭出身、宗教信仰、教育程度、财产状况、居住期限,都有选举权和被选举权;但是依照法律被剥夺政治权利的人除外。”该规定所列举的民族、种族、性别等事项,如果立法中出现了这些对于选举权和被选举权的限制,均属于违宪的不合理的差别对待。合理差别要求差别对待的目的与手段均具有合理性,主要有以下几种类型:(1)由于年龄上的差异所采取的责任、权利等方面的合理差别;(2)依据人的生理差异所采取的合理差别;(3)依据民族差异所采取的合理差别;(4)依据经济能力以及所得差异所采取的合理差别;(5)对从事特定职业的权利主体的特殊义务和特定权利的限制。《选举法》基于民族差异、国家政策与特定职业等原因对特定群体和特定区域人大代表的选举进行了特殊规定。

第一,军队人大代表的特殊规定。《宪法》第 59 条第 1 款第 1 句规定,“全国人民代表大会由省、自治区、直辖市、特别行政区和军队选出的代表组成”。《选举法》第 6 条进一步明确:“人民解放军单独进行选举,选举办法另订。”对军队选举进行特殊规定,是由军队在我国政治生活中的特殊地位决定的。中华人民共和国武装力量属于人民,人民解放军是人民的军队,是保卫社会主义建设的重要力量。同时,军人集中居住,单独执行任务,代表一个特殊的界别。因此,人民解放军单独进行选举,不仅便于军队选举工作的展开,而且也能确保军队代表依法当选。《中国人民解放军选举全国人民代表大会和县级以上地方各级人民代表大会代表的办法》(2021 年修正)对军人选举作出了详细规定:人民解放军及人民解放军团级以上单位设立选举委员会,人民解放军选举委员会领导全军的选举工作,其他各级选举委员会主持本单位的选举工作。连和其他基层单位的军人委员会,主持本单位的选举工作。人民解放军军人、文职人员,军队管理的离休、退休人员和其他人员,参加军队选举。驻地方工厂、铁路、水运、科研等单位的军代表,在地方

院校学习的军队人员,可以参加地方选举。人民解放军选举委员会的组成人员,由全国人民代表大会常务委员会批准。其他各级选举委员会的组成人员,由上一级选举委员会批准。人民解放军应选全国人民代表大会代表的名额,由全国人民代表大会常务委员会决定。中央军事委员会机关部门和战区、军兵种、军事科学院、国防大学、国防科技大学等单位应选全国人民代表大会代表的名额,由人民解放军选举委员会分配。各地驻军应选县级以上地方各级人民代表大会代表的名额,由驻地各该级人民代表大会常务委员会决定。

第二,香港特别行政区、澳门特别行政区人大代表的特殊规定。《选举法》第16条第3款规定:"香港特别行政区、澳门特别行政区应选全国人民代表大会代表的名额和代表产生办法,由全国人民代表大会另行规定。"自香港特别行政区和澳门特别行政区回归以来,全国人民代表大会已经分别制定了第九届、第十届、第十一届、第十二届、第十三届香港特别行政区、澳门特别行政区选举全国人大代表的办法。2017年3月15日第十二届全国人大五次会议通过《中华人民共和国香港特别行政区选举第十三届全国人民代表大会代表的办法》和《中华人民共和国澳门特别行政区选举第十三届全国人民代表大会代表的办法》。由于这两个选举办法具有高度的相似性,下面以香港特别行政区选举办法为例做简要介绍。香港人大代表选举方式是在香港特别行政区成立第十三届全国人民代表大会代表选举会议,选举会议组成人员由参加过第十二届人民代表大会、第十二届政协和香港特别行政区第五任行政长官选举委员会委员中的中国公民组成,另包括现任行政长官。全国人民代表大会代表候选人由选举会议成员10人以上提名,每名选举会议成员提名的代表候选人不得超过36名。当代表候选人获得参加投票的选举会议成员过半数的选票时,始得当选。《中华人民共和国第十三届全国人民代表大会代表名单》中显示,全国人大代表共2980名,其中香港特别行政区为36名,澳门特别行政区为12名,特别行政区人大代表占特别行政区人口的比例远超过其他省份的比例。[1] 实践证明,在特别行政区制定特殊的选举办法,符合香港特别行政区、澳门特别行政区实际情况,能依法保障香港特别行政区、澳门特别行政区同胞广泛的政治参与,是"一国两制"方针贯彻落实的体现,事关国家主权、安全、发展利益。

第三,少数民族人大代表的特殊规定。我国少数民族人大代表选举制度是在民族平等与民族团结原则的指导下建立起来的。我国有55个少数民族,少数民族占全国总人口数的8.89%,如果绝对按照选举权平等性原则来分配人大代表名额,那么很多少数民族都很难在各级人大代表中占有代表名额。因此,国家在各级人大代表名额分配上对少数民族给予差别对待。目前,法律保障各少数民族在全国人民代表大会中都有适当名额的代表,保障其他少数民族在民族自治地方人大有适当名额的代表,以及保障少数民族在地方各级人大有适当名额的代表。这些原则和规定,保证每个少数民族都有适当的代表参加各级人民代表大会,行使管理国家事务的权利。

第四,关于我国城乡人大代表选举差别对待的历史变迁。从人口普查的数据来看,1953年全国城乡人口比例为13:87,因此1953年《选举法》规定,选举全国人大代表,农村每一代表所代表的人口数是城市的8倍,这就能保证城市地区选出的代表不少于农村地区的代表。1995年

---

[1] 《第七次全国人口普查公报》和《中华人民共和国第十三届全国人民代表大会代表名单》显示,香港特别行政区人口为747.42万人,香港特别行政区全国人大代表占香港特别行政区人口的比例为0.0482‱;澳门特别行政区人口为68.3218万人,澳门特别行政区全国人大代表占澳门特别行政区人口的比例为0.1756‱。而以海南省为例,海南省人口为1008.1232万人,海南省全国人大代表占海南省人口的比例为0.0238‱。

《选举法》将这一比例修改为4倍,因为1995年的城乡人口比例为29∶71。此后随着我国城市化发展迅速,2010年第六次全国人口普查显示,农村人口已下降为全国的54%,城乡人口比例接近1∶1,2010年《选举法》规定城乡按相同人口比例选举人大代表,城乡选民间“一票一值、同票同权”的制度正式确立。

三、少数民族人大代表选举差别对待法律制度

(一)少数民族人大代表选举差别对待法律制度概述

我国《宪法》《民族区域自治法》《选举法》等均对少数民族人大代表选举差别对待法律制度有所规定。以宪法为统领与核心的根本规范,以法律为基础的具体实施规范,形成了全方位多层次的少数民族人大代表选举差别对待法律制度体系,为切实保障少数民族当家作主建构了完备的制度基础和具体实施机制。

1. 以宪法为核心的少数民族人大代表选举差别对待法律制度基础

我国宪法明确规定,各少数民族在全国人民代表大会中应当有适当名额的代表,在民族自治地方人大中居住在民族自治地方的其他少数民族在民族自治地方人大有适当名额的代表。《宪法》第59条第1款规定:“全国人民代表大会由省、自治区、直辖市、特别行政区和军队选出的代表组成。各少数民族都应当有适当名额的代表。”第113条第1款规定:“自治区、自治州、自治县的人民代表大会中,除实行区域自治的民族的代表外,其他居住在本行政区域内的民族也应当有适当名额的代表。”

2. 以法律为基础的少数民族人大代表选举差别对待法律制度实施机制

我国法律保证少数民族在地方各级人大有适当名额的代表。《选举法》第17条第1款规定:“全国人民代表大会代表名额……按照每一代表所代表的城乡人口数相同的原则,以及保证各地区、各民族、各方面都有适当数量代表的要求进行分配。”第18条规定:“全国少数民族应选全国人民代表大会代表,由全国人民代表大会常务委员会参照各少数民族的人口数和分布等情况,分配给各省、自治区、直辖市的人民代表大会选出。人口特少的民族,至少应有代表一人。”第19条第1款规定:“有少数民族聚居的地方,每一聚居的少数民族都应有代表参加当地的人民代表大会。”《民族区域自治法》第16条第1款规定:“民族自治地方的人民代表大会中,除实行区域自治的民族的代表外,其他居住在本行政区域内的民族也应当有适当名额的代表。”上述规定是对宪法相关规定的具体化,保证了宪法中少数民族人大代表选举差别对待法律制度的具体实施,并在民族自治地方和少数民族聚居地区进一步细化落实了少数民族人大代表选举差别对待法律制度。

(二)少数民族人大代表选举差别对待法律制度实施的必要性

1. 基于我国是统一的多民族国家的现实国情

我国《宪法》序言规定,“中华人民共和国是全国各族人民共同缔造的统一的多民族国家”。在我国,除汉族以外,其余55个法定民族均为少数民族。中华人民共和国成立70多年以来,我国各民族结成了平等团结互助和谐的社会主义民族关系,曾经长期被压迫、遭歧视的少数民族真正成为了国家的一部分。根据第七次全国人口普查的结果,截至2020年11月,少数民族人口约为1.2亿人,占总人口的8.89%,但是民族自治地方占国土面积的64%,在长期的历史发展过程中各民族间相互交往、流动,形成了“大杂居、小聚居、交错杂居”的分布特点。基于这一基本国情,少数民族人大代表选举差别对待法律制度逐步建立发展起来,保障包括少数民族在内的人民

的政治权利，将人民当家作主的愿望转为现实。

2. 有利于保障少数民族的发展权

发展权是指公民或群体自由地参与和促进国家政治、经济、社会和文化诸方面的发展进程，并分享其发展成果从而得到全面发展的权利。国家应积极创造条件并特别注意可持续发展，保障该权利的实现。[2] 由于历史、自然环境等方面的原因，少数民族整体的经济水平、文化素质有待提高，如果将汉族与少数民族一视同仁，实行“简单多数原则”，少数民族很难有当选人大代表的可能性。少数民族人大代表选举差别对待制度能保障少数民族选举权与被选举权的合理行使，这也是发展权在政治领域的要求和体现。

（三）少数民族人大代表选举差别对待法律制度的历史发展

少数民族人大选举差别对待制度一直是我国选举制度的重要组成部分。中华人民共和国成立以后，为充分保障少数民族的政治权利，1953 年《选举法》第 21 条规定：“全国少数民族应选全国人民代表大会代表一百五十人”。但实际分配中少数民族代表往往超过法定名额，1954 年第一届全国人民代表大会、1959 年第二届全国人民代表大会、1964 年第三届全国人民代表大会的少数民族代表分别为 178 名、179 名和 371 名。在地方各级人民代表大会中，少数民族也有适当数量的代表。1953 年《选举法》第 27 条规定：“地方各级人民代表大会，凡境内有少数民族聚居区者，每一聚居的少数民族均应有代表出席……”1953 年《选举法》的制定及其实施，标志着我国少数民族人大代表选举差别对待制度已经确立。

“文化大革命”期间，全国和各级人民代表大会长期处于非正常状态，选举制度无法有效运转。第四届全国人民代表大会一次会议于 1975 年 1 月 13 日召开，但其代表并非经过选举产生，而是“民主协商、反复讨论”，少数民族代表占总代表的比例较第三届全国人民代表大会减少 27.4%，少数民族人大代表减少了 102 名。

1978 年党的十一届三中全会召开后，社会主义民主和法制建设提上日程。1979 年颁布的《全国人民代表大会和地方各级人民代表大会选举法》第 15 条第 2 句和第 16 条第 1 款规定，“人口特少的民族，至少也应有代表一人”；“有少数民族聚居的地方，每一聚居的少数民族都应有代表参加当地的人民代表大会”。这些规定保证了每个少数民族都有代表参加全国人民代表大会，行使管理国家事务的权利。在地方各级人民代表大会中，少数民族也有适当数量的代表参加。1979 年《选举法》后经 1982 年、1986 年、1995 年、2004 年、2010 年、2015 年和 2020 年 7 次修改，使少数民族人大代表选举差别对待法律制度内容进一步改进和充实。

（四）少数民族人大代表选举差别对待法律制度的基本原则

1. 民族平等和民族团结相结合的原则

民族平等和民族团结是马克思主义处理民族问题的基本观点和原则，也是新中国处理民族问题的重要指导。1953 年 3 月 21 日，邓小平在《关于〈中华人民共和国全国人民代表大会及地方各级人民代表大会选举法〉草案的说明》中指出：“我国是一个多民族的大国，各民族人民对于祖国的缔造，都有或多或少的贡献。三年多以来，由于贯彻执行了毛主席和中国共产党所规定的民族政策，已经根本改变旧中国长期存在的民族压迫和民族歧视现象，实现了或正在实现着真正的民族平等，使中华人民共和国成为我国各民族人民友好合作的大家庭。无疑地，我们的选举法应该把这种民族友爱团结的关系反映出来，并使之巩固起来。”《选举法》第 18 条和第 19 条规

---

〔2〕 参见梁洪霞：《发展权权利属性的宪法解读——以宪法文本为视角》，载《人权》2015 年第 4 期。

定,人口特少的民族在全国人民代表大会中至少有代表一人;有少数民族聚居的地方,每一聚居的少数民族都应有代表参加当地的人民代表大会。这就充分体现了民族平等原则。为了实现民族团结,《选举法》第20条和第21条还规定,民族自治地方和有少数民族聚居的乡、民族乡、镇的人民代表大会,对于聚居在境内或者散居的其他少数民族和汉族代表的选举,也适用对少数民族的照顾性规定。

2. 禁止歧视与实施特殊照顾相结合的原则

禁止歧视与实施特殊照顾相结合的原则,与我国民族平等和民族团结的原则一脉相承。民族平等和民族团结是根本原则,而禁止歧视与实施特殊照顾是民族平等和民族团结原则派生出来的从属原则和补充原则。《宪法》第4条明确规定:"……禁止对任何民族的歧视和压迫……";《宪法》第34条和《选举法》第4条第1款则规定,我国年满18周岁的公民,不分民族、种族、性别、职业、家庭出身、宗教信仰、教育程度、财产状况、居住期限,都有选举权和被选举权,上述条款是禁止歧视原则的具体体现。我国自1954年第一届全国人民代表大会以来,就一直存在对少数民族代表比例的优惠政策。全国人大和地方各级人大代表中,少数民族代表比例都大大超过其人口比例,这是特殊照顾原则的具体体现。

3. 保障个人权利和集体权利相结合的原则

个人权利和集体权利是辩证统一的,任何权利包括集体权利最终都必须体现为个人权利,集体权利是个人权利得以充分实现的先决条件和必要保障。保障少数民族的集体权利和公民个人权利相结合,是实现民族平等和民族团结的前提条件和基本保证。对于少数民族个人来说,凡年满18周岁的中华人民共和国公民,不分民族和种族,都有选举权和被选举权。对于少数民族集体来说,每一个少数民族都应有全国人大代表;有少数民族聚居的地方,每一聚居的少数民族都有地方人大代表。

第二节　人大代表选举差别对待法律制度的意义

一、加强民族团结

人大代表选举差别对待法律制度可以增进各民族之间的理解和包容,加强民族团结。民族团结是指全国各族人民同心同德、齐心协力地为维护祖国统一完整而并肩战斗,为建设中国特色社会主义现代化而同甘共苦的革命奉献精神。各民族团结稳定是民族工作的基本前提,是发展进步的基石。

实现民族团结需要反对大汉族主义和地方民族主义。1950年,邓小平指出,只要一抛弃大民族主义,就可以换得少数民族抛弃狭隘的民族主义。我们不能首先要求少数民族取消狭隘民族主义,而是应当首先老老实实取消大民族主义。两个主义一取消,团结就出现了。[3]

1957年,毛泽东指出,无论是大汉族主义还是地方民族主义,都不利于各族人民的团结,这

〔3〕《关于西南少数民族问题》,载《邓小平文选》(第1卷),人民出版社1994年版,第163页。

是应当克服的一种人民内部的矛盾。[4] 1979年,邓小平指出,民族工作确有很多问题要提起注意。当前是如何加强民族团结,反对大汉族主义和地方民族主义,重点是反对大汉族主义。有些少数民族中也有大民族主义。[5]

2014年,习近平总书记在中央民族工作会议上的讲话中指出:加强民族团结,要坚决反对大汉族主义和狭隘民族主义。反对"两种主义"的问题,从共同纲领到现行宪法都作了规定。大汉族主义要不得,狭隘民族主义也要不得,它们都是民族团结的大敌。大汉族主义错误发展下去容易产生民族歧视,狭隘民族主义错误发展下去容易滋生离心倾向,最终都会造成民族隔阂和对立,严重的还会被敌对势力利用。[6] 反对两种"民族主义"的重要制度建构之一就是人大代表选举差别对待法律制度。

对少数民族人大代表选举的差别对待,能够保障少数民族的政治参与权。选举制度是一种沟通协商机制,少数民族在政治参与过程中与其他民族沟通和交流,能够使各民族相互了解、相互尊重、相互包容、相互欣赏、相互学习、相互帮助,像石榴籽那样紧紧抱在一起。只有最大限度地团结各族人民,最大限度凝聚各族人民的智慧和力量,最大限度地发挥各族人民当家作主的权利,各民族手挽着手、肩并着肩,共同努力奋斗,才能同心同德地实现"两个一百年"奋斗目标,才能实现中华民族伟大复兴的中国梦。

二、保障民族平等

人大代表选举差别对待法律制度有利于实现少数民族政治参与,保障民族平等。民族平等,是中国民族政策的基石。《宪法》在序言中规定,平等团结互助和谐的社会主义民族关系已经确立,并将继续加强。《宪法》第4条第1款规定:"中华人民共和国各民族一律平等。国家保障各少数民族的合法的权利和利益,维护和发展各民族的平等团结互助和谐关系。禁止对任何民族的歧视和压迫,禁止破坏民族团结和制造民族分裂的行为。"根据这一原则精神,《民族区域自治法》第48条第1款规定:"民族自治地方的自治机关保障本地方内各民族都享有平等权利。"

所谓民族平等,是指各民族不分人口多少、历史长短、先进与落后,他们在国家政治、经济、文化和社会生活等各个方面都须一律平等。民族平等的内容极为广泛,主要体现在如下三点:(1)政治上的平等。这是指各民族在国家政治制度和政治生活即各民族在共同管理国家事务上的平等权问题。宪法、组织法、选举法等法律规范都对民族平等作了明确的规定。(2)经济上的平等。这是指各民族在经济生活领域中的完全平等。其主要表现有二:一是宪法规定了国家根据各少数民族的特点和需要,帮助各少数民族地区加快发展的职责;二是国家基本建立了民族经济法律制度。(3)文化上的平等。这是指各民族在历史上形成发展的语言文字、风俗习惯、文学艺术、教育科技、卫生体育等文化传统的传承、发展上一律平等。这也可以细分为两个方面:一是相对于汉族文化而言,各少数民族的文化要重点保护与发展;二是国家对各少数民族文化要给予平等的保护和发展。[7]

平等不排除合理的差别对待,因此,对于少数民族的政治参与,国家需要给予特别的关怀。

---

[4] 参见《关于正确处理人民内部矛盾的问题》,载中共中央文献研究室编:《毛泽东文集》(第7卷),人民出版社1999年版,第227页。

[5] 参见《新时期统一战线是社会主义劳动者与爱国者的联盟》,载《邓小平论统一战线》,中央文献出版社1991年版。

[6] 参见中共中央文献研究室编:《习近平关于社会主义政治建设论述摘编》,中央文献出版社2017年版,第155页。

[7] 参见吴宗金、张晓辉主编:《中国民族法学》(第2版),法律出版社2004年版,第121~123页。

第一,相对于汉族而言,国家要对少数民族的选举权给予更多的关照与倾斜,这是实现少数民族与汉族间平等的重要保障。第二,相对于人口较多的少数民族而言,国家还要对人口较少的少数民族选举权给予更多的关照与倾斜,人口特少的民族,至少应有代表一人。这是实现各少数民族之间平等的重要保障。第三,相对于经济、社会发展程度较高的汉族地区而言,国家要对各方面发展相对落后的少数民族地区的选举权给予更多的关照与倾斜,这是通过实现区域发展的平衡间接实现民族平等的目标。第四,相对于得到了民族区域自治法律规范重点保护的聚居少数民族而言,国家要对散居的少数民族的选举权给予更多的关怀和照顾,这是实现本民族内部不同居住形态的少数民族群众之间实质平等的重要保障。[8]

三、促进民族发展

人大代表选举差别对待法律制度有利于保障少数民族的发展权,促进民族发展。促进民族发展,实现各民族共同繁荣和中华民族伟大复兴,是民族政策最终目的。民族自治地方是发展权的主体,应该享有发展权。民族自治地方的发展权,是指自治区、自治州和自治县,享有在国家的帮助下获得经济、政治、社会、文化、环境诸方面平等的发展机会,以及分享发展成果的权利。

发展权的内容包括经济、政治、社会、文化和环境等方面。经济发展权是指民族自治地方自主决定经济发展方式,运用物质手段创造和获得满足发展需要的物质资料的权利的总和。政治发展权是指民族自治地方通过选举方式组成地方政府,通过民主投票、民主协商等手段决定地方政治事务,并享有对国家事务参与和监督的权利。文化发展权是指民族自治地方享有发展本民族特有文化的权利,具体包括精神、思想文化发展权,教育发展权和科技发展权等。社会发展权是指民族自治地方通过社会发展而享有的医疗、卫生、体育、住房、就业、社会福利等方面得以充分发展的权利。环境发展权是指民族自治地方享有良好的生态环境、实现可持续发展的权利。在这些方面,民族自治地方都有自主实现的权利,同时还包括国家提供平等的发展条件,以实现平等发展机会的权利。[9]

对少数民族人大代表选举差别对待,能够增加少数民族参与政治生活的机会,保障少数民族的政治发展权,进而维护其他发展权。根据《宪法》和《全国人民代表大会和地方各级人民代表大会代表法》的规定,少数民族代表在代表机关中的职责主要有三个方面:一是履行普通人民代表的职责,即和其他非少数民族代表一样,作为国家权力机关的成员所享有的法定职权。二是反映所在选区的人民的利益、愿望和要求。因为在民族杂居地区,少数民族身份的代表还代表本选区其他民族选民的利益、愿望和要求。三是反映本民族的利益、愿望和要求。这是少数民族代表应有的特殊使命,也是《宪法》和《选举法》强调和照顾少数民族代表数量的实际意义所在。[10]代议制度从另一角度来讲也是利益表达机制,少数民族代表相对于汉族代表更加了解本地区和本民族的实际情况,在某种程度上可以更好地代表本民族的利益,表达本民族的诉求从而推动本民族的发展。

---

〔8〕 参见熊文钊主编:《民族法学》,北京大学出版社 2012 年版,第 39 页。

〔9〕 参见梁洪霞:《民族自治地方发展权的理论确立与实践探索》,载《政治与法律》2019 年第 11 期。

〔10〕 参见张向阳:《少数民族全国人大代表的代表权性质和少数民族权利维护问题试探》,载《贵州民族研究》2008 年第 2 期。

四、铸牢中华民族共同体意识

人大代表选举差别对待法律制度能够使少数民族人民形成国家认同，铸牢中华民族共同体意识。铸牢中华民族共同体意识，就是要引导各族人民牢固树立休戚与共、荣辱与共、生死与共、命运与共的共同体理念。铸牢中华民族共同体意识是新时代党的民族工作的主线。铸牢中华民族共同体意识是维护各民族根本利益、实现中华民族伟大复兴、巩固和发展平等团结互助和谐社会主义民族关系、开创党的民族工作新局面的必然要求。

现今平等团结互助和谐的社会主义民族关系虽然已经确立，并将持续发展，但是我们的民族关系仍旧存在风险与挑战。首先，改革开放后，过去较为集中的民族地区少数民族空间居住格局正在走向分散，经济差距、生活习俗、语言文化、宗教信仰等层面的障碍冲突使少数民族流动人口承受着各种压力和挑战。少数民族流动人口在价值取向及身份归属上容易从自身族源民族属性出发，强化和突出族源民族认同，降低国家认同感，少数民族公民身份认同还有进一步强化的空间。其次，族源民族偏好型政策、制度的设计如果在实施过程中不以正确舆论引导和规范，就可能助长新的事实上的"民族不平等"，产生新的民族隔阂、民族矛盾。[11] 面对民族关系存在的若干问题，还需要进一步推动各民族强化对伟大祖国、中华民族、中华文化、中国共产党、中国特色社会主义的高度认同，不断推进中华民族共同体建设，铸牢中华民族共同体意识。

铸牢中华民族共同体意识途径多元，其中之一就是保障少数民族的政治参与权，通过行使自己的选举权和被选举权，参与政治生活，管理国家事务，管理经济和文化事业，管理社会事务，增强少数民族人民的主人翁意识，让其认识到自己是国家的主人，形成国家认同。在选举期间，候选人和选民沟通互动，使公众舆论上传下达，从而形成政治理念和公民诉求的统合。它增强了少数民族对国家的认同，增加了服从国家法律的可能性。与此同时，少数民族参与选举可以提高少数民族的政治素养和责任意识。人大代表选举中的投票是民众依据自身意愿作出选择的结果，因而对选举所形成的政治形势，选民是负有责任的。通过选举人大代表，少数民族选民更能体会到个体与社会群体的关系和应有态度，不论自己的具体投票行为如何，在大家共同接受的"游戏规则"的基础上，"公共意志"的形成都包含自己的参与。在自尊的同时，尊重他人，尊重多数，在重视"个人意愿"的同时，正确对待"公共意志"，有助于少数民族选民形成认同感、归属感，不至于游离社会群体之外。[12] 因此，通过人大代表选举差别对待法律制度，少数民族能够形成国家认同和社会认同，从而铸牢中华民族共同体意识。

第三节　人大代表选举差别对待法律制度的内容

一、各少数民族在全国人民代表大会中都有适当名额的代表

《宪法》第59条第1款第2句规定："各少数民族都应当有适当名额的代表。"该条确立了少数民族当家作主的根本法保障。人民代表大会是国家的权力机关，人民代表大会由人民选举产

---

〔11〕　参见张志泽：《中华民族共同体语境中社会治理共同体建构的认同要素研究》，载《黑龙江民族丛刊》2021年第2期。

〔12〕　参见胡盛仪：《中外选举制度比较》，商务印书馆2014年版，第18页。

生,对人民负责,受人民监督。人大代表选举制度是人民当家作主的重要保障。保障各少数民族在全国人民代表大会中都有适当名额的代表,是我国人民代表大会制度的重要内容,是切实保障少数民族当家作主的题中应有之义。

少数民族当家作主需要通过立法具体落实。这种为特定少数群体提供少量政治代表的正式选举规则也被称为预留席位,是保证少数民族政治参与的重要方式之一,没有国家权力机构的特别制度安排难以实现席位的预留。[13] 因此,需要在《宪法》第59条规定的基础上,通过制定少数民族人大代表选举制度的法律落实宪法规定,即"通过制定法律来具体化宪法"。宪法在人大代表选举领域内设定了保证每个少数民族都有全国人大代表名额的国家目标,对每个少数民族政治参与的保障标准作出了明确要求。下位法的具体规定须符合宪法规定,不得使某一个少数民族没有全国人大代表名额,或者某一个民族中全国人大代表的名额不适当。《选举法》第17条第1款规定:"全国人民代表大会代表名额……按照每一代表所代表的城乡人口数相同的原则,以及保证各地区、各民族、各方面都有适当数量代表的要求进行分配。"其第18条第1句规定:"全国少数民族应选全国人民代表大会代表,由全国人民代表大会常务委员会参照各少数民族的人口数和分布等情况,分配给各省、自治区、直辖市的人民代表大会选出。人口特少的民族,至少应有代表一人。"根据第十二届全国人民代表大会第五次会议通过的《关于第十三届全国人民代表大会代表名额和选举问题的决定》的规定,第十三届全国人大代表中,少数民族代表的名额应占代表总名额的12%左右,人口特少的民族至少应有1名代表。第十三届全国人大少数民族代表名额为360名左右,各省、自治区、直辖市应选少数民族代表320名。第十三届全国人大常委会依据该决定制定了相应的少数民族代表名额分配方案,对各少数民族在各省的名额作出了具体规定。[14] 全国人大常委会通过将各少数民族都有适当全国人大代表名额的规定具体落实,并在全国人大代表的名额分配实践中实施了宪法条款,履行了国家积极义务,保障少数民族平等权和少数民族政治发展权的实现。保证全国人大代表中各少数民族固定名额的规定,是保障全国各少数民族政治参与和利益表达的兜底性机制,构建了保证人大代表选举差别对待的制度基础,促进了少数民族政治权利的制度保障体系形成,实现了我国民主制度与我国民族政策深度融贯,进一步推动我国民主政治制度契合于多民族国家的历史实践。

各少数民族都有适当的全国人大代表名额的规定具有丰富的内涵。首先,该规定建基于我国人民代表大会的制度实践,是我国人民代表大会制度的重要组成部分,为落实我国民主选举制度提供了重要指引。其次,我国的人大代表选举差别对待法律制度的对象覆盖全部的少数民族。我国各少数民族人口数量差距悬殊,会影响全国人大代表名额的分配比例,但无论民族人口多少,都至少有一个全国人大代表名额。最后,具体的名额分配需满足适当性的要求。不同少数民族的人大代表名额分配,需要和保障少数民族当家作主以及保障少数民族政治参与权的目的相适应,同时需要同各少数民族的人口保持一定的合理比例,即在保证每个少数民族都有代表的基本前提下,基本上按照民族人口数量分配名额。在多民族国家的国家事务治理中,一个民族都不能少,在国家层面的民族政治参与中,全国少数民族代表的产生一是基于人口数量,二是基于聚居分布状况,三是确定了最低保障名额。[15] 我国民主政治制度与民族政策要求既要保障每个少

〔13〕 参见严庆、牛朋利:《比例代表制框架下的少数民族政治参与分析》,载《民族研究》2017年第2期。

〔14〕 参见《第十三届全国人民代表大会少数民族代表名额分配方案》。

〔15〕 参见严庆、牛朋利:《比例代表制框架下的少数民族政治参与分析》,载《民族研究》2017年第2期。

数民族的政治参与和政治发展，又要维护少数民族和汉族之间，各少数民族之间人大代表的名额分配的正当性。在人民代表大会制度这一根本政治制度基础上，保证各个少数民族当家作主。

二、各少数民族在地方各级人民代表大会中都有适当名额的代表

在保证全国人大代表有适当少数民族名额的基础上，地方各级人大代表的选举也应当遵循宪法的精神和规定，落实地方各级人大中少数民族的名额保障，保证各民族平等和政治参与的宪法精神在地方充分实现，强化少数民族人大代表选举差别对待法律制度的意义。该制度保证了少数民族在地方各级人民代表大会中有适当名额的代表，促进了少数民族和汉族之间政治权利的实质平等。

在聚居少数民族多的地区可以增加地方人大代表名额。《选举法》第 12 条第 3 款规定："自治区、聚居的少数民族多的省，经全国人民代表大会常务委员会决定，代表名额可以另加百分之五。聚居的少数民族多或者人口居住分散的县、自治县、乡、民族乡，经省、自治区、直辖市的人民代表大会常务委员会决定，代表名额可以另加百分之五。"其中，"聚居少数民族多"并不是指在该地区常住居民中的少数民族人口多，主要是指相对于其他地区，在该地区聚居的少数民族种类比较多。该规定为地方各级人大代表名额的分配提供了区别对待的标准，为准确落实地方人大选举制度对少数民族的权利保障提供了具体指引，完善了人大选举制度在少数民族聚居地区的实施机制。地方人大选举制度针对少数民族种类多样和居住分散等现实情况，作出了符合民族政策与立法目的重要举措，保障了少数民族聚居区内各少数民族当家作主。

保证民族乡有县级人民代表大会的名额。《选举法》第 15 条第 1 款规定："地方各级人民代表大会代表名额……按照……保证各地区、各民族、各方面都有适当数量代表的要求进行分配。在县、自治县的人民代表大会中，人口特少的乡、民族乡、镇，至少应有代表一人。"全国人大代表选举过程中要求人大代表的产生范围覆盖全部少数民族，是基于多民族国家的现实，对各少数民族政治参与的保障性制度。与全国人大代表的选举不同，地方各级人大的选举制度更侧重于地方实际。各地聚居的少数民族种类均有所不同，因此，地方人大代表名额的分配需考虑在该行政区域内聚居的少数民族权利保障，具体通过广泛覆盖下级行政区域实现。由于我国各地区人口分布不均衡，有些基层行政区人口很少，如果完全按照人口比例分配名额而不予以差别对待，有可能在地方人大代表的选举中没有名额，从而影响该地区人民参与地方事务的政治权利。对于人口特少的民族乡，如果不能保证其在县、自治县的人民代表大会中有代表，除了影响该地区人民参与地方重大事务治理以外，还会影响该区域内聚居的少数民族的政治权利实现，与设置民族乡的目的不符。因此，保证每一个民族乡都有代表出席县、自治县的人民代表大会是必要的。

三、其他少数民族在民族自治地方人民代表大会中都有适当名额的代表

在民族自治地方的人民代表大会中，要有实行区域自治的民族的代表。《宪法》第 113 条第 1 款规定："自治区、自治州、自治县的人民代表大会中，除实行区域自治的民族的代表外，其他居住在本行政区域内的民族也应当有适当名额的代表。"其中，"除实行区域自治的民族的代表外"的规范意涵包括实行区域自治的人民代表大会要有实行区域自治的民族的人大代表。自治区、自治州、自治县的人民代表大会既是民族自治地方的国家权力机关，也是少数民族管理民族自治

地方事务的组织形式。自治区、自治州、自治县的人民代表大会的组成应当与民族区域自治的政策制度与具体实践充分结合。少数民族当家作主要求民族自治地方的人民代表大会中有实行区域自治的民族的代表,从而为真正实现民族区域自治奠定基础。

在民族自治地方的人民代表大会中,要保证民族自治地方其他少数民族的代表名额。除了保证民族自治地方的人民代表大会中有实行区域自治的民族的代表,《宪法》第113条还规定其他居住在本行政区域内的民族也应当有适当名额的代表。为保证宪法条款的实施,《选举法》第19条第1款作出了具体规定:"有少数民族聚居的地方,每一聚居的少数民族都应有代表参加当地的人民代表大会。"保证其他少数民族代表的名额,可使民族自治地方人民代表大会的组成与民族自治地方各少数民族的结构比例相互协调。宪法条款对地方人大选举制度提出了具体明确的要求,即保障非自治民族在民族自治地方的平等权。这是针对不同少数民族之间的关系所作出的协调机制,民族自治地方的制度实践不能忽视非自治民族的权利,在协调汉族与少数民族关系的基础上,同样应该加强对不同少数民族之间关系的调适,防止对不同少数民族权利的过度保护或保护不足。民族自治地方是深度贯彻民族政策和相关差别对待制度的地区,只有充分保障各民族的法定权益,才能实现《宪法》第113条第1款的规定。在民族自治地方的人民代表大会中,除了实行民族区域自治的民族的代表以外,在该行政区域内居住的其他少数民族也应当有适当名额的代表,从而实现对散杂居少数民族政治权利的尊重与保障,进而实现对民族区域自治地方聚居的全部少数民族的权利保障。

保证民族自治地方其他少数民族的人大代表名额,有助于在民族自治地方维护不同少数民族之间的平等。我国《宪法》第4条第1款第1句规定"中华人民共和国各民族一律平等",即既要维护少数民族和汉族之间的平等,也要维护少数民族之间的平等。在民族区域自治制度实践中,除了汉族与自治主体少数民族间的关系以外,少数民族主体之间的关系同样重要,对少数民族之间关系的调适不足不利于民族区域自治重要作用的发挥。民族自治地方居住的其他少数民族也属于少数民族人大代表选举差别对待法律制度的适用对象范围,也应当在民族自治地方享有相应的政治参与、表达和发展的权利。因此,保证居住在民族自治地方的其他少数民族有适当的代表名额,有利于巩固民族区域自治制度,保障其他少数民族权利,维护民族自治地方繁荣、稳定与发展。平等权的基本理念要求非自治主体少数民族与自治地方各个民族在社会生活的一切领域平等,在政治领域表现为各民族的政治平等权。非自治主体少数民族和其他民族一样,每个民族不分大小,都平等地参与国家和各级地方事务的管理。〔16〕 现代宪法的平等是一种相对的平等,是形式平等与实质平等的统一。〔17〕 依据民族的差异而对少数民族的特殊照顾,是民族方面的合理差别,是通过具体的合理差别对待制度实现少数民族之间的实质平等。《选举法》第19条规定:"有少数民族聚居的地方,每一聚居的少数民族都应有代表参加当地的人民代表大会。聚居境内同一少数民族的总人口数占境内总人口数百分之三十以上的,每一代表所代表的人口数应相当于当地人民代表大会每一代表所代表的人口数。聚居境内同一少数民族的总人口数不足境内总人口数百分之十五的,每一代表所代表的人口数可以适当少于当地人民代表大会每一代表所代表的人口数,但不得少于二分之一;实行区域自治的民族人口特少的自治县,经省、自治区的人民代表大会常务委员会决定,可以少于二分之一。人口特少的其他聚居民族,至少应有代

〔16〕 参见程守艳:《权利的关照:民族自治地方非自治主体少数民族政治权利试探》,载《贵州民族研究》2010年第2期。

〔17〕 参见上官丕亮:《平等的宪法解读》,载《浙江工商大学学报》2012年第6期。

表一人。聚居境内同一少数民族的总人口数占境内总人口数百分之十五以上、不足百分之三十的,每一代表所代表的人口数,可以适当少于当地人民代表大会每一代表所代表的人口数,但分配给该少数民族的应选代表名额不得超过代表总名额的百分之三十。”

第十四章　民族文化保护法律制度

第一节　民族文化的概念

一、民族文化释义

民族文化是人民群众智慧的结晶、智力创造的成果,是维系民族存在的动力和源泉。在不同的时空,每个民族都形成了自身特有的文化并表现出不同的文化特性,由此所构成的民族文化的多样性与多元化是人类可持续发展的积极因素。因此,遵循由《宪法》第4条第4款规定的多样性保护原则所确立的尊重和包容差异性的要求,做好民族文化保护工作,具有重要的现实意义。从法理上讲,"概念乃是解决法律问题所必需的和必不可少的工具。如果我们试图完全否弃概念,那么整个法律大厦就将化为灰烬"。[1] 因此,明确民族文化的概念,是做好相关研究和保护民族文化的前提。

文化是一个内涵丰富的概念,古今中外对它的认识都莫衷一是,不同学者、学派都从各自研究的角度对其加以界定,不断丰富其内涵。"文化"是"文"和"化"二字的组合。冯天瑜指出:"在汉语口语系统和典籍中,'文'字的本义指各色交端的纹理,引申为包括语言文字在内的各种象征符号,进而具体化为文物典籍、礼乐制度,与'德行'对称的'道艺'等;又由纹理义导出彩画装饰之义,引申为修饰、人为加工、经纬天地,与'质'对称,与'实'对称;进一步引申为美、善,文德教化,以及文辞、文章,与'野'对称,或与武事对称。'化'则有变,改,化生、造化、化育等意。归纳起来,'化'的含义是,二物相接,其一方或双方改变其形态性质,由这层内涵可以引申为教行、迁善、告谕使人回心、化而成之等。"[2]"文"与"化"并联使用,较早见于战国末年儒生编撰的易传。《易·贲卦》的《彖辞》说:"(刚柔交错),天文也。文明以止,人文也。观乎天文,以察时变;观乎人文,以化成天下。"[3]西汉以后,"文化"正式作为专用名词使用。汉代刘向《说苑·指武》中写道:"凡武之兴,为不服也,文化不改,然后加诛。"[4]可见,"以文教化"是中国传统"文化"之本义,与武功相对。然而,必须指出,汉语"文化"的现代含义与英语的"culture"之间的对等关系是通过借用日语汉字"文化"的方式确立的。因此,现代意义的"文化"自然不能简单地等

---

〔1〕［美］E. 博登海默:《法理学——法律哲学与法律方法》,邓正来译,中国政法大学出版社2004年版,第504页。

〔2〕冯天瑜:《中国文化史断想》(第2版),华中理工大学出版社1998年版,第4~6页。

〔3〕(宋)朱熹撰:《周易本义》,苏勇校注,北京大学出版社1992年版,第95页。

〔4〕(汉)刘向:《说苑全译》,王锳、王天海译注,贵州人民出版社1992年版,第650页。

同于它们在古汉语中的对应词。[5]

西方文献中的“文化”的最初意思是“耕耘”“农作”。在中世纪晚期的欧洲，“文化”开始指道德完美与心智或艺术成就。1871年，泰勒在《原始文化》中提出了著名的文化定义，“文化……是一个复合的整体，它包括知识、信仰、艺术、道德、法律、风俗以及作为社会成员的人所获得的其他任何能力和习惯”。[6] 这个定义影响了其后很多学者，特别是人类学家和民族学家，他们在各自的研究领域也给出了各种各样的文化定义。1952年，美国人类学家克娄伯和克拉克洪在《文化：关于概念和定义的探讨》中梳理了从泰勒提出文化定义的1871年到1951年的80年间有关文化定义的各种文献，共收集到文化定义多达164个。费孝通先生在论述他的老师马林诺斯基对文化的认识上基本接受了泰勒的经典文化定义，在《文化论》中指出：“文化是指那一群传统的器物、货品、技术、思想、习惯及价值而言”，接着又将社会组织补充在内。和泰勒的定义相比，马林诺斯基在列举的文化内容中多了物质的那一部分。至于所补充的社会组织也可以包括在泰勒定义中“作为社会成员的一切其他的能力和习惯”这个概括的提示里。[7] 文化定义的多样性致使人们对于文化构成的认识也不一致，结合泰勒和马林诺斯基对于文化的定义，可以将文化分为物质文化和精神文化两大部分。

在民族产生后，民族群体成为文化的创造者和承载者，文化开始以民族文化的形式表现出来。如同文化定义的多元性一样，人们对民族文化的认识也有差别。屈学武认为：“广义上的民族文化，包括民族生理（种族、血统）、民族语言、文字、民族文艺、民族思维、民族心理、民族心态、民族情感、民族习俗、民族传统、民族经济、民族政权、民族宗教信仰、民族习惯法、民族生活方式等多方面内容。狭义上的民族文化，仅指具有特定民族形式的文化或某一具体民族的文化。在文化构成上，狭义的民族文化，仅指少数民族在文治（文学、艺术、精神、习俗）、教化（语言、文字、教育）方面的传统文化。”[8]高永久等认为：“广义上的民族文化指各民族在适应和改造自身生存环境的实践活动中创造的所有与生活相关的事物和现象，是物质财富和精神财富的总和；狭义的民族文化则指各民族在长期社会生活中所创造出来并不断传承的一系列习惯行为的总和，特指精神财富。”[9]《中国大百科全书·民族卷》指出：“民族文化是指各民族在适应和改造自身生存环境的实践活动中所创造的物质财富和精神财富的总和，它几乎囊括了所有与民族生活相关的事物和现象。”[10]还有一些学者给出了大同小异的定义。本书采用广义的民族文化的定义，即民族文化是各民族在历史发展过程中，通过长期的社会实践，创造和发展出来的具有民族特点的文化。

二、民族文化的特征

“民族文化是一个民族区别于其他民族的独特标识。”[11]它具有以下特征：

---

〔5〕 参见刘禾：《跨语际实践——文学，民族文化与被译介的现代性（中国，1900－1937）》，宋伟杰等译，三联书店2002年版，第46～47页。

〔6〕 ［英］泰勒：《原始文化》，蔡江浓编译，浙江人民出版社1988年版，第1页。

〔7〕 参见费孝通：《文化的生与死》，刘豪兴编，上海人民出版社2009年版，第73页。

〔8〕 屈学武：《简论少数民族的文化权利》，载《理论与改革》1994年第6期。

〔9〕 高永久等编著：《民族学概论》，南开大学出版社2009年版，第259页。

〔10〕 中国大百科全书出版社编辑部编：《中国大百科全书·民族》，中国大百科全书出版社1992年版，第313页。

〔11〕 习近平：《完善和发展中国特色社会主义制度推进国家治理体系和治理能力现代化》，载中国共产党新闻网，http://cpc.people.com.cn/n/2014/0218/c64094－24387048.html。

第一,民族文化具有群体创造性。文化是人类在改造自然的过程中形成的一种人所特有的社会现象。《自然辩证法》指出:"动物仅仅利用外部自然界,单纯地以自己的存在来使自然界改变;而人则通过他所做出的改变来使自然界为自己的目的服务,来支配自然界。这便是人同其他动物的最后的本质的区别,而造成这一区别的还是劳动。"[12]而劳动实际上就是人的文化活动。可见,文化是人通过劳动在改造自然之后形成的一种人化产物。人具有社会性,以一定的群体形式聚居,在民族产生后,人们通过民族群体的生产劳动等活动共同创造着独具特色的民族文化。

第二,民族文化具有历史传承性。民族文化作为民族群体认识世界的结果性反映,会通过语言、文字等方式在其群体中传播,包括纵向上的代际传播。每代人都生长在一个特定的文化环境中,他们自然而然地从上一代那里继承了民族文化,又一定会根据自己的经验和需要对民族文化加以改造,注入新的内容,革除陈旧的内容。民族文化的传承是发展的必要前提,发展是传承的必然要求,因此,民族文化既是一份遗产,又是一个连续不断的积累、扬弃的动态过程。

第三,民族文化具有凝聚性。民族文化对各民族共同的心理素质起着非常重要的凝聚作用。各民族群众在日常的生产、生活过程中自觉地践行民族文化蕴含的原则、规范,这就意味着民族文化已经成为民族内部共有的行为标准,对其成员具有普适性。由此来看,民族文化实际上成为一种看不见、摸不着,但是却能强烈感受到的一种民族凝聚力、向心力和整合力,社会和群体因此被文化黏合为一个有机整体。某一种文化特质具有的民族向心力与凝聚力,正是这种文化的生命力所在,如鼓楼对于侗族、泼水节对于傣族、歌圩对于壮族的凝聚性。

三、民族文化保护与社会融入的关系

"社会融入实质上是一种社会行动,是一个动态的行为过程,是主体与周围环境不断的持续性(间断或断裂的互动并不代表真正的融入)互动(这种持续性互动或者是一段时间临时的互动,或者是很长时间或永久的互动)过程,并且与他人的行为相关(单纯的与花草树木相关的行为不是社会行为)。"[13]从民族交往来看,作为社会性的主体,各民族公民总是在彼此交往交流的行为互动中建构个人、族群乃至社会存在的相互关系与终极意义。马克思指出:"人的本质不是单个人所固有的抽象物,在其现实性上,它是一切社会关系的总和。"[14]在现实生活中,各民族公民正是通过社会性实践活动创造出政治关系、经济关系、文化关系等一切社会关系,并在此之中构建出彼此相互关联、相互融合的社会生活图景,同时形成有关各民族间的交往实践、交往关系及社会生活图景的文化观念,以此来指导未来的社会实践行为,从而在交往行为与观念文化的双重作用下达致各民族之间的社会融入形态。

在中华民族多元一体格局下,各民族内部的社会交往行为创造出具有差异性的各民族文化,体现的是各民族公民适应本民族共同生活的社会图景,而各民族之间的社会交往行为孕育的是具有共同性的中华文化,反映的是在中华民族多元一体格局下各民族公民融入中华民族大家庭的社会生活图景。在各民族大流动、大融居的空间分布格局不断深化的背景下,各民族交往交流交融的增强和文化共同性的增加,不仅是时代发展趋势的突出表现,也是民族发展规律的必然结果。因此,在强调尊重和保护各民族文化的重要性的同时,要高度重视增进各民族文化的共同

---

〔12〕《马克思恩格斯选集》(第3卷),人民出版社1972年版,第517页。

〔13〕陈成文、孙嘉悦:《社会融入:一个概念的社会学意义》,载《湖南师范大学社会科学学报》2012年第6期。

〔14〕《马克思恩格斯选集》(第1卷),人民出版社1972年版,第18页。

性,提升各民族公民对中华文化的认知力、认同感和能动性。由此,不仅可以发展各民族文化和丰富优秀的中华文化,同时还可以切实增强各民族公民在交往交流交融中的社会融入能力。

在民族关系治理和民族文化保护实践中,按照宪法中的多样性保护原则确立的"增进共同性、尊重和包容差异性"的要求,妥善处理中华文化与各民族文化的关系,是通过文化保护提升各民族公民的社会融入能力的关键。从中华文化与各民族文化的关系来看,"各民族优秀传统文化都是中华文化的组成部分,中华文化是主干,各民族文化是枝叶,根深干壮才能枝繁叶茂"。由此看来,民族文化保护不仅意味着要尊重、包容和保护具有差异性的各民族文化,同时也要求增进和保护具有共同性的中华文化。进言之,加强民族文化保护有两个目的:一是通过保护各民族文化的方式来保障群体性的民族文化权利;二是通过增进各民族文化的共同性和发展中华文化,提升各民族公民的社会融入能力。在民族文化保护实践中,必须处理好这两个目的之间的关系。

《宪法》第4条第2款、第4款规定:"国家根据各少数民族的特点和需要,帮助各少数民族地区加速经济和文化的发展。……各民族都有使用和发展自己的语言文字的自由,都有保持或者改革自己的风俗习惯的自由。"《民族区域自治法》第6条第2款规定:"民族自治地方的自治机关根据本地方的情况,在不违背宪法和法律的原则下,有权采取特殊政策和灵活措施,加速民族自治地方经济、文化建设事业的发展。"上述条文确立了民族文化保护的宪法和法律依据。民族文化是各民族在历史发展过程中,通过长期的社会实践,创造和发展出来的具有民族特点的文化,而其中民族教育、语言文字、宗教信仰、风俗习惯和传统文化最具民族特点。这就要求在通过法律调节涉及民族文化的各种社会关系、保护民族文化时,必须处理好各民族文化保护和中华文化发展的关系。由此,才能更好地把民族文化的保护纳入国家治理体系,推动各民族文化和中华文化的发展,提升各民族公民的社会融入能力。

第二节　民族文化保护的意义

一、保护民族文化有助于构筑中华民族共有精神家园

党的十八大以来,以习近平同志为核心的党中央高度重视构筑中华民族共有精神家园。2014年中央民族工作会议指出:加强中华民族大团结,长远和根本的是增强文化认同,建设各民族共有精神家园,积极培养中华民族共同体意识。[15] 2019年全国民族团结进步表彰大会将"坚持文化认同是最深层的认同,构筑中华民族共有精神家园"归纳为新中国70年民族工作九条经验之一,深刻揭示了文化认同是民族团结之根、民族和睦之魂,指明了中华文化建设的根本方向。2021年中央民族工作会议再次强调,"要全面推进中华民族共有精神家园建设"。

中华民族共有精神家园是以中华文化为基础的,中华文化是各民族优秀文化的集大成,即"各民族优秀传统文化都是中华文化的组成部分,中华文化是主干,各民族文化是枝叶,根深干壮才能枝繁叶茂"。[16] 这是56个民族各具特色、多姿多彩的文化,在传承优秀传统文化、弘扬革

〔15〕《中央民族工作会议暨国务院第六次全国民族团结进步表彰大会在京举行》,载《中国统一战线》2014年第10期。
〔16〕《中央民族工作会议暨国务院第六次全国民族团结进步表彰大会在京举行》,载《中国统一战线》2014年第10期。

命文化和创新发展社会主义先进文化的共同性中,形成的根植中华大地、浸润各族人民、昭示世界民族之林的中华文化。保护民族文化就是在保护中华文化,两者相互依存,相互发展。

民族文化是56个民族的文化,少数民族虽然在人口数量上相较汉族少很多,但却具有丰富的民族文化内容和表现形式。中华人民共和国成立初期,毛泽东同志多次强调要诚心诚意积极帮助少数民族发展经济和文化,党和国家采取一系列重大措施推动少数民族文化实现空前繁荣。国家组织专家学者和文艺工作者深入民族地区搜集、抢救民间传统文化遗产,建立从中央到自治县(旗)的体系完备的文化馆(站)、图书馆、报刊社、出版社、博物馆、艺术表演团体等文化机构。改革开放以来,邓小平同志提出了"两手抓,两手都要硬"的思想,强调要一手抓物质文明,一手抓精神文明。江泽民同志强调"没有自己精神支柱的民族是没有前途的"。胡锦涛同志强调中华民族伟大复兴必然伴随中华文化繁荣兴盛。党的十八大以来,以习近平同志为核心的党中央高度重视构建中华民族共有精神家园,强调文化认同是民族团结的根脉,要在各族群众中加强社会主义核心价值观教育,在全社会铸牢中华民族共同体意识。通过举办少数民族传统体育运动会,全国少数民族文艺汇演,全国少数民族题材电影、电视、文学"骏马奖",全国少数民族声乐、舞蹈、戏剧"孔雀奖"等活动,极大地繁荣了各民族文化。目前,我国少数民族和民族地区的世界文化遗产和非物质文化遗产,占全国总数比例均超1/3。各民族文化实现大繁荣大发展,极大地增强了各族群众对中华文化的认同,有力推动了构筑中华民族共有精神家园。

二、保护民族文化有助于促进各民族广泛交往交流交融

纵观中国历史,各民族长期广泛交往交流交融。在此过程中,互惠互利,求同存异,各民族文化遵循时代发展的客观规律,既融入了新的元素,同时也传承了民族特质。事实证明,各民族的广泛交往交流交融并没有消灭差异,而是在不断认同中华民族共同体的同时,继承和发展着本民族文化。

"一部中国史,就是一部各民族交融汇聚成多元一体中华民族的历史,就是各民族共同缔造、发展、巩固统一的伟大祖国的历史。"[17]多元就是各民族,一体就是中华民族。文化是民族的魂魄,民族形成发展中的交往交流交融同样会在其"魂魄"——文化上有所体现。因此,中华文化就是民族交往交流交融的产物,各民族文化在为中华文化提供养分的同时,也在中华文化的影响下传承发展着各自的文化特点,即中华文化通过各民族交往交流交融而具有了普遍性,但各民族在相互间的交往交流交融中仍保持了其特殊性。历史学家顾颉刚先生在《中华民族是一个》的文章中指出,"我们敢确定地说:汉人的生活方式所取于非汉人的一定比汉人原有的多得多","所以现有的汉人的文化是和非汉的人共同使用的,这不能称为汉人的文化,而只能称为'中华民族的文化'"。[18] 2019年全国民族团结进步表彰大会也提到:我们灿烂的文化是各民族共同创造的,中华文化是各民族文化的集大成,中华文化之所以如此精彩纷呈、博大精深,就在于它兼收并蓄的包容特性。展开历史长卷,从赵武灵王胡服骑射,到北魏孝文帝汉化改革;从"洛阳家家学胡乐"到"万里羌人尽汉歌";从边疆民族习用"上衣下裳""雅歌儒服",到中原盛行"上衣下裤"、胡衣胡帽,以及今天随处可见的舞狮、胡琴、旗袍等,展现了各民族文化的互鉴融通。[19]

---

〔17〕 习近平:《在全国民族团结进步表彰大会上的讲话》,载《人民日报》2019年9月28日,第2版。

〔18〕 马戎主编:《"中华民族是一个"——围绕1939年这一议题的大讨论》,社会科学文献出版社2016年版,第37页。

〔19〕 习近平:《在全国民族团结进步表彰大会上的讲话》,载《人民日报》2019年9月28日,第2版。

由此可见,坚持“各美其美,美美与共”,是促进各民族交往交流交融的根本遵循。各民族通过相互尊重、相互欣赏、相互学习、相互借鉴,推进各民族文化的传承保护和创新交融,则是各民族交往交流交融在文化上的体现。因此,保护民族文化,不仅是促进各民族交往交流交融的应有之义,也是促进各民族交往交流交融的关键环节和根本要求。

三、保护民族文化是实现文化多样性的内在需要

文化多样性是指文化类型和构成文化类型的各种文化要素的多样性。强调不同文化之间应该平等对待、互相尊重、相互交流和加强了解,是联合国教科文组织秉持的一贯立场。1966 年《国际文化合作原则宣言》第 1 条明确规定:“各种文化都具有尊严和价值,必须予以尊重和保存”,“所有文化都是属于全体人类的共同遗产的一部分,它们的种类繁多,彼此互异,并互为影响”。《世界文化多样性宣言》进一步指出,文化多样性是一个有利于发展的因素,因为各个民族在历史、文化、经济、哲学和社会等方面的差异,是人类进行交流、创新和产生创造力的源泉。多样性培育了创造性,体现了人类群体适应和改变生活条件的能力。[20] 人类社会历史发展也证明,凡是封闭的文化,最终都会走向衰落甚至消失,而开放的文化则会走向繁荣和发达。风格各异的文化的碰撞、交汇,往往会产生新的文化,形成文化创新的来源和动力。

从本质上讲,文化多样性实际上表现为各种文化的差异性,正是文化的差异性构成了世界文化的多姿多彩。而多姿多彩的世界文化又是通过民族文化的形式表现出来的,因此,要保持世界文化的多样性与丰富性,就必须保持和尊重民族文化的多样性,对各民族文化进行保护。这就要求充分承认各民族文化之间的差异性,尊重各民族文化的历史传统、文化精神、价值取向、生活方式等;同时又能够宽容对待他者,与他族文化和谐共处,从而形成一种“美美与共”的良性关系。世界文化“基因库”里含有的文化基因越丰富,越能为人类文化的发展提供多种可能性,才有可能实现类似于生物学意义上的“杂交优势”,才能适应时势,不断创新发展。这就要求民族文化无论是面对世界性的现代化进程还是面对自身发展的客观规律,都要在保持其文化精神的前提下,能以更加开放的姿态吸纳异质文化的优质要素,从而实现自身的文化变迁和文化创新,保持其文化活力。

第三节　民族文化法律保护制度的内容

一、民族教育法律制度

党的十九大报告明确指出:“建设教育强国是中华民族伟大复兴的基础工程,必须把教育事业放在优先位置,深化教育改革,加快教育现代化,办好人民满意的教育。”顾明远先生主编的《教育大辞典·民族卷》认为:“民族教育是中国少数民族教育的简称,特指除汉族以外,对其他 55 个民族实施的教育。”[21]《中国大百科全书·教育卷》写道:“少数民族教育,就是在多民族国

〔20〕 参见联合国教科文组织编:《世界文化报告(2000)——文化的多样性、冲突与多元共存》,关世杰等译,北京大学出版社 2002 年版,第 34~35 页。

〔21〕 顾明远:《教育大辞典》(第 4 卷),上海教育出版社 1992 年版,第 77 页。

家内对人口居于少数的民族实施的教育,简称民族教育。在中国指对汉族以外的其他民族实施的教育。"[22]民族教育是国家整体教育事业的重要组成部分,对国家政治稳定和经济社会发展承担着特殊而重要的责任。加快民族教育的发展有利于提高我国教育的整体水平,推进社会主义现代化建设,实现中华民族的伟大复兴。全面依法治国是中国特色社会主义的本质要求和重要保障,优先发展教育事业需要法律保障,民族教育事业的发展也需要依法治教。为此,在推动民族教育法治化的过程中,要更加重视运用法治思维,自觉运用法治方式,形成学校依法办学,教师依法执教,学生依法受教,社会依法支持和参与、监督的新局面,推动民族教育改革发展,建立具有现代化水平的治理体系和治理能力的民族教育法治体系。

(一)民族教育法律制度的历史沿革

中华人民共和国成立后,民族教育法律制度经历了一个从无到有、从不完善到基本完善的过程。这个过程可以分为以下两个阶段。

第一个阶段是1949年至1980年。这一阶段是我国新型民族教育法治建设的探索、实践与确立时期。民族教育制度的法律化源于《共同纲领》规定的"人民政府应帮助各少数民族的人民大众发展其政治、经济、文化、教育的建设事业"。1954年《宪法》为民族教育立法提供了宪法依据。1951年第一次全国民族教育工作会议召开,政务院在此次会议上颁布了《关于第一次全国民族教育会议的报告》(以下简称《报告》)。《报告》明确提出民族教育的总方针必须是新民主主义的内容,即民族的、科学的、大众的教育,要尊重少数民族的办学形式和特点、重视少数民族师资队伍建设、设置民族教育补助专款。《报告》强调少数民族教育"必须采取民族形式,照顾民族特点,才能很好地和各民族实际情况结合起来"。《报告》同时指出:"少数民族教育的内容和形式问题、课程教材问题,既要照顾民族特点,又不能忽视整个国家教育的统一性。"《报告》提出要"努力解决少数民族各级学校的师资问题"。随后1951年政务院还颁布了《培养少数民族师资试行方案》,进一步明确了加强民族教育师资培养的一系列具体措施,如要积极帮助现有的少数民族地区师范学院改善物资条件,提高教学质量,改进教材教法,使之能更好地为少数民族培养师资。1956年教育部在《关于内地支援边疆地区小学师资问题的通知》中提出:"边疆小学发展所缺师资,今后除各边疆省、自治区大力发展师范教育培养师资外,需要内地支援的主要由内地调配部分初中学生和失业知识分子加以短训解决。"1974年国务院批转《科教组关于内地支援西藏大学、中学、专科师资问题的请示报告》,对西藏自治区要求配备的8所中学和1所师范学校的师资,安排由上海、江苏、四川、湖南、河南、辽宁六省市和国家机关选派的大中学校教师和干部389人,定区、定校包干支援,并对支援教师的任务、分工、条件、年限、待遇等提出了具体意见。1979年10月,教育部、财政部、粮食部、国家民委、国家劳动总局发出《关于边境县(旗)、市中小学民办教师转公办教师的通知》,决定从当年起,将边境136个县(旗)、市中小学民办教师和职工(当时估计有8万余人)中考核合格的全部转为公办教师。并规定自此以后,边境县(旗)不得再使用民办教师。《报告》规定各级人民政府另拨专款,帮助解决少数民族学校的设备、教师待遇、学生生活等方面的特殊困难。从1951年起,中央财政就设置了少数民族教育补助费。1953年教育部发布《关于少数民族教育补助费使用范围的指示》,具体规定了这项补助费的使用范围。1956年国务院作出《关于少数民族教育事业费的指示》,再次肯定在经费上对民族教育予以

[22] 中国大百科全书总编辑委员会《教育》编辑委员会、中国大百科全书出版社编辑部编:《中国大百科全书·教育》,中国大百科全书出版社1985年版,第310页。

照顾。

这一时期,民族教育法律制度坚持各民族语言文字平等,重视民族语言文字的学习和运用。1950年政务院颁布的《培养少数民族干部试行方案》规定:"各少数民族学校应聘设适当的翻译人员帮助教学,并对必须用本民族语言授课的班次和课程,逐渐做到用各族自己通用的语文授课。长期班的少数民族学生除学好本民族语文外,亦应学习汉语汉文。"1952年颁布的《民族区域自治实施纲要》规定:"各民族自治区自治机关得采用各民族自己的语言文字,以发展各民族的文化教育事业。"1953年教育部《关于兄弟民族应用何种语言教学的意见》和1954年《教育部关于甘肃临潭初中增设藏文课程的问题给西北教育局的批复》等也规定了类似内容。此外,民族教育法律制度给予少数民族学生特殊优惠待遇。教育部在1955年《关于放宽少数民族学生报考年龄的问题给广西省教育厅的函》中适当放宽了报考年龄。1962年教育部发出《关于高等学校优先录取少数民族学生的通知》,提出对报考统一招生的全国高等学校的少数民族学生给予照顾。为了能够更好地管理民族教育,民族教育法律制度还设置了专门的民族教育管理机构,具体依据为1952年政务院发布的《关于建立民族教育行政机构的决定》。

第二个阶段是1980年至今。民族教育法治建设进入了一个新的历史发展阶段。1982年的《宪法》、1984年的《民族区域自治法》、1986年的《义务教育法》、1993年的《教师法》、1995年的《教育法》、1996年的《职业教育法》、1998年的《高等教育法》、2002年的《民办教育促进法》等均对民族教育作出了法律规定。这一时期,国务院及其下属部委对民族教育制定了一些行政法规和部门规章。先后颁布了《关于加强民族教育工作的意见》(1980年中共中央、国务院批准)、《全日制学校民族中小学汉语文教学(试行)》(教育部1982年)、《关于正确处理少数民族地区宗教干扰学校教育问题的意见》(中办、国办1983年转发)、《关于内地19省、市为西藏办学的几项具体规定》(教育部1985年)、《关于改革和发展西藏教育若干问题的意见》和《关于内地对口支援西藏教育实施计划》(国务院1987年批转)、《内地西藏中学班(校)管理暂行规定》(教育部1989年)、《关于加强民族教育工作若干问题的意见》(国家教委、国家民委1992年)、《关于加强普通高等学校少数民族预科班工作的意见》(国家教委办公厅1992年)、《关于招收少数民族优秀青年进入高等学校学习的意见》(国家教委办公厅1992年)、《关于印发〈全国民族教育发展与改革指导纲要(试行)〉的通知》(国家教委民族地区教育司1992年)、《关于对全国143个少数民族贫困县实施教育扶贫的意见》(国家教委办公厅1992年)、《关于加强民族散杂居地区少数民族教育工作的意见》(国家教委办公厅1992年)、《国家教委印发〈关于加强少数民族与民族地区职业技术教育工作的意见〉的通知》(国家教育委员会1992年)、《关于加强民族地区教育行政管理干部培训工作的意见》(国家教委办公厅1992年)、《国家教委办公厅关于印发〈关于进一步加强内地西藏班工作的意见〉、《〈内地西藏中学班(校)管理实施细则〉的通知》(国家教育委员会1992年)、《国家教育委员会关于进一步改进妇女受教育状况的报告》(国家教育委员会1996年)、《关于推动东西部地区学校对口支援工作的通知》(中共中央办公厅、国务院办公厅2000年)、《关于加快少数民族和少数民族地区职业教育改革和发展的意见》(国家民委、教育部2000年)、《教育部关于贯彻落实〈中共中央国务院关于进一步加强民族工作加快少数民族和民族地区经济社会发展的决定〉,做好民族教育工作的通知》(教育部2005年)、《教育部关于设立教育部民族教育发展中心的通知》(教育部2011年)、《国务院关于深化改革加快发展民族教育的决定》(国务院2015年)等民族法规和规章。此外,在这一时期,各地方立法机关也制定了一些关于民族教育的专门法规,如湖南省制定了《湖南省少数民族地区普及义务教育若干规定》(1995

年),广西壮族自治区制定了《广西壮族自治区教育条例》(1992 年)、《广西壮族自治区民族教育促进条例》(2018 年),吉林省制定了《吉林省少数民族教育条例》(1998 年),云南省制定了《云南省少数民族教育促进条例》(2013 年),内蒙古自治区制定了《内蒙古自治区民族教育条例》(2021 年)等。这一时期民族教育法治建设具有以下几个特点:立法活动频繁,件数较多,既有国家最高权力机关在某些法律中对民族教育的法律规定,又有国务院制定的教育法规及地方立法机关制定的地方性教育法规;立法所涵盖的范围较宽,既有对民族教育外部关系的规范,又有对民族教育内部各种关系的调整;与第一阶段相比,对某些内容在立法中有了更明确、更规范性的规定。

中华人民共和国成立 70 多年来,我国民族教育法治建设取得了巨大成绩,保障和促进了民族教育事业的发展,但仍然存在不少问题。首先,虽然有关民族教育的法律法规数量比较多,但是内容比较分散,还缺乏一个起统领作用的效力级别高的民族教育法。其次,民族教育法律的某些规定比较原则化,缺乏相应的实施办法,导致各地在具体实施中,会因理解不一致而出现具体操作结果有所差异的现象,这有违法治统一原则。最后,民族教育法律法规名称不规范,大多用"意见""通知""指示""报告""批复"等名称,难以判断其法律效力、等级、适用范围,从而影响了立法的严肃性和权威性。

(二)民族教育法律制度的基本内容

民族教育法律制度所涉及的内容十分广泛,涉及民族教育的指导思想、基本原则、发展目标等。它既是党和国家宏观调控民族教育路线、方针、政策的反映和体现,又是各级民族教育工作人员在微观上管理民族教育的方法、措施的法律化、制度化。

1. 民族教育的指导方针和目标任务

民族教育应以马克思列宁主义、毛泽东思想、邓小平理论、"三个代表"重要思想、科学发展观、习近平新时代中国特色社会主义思想为指导,全面贯彻党的十九大、二十大会议精神和习近平总书记系列重要讲话精神,按照"四个全面"战略布局,认真贯彻党的教育方针和民族政策,深入落实党中央、国务院决策部署,以立德树人为根本,以服务改善民生、凝聚民心为导向,保障各民族群众受教育权利,提高各民族群众科学文化素质,传承中华民族优秀传统文化,大力培育和弘扬社会主义核心价值观,维护民族团结和社会稳定,为实现"两个一百年"奋斗目标和中华民族伟大复兴的中国梦,培养德智体美劳全面发展的社会主义合格建设者和可靠接班人。

2015 年 8 月国务院颁布的《关于加快发展民族教育的决定》规定了民族教育的基本原则,主要包括六个方面:(1)坚持中国共产党的领导。坚定不移地把党的政治领导、思想领导、组织领导贯穿到民族教育工作的全过程和各方面。(2)坚持社会主义办学方向。坚持中国特色社会主义道路,坚持维护祖国统一,坚持各民族一律平等,打牢中华民族共同体思想基础,巩固和发展平等团结互助和谐的社会主义民族关系。(3)坚持缩小发展差距。坚持民族因素和区域因素相结合,完善差别化区域政策,分区规划,分类指导,夯实发展基础,缩小发展差距,促进教育公平,决不让一个少数民族、一个地区掉队,推进民族教育全面发展。(4)坚持结构质量并重。适应区域发展总体战略和"一带一路"建设需要,优化教育结构,科学配置资源,提高教育质量,提升少数民族和民族地区学生就业创业能力和创造幸福生活能力,促进民族教育与经济社会协调发展。(5)坚持普特政策并举。发挥中央统筹支持作用,加大中东部地区对口支援力度,激发民族地区内生潜力,系统谋划、突出重点,普惠性政策向民族教育倾斜,制定特殊政策重点支持国家通用语言文字教育基础薄弱地区教育快速发展。(6)坚持依法治教。依据国家法律法规,运用法治思维和法治方式深化民族教育综合改革，扎实推进教育行政部门依法行政、学校依法治校，加强法治教育，增强各民族师生法律意识。坚持教育与宗教相分离。全面贯彻党的宗教工作基本方针和有关宗教法律法规，任何组织和个人不得利用宗教进行妨碍国家教育制度的活动，不得在学校传播宗教、发展教徒、设立宗教活动场所、开展宗教活动、建立宗教组织。

2. 积极培育和践行社会主义核心价值观

2014 年教育部颁布的《关于培育和践行社会主义核心价值观进一步加强中小学德育工作的意见》指出，要加强中华优秀传统文化教育、公民意识教育、生态文明教育、心理健康教育等，将社会主义核心价值观的内容和要求落实到各学科课程的德育目标之中，细化为贴近学生的具体要求，转化为实实在在的行动，融入校园物质文化、精神文化、制度文化、行为文化之中，贯穿于学校管理制度的每一个细节之中。

2015 年国务院颁布的《关于加快发展民族教育的决定》提出，要“坚持不懈开展中国特色社会主义和中国梦宣传教育，引导各族学生增强中国特色社会主义道路自信、理论自信、制度自信，树立正确的国家观、民族观、宗教观、历史观、文化观，深刻认识中国是全国各族人民共同缔造的国家，中华文化是包括 56 个民族的文化，中华文明是各民族共同创造的文明，中华民族是各民族共有的大家庭。坚持不懈开展法治教育和公民意识教育，把法治教育纳入国民教育体系，引导各族学生牢固树立维护民族团结和国家统一的法律意识。创新教育载体和方式，开展形式多样的体现社会主义核心价值观要求的主题教育实践活动，提高思想政治教育针对性实效性。试点开展马克思主义宗教观、党的宗教工作方针政策和有关宗教法律法规教育，引导各族师生正确认识和看待宗教问题。加强心理健康教育”。

3. 建立民族团结教育常态化机制

1999 年 2 月，教育部办公厅、国家民委办公厅下发《关于在全国中小学开展民族团结教育活动的通知》，该通知规定：各级教育部门要“把民族团结教育列入爱国主义教育的重要内容，加强领导，统筹规划，认真组织实施”。2008 年《教育部办公厅、国家民族事务委员会办公厅关于印发〈学校民族团结教育指导纲要（试行）〉的通知》里规定了民族团结教育的课程性质、主要内容、实施途径和方法以及组织实施等内容。

2015 年国务院颁布的《关于加快发展民族教育的决定》进一步指出：“坚持不懈开展爱国主义教育和民族团结教育，引导各族学生牢固树立‘三个离不开’思想，不断增强对伟大祖国、中华民族、中华文化、中国共产党、中国特色社会主义的认同。深入推进民族团结教育进学校、进课堂、进头脑，在全国小学高年级、初中开设民族团结教育专题课，在普通高中思想政治课程中强化民族团结教育内容，在普通高校、职业院校（含高等职业学校和中等职业学校，下同）开设党的民族理论与政策课程。国务院教育行政部门指导编写中学、小学各一册民族团结教育教材，其中农村义务教育阶段纳入免费教科书范围，各地可结合实际编写地方补充教材。推动马克思主义理论研究和建设工程民族学类教材在全国高校相关专业统一使用，巩固党的民族理论和民族政策在民族学教学研究领域的指导地位。利用现代信息技术等多种手段，开发、编译民族团结教育教学资源。在师范院校和民族院校设立马克思主义民族理论与政策师范专业，培养培训民族团结教育课教师。将民族团结教育纳入督导评估工作。”

4. 促进各级各类教育的协调发展

1992 年的《关于加强民族教育工作若干问题的意见》指出：“要大力加强基础教育，积极创造条件，实施九年义务教育”，“人口稀少、居住分散的地方或经常流动的牧区，学校的布局要相对集中,从一定年级起举办寄宿制学校";"积极发展多层次、多种形式的职业技术教育和成人教育","要优先办好民族师范学校,尽快提高民族教师队伍的水平","改革招生与分配办法,定向为山区、牧区、有特殊困难的边远民族地区,单独举办师范班";民族学院"当前除重点办好具有民族特色的学科、专业和对少数民族干部进行培训外,还要办好大学预科"等。为促进少数民族和民族地区职业技术教育的发展,当时的国家教委专门发布了《关于加强少数民族与民族地区职业技术教育工作的意见》(1992 年)、《关于加快中西部地区职业教育改革与发展的意见》(1998 年)等规范性文件。为规范和促进少数民族高等学校的发展,国家民委专门下发了《关于确定民族学院重点学科的通知》(1989 年)、《关于加强民族院校教材建设工作的意见》(1992 年)、《关于加快所属民族学院改革和发展步伐的若干意见》(1993 年)、《关于改革和发展委属民族院校成人高等教育的意见》(1995 年)、《国家民委高等教育事业"九五"计划和 2010 年发展规划纲要》(1996 年)、《国家民委所属院校成人高等学历教育管理试行办法》(2000 年)等规范性文件。

2015 年《国务院关于加快发展民族教育的决定》进一步指出,加快普及学前教育,"重点支持民族地区实施学前教育三年行动计划";均衡发展义务教育,"大力推进民族地区义务教育学校标准化建设……依法保障农业转移人口和其他进城务工人员随迁子女平等接受义务教育的权利。切实解决'大班额'、'大校额'问题。依法履行控辍保学职责,降低辍学率。建立健全农村留守儿童关爱服务机制。保障女童入学";加快发展中等职业教育,"合理布局民族地区中等职业学校,保障并改善基本办学条件。现代职业教育质量提升计划、优质特色学校建设等项目重点向民族地区倾斜";优化高等教育布局和结构,"以就业为导向,调整民族院校和民族地区高校学科专业结构,重点提高工、农、医、管理等学科比例,支持办好师范类专业,提升民族特色学科水平";积极发展继续教育,"支持民族地区建设以卫星、互联网等为载体的远程开放教育及服务平台,加强涉农专业、课程和教材建设,开展学历与非学历继续教育";重视支持特殊教育,"开展面向残疾学生的职业教育和国家通用语言文字教育,重点提高学生的生活技能和就业能力"等。

5. 切实提高少数民族人才培养质量

中华人民共和国成立以来,少数民族教育虽然有了很大的发展,但与全国平均水平相比还存在一定的差距。基于这种状况,有必要提高少数民族人才的培养质量。一是有序扩大人才培养规模。落实好少数民族高层次骨干人才计划。加强少数民族高端人才培养工作,培养一批政治素质高、学术造诣深、具有国际影响力和话语权的少数民族优秀人才。二是改革考试招生制度,保留并进一步完善边疆、山区、牧区、少数民族聚居地区少数民族考生高考加分优惠政策。《关于高等学校招收委托培养硕士生的暂行规定》(1985 年)、《关于 1986 年继续在部分高等院校举办少数民族班的通知》(1986 年)、《关于 1998 年普通高等学校招收少数民族预科生的通知》(1998 年)中都有相关规定。

2001 年 2 月修正后的《民族区域自治法》将招生中对少数民族学生的优惠政策载入其中,使其上升为具有国家意志的法律规范。《民族区域自治法》第 71 条第 2 款规定:"国家举办民族高等学校,在高等学校举办民族班、民族预科,专门或者主要招收少数民族学生,并且可以采取定向招生、定向分配的办法。高等学校和中等专业学校招收新生的时候,对少数民族考生适当放宽录取标准和条件,对人口特少的少数民族考生给予特殊照顾。……"三是强化内地班教育管理服务。《关于落实中央关于在内地为西藏办学培养人才指示的通知》(1984 年)、《关于内地 19 省、市为西藏办学的几项具体规定》(1985 年)、《关于进一步加强内地西藏班工作的意见》(1992

年)、《内地西藏中学班(校)管理实施细则》(1992年)、《内地中等专业学校西藏班管理的若干暂行规定》(1994年)、《关于内地有关城市开办新疆高中班的实施意见》(2000年)、《内地新疆高中班管理办法(试行)》(2000年)等对内地班的办学规模、办学方式、招生计划、招生对象、招生条件、招生办法、教学方式、升学工作、教师配备和待遇、管理职责、学生管理和办学经费等都作出了明确规定。

6. 科学稳妥推行双语教育

《民族区域自治法》第37条第3款对双语教学作了原则规定。《教育法》第12条规定:"……学校及其他教育机构应当使用国家通用语言文字进行教育教学。民族自治地方以少数民族学生为主的学校及其他教育机构,从实际出发,使用国家通用语言文字和本民族或者当地民族通用的语言文字实施双语教育。国家采取措施,为少数民族学生为主的学校及其他教育机构实施双语教育提供条件和支持。"

《国务院关于加快发展民族教育的决定》进一步强调,尊重和保障少数民族使用本民族语言文字接受教育的权利,不断提高少数民族语言文字教学水平;国家对双语教师培养培训、教学研究、教材开发和出版给予支持,为接受双语教育的学生升学、考试提供政策支持;鼓励民族地区汉族师生学习少数民族语言文字和各少数民族师生之间相互学习语言文字;研究完善双语教师任职资格评价标准,建立双语教育督导评估和质量监测机制。在上述法律法规的指导下,我国民族地区已逐步形成了"以汉语授课为主,加授民族语"、"以民族语授课为主,加授汉语"及"以民族语授课为主,逐步过渡到以汉语授课为主"的三种教学模式,既照顾到了各民族自身的文化特点和习惯,又保证了各民族成员多渠道接触各种文化知识的机会。

7. 建立完善教师队伍建设长效机制

教师队伍建设是民族教育发展的重点,要想提高民族教育水平必须建立完善教师队伍建设的长效机制,主要体现在三个方面。

一是健全教师培养制度。民族地区要制定教师队伍建设专项规划,推进师范院校专业调整和教学改革,重点培养双语教师、"双师型"教师和农村中小学理科、音体美等学科紧缺教师,形成教师培养补充长效机制。落实好教师配备政策,杜绝挤占挪用教师编制,严格教师准入,招聘合格教师。实施好乡村教师支持计划。

二是完善教师培训机制。制订全员培训规划,落实每5年一周期的培训。强化培训过程管理和结业考核双向评价。

三是落实教师激励政策。改善教师福利待遇,落实好边远、农村地区教师职称(职务)评聘、晋升倾斜政策,对扎根边疆、扎根农村、长期从事内地民族班教育管理并作出突出贡献的教师,中央和地方政府按照国家有关规定给予表彰。

8. 完善经费投入机制和学生资助制度

由于历史原因以及特殊区位,少数民族地区经济、社会发育程度不高,以致在教育上提供和注入的经费较少,再加上本身校舍、师资方面的困难,加大了民族地区教育事业的发展难度。为了解决这一难题,国家加大了经费投入,如国家自1985年起,每年拨出1亿元作为普及小学教育基建专款,帮助这些地区解决办学经费不足的困难,其中拨给新疆、内蒙古等8个省、自治区的经费占54%以上。1990年起,国家又设立了少数民族教育补助经费,每年2000万元,专门用于民族地区发展教育事业;1995年设立的"国家贫困地区义务教育工程",中央政府投入39亿元,其中22亿元投向"普九"困难较大的少数民族人口集中的9省区。

2015年国务院颁布的《关于加快发展民族教育的决定》又提出,各级政府要切实增加民族教育投入,加快推进民族地区基本公共教育服务均等化。整合民族教育中央专项资金并适时扩大资金规模,集中用于解决双语教育、教师培养培训、民族团结教育、民族文化交融创新等方面的突出问题。鼓励和引导社会力量支持发展民族教育,多渠道增加民族教育投入。关于加大学生资助力度,主要体现在完善学前教育资助制度;落实好农村义务教育阶段学生"两免一补"政策;落实好中等职业教育免学费政策,完善国家助学金政策;鼓励内地高校通过设立学习进步奖学金等方式,加大对来自国家通用语言文字教育基础薄弱地区学生的奖励资助力度等。

9. 积极开展民族教育对口支援

由较发达地区对民族地区教育进行对口援助有较长的历史。1956年教育部就在其《关于内地支持边疆省、区的师资问题的通知》中要求四川、陕西等内地省、市对毗邻边疆省、自治区的师资进行支援。1992年10月,国家教委办公厅印发了《关于对全国143个少数民族贫困县实施教育扶贫的意见》,强调了对民族贫困地区实施教育扶贫的重大意义,并具体规定了"教育扶贫的目的""教育扶贫的主要任务""教育对口支援协作的实施"等。2000年4月6日,中共中央办公厅、国务院办公厅下发了《关于推动东西部地区学校对口支援工作的通知》,明确提出实施"东部地区学校对口支援西部贫困地区学校工程"和"西部大中城市学校对口支援本省(自治区、直辖市)贫困地区学校工程"。随后,2000年4月20日,教育部、国务院扶贫开发领导小组等印发了《关于东西部地区学校对口支援工作的指导意见》,具体规定了"两个工程"的实施范围、实施重点及工程建设目标。2001年5月10日,教育部下发了《关于实施"对口支援西部地区高等学校计划"的通知》,该通知指出:"根据西部地区重点建设高校(简称受援高校)的学科特点和意愿,北京大学、清华大学等13所高校被指定为支援高校";"支援高校采取一对一的方式,实施对受援高校的支援和全方位合作";"实施'对口支援计划'要以人才培养工作为中心,以学科专业建设、师资队伍建设、学校管理制度与运行机制建设为重点,争取用五年的时间,使受援高校的教学、科研和管理水平有较大提高,为受援高校的长远发展奠定坚实基础"。2015年国务院颁布的《关于加快发展民族教育的决定》进一步指出,按照已建立的对口援助关系,重点加大对受援地区双语教育、职业教育和学前教育的支援力度,配套完善必要的设施设备,培训和选派中小学校长、班主任、骨干教师,帮助培养各类人才。发挥中东部职业教育集团办学优势,对口支援民族地区职业学校。

二、民族语言文字法律制度

民族语言文字是人类最重要的交流和交际工具,是人与人之间相互接触、表达思想和传递信息的媒介,是文化继承和传播的重要载体。中华人民共和国成立后,党和政府将维护和发展各民族的平等团结互助和谐关系作为解决民族问题的基本价值目标,写入宪法和其他法律法规之中。民族语言文字的法律保护已经成为我国民族法律规范体系的重要组成部分。

(一)民族语言文字平等权

民族平等是马克思主义民族政策的首要原则,体现在民族语言文字的法律保护方面就是民族语言文字平等权。民族语言文字是民族特征的直接表现,随着民族的发展而发展变化。一个民族一旦形成,它的社会特点和生活方式均要通过语言来表现。民族语言文字不仅反映民族的经济、历史和文化,还能表达出表现于共同文化特点上的共同心理素质,人类需要依靠语言文字来维系内部的联系和情感。如果民族语言文字问题处理不当,就容易形成民族纠纷,进而影响民族关系的正常发展。在阶级社会中的民族压迫制度下,少数民族语言文字往往受到歧视和限制,造成了民族间的摩擦,构成民族问题,甚至影响整个国家的稳定和安宁。

"谁不承认和不坚持民族平等和语言平等,不同各种民族压迫或不平等作斗争,谁就不是马克思主义者,甚至也不是民主主义者。"[23] 我国历来是一个多民族、多语言、多文字的国家。20世纪50年代以来持续的民族语言调查结果表明,我国55个少数民族实际使用着130多种语言(包括我国台湾地区高山族群使用的19种南岛语系语言)和60多种文字(其中正式使用或试行的民族文字有30多种)。[24] 每一种民族语言文字都是各族人民的智慧结晶,也是中华文化的重要组成部分。因此,保障各民族语言文字的平等权是民族平等的应有之义。

(二)民族语言文字自由权

民族语言文字自由权是宪法和法律赋予各族公民,在一切生活领域使用和发展本民族语言文字的权利。起临时宪法作用的《共同纲领》第53条第1句规定:"各少数民族均有发展其语言文字、保持或改革其风俗习惯及宗教信仰的自由。"2018年修订的《宪法》第4条第4款规定:"各民族都有使用和发展自己的语言文字的自由……"2000年发布的《国家通用语言文字法》第8条规定:"各民族都有使用和发展自己的语言文字的自由。"2001年修订的《民族区域自治法》第10条规定:"民族自治地方的自治机关保障本地方各民族都有使用和发展自己的语言文字的自由……"

《宪法》第139条规定了少数民族使用本民族语言进行诉讼的权利。该条规定:"各民族公民都有用本民族语言文字进行诉讼的权利。人民法院和人民检察院对于不通晓当地通用的语言文字的诉讼参与人,应当为他们翻译。在少数民族聚居或者多民族共同居住的地区,应当用当地通用的语言进行审理;起诉书、判决书、布告和其他文书应当根据实际需要使用当地通用的一种或者几种文字。"此外,《民族区域自治法》第47条、《刑事诉讼法》第9条、《行政诉讼法》第9条、《民事诉讼法》第11条等也作出了类似规定。

(三)民族语言文字使用自治权

《宪法》第121条规定:"民族自治地方的自治机关在执行职务的时候,依照本民族自治地方自治条例的规定,使用当地通用的一种或者几种语言文字。"2001年修订的《民族区域自治法》规定:"民族自治地方的自治机关在执行职务的时候,依照本民族自治地方自治条例的规定,使用当地通用的一种或者几种语言文字;同时使用几种通用的语言文字执行职务的,可以以实行区域自治的民族的语言文字为主。"依据法律规定可以看出,民族语言文字使用自治权是民族自治地方的自治机关在执行职务的时候使用工作语言文字的一项特定职权,它与民族语言文字自由权是不同的,其差别主要体现在三个方面。

首先,两者产生的条件不同。民族语言文字自由权的产生是以一定地区民族语言文字的出现和使用为基础的,而民族语言文字使用自治权是伴随民族区域自治制度的确立,在法定程序中产生的。

其次,行使权利的主体不同。民族语言文字自由权的行使主体是该民族及其公民,而民族语言文字使用自治权行使的主体是民族自治地方的自治机关。

最后,两类权利行使的范围不同。民族语言文字自由权行使的范围是各族公民在我国领域

---

〔23〕《列宁全集》(第20卷),人民出版社1958年版,第11页。

〔24〕参见赵学义、关凯主编:《政策视野中的少数民族非物质文化遗产》,民族出版社2010年版,第134~135页。

内的任何时间,无论是生产、生活还是工作中都可以使用,范围十分广泛。然而,民族语言文字使用自治权仅限于在民族自治地方内,且是自治机关在执行职务时使用。

(四)民族语言文字发展权

世界处于不断发展变化中,任何阻碍客观发展规律的事物都会被摒弃。民族语言文字虽然具有一定的稳定性,但是随着社会的变迁和民族生活环境的变化以及民族关系的发展,在基本词汇、语言结构、使用习惯等方面也会不断改进,使旧有的、失去生命力的词汇逐渐被淘汰,而代表时代脉搏和新生事物的新词汇不断被创造出来,使语言文字在内容和使用手段上更富于时代感。除此之外,民族之间交往交流交融得越普遍,各民族的语言词汇中越会出现“你中有我,我中有你”的现象。

民族语言文字发展权就是各民族都有自主改革、发展或请求国家帮助改革、发展本民族语言文字的权利。这是宪法和法律赋予的符合民族语言文字客观发展规律的权利。1954 年 5 月,中央人民政府政务院文化教育委员会、民族语言文字研究指导委员会及中华人民共和国民族事务委员会向中央提交了《关于帮助尚无文字的民族创立文字问题的报告》。1956 年 1 月 3 日,《人民日报》发表了《加速完成创立少数民族语言文字的工作》的社论。1956 年 3 月,国务院下发了《关于各少数民族创立和改革文字方案的批准程序和实验推行分工的通知》等文件,规定帮助没有文字的民族创造文字和帮助一些民族改进文字,并付诸实施。宪法、民族区域自治法、一些民族自治地方制定的民族语言文字条例也肯定了民族语言文字发展权。在当今信息时代,民族语言文字发展权是使各民族跟上时代潮流,在融入全球化的过程中共享世界文明成果而又保持其民族性的内在要求。

(五)互相学习语言文字权

《民族区域自治法》第 49 条第 1 款规定:“民族自治地方的自治机关教育和鼓励各民族的干部互相学习语言文字。汉族干部要学习当地少数民族的语言文字,少数民族干部在学习、使用本民族语言文字的同时,也要学习全国通用的普通话和规范文字。”其第 59 条也规定教育各民族的干部和群众互相尊重语言文字。法律赋予各民族互相学习语言文字的权利是为了促进民族团结,实现各民族之间的交往交流交融。

中华人民共和国成立以来 70 多年的实践证明,在民族地区工作的汉族干部学习民族语言文字,可以更好地了解少数民族的历史和现状,直接了解少数民族的感情和愿望,听取少数民族的意见和要求,同少数民族保持广泛而紧密的联系,便于更好地开展各项工作。少数民族干部和群众学习掌握普通话和规范汉字,便于更好地参与国家管理,有利于参加各种政治、社会、经济和文化活动,便于更快地获取各种信息,更快地学习掌握现代科学文化知识,加速民族地区的发展。各族公民相互学习语言文字,对于增强民族间的相互了解、相互学习、相互帮助和团结,促进各民族的共同发展繁荣具有十分重要的意义。当然,这种互相学习民族语言文字,必须是自愿基础上的,不能强制推行或强迫学习某种民族语言文字,这也是民族语言文字平等权和自由权的要求。

三、民族宗教信仰法律制度

我国是一个统一的多民族国家,也是一个宗教多元化的国家,有世界性的佛教、伊斯兰教、基督教、天主教和东正教,还有汉族的道教及一些民族原始宗教的各种形式。各种宗教在少数民族中呈现内容繁杂、形式多样的格局。

目前,我国少数民族人口已经超过 1 亿人,各民族信仰宗教的群众也有 1 亿多人。虽然这两个“1 亿人”占我国总人口的比例并不高,但是绝对数很大。[25] 其中,藏族、傣族等少数民族信仰佛教;回族、维吾尔族、哈萨克族等少数民族信仰伊斯兰教;彝族、朝鲜族、满族、瑶族、壮族、布依族、侗族、白族、拉祜族、毛南族、京族、仫佬族、高山族、土家族等少数民族信仰汉传佛教;蒙古族、藏族、纳西族、拉祜族、柯尔克孜族、土族、塔吉克族、乌孜别克族、赫哲族、鄂温克族、羌族、裕固族、鄂伦春族、阿昌族、普米族、怒族等少数民族信仰藏传佛教;傈僳族则大部分人信仰基督教。其他民族或多或少信仰天主教、基督教、佛教、道教或原始宗教。[26] 由此可见,宗教信仰具有了民族性。宗教作为一种社会组织和社会活动,必须在法律范围内活动。党的十八大以来,在以习近平同志为核心的党中央坚强领导下,我国全面推进依法治国,把宗教工作纳入国家治理体系,用法律调节涉及宗教的各种社会关系,宗教工作法治化水平不断提高。民族宗教信仰法律制度就是国家关于规范和保障各民族公民宗教信仰自由,以及调整各民族公民正常的宗教活动和合法权益的法律规范集合体。

(一)各族公民有宗教信仰自由

中华人民共和国成立后历次颁布的宪法都确立了宗教信仰自由原则。《宪法》第 36 条第 1 款和第 2 款规定:“中华人民共和国公民有宗教信仰自由。任何国家机关、社会团体和个人不得强制公民信仰宗教或者不信仰宗教,不得歧视信仰宗教的公民和不信仰宗教的公民。”《民族区域自治法》第 11 条也作出了相同的规定。

宗教信仰自由意味着各族公民有信仰宗教的自由,也有不信仰宗教的自由;有信仰这种宗教的自由,也有信仰那种宗教的自由;在同一宗教里,有信仰这个教派的自由,也有信仰那个教派的自由;有过去信教而现在不信教的自由,也有过去不信教而现在信教的自由。宗教信仰的选择是各族公民个人的私事,任何国家机关、社会团体和个人不得干涉。禁止基于宗教信仰原因的一切形式的不容忍和歧视,否则就构成侵犯他人宗教信仰自由的违法行为,需要承担法律责任。《刑法》第 251 条规定:“国家机关工作人员非法剥夺公民的宗教信仰自由……情节严重的,处二年以下有期徒刑或者拘役。”

(二)正常的宗教活动受国家保护

《宪法》第 36 条第 3 款和《民族区域自治法》第 11 条第 3 款、第 4 款均规定,国家保护正常的宗教活动。任何人不得利用宗教进行破坏社会秩序、损害公民身体健康、妨碍国家教育制度的活动。正常的宗教活动是指信教群众按照各教的教规、教义和习惯在宗教场所以及自己家里进行拜佛、诵经、烧香、祈祷、礼拜、讲话、讲道、弥撒、受洗、受戒、封斋、终傅、追思以及过宗教节日。正常的宗教活动由各宗教组织和信徒自己办理,受国家法律保护。为了确保各民族公民能够进行正常的宗教活动,我国政府还制定和实施了一系列相关的措施,主要有以下三个方面。

一是建立宗教组织机构,以便开展宗教活动。2018 年民政部颁布了《直管社会组织重大事项报告管理暂行办法》,2019 年国家宗教事务局公布了《宗教团体管理办法》。宗教组织机构,既是宗教事务机构,又是教徒自己的群众团体。各宗教组织代表宗教界的合法权益,可以通过在各级人民代表大会和各级政治协商会议中的宗教界代表和委员,对违反宗教政策的行为提出批评,

---

〔25〕 龚学增:《当代中国少数民族宗教问题研究——民族宗教学的重要课题》,载中国宗教学术网,http://iwr.cass.cn/zjymz/201008/t20100812_3109663.shtml,访问日期:2023 年 7 月 26 日。

〔26〕 参见王晓朝、李磊主编:《宗教学导论》,首都经济贸易大学出版社 2006 年版,第 277 页。

并通过协商乃至法律程序得到合理解决。中国的宗教团体约5500个,其中全国性宗教团体7个,分别为中国佛教协会、中国道教协会、中国伊斯兰教协会、中国天主教爱国会、中国天主教主教团、中国基督教三自爱国运动委员会、中国基督教协会。此外,宗教活动场所分布各地,基本满足了信教群众宗教生活的需要。依法登记的宗教活动场所14.4万处。佛教寺院约3.35万座,其中汉传佛教2.8万余座,藏传佛教3800余座,南传佛教1700余座。道教宫观9000余座。伊斯兰教清真寺3.5万余处。天主教教区98个,教堂和活动堂点6000余处。基督教教堂和聚会点约6万处。[27]

二是保护宗教教职人员履行正常的教务活动。2021年国家宗教事务局公布了《宗教教职人员管理办法》,对宗教教职人员的基本权利义务、资格认定、日常管理、法律责任等方面作出了规范性规定。宗教教职人员是指在某一宗教中担任一定宗教职务并履行其职责的信仰宗教的公民。我国宗教教职人员38万余人,其中佛教教职人员约22.2万人,道教教职人员4万余人,伊斯兰教教职人员5.7万余人,天主教教职人员约0.8万人,基督教教职人员约5.7万人。为了团结和教育宗教教职人员拥护社会主义,带动信众爱国守法,维护祖国统一和民族团结,自觉适应社会主义现代化建设的要求,我国还开办了宗教院校,培养新一代高层次教职人员。截至2017年9月,经国家宗教事务局批准设立的宗教院校共91所,其中佛教41所,道教10所,伊斯兰教10所,天主教9所,基督教21所。全国性宗教院校6所,分别为中国佛学院、中国藏语系高级佛学院、中国道教学院、中国伊斯兰教经学院、中国天主教神哲学院、金陵协和神学院。宗教院校在校学生1万多人,历届毕业生累计4.7万余人。[28] 教职人员同广大信教群众有密切联系,他们指导宗教信徒的宗教生活,对信教群众的精神生活有重要影响。造就一支高层次的教职人员队伍,对各宗教的发展具有积极的推动作用。教职人员履行正常的教务活动既是他们的权利也是他们的义务,政府有关部门及其工作人员可以帮助他们解决工作中的困难,但不能包办代替。

三是依法出版宗教典籍文献。多语种、多版本的宗教经典以及记载、阐释、注解宗教教义、教规的印刷品、音像制品和电子读物的印制出版流通,满足了各族信教公民的多样化需求。整理出版《大藏经》《中华道藏》《老子集成》等大型宗教古籍文献。西藏寺庙的传统印经院得到保留和发展,现有布达拉宫印经院等传统印经院60家,年印经卷6.3万种。已翻译出版发行汉语、维吾尔语等多种文字版的《古兰经》等伊斯兰教经典,编辑发行《新编卧尔兹演讲集》系列等读物和杂志,总量达176万余册。中国已为100多个国家和地区累计印刷超过100个语种、1.6亿多册《圣经》,其中为中国教会印刷约8000万册,包括汉语和11种少数民族文字以及盲文版。许多宗教团体和活动场所开设了网站,中国伊斯兰教协会开通了中文版和维吾尔文版网站。[29]

需要注意的是,任何人不得利用宗教进行破坏社会秩序、损害公民身体健康、妨碍国家教育制度的活动。如有违法行为,会有国家机关对其追责。利用宗教妨碍社会管理秩序的行为的法律责任在《刑法》第290条有明确规定,在司法实践中将会对这种犯罪行为以聚众扰乱社会秩序罪定罪处罚。利用宗教损害公民健康的行为构成了故意伤害罪,依据《刑法》第234条的规定予

〔27〕《〈中国保障宗教信仰自由的政策和实践〉白皮书(全文)》,载国务院新闻办公室网,http://www.scio.gov.cn/zfbps/32832/Document/1626514/1626514.htm,最后访问时间:2021年12月27日。

〔28〕《〈中国保障宗教信仰自由的政策和实践〉白皮书(全文)》,载国务院新闻办公室网,http://www.scio.gov.cn/zfbps/32832/Document/1626514/1626514.htm,最后访问时间:2021年12月27日。

〔29〕《〈中国保障宗教信仰自由的政策和实践〉白皮书(全文)》,载国务院新闻办公室网,http://www.scio.gov.cn/zfbps/32832/Document/1626514/1626514.htm,最后访问时间:2021年12月27日。

以追究。

（三）宗教团体和宗教事务不受外国势力的支配

《宪法》第36条第4款和《民族区域自治法》第11条第5款均规定，宗教团体和宗教事务不受外国势力的支配。中国政府依照宪法和法律，支持各宗教坚持独立自主自办原则，各宗教团体、宗教教职人员和信教公民自主办理宗教事业。独立自主自办原则是中国人民在民族独立、社会进步的斗争中，基于天主教和基督教长期被殖民主义、帝国主义所控制和利用，被称作"洋教"的屈辱历史，由中国信教公民自主作出的历史性选择。这一原则，顺应了中国人民谋求民族独立、人民解放的历史潮流，顺应了实现中华民族伟大复兴的中国梦的时代要求，使中国宗教的面貌焕然一新，得到国际宗教友好人士的普遍理解、尊重和支持。

坚持独立自主自办原则，不是要断绝中国宗教组织同境外宗教组织的正常联系。中国政府支持和鼓励各宗教在独立自主、平等友好、相互尊重的基础上，开展对外交流交往，建立、发展、巩固同海外宗教界的友好关系，增信释疑，展示良好形象。此外，中国政府尊重和保护来华外国人的宗教信仰。外国人可以在中国境内的寺院、宫观、清真寺、教堂等宗教活动场所参加宗教活动。经省、自治区、直辖市以上宗教团体的邀请，外国人可以在中国宗教活动场所讲经、讲道。外国人可以邀请中国宗教教职人员为其举行洗礼、婚礼、葬礼和道场法会等宗教仪式。外国人进入我国境内可以携带自用的宗教印刷品、宗教音像制品和其他宗教用品。为满足外国人集体过宗教生活的需要，由有关单位申请，经县级以上政府宗教事务部门同意，可以为外国人指定宗教活动场所或临时地点，用以举行非中国公民参加的宗教活动等。

对境外组织和个人利用宗教从事各种违反中国宪法、法律、法规和政策的活动，控制中国宗教组织、干涉中国宗教事务，甚至企图颠覆中国政权和社会主义制度的行为，中国政府坚决反对并将依法处置，如依据《刑法》第103条的规定对分裂国家的各种行为予以严厉的法律制裁。

四、民族风俗习惯法律制度

民族风俗习惯是适应各民族生产生活需要，由各民族普遍接受的价值观念所决定，通过各民族生产生活的各个方面体现出来，并且长期传承的行为心理和行为方式。它反映着民族的经济生活、自然环境、历史传统、生产方式和心理感情，是民族特点的一个重要方面。尊重各民族风俗习惯是维护民族平等和民族团结的根本要求。因此，《宪法》第4条第4款和《民族区域自治法》第10条都赋予了各民族保持或者改革其风俗习惯的自由，其他法律法规也对尊重各民族风俗习惯作出了明确规定，主要包括以下几个方面的内容。

（一）尊重各民族饮食习惯的法律规定

1955年，商业部在《关于牛羊经营中有关回民风俗习惯的几点注意事项的指示》中就牛羊肉经营中涉及回民风俗习惯的各个细节作出规定，要求供应回民的牛羊肉要由阿訇或相当人员屠宰、剥皮剔骨均由回民职工按回民的操作习惯进行、出入库检查由回民职工负责、分库保管、特别标志、分车装运、分别出售等。1958年，城市服务部、中央民族事务委员会发布的《在副食商业工作中贯彻民族政策、尊重民族习惯、做好副食品供应的联合指示》要求，凡是国内供应紧张、少数民族又有消费习惯的特殊商品，都应该贯彻尽可能优先供应少数民族需要的方针，尤其对少数民族重大节日的副食供应，更应该引起极大重视。1979年，中共中央、国务院批转的《国家民委关于做好杂居、散居少数民族工作报告》，规定回族等信仰伊斯兰教的少数民族职工较多的机关、学校、企事业单位，应设清真食堂或清真伙食，人数少的可以几个单位联合举办。对没有清真食堂或清真伙食,又不能回家吃饭的信仰伊斯兰教的民族职工,应发给伙食补助费。在城市和回族等信仰伊斯兰教的民族来往较多的要道、饭店、旅馆、医院、列车等,应设清真食堂或清真伙食。1980年商业部发布《关于回族等食用牛羊屠宰加工问题的通知》,要求应当尊重少数民族的风俗习惯,更好地贯彻落实党的民族政策和宗教政策,他们食用的牛羊肉应由阿訇屠宰。1993年的《城市民族工作条例》就清真食品的生产、加工、运输、储藏、出售等问题作出了一系列规定。2000年教育部、国家民委联合发布了《关于在各级各类学校设置清真食堂、清真灶有关问题的通知》。2014年国务院原食品安全委员会、国家民委、原国家食品药品监督管理总局等五部门联合发布了《关于规范清真食品生产经营活动的通知》,该通知要求在全国范围内积极开展清真食品生产经营规范活动,切实尊重少数民族的饮食习惯禁忌,保障其生产生活特需品的供应,维护少数民族群众在饮食风俗习惯方面的基本权利等。

(二)尊重各民族婚姻和生育习俗的法律规定

1950年中央人民政府委员会颁布实施的《婚姻法》第27条规定:“在少数民族聚居的地区,大行政区人民政府(或军政委员会)或省人民政府得依据当地少数民族婚姻问题的具体情况,对本法制定某些变通的或补充的规定,提请政务院批准施行。”1955年,内务部公布《婚姻登记办法》,该办法第12条规定:“省人民委员会和自治区的自治机关,对于少数民族聚居区的婚姻登记,如果不适用本办法的时候,可以另作变通规定,分报内务部和民族事务委员会备案。”其第36条规定:“民族自治地方人民代表大会和它的常委会可以根据本法的原则,结合当地民族婚姻家庭的具体情况,制定变通的或补充的规定。”一些民族自治地方的人大依据宪法和民族区域自治法赋予的立法变通权,结合本民族的婚姻和生育习俗进行了变通,比如降低了法定婚龄、适当放宽了计划生育政策。

(三)尊重各民族节日习俗的法律规定

1949年12月23日,政务院第十二次会议通过《全国年节及纪念日放假办法》,该办法指出:“凡属少数民族习惯之假日,由各少数民族集居地区之地方人民政府,斟酌各该民族习惯,规定放假日期。”1952年又作出了《关于对少数民族年节优待的决定》,对少数民族的年节进行一系列照顾,保证少数民族年节特殊用品的供应。1979年,中共中央、国务院批转《国家民委关于做好杂居、散居少数民族工作的报告的通知》规定:“少数民族节日,当该受到尊重。民族节日放假办法,按国务院规定执行。”1993年国务院颁布的《城市民族工作条例》也规定,少数民族职工参加本民族重大节日活动,可以按照国家有关规定放假,并照发工资。各地人民政府还按照少数民族的节日习惯,制定放假办法、节日特殊食品供应等优待办法。

(四)尊重各民族丧葬习俗的法律规定

1979年,国家民委就回族丧葬中埋葬、公墓的设立、殡葬服务等给出了具体的指导,强调对风俗习惯的改革,必须尊重本民族大多数群众的意愿,坚持自愿原则,不得用任何行政命令或者其他办法强迫改革。1993年国务院颁布的《城市民族工作条例》第25条规定,对具有特殊丧葬习俗的少数民族妥善安排墓地,并采取措施加强少数民族的殡葬服务;对少数民族自愿实行丧葬改革的,应当给予支持。此外,各地殡葬部门十分重视少数民族的丧葬习俗,划拨专用土地,建立公墓,将少数民族墓地与汉族墓地分开。2012年修订的《殡葬管理条例》第6条规定:“尊重少数民族的丧葬习俗;自愿改革丧葬习俗的,他人不得干涉。”2016年民政部、财政部、原环保部、发改委等九个部门共同拟定发布了我国首个专门推进殡葬生态文明建设的政策文件——《关于推进节地生态安葬的指导意见》,该意见明确提出了“在尊重少数民族丧葬习俗的基础上,建议和鼓励少数民族群众尽可能选择不违背民族特色习俗又满足节地生态要求丧葬方式”的政策要求。

（五）尊重各民族保持或者改革本民族风俗习惯的法律规定

周恩来同志指出：“风俗习惯常常是一个民族一种，因此，风俗习惯也同样应该受到尊重。如果不尊重，就很容易刺激感情。”[30]各民族的风俗习惯是各民族在长期的历史发展过程中，在特定的自然环境、社会历史条件、经济活动和生活方式下逐步形成的，体现了各民族的历史传统和心理感情，为本民族人民所崇尚。每一个民族的风俗习惯中，都有很多是优秀民族传统文化，它们反映了该民族发展和斗争的历史、迁徙定居的地区、语言文字的变化、歌舞的内容和形式、丰富的民间传说等，是各民族人民的智慧的体现，保持本民族的风俗习惯可以提高民族自尊和自信。改革开放后我国新闻出版事业发展迅速，为了规范新闻出版行业尊重民族风俗习惯，我国也出台了一些重要文件。1983 年国家民委发布《关于宣传报导和文艺创作要正确对待少数民族的风俗习惯问题的通知》，该通知指出“近几年来，有些报纸杂志，在宣传报导和发表反映少数民族生活题材的某些文章和作品中，接连出现了一些问题。有的小说、剧本、电影、曲艺、美术、杂文等文艺作品，对某些少数民族的风俗习惯，作了不恰当的评述，有的丑化了少数民族人物形象，有的仍沿用历史上遗留下来的某些歧视、侮辱少数民族的语言、称谓。这类问题的发生，在少数民族中造成了不好的影响，引起少数民族干部群众的不满，在个别地方，甚至造成民族关系的紧张，对政治安定和民族团结极为不利”。同时，该通知还强调：“我们党历来重视并经常强调要尊重少数民族的风俗习惯，反对歧视和侮辱少数民族，并把这看作是认真贯彻执行党的民族政策和改善民族关系的重要一环。”1986 年 2 月，国家民委发布了《关于慎重对待少数民族风俗习惯问题的通知》。1987 年 6 月，中央宣传部、中央统战部、国家民委发布了《关于在宣传报道和文艺创作中防止继续发生丑化、侮辱少数民族事件的通知》，对宣传报道和文艺创作中涉及民族问题应如何处理作了原则规定。1994 年 6 月，中央宣传部、中央统战部、国家民委、原文化部、原广播电影电视部、原新闻出版署、国务院原宗教局联合发布了《关于严禁在新闻出版和文艺作品中出现损害民族团结内容的通知》。2020 年《广播电视管理条例》第 32 条规定，禁止制作、播放载有煽动民族分裂、破坏民族团结等内容的节目。上述文件都要求尊重民族风俗习惯，对于违法行为也会追究法律责任，甚至是刑事责任。

当然，民族风俗习惯中也存在一些不好的、落后的，甚至糟粕的东西，这些并不利于各民族发展和社会进步。因此，法律赋予了各民族改革本民族风俗习惯的权利。1950 年，毛泽东同志在《不要四面出击》一文中指出：“按照共同纲领的规定，少数民族地区的风俗习惯是可以改革的。但是，这种改革必须由少数民族自己来解决。”[31]1951 年 9 月，毛泽东同志又指出，如果不是出于各族人民以及和各族人民有联系的领袖们自觉地进行，而是由中央人民政府下命令强迫地去进行，而是由汉族或其他民族中出身的工作人员生硬地强制地进行，那就只会引起民族反感，达不到改革的目的。周恩来同志也指出：“对于反映在文化方面的风俗习惯，不要随便加以修改。现在有些文工团到兄弟民族地区去学习音乐舞蹈，特别是舞蹈，常常拿汉族的想法来修改，兄弟民族对此很不高兴。这是强加于人，不尊重人家的风俗习惯。有些汉族人总觉得他自己的都是

---

〔30〕 刘先照主编、国家民族事物委员会政策研究室编：《中国共产党主要领导人论民族问题》，民族出版社 1994 年版，第 186 ~ 187 页。

〔31〕《毛泽东文集》（第 6 卷），人民出版社 1999 年版，第 75 页。

好的,人家的是落后的,这是资产阶级民族主义思想。"[32] 因此,民族风俗习惯什么时候改革、怎么改革都取决于少数民族自己的意愿,任何组织和个人都不能越俎代庖,即便对于落后的民族风俗习惯也要采取慎重的态度,耐心引导,否则事与愿违。

五、民族传统文化法律制度

民族传统文化是民族精神的象征,既包括物质的,也包括精神的,体现了各民族的精神品格和精神力量。党和政府历来尊重和保护民族传统文化,也构建起了保护民族传统文化的法律制度。由于民族传统文化内容丰富,范围广泛,因此保护民族传统文化的法律规范散见于各法律法规中,主要包括以下几个方面的内容。

(一)民族自治地方自治机关及上级国家机关保护民族传统文化的职责

宪法、民族区域自治法等赋予了自治机关和上级国家机关相应的职权来保护、发展民族传统文化,主要体现为三个方面。

一是各民族自治地方的自治机关享有文化发展权。民族自治地方的自治机关自主地发展具有民族形式和民族特点的文学、艺术、新闻、出版、广播、电影、电视等民族文化事业,加大对文化事业的投入,加强文化设施建设,加快各项文化事业的发展;民族自治地方的自治机关组织、支持有关单位和部门收集、整理、翻译和出版民族历史文化书籍,保护民族的名胜古迹、珍贵文物和其他重要历史文化遗产,继承和发展优秀的民族传统文化。

二是民族自治地方的自治机关享有文化交流权。民族自治地方的自治机关积极开展和其他地方的教育、科学技术、文化艺术、卫生、体育等方面的交流和协作。自治区、自治州的自治机关依照国家规定,可以和国外进行教育、科学技术、文化艺术、卫生、体育等方面的交流。

三是上级国家机关承担帮助民族自治地方加速文化事业建设的职责。上级人民政府从政策和资金上支持民族自治地方少数民族文化事业发展,加强文化基础设施建设,重点扶持具有民族形式和民族特点的公益性文化事业,加强民族自治地方的公共文化服务体系建设,培育和发展民族文化产业。国家支持少数民族新闻出版事业发展,做好少数民族语言广播、电影、电视节目的译制、制作和播映,扶持少数民族语言文字出版物的翻译、出版。国家重视少数民族优秀传统文化的继承和发展,定期举办少数民族传统体育运动会、少数民族文艺会演,繁荣民族文艺创作,丰富各民族群众的文化生活。上级人民政府支持对少数民族非物质文化遗产和名胜古迹、文物等物质文化遗产的保护和抢救,支持对少数民族古籍的搜集、整理、出版。

(二)民族文化遗产保护法律制度

全国人民代表大会及其常务委员会高度重视文化法治建设,在全面依法治国战略的引领下,随着对文化遗产保护对象和范围的认识不断扩大,保护的程度不断加深,包括于 1982 年颁布实施并于 2017 年修正的《文物保护法》、2011 年颁布实施的《非物质文化遗产法》以及国务院颁布的《文物保护法实施条例》《传统工艺美术保护条例》《历史文化名城名镇名村保护条例》《长城保护条例》《博物馆条例》等行政法规在内的文化遗产法制体系框架基本形成,为民族文化遗产工作提供了重要的、较为完备的法律保障。

1980 年原文化部、国家民委在联合发布的《关于做好当前民族文化工作的意见》中明确要求

---

[32] 刘先照主编、国家民族事物委员会政策研究室编:《中国共产党主要领导人论民族问题》,民族出版社 1994 年版,第 187 页。

尽快落实少数民族文化遗产的收集、整理工作，特别要做好对少数民族民间老艺人、口头流传的文化内容以及少数民族古老文献的保护和抢救工作，在传承保护对象的范围和内容上均实现了突破和进步。1984 年由国家民委上报并得到国务院批准转发的《关于抢救整理少数民族古籍的请示》要求民族地方及相关职能部门为少数民族古籍的抢救整理工作在资金、技术、人力等方面提供必要的支持，成立专门的职能机构负责进程推进和监督协调，做好征集书籍的整理编目、海外流失古籍的寻回复制、口头资料的记录抢救等方面的工作。1982 年的《文物保护法》和 1988 年国家民委、国家文物局出台的《关于加强少数民族文物工作的意见》要求在全国范围内特别是在广大民族地区大力建设如少数民族博物馆等具备文物保护保存专业技术能力的少数民族文物管理维护机构，以实现少数民族文物传承保护工作的专业化、科学化、技术化。同时，1988 年原文化部发布的《关于进一步加强农村文化建设的意见》提出了“加强对民间艺人的关心、引导和分类管理，搞好少数民族民间文化遗产的收集、整理、抢救、传承工作”。2000 年原文化部和国家民委发布的《关于进一步加强少数民族文化工作的意见》提出“在广大民族地区建立建设少数民族文化生态保护区，保持和维护包括众多文化遗产在内的整个少数民族文化生态的系统性、完整性”，“加强少数民族文化遗产资源的分布调研，建立少数民族地区专属的文化资源及民间艺人档案，鼓励濒危少数民族民间艺术、技艺、绝活等非物质文化遗产的传承传授、抢救保护”。2001 年原文化部和国家档案局发布的《艺术档案管理办法》提出“对国家和社会具有保存记录价值的少数民族文化艺术遗产进行建档管理”。2002 年原文化部、国家计委和财政部联合出台的《关于进一步加强基层文化建设的指导意见》中明确提出“对于少数民族民间非物质文艺遗产的传承工作提供必要的资助，强化对少数民族珍贵的传统文艺资料的收集、整理、抢救工作”。2005 年国务院发布的《关于加强我国非物质文化遗产保护工作的意见》是国务院首次就我国非物质文化遗产保护工作发布的权威指导意见，明确提出保护工作的重要意义、目标和方针，建立保护制度、工作机制等。2007 年发布的《关于进一步加强古籍保护工作的意见》和《全国古籍普查工作方案》对少数民族古籍的定级标准等问题作出了安排等。2009 年国务院印发的《关于进一步繁荣发展少数民族文化事业若干意见》结合全国第三次文物和非物质文化遗产普查的结果提出了“做好少数民族地区各类文化遗产的征集、调查、登记、抢救、整理、翻译、保存、研究工作”，“提高文化遗产传承保护的科学管理水平，推进文化遗产的国际、国内名录申报工作”等方面的意见。2015 年原文化部连同教育部全面启动了《中国非遗传承人群研修研习培训计划》。在该计划的支持下，大批少数民族非物质文化遗产项目的持有人、传承人、从业者被选送至高校相关专业院系进行专业能力培训和技艺技术研究，不断提高少数民族非物质文化遗产传承人的业务实践能力。2017 年中共中央办公厅、国务院办公厅联合发布的《关于实施中华优秀传统文化传承发展工程的意见》中规定“高度重视和强化少数民族传统经典文献和濒危文献古籍的收集、整理、保存、传播工作，通过少数民族经典文献和汉语言经典文献的双向互译传播来增进民族间经典文化、传统思想的交流和认同”，不断推动各民族在文化遗产层面的深度交融。2017 年国务院批准转发的《中国传统工艺振兴计划》提出必须重视少数民族传统手工技艺等少数民族非物质文化遗产的保护传承及未来发展，作出了“结合少数民族特点特色，对少数民族传统手工技艺的振兴途径进行积极探索”的规划等。

从民族文化遗产保护的历程可以看出国家对物质文化遗产和非物质文化遗产的保护都十分重视，在这些法律法规保障下，民族文化遗产得到了有效保护。在我国 2011 年颁布《非物质文化遗产法》之前，非物质文化遗产一般被称呼为民族民间传统文化。在国家制定这方面的法律之前,采取了让地方先行立法的方式来探索经验。云南省率先出台了《云南省民族民间传统文化保护条例》(2000 年),之后许多地方在总结当地经验的基础上也出台了这方面的地方性法规,如《贵州省民族民间文化保护条例》(2003 年)、《福建省民族民间文化保护条例》(2004 年)、《广西壮族自治区民族民间传统文化保护条例》(2005 年)等。为了与国际公约保持一致,《非物质文化遗产法》将民族民间传统文化的表述改为了非物质文化遗产。然而从非物质文化遗产的分布来看,多数仍在民族地区,因此,《非物质文化遗产法》对于民族传统文化的保护起着十分重要的作用。该法明确了非物质文化遗产的保护对象,并确立了非物质文化遗产的调查、代表性项目名录、传承和传播等重要法律制度。[33]

第一,非物质文化遗产保护对象。包括六大类:(1)传统口头文学以及作为其载体的语言(主要指在民族民间流传的口传文学、诗歌、神话、故事、传说、谣谚等,以及作为载体的语言);(2)传统美术、书法、音乐、舞蹈、戏剧、曲艺和杂技;(3)传统技艺、医药和历法;(4)传统礼仪、节庆等民俗;(5)传统体育和游艺;(6)其他非物质文化遗产。

第二,非物质文化遗产调查制度。调查是保护的基础,因此,法律必须对非物质文化遗产调查的主体、程序和要求等作出规定。法律规定县级以上人民政府根据非物质文化遗产保护、保存工作需要,组织开展非物质文化遗产的调查,调查由文化主管部门负责实施,其他有关部门可以对其工作领域内的非物质文化遗产进行调查。公民、法人和其他组织可以依法进行调查。通过全国范围内的非物质文化遗产普查,相关部门对各地区的非物质文化遗产进行了系统和科学的记录,摸清了全国非物质文化遗产资源总量和分布情况,以及各门类非物质文化遗产资源的价值、特色及其传承和发展状况,认定和抢救了一批具有历史文化价值、处于濒危状态的非物质文化遗产。在调查时应对非物质文化遗产予以认定、记录、建档,建立健全调查信息共享机制,有关档案和数据信息应当公开。调查结束后,文化主管部门要运用文字、录音、录像、数字化多媒体等各种方式,对非物质文化遗产进行真实、系统和全面地记录,建立档案和数据库,将调查成果物质形态化,为非物质文化遗产的保护、保存工作打下良好基础。目前,文化和旅游部及中国非物质文化遗产保护中心成立了中国非物质文化遗产网、中国非物质文化遗产数字博物馆等;省级文化主管部门基本建立了数据库,将非物质文化遗产档案和信息上传到网络上,运用现代数字技术向全社会宣传、展示非物质文化遗产。境外组织或者个人在我国境内调查的,应报经省级文化主管部门批准。调查两个以上省、自治区、直辖市行政区域的,应报经国务院文化主管部门批准。调查结束后,应向批准调查的文化主管部门提交调查报告和实物图片、资料复制件。境外组织的调查应与境内非物质文化遗产学术研究机构合作进行。

第三,非物质文化遗产代表性项目名录制度。非物质文化遗产代表性项目名录制度是保护我国非物质文化遗产的一项重要的法律制度。建立非物质文化遗产代表性项目名录可以使我国有限的行政、财力资源得到科学利用。法律规定了建立非物质文化遗产代表性项目名录的政府层级及各层级的条件和程序,还规定了国家级和地方代表性项目的保护规划、区域性整体保护和专项保护规划、对保护规划实施情况的监督检查等内容。

第四,非物质文化遗产传承制度。非物质文化遗产的最大特点就是依托人而存在,具有"活态性"。针对这一特点,法律确立了以代表性传承人为核心的传承制度。有关传承方面的规定

〔33〕 除上述四大制度以外,法律还规定了非物质文化遗产区域性整体保护制度和文化生态保护区制度等。参见朱兵:《文化立法研究》(下册),中国政法大学出版社 2019 年版,第 624 ~ 629 页。

主要有以下几方面:(1)规定国务院文化主管部门和省、自治区、直辖市人民政府文化主管部门对本级人民政府批准公布的非物质文化遗产代表性项目,可以认定代表性传承人,并规定了代表性传承人应当具备的条件。(2)规定县级以上人民政府文化主管部门根据需要采取措施,支持非物质文化遗产代表性项目的代表性传承人开展传承、传播活动。(3)规定非物质文化遗产代表性项目的代表性传承人应当履行的义务以及不履行义务时应当承担的责任。

第五,非物质文化遗产传播制度。非物质文化遗产的有效传播不仅能够提高人民群众对其的保护意识,而且有利于民族间相互理解和尊重。为此,法律专门对如何开展和促进非物质文化遗产在全社会的广泛传播作了规定:(1)规定对非物质文化遗产,县级以上人民政府应当结合实际情况,采取有效措施,组织文化主管部门和其他有关部门宣传、展示非物质文化遗产代表性项目。(2)规定国家鼓励开展与非物质文化遗产有关的科学技术研究和非物质文化遗产保护、保存方法研究,鼓励开展非物质文化遗产的记录和非物质文化遗产代表性项目的整理、出版等活动。(3)规定学校应当按照国务院教育主管部门的规定,开展相关的非物质文化遗产教育。新闻媒体应当开展非物质文化遗产代表性项目的宣传,普及非物质文化遗产知识。(4)规定图书馆、文化馆、博物馆、科技馆等公共文化机构和非物质文化遗产学术研究机构、保护机构以及利用财政性资金举办的文艺表演团体、演出场所经营单位等,应当根据各自的业务范围,开展非物质文化遗产的整理、研究、学术交流和非物质文化遗产代表性项目的宣传、展示。(5)规定国家鼓励和支持公民、法人和其他组织依法设立非物质文化遗产展示场所和传承场所,展示和传承非物质文化遗产代表性项目。

第十五章　族际关系治理

第一节　族际关系治理的法律意义

一、族际关系治理有助于实现中华民族伟大复兴

在多民族国家内部,由于民族之间的交往和相互作用不可避免,如何处理民族关系,构成了多民族国家建设的重要议题。因为“民族关系”的内涵比较宽泛,既包括民族之间的关系,也包括民族内部支系间的关系,还包括某一民族的成员与其他民族成员之间的关系,因而学术界越来越多地使用“族际关系”来称呼多民族国家内部不同民族之间的关系。[1] 随着各民族交往交流交融的不断深化,各民族越来越朝着共同性的方向发展,“国家民族”(nation－state)或者“国族”的重要性日益凸显。2018 年宪法修正案将“中华民族”载入宪法,完成了我国国族建构的关键环节,而如何处理好中华民族与各民族的关系,就成为了族际关系治理中的新课题。由此可见,族际关系在内涵上包含两个面向:一是各民族之间的关系,在我国是指 56 个民族之间的关系;二是国族与各民族的关系,在我国是指中华民族和 56 个民族的关系。但从两类关系的重要程度来看,中华民族与各民族的关系居于主导地位,而各民族之间的关系居于次要地位,这是由国族建设在我国新时代的历史方位决定的。新时代的族际关系治理亦主要是在中华民族与各民族的关系上展开。

过去学术界对我国族际关系治理的研究主要是从民族之间的关系来分析的,认为族际关系治理的实质是指国家运用国家权力,将国内各民族结合成一个统一的政治共同体,以及维护这个共同体的政治过程,[2] 包含政治治理、经济治理、文化治理和社会治理等方面。[3] 在治理路径上,一般有主权性路径、民族性路径、法制性路径、现代性路径和整体性路径等多种路径。但从中华民族与各民族关系的面向看,族际关系治理的实质是指国家按照铸牢中华民族共同体意识的要求,引导各族人民牢固树立休戚与共、荣辱与共、生死与共、命运与共的共同体理念,朝着中华民族伟大复兴迈进的政治过程。无论是民族之间的关系面向,还是中华民族与各民族的关系面向,族际关系治理的目标都是一致的,即在正确把握共同性和差异性的关系、中华民族共同体意识和各民族意识的关系、中华文化和各民族文化的关系、物质和精神的关系的基础上,维护统一、反对分裂,改善民生、凝聚人心,让中华民族共同体牢不可破,因而族际关系治理有着丰富的法律

---

〔1〕 参见周平:《多民族国家的族际政治整合》,中央编译出版社 2012 年版,第 36 页。

〔2〕 参见周平:《论构建我国完善的族际政治整合模式》,载黄卫平、汪永成主编、深圳大学当代中国政治研究所编:《当代中国政治研究报告Ⅳ》,社会科学文献出版社 2005 年版,第 210 页。

〔3〕 参见钟贵峰:《论多民族国家的族际关系治理》,载《湖北民族学院学报(哲学社会科学版)》2013 年第 6 期。

意义。

实现中华民族伟大复兴离不开稳定的政治秩序与和谐的族际关系。2018 年宪法修正案在宪法层面将“中华民族”确立为政治法律共同体之后，如何在现实中让各族人民对其形成广泛的认同，仍然是一个需要不断努力的重大问题。[4] 很多研究也表明，在多民族国家内从民族认同到国家认同并不是一个自然实现的过程，而是一个族际政治整合的结果。[5] 由于族际关系治理的目标和价值取向是以稳定的中华民族共同体为依归的，因此，加强和改进族际关系治理，对实现中华民族伟大复兴具有重要意义。

中华人民共和国成立以来的很长一段时间内，我国民族政策的出发点主要指向少数民族的权利和利益。[6] 在一定的历史阶段内采用这种民族政策是合适的，实践也表明此类政策的实施对少数民族地区的经济社会发展发挥了重要的历史作用。但是，这种以“民族主义”为导向的民族政策也带来了族际关系中的张力[7]。因此，按照历史发展的方位及时调整民族政策的价值取向就尤为必要。

随着民族地区整体脱贫的完成，各族人民面临着新的实现共同富裕的任务，族际关系治理的重要性日益突出。相对于脱贫攻坚而言，共同富裕理想目标更高、调整深度更广、实现难度更大，这不仅会给各族人民带来更多的物质利益和精神财富，也可能会在调整各族人民的利益关系的过程中产生新的社会问题。为及时有效预防这些问题，就有必要完善以“中华民族”为核心的中国特色族际话语体系与行动逻辑，不断改进族际关系治理，加强中华民族共同体建设，为实现宪法规定的中华民族伟大复兴奠定坚实的治理基础。[8]

二、族际关系治理有助于完善民族区域自治制度

《宪法》《民族区域自治法》《国务院实施〈中华人民共和国民族区域自治法〉若干规定》等法律法规规定的民族区域自治制度是我国的基本政治制度，对解决我国的民族问题发挥着基础性作用。实践表明，民族区域自治制度 70 年来对保护少数民族合法的权利和利益、促进民族自治地方经济社会全面发展取得了历史性成就，是适合我国多民族国情的正确道路。[9] 据此，2014 年中央民族工作会议强调“取消民族区域自治制度这种说法可以休矣”，并要求按照“两个结合”的原则坚持和完善民族区域自治制度。[10] 党的十九大把坚持和完善民族区域自治制度，上升为新时代坚持和发展中国特色社会主义的一条基本方略。党的十九届四中全会把“坚持各民族一律平等，铸牢中华民族共同体意识，实现共同团结奋斗、共同繁荣发展”作为我国国家制度和国家治理体系的一个显著优势。2021 年中央民族工作会议提出，将坚持和完善民族区域自治制度作为党关于加强和改进民族工作的重要思想的内容之一，并指明了完善民族区域自治制度的

---

[4] 参见尤陈俊：《法治建设的国家能力基础：从国族认同建构能力切入》，载《学术月刊》2020 年第 10 期。

[5] 参见吴开松、解志苹：《论我国少数民族地区国族认同的构建》，载《中南民族大学学报（人文社会科学版）》2008 年第 3 期。

[6] 参见周平：《中国民族政策价值取向分析》，载《当代世界与社会主义》2010 年第 2 期。

[7] 参见郝亚明：《族际关系中张力的来源与消解——兼论对铸牢中华民族共同体意识的政策启示》，载《学术界》2021 年第 4 期。

[8] 参见刘永刚：《中国的族际政治整合与中华民族建设》，载《广西民族研究》2017 年第 1 期。

[9] 参见常安：《民族区域自治与新中国对少数民族权利保护 70 年》，载《法律科学（西北政法大学学报）》2019 年第 5 期。

[10] 参见国家民族事务委员会编：《中央民族工作会议精神学习辅导读本》（增订版），民族出版社 2019 年版，第 63 ~ 65 页。

方向。

当前民族区域自治制度在实际运行的过程中存在一些应当引起重视的问题。主要表现在:(1)个别民族自治地方在制定地方性法规时片面地理解和运用自治权,将一些不利于族际关系协调的利益诉求经由立法程序转化为法规,导致民族差异性扩大。(2)一些民族自治地方制定地方性法规时存在重视提升民族自治地方或实行民族区域自治的民族的待遇,却不重视促进民族自治地方经济社会发展的倾向。(3)一些地方对区域内非自治民族的利益照顾不够,影响区域内民族关系的协调,甚至出现了逆向歧视的问题。[11] 如某些民族自治地方的少数民族融合程度较低、少数民族身份出现固化现象、民族自治地方自治权的法律保障不足等。[12]

因此,在族际关系治理实践中既要坚持民族区域自治制度,也应该承认民族区域自治制度在实践中确实存在一些与新时代新发展理念不相契合的地方。正如2021年中央民族工作会议指出的,党的民族工作创新发展,就是要坚持正确的,调整过时的,更好保障各民族群众合法权益。为此,应通过改进族际关系治理,坚持民族区域自治制度实施中正确的部分,调整过时的部分,不断完善民族区域自治制度。

三、族际关系治理有助于推进民族事务治理体系和治理能力现代化

2021年中央民族工作会议提出,将"坚持依法治理民族事务,推进民族事务治理体系和治理能力现代化"作为党关于加强和改进民族工作的重要思想的内容之一,并指出:要根据不同地区、不同民族实际,以公平公正为原则,突出区域化和精准性,更多针对特定地区、特殊问题、特别事项制定实施差别化区域支持政策。要依法保障各族群众合法权益,依法妥善处理涉民族因素的案事件,依法打击各类违法犯罪行为,做到法律面前人人平等。从法理上讲,坚持依法治理民族事务,推进我国的民族事务治理体系和治理能力现代化,需要不断激发相关制度活力,将民族工作制度优势转化为族际关系治理效能。

在族际关系治理中,治理主体、治理制度和治理法律政策是不可或缺的三大要素。党的十八大以来,党和政府通过不断深化改革,实现了从社会管理转向社会治理的创新,党委领导、政府负责、民主协商、社会协同、公众参与、法治保障、科技支撑的社会治理体系基本形成。族际关系治理除了要发挥好中央、地方党政机关和政府部门的力量之外,还应充分调动和激发专业性社会组织和各族人民的积极性和参与意识,实现各个治理主体之间的密切配合,形成合力。治理主体在参与族际关系治理的实践中,通过推动党的领导制度、民族区域自治制度、民族工作制度、基层群众自治制度、民主协商制度等方面的制度协同,在巩固拓展脱贫攻坚成果同乡村振兴有效衔接的新征程中,突出制度的精准供给。例如,在多民族国家的地方治理中,地方治理不应是在现有的地方政治基础上简单地实施分权化或多中心化,更应该考虑到中华民族共同体的建设和深层次的团结。[13] 随着我国全面依法治国方略的不断深入,以宪法为根本、民族区域自治法为主干,包括有关法律法规以及民族自治地方的自治条例和单行条例在内的民族工作法律法规体系将日趋

---

〔11〕 参见周平:《中国共产党的族际政治整合策略》,载《理论与改革》2021年第4期。

〔12〕 参见田烨、于梦杰:《民族区域自治制度的国际影响:学术争议、政策借鉴与理论反思》,载《广西民族研究》2021年第3期。

〔13〕 参见常晶:《多民族国家地方治理的复杂性、价值取向与体系构建》,载李路曲主编:《比较政治学研究》总第18辑,商务印书馆2020年版。

完善,民族政策的优越性也将日渐突出。[14]

此外,深入开展族际关系治理可以发现民族事务治理中的各种具体问题,从而寻求法治的积极回应。例如,如何针对特定地区、特殊问题、特别事项制定实施差别化区域支持政策,如何将维护民族团结、保障各民族合法权益的相关要求融入国家整个法律体系之中,如何依法妥善处理涉民族因素的案事件,如何把民族法治宣传教育融入社会整体宣传教育工作之中,[15]等等,都需要通过法治的方式加以解决。这些问题的解决,将进一步提升民族事务治理法治化水平,推进民族事务治理体系和治理能力现代化。

第二节 族际关系的权利义务

一、族际关系中权利义务的一致性

中华人民共和国成立以来,我国通过广泛的民族识别工作,将组成中华民族的各族类群体赋予"民族"的身份地位,在此基础上制定了一系列的民族政策来调整族际关系。这样一种体现执政党意志并具有明显构建性质的族际关系在实践中又被进一步聚焦和定位于汉族与少数民族的关系,对我国族际关系的构建和发展产生了深远影响。[16] 随着"中华民族"入宪的完成和铸牢中华民族共同体意识的深入推进,我国的族际关系呈现许多新的特点,处理好中华民族与各民族的关系成为族际关系治理的重点任务,这必然会影响族际关系中权利义务的配置,使族际关系朝着有利于中华民族共同体建设的方向发展。

马克思指出,没有无义务的权利,也没有无权利的义务。[17] 如果法律主体只享有权利,而不承担义务,那其享有的就是特权;如果法律主体只承担义务,而不享有权利,那其就处于被压迫的地位。法理学上,权利与义务的关系通常被概述为结构上的相关关系、数量上的等值关系、功能上的互补关系、价值上的主次关系。[18] 法学作为权利义务之学,虽然在价值取向上以权利为本位,但是权利的实现是以义务为条件的,因而权利与义务具有一致性。就当前的族际关系而言,强调权利义务的一致性更为紧要。

法律调整族际关系的基础在于民族平等。马克思主义民族理论始终遵循历史唯物主义的基本立场和观点,承认各民族在推动人类社会发展和进步中的作用,始终坚持各民族一律平等的思想,并将其作为马克思主义民族理论的核心。[19] 马克思主义民族平等理论既包括形式上的平等,也包括实质上的平等。历史上,我国的55个少数民族与汉族相比,经济社会发展水平相对落后,所以处理好汉族和少数民族的关系,是中华人民共和国成立以来社会主义建设的一个重点任

---

〔14〕 参见周少青:《从中西比较的视角看中国民族政策的优越性》,载《中国民族报》2019年12月17日,第5版。

〔15〕 参见宋全:《坚持依法治理民族事务 推进民族工作领域治理体系和治理能力现代化》,载《中国民族报》2019年12月17日,第1版。

〔16〕 参见周平:《当代中国族际关系的特点和走向》,载《学术界》2015年第11期。

〔17〕 参见《马克思恩格斯文集》(第3卷),人民出版社2009年版,第227页。

〔18〕 参见张文显主编:《法理学》(第5版),高等教育出版社2018年版,第134~137页。

〔19〕 参见字振华:《马克思主义民族理论中国化研究》,人民出版社2014年版,第10页。

务。[20] 因此，《宪法》《民族区域自治法》等法律规定了民族自治地方的自治权，确认了各民族都有使用和发展自己的语言文字的自由、保持或者改革自己的风俗习惯的自由等民族权利。同自治权的广泛和具体相比，民族自治地方的义务则抽象得多，且操作性不强，这就导致了民族自治地方的权利与义务不匹配，族际关系朝着扩大各民族差异性而不是朝着增进各民族共同性的方向发展。

2014 年中央民族工作会议指出："坚持和完善民族区域自治制度，要做到'两个结合'。一是坚持统一和自治相结合。团结统一是国家最高利益，是各族人民共同利益，是实现民族区域自治的前提和基础。没有国家统一，就谈不上民族区域自治。同时，要在确保国家法律和政令实施的基础上，依法保障自治地方行使自治权，给予自治地方特殊支持，解决好自治地方特殊问题。二是坚持民族因素和区域因素相结合。民族区域自治，既包含了民族因素，又包含了区域因素。民族区域自治不是某个民族独享的自治，民族自治地方更不是某个民族独有的地方。这一点必须搞清楚，否则就会走到错误的方向上去。"[21] 2021 年中央民族工作会议强调："铸牢中华民族共同体意识是党的民族工作开创新局面的必然要求，只有顺应时代变化，按照增进共同性的方向改进民族工作，做到共同性和差异性的辩证统一、民族因素和区域因素的有机结合，才能把新时代党的民族工作做好做细做扎实。"落实习近平总书记的系列重要讲话精神，需要在立法上规定与"增进共同性"对应的民族义务，从而在权利义务的一致性中做到共同性和差异性的辩证统一。

二、族际关系中的民族权利与民族义务

在族际关系治理中，是否要赋予民族权利主体的地位，在不同的多民族国家有不同的处理方式。我国在处理民族权利的问题上有自己的鲜明特色。这主要表现在：虽然《宪法》第二章规定的是"公民的基本权利和义务"，并没有将民族作为基本权利的主体，但是《宪法》第 4 条明确了"国家保障各少数民族的合法的权利和利益"。这样处理的逻辑在于：由于基本权利的主体是公民，即自然人，当公民的基本权利受到国家公权力的侵犯时，公民在我国可以通过提起行政诉讼的方式保护自己的基本权利，但是当少数民族的合法的权利和利益被侵犯时，则不能通过诉讼的方式加以解决。因为《宪法》第 4 条位于第一章"总纲"之中，通常总纲中的条款在性质上属于"方针条款"，属于需要国家积极履行职责加以实现的条款。虽然"公民的基本权利"和"各少数民族的合法的权利"都使用了"权利"，但是它们的含义是不一样的，其中公民的基本权利毋宁说是主观权利，具有请求权的权能，而"各少数民族的合法的权利"不如说是客观权利，不具有请求权的权能。正因如此，在我国，民族权利主要是通过民族自治地方自治机关的自治权表现出来的。

一般而言，民族权利的诉求可以概括为要求民族存在的宪法承认、语言及文化的保护和政治权力的分享等三方面的内容，其核心就是要求多民族国家对本民族在制度、法律和政策上提供倾斜和优惠。[22] 对于这三项内容，我国《宪法》第 4 条都有体现。其中第 1 款第 1 句规定的"中华人民共和国各民族一律平等"体现了民族存在的宪法承认，第 4 款规定的"各民族都有使用和发展自己的语言文字的自由，都有保持或者改革自己的风俗习惯的自由"体现了语言及文化的保

---

〔20〕 参见中共中央文献研究室编：《毛泽东文集》（第 7 卷），人民出版社 1999 年版，第 33 ~ 34 页。

〔21〕 《习近平谈治国理政》（第 2 卷），外文出版社 2017 年版，第 300 ~ 301 页。

〔22〕 参见陈建樾：《多元一体：多民族国家内部的族际整合与合法性》，载《中央民族大学学报》2003 年第 5 期。

护,而第3款第1句规定的"各少数民族聚居的地方实行区域自治,设立自治机关,行使自治权"体现了政治权力的分享。由于我国宪法意义上的民族权利是客观权利,民族存在的宪法承认和语言及文化的保护最终都要通过政治权力的分享来实现,因而各民族对国家的权利主张最后都表现为对隶属于本民族的成员的统治权。

各民族在享有权利的同时,也应当承担相应的民族义务,但是《宪法》《民族区域自治法》等法律并没有就此规定明晰的法律义务。《宪法》在第4条和第三章第六节"民族自治地方的自治机关"中没有提及民族义务。《民族区域自治法》虽然规定了民族自治地方的自治机关有维护国家统一、保证宪法和法律的执行、完成上级下达的各项任务等义务,但是这些义务操作性不强,缺乏有力的执行监督机制。

从增进各民族共同性的要求来看,民族自治地方的自治机关至少要履行以下义务:平等对待各民族,禁止和严惩民族歧视、民族压迫、破坏民族团结、制造民族分裂的行为,按照总体国家安全观要求保障地区安全和社会稳定,开展具体的活动切实加强民族团结,保障国家通用语言文字的推广普及,构筑中华民族共有精神家园,建立民族意识调控机制,建立铸牢中华民族共同体意识的常态化宣传教育机制,等等。

三、族际关系中民族权利与公民权利的关系

在族际关系中既有民族权利又有公民权利的情况下,如何正确看待民族权利与公民权利的关系,是族际关系治理需要认真对待的重要问题。在个体人权与集体人权的关系上,一般认为个体人权是集体人权的基础,集体人权是个体人权的保障。[23] 二者的区别不仅在于其权利主体的不同,更在于其义务主体的不同。个体人权以国家为其义务主体,而集体人权的义务主体是集体以外的第三人,包括其他集体、本国或者他国。[24] 从我国宪法有关公民基本权利和各民族合法权利的规定来看,可以从价值取向、涵盖内容和实现方式等方面来认识民族权利与公民权利的关系。

首先,在价值取向上,公民权利是比民族权利的位阶更高的权利。这主要有三层意思:(1)民族权利在最终意义上是为公民权利服务的。如果民族权利不是为公民权利服务的,而是为本民族服务的,则容易强化各民族的差异性,而不是增进各民族的共同性。(2)在没有法律例外的规定时,应优先适用公民权利的规定。例如,《国家通用语言文字法》第8条第2款规定的"少数民族语言文字的使用依据宪法、民族区域自治法及其他法律的有关规定"即是此意。(3)当法律就民族权利作出与公民权利不一致的规定时,应就此不一致可能导致的后果进行评估并改进。例如,针对少数民族的高考加分政策,《国务院关于深化考试招生制度改革的实施意见》(国发〔2014〕35号)明确指出有必要根据民族地区经济社会的发展情况作出调整。

其次,在涵盖内容上,民族权利除了民族平等、语言及文化的保护外,主要通过民族自治地方自治机关的自治权表现出来,具体包括立法自治权、人事管理自治权、财政税收管理自治权、经济建设和贸易管理自治权、资源开发利用和环境保护自治权、科教文卫事业管理自治权及其他社会事务管理自治权等内容。由于民族自治地方自治机关的自治权在性质上属于国家公权力,当民族权利主要以自治权的方式表现出来时,使民族与国家的关系转变为民族与民族成员的关系,这

---

〔23〕 参见李步云:《论个人人权与集体人权》,载《中国社会科学院研究生院学报》1994年第6期。

〔24〕 参见徐显明、曲相霏:《人权主体界说》,载《中国法学》2001年第2期。

与公民权利指向的公民与国家关系是完全不同的。之所以民族权利会出现这种转变,是因为在我国民族权利主要不是主观权利面向的,而是客观权利面向的,这不仅导致了民族权利和公民权利在内容上的差异,也导致了两者在实现方式上的差异。

最后,在实现方式上,民族权利是以国家尊重其自治权以及履行帮扶职责为条件的,而公民权利根据自由权和社会权的差异要求国家不干涉或者承担国家义务。整体而言,民族权利的实现更加强调国家的积极作为,而公民权利的实现更加强调国家的适度作为。脱贫攻坚战打响以来,中央在民族八省区共派驻驻村工作队5.3万个、驻村干部23.3万人,在贫困人口精准识别、宣传和落实脱贫攻坚政策、帮助建强基层组织等方面发挥了重要作用,历史性地解决了困扰少数民族和民族地区千百年来的绝对贫困和区域性整体贫困问题。[25]

第三节 族际关系治理的公民义务

一、"中华民族"入宪对《宪法》第52条的影响

族际关系治理离不开公民义务的履行和实践。在治理形态下的公民意识包括较为广泛的内容:公民既享有平等权利,同时又尊重他人的权利;关心共同体的整体发展和共同利益;积极参与共同体事务和地方决策过程;等等。[26] 因此,《宪法》第52条明确规定:"中华人民共和国公民有维护国家统一和全国各民族团结的义务。"从宪法序言和宪法条文的关系看,虽然"中华民族"入宪是通过在宪法序言第七自然段和第十自然段中增加了"中华民族伟大复兴"的内容来完成的,但仍然是具有法律效力的规定。[27] 为此,在解释宪法条文时应结合相应的宪法序言语句。从这个角度讲,"中华民族"入宪不仅在规范、政治和宣誓等层面上为中国的民族政策和民族法治发展提供了宪法依据和宪法保障,[28]而且为准确理解和践行《宪法》第52条规定的公民义务提供了宪法依据和宪法保障。

具体而言,"中华民族"入宪对《宪法》第52条的影响主要表现在三个方面:(1)丰富和发展了"民族团结"的内涵。中华人民共和国成立以来,民族团结话语经历了从"大家庭"到"花"(花朵—花园)再到"石榴籽"的演变过程,体现了从"多元一体"到聚焦"共同体"的民族政治演进。[29] 这就表明,在理解《宪法》第52条中"民族团结"的内涵时,应将铸牢中华民族共同体意识,实现中华民族伟大复兴纳入其中。(2)从作为义务的层面丰富了《宪法》第52条规定的义务内容。从语言结构上看,铸牢中华民族共同体意识中的"铸牢"是积极的行动,因为消极的不作为不构成"铸牢"。这就表明《宪法》第52条规定的义务是由不作为义务和作为义务构成的义务体系,其中作为义务可以归结为"铸牢中华民族共同体意识义务"。(3)当《宪法》第52条规定的

---

〔25〕 参见李昌禹:《"决不让一个兄弟民族掉队"——民族地区决战决胜脱贫攻坚综述》,载《人民日报》2021年2月23日,第6版。

〔26〕 参见严庆:《冲突与整合:民族政治关系模式研究》,社会科学文献出版社2011年版,第29页。

〔27〕 郑毅:《〈民族区域自治法〉序言效力论》,载《法商研究》2017年第4期。

〔28〕 参见江国华、肖妮娜:《"中华民族"入宪的意义》,载《河北法学》2019年第3期。

〔29〕 参见王军、刘毅:《当代中国民族团结话语的演进及其理论源流》,载《中南民族大学学报(人文社会科学版)》2020年第1期。

义务包含作为义务时,就对立法机关提出了要求,因为宪法实施首先是通过立法予以实施,即将宪法的作为义务转化为法律义务。从这个意义上看,可以认为《关于全面深入持久开展民族团结进步创建工作铸牢中华民族共同体意识的意见》(中办发〔2018〕65 号)规定的"新时代民族团结进步创建工作要坚持以铸牢中华民族共同体意识为根本方向"是对包含立法机关在内的所有公权力机关、组织和个人的要求。

二、铸牢中华民族共同体意识纳入《宪法》第 52 条规范内容的必要性

在经典宪法学看来,为保持宪法的稳定性,宪法条文不宜经常变动,但是可以按照社会变迁的轨迹对宪法条款注入新的理解,为此有必要依据新时代民族团结的最新精神,将铸牢中华民族共同体意识纳入《宪法》第 52 条的规范内容之中。理由在于:

第一,贯彻习近平总书记关于民族团结重要论述的要求。习近平总书记就新时代做好民族工作,提出很多重要论述,如"民族团结是各族人民的生命线""中华民族多元一体格局,一体包含多元,多元组成一体,一体离不开多元,多元也离不开一体,一体是主线和方向,多元是要素和动力,两者辩证统一""要培育和践行社会主义核心价值观,不断增强各族人民对伟大祖国、中华民族、中华文化、中国共产党、中国特色社会主义的认同""实现中华民族伟大复兴的中国梦,就要以铸牢中华民族共同体意识为主线,把民族团结进步事业作为基础性事业抓紧抓好""做好新时代党的民族工作,要把铸牢中华民族共同体意识作为党的民族工作的主线"等。追溯习近平总书记关于新时代民族团结重要论述的理论逻辑,发现铸牢中华民族共同体意识在其中居于核心地位,[30]而按照习近平总书记关于"依法治理民族事务"的精神,依宪治理民族事务是其中应有之义,这就需回归宪法文本。

第二,激活《宪法》第 52 条的要求。在传统观点看来,《宪法》第 52 条规定的义务属于道德义务,而道德义务难以通过法律实施,这是否意味着第 52 条成为"具文"?将铸牢中华民族共同体意识纳入《宪法》第 52 条的规范内容,有助于理解道德义务的实施层次,即分析其在"消极义务"之外是否具有"作为义务"的可能。如果其不包含任何作为义务,则丧失了法律实施的基础;如果其具有最低限度的作为义务,则仍然可以被法律实施,这就改变了《宪法》第 52 条的空白结构。

第三,增强公民责任意识的要求。现代社会中的公民不仅应当是享有权利的公民,也是应当承担责任的公民。无论是先贤提出的"天下兴亡,匹夫有责",还是习近平总书记指出的"确保青年一代成为社会主义建设者和接班人",都强调了责任的重要性。将铸牢中华民族共同体意识纳入《宪法》第 52 条的规范内容,可以用宪法和法律塑造道德感,从而提高公民的国家认同和责任意识。

三、公民履行铸牢中华民族共同体意识的法律义务的具体内容

哪些义务属于公民履行铸牢中华民族共同体意识的法律义务的范围,应当由立法者承担判断和衡量的责任。但是,由于该法律义务是对各项基本权利的限制,因此立法者不能随意扩大,而是应该结合宪法文本、已有的法律资源和社会生活进行综合判定。但从新时代以铸牢中华民族共同体意识为主线加强和改进民族工作的要求来看,在现阶段,需要将学习和使用国家通用语

---

〔30〕 参见李卉青、刘星:《论多维视角下的习近平民族团结进步理论》,载《内蒙古社会科学》2020 年第 6 期。

言文字、学习中国共产党历史、培育和践行社会主义核心价值观确立为公民履行铸牢中华民族共同体意识的法律义务的具体内容。

(一)公民有学习和使用国家通用语言文字的义务

就公民与国家的关系而言,通用语言文字是国家的象征标志和意义符号,也是公民之间进行沟通的纽带。为此,学习和使用国家通用语言文字应是公民最起码的法律义务。但是这个问题在我国比较特殊,因为我国是一个多民族、多语言、多文种的国家,有56个民族73种语言,30个有文字的民族共有55种现行文字,其中正在使用的有26种。[31] 针对我国的这个特殊国情,《国家通用语言文字法》在第4条第1款只规定“公民有学习和使用国家通用语言文字的权利”,但没有规定“公民有学习和使用国家通用语言文字的义务”。之所以当时作这样的规定,是考虑到《宪法》第4条第4款规定“各民族都有使用和发展自己的语言文字的自由,都有保持或者改革自己的风俗习惯的自由”,立法者担心在《国家通用语言文字法》中写入“公民有学习和使用国家通用语言文字的义务”可能会有违宪的嫌疑。

但是,无论“中华民族”是否入宪,都不影响在《国家通用语言文字法》中规定“公民有学习和使用国家通用语言文字的义务”。《宪法》第4条第4款的权利主体是各民族,而《宪法》第52条的主体是公民。对各民族公民而言,一方面其拥有民族身份,享有整体性的民族权利,承担整体性的民族义务,另一方面其拥有公民身份,享有作为公民的权利,承担作为公民的义务。在民族身份和公民身份的关系上,民族身份从属于公民身份,也就是说少数民族的公民履行对国家的义务在先。此外,各民族公民履行“学习和使用国家通用语言文字的义务”,并不必然影响其学习和使用本民族的语言文字的自由,因为二者之间并不是彼此对立的关系。在“中华民族”入宪的大背景下,《宪法》第52条规定的义务纳入了“铸牢中华民族共同体意识”的新内涵,这为正确认识《宪法》第4条第4款和第52条的关系提供了更为充分的理由,因为《宪法》第4条第4款应该置入“中华民族伟大复兴”的逻辑中来理解:公民学习和使用国家通用语言文字是中华民族走向伟大复兴的基本条件,而学习和使用国家通用语言文字的深度和广度又是中华民族走向伟大复兴的极好例证。

(二)公民有学习中国共产党历史的义务

2018年宪法修正案除了将“中华民族”写入宪法之外,还将“中国共产党领导是中国特色社会主义最本质的特征”写入了《宪法》第1条第2款。“党的领导”条款入宪进一步巩固和加强了党的全面领导的法治逻辑,具有重大的理论意义。[32] 由此,全国各族人民在中国共产党的领导下铸牢中华民族共同体意识,实现中华民族伟大复兴的中国梦,就有了坚强的政治保证。如果要在中国共产党的领导下铸牢中华民族共同体意识,必然要求每个公民熟悉中国共产党历史。因为不学习中国共产党历史,就难以理解中国共产党带领全国各族人民实现中华民族伟大复兴的伟大历史征程,就难以对中国共产党形成情感认同。

历史证明,中国共产党自1921年成立以来,坚忍不拔,励精图治,深刻改变了近代以来中国屡受屈辱的历史,深刻改变了中华民族发展的方向和进程,深刻改变了中国人民和中华民族的前途和命运。自“中华民族”这一概念在近代被梁启超先生提出以来,中国共产党团结带领各族人

〔31〕 参见王晨:《进一步贯彻实施国家通用语言文字法 铸牢中华民族共同体意识——写在〈中华人民共和国国家通用语言文字法〉颁布20周年之际》,载《人民日报》2020年11月11日,第6版。

〔32〕 参见秦前红、刘怡达:《中国现行宪法中的“党的领导”规范》,载《法学研究》2019年第6期。

民，经过不懈斗争，成立了中华人民共和国，创造性地提出用"民族区域自治"解决我国的民族问题，实现了民族团结。自党的十八大以来，党中央把脱贫攻坚摆在治国理政的突出位置，终于在2020年年底完成了消除绝对贫困的艰巨任务，实现了各民族共同奔小康的庄严承诺。公民积极学习中国共产党历史，可以坚定理想信念，成为铸牢中华民族共同体意识的伟大实践者。

（三）公民有培育和践行社会主义核心价值观的义务

人无精神不立，国无精神不兴。社会主义核心价值观是社会主义价值体系中的内核，体现了社会主义价值体系的根本特征。由于社会主义核心价值观是对各种价值的凝练，得到了社会的高度认可，可以在各民族、各群体中共享，因而是推动民族团结的重要精神力量。习近平总书记指出，在各族群众中加强社会主义核心价值观教育，牢固树立正确的祖国观、民族观、文化观、历史观，对构筑各民族共有精神家园、铸牢中华民族共同体意识至关重要。[33]

为落实习近平总书记对深入贯彻落实社会主义核心价值观的要求，中央出台了一系列重要文件，如《中共中央办公厅关于培育和践行社会主义核心价值观的意见》（中办发〔2013〕24号）、《培育和践行社会主义核心价值观行动方案》、《关于进一步把社会主义核心价值观融入法治建设的指导意见》（厅字〔2016〕50号）、《社会主义核心价值观融入法治建设立法修法规划》、《关于建立社会主义核心价值观入法入规协调机制的意见（试行）》等，推动社会主义核心价值观在社会上扎根。例如，《社会主义核心价值观融入法治建设立法修法规划》明确指出，力争经过5到10年时间，推动社会主义核心价值观全面融入中国特色社会主义法律体系，筑牢全国各族人民团结奋斗的共同思想道德基础。

从推动社会主义核心价值观深入人心的实际举措来看，有必要在法律中确定公民有培育和践行社会主义核心价值观的义务。这是因为：既然理论和实践已经充分证明了社会主义核心价值观对铸牢中华民族共同体意识和中华民族伟大复兴有着不可替代的作用，而靠道德说教和政策宣传又不能完全达到社会主义核心价值观深入人心的效果，那么就应该运用法律手段强制约束公民培育和践行社会主义核心价值观的行为，实现从外在约束到道德自律的转变。

---

〔33〕 习近平：《在全国民族团结进步表彰大会上的讲话》，载《人民日报》2019年9月28日，第2版。

第五编 民族法的历史

任何一种法律制度都有其得以形成的历史积淀，民族法律制度概莫能外。具有中国特色的社会主义民族法并非“空中楼阁”，它的形成与发展在历史上具有深厚的民族法律文化渊源，但与历史上存在的其他民族法律制度相比，它们又具有根本性的差异。自中国共产党成立以来，我们始终将马克思主义民族平等理论与中国实践相结合，建立了平等团结互助和谐的社会主义民族关系，并在中华民族多元一体的历史与现实背景下，朝着实现中华民族伟大复兴的民族法治价值目标不断迈进。深入挖掘中国民族法历史沿革的法律文化，不仅是正确认识与评价中华法系的重要之举，也是发挥中国民族法制史的现实借鉴的应有之义。同时，民族关系法律治理也是当今国际社会所共同面临的法律问题，因而，从国际视野了解与掌握国际民族法的发展历程，对加强我国民族法治建设具有重大意义。

本编运用历史分析和比较分析方法，从国际与国内、历史与现实等视角概述了中国民族法和国际民族法的历史沿革。主要介绍了不同历史时期我国民族法以及国际民族法的基本制度、发展脉络、主要特征等，并论述了这些历史实践对我国当今民族法治建设的借鉴意义。

民族法的历史是民族法治实践与教学研究不可忽视的重要组成部分，通过对历史民族法的比较分析，可以更好地完善我国民族法律制度和研判我国民族法治建设的发展方向，以此为铸牢中华民族共同体意识与实现中华民族伟大复兴提供有益的法治经验与坚实的法治保障。

第十六章　中国民族法的历史沿革

第一节　中国民族法历史沿革概述

一、中国民族法历史发展概况

中国历史上的民族法，是指中华人民共和国成立以前，在不同历史时期，国家“为了行使权力而制定和形成的一种调整民族关系的法律规范的总称”。[1] 这一概念具有明显的时代特征，与当时的生产力发展水平和物质生产资料的占有状况等要素息息相关，也与法的表现形式有关。所以，我们不能完全以现代“法律”或“法制”的角度去理解这一概念。

一般而言，国家的出现和发展与法律的产生、发展、演变的轨迹在同一历史进程中。从这个意义上讲，民族法是随着多民族国家的产生而产生的。因为民族关系是发生在多民族国家共同体中的族际关系，在各民族间相互交流交往中所产生的各种关系，需要法律进行调整。这也表明只有多民族国家才需要制定调整民族关系的法律规范。

自有文字记载以来，“中国从出现‘国家’的时候起，就是一个多民族国家。各民族共同缔造祖国，开创灿烂的悠久文化，始终是中华民族发展、壮大的主线”。[2] “启代益作后”，建立了一个由各部落、部落联盟集结在一起的“大邦国”[3]——夏王朝。夏王朝首次打破各氏族部落的界线，把中国按照行政区域划分为九州，并对统治区内的各民族进行管理。公元前 16 世纪，商部落(或称商邦)在其首领汤的带领下灭夏，[4] 建立了商王朝。商王朝为了统治各民族推行内外服制度，让少数民族首领可以自行统治所辖区域。牧野之战时，周武王联合庸、蜀、差、微、卢、彭、濮等许多少数民族共同讨伐纣王，后建立了周王朝。《左传・昭公九年》载：“及武王克商，蒲姑、商奄，吾东土也。巴、濮、楚、邓，吾南土也。肃慎、燕、亳，吾北土也。”[5] 在先秦古籍中将夏、商、周时期的政治格局称为“万国”或“万邦”。如《左传》哀公七年载诸大夫言：“禹合诸侯于涂山，执玉帛者万国”；[6]《吕氏春秋・用民篇》云：“当禹之时，天下万国，至于汤而三千余国，今无存者矣，皆不能用其民也。”[7] 随着战争和生产方式转变等因素的影响，中国在这一时期逐渐形成了

---

〔1〕 吴宗金、张晓辉主编：《中国民族法学》(第 2 版)，法律出版社 2004 年版，第 47 页。

〔2〕 吴宗金、张晓辉主编：《中国民族法学》(第 2 版)，法律出版社 2004 年版，第 47 页。

〔3〕 也有学者称之为国家，参见周伟洲：《儒家思想与中国传统民族观》，载《民族研究》1995 年第 6 期。

〔4〕 沈长云：《华夏族、周族起源与石峁遗址的发现和探究》，载《历史研究》2018 年第 2 期。

〔5〕《左传・昭公九年》。

〔6〕《左传》。

〔7〕《吕氏春秋・用民篇》。

一个由羌人、夷人、戎人、狄人、苗人、蛮人共同融合的华夏族。[8] 这说明至周朝时我国已经成为一个多民族的国家共同体。[9] 西周末年,幽王失政,周边民族进入关中,关中一带战乱不已,及至平王继立,被迫东迁洛邑。[10] “到春秋时期,中原地区已出现各民族交侵错处的局面。”[11] 战国时,已形成“中国”的五方之民与“东夷”“南蛮”“西戎”“北狄”共存的局面,初步形成了统一的多民族国家的观念。“在以后的改朝换代中,无论是秦、汉、隋、唐、宋、元、明、清等全国统一的国家政权;还是匈奴、鲜卑、吐蕃、回纥、突厥、契丹、女真等少数民族建立的地方割据政权,无一不是多民族共存、多元一体的政权结构”,[12] 我国历史典籍中尚没有出现单一民族政权结构国家的记载。“历代王朝均面临着十分复杂的民族问题:民族团结,则国泰民安;民族分裂,则国败家亡。这是中国古代民族法产生、发展、完善的历史背景。”[13]

在漫长的中国封建社会中,“时而汉族统一中原地区并逐步向周边发展建立比较强大的国家政权”,[14] 如汉朝、唐朝;时而少数民族入主中原建立统一的国家政权,如元朝、清朝;抑或“少数民族分别统一了北方、西北方、东北方、西南方和南方一些地区,与中原王朝分庭抗礼,如汉朝与匈奴、唐朝与突厥、北宋与辽国等;也有部分时期形成藩属或朝贡关系,使臣来往,授予和接受封号,但实际上并无正式的隶属关系,如唐朝与南昭,北宋与大理等”。[15] 同时在很长时期内“产生了一些少数民族割据政权、少数民族地方政权或少数民族族群势力集团”,[16] 它们建立了自己独有的制度和法律,并在中原王朝强大时,纷纷“内附”,[17] 中央政府在这些地区设立羁縻、府、州等,由少数民族首领担任刺史或都督等职,管理本民族的事务,对中央政府履行政治、经济、军事、法律上的义务。“而对于内地或接近内地的少数民族,中央政府则一直以郡县制直接统治。因此,历代王朝都制定并形成一套既有共性又有时代特点的调整民族关系的法规与制度,这对长期以来,统一多民族国家的形成、巩固起到一定的作用。”[18]

清末民初的中国社会,呼吁民族平等之风盛行。不管是北洋政府还是民国政府,在制定调整民族关系的相关法律时,都将民族平等作为其中重要的一项原则,以此来获得各民族的支持,强化统治的合法性。而中国共产党自建党伊始,一直秉持着马克思主义的民族平等观,在革命之路上践行各民族平等、团结、互助、互相尊重的民族政策。中国共产党在不断的实践中创造性地提出民族区域自治,为中华人民共和国成立以后,中国能够成为独立、民主、统一的多民族主权国家奠定了基础。

二、奴隶社会的民族法

根据历史传说,距今约五六千年的新石器时代后期,生活在黄河流域和长江流域的三大部落

---

[8] 参见郭沫若主编:《中国史稿》(第1册),人民出版社1962年版,第121~122页。
[9] 参见吴宗金、张晓辉主编:《中国民族法学》(第2版),法律出版社2004年版,第47页。
[10] 参见张鸿雁、傅兆君:《论传统夷夏观的演变及其对近代社会民族观的影响》,载《民族研究》1993年第2期。
[11] 吴宗金、张晓辉主编:《中国民族法学》(第2版),法律出版社2004年版,第47页。
[12] 吴宗金、张晓辉主编:《中国民族法学》(第2版),法律出版社2004年版,第47页。
[13] 吴宗金、张晓辉主编:《中国民族法学》(第2版),法律出版社2004年版,第47页。
[14] 吴宗金、张晓辉主编:《中国民族法学》(第2版),法律出版社2004年版,第48页。
[15] 吴宗金、张晓辉主编:《中国民族法学》(第2版),法律出版社2004年版,第48页。
[16] 李鸣:《中国民族法制史论》,中央民族大学出版社2008年版,第2页。
[17] 吴宗金、张晓辉主编:《中国民族法学》(第2版),法律出版社2004年版,第48页。
[18] 吴宗金、张晓辉主编:《中国民族法学》(第2版),法律出版社2004年版,第48页。

联盟在不断征战中先后告别了"天下为公"的时代,诸氏族部落开始演进为初具国家形态的邦国。随着第一个奴隶制国家夏王朝的建立,其后经商朝的发展到西周,奴隶制国家进入全盛时期,具有国家统治需要的民族法随之应运而生。

（一）奴隶社会民族法的产生

由于社会三大分工造成的深刻变化,[19]氏族制度被国家替代,[20]在氏族制度被国家取代的过程中,部落也发展为了民族。"随着夏朝国家的形成,夏以前的部落联盟与酋邦也就形成了我国古代最早的民族。史载禹伐三苗,在涂山(今安徽省境内)召开大会,执玉帛者万国,以为朝贡之礼。由此可见,夏朝自建立时起就是一个多民族国家。"[21]作为一个多民族的国家,夏朝建立伊始就需要调整各民族的关系。如"夏朝建立后,有扈氏不服,被夏国王启消灭,于是'天下咸服'。所谓'天下咸服',不仅是通过武力镇压使国家得到巩固,也是夏朝实施'民族法'调整国内民族关系的结果。诚然,奴隶制民族法是不能与现代法律制度等量齐观的。因为,中国奴隶社会的民族法是通过统治者调整民族关系的方针、措施和国家的典章制度来体现的。虽然后人有《禹刑》的记载,但具体内容已无从考证了"。[22]

按照法产生的一般规律而言,法律是与国家相伴发展起来的。从这个意义上讲,奴隶社会民族法是伴随多民族的奴隶制国家形成而产生的。夏王朝是在华夏部落联盟与其他部落联盟的战争中建立起来的,而其所统辖的区域内有诸多相对独立的诸酋邦。禹打破了夏部落的禅让制,开启"家天下"的历史,后被启夺取政权,通过"政治会盟的形式,取得众多酋邦与部落的承认,争取到夏王朝的合法地位",即所谓"钧台之享"。[23] 这就是奴隶社会民族法产生的背景。

（二）奴隶社会民族法的形式和内容

1. 五服制

成书于战国时期的《禹贡》可以说是我国历史上最早的"民族法"。因为《禹贡》首次打破各诸侯国界线,把"中国"统一划分为"九州",又根据各地民族远近及社会特点分为"五服"。[24]《尚书·禹贡》载:以王徽为中心计算,"五百里甸服:百里赋纳总,二百里纳铚,三百里纳秸服,四百里粟,五百里米。五百里侯服:百里采,二百里男邦,三百里诸侯。五百里绥服,三百里揆文教,二百里奋武卫。五百里要服:三百里夷,二百里蔡。五百里荒服:三百里蛮,二百里流"。[25] "五服制创造了以各地区土壤好坏与物产不同来确定赋税等级;以民族特点来确定管辖区域的政策,使'声教讫于四海',用赋税多少来调整中央政权与周边少数民族的关系。"[26]最早实行"五服"的是夏王朝,而商朝在此基础上实行内外服制度。内服为王畿地区,外服分为侯、甸、男、卫、邦伯五等,等级不同,贡纳的物品及数量都不一样。并且设立了专门的官职"宾"来负责诸侯和少数民族首领到京朝觐、进献和接受封赐等事宜的迎来送往的礼仪事务。[27] 周王朝仍实行五服政治

---

〔19〕 参见《法理学》编写组编:《法理学》(第2版),人民出版社2020年版,第56页。

〔20〕 正如恩格斯所说,"氏族制度已经过时了……它被国家代替了"。参见《马克思恩格斯文集》(第4卷),人民出版社2009年版,第188页。

〔21〕 吴宗金、张晓辉主编:《中国民族法学》(第2版),法律出版社2004年版,第50页。

〔22〕 吴宗金、张晓辉主编:《中国民族法学》(第2版),法律出版社2004年版,第50页。

〔23〕 吴宗金、张晓辉主编:《中国民族法学》(第2版),法律出版社2004年版,第50页。

〔24〕 吴宗金、张晓辉主编:《中国民族法学》(第2版),法律出版社2004年版,第51页。

〔25〕《尚书·禹贡》。

〔26〕 吴宗金、张晓辉主编:《中国民族法学》(第2版),法律出版社2004年版,第48页。

〔27〕 参见李鸣:《中国民族法制史论》,中央民族大学出版社2008年版,第15页。

区划分别治理的办法,对周边的夷、蛮、戎、狄等民族进行有效统治。周王朝规定,凡属王畿外围的地方,以百里为率,视距离的远近分为五等,称为五服,即甸服、侯服、绥服、要服、荒服。其中划分:"蛮夷要服,戎狄荒服。"明确规定,"要服者贡,荒服者王"。意思是要服者必须向周天子贡纳物品,荒服者不论是在位或继位都必须承认周天子的统治地位,履行朝见。不贡不朝者,经过"修名""修德"后仍然执意违背要服或荒服,就要"修刑",或以武力讨伐。[28]

2. 礼

礼的出现是基于自然崇拜和社会崇拜的双重需要。按照学术界普遍认可的解释,"礼"源于原始社会后期的祭祀活动。《说文》释礼:"履也,所以事神致福也。"[29]礼最初是"盛玉以奉神人之器谓之若丰。推之而奉神人之酒礼亦谓礼。又推之而奉神人之事通谓之礼"。[30] 换言之,"礼原来是祭神灵和祭人鬼的器具,盛有两块玉石。后来供祭的酒也叫礼。以后凡进行祭祀的一切活动都叫礼。这种祭祀活动是氏族或部落的一种习俗,并日益规范化、程序化"。[31] 而这些"规范容易被氏族成员严格遵守,因为祭祀代表了人们对天意的敬畏与遵从"。[32] "随着社会生产力的发展,后来贵族垄断了祭祀的主祭权,也意味着控制了萌芽状态中的政治权利。这一转变,使政权与神权合二而一了,原始状态的礼也逐渐由民族的习惯演化而具有法的性质和作用了。原来用以区别血缘关系、亲疏尊卑的礼同时成了确定各民族人民在国家组织中等级地位的法。在这里,亲贵合一,礼法难分,成为调整早期民族关系的规范。"[33]《尚书·大禹谟》说:"无怠无荒,四夷来王"。在《淮南子·原道训》中也有关于大禹"施之以德,海外宾伏,四夷纳职"的记载。

所谓"四夷",就是当时居住在华夏族四周的其他民族,是周边各民族共同体的泛称。到了西周,在夏礼和商礼的基础上,以"亲亲""尊尊"原则为基准,强调"德"的要求,进行全面调整,形成了包括宗法制、分封制和国家活动等方面的典章制度,以及人们的行为规范与婚、表、冠、祭等活动的周礼。西周的礼既是国家的大法,又是国家机关的组织法、行政法和刑事、民事、民族、经济等方面的法则。《诗经·大雅·荡》说:"文王曰咨,咨女殷商,女于中国,敛怨以为德。"又说:"内于中国,覃及鬼言。"毛苌《诗经诂训传》:"怒也。""鬼方,远方也。"郑玄的《毛诗笺》记载:"此言时人忧于恶,虽有不醉犹怒也。"这是西周末诗人引述周文王以殷商嗜酒失德,使"中国"怨怒,以至远方各族也怨怒的告诫,来警敕周南王。正因为周文王能以礼来调整民族关系,才出现了西周多民族大一统的状况:"溥(普)天之下,莫非王土;率土之滨,莫非王臣。"[34]

3. 刑

中国古代"刑兵不分",战争的过程与结果都与刑分不开。《国语·鲁语上》指出,所谓"大刑用甲兵,其次用斧钺,中刑用刀锯,其次用钻笮,薄刑用鞭扑,以威民也"。《汉书·刑法志》也指出:"大刑用甲兵,其次用斧钺;中刑用刀锯,其次用钻竿;薄刑用鞭扑。大者陈诸原野,小者致之市朝。"可以看出最严厉的刑罚就是实施军事讨伐。据《尚书·吕刑》记载:"若古有训。蚩尤惟

---

[28] 参见吴宗金、张晓辉主编:《中国民族法学》(第2版),法律出版社2004年版,第52页。

[29] 曾宪义、马小红:《中国传统法的结构与基本概念辨正——兼论古代礼与法的关系》,载《中国社会科学》2003年第5期。

[30] 《观堂集林·卷六·释礼》。

[31] 吴宗金、张晓辉主编:《中国民族法学》(第2版),法律出版社2004年版,第51页。

[32] 曾宪义、马小红:《中国传统法的结构与基本概念辨正——兼论古代礼与法的关系》,载《中国社会科学》2003年第5期。

[33] 吴宗金、张晓辉主编:《中国民族法学》(第2版),法律出版社2004年版,第51页。

[34] 吴宗金、张晓辉主编:《中国民族法学》(第2版),法律出版社2004年版,第51页。

始作乱，延及于平民，罔不寇贼，鸱义，奸宄，夺攘，矫虔。苗民弗用灵，制以刑，惟作五虐之刑曰法。杀戮无辜，爰始淫为劓、刵、椓、黥。越兹丽刑并制，罔差有辞。民兴胥渐，泯泯棼棼，罔中于信，以覆诅盟。虐威庶戮，方告无辜于上。上帝监民，罔有馨香德，刑发闻惟腥。皇帝哀矜庶戮之不辜，报虐以威，遏绝苗民，无世在下。"[35] 可以看出族刑或刑是奴隶社会民族法最重要的表现形式。三苗联盟创制的"五虐之刑"，由于能够更有效地起到惩罚犯罪、维护统治阶级利益的作用，因而很快在战争中被其他部落或部落联盟仿效。据《尚书·舜典》记载，禹即位后，三苗不服，即大举征伐，最后三苗逃窜并被消灭，即"窜三苗于三危"。商朝对北方少数民族大举征战，才使被征服的各民族在政治上承认了商王的"共主"地位，并接受了商王的封号，处于臣服地位。此外，卜辞中还有不少关于"征夷方""征尸方""正人方""我尸方"等记载。[36] 周朝与四方夷、蛮、戎、狄时有联合，时有战争。周成王时，东方的徐、奄、蒲姑曾助武庚叛周，严重威胁周朝的统一。周公遂出兵二次东征，战争持续两年之久，最后控制了东方各民族的政治、军事重镇。而且史籍对周朝向各民族"大刑用甲兵"的记载俯拾皆是。[37]《周礼·秋官·大司寇》就记载："正月之吉，始和，布刑于邦国都鄙，乃县刑象之法于象魏，使万民观刑象，挟日而敛之。"[38]

三、封建社会的民族法

中国在春秋战国时期逐步从奴隶制社会转向封建社会。秦始皇统一中国，在全国范围内建立了专制主义的多民族的中央集权制的封建国家。至清末，中国历经了两千多年的封建社会，孕育出了符合历史发展规律的封建社会民族法。

（一）封建社会民族法的形式

秦王朝建立后，"秦始皇奉行商鞅、韩非学说，注重法律；在李斯等人主持下，制定了许多新法律令"。[39] 对少数民族的统治和管理主要体现在：设置专门的民族事务管理机构和专门处理少数民族关系的法律，并且在诸多律令中也体现了处理少数民族关系的内容。除此以外，在设置郡县制时也充分考虑了对于少数民族地区的统治。如"在东北地区设置辽东郡、辽西郡；在北方阴山山脉一带设置三十四个县和九原郡；在西北地区设置陇西郡、北地郡；在岭南地区设置象郡、桂林郡、南海郡；在东南地区设置闽郡、会稽郡"。[40]

西汉时期，除原有秦王朝的统辖区域外，周边的各民族地区也逐渐融入西汉王朝的版图当中。大的民族融合使民族关系更为复杂，因此，汉王朝在承袭秦制的基础上，对民族管理的方式进行了发展与创新，使民族管理制度日臻成熟。汉王朝在华北、东北地区设置"幽州刺史部"，管辖渤海、上谷、渔阳、辽东、辽西等郡。在西域设置"西域都护府"，管辖巴尔喀什湖以东以南及今天的新疆地区。在西北羌族聚居区和北方的乌桓聚居区设置"护羌校尉"与"护乌桓校尉"专理民族事务，统一管辖羌地和乌桓地区。在北方统一了南匈奴后，设置"朔方刺史部"，管辖朔方、五原、河西、上郡等北方少数民族地区。汉武帝平定南越后，在南越及邻近地区建立儋耳、珠崖、

---

〔35〕《尚书·吕刑》。

〔36〕参见吴宗金、张晓辉主编：《中国民族法学》（第2版），法律出版社2004年版，第51页。

〔37〕参见吴宗金、张晓辉主编：《中国民族法学》（第2版），法律出版社2004年版，第51页。

〔38〕《周礼·秋官·大司寇》。

〔39〕《中国法制史》编写组主编：《中国法制史》（第2版），高等教育出版社2019年版，第53页。

〔40〕吴宗金、张晓辉主编：《中国民族法学》（第2版），法律出版社2004年版，第52页。

南海、苍梧、合浦、交趾、九真、日南、郁林等九郡,将南方少数民族纳入汉朝的管辖范围内。[41] 此外,汉王朝还在"中央设管理少数民族事务的专门机构,以典客负责接待少数民族使者,典属国掌管少数民族事务"。[42]

魏晋南北朝时期,北方少数民族入主中原,相继建立了不同政权,史称"五胡十六国"。少数民族建立割据政权后,为了统治需要,对汉族和少数民族实行了不同的管理模式和统治方法,实施"胡汉分治"策略。如汉赵在中枢机构下,"置左右司隶,各领户二十余万,万户置一内史,凡内史四十三",[43]统治汉人;在大单下设"单于左右辅,各主六夷十万落,万落置一都尉",统治所辖少数民族。除此以外,在法律上施行"汉化",并将固有的习惯法融入相关法律中。如后秦统治者姚兴"保留部分羌人原有的统治方式的同时,采取一系列改革措施,促使羌族逐步汉化,以适应统治中原地区的需要"。[44]

隋唐是结束南北割据局面,进一步巩固和发展统一的多民族国家的时期,也是中国封建社会的鼎盛时期。在民族法形式上,唐朝开创了在统一多民族国家中,不同民族适用不同法律管辖的先河。[45] 并且用较为平等的态度对待少数民族,达到了"中国既安,四夷自服"[46]的目的。而各民族在与唐王朝的交流中,"学习到了中原王朝的法律,并根据本民族不同社会历史发展阶段的实际,创立或发展了自己的民族法制,加强各民族间及与中央王朝的法律联系"。[47]《唐律疏议·名例》规定:"诸化外人,同类自相犯者,各依本俗法,异类相犯者,以法律论。"就是说,不在州县管辖之内的"诸蕃",本族人相犯,即依他们固有习惯法处理,若不同民族或蕃国之间相犯,就按《唐律》处理。这为辽代形成二元法律体制奠定了基础。[48] 此外,唐王朝在少数民族地区设置了大量的羁縻府、州、县。据记载,"自太宗平突厥,西北诸蕃及蛮夷稍稍内属,即其部落列置州县……大凡府州八百五十六,号为羁縻云",[49]中央政府统一册封少数民族首领为世袭的都督、刺史等官职,成为唐朝的地方一级政府。

宋、辽、西、夏、金时期是我国各民族大融合时期,各民族建立的政权相互鼎立或对峙。宋作为中原王朝在处理周边少数民族关系时采取的是偏安的态度:"来则不拒,去则不追;边圉相接,时有侵轶,命将致讨,服则舍之,不黩以武。"[50]在外部,通过订立盟约、主动示好调整与周边少数民族的关系;在内部,通过认可少数民族习惯法和怀柔政策处理汉族与所统少数民族的关系。而辽、西夏、金等通过加强汉化、效仿汉唐的法律等措施制定了符合自己特点的民族法,如《天盛改旧新定律令》《皇统新制》等。

元、明、清时期,基本形成了我国现在多元一体的民族格局。元朝设置宣政院,直接管辖西藏事务,在西南少数民族地区推行土官制度,施行因地制宜的统治,在东南沿海地区设置澎湖巡检司,管理澎湖列岛和台湾。明朝在元朝的基础上,实行土司制度,使少数民族服从中央的统治。

---

〔41〕 参见吴宗金、张晓辉主编:《中国民族法学》(第2版),法律出版社2004年版,第52页。

〔42〕 徐晓光:《中国少数民族法制史》,贵州民族出版社2002年版,第37页。

〔43〕《晋书》(卷一百二)《载记》(第二)。

〔44〕 李鸣:《中国民族法制史论》,中央民族大学出版社2008年版,第61页。

〔45〕 参见吴宗金、张晓辉主编:《中国民族法学》(第2版),法律出版社2004年版,第52页。

〔46〕《资治通鉴》卷一九三《唐纪九》。

〔47〕 徐晓光:《中国少数民族法制史》,贵州民族出版社2002年版,第72页。

〔48〕 参见吴宗金、张晓辉主编:《中国民族法学》(第2版),法律出版社2004年版,第52页。

〔49〕《新唐书》(卷四十三下　志第三十三下)《地理七下》。

〔50〕《宋史》(卷四百八十五　列传第二百四十四)《外国一》。

清朝最后奠定了各民族的分布范围。[51]

"纵观整个封建社会时期,正好是古代民族法逐步完备,立法技术日趋成熟的时期,民族法由习惯法到制定法的过程。封建社会民族法的主要形式是:封建国家有关少数民族地区组织、管理方面的规定,皇帝的旨意与行政法规和国家制定的民族法律。"[52]

(二)封建社会民族法的内容

第一,在少数民族地区建立地方政权机构。秦统一六国后,在少数民族地区推行郡县制,使当地各民族处在秦的直接管辖之下。汉承秦制,在少数民族地区分别设置郡县、属国、都护、中郎将、校尉、都尉等进行统治,全面管理当地事务。例如,在公元前119年,设置"护乌桓校尉";公元前60年,设置"西域都护府";公元前36年设置"护羌校尉"。同时,秦汉王朝实行"羁縻统治",即中央政府通过授予各少数民族首领以各种官职,甚至封王封侯,使之成为汉朝管辖下的地方政权机构的长官,在其地实行自治。[53] 再如,汉武帝灭了滇国后,设置了益州郡,并授予滇王金印,使其"复长其民"。滇王成为汉朝序列的官员,当地的生产方式和社会制度保留不变。对这一制度,当时的解释是:"齐其政,不易其宜;改其教,不易其俗。"[54]"羁縻统治"延续到唐王朝达到顶峰,共有羁縻府、州856个。元、明、清时期民族地方自治逐步制度化、法律化。一方面,清朝在少数民族地区设置高级派出机构,如驻藏大臣、伊犁将军、盛京将军、乌里雅苏台将军;在内地只要有少数民族,各总督衙门就有专职官员办理民族事务。另一方面,清朝将一些少数民族原有的政治制度合法化,使之成为地方一级政权机构,如蒙古地区的盟旗制,维吾尔地区的伯克制,西藏地区的达赖、班禅和噶厦制,西南少数民族地区的土司制。[55]

第二,统一设置专管少数民族事务的机构。秦王朝设置了中央九卿之一的"典客",下属行人、译官等,专门管理少数民族事务;汉承秦制,改"典客"为"大行令",后又改为"大鸿胪",掌管归顺的少数民族;隋王朝改为"鸿胪寺",后由唐宋沿袭。"元朝开始设置宣政院,清朝设置理藩院,成为封建社会专管民族事务的中央常设机关,是中央政府的重要部门之一,为处理民族事务的法制化、规范化奠定了组织保证。"[56]

第三,和亲笼络。西汉时期,面对武力强大的匈奴不断的侵扰,刘邦接受了建信侯刘敬提出的与匈奴的君长冒顿单于"和亲"的对策。[57] 刘敬提出:"以汉女出嫁匈奴,生子必为太子代单于,……冒顿在,固为子婿。死,外孙为单于,岂闻外孙敢与太父无礼哉?可毋战以渐臣也。"[58] 公元前198年,刘邦使刘敬奉宗室女翁主为单于。至此,拉开了西汉王朝与匈奴的五次"和亲"的帷幕。"和亲"的提出,使中原王朝的边疆得到了稳定。唐朝分别与突厥、吐谷浑、吐蕃等八个民族(国)进行了"和亲",取得了很好的效果。如文成公主出嫁吐蕃后,松赞干布接受了大唐驸马都尉西海郡王的封号,并将保卫大唐作为己任。[59] 而唐太宗在位时公开说:"自古皆贵中华,

---

〔51〕参见吴宗金、张晓辉主编:《中国民族法学》(第2版),法律出版社2004年版,第53页。

〔52〕吴宗金、张晓辉主编:《中国民族法学》(第2版),法律出版社2004年版,第53页。

〔53〕参见吴宗金、张晓辉主编:《中国民族法学》(第2版),法律出版社2004年版,第53页。

〔54〕吴宗金、张晓辉主编:《中国民族法学》(第2版),法律出版社2004年版,第53页。

〔55〕参见吴宗金、张晓辉主编:《中国民族法学》(第2版),法律出版社2004年版,第53页。

〔56〕吴宗金、张晓辉主编:《中国民族法学》(第2版),法律出版社2004年版,第54页。

〔57〕也有著作将刘敬称为娄敬。

〔58〕《汉书》卷四六。

〔59〕参见陈庆英:《关于松赞干布河源迎亲》,载《中国藏学》2014年第4期。

贱夷狄,朕独爱之如一”[60],并提出了“恩惠抚和”的政策。清朝不但给蒙古王公以种种特权,并世代与之结姻亲。“和亲”作为中央王朝调整与周边少数民族关系的一种战略选择,从效果上看,促进了民族的融合。例如南北朝时,匈奴人刘渊建立汉政权。刘渊之所以姓刘,是由于“汉高祖以宗女为公主,以妻冒顿,约为兄弟,故其子孙遂冒姓刘氏”。[61] 总之,和亲联姻是中国古代民族法的重要内容。

第四,武力征服。当其他方法和政策达不到维护统一的目的时,就选武力征服。秦始皇用武力统一六国。汉朝用武达五十年之久,北破匈奴,南灭南越,西域征服三十六城邦国家,西南故败滇国和夜郎,建立起一个东西九千三百多里,南北一万三千多里,统治人口达六千万之多的大帝国。唐朝征高丽攻突厥,元朝的四面出击,明朝的南北对峙,清朝平定准噶尔和对苗疆的武力征伐,都是这种“武力征服”政策的继续。[62]

第五,分而治之与二元法律制度。三国时期,诸葛亮征服云南后,把云南彝族中最强悍的一万余家移往蜀地,又把参加反叛的彝族武士配给名家大姓为家奴。同时,把一些著名的少数民族首领调到成都,参加中央政权,使之脱离自己的民族群体,达到分而治之的目的。[63] 清朝时期,在内外蒙古均实行盟旗制,但内蒙古王公掌握兵权,外蒙古王公则不能掌握兵权。准噶尔部蒙古人被清军打败后,清朝将卫拉特蒙古由四卫拉特变为八盟三十一旗,并将其分别迁往新疆、青海和内蒙古等广大地区。此外,秦王朝施行的移民实边、汉王朝的屯军等也是分而治之的一种方法。正如魏源所说:“以黄教柔训蒙古,中国之上计也。”始于唐代的不同民族按不同法律管辖的办法,在辽代形成二元法律制度,即以契丹固有的习惯法治理以契丹为代表的游牧民族,以《唐律》治理以汉人为代表的农业民族。[64]

第六,制定法。最早的成文民族法,是秦朝的《属邦律》。到了清朝民族立法进一步完善,除了《大清律例》之外,制定了适用于少数民族的单行法律《回律》《番律》《蒙古律》《苗律》《番律条款》等。在《光绪会典》中也汇编有适用于少数民族的诉讼、审判、定罪、量刑等单行法规。这些标志着中国古代民族立法的成熟。

四、半殖民地半封建社会的民族法

(一)北洋军阀政权时期的民族法

辛亥革命爆发后,孙中山先生提出“五族共和”的民族主义思想,指出“汉应与满、蒙、回、藏相见与诚,合为一炉而治之,以成中华民族之新主义”,[65] 并对“五族共和”进行了解释:“我们国内何止五族,我的意思是我们中国所有各民族应该融成一个中华民族。”[66] 除此以外,他还强调各民族之间的平等地位,提出“今者五族一家,立于平等地位”。[67] “五族共和”的思想在《中华民国临时约法》中得到体现:“中华民国领土,为二十二行省,内外蒙古、西藏、青海”,“中华民国

---

[60] 《资治通鉴》卷一九八。

[61] 《晋书·刘元海载记》。

[62] 参见吴宗金、张晓辉主编:《中国民族法学》(第2版),法律出版社2004年版,第54页。

[63] 参见吴宗金、张晓辉主编:《中国民族法学》(第2版),法律出版社2004年版,第54页。

[64] 参见《辽史·刑法志上》。

[65] 孟庆鹏编:《孙中山文集》(上册),团结出版社1997年版,第39页。

[66] 中国社会科学院近代史研究所中华民国史研究室、中山大学历史系孙中山研究室、广东省社会科学历史研究所编:《孙中山全集》(第5卷),中华书局1985年版,第392页。

[67] 中国社会科学院近代史研究所中华民国史研究室等编:《孙中山全集》(第2卷),中华书局1982年版,第439页。

人民,一律平等,无种族、阶级、宗教之区别”。[68] 在北洋政府统治时期,其法律制度具有封建性、买办性的特点。因此,民族立法毫无建树。[69] 尽管其制定了一些法律及法规,如《蒙藏院官制》和《蒙藏院办事规程》等,但都带有民族歧视和民族压迫的内容。“只有1912年8月10日颁布的《中华民国国会组织法》规定:参议院由各省省议会、蒙古、西藏、青海选举会、中华学会和华侨选举会选出议员组成。这是继承《中华民国临时约法》的条款,从而在法律上肯定了少数民族居住的内外蒙古、西藏、青海都是中华民国领土不可分割的部分。但又承认它们具有与一般省不同的特殊性,规定蒙古、西藏、青海共40名参议员,参加管理国家的活动。此外,清政府颁布的一些民族法规,仍具法律效力。”[70] 如延续了清朝统治少数民族的羁縻政策等。

(二)国民政府的民族法

1927年,国民党改组派联合阎锡山、冯玉祥,在北平召开会议,决定成立国民政府,与蒋介石分庭抗礼,并以制定约法为反蒋武器。不久,《中华民国约法草案》制定,其在国内民族问题上的独特之处是写上了“民族自治权”。该草案第4条规定:国民政府的民族主义就是“对于国内之弱小民族,政府当扶植之,使之能自决自治”。第162条规定:“外蒙古、西藏等未设省之地方,其制度应参照其宗教风俗习惯另以法律定之。”[71] 同时,国民政府在形式上继承了孙中山先生的思想,在《中华民国训政时期约法》中指出:“中华民国国民无男女、种族、宗教、阶级之区别,在法律上一律平等”;“蒙古、西藏之地方制度,得就地方情形,另以法律定之。”[72]

1946年制定的《中华民国宪法》提出“中华民国各民族一律平等”的原则。《中华民国宪法》中关于民族问题的条款主要表现在以下几点。(1)承认了除汉、满、蒙、回、藏之外的其他少数民族的合法地位。除了规定蒙古、西藏选出代表外,还特别规定“各族在边疆地区”也须选出自己的代表。在关于选举条例中专门指出所谓“边疆地区各民族”是指“四川、西康、云南、贵州、广西、湖南六省之西南边疆民族”。另外,又指出:“内地生活习惯特殊之国民”,也须选出代表。这里是指散居于全国各地的回族。(2)在第119条和第120条中规定对蒙古各盟旗地方自治制度、西藏自治制度,要“予以保障”。(3)在第168条中规定:“国家对于边疆地区各民族之地位,应予以合法之保障,并于其地方自治事业,特别予以扶植。”同时在第169条中规定:“国家对边疆各民族之教育、文化、交通、水利、卫生及其他经济、社会事业,应积极举办,并扶植其发展,对于土地使用,应依其气候,土壤性质,及人民生活习惯之所宜,予以保障及发展。”[73]

(三)人民革命政权的民族法

1927年,大革命失败后,中国共产党深入农村,进行土地革命,坚持武装斗争,创建了革命根据地,并在根据地建立了人民革命政权。从中国共产党成立,到第一个人民革命政权的建立,马克思主义关于无产阶级解决民族问题的总原则,就是人民政权制定民族法的指导思想。[74] 人民革命政权成立早期,中国共产党提出了“民族自决”以便团结中国境内的各民族共同奋斗。1929

---

〔68〕 中国第二历史档案馆编:《中华民国史档案资料汇编》(第2辑),江苏人民出版社1981年版,第106页。

〔69〕 参见吴宗金、张晓辉主编:《中国民族法学》(第2版),法律出版社2004年版,第60页。

〔70〕 吴宗金、张晓辉主编:《中国民族法学》(第2版),法律出版社2004年版,第60~61页。

〔71〕 吴宗金、张晓辉主编:《中国民族法学》(第2版),法律出版社2004年版,第61页。

〔72〕 中国第二历史档案馆编:《中华民国史档案资料汇编》(第二辑),江苏人民出版社1981年版,第274页。

〔73〕 吴宗金、张晓辉主编:《中国民族法学》(第2版),法律出版社2004年版,第61页。

〔74〕 参见吴宗金、张晓辉主编:《中国民族法学》(第2版),法律出版社2004年版,第54页。

年,毛泽东提出:“统一中国,承认满、蒙、回、藏、苗、瑶各民族的自决权。”[75] 1931 年 11 月 7 日,在江西瑞金召开的中华苏维埃第一次全国代表大会上,通过了《中华苏维埃共和国宪法大纲》,其中第 14 条规定:“中华苏维埃政权承认中国境内少数民族的民族自决权,一直承认到各弱小民族有同中国脱离,自己成立独立的国家的权利。蒙古、回、藏、苗、黎、高丽人等,凡是居住在中国境内,他们有完全自决权:加入或脱离中国苏维埃联邦,或建立自己的自治区域。中国苏维埃政权在现在要努力帮助这些弱小民族脱离帝国主义、国民党军阀、王公喇嘛土司等的压迫统治而得到完全自由,苏维埃政权更要在这些民族中发展他们自己的民族文化和民族语言。”同时,大会还通过了《关于中国境内少数民族问题的决议案》,其内容根据《中华苏维埃共和国宪法大纲》制定。为了践行“民族自决”的政策,1936 年中共中央在《关于内蒙工作的指示信》中明确指出:“中华苏维埃红军与共产党,坚决反对中国国民党对国内弱小民族的压迫,主张民族自决——直到小民族组织独立国家与政府。”[76]

随着抗日战争形势的发展和中国共产党抗日民族统一战线的不断巩固,人民革命政权的民族政策也进行了调整,从“民族自决”和“联邦制”逐步转变为统一的多民族国家的民族区域自治。毛泽东在《论新阶段》中指出:“对国内各民族,给予平等权利,而在自愿原则下互相团结,建立统一的政府。”[77] 1946 年 4 月 23 日,陕甘宁边区第三届参议会第一次代表大会通过了《陕甘宁边区宪法原则》,其第 9 条规定:“边区各少数民族,在居住集中地区,得划成民族区,组织民族自治组织在不与省宪抵触原则下,得订立自治法规。”[78]

1947 年 4 月,内蒙古人民代表会议通过《内蒙古自治政府施政纲领》,这是我国第一个民族地方区域纲领。在少数民族聚居的地方实行民族区域自治,是中国共产党解决国内民族问题的基本政策,内蒙古自治政府的成立便是实现民族区域自治的范例。《内蒙古自治政府施政纲领》中规定的有关民族区域自治的条款,主要内容有:(1)内蒙古自治区域是我们伟大祖国的组成部分;(2)内蒙古自治政府是内蒙古区域内各民族实行高度自治的区域性的民主政府;(3)内蒙古自治区域内蒙、汉、回等各民族团结一致,坚决粉碎帝国主义及封建买办法西斯大汉族主义者对内蒙古蒙古民族及各民族人民的侵略压迫;(4)内蒙古自治区域内蒙、汉、回等各民族一律平等;(5)普及国民教育,增设学校,开办内蒙古军政大学及各种技术学校,培养人才,推广蒙文报纸及书籍,研究蒙古历史,蒙古学校普及蒙文教科书,发展蒙古文化;(6)实行信教自由与政教分立。[79]

解放战争时期,在解放区革命政权管辖下的少数民族,充分享受到民族平等的权利。各个解放区的施政纲领中,都对此作了明确的规定。如 1945 年 9 月公布的《晋察冀边区行政委员会施政要端》、1945 年 12 月公布的《苏皖边区临时行政委员会施政纲领》、1946 年 8 月东北各省代表联席会议通过的《东北各省市(特别市)民主政府共同施政纲领》等,都作了有关民族平等、自治的规定。[80]

1949 年 9 月,中国人民政治协商会议第一届全体会议通过了《共同纲领》,详细规定了各民

---

〔75〕 中共中央统战部编:《民族问题文献汇编》,中共中央党校出版社 1991 年版,第 97 页。

〔76〕 参见中央档案馆编:《中共中央文件选集(1934-1935)》(第九册),中共中央党校出版社 1986 年版,第 214 页。

〔77〕 金炳镐主编:《民族纲领政策文献选编》,中央民族大学出版社 2006 年版,第 208 页。

〔78〕 吴宗金、张晓辉主编:《中国民族法学》(第 2 版),法律出版社 2004 年版,第 62 页。

〔79〕 参见吴宗金、张晓辉主编:《中国民族法学》(第 2 版),法律出版社 2004 年版,第 62 页。

〔80〕 参见吴宗金、张晓辉主编:《中国民族法学》(第 2 版),法律出版社 2004 年版,第 62 页。

族共同建立政权的性质，以及如何实现少数民族的民主权利，“是中国共产党领导少数民族进行民族解放斗争几十年历程的科学总结。对新中国的民族立法奠定了坚实的基础”。[81]《共同纲领》序言阐述了少数民族的政治权利：“由中国共产党、各民主党派、各人民团体、各地区、人民解放军、各少数民族、国外华侨及其他爱国民主分子的代表们所组成的中国人民政治协商会议”；“中国人民政治协商会议代表全国人民的意志，宣告中华人民共和国的成立，组织人民自己的中央政府。”并在总纲中规定，“中华人民共和国境内各民族，均有平等的权利和义务”。[82] 除此以外，《共同纲领》专设第六章规定了中华人民共和国初期的民族政策，主要内容包括：“中华人民共和国境内各民族一律平等，实行团结互助，反对帝国主义和各民族内部的人民公敌，使中华人民共和国成为各民族友爱合作的大家庭。反对大民族主义和狭隘民族主义，禁止民族间的歧视、压迫和分裂各民族团结的行为”（第 50 条）；“各少数民族聚居的地区，应实行民族的区域自治，按照民族聚居的人口多少和区域大小，分别建立各种民族自治机关。凡各民族杂居的地方及民族自治区内，各民族在当地政权机关中均应有相当名额的代表”（第 51 条）；“中华人民共和国境内各少数民族，均有按照统一的国家军事制度，参加人民解放军及组织地方人民公安部队的权利”（第 52 条）；“各少数民族均有发展其语言文字、保持或改革其风俗习惯及宗教信仰的自由。人民政府应帮助各少数民族的人民大众发展其政治、经济、文化、教育的建设事业”（第 53 条）。[83]

第二节　中国民族法历史沿革的特点

一、大一统的国家观

纵观我国奴隶社会、封建社会和半殖民地半封建社会的民族法，不同时代的王朝（国家）都是由多民族构成，国家政权调整民族关系的社会发展的背景不同，情况各异，面对的民族问题十分复杂，因此，中国历史上的民族法内容各有差异，但整体而言仍然存在一些共同特点。其中，大一统的国家观是首要的共同性。

据远古传说，在新石器时代后期的华夏先人已经形成了三个大的相对稳定的部落联盟：华夏部落联盟、东夷部落联盟和苗蛮部落联盟。在这一时期，各联盟由于生产力水平的提高，出现了社会分工，有了相对过剩的生产资料。“部落联盟首领、部落长老以及行使部落联盟管理职责的管理层，掌握相对过剩生活资料的分配、处置权，导致私有财产、私有观念逐渐形成。”[84] 三大部落联盟为了自身发展需要向外扩展，彼此间发生了规模较大的战争，最后以华夏部落联盟的获胜而告终，随后华夏部落联盟内部发生分裂，黄帝部落联盟在获胜后被众多部落、氏族拥戴为中原盟主。此后尧、舜、禹相继成为这个在当时最大部落联盟的首领，并都以继承黄帝的政治地位为自己统治的合法性依据。与此同时，三大部落联盟为了自身扩张和战争的需要，设置了管理机

[81] 吴宗金、张晓辉主编：《中国民族法学》（第 2 版），法律出版社 2004 年版，第 63 页。
[82] 中国人权研究会编：《中国人权年鉴》，当代世界出版社 2000 年版，第 88 页。
[83] 中国人权研究会编：《中国人权年鉴》，当代世界出版社 2000 年版，第 92 页。
[84] 《中国法制史》编写组主编：《中国法制史》（第 2 版），高等教育出版社 2019 年版，第 12 页。

构。如《史记·五帝本纪》载:黄帝"以师兵为营卫。官名皆以云命,为云师。置左右大监,监于万国……举风后、力牧、常先、大鸿以治民",[85]黄帝设立不同官职以履行管理之责。黄帝部落的不断强大使大一统的观念随之产生,如《尚书·尧典》提到,尧能"协和万邦",[86]大禹可以做到"万国为治""东渐于海,西被于流沙""声教讫于四海"。[87]

夏商王朝虽然表现出了统一的多民族国家的雏形,但其统治者与各邦(国)统治者之间并不具有较强的隶属关系,众多邦国独立性较强。当夏商王朝强大时,"控制的邦国多一点,对各邦国的控制力强一些,邦国朝聘、纳贡频繁恭顺一些;王朝衰弱时,各邦国往往自行其是甚至另立山头,进而取而代之"。[88] 此时王朝的统治者希望以五服制对"天下"(或称"四海")进行统治,讲求"天无二日,民无二王",[89]形成以夏商王朝为中心、其他邦国为"臣子"的政治格局。这种理想化的政治理念强化了大一统的观念,并在西周时得到了发展。《诗经·小雅·北山》有云:"溥天之下,莫非王土;率土之滨,莫非王臣。"[90]先秦时期,"万邦(国)"多为少数民族建立,夏、商、周的天子是所属众多诸侯的共主。

大一统的正式提法,始见于《公羊传》,意为:王朝在建立政权和维护统治时拥有的正统性、合法性,统治者有能力最大限度地占有地理空间,能够得到人民的支持。[91] 其内容包括以"尊王"为核心的政治一统;以"内华夏"为宗旨的民族一统;以"崇礼"为中心的文化一统。[92] 秦汉王朝建立了大一统的多民族国家,使大一统的政治理念有了实现的现实基础。董仲舒丰富了公羊学说的大一统思想,"建立了一整套适应专制主义中央集权体制发展需要的天人合一的政治理论,从而使大一统发展成为一种先天合理、不可逆转的永恒法则"。[93] 为了表明自己统治的合法性,后世王朝的建立者纷纷加入证明自己得位正统的行列。如南北朝时期,刘渊在建立汉国政权时就自诩为"汉室正统",上接汉统。氐人苻洪称"其先盖有扈之苗裔",[94]建国号秦,以华夏正统自居。十六国时,匈奴人赫连勃勃建立了割据政权大夏国,自认为是夏禹的后代,要立志恢复夏禹的统一大业。鲜卑人拓跋氏统一了中国北方建立了北魏,拓跋氏自称是黄帝的后裔,怀有统一中国的强烈愿望。清朝圣祖康熙皇帝在祭祖诗中写道:"卜世周垂历,开基汉启疆",表明大清是继承了西周和汉朝的正统。[95]

可以说,上启秦汉、下讫明清,不论是哪个民族的政权实现了全国的统一,也不论是哪个民族建立割据政权,都把自己作为中国当然、合法的主人,都以正统自居。无论是兴起于汉代的"和亲政策",还是汉唐时期的"羁縻统治",让少数民族首领"复长其民""恩惠抚和"的方针;无论是在少数民族地区设立中央派出机构,还是"西和诸戎,南抚夷越";无论是强迫同化,还是分而治

---

〔85〕《史记·五帝本纪》。
〔86〕《尚书·尧典》。
〔87〕《尚书·禹贡》。
〔88〕陈玉屏:《略论中国古代的"天下"、"国家"和"中国"观》,载《民族研究》2005 年第 1 期。
〔89〕《礼记·曾子问》。
〔90〕《诗经·小雅·北山》。
〔91〕参见杨念群:《论"大一统"观的近代形态》,载《中国人民大学学报》2018 年第 1 期。
〔92〕参见马卫东:《大一统源于西周封建说》,载《文史哲》2013 年第 4 期。
〔93〕刘正寅:《试论中华民族整体观念的形成与发展》,载《民族研究》2000 年第 6 期。
〔94〕《晋书》(卷一百二)《载记》(第二)。
〔95〕参见吴宗金、张晓辉主编:《中国民族法学》(第 2 版),法律出版社 2004 年版,第 55 页。

之,甚至武力征伐,都以维护国家的统一、政权的完整为首要前提。[96]

清末,在南北方各种势力的逼迫下,清帝逊位。中华民国成立,提出“五族共和”,并对中华民国的领土作出界定,实行总统制。虽出现了短暂的“洪宪帝制”,但在北伐战争后被国民政府替代。抗日战争时期,为了能够联合各民族共同抗日,人民革命政权提出了抗日民族统一战线,承认民族自治权利和实行民族区域自治,使中华人民共和国成立前,就已经初步形成了统一的、由多民族共同参政议政的主权国家的雏形。可以说,中华人民共和国成立以前的王朝(国)、政权都是为了处理好各民族的关系,并且将联合各民族力量作为国家统一的重大战略,这是中国民族法历史发展的一条十分鲜明的主线。

二、维护多民族国家的统一

维护多民族国家的统一完整是中国民族法历史发展的另一条主线。夏、商、周统治者以五服制和怀柔政策维护王朝的统一,对归顺或服从自己的周边民族进行封侯,如《帝王世纪》载:“封以鬼侯为三公”;[97]对不顺从的民族则进行武力讨伐。秦王朝在中央层面设置的“典客”,以及在少数民族聚居地设立的“道”,都是为了直接管理少数民族地区,并且为了更好地维护多民族国家统一完整,在制定的《属邦律》中确定了少数民族对中央王朝的义务和享有的自身发展权利。汉承秦制设立了“大鸿胪”“道”“边郡边县”“属国”等对所辖少数民族或具有臣属关系的少数民族采取灵活多变的统治方式,维护了国家统一,实现了“四夷宾服,边塞无事”。[98]这也使少数民族自觉成为汉王朝的一分子。

在中国历史上的大分裂时期,为了实现多民族的国家统一,地方割据政权也采取了一系列的措施。三国时蜀国丞相诸葛亮在《隆中对》中就明确提出“西和诸戎,南抚夷越”的目的是“北抗曹魏,以图中原”。[99]北魏以汉魏正统自居,在建国后积极吸收、融合汉制和汉法,重用汉族人士,依靠强大的武力和胡汉融合的文化,完成了对北方广大地区的统一。在实现统一后北魏融合了汉魏之律和鲜卑族习惯法制定了《北魏律》,以此规定了各民族的权利和义务,巩固了王朝的统治。隋朝统一中国后,实行比较开明的民族政策。这对唐王朝产生了较为重大的影响,唐太宗在处理民族问题时,坚持“中国既安,远人自服”的民族怀柔原则和以羁縻为主旨的民族政策。这些措施及形成的制度给后世王朝统治者为维护多民族国家的统一提供了可借鉴之处。

至元、明、清时期,维护国家统一成为统治者的第一要务。元朝为了统治和管理西藏,除了通过设置宣政院直接统治外,还采取“政教合一”“寓政于教”的方式,扶持萨迦政权,使之成为其在西藏的行政代理人,从而实现对西藏的有效统治。[100]此外,元朝还引导西藏上层用元朝的法度和西藏原有的习惯法规制西藏事务。[101]清朝继承了元朝对蒙藏统治的策略,使蒙藏地区归顺了清朝。

中华民国提出“五族共和”的思想,并致力于从行政体制上将满、蒙、回、藏地区“内地化”,从

---

〔96〕参见吴宗金、张晓辉主编:《中国民族法学》(第2版),法律出版社2004年版,第49页。

〔97〕鬼侯是武丁时期商朝西北的劲敌,后来一部分鬼方部落归附商朝后,商王朝即封其酋长为侯。参见龚荫:《先秦民族政策概说》,载《西南民族学院学报(哲学社会科学版)》1995年第1期。

〔98〕李鸣:《中国民族法制史论》,中央民族大学出版社2008年版,第21页。

〔99〕《三国志·诸葛亮传》。

〔100〕李鸣:《中国民族法制史论》,中央民族大学出版社2008年版,第302页。

〔101〕参见陈庆英:《元代宣政院对藏族地区的管理》,载《青海社会科学》1990年第4期。

而避免了少数民族地区因“天下共主”的清帝退位而可能导致的离心倾向,[102]维护了国家统一。人民革命政权时期的民族政策从“联邦制”转变为民族区域自治制度,为建立一个统一的各民族平等的主权国家奠定了基础。

综上,中华人民共和国成立以前的各政权,无论是实行服制,还是武力征服镇压,无论是“因俗而治”“以夷制夷”,还是和亲联姻,无论是羁縻府、州、朝贡纳赋,还是保留盟旗制度、伯克制度、土司制度和达赖、班禅与噶厦制度,无论是实行中央王朝的统一治理,还是实行民族自治,无论是在民族地区设置中央派出机构,还是明、清的改土归流,无论是实行“五族共和”,还是民族区域自治,都是为了维护多民族国家的统一完整。

三、民族法制体系渐趋健全

奴隶制社会和封建社会前期,各朝在中央政府内并无专门管辖民族事务和制定民族法规的部门,只是由“典客”“大鸿胪”一类官员兼理民族事务,民族立法多出于中央王朝统治者的诏令。元朝开始设置“宣政院”,清朝设置“理藩院”,出现了专门管辖民族事务的中央常设机构,成为中央政府的重要部门之一,使管理民族事务逐步制度化、法制化。如确立了“金瓶掣签”的制度并使之法制化。还有蒙、回诸番部王公、土司等官员的封袭、年班、进贡、随围、宴赏、给俸等事项的制度化、法制化。另外,制定适用于少数民族的法律、参加审理民族地区的刑事案件,也是理藩院的重要管辖内容。[103]民国政府时期更是设置了蒙藏委员会,建立了新疆省、西康省等。而在人民革命政权时期,在中国共产党领导下,建立了以实行民族区域自治政策的第一个民族自治的政府,即内蒙古自治政府。

除此以外,大量涉及调整民族关系的成文法也相继出现。例如,秦律十八种中的《属邦律》是对归属秦朝的少数民族制定的法律,而秦朝的《法律答问》对民族法的条文作了相应的解释,这些法律条文和法律解释在对归属的少数民族予以统率的同时,也予以特殊的关照。[104]再如,北魏制定的《北魏律》中有大量鲜卑族习惯法和汉、晋两朝兼容的内容。而民族法立法技术成熟的标志是清朝,清朝在保证《大清律例》统一适用的前提下,兼顾各少数民族的特殊性,分别制定了《钦定西藏章程》、《回律》、《蒙古律》、《西宁番子治罪条例》(又称《番律》)、《苗律》等,从而将国内各少数民族的行为纳入清朝的法制体系之中。中华民国颁布的《中华民国临时约法》,国民政府颁布的《中华民国训政时期约法》和《中华民国宪法》都涉及少数民族法定权利的内容。而中国共产党在领导中国各族人民进行新民主主义革命的过程中,把马克思主义民族理论与中国民族问题实际相结合,出台了一系列旨在实现各民族平等的民族政策和纲领,如《中华苏维埃共和国宪法大纲》《内蒙古自治政府施政纲领》《共同纲领》等。可以看出,民族法从统治者的诏令转变为立法机关制定的成文法,这为中国历史上民族法制体系的健全提供了坚实基础。

民族法制体系逐渐健全的表现为民族法的适用范围逐步扩大,少数民族享有一定的自主权。主要反映在以下几个方面:(1)适用地区与民族不断扩大。从汉武帝征战50年,北破匈奴,南灭南越,西域服三十六城邦国家,西南在滇国和夜郎地置郡开始。唐朝“突厥、回纥、党项、吐谷浑

---

[102] 参见杨天宏:《清帝逊位与“五族共和”——关于中华民国主权承续的“合法性”问题》,载《近代史研究》2014年第2期。

[103] 参见吴宗金、张晓辉主编:《中国民族法学》(第2版),法律出版社2004年版,第55页。

[104] 李鸣:《中国民族法制史论》,中央民族大学出版社2008年版,第21页。

隶鞞关内道者为府二十九、州九十。突厥之别部及奚、契丹、高丽隶河北道者为府十四、州四十六。突厥、回纥、党项、吐谷浑之别部及龟兹、于阗、焉耆、疏勒、河西内属诸胡,西域十六国隶陇右者为府五十一、州百九十八。羌、蛮隶剑南者为州九十二。又有党项州二十四,不知其属。大凡府州八百五十六,号为羁縻云”。[105] 元朝中央政府直接管理西藏、澎湖、台湾,并创设“行省”制度。这奠定了今天中国以省为地方行政区划的基础。清朝盛世时的疆域十分辽阔,东北至外兴安岭、乌第河和库页岛,北达恰克图,西北到巴尔喀什湖和葱岭,南及南沙群岛、西沙群岛,东至台湾及其附属岛屿钓鱼岛,基本上确立了56个民族的祖国大家庭的格局。(2)司法管辖内容从日常的处理蒙、回、诸番部王公、土司官员的封袭、年班、进贡、随围、宴赏、给俸等事项,扩大到管辖、办理满、蒙联姻事务,处理宗教事务,主持管理蒙古各旗会盟、划界、驿道、商业贸易及有关外交、外贸事宜。[106] (3)少数民族在民族地区的自治权的内容有了扩大。从封建社会“君臣关系”框架下,设置专管机构和建立少数民族地区地方政权,以“恩赐”形式赋予少数民族首领管辖权,到民国政府设立蒙藏委员会,赋予少数民族一定的政治权利,再到人民革命政权初步实行民族区域自治制度,充分赋予各少数阶层涉及本民族的立法、司法和执法权力。

四、从民族不平等到民族平等

民族不平等是奴隶社会和封建社会民族法的又一显著特点。在奴隶社会,归顺或者战败的部落(或民族),或成为臣子,进行纳贡;或成为奴隶,成为奴隶主的财产,各民族在权利义务上不对等的情况较为显著,这也是奴隶制的特征之一。而在封建社会,不论是汉族统治者对少数民族,还是少数民族统治者对汉族和其他少数民族,都是将民族不平等的立法原则贯彻始终的。秦朝的《属邦律》就规定对少数民族采取在秦官吏监督下的自治政策。保证少数民族首领享有法律特权,是为了对其所属民族进行有效的统治。秦律规定:“臣邦人不安其主长而欲去夏者,勿许。”[107]元朝公开宣布各民族人民在法律上的不平等地位,将全国各民族人民的身份划分为四等:蒙古人、色目人、汉人、南人(南宋统治下的汉族与其他民族),维护蒙古族贵族的特权。清朝不仅以《大清律》的法律形式,确认、维护满族特权和严格的界限,满族人犯罪不由一般司法机关处理,在刑罚、量刑方面也享有特权,而且对其他少数民族实行怀柔政策,大兴文字狱,借以打击不满清朝统治的汉族知识分子。其思想文化专制统治的残酷,达到封建社会的最高峰。[108]

中华民国在“五族共和”的思想指导下,将通过的《中华民国临时约法》《中华民国训政时期约法》《中华民国宪法》以法律的形式确定了各民族平等的原则。然而,这些法律中条款之间的冲突以及与其他民族政策的不一致,导致民族平等原则无法落实。如《中华民国临时约法》和《中华民国约法》中虽然提出要吸收“少数民族上层人士”参与国家管理,却规定了“于蒙藏青海通晓汉语者得被选举为众议院议员”。[109] 这一条款体现出当时的政府推行的大汉族主义思想。而民国政府则将大汉族主义思想和民族同化公开推行,在《政治报告之决议案》就指出:“于民族主义上,乃求汉、满、蒙、回、藏人民密切的团结,成一强固有力之国族。”

新民主主义革命时期,在中国共产党的领导下,各民族团结一致,建立了人民革命政权。在

---

[105] 《新唐书》(卷四十三下)《地理七下》。

[106] 参见吴宗金、张晓辉主编:《中国民族法学》(第2版),法律出版社2004年版,第56页。

[107] 睡虎地秦墓竹简整理小组编:《睡虎地秦墓竹简》,文物出版社1978年版,第226页。

[108] 参见吴宗金、张晓辉主编:《中国民族法学》(第2版),法律出版社2004年版,第56页。

[109] 徐晓光:《中国少数民族法制史》,贵州民族出版社2002年版,第360页。

中国共产党一贯的民族平等政策指导下,我国各阶层、各民族实现了真正的平等。这种平等具体表现在:无论民族大小、人口多少,一律平等;各少数民族平等享有政治、经济、文化、社会等权利;反对一切形式的民族压迫和歧视。同时,人民革命政权通过法律确定和实行民族区域自治,帮助少数民族发展经济、文化、教育事业,尊重少数民族的风俗习惯、语言文字和宗教信仰。

第三节 史上汉族政权的民族法特质

一、中央王朝统治下的"以夷治夷"

中国历史上的汉族政权以继承华夏正统为统治国家的合法性依据,作为"天下共主"对少数民族制定了形式多样的民族政策,维护了国家的统一和边疆稳定。在这一治国理政理念的基础上,汉族政权的民族法是为规范和调整汉族与少数民族关系,维护国家统一和统治政权的稳定服务的。汉族政权的统治者除了设置专门机构直接统治少数民族地区和管理少数民族事务外,还采取"以夷治夷"的统治方针对少数民族地区进行治理。所谓"以夷治夷",就是根据少数民族的特点,让主动归附或被征服的少数民族自己管理本民族的内部事务。[110] 秦征服蜀、巴以后,封其首领为侯或君长,仍然要他们对本民族进行统治。同时,在民族地区设置秦官,进行监督。即使这些被封侯的少数民族首领叛乱,在平叛之后,仍然在其上层人选中进行封侯,继续维持对本民族进行的统治。秦律规定:"臣邦人不安其主长而欲去诸夏者,勿许。"[111]这是对不满本民族首领统治的人,要求离境而采取的法律限制。这实际上是对少数民族首领统治权的维护和法律支持,使其自治得以实施。[112]

汉王朝在少数民族地区除了加强其行政、司法上的监督外,其余事务仍由少数民族自己管理。如《汉书》记载,汉景帝时期封侯18人,其中8人为匈奴降者。汉武帝封侯89人,匈奴者多达23人。百越也有12人被汉武帝封侯。[113] 这些被册封的少数民族首领受中央王朝节制,虽然可以沿用自己民族的习惯法治理所在地区,但不能自立或自称。接受中央王朝的册封,既表明了少数民族愿意接受自己作为臣子的政治身份,也确立了中央王朝和少数民族首领在政治上的隶属关系。

唐王朝借鉴内地统治汉人的经验,并将其推广到少数民族地区,同时又考虑到少数民族自身的社会状况和风俗习惯,于是在边疆少数民族地区创立了羁縻府、州,以安置内附的各少数民族,并在不改变其原有制度和首领权威的前提下,对这些地区的少数民族进行适度的统治。[114] 唐朝羁縻府、州的本质特征在于:以少数民族首领作为羁縻府、州的行政长官,管理该民族和该地区的一切事务。在少数民族首领管理本民族事务时由各边州都督府和都护府直接管辖和监督。宋朝则在内附的少数民族地区,"分析其种落,大者为州,小者为县,又小者为峒",[115]设置羁縻州、县,

---

[110] 参见李鸣:《中国民族法制史论》,中央民族大学出版社2008年版,第105页。

[111] 睡虎地秦墓竹简整理小组编:《睡虎地秦墓竹简》,文物出版社1978年版,第226页。

[112] 参见吴宗金、张晓辉主编:《中国民族法学》(第2版),法律出版社2004年版,第57页。

[113] 参见邵方:《儒家民族观影响下的中国古代民族法制》,载《中国法学》2018年第3期。

[114] 参见李鸣:《中国民族法制史论》,中央民族大学出版社2008年版,第102~103页。

[115] (宋)范成大:《桂海虞衡志·志蛮》。转引自李鸣:《中国民族法制史论》,中央民族大学出版社2008年版,第169页。

推行羁縻统治，册封少数民族首领担任羁縻州刺史，用以拉拢和控制少数民族的上层。但由于宋朝后期衰微，造成担任羁縻州刺史的少数民族首领自行其是，不服管控，从而削弱了中央王朝与内附少数民族地区之间的隶属关系。

明为了使少数民族服从中央王朝的统治，在少数民族地区征税和抢占人力资源，完善了元朝建立的土司制度。明朝授予少数民族首领土司职位，允许土司"世官其地，世有其土，土民世耕其地，世为其民"，[116]并干预土司后代承袭土司的全过程，对于不遵从中央号令者剥夺其承袭的权利。与此同时，明朝采取积极措施监督土司，如建立防御体系、建立州县流官政权等，从而牢牢地控制了少数民族地区。

二、强调少数民族应该承担的义务

出兵和纳贡是中央王朝施加于少数民族的义务。征调少数民族兵骑是"为了维护大一统的政治实体，少数民族酋领成为朝廷武官，接受朝廷征调出兵助国，乃是应然之义"。[117] 汉文帝时期，为了抵御匈奴来犯，晁错上言："以蛮夷攻蛮夷，中国之形也。"[118]东汉时期，车骑将军窦宪进攻北匈奴时，动员了归降的南匈奴、羌胡兵骑共计4万人左右，[119]最终取得胜利。松赞干布作为大唐都尉西海郡王，将保卫大唐作为自己的责任，说："天子初即位，若臣下有不忠之心者，当勒兵以赴国除讨。"[120]其在唐朝使臣王玄策于印度受到袭击时，帮助王玄策平乱。宋朝时期制定《蕃兵法》，目的是"兰州及定西管下新归顺蕃部数内强壮人马甚众，亦当团结，与四州军蕃兵通作五军，庶缓急之际，各有汉蕃两军相参为用"，[121]即将少数民族作为宋军中的一员，共同抵御外敌。明王朝实行的土司制度中，要求土司"其所以图报于国家者，惟贡、惟赋、惟兵"，[122]即作为臣子，土司要向中央王朝履行朝贡、纳赋、出土兵三项义务。在此制度下，土司合法拥有的兵骑成为明王朝不可缺少的一支军队。明朝万历年间，为了平息播州土司杨应龙之乱，明王朝调集八路兵骑参战，参战人数达到17万之多，其中"每路兵丁万，官兵三之，土司七之"。[123]

朝贡、纳赋也是少数民族需要承担的重要的法定义务。朝贡制度由服制演变而来，体现了在大一统国家观下，中央王朝与少数民族之间的"君臣关系"。这一制度的实行，强化了中央王朝与少数民族的联系，确立了两者之间统治者和被统治者的关系。通过朝贡制度，少数民族纳贡以示臣服，中央王朝则给予回赐和其他优惠政策以宣示其天下共主的政治地位。早在汉时，就有大量的少数民族政权与汉王朝形成了朝贡关系，所谓"其慕义而贡献，则接之以礼让；羁縻不绝，使曲在彼，盖圣王制御蛮夷之常道也"。[124] 前来朝贡的北方匈奴、鲜卑、乌桓等族的少数民族政权对汉朝臣服，获得了大量的回赐，其政治地位也得到了汉王朝的肯定。与此同时，汉王朝对其统治的西域各族也采取朝贡制度，以得到当地少数民族的绝对忠诚。由于唐朝国力强盛，少数民族为了得到唐王朝的认可，获取丰厚的赏赐，纷纷来朝，进行纳贡。在这一过程中，唐朝也不断完善

---

〔116〕《明史》（卷八十　志第五十六）《食货四》。

〔117〕邵方：《儒家民族观影响下的中国古代民族法制》，载《中国法学》2018年第3期。

〔118〕《汉书·晁错传》。

〔119〕参见《后汉书》卷二三《窦融列传》。

〔120〕《旧唐书》（卷一四六）《吐蕃传》。引自陈庆英：《关于松赞干布河源迎亲》，载《中国藏学》2014年第4期。

〔121〕徐晓光：《中国少数民族法制史》，贵州民族出版社2002年版，第125页。

〔122〕张萱：《西园闻见录》卷七九《土官》。转引自李鸣：《中国民族法制史论》，中央民族大学出版社2008年版，第319页。

〔123〕《明史·李化龙传》。

〔124〕《汉书》（卷九四下）《匈奴传》（第六十四下）。

朝贡制度,对少数民族纳贡进行了具体的规定。《新唐书》记载:"唐兴,以次脩贡,盖百余,皆冒万里而至,亦已勤矣!然中国有报!而唐朝对来赠、册吊、程粮、传驿之费,东至高丽,南至真腊,西至波斯、吐蕃、坚昆,北至突厥、契丹、靺鞨,谓之'八蕃',其外谓之'绝域',视地远近而给费。"〔125〕唐朝对贡品、入贡人数、待遇等作出的详细规定影响了后世的朝贡制度。明朝要求归顺的少数民族必须向中央王朝称臣,定期朝贡。相较于汉唐时期,明王朝对少数民族朝贡义务的法律规定更为具体详备。如专门规定了贡品;规定了贡期,一般为3年一入贡;限制入贡人数,一般为2人。对于不符合规定者,轻则停赏问罪,重则兴兵征伐。

三、中央王朝与周边少数民族政权之间的和平共处

在汉族政权统治时期,中央王朝与少数民族政权经常出现相互对峙、不分伯仲的情况。因此,和亲通婚与互市贸易成为中央王朝实现边境安全的战略选择。

和亲通婚通常带有较强的政治性目的,和亲双方都能够实现自己所需之利益。从结果上看,和亲双方的边境实现了短暂的和平,畅通了彼此间的交流交往。仅以汉王朝为例,和亲使匈奴不再来犯,争取了近70年的和平安定的环境,匈奴大量的牛、马输入汉朝,成为中原重要的耕畜资源。而匈奴一方不仅得到经济上的实惠,学习到汉朝的先进技术,还加强了与中原经济文化的交流。和亲通婚使汉族和少数民族的交流不断加深,有效地将汉族文化传播到了少数民族地区。

互市贸易不仅加强了中央王朝与周边少数民族的经济交流,也使边疆得到安宁。汉朝和亲的主要内容之一便是向匈奴开放"关市"(亦称胡市),允许汉族与周边少数民族在边境购置自己所需的生产及生活资料。互市之称始于东汉与周边少数民族政权的贸易。《后汉书》有云:"故数犯障塞,且无宁岁,唯至互市,乃来靡服。"〔126〕而互市的出现,使中央王朝的周边少数民族无须征战即可获得亟须的绢帛、茶叶、农作物等生活必需品。因此,互市贸易受到了边疆各族的欢迎,同时也缓解了因生产、生活资料而导致边境战争频发的态势。不仅汉朝,唐、宋、明等汉族政权统治的王朝都开设了互市,如唐时期,汉、藏民族之间设立了茶马互市,并一直延续到后世。

第四节　史上少数民族政权的民族法特质

一、注重少数民族习惯法

中国历史上的少数民族政权,不管是建立统一的中央王朝政权,还是建立割据的地方政权,其民族法都显示出注重少数民族习惯法的鲜明特质。习惯法是"独立于国家制定法以外的,依据特定社会组织和权威,以习惯权利和习惯义务为内容的,具有一定强制性、惩罚性的行为规范的总称"。〔127〕中国各时期的少数民族,由于自然地理、生活环境、经济状况、风俗习惯、文化发展、历史传统等因素的差异,〔128〕形成了各具特点的少数民族习惯法。虽然不同少数民族政权实行的

---

〔125〕《新唐书》(卷四十三下　志第三十三下)《地理七下》。

〔126〕《后汉书》卷四八《应劭传》。

〔127〕吴宗金、张晓辉主编:《中国民族法学》(第2版),法律出版社2004年版,第66页。

〔128〕参见高其才:《中国少数民族习惯法研究》,清华大学出版社2003年版,第12页。

习惯法在内容和形式上表现出差异，但其本质都是为巩固统治者政权和治理本民族事务服务。例如，古代匈奴习惯法中的盟会制度就体现了这一本质特征。匈奴人以盟会的形式决定部落的重要事项，包括颁布法令和选举领导人等。由于盟会是建立在匈奴人的风俗习惯和文化基础上的，因此得到了匈奴各阶层的拥护和支持，从而使盟会所议事项具有正当性和合法性。

以鲜卑为统治民族的北魏，作为中国历史上第一个在中原地区建立持续时间较长的少数民族政权，其习惯法对北魏民族法制建设有巨大的推动作用。如在北魏的中央官职体系中，始终保留着由贵族组成的特殊机构，该机构拥有对国策的议事权和决策权。这一机构的渊源可以追溯到鲜卑祖先拓跋部落时期的"八部大人制"。[129] 而其刑事习惯法在《北魏律》中得到体现，如鲜卑习惯法中将部落重罪成员放逐于荒僻远地致死的流刑，填补了自汉文帝废除肉刑以来死刑和徒刑之间的空白。

松赞干布统一吐蕃全境的过程中，十分注重结合藏族习惯法创制法令，借以宣布自己统治青藏高原的合法性，避免小邦出现叛逆的情况。如《法律二十条》中关于盟誓的规定，为吐蕃王朝的建立起到重要推动作用。盟誓带有较强的审判属性，因此，通过盟誓可以制约王朝内部的贵族和归顺邦国首领的行为，使其受制于吐蕃统治者。至芒松芒赞统治时期，吐蕃"三律"在继承藏族传统习惯的基础上，[130] 将同态复仇、血命价等以成文法形式进行确定，从而为吐蕃王朝调整刑事、民事关系提供了法律依据，使吐蕃王朝在长时期内统治着青藏高原。

辽、金、西夏统治时期，各民族政权之间相互对峙。为了不被异族吞并，辽、金、西夏积极学习在当时较为先进的汉族制度和文化，从而或主动或被动地步入封建制。这种历史类型的转型也使辽、金、西夏的法律制度表现出极强的独特性。如辽代前中期，仍然沿用契丹习惯法，传统酷刑随处可见，被统治者受压迫的情况比比皆是，最终导致了社会的动乱，也为辽最终的灭亡埋下了伏笔。

蒙古国在建立前，用"约孙"即习惯法调整社会关系和民族关系，其中大部分内容成为后来元朝立法的主要法律渊源，在经济、宗教信仰、国家治理等方面发挥着重要的作用。元朝实行的《成吉思汗法典》，保留了"约孙"的内容。如"忽里勒台"制度，就是蒙古族的习惯法，后来被正式列为蒙古国的议事制度，成为蒙古国的最高权力机关，对国家的重要事件具有决定权，包括汗位继承、发动战事等。可以说，蒙古族人的习惯法对蒙古国（包括元朝）治理庞大的横跨亚欧大陆的帝国具有至关重要的作用。

清朝在充分考虑归顺民族的习惯法后，制定了适合该民族的成文法。例如，《钦定西藏章程》颁行后，一以贯之的原则是"卫藏风俗，原与内地不同，从前所定旧章，相沿既久，自不必轻议更张"。[131] 而《钦定西藏章程》中规定的活佛转世的"金瓶掣签"制度规定："关于寻找活佛灵童事宜。经各方认真考查，并问卜于四大护法神之后，……由众呼图克图会同驻藏大臣于大昭寺释迦牟尼佛像前正式认定。"[132] 这既满足了藏传佛教的宗教仪轨，也延续和完善了藏族习惯法有关宗教部分的内容。而这些原则和内容最终被吸收到《理藩院则例》中，成为清朝民族法的重要组

---

〔129〕 参见《魏书·官氏志》。

〔130〕 吐蕃"三律"为：《狩猎伤人赔偿律》《纵犬伤人赔偿律》《盗窃追偿律》。

〔131〕 《西藏研究》编辑部编：《清代藏事辑要》，西藏人民出版社1983年版，第371页。转引自李鸣：《中国民族法制史论》，中央民族大学出版社2008年版，第444页。

〔132〕 杨一帆、田涛主编：《中国珍稀法律典籍续编：少数民族法典法规与习惯法（上）》（第9册），张冠梓点校，黑龙江人民出版社2002年版，第135页。

成部分。再如,《理藩院则例》中确立了蒙古地区的刑法制度,其内容沿用了蒙古习惯法中有关命案、偷盗等的惩罚原则。可以说,清朝在治理少数民族地区时,充分发挥了少数民族习惯法的作用,从而使其统治合法性得到了少数民族的认可。

二、在法律上吸收"汉法"

为了统治合法性的需要和解决民族问题,少数民族政权在制定成文法时会自觉或不自觉地吸收汉族的法律制度或法律文化,即法律上吸收"汉法"。

北魏统治者先后9次修律,受到汉族法律文化的较大影响。尤其是到了孝文帝执政时期,鲜卑族的习惯法逐渐被中原汉族的法律文化兼容。这一点主要表现在孝文帝修订完善的《北魏律》中。如《北魏律》对不孝加重惩罚,宣扬尊老养老,强化鲜卑族对礼仪道德的认同。与此同时,孝文帝还把汉语作为全国通行的语言,下诏命令:"不得以北俗之语言于朝廷,若有违者,免所居官。"[133] 在基层治理上,孝文帝恢复了汉代县级以下的地方组织,确立三长制,[134] 从而加强了中央对基层的控制。北齐鲜卑族统治者在《北魏律》基础上,制定了《北齐律》,共12篇。《北齐律》大大减少了鲜卑习惯法的内容,以"法令明审,科条简要"著称于世。[135] 其中将危害国家利益和违背伦理道德的犯罪归为"重罪十条",即"一曰反逆,二曰大逆,三曰叛,四曰降,五曰恶逆,六曰不道,七曰不敬,八曰不孝,九曰不义,十曰内乱。其犯此十者不在八议论赎之限"。[136] 可以看出,北齐的统治者将谋逆、反叛、不孝、乱伦等有违礼法的罪行列为最严重的犯罪,就在于这些犯罪违背了儒家经典的纲常名教,挑战了鲜卑族统治的合法性基础。

同样受到汉民族法律文化和法律制度影响的是辽、西夏和金以及元朝。例如,辽在刑法适用的原则中,采用唐宋制度的"八议""赎刑"等。在罪名确定上,以沿用隋唐的"十恶"为首。再如,西夏在唐朝《贞观律》的基础上制定并颁布了《天盛改旧新定律令》,在内容上沿袭了唐宋律中的"十恶""八议""官当"等基本制度。而金在熙宗执政期间,也以唐宋之制作为制定法律的基础,下诏"诸臣以本朝旧制,兼采隋唐之制,参辽宋之法,类以成书,名曰《皇统制》,颁行中外"。[137] 元朝虽然在法律规定上没有直接援引唐宋律,但用旧例(断例)断案的情况较为普遍,而旧例(断例)通常是沿用《唐律》或《太和律》。除此以外,元英宗时期制定的《大元通制》,从编纂体系上看,是从唐、宋、金的法典体系演变而来。[138]

清朝作为一个幅员辽阔、多民族统一的中央集权的封建帝国,在调整满汉、满蒙、蒙汉与各少数民族之间的关系时,受到儒家思想的影响较大,这一点反映在具体的法律原则和规定中。如《大清律》突出了大一统的思想,明确了国家法制的统一原则,包括大清律对各民族统一适用、各民族地方法规由中央统一制定和认可等。在具体的规定中体现了礼法的内容,如在刑事法律中保留了存留养亲制度,以实现情与法的平衡。可以说,清朝法律虽然从本质上是为清朝统治者服

---

[133] 《魏书》(卷一百一十三)《官氏志九》(第十九)。

[134] 所谓三长制,就是党、里、邻三长。五家为一邻,置邻长一人;五邻为一里,置里长一人;五里为一党,置党长一人。三长除本人充官役外,其家人可有一人、二人、三人免官役。参见李鸣:《中国民族法制史论》,中央民族大学出版社2008年版,第87页。

[135] 《隋书·刑法志》。

[136] 《魏书·刑法志》。

[137] 《金史·刑法志》。

[138] 参见黄时鉴:《〈大元通制〉考辨》,载《中国社会科学》1987年第2期;方龄贵:《〈通制条格〉新探》,载《历史研究》1993年第3期;等等。

务，但客观上推动了各民族的融合交往，维护了多民族国家的统一。

三、治理民族问题的二元化体系

少数民族政权在学习“汉法”时，固有的习惯法仍然具有强大的生命力，因此，采取二元法律调整各民族之间的关系，成为各少数民族政权的必然选择。从北魏时期的“胡汉分治”到清时期的“因俗而治”，治理民族问题时采取二元化体系始终贯穿于少数民族政权的民族法当中。

南北朝时期，少数民族政权为了缓和汉族和少数民族因文化、习俗等方面的矛盾，对二者实行了不同的治理方式，即“胡汉分治”。汉赵时期，“以汉地官制治汉，以单于台制治胡”，并对统治民族以外的少数民族专设单于台制。[139] 后赵沿袭和发展了汉赵的民族政策，设立专门管理胡人和汉人的两套统治机构和官职，同时对“胡汉”军事贵族各自划分了权力范围。北魏时期，虽然“胡汉分治”的民族政策已经被废除，但政权统治者在吸收汉族法律制度时，仍然保留了大量鲜卑习惯法，此时的封建汉法和民族习惯法呈现相互渗透的特点。如北魏初期，存在两种司法机构并存的情况，即与中央司法官廷尉和都官尚书并列的“三都大官”，分别负责审理涉及汉族（或被统治的其他少数民族）的案件和涉及鲜卑族的案件，从而出现了法律适用不同的情况，导致同案不同罚的情形较为普遍。至太和十八年（494 年）北魏定官职，“三都大官”被大理寺卿取代，审理各民族案件采用统一法律。

在治理民族问题时采取二元化体系的另一个高峰时期是辽、西夏、金政权统治时期。其中，辽代实行番用番律、汉用汉律的法律制度。辽太祖时期，诏令统治各族“治契丹及诸夷之法，汉人则断以律令”，[140] 其中“诸夷之法”即为少数民族习惯法，“律令”即为唐宋律令。虽然辽统治者在中后期逐渐统一了番律与汉律，但在法律适用的过程中仍然保留了二者的不同。西夏制定的《天盛改旧新定律令》中有大量二元法律制度的内容，一方面突出了宋律中关于忠、孝为核心的法制思想，如在刑事法律中继承唐宋“准五服以制罪”原则，对犯人定罪量刑；另一方面强调党项羌民族的习惯法，如突出游牧民族的尚武特色，在《天盛改旧新定律令》第 4 ~ 6 卷大量规定了适合草原作战的军事法律。而金制定的成文法《泰和律》中既有汉法，如关于刑罚的规定基本沿用了唐宋律典中的五刑，又有女真习惯法，如专门设置了宗教司法机关审理僧道诉讼的宗教案件。

元、清二朝作为统一中国的少数民族政权，对民族地区实行“因俗而治”的统治方式，以维护王朝统一。从形式上看，二者与汉族政权统治少数民族地区的统治策略并无明显的差别，但由于民族特性及少数民族习惯法强大的影响力，在其制定的民族成文法中显示出的二元化体系更为显著。如元朝在治藏时，强化和利用了宗教神权，通过政教合一的形式，对西藏进行了有效的治理。而清王朝采取了相同的措施，并将蒙古族地区、回疆地区和西南地区各少数民族的习惯法融入《理藩院则例》，用法律手段调整民族和宗教问题，从而使各少数民族自觉、自愿加入清朝版图中。

---

〔139〕 李鸣：《中国民族法制史论》，中央民族大学出版社 2008 年版，第 57 页。

〔140〕 《辽史》卷六〇《刑法志上》。

第五节　民族法制史的重要意义

一、各民族法律智慧共同缔造了中华法系

“我们悠久的历史是各民族共同书写的。”“一部中国史，就是一部各民族交融汇聚成多元一体中华民族的历史，就是各民族共同缔造、发展、巩固统一的伟大祖国的历史。”[141] 正如前文所述，通观中国历史发展的脉络，“无论哪个民族建鼎称尊，建立的都是多民族国家，越是强盛的王朝吸纳的民族就越多，从而共同推动了中国历史的发展和中华民族的壮大”。[142]

在我国漫长的历史进程中，各族人民“密切交往、相互依存、休戚与共，形成了中华民族多元一体格局”。[143] 正如费孝通先生所述：“中华民族多元一体格局的形成过程，它的主流是由许许多多分散孤立存在的民族单位，经过接触、混杂、联结和融合，同时也有分裂和消亡，形成一个你来我去、我来你去，我中有你、你中有我，而又各具个性的多元统一体。”[144] 也就是说，中华民族的形成和发展需要各民族的交往交融，而在这种交往交融过程中出现的民族问题需要通过法律进行调整。换言之，中国历代的民族法制积极地推动了中华民族多元一体格局的形成。

中国法制史作为研究中国历史上法律制度发生、发展、变革及规律的科学，[145] 主要的任务之一就是研究中华民族在形成、发展过程中产生的所有法律制度。因此，从内在逻辑上而言，中国法制史势必要研究中国历代的民族法制。从这个意义上说，中国民族法制是中国法制史即中华法系的重要组成部分。而我们通观中国历史上每个时期的法律制度则会发现，各民族共同创造的民族法为中国民族法制的不断发展提供了基础，丰富了中国法制史的内容。更为重要的是，少数民族作为中华民族中的一员，其所孕育出的法律文化、法律传统为中华法系的形成提供了法律智慧。

“早在先秦时期，华夏大地上生活着的中华民族先民，就逐渐形成了以炎黄华夏为凝聚核心、‘五方之民’共天下的交融格局。”[146] 正是这种民族交融的成功，才能奠定中华民族所具有的独特的民族特性，为后世建立统一的多民族的帝国打好基础。在华夏族或者说在中华民族的形成过程中，各族法律智慧也开始相互交融。例如，前文提到的三苗联盟早在华夏族创制法律之前，就已经开始制定法律，所谓“苗民弗用灵，制以刑，惟作五虐之刑曰法。杀戮无辜，爰始淫为劓、刵、椓、黥。越兹丽刑并制，罔差有辞。民兴胥渐，泯泯棼棼，罔中于信，以覆诅盟”。[147] 黄帝

---

[141] 国家民族事务委员会编：《铸牢中华民族共同体意识——全国民族团结进步表彰大会精神辅导读本》，民族出版社2021年版，第4～6页。

[142] 国家民族事务委员会编：《铸牢中华民族共同体意识——全国民族团结进步表彰大会精神辅导读本》，民族出版社2021年版，第81页。

[143] 国家民族事务委员会编：《铸牢中华民族共同体意识——全国民族团结进步表彰大会精神辅导读本》，民族出版社2021年版，第61页。

[144] 费孝通主编：《中华民族多元一体格局》，中央民族大学出版社2018年版，第17页。

[145] 参见《中国法制史》编写组主编：《中国法制史》（第2版），高等教育出版社2019年版，第1页。

[146] 国家民族事务委员会编：《铸牢中华民族共同体意识——全国民族团结进步表彰大会精神辅导读本》，民族出版社2021年版，第81页。

[147] 《尚书·吕刑》。

部落灭三苗联盟后，效仿其所创制的“五虐之刑”而灭其族。而“五虐之刑”也成为夏商周“三代通行的奴隶制五刑——墨、劓、刖、宫、辟，并沿用至汉初”。[148] 再如，“匈奴是我国古代史上的一个重要民族，对中国历史的发展曾经产生过重大的影响。”[149] 匈奴单于在统一北方游牧区后与秦汉两朝的交往更为频繁，不仅在生产、生活方式上互相影响，两者间的军事、法律制度也彼此借鉴，作为中华民族不可或缺的一分子，匈奴人所制定的法律也成为“中华法制文明史上少数民族谱写的最早的法制历史篇章”。[150]

西晋末年，“五胡内迁”使中华民族的大家庭中又融入了匈奴、鲜卑、氐、羌、羯等诸民族。同时，少数民族建立的政权为了合法性和正统性需要学习“汉法”，制定以“齐之以法，示之以礼”为指导思想的成文法。[151] 其中最有代表性的是北魏时期的《太和律》，这一律典既吸收了中原地区传统法律文化，又具有北魏鲜卑族的民族特色，是游牧民族和农耕民族大融合在法文化上的具体表现。

至隋唐时期，统治者所具有的开明的民族政策，促使各民族关系更为和谐，所谓“夷狄亦人耳，其情与中夏不殊。人主患德泽不加，不必猜忌异类。盖德泽洽，四海可使如一家”，[152] 而其开创的不同民族适用不同法律管辖的先河，从侧面反映出其他民族已有可以调整社会关系的诸多法律。其实行的羁縻制度也使所辖少数民族的习惯法得以很好地保留，为后世王朝在处理民族问题上提供了解决方案。

宋统治时期，对内通过制定《番官法》《番兵法》《番丁法》《茶马法》等法规调整所辖少数民族与汉族、少数民族与少数民族之间的关系，对外采取“来则不拒，去则不追”的偏安态度。[153] 而辽、西夏、金在吸收中原地区传统法律文化和法律制度的基础上，颁布了各具民族特色的《重熙新定条例》《天盛改旧新定律令》《泰和律》等。这些法律中带有明显的儒家文化色彩，又兼具少数民族的文化特征，这种在“中原汉族法律文化影响下法文化融合的新产物，构成了中华法制文明的特定组成部分，并成为继起的元朝法制建设的历史渊源”。[154]

元朝创制的民族法，在立法思想上表现出了较强的蒙汉民族法律文化融合的特点，即以“约孙”为基础，并援引唐宋律，参考金律创制法律。以《大元通制》为代表，不仅在编纂体例上承袭了唐宋律和金律，而且在实际的司法实践中也直接援引唐宋律。可以说，“目前存留的《大元通制》既是中华民族法制史上重要的一部法典，又是蒙古族法制文化所达到的高度的代表”。[155] 而这种法律文化和法律制度上的融合推动了少数民族法制建设，丰富了中华法制文明的内容。清王朝除《大清律例》外，制定的《理藩院则例》《回疆则例》《钦定西藏章程》《苗疆条例》等，代表了民族立法的成就，对于稳定统一的多民族国家起到了重要的作用。

基于此，我们可以清晰地观察到：中华民族在其形成和发展过程中孕育出的中华法制文明是各民族共同缔造的，凝聚了各民族的法律智慧，是各民族法律文化与法律制度相互交流融合的结果。

---

[148] 张晋藩：《多元一体法文化：中华法系凝结少数民族的法律智慧》，载《民族研究》2011 年第 5 期。

[149] 费孝通主编：《中华民族多元一体格局》，中央民族大学出版社 2018 年版，第 229 页。

[150] 张晋藩：《多元一体法文化：中华法系凝结少数民族的法律智慧》，载《民族研究》2011 年第 5 期。

[151] 《魏书·刑法志》。

[152] 《资治通鉴》卷一九七。

[153] 《宋史》（卷四百八十五）《列传》（第二百四十四　外国一）。

[154] 张晋藩：《多元一体法文化：中华法系凝结少数民族的法律智慧》，载《民族研究》2011 年第 5 期。

[155] 张晋藩：《论中华法制文明的几个问题》，载《中国法学》2009 年第 5 期。

二、少数民族习惯法丰富了中华法律文化

"在社会发展某个很早的阶段,产生了这样的一种需要:把每天重复着的生产、分配和交换产品的行为用一个共同规则概括起来,设法使个人服从生产和交换的一般条件。这个规则首先表现为习惯,后来便成了法律。"[156] 在我国悠久漫长的历史进程中,先秦时期形成的习惯法深刻地影响着后世的法律文化和法律传统。而习惯法于少数民族而言则有其独特的历史作用,不仅为少数民族的生存、发展和繁荣提供了保障,同时也丰富了中华法律文化。[157] 可以说,流行于少数民族政权或少数民族地区的习惯法,"特色鲜明,密切联系社会生活,服务于社会生活,具有深厚的群众基础和较高的权威,在各民族中实际起着相当有效的调整作用。它们的存在有其必要性与合理性,是中华法文化的组成部分,由此不难理解中华法系是以汉族为主体,中华民族共同缔造的"。[158] 在此,我们以羌族、苗族、蒙古族习惯法为例,说明其对中华法律文化的贡献。

羌族作为中国最古老的民族之一,在历史上与汉族或其他民族的融合较为频繁,对中华民族的形成具有重大的贡献。正如费孝通先生所言:"羌人在中华民族形成过程中起的作用似乎和汉人刚好相反,汉族是以接纳为主而日益壮大,羌族却以供应为主,壮大了别的民族,很多民族(包括汉族在内)从羌人中得到血液。"[159] 而羌族的习惯法是从羌族氏族部落开始形成,并且具有极为丰富的内容,"涉及土司、刑事、财产、婚姻、家庭、继承、诉讼等诸多方面。其表现形式既有口耳相传的民歌民谣、民间谚语、民间传说等口碑资料,也有石刻碑文、家谱族规、文书契约、诉讼档案等文献资料"。[160] 在统治者鞭长莫及和国家法制不健全的情况下,弥补了我国制定法的不足,从而丰富了中华法律文化。

三苗联盟时期的习惯法对中国法制文明的作用前文已经提及,在此不再赘述。而三苗联盟解体后,苗族按宗支建立自己的社会组织,称为"立鼓为社"。"各鼓社均有自己的民主议事制度,根据古理和传统习惯,制订规约。"[161] 这就是后来发展的"议榔"制度。明清时期,苗疆各民族的习惯法经过长期的演化,逐渐丰富成为具有普遍约束力的《苗例》。经过中央王朝的认可,《苗例》在苗疆地区长期使用。《大清律例》就明确规定:"苗人与苗人相争讼之事俱照苗例归结,不必绳以官法,以滋扰累。""凡苗夷有犯军、流、徒罪,折枷责之案,仍从外结,抄招送部查核,其罪应论死者,不准外结。亦不准以牛、马、银两抵偿,务按律定拟题结。如有不肖之员,或隐藏不报或捏改情节,在外完结事,事发之日,交部议处。其一切苗人与苗人自相争讼之事,俱照苗例归结,不必绳以官法,以滋扰累。"[162] 可以看出,清王朝对苗族习惯法的认定,以及《大清律例》中增加苗族习惯法的内容,既反映出清统治者"因俗而治"的民族政策,也反映出国家制定法对少数民族习惯法体现的法律文化的认可。

蒙古族世代相传的"约孙",在元朝被译为"体例",[163] 意有道理、规矩、缘由、体例、礼法的含

[156] 《马克思恩格斯选集》(第 2 卷),人民出版社 1972 年版,第 538 ~539 页。
[157] 参见吴宗金、张晓辉主编:《中国民族法学》(第 2 版),法律出版社 2004 年版,第 76 页。
[158] 张晋藩:《解读中华法系的本土性》,载《政法论坛》2010 年第 5 期。
[159] 费孝通主编:《中华民族多元一体格局》,中央民族大学出版社 2018 年版,第 37 页。
[160] 张晋藩:《多元一体法文化:中华法系凝结少数民族的法律智慧》,载《民族研究》2011 年第 5 期。
[161] 吴宗金、张晓辉主编:《中国民族法学》(第 2 版),法律出版社 2004 年版,第 70 页。
[162] 《乾隆朝·大清律例》。
[163] 参见扎奇斯钦:《蒙古秘史新译并注释》,台北,联经出版事业公司 1979 年版,第 327 页。

义，现在一般称为“习惯法”，[164]是蒙古族调整社会关系、评判是非的准则，也是大蒙古国成文法《大札撒》的主要法律渊源。“约孙”中有一部分内容并没有纳入《大札撒》中，但其仍然在民间流传，起着与国家成文法同样的社会调节作用，影响着蒙古族对规则的认知。这种国家成文法与民间习惯法同时起作用的情形在少数民族地区较为普遍，这也成为中华法律文化所独有的不同于世界其他民族法律文化的特征之一。

可以看到，少数民族习惯法的内容涉及社会生活的方方面面，不仅调整着少数民族地区的社会关系，而且丰富了中华法律文化。换言之，纷繁多样的少数民族法律文化与以汉族为主体的法律文化相互交融，最终形成了丰富多彩的中华法律文化。

三、民族法制史集中体现了中国法制史的特点

第一，大一统理念。中国历朝历代都十分注重维护多民族的大一统，将其作为统治合法性和正统性的基础，可以说，大一统“作为深入中华民族血脉的共同社会理想和政治价值，积淀成为中华民族最深层次的精神追求，这正是中华民族五千多年文明史一脉相承、源源不断、生生不息的奥秘所在”。[165]正如前文所述，从“五服制”到“改土归流”，都是为了维护多民族国家的统一完整。这既反映出民族法历史演进的特征，也是中国法制史的重要内容。

第二，引礼入法。“中国进入阶级社会以后，作为民族社会祀神祈福仪式的礼便成为一种统治手段。”[166]礼作为历代王朝制定民族法的重要内容，多与刑相结合而出现，所谓“天秩有礼，天讨有罪，故圣人因天秩而制五礼，因天讨而作五刑”。[167]如周文王、孝文帝、康熙帝等都将有违礼法的行为视作对其统治合法性的挑战，并用严酷的刑罚进行打击。可以看出，历代统治者都将礼作为调整各民族关系的重要工具。

第三，重教化慎刑罚的人文关怀。西周统治者从殷“不敬厥德，乃早坠厥命”的结局中吸取了教训，[168]制定了“明德慎罚”的方略，[169]被后世统治者所继承。如汉文帝之废除肉刑，北魏孝文帝之废除“门房之诛”，其出发点都是强调“民命为尤”，借以昭示宽仁慎刑。[170]可以说，儒家提出的仁、义、礼、智、信在各政权制定的民族法中都有体现，既有利于统治者的统治，也能够使各民族百姓对统治者制定的法律尊敬和信服。

综上可知，民族法制史是中国法制史的重要组成部分，其具体内容丰富和发展了中国法制史，其表现出的法律文化价值为推动和发展中华法系作出了巨大的贡献。

---

[164] 参见李鸣：《中国民族法制史论》，中央民族大学出版社2008年版，第264页。

[165] 国家民族事务委员会编：《铸牢中华民族共同体意识——全国民族团结进步表彰大会精神辅导读本》，民族出版社2021年版，第83页。

[166] 张晋藩：《中华法系特点再议》，载《江西社会科学》2005年第8期。

[167] 《汉书·刑法志》。

[168] 《尚书·周书·召诰》。

[169] 《贞观政要·论刑法》。

[170] 参见张晋藩：《中华法系特点再议》，载《江西社会科学》2005年第8期。

第十七章　国际民族法的历史沿革

第一节　国际民族法历史沿革概述

一、国际民族法的概念

“国际民族法”并非一个约定俗成的标准学术概念，而是对国际社会处理少数人群体（包括少数民族在内）、土著民族等问题形成的具有国际法律性质的条约或协议等的总称。需要指出的是，“少数人”与“土著民族”是两个在内容上既有重叠交叉，又有不同的概念。其一，在空间与时间要素方面，两者的区别点在于其对祖传领土的特别依附及在时间上的居先性，以及强调该群体与其祖先的历史关联。“少数人”有可能是对其所居住的土地或领土有特别依附情感的世居民族，也有可能是那些在一个国家属于少数，而在其母国居于多数的移民及其后裔。而土著民族只指世居民族。简言之，土著居民可以称为“有领土的文化少数人群体”，而“少数人”既包括“有领土的文化少数人群体”，也包括“无领土的文化少数人群体”的移民及其后裔。其二，在数量规模上，“少数人”必须在一国人口中居于少数，而“土著民族”则不强调这一点。当然，如果土著民族在一国内人口居于少数，就可以等同于“少数人”中的“少数民族”。事实上，世界大多数多民族国家中，土著民族都居于少数。只有在南美洲和非洲的一些国家里，土著民族的人口才占该国人口的多数。

国际民族法的萌芽可以追溯到16世纪，其发展经历了从双边条约到多边条约，逐渐形成国际共识的过程。同时要看到，由于国际形势复杂多变、各国国情各有不同，国际民族法发展过程中形成的各类国际法律文书并没有得到各国的普遍承认或签订。因此，在相当大的意义上，国际民族法不具有国内法律的刚性，往往带有较强的宣示意义。

进一步而言，国际民族法属于国际法的一个范畴。从公法的视域来看，国际法是指调整国家间关系的法律，即“国家间”的法；[1]而从国际私法的定义来看，国际法以涉外民事关系为调整对象，以解决法律适用上的冲突为中心任务，以冲突规范为最基本的规范。[2] 由于“民族”是一个多种指向的概念，其既可以体现为作为群体的“民族”族群（如少数人），还可以体现为代表一个国家整体参与国际事务的政治概念（如中华民族），因此，国际民族法是国际公法与国际私法的交叉与整合。据此，可以从适用对象与表现形式上对国际民族法的概念进行界定，即主要涉及国际范围内关于少数人群体、土著民族等的权利保护问题，既包括联合国通过的法律文书、宣言，也

---

〔1〕 参见《国际公法学》编写组编：《国际公法学》，高等教育出版社2018年版，第26页。

〔2〕 参见李双元主编：《国际私法学》，北京大学出版社2011年版，第14页。

包括多个国家之间达成的条约、公约,还可能包括区域性国际组织出台的相关法律文书。

二、国际民族法的发展历程

国际民族法的发展历程主要是指自为结束欧洲30多年的新教与旧教之间的战争而签订的《威斯特伐利亚和约》以来,从各国之间到区域之间再到世界范围内对宗教上的少数人、土著民族和少数民族等“少数人群体”的权益保障不断完善的历史进程,其中又以条约、公约、宣言及报告文件等为具体体现形式。从历史进程来看,可将国际民族法的发展历程分为以下四个阶段。

(一)萌发时期:双边条约为主

少数人权利保护萌发于宗教少数人问题。少数人权利保护发轫于16世纪以来的欧洲宗教改革,这一议题的萌发时期大体是16世纪至19世纪中叶。在近400年的时间里,订立和约、条约的主体局限于个别国家之间,以双边条约、和约为主,少数人权利保护主要是保护“宗教上的少数人”。在步入19世纪后,国际民族法才开始关注“民族上的少数人”。

《威斯特伐利亚和约》主要解决了宗教少数人的信仰自由问题,标志着少数人权利保护开始成为一种“国际”共识。1660年的《奥利瓦和约》、1713年的《乌得勒支条约》、1773年的《波兰和奥地利的划分边界条约》等都规定了宗教少数者的信仰自由问题。

西方资产阶级革命的时间跨度为17~18世纪,包括英国资产阶级革命、法国资产阶级革命、美国资产阶级革命、德国资产阶级革命等。西方国家以资产阶级为主导带领民众向封建制度发起进攻,通过革命斗争确立了资本主义法权,建立了资本主义国家。这一时期通过鼓吹自由、平等、权利等口号,将资本主义法典包装为保障人民权利的“圣经”,主要通过对公民权利与自由的保障来实现平等。从封建社会的不平等进入资本主义的形式平等,是载入史册的重要胜利成果。从权利保护角度来说,属于少数人群体的个体首先是一国公民,资产阶级革命的胜利、资本主义国家颁布各种法典对于少数人权利保护同样具有重要意义。

1815年由欧洲列强反法同盟在维也纳会议订立的《最后议定书》,首次将民族上的少数人权利保护问题提升到国际层面。例如,该议定书规定设立“民族机构”,反映了以专门机构保护少数民族权益的态度。到19世纪中叶,美国与墨西哥签订了《和平、友好、划界和移居条约》,主张以公民权利保护少数人权利。例如,该条约规定,墨西哥人在美国“可以享有美国公民的一切权利”。〔3〕

(二)扩展时期:走向普遍关注

少数人权利保护的扩展时期是19世纪中叶至1914年第一次世界大战爆发。在这一时期,少数人权利保护的国际条约不再局限为双边条约,订立主体更加普遍。更重要的是,国家间缔结的国际条约,都将少数人权利保护纳入关注视野,少数人权利保护的普遍性得以凸显。

在俄土战争(1877年至1878年)后,西方强国希望重建巴尔干半岛的秩序,为此德国时任首相俾斯麦代表德国举行会议,邀请各国出席,以平衡英国、俄罗斯与奥匈帝国的利益。1878年《柏林条约》由德国、英国、法国、俄国等多个国家共同订立,涉及多个国家、民族,具有较强的国际普遍性。“《柏林条约》之后,保护少数人权利已成为国与国之间缔结国际条约的一个不可忽视的方面。”〔4〕1912年保加利亚和希腊签订的《同盟条约》、1913年土耳其与保加利亚签署的

〔3〕 周少青:《少数民族权利保护的国际共识和国家义务(一)》,载《中国民族报》2012年6月15日,第8版。

〔4〕 周少青:《少数民族权利保护的国际共识和国家义务(二)》,载《中国民族报》2012年6月22日,第8版。

《君士坦丁堡条约》等,都涉及少数人权利保护问题。

此外,除了宗教少数群体和民族上的少数人,权利保护的对象也逐渐关照到土著少数民族。基于地缘政治的考量,俄国最终在1867年决定将阿拉斯加和阿留申群岛卖给美国,与美国签订了《转让阿拉斯加专约》,该条约第3条规定:"转让的领土上的居民,凡根据他们的选择保留其原有效忠的人,可以在三年之内返回俄国;但是如果他们宁愿留在被转让的领土上,他们(未开化的土著部落除外)应被允许享受美国公民的一切权利、利益和豁免,并且在自由地享有其自由、财产和宗教信仰方面应得到支持和保护。未开化的部落应遵守美国对该国土著部落随时可能采取的法律规章。"这一规定明确了土著民族享有与美国公民平等的权利,土著民族开始进入少数人权利保护的关注视野。

(三)提升时期:国际民族法初步形成国际共识

少数人权利保护的提升时期是1914年至1945年,跨度正好涵括两次世界大战。第一次世界大战的发生时间为1914年7月至1918年11月。第二次世界大战发生时间为1939年9月至1945年9月。这一时期,少数人权利保护达成的国际共识最多、内容最为丰富,对少数人权利保护的关注最为集中,形成的权利保护机制也日益完备。

第一次世界大战后,巴黎和会专门成立了"新建国家和保护少数民族委员会",参战国在战后基本都缔结了保护少数民族的特别条款。第一次世界大战后,对于少数人权利保护形成了较多国际共识,特别是形成了平等保护、反对歧视、特殊保护相结合的核心内容。迄今为止,这些内容仍是少数人权利保护的基本原则。在专门的权利保护机构设置上,这一时期设置有少数民族部、少数民族委员会、国际常设法庭等,从权利保护落实情况、侵犯少数人权利救济等方面进行保护。但必须看到,尽管这一时期各国对少数人权利保护予以关注,达成了许多国际条约、成立了不少专门保护机构、形成了一定的权利保护工作机制,但各国对少数人权利保护侧重于保护实用性。换言之,这一时期的权利保护是从各国政治安全、避免更大的政治不稳定发生等角度出发,防范和避免战争悲剧的重演,实用主义色彩浓重,并不利于形成保护少数人权利的长效机制。

第二次世界大战发生后,国际社会开始从权利正当性出发对少数人权利进行保护。单纯从实用主义角度或本国利益出发去考量少数人权利保护,尚未能深刻证成少数人权利保护的正当性。第二次世界大战后,国际社会开始全面深刻反思少数人权利保护的问题。1945年10月24日在美国旧金山签订的《联合国宪章》生效,联合国正式成立。这是第二次世界大战后成立的一个由主权国家组成的政府间国际组织,主要机关包括联合国大会、联合国安全理事会、联合国经济及社会理事会、联合国托管理事会、国际法院和联合国秘书处。其中,联合国秘书处的工作职责包括编写关于人权和可持续发展问题的研究报告,将各国政府关于人权保障的问题纳入其中。联合国的成立标志着世界各国之间开始努力推动形成达成共识意见的平台,探索建立交换不同意见的工作机制。同时,设置国际法院、联合国秘书处等机构,对于督促各国政府推动人权保护,特别是少数人权利保护等具有重要意义。

(四)拓展时期:国际民族法的发展

少数人权利保护的拓展时期是1945年第二次世界大战结束至今。第二次世界大战结束以来,国际社会制定了一系列少数人权利保护方面的国际法律文书,从颁布或通过时间来看,主要有《世界人权宣言》(1948年)、《防止及惩治灭绝种族罪公约》(1948年)、《消除就业和职业歧视公约》(1958年)、《取缔教育歧视公约》(1960年)、《消除一切形式种族歧视国际公约》(1965年)、《在青年中促进各国人民之间和平、互尊和了解的理想的宣言》(1965年)、《公民权利和政治权利国际公约》(1966年)、《国际文化合作原则宣言》(1966年)、《经济、社会及文化权利国际公约》(1966年)、《战争罪及危害人类罪不适用法定时效公约》(1968年)、《禁止并惩治种族隔离罪行国际公约》(1973年)、《种族与种族偏见问题宣言》(1978年)等。“冷战后,世界范围内的少数人权利保护共识进一步发展,少数人权利保护的范围进一步拓展。”之所以称其为“拓展时期”,主要是因为这一阶段形成了关于少数人权利保护的专门国际宣言,权利保护范围覆盖了政治、经济、文化、社会等各方面,拓展比较充分。这一时期,“比较突出的文件有联合国大会1992年年底通过的《在民族或族裔、宗教和语言上属于少数群体的人的权利宣言》和2007年通过的《土著人民权利宣言》。其他比较重要的宣言和公约有《生物多样性公约》《世界人类基因组与人权宣言》《世界文化多样性宣言》《保护和促进文化表现形式多样性公约》等”。[5]

1992年12月联合国大会第47/135号决议通过了《在民族或族裔、宗教和语言上属于少数群体的人的权利宣言》,由此诞生了专门致力于少数人权利保护的联合国文件。这一宣言虽然只具有宣示意义,不具强制约束力,却象征了联合国对包括少数民族在内的少数人权利的肯定。该宣言第1条规定:“各国应在各自领土内保护少数群体的存在及其民族或族裔、文化、宗教和语言上的特征并应鼓励促进该特征的条件。”[6]该条将少数群体的存在作为一种客观现象予以承认,明确承认了少数群体在各国属于客观存在的人类共同体。

2007年9月联合国通过的《土著人民权利宣言》,“认识到亟需尊重和促进土著人民因其政治、经济和社会结构及其文化、精神传统、历史和思想体系而拥有的固有权利,特别是对其土地、领土和资源的权利”,[7]对土著人民的自决权、参与权、土地及自然资源权利、身份权等都作出了规定。

除了联合国文件外,区域性的国际文件也多有涉及少数人权利保护议题。例如,1990年以来,欧洲安全与合作组织发布了一系列涉及少数人权利保护的文件,包括《关于人类向度的哥本哈根会议文件》《少数民族专家日内瓦会议报告》《关于人类向度的莫斯科会议文件》《关于少数民族高级专员的赫尔辛基决定》等。1992年欧洲委员会颁布了《欧洲区域性或少数民族语言宪章》,1994年欧洲理事会通过了《保护少数民族框架公约》。

三、国际民族法实践的经验与启示

研究和总结国际民族法制的历史,对各国人权的保障、世界民族法治的建设以及人类命运共同体的构建,具有重要的启示。

(一)国际民族法制实践的主要经验

1. 对战争的反思推动了国际民族法治的建设

纵观国际民族法制发展的进程,其中大部分条约伴随对国家之间、区域之间和世界范围内发生的战争的深刻反思,其中战争的惨痛教训间接推动了国际民族法制的进步。例如,1648年签订的《威斯特伐利亚和约》,其作用就是结束了欧洲的“三十年战争”,旨在解决宗教少数人的信仰问题;在俄土战争后签订的《柏林条约》,虽然其初衷是为了维护巴尔干半岛的秩序,但是客观上也推动了少数人权利保护的区域共识;两次世界大战之后,基于对战争后果及原因的反思而签

---

[5] 周少青:《少数民族权利保护的国际共识和国家义务(五)》,载《中国民族报》2012年7月13日,第8版。

[6] 李鸣:《世界民族法制史纲》,民族出版社2016年版,第425页。

[7] 李鸣:《世界民族法制史纲》,民族出版社2016年版,第428页。

订的关于对少数人保护的条约条例更是如雨后春笋,将世界范围内的人权保障推向了更高的层次。可以说,一方面,各国之间、各区域之间的民族政治经济发展不协调是战争发生的重要原因;另一方面,通过对战争的反思,又推动了国际民族法治的建设。

2. 保障人权是国际民族法治建设的核心内容

在《世界人权宣言》通过以后,作为世界民族法治建设的重要基础框架,联合国大会通过了《经济、社会及文化权利国际公约》和《公民权利和政治权利国际公约》,均于1976年生效。从内容上看,这两个公约对"防止歧视"有着明文规定,即不分种族、肤色、性别、语言、宗教、政治或其他见解、国籍或社会出身、财产、出生或其他身份等任何区别,并将"种族"和"肤色"作为防止歧视的核心要义。总体而言,少数人权利的保护,亦是人权保障的一部分,综观绝大部分与国际民族法制有关的条约条例,人权保障都是其制定思想和核心内容。当然,也应当指出,从国际法的视域来看,国际民族法是一种"弱法",尤其是在"保障人权"的适用领域。一方面,它与国内法相比,没有系统的立法机构,也没有系统的司法和执法机构;[8]另一方面,有些霸权主义国家常常打着"捍卫人权"的口号,对他国的主权与内政进行干涉。因此,着眼于人权保障的视域,国际民族法制的发展还有很大的完善空间。

3. 和平发展是国际民族法治建设的价值目标

当今世界正经历百年未有之大变局,世界各国认识到了"人类命运一体"的重要性。"休戚与共、生死与共"不仅是国际社会中国家与国家之间的真实写照,也是世界各民族发展的历史模式。联合国大会曾通过《人民享有和平权利宣言》的决议,宣布"全球人民均享有和平的神圣权利",并宣布:"维护各国人民享有和平的权利和促进实现这种权利是每个国家的根本义务"。[9]从这个意义上讲,和平发展已经是世界民族法治建设不可逆转的价值目标。无论是对少数人权利的保障、人权的维护还是对战争的防范,其根本目标均是为了促进世界各民族和谐共处、和平发展,在世界范围内形成共同利益观、可持续发展观与全球治理观。

(二)国际民族法制实践的重要启示

通过对国际民族法制发展历程的梳理,在其成功经验的总结之上,我们得出基于世界各民族发展和对我国民族法治建设的重要启示。因此,着眼于权利保护的维护,可以从以下几个方面加以深化。

1. 各民族在政治上享有平等权

政治上的平等权是尊重各民族生存权和发展权的基本保障。纵观世界民族法制的发展,无论是世界范围内的《公民权利和政治权利国际公约》《联合国土著民族权利宣言》,还是区域范围内的欧洲、美洲人权公约等,都达成了"法律面前人人平等"与"依法享有政治权利"的重要共识。新时代我国的民族法制是以马克思主义民族平等理论为基石的,根据我国《宪法》的规定,少数民族享有政治上的平等权。因此,在民族法制这个领域,我国应当进一步完善相应的保障机制,更好地保障少数民族的参政议政权。

2. 各民族享有对本民族事务管理的自主权

联合国《公民权利和政治权利国际公约》规定了"所有人民都有自决权",《经济、社会及文化权利国际公约》对此再次予以重申,这就为世界各民族的"民族自决"提供了国际民族法制的法

---

〔8〕 参见《国际公法学》编写组编:《国际公法学》,高等教育出版社2018年版,第210页。

〔9〕《国际公法学》编写组编:《国际公法学》,高等教育出版社2018年版,第210页。

理依据。当然,这种"自决"的践行必须以维护国家主权领土的统一完整为必要前提,同时结合本国实际国情予以实施和保障。在国际社会,本民族事务管理的自主权有多种表现形式,如美国的保留地制度、拉布拉多地区的自治政府及其他的自治团体等。这种"区域自治"有着重要的作用。第一,它不仅可以保障少数民族基本的政治权利,而且为自治地区各民族的社会发展和生活水平的提高提供了条件。第二,可以有效地解决自治地区各民族之间的矛盾和纠纷。第三,能够有效防止因地区差异和文化差异而产生的民族问题。这些与我国民族自治地方所享有的自治权有一定程度的相似之处,可以相互学习借鉴。在我国,各民族自治地方的自治机关成为了践行自治权的直接载体,各民族以铸牢中华民族共同体意识为主线,在中国共产党的带领下,在"共治"与"自治"的调和中保障自治权的充分践行。

3. 各民族文化享有平等保护与被尊重的权利

文化是一个民族物质生活和精神生活的重要载体。文化相对论认为,每一种(民族的)文化都具有其独创性和充分的价值,理应得到尊重。这亦是世界民族法制在多元文化保护层面给予世人的重要启示。《世界人权宣言》指出:"人人有权自由参加社会的文化生活,享受艺术,并分享科学进步及其产生的福利。"《消除一切形式种族歧视国际公约》也有关于"平等参加文化活动的权利"的规定。在北美洲和欧洲一些国家中,文化保护的自治权包含了特色文化、语言文字、宗教信仰等。在德国、意大利等国以及欧洲各国,多元文化主义是保护民族文化的重要体现。当然,如何协调"各民族"文化与代表国家整体性的民族文化之间的关系,是一个值得认真思考的问题。

4. 各民族享有平等就业和社会保障的权利

平等就业和社会保障,是世界范围内各民族从群体到个人维持生存权和发展权的必然要求,而禁止"就业歧视",推进社会福利则是世界民族法治建设的重要内容。当然,就如何实现平等就业和社会保障,由于各国经济发展水平和历史文化传统不尽相同,在具体做法上又有一些区别。如美国等国家通过"肯定性行动计划"来积极推进少数人群体的就业权;印度通过实施部落综合发展计划、各类专项辅助计划,设立专业培训机构等,较好地解决了部落地区少数民族就业问题。我国《劳动法》明确规定各民族享有平等就业和选择职业的权利,《民族区域自治法》规定了针对少数民族就业的特殊照顾政策,如民族自治地方的企事业单位优先招收少数民族人员等。但从发展趋势来看,在少数民族就业和社会保障领域,其重心应当从传统上的"优惠照顾"转向综合能力培养。例如,考虑到多数民族自治地方经济发展水平较低,现阶段的民族法制应当体现出鼓励民族自治地方更好更快地融入社会主义市场经济体系的导向,更好地实现差别化区域支持政策的功能和价值。

5. 各民族享有共同繁荣发展的权利

各民族共同繁荣指的是各民族(包括少数人群体)的合法权益得以充分保障,多元文化得以相互尊重,区域经济社会得到全面发展,从而达到的一种"共同繁荣"的状态。从世界各国践行的民族法制来看,其大都对人权保障和少数人权利保护作了大量规定,旨在通过相关措施最终促进各民族的共同繁荣。落实到个体而言,就是要实现人的全面而自由的发展。因此,各民族共同繁荣发展,既是世界民族法治建设的重要目标,又是世界各民族所应该拥有的基本权利。从实践来看,有的国家作为在世界上负责任的大国,已经提出了明确的理念或者具体的措施来促进区域范围或者世界范围内各民族的共同繁荣。例如,早在 2011 年 9 月 6 日,《中国和平发展》白皮书就提出了命运共同体的概念。[10] 就世界民族法治建设的意义而言,这一概念的提出着眼于全球的人类正义,通过强调“同理”和“同利”,有利于化解冲突与纷争,促进世界各民族的和谐共处,繁荣富强。[11] 再如,自汉朝张骞出使西域后,开辟了连通欧、亚、非三大洲的陆路通道,中国的丝绸、茶叶、陶瓷不断出口,西方的香料、物种传入中国,促进了世界范围内各民族间的交往交流交融,为各民族提供了繁荣富强的机会。今天的“一带一路”倡议则以重振古丝绸之路的开放包容、交流互鉴为缘起,使古丝绸之路在21世纪的今天有了更加深刻和丰富的时代特征,是一个具有全球视野、蕴含中国智慧的发展方略,是联结中国梦与世界梦的桥梁。[12]

第二节 战争与国际民族法的发展

一、“三十年战争”结束后的《威斯特伐利亚和约》

16世纪以降,天主教的普遍性受到一定挑战,路德教、加尔文教信众持有不同的信仰体系。欧洲大陆长期战乱在相当大的程度上与宗教有着千丝万缕的联系,妥善处置宗教少数者的信仰自由是必须解决的问题。1618年至1648年,由于天主教与新教之间的矛盾,以及欧洲各国的政治冲突和领土争夺,爆发了以德意志为主要战场的欧洲国际性战争,史称“三十年战争”(Thirty Years War)。该战争是一场旷日持久的王朝战争,既重塑了欧洲政治格局,也对不同宗教信仰群体的利益进行了重新分配。以1648年签订《威斯特伐利亚和约》为标志,欧洲“三十年战争”宣告结束,欧洲建立起新的国际秩序格局。在《威斯特伐利亚和约》中,明确确立了宗教少数人享有宗教信仰自由,哈布斯堡皇室承认新教在神圣罗马帝国境内的合法地位,同时新教诸侯和天主教诸侯在帝国内的地位平等。从作用和目的上看,该和约承认了帝国内部各邦、各城市之间的关系和地位以及它们与帝国之间关系的变化,还希冀以宗教自由和宗教平等为基础解决宗教争端,采取了一系列措施维护帝国内部的世俗秩序与宗教秩序。而从内容上看,该和约规定了诸多关于宗教法律方面的内容,可概括为一部“宗教法”文件。进一步而言,《威斯特伐利亚和约》确立了“宗教宽容、宗教自由、宗教平等”三大基本原则,同时规定1624年1月1日是恢复宗教事务及与此相关的世俗事务的基准日期,宗教信仰及与此相关的权利、财产、教产等均恢复到该日期时的状况。

要言之,《威斯特伐利亚和约》并不是通过宗教信仰的“统一”来解决宗教争端,而是为宗教确立存在的制度、法律等方面的现实基础,通过“去宗教化”和政治性的方式为世俗社会确立共同规则,以实现帝国内部的和平与秩序。[13]

当然,需要指出的是,《威斯特伐利亚和约》虽然不是专门解决少数民族权利问题的和约,而

---

〔10〕《〈中国的和平发展〉白皮书》,国务院新闻办公室2011年9月6日发布,载国务院新闻办公室网站,http://www.scio.gov.cn/m/ztk/dtzt/58/3/Document/999959/999959.htm。

〔11〕参见周安平:《人类命运共同体概念探讨》,载《法学评论》2018年第4期。

〔12〕参见乌小花、艾易斯:《“一带一路”在中华民族共同体与人类命运共同体之间:理念、价值与实现路径》,载《西北民族研究》2018年第4期。

〔13〕参见王银宏:《宗教争端的世俗衍化和政治表达——1648年〈威斯特伐利亚和约〉与神圣罗马帝国的秩序建构》,载《史学月刊》2021年第7期。

是主要解决宗教少数人的信仰自由问题的和约。但在今天看来,宗教少数人与民族少数人(少数民族)具有许多共性,均为少数人群体的重要组成;因此,该和约对促进少数人权利保护议题成为国际议题具有"源头活水"般的启发意义。也正因如此,1648年《威斯特伐利亚和约》被认为是国际关系和国际法历史上的一块重要的里程碑,它标志着近代国际法的形成,具有划时代的意义。[14]

二、第一次世界大战结束后的国际民族法

从历史进程来看,"不可调和的民族主义愿望"本身就是第一次世界大战发生的重要根源之一。"在中欧和西欧,由于对民族自决的要求日益增长,那里的多民族帝国正处于差不多被撕成碎片的危险之中,例如,在哈布斯堡帝国,居统治地位的奥地利人和匈牙利人就受到了觉醒的意大利人、罗马里亚人以及波兰人和克罗地亚人等许多斯拉夫民族的对抗。""民族自决与相互冲突的联盟体系的结合遂使欧洲陷入大屠杀之中。"[15]第一次世界大战结束以后,由国界变动引发的主权国家中产生大量的少数民族,使少数人权利保护问题凸显出来。鉴于国家间的多边协议或双边协议在保护少数人权利问题上的软弱无力,要求成立国际联合组织,协调国家与国家之间的争端,避免大规模战争的再次爆发,成为欧洲上下的普遍共识。"第一次世界大战后的许多自由主义者都认为拒绝满足少数群体文化的合理要求将给国内和国际的和平造成危险。和平和稳定的考虑增强了支持少数群体权利的公正性。以同时尊重少数群体的个体权利和集体权利为依据的文化间的相互尊重,将构成国际和平的基础。"[16]故此,1919年的巴黎和会专门成立了"新建国家和保护少数民族委员会",并推动各战胜国和一些新成立的或因战争而扩大领土的国家签订了一系列包含保护所属国少数人权利内容的条约。

这一过程中,三种保护少数人权利的体制被建立。一是如南斯拉夫、波兰、希腊以及匈牙利这些新成立或领土扩张的国家,在与同盟签订的条约里,对境内民族、语言和宗教少数人权利内容的保护作出了规定。如《凡尔赛和约》(全称《协约及参战各国对德和约》)第93条规定:"波兰承允将主要协约及参战各国认为保护在波兰国内居民利益必要之规定,插入与各该国缔结之条约内,此种居民于种族上、语文上或宗教上,均与国中多数人民相异。"[17]二是战败的奥地利、保加利亚、土耳其及匈牙利在所签订的条约里,被要求加入相关少数人权利保护条款。[18] 三是立陶宛、阿尔巴尼亚、伊拉克、爱沙尼亚以及拉脱维亚等国要求对境内的少数人权利进行保障,作为加入国际联盟的交换条件。[19] 此外,巴黎和会召开期间签订的《国际联盟盟约》规定,希腊、土耳其等战败国有义务给予其境内的少数民族以平等待遇,在为前奥斯曼帝国统治下的民族决定委任统治时,应首先考虑该民族的愿望。保护委任地土著居民的条款也载于盟约之中。[20]需要特别注意的是,尽管少数人权利的保护条款未在盟约中被专门规定,但是国际联盟还是通过和平条约的附加条款对少数人的权利问题作了特别规定,要求承担义务的缔约国负责保障在种

[14] 参见《国际公法学》编写组编:《国际公法学》,高等教育出版社2018年版,第33页。

[15] [美]斯塔夫里阿诺斯:《全球通史:从史前史到21世纪》,吴象婴等译,北京大学出版社2006年版,第647页。

[16] [加]威尔·金里卡:《自由主义、社群与文化》,应奇、葛水林译,上海世纪出版社2005年版,第201页。

[17] 世界知识出版社编辑:《国际条约集(1917—1923)》,世界知识出版社1961年版,第118页。

[18] 参见[加]约翰·汉弗莱:《国际人权法》,庞森等译,世界知识出版社1992年版,第37页。

[19] 参见陆平辉:《欧洲少数民族权利保障的发展历程与特征分析》,载《黑龙江民族丛刊》2012年第5期。

[20] 《国际联盟盟约》第22条第4款、第22条第6款、第23条第2款。

族、语言、宗教上的少数人与其他公民享有平等的法律地位,并且不问种族、语言或宗教,享有平等的公民权利和政治权利,并包括文化自治、教会自治、在法院和教育上使用自己语言等权利。[21]

这一时期,作为各缔约国履行相关条约义务的保证人,国际联盟通过两种方式保护少数人权利。[22] 一是国际联盟建立了一项处理由少数人指控其权利受到侵犯而提出申诉的机制;二是由依据《国际联盟盟约》第14条成立的国际常设法院介入这类纷争。另外,争议可由行政院的成员国提请至行政院,经讨论后,行政院可以其认为恰当的方式采取行动并作出指令,例如提请国际常设法院审理。国际常设法院曾经收到数百件关于少数人群体的案件,这些案件主要是关于波兰和捷克斯洛伐克的德裔少数人群体以及在罗马尼亚的匈牙利少数人群体,[23] 法院则就少数人权利保护问题提出判决和咨询意见。在1930年的希腊裔保加利亚人案中,国际常设法院的咨询意见首次尝试对"少数人"概念进行了定义:生活在特定国家或区域的具有自己特有的种族、宗教、语言和传统的人群。基于对该种族、宗教、语言和传统的认同,成员彼此团结一致,希望保持其传统,维持其宗教仪式,按照其民族(race)的精神和传统抚养、教育其后代,并彼此提供互相帮助。[24]

由于少数人权利保护本身就是强国或战胜国施加给弱小国家或战败国的义务,且这种道义上的义务对这些义务主体没有强制性的约束力,随着第二次世界大战前期欧洲狂热的民族主义的势力的抬头,国际联盟无力阻止各国宣布退出成员国的行动,其试图通过超国家组织对少数人权利进行保护的愿望最终落空。

三、第二次世界大战后的国际民族法

第二次世界大战是近代规模最大的战争。在这场全球战争中,作为轴心国核心成员的德国以宣扬极端民族主义进行战争动员,将国内社会矛盾转嫁到国外,以捍卫德意志民族利益为由发动侵略战争。在实施种族灭绝行为前,德国纳粹党对民众的动员充分调动了民族主义的破坏倾向,将德意志民族包装为世界上最优秀的民族,将犹太人视为最卑劣的群体。相较于第一次世界大战2840万人的伤亡人数,第二次世界大战的伤亡人数达到了5000万人,在其中,有近1/5的人是被残忍杀害的,这1000万名受害者是因种族、宗教、政治或者其他原因被当作"不受欢迎的人"而杀害的。[25]

1966年联合国《公民权利和政治权利国际公约》第27条特别规定了少数人权利,少数人权利随之成为备受世界各国关注的重要议题。这一时期,国际社会高度关注少数民族权利保护问题,颁布了一系列保护少数人权利的国际法律文书与文件。联合国于1992年12月通过了《在民族或族裔、宗教和语言上属于少数人群体的人的权利宣言》,2007年通过了《土著人民权利宣言》;其他相关的重要宣言和公约还有《生物多样性公约》《世界文化多样性宣言》《保护和促进

---

〔21〕 参见[美]爱德华·劳森编:《人权百科全书》,汪渁、董云虎等译,四川人民出版社1997年版,第1062页。

〔22〕 参见张爱宁:《国际人权法专论》,法律出版社2006年版,第439~440页。

〔23〕 参见周勇:《少数人权利的法理》,社会科学文献出版社2002年版,第61页。

〔24〕 See P. C. I. J., *Interpretation of the Convention between Greece and Bulgaria Respecting Reciprocal Emigration*, Advisory opinion of 31 July 1930, Ser. B, No. 17, p. 33. 转引自 Athanasia Spiliopoulou Akemark, *Justifications of Minority Protection in International Law*, Kluwer Law International, 1997, p. 86.

〔25〕 [美]斯塔夫里阿诺斯:《全球通史:从史前史到21世纪》,吴象婴等译,北京大学出版社2006年版,第727页。

文化表现形式多样性公约》等。

四、"冷战"后的国际民族法

"冷战"结束以后，一些多民族国家民族主义发酵，其重要原因，便是这些多民族国家中少数民族政治权利保障机制薄弱以及参政机制空泛。无论是苏联解体、科索沃危机，还是现在的一些国家所暴露的民族问题，均不同程度地表明了上述态势。[26]

进入21世纪后，发生世界范围内的全面性战争的可能性在逐渐缩小，但区域间的冲突以及个别霸权主义国家违背世界民族法治体系的事例则屡见不鲜，有的甚至对全球安全的稳定造成了重大影响。

从当代世界民族法治建设的新趋势来看，反恐、人权等领域的专项公约和宣言等迅速发展。例如，着眼于恐怖主义带来的威胁和挑战，虽然关于防止和打击国际恐怖主义的全面性公约仍在谈判之中，但是继20世纪通过了一系列专门性的反恐条约后，联合国又于2005年通过了《制止核恐怖主义行为国际公约》，《联合国反腐败公约》也于2005年12月生效。这两项公约对世界各族人民的安全权与发展权的保障具有重要意义。同时，出于对战争的反思和预防，21世纪初国际刑事法院的建立，实现了国际刑事责任的历史性突破，具有划时代的意义。国际刑事法院与国内法院以及联合国安理会之间在惩处诸如灭绝种族罪、反人类罪、侵略罪等严重的国际罪行方面建立了一种固定的合作、协助和补充关系。[27]

总体而言，在构建人类命运共同体理念的倡导下，21世纪的世界民族法治建设恰逢全人类"休戚与共、命运与共"的良好时机，也面临着诸如单边主义、霸权主义和区域冲突等种种挑战。

第三节　国际民族约法史例

一、国际民族约法概述

从世界范围来看，自16世纪宗教改革至第一次世界大战前，少数民族权利保护的共识，从受保护的主体、权利保护的内容和范围到权利保护的区域扩展等各个维度，都有了较大发展。[28]从第一次世界大战到第二次世界大战之间，为保障巴黎和会及随后建立的国际联盟一系列条约权利的实施，国际联盟建立了一套较为完整的制度和机制。这一阶段在国际联盟框架下的少数民族权利保护，是近代以来在保护少数民族权利方面获取共识最多的一次国际行动。第二次世界大战以后，国际社会对少数人权利的保护主要体现在国际人权条约中，《世界人权宣言》是典型代表。20世纪90年代以后，《少数人权利宣言》的问世意味着国际社会对世界范围内少数人权利保护的水平有了显著提高。同时，在文化遗产保护领域，联合国及其他国际性组织基于少数人权利保护也进行了一些专门的立法。

从区域层面来看，欧洲、美洲和非洲对少数人权利的保护具有典型性，其中欧洲对少数人群

---

〔26〕　参见李鸣：《世界民族法制史纲》，民族出版社2016年版，第10页。

〔27〕　参见《国际公法学》编写组编：《国际公法学》，高等教育出版社2018年版，第39～40页。

〔28〕　参见周少青：《权利的价值理念之维：以少数群体保护为例》，中国社会科学出版社2016年版，第5～6页。

体的权利保护较为积极、全面、有效。欧洲理事会 1994 年制定的《少数民族保护框架公约》,是第一个专门保护少数人的具有法律约束力的多边文书,被视为迄今为止少数人权利保障领域最全面的国际标准。它也成为欧盟对少数民族权利保护的基本法律,为欧洲各国对少数民族权利的保护提供了一个全面的标准,对欧洲少数民族权利保护具有十分重要的意义。1948 年订立、1951 年生效的《美洲国家组织宪章》被认为是美洲国家组织的宪法性多边国际条约。《非洲人权和民族权宪章》(又被译为《班珠尔人权和民族权宪章》)在 1981 年 6 月 28 日由非洲统一组织通过,并于 1986 年 10 月 21 日生效,该宪章是发展中国家通过的第一个具有法律约束力的区域性国际人权文书,在非洲和国际层面产生了重要的影响。

从国际非政府组织,如世界劳工联合会制定的一些民族约法来看,这些组织着眼于特定群体的权利保障,也制定了一些宣言及文件。

需要指出,少数人权利保护虽是国际民族约法的基本原则,但并不是国际民族约法的全部内容。为更加直观地对国际民族约法进行分析,以下从世界性国际约法、区域性国际约法以及国际非政府组织约法等方面对国际民族约法进行介绍。

二、世界性国际约法中的民族约法

世界性国际约法中的民族约法,主要是指在世界范围内具有影响力的,以及由联合国通过的适用于缔约国的,旨在保障特定对象(如民族、种族等)的权利的公约、宣言、准则和规则等文件。[29]

以发布时间较早的《国际联盟盟约》和在世界范围内影响力较大的《联合国宪章》为例,这两部国际公约均体现出了对"少数人权利"保护之进步性。例如,1919 年 6 月 28 日列入《凡尔赛和约》第一部的《国际联盟盟约》第 22 条第 5 款规定:"其他民族,尤以中非洲之民族,依其发展之程度,不得不由受委任国负地方行政之责,惟其条件为担保其信仰及宗教之自由,而以维持公共安全及善良风俗所能准许之限制为衡,禁止各项弊端,如奴隶之贩卖、军械之贸易、烈酒之贩卖并阻止建筑要塞或设立海陆军基地。"再如,1945 年 6 月 26 日在旧金山会议上签署,并于同年 10 月 24 日正式生效的《联合国宪章》第一章第 1 条第 2 款提出:"发展国际间以尊重人民平等权利及自决原则为根据之友好关系,并采取其他适当办法,以增强普遍和平。"第 3 款规定:"……不分种族、性别、语言、或宗教、增进并激励对于全体人类之人权及基本自由之尊重。"第十二章第 76 条第 3 项指出:"不分种族、性别、语言、或宗教,提倡全体人类之人权及基本自由之尊重,并激发世界人民互相维系之意识。"

除此之外,联合国大会 1970 年 10 月 24 日通过的《关于各国依联合国宪章建立友好关系及合作之国际法原则之宣言》开篇就明确指出:"深信各民族之受异族奴役、统治与剥削,对于促进国际和平及安全乃系一大障碍。"并从"依照宪章不干涉任何国家国内管辖事件之义务之原则""各国依照宪章彼此合作之义务""各民族享有平等权利与自决权之原则"三个维度提出了具体要求。1989 年 11 月 20 日,第 44 届联合国大会通过的《儿童权利公约》在序言中提出:"认识到联合国在《世界人权宣言》和关于人权的两项国际公约中宣布和同意:人人有资格享受这些文书中所载的一切权利和自由,不因种族、肤色、性别、语言、宗教、政治或其他见解、国籍或社会出身、财产、出生或其他身份等而有任何区别","适当考虑到每一民族的传统及文化价值对儿童的保

〔29〕 参见杨侯第主编:《世界民族约法总览》,中国法制出版社 1996 年版,第 347 ~429 页。

护及和谐发展的重要性。”联合国大会于1975年12月9日通过的《残废者权利宣言》提出：“残废者应享有本宣言所列举的一切权利。所有残废者都应享有这些权利，毫无例外，且不得基于种族、肤色、性别、语言、宗教、政治或其他见解、国籍或社会出身、财产、家世或任何其他情况，而对残废者本人或其家属有所区别或歧视。”

此外，还有《国家权利义务宣言草案》（联合国大会1946年12月6日通过）、《经济、社会及文化权利国际公约》（联合国大会1966年12月16日通过）、《公民权利和政治权利国际公约》（联合国大会1966年12月16日通过）、《废除强迫劳动公约》（国际劳工组织大会1957年6月25日通过）、《联合国难民事务高级专员办事处规则》（联合国大会1950年12月14日通过）、《就业政策公约》（国际劳工组织大会1964年7月9日通过）、《社会进步和发展宣言》（联合国大会1969年12月11日通过）、《发展权利宣言》（联合国大会1986年12月4日通过）、《维也纳宣言和行动纲领》（1993年6月25日世界人权会议通过）等众多约法。

不难发现，世界性国际约法中的民族约法，其内容和价值早已超过了传统意义上的“少数人权利保护”和“民族平等”。在一系列约法中，关于“青年”“劳工”“战俘”“平民”“武装冲突受难者”等易被忽略的群体都受到了重视。随着人类命运共同体建构的逐渐深化，越来越多的国家意识到弱势群体权利保障的重要性。联合国这一践行国际民族法的法治主体，其重要性也在逐渐增强。

三、区域性国际约法中的民族约法

以国家为主体，区域性组织的声明、公约、决议和宣言是区域性国际约法中民族约法的重要体现，在此以各大洲为例进行介绍。

1981年非洲统一组织通过的《非洲人权和民族权宪章》，首先在序言中明确“非洲统一组织各成员国，即定名为《非洲人权和民族权宪章》的本公约各缔约国”，进而特别关注非洲人民的发展权，并“意识到它们实现全非洲解放的义务，非洲各族人民至今还在为他们的尊严和真正的独立而斗争，还在致力于消灭殖民主义、新殖民主义、种族隔离、犹太复国主义，摧毁入侵的外国军事基地和一切形式的歧视，特别是那些基于种族、种群、肤色、性别、语言、宗教或政见的歧视”。其第一部分“权利与义务”的第一章“人权与民族权”则专门从公民的“个体”角度与各民族的“群体”角度论述权利正义与民族平等的重要性。

1965年2月26日生效的《欧洲社会宪章》不仅“考虑到应确保享有各项社会权利，而不因种族、肤色、性别、宗教、政见、民族渊源或社会出身有所歧视”，还“决心尽一切共同努力通过适当的规定和行动提高城市和农村居民的生活标准，促进他们的社会福利”，从而关注到了发达地区与欠发达地区的平等问题。而早在1950年11月4日签订于罗马的《欧洲人权公约》，其第一章第14条就提到了“人人对本公约列举的权利与自由的享受，应予保证，不得因性别、种族、肤色、语言、宗教、政治的或其他见解、民族或社会的出身、同少数民族的联系、财产、出生或其他地位……”，即已经关注到“少数人”这个群体。

1969年11月22日订于哥斯达黎加圣约瑟城的《美洲人权公约》深刻意识到因为民族问题而滋生战乱的危害性，提出“任何战争宣传和任何鼓吹民族、种族或宗教仇恨，构成煽动非法暴力行为，或以任何其他理由，包括以种族、肤色、宗教、语言或国籍为理由，对任何人或一群人煽动任何其他类似的非法活动，都应视为法律应予惩罚的犯罪行为”。在《美洲人权公约在经济、社会和文化权利领域的附加议定书》（又被译为《圣萨尔瓦多议定书》）中，着眼于公民受教育权的维度,提出了“教育应使每个人都能有效地参加民主和多元化的社会并过上体面的生活,并且应当增进所有国家和所有种族、人种和宗教群体间的谅解、宽容和友谊,促进维护和平的各项活动”,这不仅体现了对教育功能的深刻认知,也体现了“多元化保护”的价值理念。

1993 年 3 月 29 日至 4 月 2 日,维也纳世界人权大会亚洲区域筹备会在泰国首都曼谷举行,会议通过了《曼谷宣言》,该宣言强调“必须保障诸如族群、民族、种族、宗教和语言方面的少数人、移徙工人、残疾人、土著人民、难民和流离失所者等易受损害群体的人权和基本自由”,并“对一切侵犯人权的形式表示关切,包括种族歧视、种族主义、种族隔离、殖民主义、外国侵略和占领及在被占领土建立非法居民点等现象,以及最近卷土重来的新纳粹主义、排外心态和种族清洗”,较为全面地对“少数人权利保护”进行了诠释。

除此之外,伊斯兰会议组织 1990 年 8 月 5 日通过的《伊斯兰世界人权宣言》认为“家庭是社会的基础,而婚姻是家庭形成的基础。男子和妇女享有结婚权,不得因种族、肤色或国籍的限制而阻止他(她)们享有这种权利”,还提出“不容许激起民族仇恨或宗教仇恨,或从事任何可能煽动任何形式的种族歧视的活动”。同时,从区域来看,还有针对极端主义、种族狂热主义的《突尼斯宣言》(1992 年 11 月 6 日世界人权会议非洲区域筹备会议)、《重建独立和民主奥地利的国家公约》(1955 年 5 月 15 日签订于维也纳),着眼于消除种族歧视和排外主义的《圣约瑟宣言》(1993 年 1 月 22 日世界人权会议拉丁美洲和加勒比区域筹备会议)、《欧共体卢森堡首脑会议关于人权的声明》(1991 年 6 月 29 日)、《关于颠覆问题的宣言》(非统组织 1965 年 10 月通过)等。

四、国际非政府组织约法中的民族约法

国际非政府组织又称 NGO(International Non - Governmental Organizations,NGO),是国际社会非官方的民间组织,其主体和成员不是国家,而是个人、社会团体和其他社会组织。这些组织的约法中,也特别重视“民族平等”这一重要的民族法制原则。

1954 年 12 月的《工会权利宪章》直接提出“全体工人不分职业、技术水平、年龄、性别、种族、肤色、国籍、种姓、语言、政治见解或宗教信仰,都应享有本宪章所规定的权利”;1968 年 10 月的《世界劳工联合会原则宣言》首先对该组织进行定位,即“世界劳工联合会是各劳动者工会的国际性组织”,并认为“不论是在技术、经济、政治、社会还是在文化领域,人类既需要物质上的、也需要精神上的满足,民族的发展亦然”,还表示“现在向世界各地所有乐于赞成它的劳动者提出其目前的原则宣言,而不问他们的宗教信仰、生活观念、种族与性别如何”;在随后通过的《世界劳工联合会章程》中,其第 2 条的标题即为“劳动者是人”,并提出“所有基于阶级、等级、背景、社会出身、财富、性别、种族、民族、文化或宗教信仰上的歧视、特权或优越的主张,都是与人性相悖的,并且是在自由、尊严和公正地建立人类共同体的道路上设置的重要障碍”。

从国际民族约法的内容来看,虽然其更多地带有较强宣示意义而非国内法律刚性,但不可否认的是,在世界性国际约法、区域性国际约法与国际非政府组织约法三个层面,其“少数人权利保护”“各民族一律平等”等民族法治建设的价值理念均有所体现,且在不断深入,这对构建人类命运共同体而言是有益的。

第四节 国际民族法的内容

一、种族平等权利保护法律制度

种族平等权利,是指不同人种以及同一人种下的不同民族或部族在国际社会有权受到平等对待的权利,其直接驳斥和反对的就是种族歧视的种种措施,包括种族灭绝、种族隔离与强制同化等。

(一)禁止灭绝种族罪的法律制度[30]

1946年12月通过的联合国大会第96(Ⅰ)号决议声明,"灭绝种族系国际法上的一种罪行,为文明世界所不容"。1948年12月联合国大会通过《防止及惩治灭绝种族罪公约》,于1951年生效。《防止及惩治灭绝种族罪公约》是联合国主持制定的第一个有关人权保护的国际公约。该公约共有19项条款,在第1条就明确规定:"缔约国确认灭绝种族行为,不论发生于平时或战时,均系国际法上的一种罪行,承允防止并惩治之",这就点明了该项罪名的时效性,即"平时或战时";第2条则将灭绝种族的客体定义为"蓄意全部或局部消灭某一民族、人种、种族或宗教团体"。同时,根据《国际刑事法院罗马规约》第5条和第6条的规定,国际刑事法院对灭绝种族罪具有刑事管辖权。1963年,联合国大会通过《消除一切形式种族歧视宣言》,这是在世界范围内消除种族歧视的一个指导性文件。两年之后,联合国大会通过《消除一切形式种族歧视国际公约》。《消除一切形式种族歧视国际公约》于1969年生效,目前世界上绝大多数国家批准或加入了该公约。中国也于1981年加入该公约。该公约为消除种族歧视提供了强有力的国际合作的法律基石,也是最广泛地得到批准的联合国人权公约之一,在世界范围内产生了重要的影响。根据《消除一切形式种族歧视国际公约》第1条的规定,"种族歧视"是指"基于种族、肤色、世系或民族或人种的任何区别、排斥、限制或优惠,其目的或效果为取消或损害政治、经济、社会、文化或公共生活任何其他方面人权及基本自由在平等地位上的承认、享受或行使"。此外,该公约还对这种"区别、排斥、限制或优惠"进行了限定和排除。[31]

在此之后,联合国一直致力于反对种族歧视的相关工作。1978年和1983年,在瑞士日内瓦举行了第一次和第二次向种族主义和种族歧视进行战斗的世界会议;1973年至1982年、1983至1992年、1994年至2003年连续开展了"向种族主义和种族歧视进行战斗"的三个十年行动;2001年,在南非德班举行了"反对种族主义、种族歧视、仇外心理和有关的不容忍行为世界会议";等等。这些会议和纪念活动将有助于引发世界范围内的关注,形成对消除种族主义和种族歧视做出进一步政治承诺的势头。例如,国际刑事法院已对苏丹前总统巴希尔发出逮捕令,认为其应对发生在达尔富尔地区的种族灭绝行为负责。[32]

---

〔30〕 参见马呈元主编:《国际法》,中国人民大学出版社2015年版,第127~131页。

〔31〕 参见《消除一切形式种族歧视国际公约》第1条。

〔32〕 2020年,苏丹联合主权委员会在与反对派的谈判中,同意将包括巴希尔在内的前政府官员交由国际刑事法院审判。

(二)禁止种族隔离的法律制度

种族隔离则是种族歧视的具体表现形式之一,是种族主义者公开实行种族歧视的一项社会制度和政策。“种族隔离是危害人类的罪行,是种族歧视制度的极端表现形式。”[33]其典型代表是1948年上台执政的南非国民党政府推行的所谓的“Apartheid”种族隔离制度。推行种族隔离制度的国家以人种、肤色或民族本源为划分依据,设立不同区域进行隔离,并在政治、经济、文化、宗教信仰等方面给予种种歧视。种族隔离是侵犯基本人权,违反国际法原则和联合国宪章的宗旨和原则的罪行,对国际和平与安全构成了严重威胁。

为禁止种族隔离,联合国大会通过《禁止并惩治种族隔离罪行国际公约》。该公约于1976年7月18日正式生效。该公约认为种族隔离的罪行“应包括与南部非洲境内所推行的相类似的种族分离和种族歧视的政策和办法,是指为建立和维持一个种族团体对任何其他种族团体的主宰地位,并且有计划地压迫他们而作出的”不人道行为。同时,该公约还明确了缔约国的主要义务,即“采用任何必要的立法或其他措施,来禁止并预防对于种族隔离罪行和类似的分隔主义政策或其表现的鼓励,并惩治触犯此种罪行的人”。

除此之外,《1949年8月12日日内瓦四公约关于保护国际性武装冲突受难者的附加议定书》指出“以种族歧视为依据侵犯人身尊严的种族隔离和其他不人道和侮辱性办法”属于“严重破坏议定书”的行为;1979年12月18日签订于哥本哈根的《消除对妇女一切形式歧视公约》强调彻底消除种族隔离及一切形式的种族主义;1974年12月12日联合国通过的《各国经济权利和义务宪章》强调“一切国家都有权利和义务个别地或集体地采取行动,消除……种族隔离、种族歧视……”1985年12月10日签订于纽约的《反对体育领域种族隔离国际公约》提出消除体育领域的种族隔离现象;1990年9月30日联合国通过的《儿童生存、保护和发展世界宣言》,也关注到了因为种族隔离而遭受迫害的儿童。可见,在针对消除种族隔离的视域下,联合国及相关组织在政治、经济、文化、教育、体育等多个维度都制定了相关法律法规。

二、少数人权利保护法律制度

第二次世界大战后,伴随民族“自决权”的兴起,国际社会对少数人的权利保护正在逐步加强,权利的内容也变得更加全面广泛、具体细化。在此主要梳理国际法上少数人权利保护领域中的自决权与自治权、参与权和自由交往权。[34]

---

[33] 陈庆安、王剑波:《论种族隔离罪》,载《西南民族大学学报(人文社科版)》2009年第1期。
[34] 参见熊文钊主编:《民族法学》,北京大学出版社2012年版,第402~416页。

(一)自决权与自治权〔35〕

第二次世界大战后,众多处于殖民统治下的国家为其独立建国找到的理论根据来自1960年的《给予殖民地国家和人民独立宣言》中规定的殖民地国家与人民的"民族自决权"。在此之后,有关"民族自决权"的研究迅速发展,也产生了诸多争议,它甚至从反面阻碍了很多国家保护少数人权利的进程。在殖民地独立基本完成后,少数人群体的权利要求已不再是"独立权"问题,而是在发展问题上的"民主权利"。

第二次世界大战后,面对过去殖民主义的统治和奴役,国际社会确立了"民族自决"的原则。1960年12月14日通过的《给予殖民地国家和人民独立宣言》对"民族自决"的原则给予了明确规定。因此,众多沦为殖民地或半殖民地的人民高举"民族(nation)自决"的大旗争取民族独立,建立自己的国家。该宣言指出:"所有的人民都有自决权;依据这个权利,他们自由地决定他们的政治地位,自由地发展他们的经济、社会和文化。"这里的规定被公认为是"自决权"最通用和最权威的解释。自决权不仅作为一项国际法律原则,而且作为一项集体权利被提出来。此后,通过发展和完善,该权利被认为是处于殖民地或半殖民地的人民争取自身政治、经济、文化独立的权利,最终被认为是一种独立权。

"自决权"向"自治权"的转变最初发生在欧洲。以1994年《保护少数民族框架公约》为代表,该公约没有"自决权"的规定。反之在该公约第三部分第20条和第21条还对各少数民族在享受公约设定的权利时进行了限制。这些限制包括各少数民族在行使权利时不能对其他多数人或其他少数民族构成侵害,不能与国际法基本原则和国家主权平等、领土完整与独立相冲突。这样在现实中导致欧洲仅承认相对的"自治权"。此外,国际社会对少数人群体的相关立法文件也开始体现这一变化。在国际劳工组织制定的1989年《土著和部落民族公约》中还没有对少数民

〔35〕 第一,需要指出的是,"自决权"与"自治权"有着重要的历史渊源,又有着本质的区别。从世界民族发展的进程来看,"自决"在前,"自治"在后,当某一民族(此处特指国家层面的民族,如中华民族)取得完整意义上的"自决",其内部民族(族群)才有"自治"的可能。一般认为,"民族自决"是国际法上的概念,是指在他国奴役和殖民统治下的被压迫的民族或人民用以摆脱殖民统治、建立民族独立国家的权利,这一点在中华民族的抗日战争中体现得尤为明显,本书所言的"争取民族独立""建立民族国家"等概念也正是在这样的外部形势下而产生。然而,"民族自决"这一概念自诞生之日起就饱受争议,学者王伟就敏锐地指出,"民族自决"最主要的历史功绩在于瓦解了世界殖民体系,使亚非拉广大被压迫民族获得解放、实现独立并建立民族国家。但"民族自决"也是殖民列强对外扩张的主要借口,帝国主义进行利益分赃的重要幌子以及民族分离运动的"合法性"武器。原因在于,它具有浓厚的工具特性、主体含混不清、适用范围边界模糊、理论固有的内在局限以及民族主义与自由主义的理论冲突等(参见王伟:《民族自决在世界政治中的角色演变分析》,载《贵州民族研究》2021年第3期)。

第二,从"自治权"的角度来看,国际语境下的"自治权"是基于其一国范围内特殊的自治类型而产生的一个法理概念,如大陆法系国家认为自治是国家和法律赋予的,自治与官治一起,共同组成法治国家的行政管理制度;英美法系国家则认为自治权是人权的一部分,国家权力才是派生的;在国际法中,"自治意味着国家通过立法赋予部分领土范围内的人民在某些事务方面管理自己,但并不组成他们自己的国家"(参见[德]汉斯－乔基姆·海因茨:《国际法上的自治》,载王铁志、沙伯力主编:《国际视野中的民族区域自治》,民族出版社2002年版,第210页)。从自治权利的主体上讲,一般可将自治分为主权自治、地方性自治和社会自治。我国的语境下的自治权,首先是历史选择的必然,在中华民族"多元一体"格局之下,自古以来历代的统治者都有"因俗而治"的民族政策和治理逻辑。其次是中国共产党民族理论与政策的智慧结晶,在中国共产党成立初期,由于受到"民族自决"理念的影响,也曾主张在中国建立联邦制国家,主张实施民族自决权,但是,随着党在理论上的不断成熟和对中国国情认识的深化,进而放弃了实施民族自决权的主张,提出了建立单一制民主共和国的国家结构形式,施行民族区域自治制度的正确主张,"自治权"则是实施民族区域自治制度的重要方式。(参见宋才发:《中国民族自治地方政府自治权研究》,人民出版社2008年版,第37页)最后,我国语境下的"自治权",就其性质而言是宪法赋予的地方性权力,是国家权力系统的组成部分,受国家的统一领导和监督(参见王允武主编:《中国自治制度研究》,四川人民出版社2006年版,第129页)。

族权利适用时的限制,但在1992年的《少数人权利宣言》中则规定:“本宣言的任何内容均不得解释为允许从事违反联合国宗旨和原则,包括国家主权平等、领土完整和政治独立的任何活动。”2007年的《土著民族权利宣言》也对外部自决权给予明确的规定。在该宣言赋予土著民族以“民族人民”(peoples)用语的前提下,第3条规定了关于土著民族自决权。“土著民族享有自决权。根据此项权利,他们可自由决定自己的政治地位,自由谋求自身的经济、社会和文化的发展。”在此之后,该宣言第46条对此项权利给予明确限定:“本宣言任何内容都不得解释为允许任何国家、民族、团体或个人有权从事任何违背《联合国宪章》的活动或行为,或被认为是允许或鼓励完全或部分破坏或削弱独立主权国家的领土完整或政治统一。”这一规定将有效地遏制土著民族行使自决权时可能出现的对独立主权国家的领土完整和政治统一产生危害的行为、状态、情形或结果。

(二)参与权

少数人的参与权是指少数人有效参与民主治理和公共事务的权利,即少数人成员享有有效地参加政治、社会、经济、文化、宗教等各个方面的公共事务的权利。《隆德建议书》认为,少数人参与民主治理和公共事务,可以分为参与国家一级的管理和其居住地域一级或内部事务上的管理。在参与国家一级管理中,应确保少数民族在中央政府一级拥有有效发表意见的机会,包括必要时采取特殊安排的做法。这些安排可包括:如在议会中为少数人保留席位;在内阁、最高法院或其他高级政府机关内为少数人分配职位等。在选举进程为少数人在政治领域的参与提供适当便利是很重要的。应保障少数民族的人在不受歧视的情况下行使选举权和被选举权,应便于体现少数民族的代表性。《土著人民权利宣言》号召各国在通过和实行可能影响土著人民的立法或行政措施前,应本着诚意,通过土著人民自己的代表机构,与有关的土著人民协商和合作,事先征得他们的同意。[36] 土著人民有权通过他们按自己的程序选出的代表,参与对事关自身权利的事务的决策,有权保持和发展自己的土著人决策机构。[37]

《隆德建议书》还指出,在其居住地域一级或内部事务的管理上,国家应采取措施促进少数人在区域和地方各级的参与,以及群体内部事务的管理。为了更有效地处置少数人的问题,与少数人具体历史和地域情况相称的有关地方、区域或自治行政机构,应承担若干职能。其中首要或重要的职能包括教育、文化、少数人语言的使用、环境、地方规划、自然资源、经济发展、当地治安职能,以及住房、健康和其他社会服务。《土著人民权利宣言》也规定土著人民有权积极参与制定和确定影响到他们的保健、住房方案及其他经济和社会方案,并尽可能通过自己的机构管理这些方案。[38] 《隆德建议书》提出,区域和地方当局的结构和决策程序应当透明和易于参与,以鼓励少数民族的参与。

为了有效落实少数人群体有效参与公共事务和公共生活的权利,还应在程序上对其予以保障。《隆德建议书》分别从建立咨询和磋商机构、构建专门委员会、展开三方合作等多渠道提出了诸多建议。

(三)自由交往权

《少数人权利宣言》确认了少数人的自由交往权。该宣言规定:“属于少数群体的人有权在

---

〔36〕 参见《土著人民权利宣言》第19条。

〔37〕 参见《土著人民权利宣言》第18条。

〔38〕 参见《土著人民权利宣言》第23条。

不受歧视的情况下与其群体的其他成员及属于其他少数群体的人建立并保持自由与和平的接触,亦有权与在民族或族裔、宗教或语言上与他们有关系的其他国家的公民建立和保持跨国界的接触。"[39]该宣言强调少数人有权跨国界交往和接触,是少数人权利保护中的创新之处。它为分属于不同主权国家的具有同一种族、民族、宗教或语言上的少数人群体突破政治疆域上的藩篱,进行正常的民族交往和接触提供了依据。在《土著人民权利宣言》中也要求各国应与土著人民进行协商和合作,采取有效措施,为行使这一权利并确保权利得到落实提供便利条件。"土著人民,特别是被国际边界分隔开的土著人民,有权与边界另一边的同民族人和其他民族的人保持和发展接触、关系与合作,包括为精神、文化、政治、经济和社会目的开展活动。"[40]

除了以上提到的自决权与自治权、参与权、自由交往权这些综合性权利外,属于少数群体的人在宗教信仰、语言文字、教育培训、文化遗产等方面也享有专门的权利。"在民族或族裔、宗教和语言上属于少数群体的人有权私下和公开、自由而不受干扰或任何形式歧视地享受其文化、信奉其宗教并举行其仪式以及使用其语言。"[41]《土著人民权利宣言》在这些方面也给予了较为系统的规定。同时,立足于国际法学的视域,在针对少数人群体的和平权、发展权与环境权的保护上,国际民族法也有所涉及。如1981年《非洲人权和民族权宪章》就是目前唯一一个规定和平与安全权的国际公约,也是第一个将发展权作为一项集体人权加以规定的国际文件。在1972年联合国人类环境大会上,环境权首次得到承认。《非洲人权和民族权宪章》规定的民族权中也包括环境权,其第24条规定:"一切民族均有权享有一个有利于其发展的普遍良好的环境。"[42]

三、少数人权利保障与救济机制

为使少数人群体有效参与公共生活,必须确立防止冲突和争端解决的保障和救济机制。政治手段和法律手段是现代国际社会中防止和解决关于属于少数群体的人的权利纠纷的主要途径。政治上的途径主要是指纠纷各方或第三者参与,通过政治协商或外交谈判等手段解决纷争。法律上的途径是指依据现行国际公约的监督执行机构来裁决纠纷。在国际和区域层次上,法律上的监督执行方式主要有三种:"国家报告程序、国家间指控程序和个人来文程序。这三种方式构成了现行国际法上救济侵害少数人权利行为的主要途径。"[43]国家间指控程序在具体实践中屈指可数,比较常见的方式是国家报告程序和个人来文程序。

(一)国家报告程序

国家报告程序是指缔结公约的成员国政府,按要求定期向公约的监督执行机构提出关于他们为使公约所承认的各项权利得以实施而采取的措施及进展的报告。成员国向委员会提交报告,是根据公约履行义务。报告制度是委员会用于监督成员国执行公约义务的有力程序,也是可向成员国施加压力以执行公约义务的主要手段。绝大多数人权公约均规定有国家报告制度。如《消除一切形式种族歧视国际公约》第9条规定:缔约国应承诺于该公约对其本国开始生效后1年内及其后每2年,就其所采取的实施该公约各项规定的立法、司法、行政或其他措施向联合国秘书长提出报告,供委员会审议;委员会应按时将其工作报告送请联合国秘书长转送联合国大

---

〔39〕《少数人权利宣言》第2条第5款。

〔40〕《土著人民权利宣言》第36条第1款。

〔41〕《少数人权利宣言》第2条第1款。

〔42〕参见《国际公法学》编写组编:《国际公法学》,高等教育出版社2018年版,第66页。

〔43〕周勇:《少数人权利的法理》,社会科学文献出版社2002年版,第59页。

会,并得根据审查缔约国所送报告及情况的结果,拟具意见与一般建议。此项意见与一般建议应连同缔约国核具的意见,一并送交大会。

联合国人权条约机构是指根据联合国人权条约设立的、负责监督人权条约履约状况的专家委员会。目前有《公民权利和政治权利国际公约》《经济、社会及文化权利国际公约》《消除一切形式种族歧视国际公约》《消除对妇女一切形式歧视公约》《禁止酷刑和其他残忍、不人道或有辱人格的待遇或处罚公约》《儿童权利公约》《保护所有移徙工人及其家庭成员权利国际公约》7 项人权条约设有专家委员会。这些人权条约中都规定了国家报告制度,该制度也是国际人权条约规定的最普遍的国内实施监督机制。国际人权条约一般都把提交有关报告规定为缔约国的一项重要义务。缔约国应按照条约规定的时间和程序向有关机构提交报告,说明本国在履行条约确认的人权义务方面所采取的措施、取得的进展或面临的问题。该机构有权对报告进行审议,还可以依据报告对缔约国实施条约的情况进行评论或提出建议。需要指出的是,这种评论或建议并没有直接的法律约束效力,但是有关机构可以将其公之于众,从而形成强大的国际舆论影响,促使各缔约国自觉遵守这些公约。

(二)个人来文程序

个人来文程序是指成员国管辖范围内的个人可以就其认为成员国政府侵害其合法权益的事由,在国内任何救济方式皆宣告用尽的时候,直接向国际条约监督执行机构申诉。个人来文程序的确立是现代国际法上的创新。个人来文程序有两个重要的前提条件:一是个人来文的对象必须是条约监督执行机构所管辖的范围,即要求缔约国必须已接受该条约。当然这种接受的方式可以是多种多样的,可以通过缔约国特别声明公约中的既定条款,也可以通过选择加入特定的《任择议定书》,还可以通过凡加入公约的成员国自然接受此种管辖的规定来实现。二是国内救济用尽原则,即国际公约所规定的权利受到侵害时,只有在国内可以用到的救济方法都已用尽之后,个人才可以向国际条约监督执行机构提出申诉。

《公民权利和政治权利国际公约任择议定书》具体规定了个人来文制度,是对《公民权利和政治权利国际公约》第 28 条的具体实施。由于对公民权利最大的侵害源于政府的公权力,为了进一步加强对人权的保护,该制度旨在使那些权利受到侵害的个人能有机会向人权事务委员会提出申诉。其主要内容如下:人权事务委员会有权接受并审查个人来文;议定书缔约国管辖下的,认为其公约所保护的权利遭受侵害的受害者;来文只能向既批准《公民权利和政治权利国际公约》,又批准《公民权利和政治权利国际公约任择议定书》的缔约国提出;来文必须署名,并已用尽国内救济,同时,所涉事件不处于另一国际调查或解决程序的审查之中。委员会就个人来文作出的决定只是意见,对有关缔约国没有约束力,但是这些决定一般都得到了有关缔约国的遵守。缔约国根据委员会的意见而采取了多种措施,例如,被认定为与《公民权利和政治权利国际公约》不一致的法律已经被修正或废除,受害者得到了补偿、减刑或释放等。

总之,第二次世界大战以后,少数民族权利在世界范围内形成了名副其实的"国际共识",产生了真正国际法意义上的有关少数民族权利保护的国际法文件,也诞生了一系列救济机制和实施程序。从立法框架来看,第二次世界大战后的少数民族权利保护立法,覆盖了全世界几乎所有的国家和地区。从法律实施的保障来看,以联合国为依托,建立了正式的机构如人权委员会(人权理事会)、消除种族歧视委员会、防止歧视和保护少数小组委员会(促进和保护人权小组委员会)乃至安理会、国际刑事法院等机构,并制定了如报告及审查制度、缔约国指控处理及和解制度、个人申诉制度等制度,以及相应的机制,这些机构、制度和机制的建立和完善,使以联合国为中心的少数民族权利保护系统大大超越了脆弱的国际联盟。[44]

总体而言，国际民族法是一个较为全面的内容体系，既有研究对其内容结构做了较为翔实的梳理。[45] 然而，长期以来，由于国际形势的复杂和法律刚性的不足，国际民族法的实践境况不尽如人意。在“百年未有之大变局”中，国际民族法的实践情况、执行主体、监督体系将逐渐成为学界重点关注的议题。

---

〔44〕 参见周少青：《权利的价值理念之维：以少数群体保护为例》，中国社会科学出版社 2016 年版，第 8 页。

〔45〕 参见杨侯第主编：《世界民族约法总览》，中国法制出版社 1996 年版，第 63 页。